当代中国转型期的法律与社会研究

法理文丛

发展中法治论
当代中国转型期的法律与社会研究

Rule of Law in
the Developing Status Quo

A Theoretical Approach to Law and Society in Contemporary
China in Its Social Transition

付子堂　赵树坤　等著

北京大学出版社
PEKING UNIVERSITY PRESS

图书在版编目(CIP)数据

发展中法治论:当代中国转型期的法律与社会研究/付子堂等著.—北京:北京大学出版社,2013.8
(法理文丛)
ISBN 978-7-301-22953-8

Ⅰ.①发… Ⅱ.①付… Ⅲ.①社会主义法制-研究-中国 Ⅳ.①D920.0

中国版本图书馆 CIP 数据核字(2013)第 179577 号

书　　　　名:	发展中法治论:当代中国转型期的法律与社会研究
著作责任者:	付子堂　赵树坤　等著
策　划　编　辑:	李燕芬
责　任　编　辑:	周　菲　李燕芬
标　准　书　号:	ISBN 978-7-301-22953-8/D·3385
出　版　发　行:	北京大学出版社
地　　　　址:	北京市海淀区成府路 205 号　100871
网　　　　址:	http://www.pup.cn
新　浪　微　博:	@北京大学出版社
电　子　信　箱:	law@pup.pku.edu.cn
电　　　　话:	邮购部 62752015　发行部 62750672　编辑部 62752027
	出版部 62754962
印　刷　者:	三河市北燕印装有限公司
经　销　者:	新华书店
	965 毫米×1300 毫米　16 开本　28.5 印张　512 千字
	2013 年 8 月第 1 版　2013 年 8 月第 1 次印刷
定　　　　价:	49.00 元

未经许可,不得以任何方式复制或抄袭本书之部分或全部内容。
版权所有,侵权必究
举报电话:010-62752024　电子信箱:fd@pup.pku.edu.cn

目 录

引论 / 1
    一、社会转型与转型社会 / 1
    二、中国社会转型的历史定位 / 3

第一编 转型时期法律的社会基础

第一章 当代中国的社会精神 / 15
    一、法治目标的社会精神基础 / 15
    二、转型时期的社会精神特质 / 24
    三、转型中国的法律如何与社会精神相统一 / 27
    四、走向全球化时代的社会精神与法律 / 38

第二章 当代中国的社会道德 / 40
    一、转型时期的道德多元化格局 / 40
    二、转型时期法律制度的社会道德根基 / 52
    三、转型时期的道德多元化与司法确定性 / 61

第三章 当代中国的社会结构 / 72
    一、当代中国社会结构的变迁与重组 / 74
    二、当代社会结构的法律规制现状 / 77

三、当代中国社会结构的制度影响力 / 78

第四章 当代中国的社会冲突 / 84
一、当代中国的社会冲突认识与法律定位 / 84
二、当代中国"社会冲突"视角下的社会秩序 / 87
三、非现实性冲突与法律控制不能 / 107
四、一种"有限度"的法律发展观 / 115

第二编 转型时期的法律运行机制

第五章 法律创制的理念背景
——以全国人大常委会历年公报为分析对象 / 121
一、法律创制的互动关系理论概述 / 122
二、从经济结构转型看社会结构与社会行动者的互动 / 124
三、从立法者价值观的变化看立法理念的发展 / 130
四、从立法实例看立法理念的影响 / 138
五、对转型时期立法理念的再认识 / 143

第六章 法律运行的适应性解读
——以1982年《宪法》的修改历程为分析对象 / 154
一、回应社会需求:现行《宪法》四次修改背景的历史探寻 / 155
二、推进社会发展:现行《宪法》四次修改效果的现实考察 / 168
三、互动中相一致:现行《宪法》四次修改的理论思考 / 179
四、社会转型进程中的法律适应性 / 186

第七章 司法运行的功能变迁
——以最高人民法院历年工作报告为分析对象 / 188
一、从法院机构设置及经费和物质装备情况看司法改革 / 189
二、从法院的审判制度建设看司法改革 / 201
三、从法官队伍建设看司法改革 / 221
四、社会变迁中的司法 / 236

第八章 成文法局限之修补
——以最高人民法院历年司法解释为分析对象 / 244
一、转型时期的中国司法解释 / 244
二、司法解释的困境 / 246
三、影响司法解释的其他因素 / 261

四、从"命价"看司法解释的"能"与"不能" / 265
五、中国司法解释的发展走向 / 279

第三编　转型时期的法律制度创新

第九章　横向法律关系的规则自治
　　——以私法体系的完善历程为视角 / 291
一、转型之初中国私法发展的总体背景 / 291
二、20世纪80年代:中国私法的初步发展 / 292
三、20世纪90年代:中国私法的高速发展 / 301
四、21世纪:中国私法的成熟与完善 / 304
五、从"政策他治"到"规则自治" / 308

第十章　纵向法律关系的制度调整
　　——以行政法律制度变迁为视角 / 312
一、行政法律制度变迁总述 / 312
二、行政主体法律制度的变迁 / 315
三、公务员法律制度的变迁 / 319
四、行政行为法律制度的变迁 / 322
五、行政程序法制的变迁 / 329
六、行政责任与行政监督法制的变迁 / 333
七、行政救济法制的变迁 / 336
八、走向法治政府 / 338

第十一章　社会进步与人权价值取向
　　——以刑法典的人本化历程为视角 / 341
一、转型时期刑法改革的起点:1979年刑法典 / 342
二、转型时期刑法改革的动力:来自现实的挑战 / 344
三、转型时期刑法改革的深化:1997年刑法典 / 348
四、转型时期刑法改革的成果:八个《刑法修正案》/ 355
五、社会转型的刑法维度:来自历史的启示 / 371

第十二章　中国法制和法学的转型
　　——以一国两制法治实践为视角 / 380
一、一国两制语境中的中国法制新定位 / 381
二、一国两制法治实践与中国法制转型 / 385

三、一国两制法治实践与中国法学转型 / 399
　　四、一国两制与"中国法系":21 世纪中国法学的理论进路 / 408

结论 / 422
　　一、中国法律的近现代转型 / 422
　　二、从封建专制到民主法治 / 423
　　三、从民主法治到民生法治 / 426

参考文献 / 431

附:本课题在研究过程中的主要阶段性成果 / 445

后记 / 447

引 论

一、社会转型与转型社会

现在,学界一般习惯于把中国各种发展特征都用"转型"来表达,特别是经常用"转型"一词指称当代中国社会的结构性变动。的确,研究当代中国问题虽然可以从多个角度着眼,但其中社会转型是一个颇有意义的独特视角。甚至有学者称,"社会转型"概念可以成为我国社会学研究当代中国社会变迁的"理论支点"。①

"社会转型"一词来自于西方社会学的现代化理论和发展社会学理论。其实,"转型"是社会学对生物学概念的转用。在生物学的意义上,"转型"(transformation)是一种生物演化论,特指生物物种间的变异,即一物种变为另一物种,其原意指"微生物细胞之间以'裸露的'脱氧核糖核酸的形式转移遗传物质的过程"②。这一范畴后来被移植到社会学中,则借喻社会的变迁,被用来描述社会结构的进化意义的转换和性变,通常是指传统的原型社会的规范结构向现代化范型(modernization paradigm)社会结构的演化。

1987年,台湾地区社会学家蔡明哲在他的《社会发展理论——人性与乡村发展取向》一书中,首次直接把"social transformation"译为"社会转型",并表达了"发展"就是由传统社会走向现代社会的一种社会转型与成长过程的思想。③

---

① 王雅林:《中国社会转型研究的理论维度》,载《社会科学研究》2003年第1期。
② 《简明大不列颠百科全书》(第9册),中国大百科全书出版社1986年版。
③ 蔡明哲:《社会发展理论——人性与乡村发展取向》,台湾巨流图书公司1987年版,第66、189页。

我国首倡对中国社会转型进行研究的是著名社会学家郑杭生教授,他于1989年发表了《转型中的中国社会和成长中的中国社会学》一文,倡议对"转型中的中国社会"进行研究,强调中国社会学只有植根于转型中的中国社会,才能具有"中国特色"。此后,郑杭生教授组织学界同仁在全国进行了多次抽样调查,在理论研究与实证研究相结合的基础上,完成并出版了《当代中国农村社会转型的实证研究》(1996年)、《转型中的中国社会和中国社会的转型》(1996年)、《中国社会转型中的社会问题》(1996年)、《当代中国社会结构和社会关系研究》(1997年)等著作。尤其是,郑先生关于"转型度"和"转型势"的思想,具有极其重要的方法论意义,为研究转型中的中国社会提供了新的研究视角和分析工具。现在,社会学界一般把中国各种发展特征都用"转型"来表达,特别是指社会的结构性变动。

在中国,"转型"这一概念是20世纪90年代以后才开始逐步流行起来的,其最早也是最典型的含义是体制转轨,即从计划经济向市场经济体制的转变。这与西方社会学的上述理论是一致的。

"转型"是主客观的统一。所谓"转",指转变与调整,并强调着"主观"。从社会学视角理解,它标志着事物原有的模式和形态与人主观作为的重新耦合,预示着事物结构的序列及所内化出的累积性社会关系将发生改变,如将原有的身份资源转换为基于市场秩序的资源,对人的评价急速脱离具体的社会关系而愈来愈受外部力量左右,等等。所谓"型",指模型,是一个机械学术语并揭示着"客观"。在社会学上,它强调事物的发生与形成有统一的基础、模式和形态,喻示着事物间的联系具有固定的结构与关系,表达出事物在发展与变化中追求无差别的取向。"转型"最初是一个限定很狭窄的概念,指的是经济的转型(transitional economy),后来才逐渐扩展到涵盖经济之外的众多方面。因此,社会转型的基础是经济体制的变化,但其影响涉及政治、文化、教育、科技和军事等社会的各个方面和领域。

社会的"转型"与"转轨"既有联系,也有区别。所谓"转轨"(transition)一般多指体制的转变、模式的变更;所谓"转型"(transformation)一般侧重包括体制在内的制度以及社会其他方面如观念等的转换。作为一个现实的社会发展过程,社会转型具有变迁的全面性、确定的方向性和过程的长期性等特征。不过,国际上也有部分学者不赞成"转型"这个提法,认为它体现了单一"目的论"(teleology),预设了仅仅一个固定和明确的终端目标。而在现实生活里,并不存在这样的一个目的地。

从内容上来看,社会转型包括社会结构的转型、社会主体价值观念的转型、社会组织的转型、社会成员身份系列的转型、社会生活方式的转型和社会人格的转型等,而其基础则是社会结构的转型。社会转型是一种对于社会秩序的描述。按照社会的秩序状况,社会形态划分为常态社会和非常态社会。常态社会表征为制度规范、社会理性、政局稳定、生活有序;非常态社会表征为制度混沌、社会病态、问题丛生、生活无序。所谓的"转型社会",即介于两者之间的既不是完全意义上的常态、也不是完全意义上的非常态的"过渡"社会形态。在正常时期的转型社会,通常指的是在良好的统治秩序下社会形态从一种正态转换成另外一种正态。一般而言,这种转换形态基本上涉及体制的转轨、制度的变迁和观念的变更,而不涉及颠覆式的政权更替,可以说是一种理性的、规则的形态变换。

"转型社会"即转型期的社会形态。一般具有的特点包括:社会结构的不平衡性、社会矛盾的尖锐性和社会制度的创新性。① 从一种社会常态过渡到另一种社会常态,即所谓理性的、规则的社会转型,与其他相对非规则的社会转型一样,裂痕、冲突、对抗都是在所难免的。为了维护稳定的社会局面,公共权力机构一方面通过传统公共政策范式去维系社会原有格局,另一方面又急欲寻找新的公共政策范式去弥合新出现的"缝隙"以及"非对称"的社会状况,因而不可避免地出现范式守护、范式冲突和范式叠加。于是,所谓的"双轨制"就是这一阶段的特色产物。②

二、中国社会转型的历史定位

从广义上理解,在人类历史上,每一次社会形态的更替,都经历过社会转型期。因此,中国历史上曾多次处于社会转型时期。例如,在战国末期,中国社会就面临过一次重大的转型。从社会结构上看,随着宗法制度的衰落,原来的地缘与血缘合一的地方行政组织转变为单一的以地缘关系为基础的行政组织,宗族血缘关系从行政系统中分离出去,地缘关系取代了血缘关系,行政组织代替了血缘组织。这个过程从春秋时期即已开始,到战国末期已基本完成。

中国的社会转型具有多种历史性质,从而可以进行多重历史定位。从最直观的意义上说,就是从落后的、传统的社会向发达的、现代化的社会发展。从广阔的历史背景来考察,中国社会自从1840年鸦片战争以来,一直处于从传统社

---

① 贺善侃:《当代中国转型期社会形态研究》,学林出版社2003年版,第41—51页。
② 陈潭:《社会转型与公共政策创新——以人事档案制度为例的分析》,载《湖南师范大学社会科学学报》2004年第5期。

会向现代社会转变的过程中,中国近代历史的整个进程就是中国社会的转型过程。到目前为止,这一转型过程已大致经历了三个时期:1840—1949 年为第一个时期;1949—1978 年为第二个时期;1978 年至今为第三个时期。作为以社会为基础的法律,在每一不同历史时期的社会转型进程中,也必然呈现不同特点。

(一) 1840—1949 年:中国近代法律转型

关于近代法律转型的起点,多数学者认为 20 世纪初的清末法制改革是按照传统文化与近代西方法律文化的双重标准所进行的一次法律改造工程,是传统法制向现代法制过渡的转折点,此时旧传统消解,新传统形成,是中国法律近代转型的起点。[①] 有学者则认为,近代中国法律转型"并不是人们通常论述的,仅仅是从晚清变法修律才开始的",认为它是"经由林则徐、魏源、李鸿章、康有为、孙中山等几代社会精英的长期探索和奋斗才逐渐走向成熟的",从洋务派的"稍变成法,引进西法"开始,传统法观念就开始呈现出向近代化趋势[②];与此相同,有学者指出,中国法律从传统向近代转型不是"突发性的飞跃",而是渐进的,不是"越过社会的基础性层面而直接进入到上层建筑领域",到清末的立宪和修律才迈出近代化的第一步的,而是从 19 世纪 60 年代第二次鸦片战争开始就开始起步;有学者认为,中国法制变革的实践,并没有与法制变革的思想同时起步,而是晚至戊戌变法才开始的[③]。也有学者认为,1911 年孙中山领导的辛亥革命以及产生的资产阶级法制应该作为近代法制转型的起点。[④] 实际上,无论起点定在哪,在 20 世纪的一百年里,以戊戌变法、预备立宪、沈家本修律、《临时约法》、《六法全书》为代表,书写了中国传统人治型法律逐步向近代民主型法治转化的复杂历程。

近代法律转型成果显著。就法律体系而言,有学者指出清末法制变革促使传统的中华法系的法律结构在形式上改变了"诸法合一"、"民刑不分"的法律编纂体系,构成了以宪法为主导的公法与私法相分离,实体法与程序法相区别的西方法律体系,意味着传统法律结构的历史性终结。[⑤] 有学者认为,近代法律体系通过移植西法逐渐呈现国际化与本土化的趋势。[⑥] 就法的观念而言,有学

---

① 参见公丕祥:《中国的法制现代化》,中国政法大学出版社 2004 年版,第 251 页;刘笃才:《中国法制走向现代化的历史进程》,载《走向法治之路——20 世纪的中国法制变革》,中国民主法制出版社 1996 年版;夏勇:《法治源流——东方与西方》,社会科学文献出版社 2004 年版,第 113 页。
② 张晋藩:《中国法律的传统与近代转型》(第 2 版),法律出版社 2005 年版,第 356 页。
③ 谢晖:《价值重建与规范选择》,山东人民出版社 1998 年版,第 228 页。
④ 侯强:《中国法制现代化发生期研究综述》,载《高校社科动态》2009 年第 1 期。
⑤ 公丕祥:《中国的法制现代化》,中国政法大学出版社 2004 年版,第 251 页。
⑥ 曹全来:《国际化与本土化——中国近代法律体系的形成》,北京大学出版社 2005 年版。

者认为近代中国开始由皇权无限向皇权有限转变,由否认民权向有条件确认民权转变,由行政与司法合一向司法独立转变。① 有学者更为详细地从八个方面系统论述了近代法观念的转变:由固守成法到师夷变法,由维护三纲到批判三纲,由盲目排外到中体西用,由专制神圣到君宪共和,由以人治国到以法治国,由义务本位到权利追求,由司法与行政不分到司法独立,由以刑为主到诸法并重。② 也有学者通过大量的资料梳理了近代中国"法治"话语的流变,认为"19世纪之前不为国人所知的'法治'、'法治国'、'法治主义'之类的话语,20世纪初突然成为中国政坛的流行语言"③,认为清末新政期间"法治"作为一种思想和制度得到普遍的理解和接受④。也有学者认为近代"法治"的提出并不是出于对法治文化优势的真正理解,而是为了收回领事裁判权的权宜之计。⑤ 有学者主张清末民初中国法治思想的一大特色就是给传统的法治理念注入了民主自由思想并且突出变法主题,这个特色也使得中国近代法治思想有着三大明显的缺陷,主张区分三种意义上的法治思想:价值法则意义上的、政治法则意义上的和程序法则意义上的法治思想。⑥

尽管盘点成果的角度不同,但是通过一百年来的变革,近代中国第一次从制度层面迈开了政治现代化的步伐,确立了不同于传统政治秩序的新型秩序。经过清末立宪思潮和立宪运动的促动,绵延千年的传统观念开始出现松动、甚至瓦解的迹象,法治主义、权利义务观念、三权分立原则、司法独立等话语开始渗入中国社会。尽管个别法律依然保留着浓厚的封建色彩,甚至有些也未及施行,但蕴涵着近代民主法治精神的法律体系框架已经被搭建起来。清末新政促进了宪政改革与宪政文化的发展,推动了早期政治法律现代化的进程,加速了传统专制法制的崩溃,使得民主法治逐步成为时代潮流。在清末以前,中国社会不知权利为何物,权力的专断更是有恃无恐。清末新政固然没有改变封建君主专制的实质,但至少使对专制从思想意识形态层面的口诛笔伐上升为制度的规制。在中国法律史上,第一次有了试图限制君权的宪法性文件,而且在这部宪法性文件中,公民的权利第一次出现,权力与权利同时在法律中首次得到关注。尽管它并没有使君权得以真正受到制约,臣民的权利也很少成为现实,但

---

① 公丕祥:《中国的法制现代化》,中国政法大学出版社2004年版,第251页。
② 张晋藩:《中国法律的传统与近代转型》(第2版),法律出版社2005年版,第323页。
③ 程燎原:《清末法治话语》,载中南财经政法大学法律史研究所编:《中西法律传统》(第2卷),中国政法大学出版社2002年版,第205页。
④ 刘保刚:《晚清法治观念演变探源》,载《历史教学》2003年第11期,第15页。
⑤ 贺卫方:《二十世纪中国法治回眸》,载《中国青年报》2001年1月1日。
⑥ 夏勇:《法治源流——东方与西方》,社会科学文献出版社2004年版,第113页。

它对于中国法治发展的形式意义却是不可低估的,从此,对权利与权力的关系问题的探讨逐渐在中国历史大舞台上展开。如果说戊戌变法和清末新政,仅仅是在不触动传统专制体制基础上的法治改良,那么辛亥革命推翻清朝统治,后来逐步建立资产阶级民主法治国家、施行"五权宪法",足可以说是民主法治的新生。资产阶级革命者缔造的南京临时政府通过《临时约法》,使中国的民主法治建设取得了突破性进展,虽然辛亥革命所塑造的临时政府如昙花一现,但民主共和观念却已然深入人心。之后,每届政府都不得不制定宪法以顺民意,而宪法若仅仅停留在形式上,民众又不能容忍,这使得任何以民主的名义建立的独裁统治都不得长久。在北洋时期政府像走马灯似的换,宪法也像走马灯似的一部接一部地制定,中国历史就在这破——立——破中前行,每一次变动都意味着一次进步。正是在这一次次的变动中,中国社会法治观念在不断增强,法治体系也在不断完善。可以说,近代以来中国社会的发展就是从专制人治到民主法治转变的历史性跃进过程,这个过程明显地表现为民主法治不断成长,专制人治不断衰落。在这个过程中,民主和专制,法治和人治不断发生冲突、斗争。

(二) 1949—1978 年:中国现代法律转型挫折

从1949年10月新中国成立到1978年12月中共十一届三中全会召开的近30年间,由年轻的中国共产党领导的中国社会现代转型在取得了显著成绩的同时,也遭遇了重大曲折,在"阶级斗争"被看做是中国社会的主要矛盾的同时,法律虚无主义思潮盛行一时。

中华人民共和国的成立,标志着新民主主义革命的胜利。"社会主义"作为一种意识形态,在国家社会生活中获得了全方位的指导地位。新生政权在社会主义国家建设的许多方面做出了有益的尝试和努力。在法律领域,最突出的表现即1954年9月20日第一届全国人民代表大会第一次会议通过、颁布了《中华人民共和国宪法》。这是新中国第一部社会主义性质的宪法。该宪法序言指出:"从中华人民共和国成立到社会主义社会建成,这是一个过渡时期。国家在过渡时期的总任务是逐步实现国家的社会主义工业化,逐步完成对农业、手工业和资本主义工商业的社会主义改造。"这一认识被1956年9月15日至27日召开的中共八大继续肯定。刘少奇在八大会议上作了《中国共产党中央委员会向第八次全国代表大会的政治报告》,指出"外国帝国主义的工具——官僚买办资产阶级已经在中国大陆上消灭了。封建地主阶级,除开个别地区以外,也已经消灭了。富农阶级也正在消灭中。原来剥削农民的地主和富农,正在被改造成为自食其力的新人。民族资产阶级分子正处在由剥削者变为劳动者的转变过程中。广大的农民和其他个体劳动者,已经变为社会主义的集体劳动者。工人阶级已经成为国家的领导阶级。它的队伍扩大了,它的觉悟程度和文化技术水平大大提高了。知识界也已经改变了原来的面貌,组成了一支为社会主义服务的队伍。国内各民族已经组成为一个团结友好的民族大家庭。以共产党为领导的人民民主统一战线,更加扩大和巩固了。"鉴于国内主要矛盾的新变化,党和国家的工作重心必须转移到社会主义建设上来:"党现时的任务,就是要依靠已经获得解放和已经组织起来的几亿劳动人民,团结国内外一切可能团结的力量,充分利用一切对我们有利的条件,尽可能迅速地把我国建设成为一个伟大的社会主义国家。"①但是,1958 年 5 月 5 日到 23 日在北京举行的中共八大二次会议对我国主要矛盾作了新的分析:"在社会主义社会建成以前,无产阶级与资产阶级的斗争,社会主义道路与资本主义道路的斗争,一直是我国内部的主要矛盾。"②这从根本上改变了八大一次会议关于国内主要矛盾问题的正确定位。1959 年 8 月 2 日到 16 日中国共产党第八届中央委员会第八次全体会议在江西庐山举行。毛泽东在庐山会议上将对彭德怀的批判说成是"一场阶级斗争"。1962 年 9 月 24 日至 27 日召开的党的八届十中全会上,毛泽东进一步指出,在无产阶级革命和无产阶级专政的整个历史时期,在由资本主义过渡到共产主义的整个历史时期(这个时期需要几十年,甚至更多的时间)存在着无产阶级和资产阶级之间的阶级斗争,存在着社会主义和资本主义这两条道路的斗争。阶级斗争是不可避免的,是错综复杂的、曲折的、时起时伏的,有时甚至是很激烈的。无论现在和将来,我们党都必须提高警惕,正确地进行在两条战线上的斗争,既反对修正主义、也反对教条主义。从此,阶级斗争、路线斗争"年年讲,月月讲,天天讲","阶级斗争,一抓就灵","千万不要忘记阶级斗争"等话语开始流行。以"阶级斗争为纲"③被概括为全党全国各项工作的根本指导思想。

中国社会的主导矛盾被定位为是无产阶级与资产阶级、人民与敌人之间的"殊死搏斗",社会冲突被定位为无产阶级和资产阶级之间的阶级冲突。在此种"敌我对立"社会结构下,解决冲突的方式是必然以消灭对立面为目标,镇压是实现该目标的最常见的手段。因此,有了对敌斗争要像"秋风扫落叶"一样,要"痛打落水狗"等形象、通俗的说法。这些说法所蕴涵的反规则、无界限的取向与法律有明显不同。法律的地位、作用在这 28 年中也经历了曲折的变化。

---

① 刘少奇:《中国共产党中央委员会向第八次全国代表大会的政治报告》,参见中国互联网新闻中心:《中国共产党历次代表大会》。
② 胡绳:《中国共产党的七十年》,中共党史出版社 2004 年版,第 388 页。
③ "以阶级斗争为纲"的提法,最早见于 1964 年 9 月中央为开展社会主义教育运动所制定的《关于农村社会主义教育运动中一些具体政策的规定(草案)》的"后十条"中。

1954年《宪法》第2条宣布国家的一切权力属于人民,确认我国人民民主国家的性质和人民代表大会制度这一适合中国国情的政权组织形式。同时,1954年《宪法》第85条确认"公民在法律上一律平等",赋予公民广泛的民主权利和自由。董必武在党的八大会议上所作的报告明确指出:"我们目前在国家工作中的迫切任务之一,是着手系统地制定比较完备的法律,健全我们国家的法制。"1954年到1957年这一时期,宪法在国家政治经济生活中发挥了重要作用。但随着关于社会基本矛盾判断出现偏差,"以阶级斗争为纲"路线崛起,以稳定性、程序性、保守性见长的法律只能成为对阶级斗争的束缚,不可能有太多的生存空间。

1958年8月,毛泽东曾经说过:"公安法院也在整风,法律这个东西没有也不行,但我们有我们这一套,……不能靠法律治多数人,民法刑法那么多条谁记得了。宪法是我参加制定的,我也记不得。……我们基本上不靠那些,主要靠决议,开会,一年搞四次,不靠民法、刑法来维持秩序。"刘少奇也提出:"到底是法治还是人治?看来实际靠人,法律只能作为办事的参考。"① 伴随这种法律无用论的调子,法制被斥为"修正主义",国家的立法工作停滞不前(作为最高立法机构的全国人大在1964年召开完第三届全国人大一次会议后,直至十年后的1975年才召开第四届全国人大一次会议);已有的法律得不到实施;司法机构名存实亡②;律师行业瘫痪;等等。直至十年"文革"期间,法律虚无主义发展到顶峰,1954年《宪法》所确定的国家基本原则和制度受到重大冲击和破坏。

有人概括说,1949年以后的近三十年时间内,国家倡导并推行"持续的阶级斗争",不同"阶级(成分)"被政治、家庭和职业标准加以界定;阶级标签被用于政治运动的大众动员,以及生活机遇和社会身份的分配。这是一套被政府及其不同部门设计、支持乃至操纵的阶级系统。③ 反过来,这套阶级系统又为法律虚无主义提供了生存土壤;两者共同使年轻的共和国法律在现代转型过程中遭受重大挫败。

1978年12月18—22日召开的中国共产党十一届三中全会,断然决定停止使用"以阶级斗争为纲"口号,否定了1977年8月中共"十一大"仍继续肯定的"无产阶级专政下继续革命"、"'文化大革命'这种性质的政治大革命今后还要进行多次"等"左倾"错误观点。党的十一届三中全会公报指出,在中国大规模

---

① 参见项淳一:《党的领导与法制建设》,载《中国法学》1991年第4期。
② 1959年第二届全国人大一次会议作出决议撤销司法部,1969年最高人民检察院被撤销,直至"文革"结束后才恢复。
③ 李静君:《中国工人阶级的转型政治》,载李友梅等编:《当代中国社会分层:理论与实证》,社会科学文献出版社2006年版,第57页。

的急风暴雨式的群众阶级斗争已经基本结束,对于社会主义社会的阶级斗争,应该按照严格区别和正确处理两类不同性质的矛盾的方针去解决,按照宪法和法律规定的程序去解决,决不允许混淆两类不同性质矛盾的界限。至此,中国社会转型被推进到了第三个阶段。

(三) 1978年至今:中国当代社会转型

1978年至今为中国社会转型的第三个时期,即当代中国的社会转型。本课题主要着眼于这个时期。当代中国的社会转型主要指改革开放以来当代中国社会结构的变迁。具体内容包括:从计划经济体制占主导地位的社会向市场经济占主导地位的社会转型;从农业社会向工业社会转型;从封闭、半封闭社会向开放社会转型;从伦理型社会向法制社会转型;从同质的单一性社会向异质的多样性社会转型;等等。当然,对中国历史上各个不同的社会转型期的法律状况进行研究,无疑有助于探索当代中国社会转型的法律制度创新之路。

中国当代社会转型又主要经历了两个发展阶段:

第一个阶段开创"经济建设时代"。从20世纪70年代末到90年代中期,中国社会经历了全方位的嬗变。1978年12月,中国共产党的十一届三中全会作出了党的中心工作由阶级斗争为纲转移到社会主义现代化经济建设上来的战略决策。工作中心转移的新战略,抛弃"以阶级斗争为纲"这个不适用于社会主义社会的"左"倾错误方针,解决了长期以来没有解决好的社会主义基本制度建立后的战略转移问题。这是新时期中心工作的第一次转型,开创了"经济建设时代",开辟了中国改革发展开放的新时期,生产力的解放和人的发展成为社会整体变革的基本动力,经济体制的转变,进一步带动了社会各方面的变革,诸如政治体制的改革、社会观念的转换、生活方式的改变等。社会的改革和发展,同时也促使了法制的发展和完善。从20世纪70年代末开始的最初几年里,中国法制的发展体现为恢复法律秩序,重建最基本的法律制度框架。这种发展实际上是中国20世纪50年代法制模式的延续,是按照那时所构想的法制蓝图来实施的。具体的法律规定也都反映了当时法律理论的精神。不管是刑法、刑事诉讼法,还是民事诉讼法,都是如此。最能反映社会发展的法律规范莫过于与经济体制改革联系最紧密的经济法规范。经济体制改革的成果必须由相应的法律制度加以巩固。法制的积极推动作用使超前性立法大量出台,形成了立法的高潮,大量的经济和社会立法又反过来推动了社会的进一步发展。然而,具有超前性的法律毕竟是少数,而且更多的是在经济立法领域,经济发展的规律性和普遍性,使移植性经济法规的制定容易在经济发展滞后的国度里实施。更多的立法属于"滞后性"和"随机性"的。即使如此,仍然有许多法律在制定时反映了当时社会发展的客观现实,具有应时性,但由于中国社会经济发展之迅速,加之法律理论研究的薄弱,往往使法律在制定后不久就滞后于社会经济的发展需要。

第二个阶段开创"制度建设时代"。进入21世纪,中国的长远发展目标不仅要实现经济现代化,而且还要实现制度现代化。只有如此,才能实现社会的现代化。为此,第二次战略转型即从经济建设为中心转向制度建设为中心,这是中国共产党执政方式的重大转型。经过改革开放,当代中国的社会转型已经不是单一的而是整体性的,不是某个具体领域而是全面性的。面对社会生活的整体性的、全面的转型,无论是经济领域里的计划体制向市场体制的转型,还是政治领域里的修修补补,对于解决问题都已经无济于事,社会发展既需要有综合性的政策策略,又需要灵活多样的有针对性的方法。因此,21世纪中国的发展,必然首先是一种社会制度再造的过程。政治改革与社会制度创新的落后,已经成为经济继续健康发展和社会文明进步的障碍。没有关于社会生活的伟大的制度发明,就无从激发13亿人民的劳动创造活力,中华民族就不可能获得文化复兴。①

转型期的法律与社会研究主要涉及两个方面的问题:社会转型本身的问题和由社会转型所带来的法律问题。但毫无疑问,社会转型的过程即制度创新过程。由于原有的旧制度的全部或部分已经不能适应社会的变迁,于是需要改造旧的制度或创立新的制度。制度创新其实就是基于旧制度老化失效的情况下,寻求新的制度规则,选择成本小、收效快的组合路径,探索良性的制度替代方案,从而摆脱转轨阶段的制度困境,使适应相关制度环境的新型的公共政策回到常态社会当中来。

最后,必须明确两点:第一,制度创新不仅包括制定规则,而且更强调制度的根基——法律文化土壤的培育,否则,移植的规则难以成活,也成不了真正的制度。所以,立法的完备只能是规则建设任务的基本完成。第二,制度创新也不等于"制度拜物教",不能将某种具体的制度安排直接等同于抽象理念。这种思维方式是对人类想象力、创造力和民主潜力的破坏。这种思维方式给特定历史条件下的具体制度安排以超历史的神秘的"必然性",它给某些具体的制度安排以"虚假的必然性",将其直接等同于抽象的理念。只有摆脱这一思维方式,制度创新才能得到充分的认识、研究和进一步的发展。

很明显,当我们讨论社会转型问题时,实际上已经是在"时间"维度中进行思考。我们从何处来?社会又转向何处去?究竟中国社会从哪里"转型"到哪

---

① 参见胡鞍钢:《第二次转型——国家制度建设》,清华大学出版社2003年版。

里？这种转型有哪些内在规定性的问题？如果不能为社会转型研究提供基本路向,就会雾失楼台,月迷津渡。一方面,"转型"语义的确立,取决于对"过去"的,也即此前情态的基本判断,几千年的社会治理传统固然必须进行总结和检讨,而新中国成立后所累积的法制经验和教训更需要我们重点省察。另一方面,我们欣喜地看到,当代中国提出建立和谐社会的政治理念,实际上提供了"社会转型"的精神方向和远景目标。人们在思考和讨论"社会转型"问题时,使用频率极高的相关语词包括"制度创新"、"法治社会"、"关注民生"以及"和谐社会"等。这几者相提并论,表明解决诸多社会不平等问题的关键,在于合理制度体系的建构。

当前,我国正处于从传统农业社会向工业乃至后工业社会、由计划经济向市场经济、由单一性社会向多样性社会的转型过程中。从法律的视角来看,则是从传统治理模式向现代法治治理模式的转变。在转型过程中,容易产生大量新的社会矛盾和冲突,分析当代社会转型的特点以期确立正确的治理模式,就显得十分必要。市场经济的发展给我国带来经济繁荣的同时,也必然制造了社会利益的冲突及社会结构的裂变。转型时期的社会危机,乃是传统治理模式未能随着经济发展、社会变迁予以相应改进而产生的必然现象,传统治理模式在应对社会转型方面已经显示出严重的不足,而法治则是成功实现社会转型的必然选择。选择并实践法治,是我国实现由传统社会向现代社会平稳发展的正确路径。

总之,21世纪是需要新思想的世纪;21世纪中国社会转型的目标即现代化的实现本身,这是一个制度创新的过程。中国需要新的"思想解放"运动,时代呼唤制度创新。制度创新不仅有利于解决中国面临的种种社会危机,而且可以为中国逐步实行依法治国、建设社会主义法治国家奠定坚实的制度基础。中国是一个发展中国家。"发展中国家"这一范畴意味着发展中经济、发展中政治、发展中文化等,自然也意味着法治的"发展中"属性。研究当代中国转型期的社会与法律问题,就是要努力描绘一种"发展中法治"的图景。

第一编
转型时期法律的社会基础

第一章 当代中国的社会精神

一、法治目标的社会精神基础

对法治的最早论述可以追溯到柏拉图和亚里士多德,其中亚里士多德(Aristotélēs)关于法治含义的论述最为经典:"法治包括两层含义:已成立的法律为大家所服从,而大家所服从的法律又是制定得良好的法律。"①亚里士多德关于法治的论述体现出法治最根本的两个方面——良法的制定和实施。

从法治实现其治理社会和约束权力的功能来说,首先完备的立法是必不可少的。完备的立法可以使公民在社会生活领域有法可依,并且能够运用法律的强制力对违法者进行制裁,从而使社会成员能够在秩序和安全的环境中实现自己的利益;同时,完备的立法也将使政府权力受到法律的控制,使社会成员能够对政府行为作出有效的预测,并更好地安排自己的生活。因此,立法是法治实现其功能的前提。

从我国社会的近代转型和现代转型的历史来看,真正完备的立法在战乱和动乱时期是不可能也没有得到真正实现的。直至经历了"文革"的动乱之后,中国共产党痛定思痛,拨乱反正,法律的重要性才逐渐被认识到。从1997年中共十五大确立了"依法治国,建设社会主义法治国家"的基本治国方略之后,中国特色的社会主义法律体系逐步走向完备。

---

① 〔古希腊〕亚里士多德:《政治学》,吴寿彭译,商务印书馆1983年版,第167—168页。

2008年2月发表的《中国的法治建设》白皮书写到:"中华人民共和国成立近60年来,特别是改革开放30年来,在建设中国特色社会主义的伟大实践中,中国的法治建设取得了巨大成就。"①"有法可依是建设社会主义法治国家的前提。经过多年不懈的努力,以宪法为核心的中国特色社会主义法律体系基本形成。当代中国的法律体系,部门齐全、层次分明、结构协调、体例科学,主要由七个法律部门和三个不同层级的法律规范构成。七个法律部门是:宪法及宪法相关法,民法商法,行政法,经济法,社会法,刑法,诉讼与非诉程序法。三个不同层级的法律规范是:法律,行政法规,地方性法规、自治条例和单行条例。目前,全国人民代表大会及其常务委员会已经制定了229件现行有效的法律,涵盖了全部七个法律部门;各法律部门中,对形成中国特色社会主义法律体系起支架作用的基本的法律,以及改革、发展、稳定急需的法律,大多已经制定出来。与法律相配套,国务院制定了近600件现行有效的行政法规,地方人民代表大会及其常务委员会制定了7000多件现行有效的地方性法规,民族自治地方的人民代表大会制定了600多件现行有效的自治条例和单行条例。国务院有关部门以及省、自治区、直辖市和较大的市的人民政府还制定了大量规章。"②

党的十五大提出的形成中国特色的社会主义法律体系的目标,至2010年已如期实现。

无法可依已成为历史。一项对全国人大代表的调查(全国人大代表对立法现状满意度抽样调查)表明,大部分人认为我国以宪法为中心的各类法律制度已基本完备③:

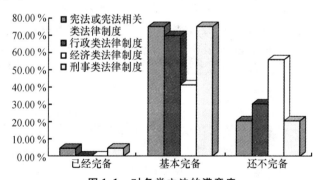

图1.1 对各类立法的满意度

---

① 国务院新闻办公室:《中国的法治建设》,外文出版社2008年版,第5—6页。
② 同上书,第13—14页。
③ 数据来源杨子云:《人大立法这五年:变与不变》,载《南方周末》2008年3月20日。

有法可依只是实现法治的一半,而且也许是更容易的一半,更关键的是制定出来的法律能够被实际实行并实现。从目前中国的法律实施的现实状况看,情况不容乐观,法律实施面临较大阻力。对此,人们都有不同程度的体会,有学者提出:法之难行已是中国法律实际生活的显性病症,最突出最严重的问题表现在两方面:一是所制定的法律、法规中,绝大多数事实上没有被当做法看待,没有起到法所应起的作用;另一个更严重的问题是,现行法律、法规和规章所形成的制度和规则中,有很大一个数量,或是未能有效实行,或是未能较好实行,或是全然未能实行。①

对法律之难行的程度,我们也可从法律和社会生活领域的热点问题中发现,这些问题的严重程度和人们的关注度是成正比的,这种关注度应该通过该问题的文献量的多少反映出来。为此,我们选取的检索对象为"中国知网"(CNKI)中的"中国期刊全文数据库"和"中国重要报纸全文数据库",检索的主题词(精确匹配)为"执行难"、"潜规则"、"司法腐败",检索的时间范围为2000—2009年,检索时间为2011年1月4日。检索到的文献量如下:

表1.1 检索到主题词为"执行难"、"潜规则"、"司法腐败"的文献

数据库 主题词	中国期刊全文数据库	全国重要报纸数据库
执行难	1244篇	4842篇
潜规则	2666篇	3063篇
司法腐败	1241篇	866篇

在短短10年的时间,出现如此多的文献,说明这些问题引发了人们相当大的关注。如果我们将时间再往前回溯,我们还可以获得更为惊人的文献量。这些文献量说明社会中存在着这样的问题,而这些问题一直困扰着中国的法治建设,而这些关键词恰好反映了问题的严重程度。

关于为何法律难行的原因,人们看法各不相同,但大致有三种可能的答案:

1. 法律视角:立法不够完备,且质量欠佳

根据前引的一则对人大代表的抽样调查表明,很少有代表认为中国的各类立法已经完备,只是有大部分代表认为已基本完备,有1/3的代表认为还不完备。这说明法律制度不完备,仍然是中国法治之路需要解决的问题。

同时,此次调查结果也表明,相当多的代表们认为立法的内容和程序上还存在着较大的问题,影响了法律的可操作性。问题较大的如下表:

---

① 周旺生:《论法之难行之源》,载《法制与社会发展》2003年第3期。

表 1.2 影响法律的可操作性的较大的问题调查结果

问题	回答
目前行政法规是否有与宪法、法律相抵触情况？	有抵触 52.88%，无抵触 47.12%。
目前我国立法过程中部门和地方保护的情况是否存在？	比较严重 44.84%，基本不存在 48.84%，不存在 6.32%。
你认为目前我国法律与法律的规定之间有无相冲突的情况？	有不少冲突 31.71%，基本没冲突 65.85，没冲突 2.44%。
你认为立法过程中听取公众的意见是否充分？	还不够充分 54.55%，比较充分 36.36%，充分 9.09%。
改革开放 30 年来我国制定的法律，总体上的可操作性如何？	有的不强 46.51%，比较强 44.19%，强 9.30%。

法律不完备可能影响法律实施的原因是：法律实施也需要法律保障，即法律实施也需要完备的法律规范，并赋予法律强制力。如执行难可解释为民事执行领域的立法不完善。如有学者提出，针对"执行难"问题，需要完善我国的强制执行法①，而对于潜规则以及司法腐败问题，我们也可理解为是因为国家的制定法未能在这些领域作为完备的规定，导致人们钻了法律的空子，因此法律不能针对这些现象进行有效的惩罚。

另一方面，立法的不公正，不民主，可能也是原因。如上表人大代表认识到的立法过程中的部门和地方保护主义比较严重，立法听取公众意见不够充分。这些立法中的问题可能会影响了它的实施，法律在实施中不被人们接纳，法律缺乏人们的信任，因此实施乏力。

此外，立法质量也是重要原因。周旺生教授在分析中国的法之难行的根源时，首先就关注到立法质量问题。他认为主要表现在两方面：一是立法违背科学，或立法技术存在问题，使法不能实行或难以实行；二是法的渊源和法的体系中存在大量的相互矛盾、抵触、冲突的情况。② 立法的低质量和不科学导致的结果是法律的执行中会出现较大的不确定性后果，加大法官和执法者的自由裁量权。司法腐败和潜规则的横行与此显然也有密切关系。

从法律视角看，法律实施的困窘主要还是一个立法的完备性和科学化的问题。

---

① 齐树洁、马昌明：《完善我国强制执行法若干问题的探讨》，载《法学评论》1997 年第 3 期。
② 周旺生：《论法之难行之源》，载《法制与社会发展》2003 年第 3 期。

2. 国家视角:公民法律意识不强

由于中国当今的法治道路主要属于政府推进型,从当初的改革开放到党的十五大依法治国方略的确立,其动因也主要是由国家高层顺应民心国情和外部趋势而发起的一种改革。但如何改本身更多地体现了社会精英和政府的愿望。特别是中国的法治是外发型的,法治不是社会自然内生的产物,从一百多年社会转型的历史看,它是由西方外来压力所致的借以实现国强民富、民族复兴的手段。长期以来民众适应了本土法律制度,有其自身的社会生活习惯,不少人很难理解西方化的法律精神以及法律思维方法。因此,国家法律和公民法律意识之间的脱节,也最容易体现出来。法律实施的阻力也最容易被归结为公民法律意识不够强。

通过对"中国期刊全文数据库"和"中国重要报纸全文数据库"的检索来看,1980—2009 年,期刊中文献主题词(精确匹配)中出现"法律意识"一词的有 14077 篇。而报纸从 2000—2009 年中出现了 5137 篇。这样的数量应该是惊人的。这说明法律意识已成为国人过度关注的一个问题,也反映了国人的一个潜在意识:法律自身是没有疑义的,问题出在公民法律意识不强,这是法律难实施的关键所在。

和"法律意识"一词同时登场的是"法律信仰","法律信仰"是和西方人的精神追求有关的一个西方化的概念。这一概念被挪用以反衬中国人意识中的不重视法律的心理现象,同时寄希望于树立国人的法律信仰,以达到法律被顺利实施的目的。从 1980—2009 年,在期刊中出现"法律信仰"的主题词的有 1142 篇,在报纸中出现的为 181 篇。我们再从时间的分布看,在期刊主题词中出现法律意识一词的是 1981 年,从 1981—1986 年出现"法律意识"一词的文献有 76 篇,1987—2000 年有 5425 篇。2001—2009 年有 8576 篇。

从时间分布上看,这两个概念的运用出现了不断增多的趋势。

3. 社会视角:法律不适应社会

随着法律社会学在中国的兴盛,法律与社会的关系逐步被人们认识。从法律社会学的角度,不是法律决定社会,而是社会决定法律。在人们不断地提"增强法律意识"的思维背景下,一些学者开始另辟蹊径思考法律实施面临的困境问题。比较成功的是苏力教授,他在 1996 年出版了《法治及其本土资源》一书。书中重点关注了转型中国的法律与社会问题,书中收录的系列论文《变法、法治及本土资源》、《秋菊的困惑和山杠爷的悲剧》、《法律规避和法律多元》、《再论法律规避》、《市场经济需要什么样的法律》等论文的进路基本都是法律社会学的进路。他的论文论述了西方化的法律并不适应中国农村,甚至可能破坏其自身秩序问题,论述了非正式制度和习惯在社会生活甚至是法治中的重要地位等问题。①

当然对法律与社会问题,学者们各自有不同的理论出发点,但共同的一点是,都重视社会对法律的决定作用。从这一点出发,就不再是社会去适应法律,而是法律要适应社会。研究法律实施的困境问题,关键问题是要探索社会规律,而不是片面地强调增强公民法律意识。在这种背景下,研究民间法、习惯法、法律文化等问题的学术文献激增。以下是从"中国期刊全文数据库"中对以上主题词在文献篇名中出现次数的统计(主题词为模糊匹配):

表1.3 研究法律与社会、民间法、习惯法、法律文化问题的学术文献统计

主题词 \ 年份	1980—1996年	1997—2009年
法律与社会	81	592
民间法	0	387
习惯法	52	518
法律文化	164	1205

根据对"中国期刊全文数据库"的检索,关于西方法律社会学的介绍以及法律与社会问题的研究从20世纪80年代就开始进行了,但数量较少,而1997年后出现了巨大的增加。而"民间法"为标题的论文是从1997年才开始出现,最早是1997年梁治平在《中国文化》上发表的一篇论文《中国法律史上的民间法——兼论中国古代法律的多元格局》。1997年后民间法的研究出现了蓬勃增长的态势。习惯法的论述则出现较早,1981年就有了关于少数民族习惯法的论文,而早期也基本上属于少数民族习惯法研究。1997后以"习惯法"为篇名的论文也有大幅度增加。法律文化的研究也比较早,最早的论文是1987年,但数量出现巨大增加也是在90年代后期以后。

上述三类视角是目前国内对法律实施困难的主要答案,在三类视角下当然也有各自不同的观点,但其观点有相似性。此外也不排除在这三类以外还有其他的见解,但总的说来,以上三类是主要的。

我们认为,以上三类观点都有一定的道理,从某种角度来说,都有正确性。但在解释中国的法律实施困窘原因时都存在明显的不足。

第一,法律视角的不足。

从法律视角看,其优点在于它提供了一个实实在在解决法律实施问题的途径,通过自身的完善和质量的提高,可以在相当大的程度上使法律实施通过具

---

① 苏力:《法治及其本土资源》,中国政法大学出版社2004年修订版。

有国家强制力的法律规制而得到顺利进行。这种方法首先在法律自身上找原因，更多地把法律实施困难问题归结为一个法律制定中的技术性问题，通过对立法技术性工作的进一步把握，对法律漏洞的修补和内部的梳理，以完善法律规定，从而达到法律能够被实施的结果。这一途径确实能够解决相当多在法律实施中存在的问题。但是这一解释不能解决所有法律实施中存在的问题，比如有法不依、拒不执行法院生效判决等问题。当然该论者仍然可能强调这些问题的产生是法律规定不完善的结果。但按这一思路，要杜绝有法不依，需要有两个条件：其一，绝对完善的法律；其二，完全无遗漏的监督。但这两点实际上都是无法满足的。首先，绝对完善的法律是不可取的，也是不可能的。想要绝对完善法律的想法可能导致这样的观点：在人们具有不正当行为的所有地方，都应当用法律调整。但这将取消道德调整的可能，使人类的社会调整完全是由强制性规范来调整。当一个社会里的人纯粹是因为害怕才遵守法律时，这其实是法治的失败。绝对完善的法律的不可能性在于社会生活的复杂性、多变性使任何法律都不可能完善，法律的稳定性和规范性要求使其对社会的调整无法做到妥帖无比。其次，完全无遗漏的监督也不可能存在。法律的执行离不开监督，但也不能纯靠监督，因为监督总不可能无处不在，在监督无法达到的地方，法律执行靠什么呢？比如我们司空见惯的是人们驾驶汽车在没有警察的地方通常会出现违法情形，然而，我们总不可能使所有的公路上站满警察。

因此，从上述两方面说，法律根本不需要完全的完善，也不可能完全的完善。法律只要做到基本的完善，便可正常发挥法律的功能。试图只通过法律完善来解决法律实施中的问题是完全不够的。

第二，国家视角的不足。

从国家视角看，公民法律意识不强确实也是中国法制现代化进程中的重大问题。中国历史上长期以来不是法治而是人治和德治，历史遗留下来的心理积淀还在潜移默化地影响人们的行为，如权利意识不强、契约意识不强，等等。但改革开放三十年，人们在这一方面的法律意识已大大提高，从1978年到2008年一审民事案件的收案量看，从1978年的300787件上升到2008年的5412591件。收案量增加到近18倍。从民事案件诉讼率看（民事一审收案数/当年人口数），1978年诉讼率为0.000317%，2008年为0.004076%，也上升到前者的13倍。

表 1.4　1978—2008 年一审民事案件的收案量和民事案件诉讼率

年份＼类别	民事一审收案数(件)	年底人口数(万)	民事案件诉讼率
1978 年	300787	96259	0.000317%
2008 年	5412591	132802	0.004076%

(资料来源:《中国统计年鉴》)

　　从民事案件的诉讼率看,人们的维权意识已经大大增强。此外,改革开放 30 年的法治之路使法律的地位大有提高,法律在社会生活中日益发挥着重要的作用。但我们看到的另外一种现象是,随着诉讼率的攀升,执行难问题并没有好转。这说明,人们诉讼的根源在于经济发展带来的利益冲突的增加,维权目的多是为了实现自身利益,而不是维护法律和公正。因为从执行难中我们就可以看到,相当多的被执行人为了自己的利益寸步不让,根本不愿自愿履行生效的法律判决。他们所考虑的不是法律也不是正义,而仅仅是自己的利益。如果对被告执行难是普遍现象的话,那么原告起诉同样也可能完全是为了自己的利益,而不是为了维护法律的尊严和正义的实现。在这个中间人们缺乏的不是法律意识,而是道德意识。

　　在一些地方确实也存在着人们比较忽视法律,而注重权力和非正式规则的现象。比如在乡村社会,法律所能起的作用确实可能不如当地有权有势有威望的人,也不如当地诸如习惯性规范那样的非正式规则,法律规避现象在那些地方也比较普遍。这些现象确实也属法律意识问题,但仅仅把它归结为法律意识问题,却使我们失去了这样的反思:法律被规避,难道不可能是法律不适应社会而产生的吗？到底应当是人们的意识来适应法律呢,还是法律适应人们的意识？如果人的意识能够简单地由法律来改变的话,那么法律无法实施就可以归结为法律意识问题。但意识的形成相当复杂,它们在相当大的程度上是被社会决定的。而法律在改变社会方面虽然有一定的功能,但并不具有完全的能力,从根本上说,是社会决定法律,而不是法律决定社会。强调公民法律意识不强其实是国家视角的产物,从清末法制改革启动法律现代化之时起,在法律问题上人们都是采用国家视角,即公民要适应国家关于富国强兵的发展计划。但过多地强调这一点,却使我们忘却了法律是应社会生活需要而产生的这一根本常识,而去片面强调法律改变社会的功能。

　　因此,强调公民法律意识不强一说,并不能完全解释当今中国法律实施中存在的问题。

　　第三,社会视角的不足。

　　从社会视角看,法律不适应社会一说,在某种程度上也可以较好地解释当代中国法律实施困窘的问题。从中国法治现代化的道路看,一百多年的历史就是社会精英试图通过制度和法律改变社会的历史,在这个过程中,法律的改革功能被过度地扩大,因此带来了法律对社会的不适应性,中国人不适应西方移植来的法律制度。按照这一说,法律就应当从社会中自发生成,而不是由国家创造或从西方移植。因此,应当重视人民群众在社会生活中的规则创造,尊重社会自生自发的习惯规范,从中生成国家法律规范。从这一视角,自然不存在公民法律意识不强问题了。但这一解说的致命问题是:法律去适应社会,但社会的自发规则难道就真的正确吗?如何判断自发规则是正义的呢?而社会告诉我们的反例却是社会生成的自发规则有不少是令人憎恶的潜规则,因为社会中权力的分布并不是平衡的,权力的失衡导致利益冲突自发解决的畸形化,如钱权交易等现象容易产生出来。相反国家法律通过公正的立法程序诞生出来,其结果可能更公正。

但是否就说明国家法可以脱离社会的习惯规则,甚至可以和它相冲突呢?显然这种观点也不正确。那么这里就显示出一个自相矛盾的困境:法律既需要体现人们生活的习惯方式,但又不能去迁就人们生活的习惯方式,因为人们很可能生活在一种错误生活方式中。

以上三种视角既然都存在不足,是否三种视角的结合就可以给我们一个完满的答案?从三种视角中的每一个出发,我们都可以看到其他视角的不足。但三种视角的结合并不能给我们一个满意的答案。因为三种答案都对法律解决社会问题寄予了过高的期望,都从法律自身建设的角度出发来看待社会问题的解决。而没有认识到单凭法律去调整社会存在局限性,这种局限性将导致法律难以实施。

这种局限性主要在于,首先,权力始终先于法律而存在。在人的意志和法律的关系中,人的意志始终会超越法律,决定法律,无论在立法还是司法执法过程中。其次,我们从法律运行中存在诸多局限性看,法律对社会关系的调整并不能做到完美无缺。因此,我们应该认识到,法律难以实施有其自身性质的原因,而弥补这种缺陷必须要到法律之外去寻找。

我们认为,必须找到一种能够克制权力意志任意性的规范,这种规范不被权力意志所决定,那么当法律在这种情况下也被它决定,并统治社会时,法律将更好地克服它的局限性,更好地被实施。如,在法律含糊需要解释时,有标准来决定;在法律出现漏洞需要自由裁量时,法官意志不是任意的;在法律监督不及之处,在内心深处有力量来推动服从。

作为能够克服人的任意意志的法上之法,并不在于是否有自然法观念,而在于是否存在某种社会条件,这种社会条件能够使人们获得确定性的正义观念,并在此之下,人们的意志可以得到自我克制。

所以,我们将从法律与社会精神的关系角度论证,一个社会的社会精神对法律制度的成立至关重要,它是法律确定性之源,并可一定程度上弥补法律的局限性,克服人的意志的任意性,促进法律更好地运行。

二、转型时期的社会精神特质

(一)法律是人的心灵建构的产物

人类的文化、法律以及其他制度都是人类心灵活动的产物,都离不开人的意志的活动。因此,我们可以说法律制度是建立在人的精神的基础上的,是心灵建构的产物。

如果我们把独立于人的心灵的外部世界称之为实在的话,那么外部的自然的物质世界是实在的,自然界的规律不以人的意志为转移。但在人类社会里,由心灵所建构的各种制度并不具有这样的实在性。当然,我们并不打算否定人类心灵可能受到其他社会事实的影响,如经济基础的制约,因此不是纯粹主观任意的,而是有其内在规律的。但社会规律和自然规律不一样,自然规律可以通过实验多次重复来进行验证,但社会规律却可能因为社会的复杂性而难以作出重复性实验进行验证,因此在社会规律领域,人们远不能达成一致的意见。美国著名科学家沃勒斯坦(Immanuel Wallerstein)因此反对社会科学具有确定性,他认为社会科学是在19世纪末在牛顿力学的影响下确立起来的。1945年以后,社会科学的所有学科变得越来越定量化,并且坚持决定论的社会科学体系的假设,反复强调社会科学的目标是认识普遍性的、与他们认为物理学所能阐述的东西相似的法则。但"实际中他们所遇到的主要问题是,他们甚至无法作出非常准确的值得社会称赞的短期预测"[①]。

沃勒斯坦坚决认为社会科学本质上是一个不确定的领域,不论采用牛顿力学方法还是其他什么方法。他借鉴普里高津(Ilya Prigogine)的观点,认为并不存在适用于宇宙每个角落的普遍法则,我们所认识的真理只能在某一时空范围内站得住脚。沃勒斯坦进一步指出:"如果现实是不确定的,那就不得不进行选择了;如果我们不得不进行选择,那分析者的价值取向、偏好、假设等就不可避免地要进入分析过程了。我们即使有意排除这些要考虑的因素,即如果我们在

---

① 〔美〕沃勒斯坦:《知识的不确定性》,王昺等译,山东大学出版社2006年版,第22页。

从事知识活动时坚持一种道德中立立场,这些因素也会无意识地出现,也会在人们随意的交谈中出现。我们即使把这些因素表面化,还会不断出现无意识状态,因为无意识构成了分析家的灵魂。简言之,对真理的追求都会涉及对善与美的争论。"①

虽然沃勒斯坦的主张未必会被我们完全接受,但法律科学可能存在的不确定性却不容我们忽视。一方面,法律科学建立在经验科学的基础上,由于社会经验不具有可重复验证性(就如人不能两次踏进同一条河流一样),因此往往不能揭示普遍真理。另一方面,法学研究往往会涉及价值判断,因而出现结论的不确定性。因此,从人们心灵中建构起来的法律制度也就会具有不确定性,受制于人的任意意志的特点。在现代立法活动中,尽管我们通过立法程序来确保公正性,但法律不得不受制于各种利益集团的活动,同时需要从各种对立冲突的价值判断中获得折衷妥协,以满足平息利益冲突的目的。立法活动产生的法律实际上是体现了一个时代人们各种各样的心灵实际状况,是一个时代人们的精神的外化。而当我们把视角从书本中的法转向行动中的法,或转向书本上的法运用于现实时的解释,法律受制于个体而显示出来的主观任意性就更大了。

那么,是否有可以构成对个人意志或群体意志有约束,使法律具有确定性的东西呢?当然,理性被寄予厚望,但人的意志并不一定会按理性的方式行为,且理性也可能会被欲望支配。在人的心灵中,非理性的成分往往是无法排除的。因此,除了理性外,我们还应当有能够约束群体和个体意志的东西。要找到这个东西,我们必须从人的心灵出发,分析影响人的心灵的精神力量。因此,我们将提出社会精神的概念,并论证社会精神在约束群体和个体精神方面的意义。

(二)社会精神的含义

精神可以划分为个体精神和社会精神。个体精神是个别的,体现在个人身上的心灵的活动,这种心灵活动虽然受制于社会和外在物质世界,并不是完全任意的,但毕竟具有较大的任意性和可变性。而社会精神并不是个体精神的简单汇集,而是在历史的长河中逐渐形成有较大客观性的共同意识和心理倾向的一种存在,它能够对个体精神起制约作用,并在历史的演进过程中,随个体精神一起处于不断的演进过程中。

就社会的存在本质的认识,历史上有两种对立的流派。一种是社会原子论(机械论),另一种是社会有机体论。社会原子论是一种个人主义社会观,认为

---

① 〔美〕沃勒斯坦:《知识的不确定性》,王昺等译,山东大学出版社2006年版,第32页。

社会是个人的机械联合。而社会有机论则将社会看成是一个统一的有机整体,而不是个体的简单的结合。俄罗斯著名思想家弗兰克(С.л.франк)认为两种对社会本质的认识观点都是错误的,然而又同时有其正确性。社会原子论认识的社会本质实际上只是社会外部层次的、表面的社会现象,体现的是个体意志的对撞冲突以及机械联合。普济主义(社会有机论)看到了社会的精神本质,即内部的完整的统一的有机的存在。这两种认识都是不完整的,实际上社会本质是外部和内部两个层面的统一。① 作为社会的精神本质这一层面,弗兰克认为它是外部的表面的社会现象的基础,"社会生活这一外部的、机械的层次只可能建立在我们称之为'会同性'的那个由生命的、内部的、有机的社会统一体的基础之上"②。

确实,社会如果没有一种精神上的联系,没有共同的语言、习俗、道德和价值观,人们之间如何才能相互信任,并且和谐相处、共同生活?利己的理性个人并不能自动地带来社会合作,社会合作的形成是在长期的历史中不断形成并巩固的习俗和道德的产物。比如,订立契约的双方个体,如果没有对对方的基本的信任,这种关系根本不可能形成。而这种基本的信任,是基于共同体长期生活的习惯方式而来。

社会精神体现的是社会内部的深层的精神本质,是各种分散的、似乎各不相关的社会现象下隐藏着的默默的精神力量,它是社会赖以存在和发展的基础。一个社会在长期的历史发展中形成的宗教、习俗、道德、哲学等文化和思想正是社会精神直接的反映。它使社会中人与人之间的结合不仅是利益关系的结合,还是共同的价值信念的结合。而社会的政治、经济、文化等制度无不是社会精神作用下的产物,或者说政治、经济、文化制度的内在实质就是社会的精神,法律制度作为支撑社会制度的主要工具,本身也应当是社会精神的反映。

(三) 社会精神决定了法律的发展理路

法律发展的道路从来不是建立在个人或群体主观任意上的,法律发展是可以预见的,这种预见是从历史中去瞻仰未来。社会精神所具有的超时性,决定了社会精神所决定的法律永远都是具有继承性的。法律的未来正是在继承原有的法律制度和文化基础上的开拓创新。伯尔曼(Harold J. Berman)总结了西方法律传统历史上的六次革命,他认为西方历史中存在着周期性地诉诸非法暴

---

① 〔俄〕弗兰克:《社会的精神基础》,王永译,生活·读书·新知三联书店 2003 年版,第 61—63 页。
② 同上书,第 64 页。

力来推翻既定的秩序的现象,而且作为这种结果最终产生了新的和持久的政府和法律制度,西方每个国家和政府都源于这样的革命。每次革命都产生了一个新的法律体系,体现了革命的某些主要目的,改变了西方的法律传统,但最终它仍保持在该传统之内。他还认为,西方历史上的每次革命的一个重要因素还出自于基督教的末世论的影响,是对一种历史正向最后结局行进的确信。①

中国一百年转型社会的历史几乎是彻底否定自己传统文化的历史,在这个过程中,法律的转型必然是迷茫的,由于中国总是从制度上借鉴西方,这使得西方每一次理论的革新都会对中国知识分子造成冲击,失去了自己根基的法律也难以找到自己的未来。

虽然法律具有巩固社会精神的作用,但法律所具有的主观性特点,可以使法律对社会精神产生一种积极的引导作用。时代是变化的,这使得传统的社会精神仅具有相对的正确性。人们可以通过积极主动的立法活动,引导社会精神朝向新的方向。正如鸦片战争以来中国面临的新情况,中国社会确有必要通过立法活动,通过吸收西方文化,引导一种适应新情况的社会精神的产生。但无论如何,这种主观的立法活动,绝不可能全然改变传统的社会精神本身,而只能是建立在传统的社会精神基础上的更新。只有这样,法律才可能具有社会生命力。

三、转型中国的法律如何与社会精神相统一

(一) 重回历史记忆,重塑社会精神

当代中国法治建设已在立法领域取得了巨大的成果,但法治的进一步推进需要的是法律能够良好地运行,发挥其实际效力,这在转型时期的中国是一个长期而艰巨的任务。我们应当进一步认识到,法律自身从其精神到其运行都不是自足的,都需要受制于人的意志,因此法治不仅对于人的精神需求,而且对于社会控制而言都不是最根本的,法治能够发挥其良好作用必依赖于社会精神的支撑。

如何塑造当代转型时期中国的社会精神呢?我们可先考虑以下几种方案:第一,权力决定。虽然社会精神存在于人的心灵之中,但又不完全是主观的,因

---

① 〔美〕伯尔曼:《法律与革命——西方法律传统的形成》,贺卫方等译,中国大百科全书出版社1993年版,第29—30页。

此它就无法仅仅通过政治权力来决定。尽管政治权力可用于教育、宣传等方面，以期影响人的心灵，但这种灌输很难产生应有的力量，难以激发人们尊敬的情感。并且由权力所决定的社会精神自身很难说是否渗透了当权者的私人意志或私欲，即对政权本身合法性的维护。第二，理性论证。理性论证只能满足于人们心灵中理性部分的需求，而社会精神本身亦有非理性的特点，这决定了社会精神本身能够产生一种情感上的力量，即尊崇感。而从理性角度的论证其优势仅在于真伪判断，自身很难产生情感力量，以抵御私欲的诱惑。此外，因理性论证而产生的道德判断在哲学家那里已难以获得一致的结论，因此其说服力已经大大降低。因此，试图以某种哲学思想来维护社会精神的统一性已很难行得通。第三，当代的伟人魅力和道德楷模。伟人的出现确实可以凝聚相当的道德情感，激发人们的精神力量。但伟人魅力所产生的情感只是短暂的，不稳定的，会随着伟人的去世而消逝，或随当权者的不同而产生不同的评价。此外，伟人魅力常常也会掩盖伟人的错误，把一个社会的精神寄托在一个人的精神上毕竟是危险的。当代道德楷模的树立有一定的道德力量和影响力，但如果缺乏历史文化的底蕴，这种道德楷模可能就是昙花一现。此外，道德楷模如果是依照权力树立的，那么树立的动机和是否有真实的内涵也令人怀疑。第四，契约或合意。从身份到契约似乎是一个现代化的必然过程，契约把人和人变得平等了，但也日益把人变成了社会中孤立的原子，人们之间的联合变成仅仅是合意的结果。但合意是否可能构成社会精神？如果法律是可以约定的，但道德却不能仅仅是约定的结果。因为，约定既然可以订立，那么也可以废除，那么它就仍然存在于人的意志领域，它就无法真正约束人的任意意志。此外，约定还是有条件的，一方的行为以另一方的行为为条件，最终实现公平。但道德无法仅仅是公平，相反公平以道德为其现实条件。因为，如果一个社会不存在无私的精神，那么一方违约，则另一方也不会履约，道德就无法被遵守。因为仅仅约定本身并不能激发人们必须守约的情感。由此来看，契约只能存在于人们的利益关系领域，很难创造出一种社会精神。

在从身份到契约的运动中，民主也日益登上了社会舞台，并成为政权合法性的标志，而历史文化中逐步演进而成的社会精神日益退居边缘，在政治权力由少数人转向多数人时，仍然隐藏着权力失去控制的危险，这种危险被称为多数暴政。

对于群体力量失控有无其他救治办法，既能避免群体低劣的一面，又能维护社会的精神统一呢？其实，群体和个体一样，需要克制的是恶性发展的本能和欲望，才能避免其权力无约束的状态。

无论是克制个体的权力还是群体的权力，都不可避免地最终追溯到人的精神方面,而不是统治技术方面,因为技术总是为人所用的。然而这种精神力量如何才能获得,如何才能产生对人的任性的心理的支配力,必有赖于在历史文化中逐步形成的社会精神。面对现代社会的社会精神衰微的状况,唯有重塑社会精神,才能为现代民主社会注入新鲜的精神养料,防止民主社会的偏失。

当代中国的精神文明建设的重要性已经日益被人们认知,但如何建设精神文明却面临不少困境。其实,精神文明建设必须依托社会精神,如果单靠政府推进,靠宣传,靠说教,靠灌输某种价值,则难以产生多大的效果。从根本上说,社会精神一定内生于社会,它存在于社会的记忆深处,是人们长期的稳定的情感所在。这种长期稳定的情感所表达的是对某种人格和行为方式的崇敬和敬畏,如历史上被尊为圣人的孔子、孟子,以及闪耀着光辉人格的屈原、岳飞、文天祥、海瑞、包拯等历史人物,他们身上的凛然正气表达出来的中华民族的精神正是凝聚社会精神的宝贵资源。除此之外,儒家经典的道德教诲,修养身心培育正气的具体方法以及仍然洒落民间的道德余絮都是培育当今社会精神的养料。

无论个体或群体都需要这种精神的养育,以摆脱自身欲望的诱惑,获得稳定的道德情感,而不至于在民主社会里演变为失去自我控制的乌合之众。失去自我,没有自我克制能力,仅以情感和欲望为指导的大众只有通过这种教化,才能拥有文明的精神面貌,获得生命的安顿和有利于自身的身心发展。而要重新培育这种精神,不可能另起炉灶,而只能在传统文化的基础上才能使社会精神获得新的生机。这就需要我们民族重新对待历史,重回历史记忆。

一百年前的中国,因为遭受西方列强的武力威胁,面临亡国的危险。人们开始感觉到自己科技、国防和经济的落后,继而感觉到文化的落后,最后逐渐产生了对传统文化憎恨的心态,试图通过各种运动与传统文化一刀两断,从新文化运动到"文化大革命",各种激进的手段都用到,但新的文化并没有建立起来,相反今天的中国,在道德领域乃至人们的精神生活领域却出现了精神的衰微和物欲至上的现象。我们应当认识到,精神文明建设是不可能摆脱历史的,任何一个文明都不可能从空中建起,它必然是一种历史的延续,是在历史中的演进和发展。

伯克曾言:"凡是不向后回顾自己祖先的人,也不会向前瞻望子孙后代。"[①]因为社会精神并不完全是主观的,而是有其客观性的,它并不是一个时代的人可凭借自己的愿望,就可以自觉地创造的,就如同一座大楼是不可能从最高一

---

① 〔英〕伯克:《法国革命论》,何兆武等译,商务印书馆1998年版,第44页。

层修起一样。社会精神也不可能通过对西方文化的学习移植而来,就好比一个人羡慕另外一个人的性格和气质,想变得像他那样,那完全是不可能的事。彻底地否定自己,并不能变得像别人一样,反而会连自己都失去了。"邯郸学步"的成语告诉我们的就是这个道理。正是因为社会精神彻底变革的困难性,这使得中国社会转型经历了那么长的时间还没有结束,长期以来激进的社会变革,并没有带来社会精神的根本变化,反而造成了社会精神的失落,中国人在失去了自己的精神家园时,也慢慢失去了自己的民族特性。中国之所以叫中国,并不是因为其地理位置的原因;中国人之所以叫中国人,也并不是因为其黄皮肤、黑头发的原因。中国之所以是中国,乃是因为其文化与其他国家文化相比具有独特性,中国人具有凝聚自己精神信仰的家园。纵然中国采取西方化的制度,也并不能使中国人变成西方人,因为中国文化长期熏陶而成的集体记忆仍潜移默化地影响着中国人的精神面貌。

新中国建立以后,为建设社会主义的新中国,开始了重塑精神信仰的活动。但这一活动仍然是在"五四"以来,彻底否定传统文化的激进思路下进行的。建国后,传统的家、国、天的精神关怀体系不再存在,阶级情感作为联系社会精神的新纽带建立起来。在家庭的血缘纽带日益淡薄的时候,以同志关系加强松散的个人联系,单位成为了个人享受集体温暖的巢穴。社会最终的精神信仰统一在对共产主义的目标信仰上。在新中国成立后的一段时期内,在共产主义信念的激励下,中国社会保持了高度的内在凝聚力,中国人民以高度的热情对待社会主义建设,人与人的关系方面也体现出高度的道德风尚。但激情并不能代替持久的稳定的情感,随着对社会生产力条件的重新认识以及社会主义初级阶段理论的确立,当人们意识到共产主义并不可能近期达到的时候,激情的退却带来的是信仰的冷漠。当同志的称呼成为历史之后,中国社会凝聚精神信仰的力量已基本丧失。随着精神信仰的丧失,随之而来的是社会道德的大幅滑坡。在物质文明已经大大提高的情况下,精神文明建设开始成为今天的重要课题。

中国百年以来社会转型的历史也告诉我们,试图忘记过去,单靠政治权力和人民的一时热情并不可能建立起全新的社会精神,而只有立足传统的开新,才有可能开创中华民族新的未来。

(二) 儒家思想的启迪

当我们重回历史记忆,我们不仅可以获得填补当代转型时期社会精神空虚的精神养料,而且可以发现传统礼法思想中可资当代借鉴的丰富智慧。

对于中国传统儒家法律思想,当代中国学者虽肯定其有可资借鉴之处,但大多对其礼法结合的基本理论持否定态度。但我们认为,如果我们结合中国国情现实,并不带偏见地认真思考儒家经典礼法思想的精义,我们就必然会深深地赞同老祖宗的智慧,并获得当代转型时期法律发展之路的启迪。

中国传统社会历来被我们解读为人治社会、专制社会,在我们看来不过是运用西方术语给中国社会贴上的非常简单化的标签。中国古代社会更准确的称呼应当是礼治社会或礼法社会。所谓法治就是运用法律来克制人的任性的意志,使人的行为纳入到法律的规范中去。但有法律并不就是法治,有民主也并不就是法治,法治带来的结果是统治者必须受到约束。那么人治带来的结果就是统治者不受约束的状态。在中国古代社会,君主不受法律制裁(并不意味着君主可以不遵守法律),但君主却不可以违背儒家伦理,不可违背民心。其原因在于礼对君主的约束比法的强制力大得多。法自君出,但礼却无法自君出。原因是礼比法有更悠久的历史,对人们有更强大的影响力,它是中国古代社会精神的基础。这种精神所带来的对人们的心理影响力无比强大,即使君主也无法抗拒,因此它构成了对君主的强大约束。如果君主的统治违背了礼的原则和精神,则统治的正当性将会丧失。

正是由于礼的强大力量,法律不得不和礼相结合,才能够实施。而正因为和礼相结合,法律的局限性才得到弥补。这种局限性就是:法律来自于人的意志,因此无法从根本上约束人的意志。要约束人的意志,更好的办法就是这种约束来自于人的心灵深处,是对人的精神的约束。那么具有社会性的精神就可以充当这样的力量。

这种精神的形成在中国是依傍于礼的,《礼记》中说:"夫礼之初,始诸饮食,其燔黍捭豚,污尊而抔饮,蒉桴而土鼓,犹若可以致其于鬼神。"①礼起源于民间宗教习惯,有其民间雏形,所谓圣人制礼作乐,其实是依靠民间宗教习惯而进行的改造,这样的礼就具备了社会基础,而不是凭空的想象或向他方学习而来。通过统治集团的推行和圣贤教化,礼可在社会中日益巩固。礼不仅起源于宗教祭祀习惯,同时礼的起源也来自人情,出于节制人情的需要。"礼义之经也,非从天而降,非从地出也,人情而已矣。"②礼是人的自然情感表达的需要,但礼同时也节制人情。"夫礼,先王以承天之道,以治人之情,故失之者死,得之者生。"③所以,礼的存在有强大的群众基础,是人们的心理需要,同时它也可以成为约束人心任性的巨大力量。礼的需要不仅对百姓是需要的,对统治集团也是需要的;礼的约束不仅对百姓是存在的,对统治集团也是存在的,而且随着礼

---

① 《礼记·礼运》。
② 《礼记·问丧》。
③ 《礼记·礼运》。

在民间的日益巩固,对统治集团的约束也将日益强大。因为越是人民所尊崇的,越是统治集团不敢妄为的,如果人民什么都不信仰了,那么统治集团也就更加任性了。而法始终无法起到这样的作用,在中国古代社会,如果没有礼,而仅仅靠法律来统治,可以想象到的是君主的权力将无法得到约束,法律只能是贯彻君主意志的工具。

其实,政治权力实际上是不可能低于法律的,无论政治权力掌握在君主手中,还是人民手中。那么,人的任意意志就难以得到控制,在现代民主社会,如果仅仅靠法律来统治,法律靠人民来决定,那么人民如果失去信仰,物欲横流,腐化堕落,则不论在法律制定还是在实施上仍然只能是人的任性的意志体现。

在西方历史上,宗教曾起了类似于礼的作用,统一了社会精神,使人们对自然法产生了一致的理解,从而约束了人的意志。在这个基础上西方法治才成为可能。自然法的基础从表面上看似乎是理性,一种作为每个人都普遍具有的理性,从中可以发现普适性的正义规则,而不是靠体现为宗教的社会精神。但是从古希腊罗马到中世纪法律都没有摆脱其神性的色彩,"在希腊人看来,所有的法律都盖有神的印章。早期日耳曼人也同样是这样想的:他们的法律在原始时代带有一种强烈的神圣性质。罗马人也没有什么两样,尽管他们的法律天才让其法律两度成为世界性法律。在罗马人中间,早期的法律也都是神法。"①而作为自然法基础的理性,也从来不是只在人身上具有,而是人神共有,遍及宇宙,由神赋予人。② 在中世纪,自然法和宗教的结合更为密切,托马斯·阿奎那(Thomas Aquinas)指出:"理性动物以一种特殊的方式受着神意的支配;……这种理性动物之参与永恒法,就叫自然法。……我们赖以辨别善恶的自然理性之光,即自然法,不外乎是神的荣光在我们身上留下的痕迹。所以,显然可以看出,自然法不外乎是永恒法对理性动物的关系。"③如果自然法从宗教角度加以认知,则自然法就是一种社会精神的体现,而不单纯是人的理性。如果仅仅来自人的理性,在不同的人不同的价值偏好下,将得不出一致的自然法结论。在西方宗教逐渐衰落的近代,伴随而来的便是自然法的衰落。罗门在《自然法的观念史与哲学》一书中讲到:

"个人主义的自然法由那个关于一个纯粹想象的、自然状态的虚幻世界的理论所决定,并采用经验的人性的随便什么倾向或属性作为出发点,这个时代出现了很多最高法律原则和由此形成的自然法体系,……自1780年,在每一届

---

① 〔德〕罗门:《自然法的观念史和哲学》,姚中秋译,上海三联书店2007年版,第4页。
② 参见柏拉图:《蒂迈欧篇》、西塞罗:《国家篇·法律篇》以及斯多亚哲学。
③ 《阿奎那政治著作选》,马清槐译,商务印书馆1963年版,第107页。

莱比锡书市上,都能看到8种以上新的自然法体系书籍。因而,让·保罗·莱希特的讽刺性评论倒也无夸大之处:每届书市和每场战争都会带来一种新自然法。"①

由此可见,理性本身不足以确保自然法的确定性,而当自然法不足以具有确定性时,则法律的确定性就难以确保,法律就难免沦为人的意志的工具,而无法具有至上性。后现代西方法治的危机便与之有密切关系。

如果没有统一的社会精神,法律就难以约束人的意志,就难以产生指导人的行为的作用。对于这个问题,孔子显然是有清醒认识的,他说:"礼乐不兴,则刑罚不中;刑罚不中,则民无所措手足。"②对于礼和法的关系,礼显然被认为是法之本。如果不兴礼乐,则刑罚就没有自身确定的精神方向,就难免沦为统治者的专横意志。如果不兴礼乐,则百姓就难以明白法律处罚的原因,如何才能正确地行为,更有甚之的是聪明的人们还会钻法律的空子,使法律修改永远也追不上人钻漏洞的速度。古希腊哲学家柏拉图(Plato)的认识和孔子异曲同工,他说:"真正的立法家不应当把力气花在法律和宪法方面做这一类的事情,不论是在政治秩序不好的国家还是在政治秩序良好的国家;因为在政治秩序不好的国家里法律和宪法是无济于事的,而在秩序良好的国家里法律和宪法有的不难设计出来,有的则可以从前人的法律条例中很方便地引申出来。"③他认为,写在纸上的法律是难以得到遵守的,也难以持久,如果不停地制定和修改法律来杜绝社会弊端,则无异于砍九头蛇④的脑袋。最重要的是城邦对人们从小就开始教育。

在儒家思想被尊奉为正统的中国,法律发展之路也从汉代开始走向了引礼入法之路,到唐朝礼法结合宣告完成,《唐律》成为了中华法系的典范。礼法结合的范式被以后各朝代法律制度长期沿用。这种礼法范式在《唐律疏议》的"名例疏"中有这样的表述:"德礼为政教之本,刑罚为政教之用,犹昏晓阳秋,相须而成者也。"

礼作为一种社会精神,因为历史演进而成,具有较大客观性,但也不乏具有主观性的一面。因为礼虽然是节制人欲的,但要起作用仍然依赖人心,如果人欲滋生,礼也将仅仅成为一种外在躯壳,久之必将瓦解。因此,维护礼就必须培养人的"仁心",以克制人欲超越了礼法的边界。在礼法关系中,还必须注意人在制度中所具有的主导地位,把人的教育放在第一位,这种教育就是激发人的

---

① 〔德〕罗门:《自然法的观念史和哲学》,姚中秋译,上海三联书店2007年版,第96页。
② 《论语·子路》。
③ 〔古希腊〕柏拉图:《理想国》,郭斌和、张竹明译,商务印书馆1986年版,第143页。
④ "九头蛇"是希腊福话中的怪蛇,九个头,斩去一头又生出两头。

向善的主观能动性,让人主动地追求善,实践善,而不是依赖外在的礼法节制。所以孔子说:"人而不仁如礼何,人而不仁如乐何。"①只要人们能够致力于修身,则"仁心"就可以获得:"我欲仁,斯仁至矣。"②

我们把中国古代社会秩序形式简单地转化为三个概念之间的关系:仁、礼、法。仁是礼的基础,而礼是法的基础。如果"仁"失去了,"礼"将成为一种躯壳,道德将成为伪善。如果"礼"失去了,法律将成为一种躯壳,一种表象,一种仅仅是强权的表达,失去其道德的内涵,最终将失去其作用。在这种关系中,法律制度要成功,最终必须通过对仁和礼的维护,才能够成功。因此,教化和修身成为中国社会秩序形成的必不可少的环节。

所以,孔子说为政在人:"其人存则其政举,其人亡则其政息。"③由此,我们可以得出这样的结论:一个国家的兴旺并不在于有制度,而在于制度本身来自于人,人是比制度更为根本的东西。维护秩序的更关键的因素在于培养有健全人格和健康心灵的人,如果人腐败了,则制度也必将败坏。因此社会秩序的本源就在于修身,来自于每个社会个体自身的努力,"自天子以至于庶人,壹是皆以修身为本。其本乱而末治者,否也"。④而个体自身的努力又有待于教化的实施才能产生更好的效果,所以必须"兴礼乐"。

在中国古代有一整套培养个体人格和社会精神的措施和方法,也有一整套治国安邦的良策。如果我们深入中国的传统文化,我们必将在法律与社会精神的关系上获得深深的启迪。

(三)传统文化的开新和法律的发展

在当今中国社会转型时期,"依法治国,建设社会主义法治国家"不仅进入了宪法,也已成为了人们的共识。面临改革开放和社会变革,法律也需要与时俱进,适应社会变化。但我们需要警惕的是,单靠立法是否就能够解决中国转型时期面临的社会矛盾和冲突?是否我们也在做柏拉图所说的砍九头蛇的脑袋的事情?当代法治论者大多相信人性恶,认为只有相信人性恶,才能崇尚法律的治理。他们认为必须警惕人性恶,才能设计出一个精巧的制度,来防范官员们的腐败的产生。要防范人性朝恶性发展是正确的,但如果不注重人性向善性发展,那么在人们设计出精巧的制度来防范人性恶的同时,性恶的官员们也可能想出精巧的方法来防范这种精巧的制度。当代中国各项制度为何难以落

---

① 《论语·八佾》。
② 《论语·述而》。
③ 《礼记·中庸》。
④ 《礼记·大学》。

实？法律为何不能实行？潜规则为何盛行？这些问题的发生需要我们警醒,单靠立法并不能使法律自身得以实行,法律实行需要靠人的权力的推动。因此,法律运行中人的思想上的自我约束是比法律更根本的东西,它是法律良好实施的基础条件。

要使人心受到约束,单靠个体良知是不够的,毕竟众人素质参差不齐,不可能使每个人在每件事上都有良知的发现。尽管仁是礼的基础,但礼的重要地位却不容忽视,它可以通过教化推广,使之成为人们生活中的日常习惯,并在社会舆论和压力下,使违背礼的行为得到社会谴责,使人们产生荣辱羞耻感,并使普通民众的行为能够得到自觉地规范。在普通民众自觉服从礼的同时,官员们又怎么能够逃避得了呢？如果一辆官车过于豪华或用于私人用途都会被舆论谴责,并使之惭愧地引咎辞职的话,那么我们的法律制度将能够更好地运行。但遗憾的是,法律只管大错,而不管小错,更不管人的贪心。官员违法才追究责任,小错任其发展,贪心无法遏止。其结果就等于是癌细胞在早期不去治疗,而非等晚期才治疗,这时为时已晚。如果一个国家的政府机构和官员已出现了轻度的腐败,我们不通过教化、修身等方式来防范,非等腐败严重时才下猛药,其结果可想而知。

由此可知,法律制度在一个国家秩序形成中并不是最根本的,人心的自我约束更重要。这种约束就是要通过教育,培育社会精神,不仅需要个体拥有良知,而且要在社会的公共领域形成一股激励个体的精神力量,这种精神力量蕴藏在每个人的心中。

前面我们已经说明,社会精神的培养必须重回历史记忆,从历史中吸取当今社会精神培育的养料。但使我们困惑的是一百多年的社会转型已使中国社会发生了巨大的变化,不仅是政治制度、经济制度,也包括人们的意识和行为方式都发生了深刻的变化。在这种巨变目前,如何可能使传统的礼教适应于现代社会的需要呢？

在20世纪80年代,由于东亚四小龙出现的经济奇迹,一些学者开始注意到儒家价值观的积极意义。1979年,经济学者赫尔曼·卡恩(Kerman Kahn)在其著作《世界经济发展》(World Economic Development:1979 and Beyond)中,首先以儒家伦理来解释东亚经济奇迹之谜。他的观点一出,许多学者都针对这个问题,抒发了他们的观点。在中国学者中,一些学者开始认识到传统文化的现代价值。傅伟勋主张对传统文化作"批判的继承与创造的发展",林毓生主张对传统作"创造性转化"。所谓"创造性的转化"是指使用多元的思维模式将一些中国传统中的符号、思想、价值与行为模式加以重组或改造,变成有利于变革的资源,同时在变革中得以保持文化的认同。①

但儒家价值转化的可能性在哪里呢?我们认为,任何一种文化、价值或称为社会精神都包括两方面:内容和形式。形式包括了人们思考问题的方式以及行动的方式,形式在不同的国家、民族和地域存在着差异,这种差异最早来自于自然环境以及历史发展中的一些偶然因素,形成了一个地域或民族的共同的惯性思维模式和行为方式。空有形式并不能形成秩序,因为人们可能遵循了共同的思维和行为的模式,但人们却可能是出于不同目的的思维和行为,如出于私利、出于公利、出于助人、出于被迫、出于自愿等。在这种情形下,社会矛盾仍然会大量出现。内容是各种不同文化中共同性的部分,这种共同性不是指思维和行为方式的共同性(形式的共同性),而是指在不同文化下,都强调的人与人之间的爱与友谊以及对个体自私的超越。这部分内容是不同社会的社会精神的共同性部分,它是普适性的,但它的外在表现形式会因为自然环境、历史等因素而呈现不同的表现。如因中国的地理环境、气候而形成了聚族而居的农业社会,在此基础上的儒家伦理则突出对家庭稳固性的强调,强调"孝弟",强调家庭和睦,因为它有利于秩序形成。②而作为西方文化之源的古希腊因为地处海洋,多岛屿,形成城邦社会,而无法形成统一帝国,土地贫瘠无法靠土地生活而形成人们多迁徙的生活方式,城邦战争频繁而导致公民社会。在这种条件下"正义"、"智慧"、"节制"、"勇敢"等美德则更适合秩序的形成。但在中国和古希腊的不同的文化下,其共同部分并不是其形式,而在于内容,即共同体之中人与人互爱的感情,正是这种超越私利的互爱,凝聚了一个社会的精神,构成了社会精神最核心的部分。

如果社会精神的外在形式最终受外在环境的制约,那么社会精神的外在形式随着自然或社会环境的变化而变化则成为必然。西方资本主义的兴起和它的殖民化活动导致全球化的出现,这就是导致中国外在环境变化的最大因素,

---

① 转引自黄光国:《儒家关系主义:文化反思与典范重建》,北京大学出版社2006年版,第142页。

② 梁漱溟的一段论述可帮助我们理解这种秩序:"一个人生活在伦理社会里,其各种伦理关系便由四面八方包围了他,要他负起无尽的义务,至死方休,摆脱不得。盖从伦理整个精神来看,伦理关系一经有了,便不许再离。父子固离不得,兄弟夫妇岂得离绝?乃至朋友,君臣亦然。这不许离,原本是自己情感上不许;——伤痛不忍。后来形成礼俗,社会又从而督责之,大有'无所逃于天地之间'之概。在此不许离之前提下,有说不尽的委屈,要你忍受。况且又不止主观上不忍离,或旁人责备之问题,而是离绝了,你在现实生活上就无法生活下去。因为彼此相依之势,已经造成,一个人无法与其周围之人离得开。首先是父子、婆媳、夫妇、兄弟等关系若弄不好,便没法过活。乃至如何处祖孙、伯叔侄辈,如何处母党妻,一切亲戚,如何处邻里乡党,如何处师徒东伙,种种都要当心才行。事实逼着你,寻求如何把这些关系都弄好。"见梁漱溟:《中国文化要义》,上海人民出版社2005年版,第171—172页。

是五千年未有之大变局,在这种变化面前,社会精神的变化也就有了必然性。但无论如何变化,社会精神的内核不能丢弃也不能变化。因为它是保持一个社会人们的正常心理需求和正常秩序的最核心的内容。儒家伦理的变革便可从这一思路入手。而儒家思想内部也提供了这种可以自我超越的可能性。

在儒家思想中,仁和礼可视为两个最核心的范畴。仁是一种道德的心理状态,礼是根据具体历史文化和社会条件形成的行为规范。"礼"是"仁"的外在表现以及行"仁"的制度保障,而"仁"提供了"礼"的内在动力。仁可视为社会精神的内容,而礼可视为社会精神的形式。仁和礼二者必须紧密结合,相互弥补其不足。在儒学的"礼"与"仁"的关系中,由于"仁"是礼的根本,在为了保持"仁"的情况下,"礼"可以随时代的需要而作一定变动。

从中国历史来看,礼从来不是不变的。夏商周三代各有不同的礼,孔子《论语》中曾说:"夏礼吾能言之,杞不足征也。殷礼吾能言之,宋不足征也。文献不足故也。足,则吾能征之矣。"①随着历史的演进,礼的内容也在发生变化,但变化不是断层的,在后代的礼中,可以看到前一代礼的大体面貌。同时,作为礼的核心精神的"仁"从来也不会变化。所以,孔子才会说尽管无文献证明夏礼和殷礼,但他却可以予以讲解。

就我们今天社会转型时期来看,传统文化的开新并不是固守旧礼,而是把社会精神看成是随历史时期的不同,而不断演进的精神。但这种演进必须注意的是社会精神从内容到形式,都有自己的延续性,断然不可斩断历史。人们可能会认为,只要我们具有了善良的道德心态——仁,那么就可以在这个基础上开出新的道德、新的礼,不再考虑旧的历史传统。但是谁又能制定新的道德,谁又能使之具备权威性呢?如果没有人遵循,仁心又何以培养起来?即使圣人也无法做到。春秋时代的孔子在面临"天下无道"、"礼崩乐坏"之时,欲建立新的秩序,也不得不回到周朝礼制的传统,并对周礼加以损益,才奠定了中华文明的传统精神。

因此,传统文化的开新,恰恰首先要回到传统,才有可能。试图脱离传统的开新不过是缘木求鱼而已。传统文化的开新首先要做的就是重新学习传统,重新理解传统。必须知道才能理解;必须理解,才能发展。传统文化的教育是当今社会精神培养的当务之急,必须从青少年开始就进行传统文化的教育,做到使他们敬重传统、理解传统并能传承传统文化的精神。在此基础上,我们的社会主义精神文明才有了可靠的根基。法律的精神根基从此才可能确立。

在传统的社会精神面临衰微的今天,中国法治之路受到西方法治的很大影

---

① 《论语·八佾》。

响,同时法律的精神方向也处于迷茫状态,法治之路该如何走? 在改革开放的今天,通过立法的形式,通过政治权力对法律的大力推行,确实是稳定转型时期社会秩序的必由之路。但必须注意的是,立法虽可收一时之急效,但要使法律良好地运行,并长期稳定地发挥法律的作用或功能,必有待社会精神的重振。只有重振社会精神,法律才有自己确定的精神方向,才可能克服自身的局限性,克服权力的支配,良好地起到稳定社会秩序的作用。

虽然重振社会精神可能需要较为漫长的过程,但只要建立起来,一种具有群众基础的社会主义新文化就可能建立起来,而类似"引礼入法"的工作就可能出现。当法律的精神有了可靠的稳定的群众基础时,法律的发展就有了明确的方向。

四、走向全球化时代的社会精神与法律

在全球化时代,国与国、民族与民族以及文化与文化之间的关系日益受到人们的关注。哈佛大学著名教授塞缪尔·亨廷顿(Samuel Pillips Huntington)在1993年夏季号《外交》(Foreign Affairs)季刊发表了《文明的冲突》(《The Clash of Civilization》)一文,引起了各国学界的广泛反响。他认为,随着冷战的结束,未来世界的国际冲突的根源将主要是文化的而不是意识形态的和经济的,全球政治的主要冲突将在不同文明的国家和集团之间进行,文明冲突是未来世界和平的最大威胁,文化之间或文明之间的冲突,主要是目前世界七种文明的冲突,而伊斯兰文明和儒家文明可能共同对西方文明进行威胁或提出挑战。

我们在前面谈到,社会精神对于一个国家精神文明的建立和法律的运行都有着基础性的作用。但全球化时代是否面临着文明的冲突问题呢? 在各国固守自己的传统的基础上是否可能形成一种新的全球性文明? 我们认为,文明的冲突是存在的,但这种冲突仅仅体现的是各种文明形式上的差异,而不是什么根本性冲突。当下许多看似文明之间的冲突,更多的是利益的冲突,而不是文明的冲突。在各种文明步入现代化的进程中,人们做出的各种判断虽然貌似从自己文明的角度做出,但早已不自觉地打上了物欲的痕迹。国家之间的冲突从根本上讲并不是文明之间的冲突,而更像是利益之间的冲突。

因此,各个国家虽然建立在不同的文明基础上,有着独特的社会精神,但这些社会精神之间并没有根本性的冲突。在前面我们谈到社会精神包含形式和内容两方面,从形式上看,社会精神各不相同,但从内容上看各种社会精神之间是存在共性的,都包含着社会成员之间关心友爱的社会情感。而它们的存在也

决定了社会精神之间尽管可能有冲突,但其共性的部分将最终导致文明之间的相互理解与和谐共存,而不是文明之间的相互敌视和冷漠。

试图脱离各自的文明而建立新文明是不可能的,最后可能导致的是新的文明无法建立起来,而只剩下各个国家或民族的利益。文化共同体变成了纯粹的利益共同体,世界各国各民族的关系变成纯粹的利益关系。如果导致这样的结果,世界的冲突将永无休止。因此,全球化时代如果要建立新的文明,各个国家必须回到自己的传统,认真对待自己的文化传统,抵制物欲对自己民族的腐蚀。只有这样,才能抛开自己国家和民族的私利,考虑全球人类的共同利益,在这个基础上建立起全球化的新文明。而这种全球化的新文明是在各国各民族不脱离自己固有文化下的新文明,是在各文明相互理解和相互宽容的基础上所形成的统一的地球文明。这时,各个国家、民族基础上形成的区域性社会将融合成一个新的人类社会,形成一种新的社会精神,在这个基础上使全球化的法律产生自己的社会精神基础。

因此,我们认为,每个国家的固有传统都不会妨碍社会的历史发展,人类文明就是在文明的交流和互动中,获得相互的理解、宽容,从而达到文明的共存和共同发展。

在各个国家、民族独特的社会精神之下,会产生不同的政治制度和法律制度,这些不同的政治制度和法律制度会不会阻碍全球化的进程?会不会阻碍人类文明的进步呢?我们认为,不同的文明会导致不同的政治制度和法律制度,但并不意味着它是全球化的阻碍,全球化并不是全球文明的整齐划一,就好像一个国家的每个人并不要求具有同样的性格一样。全球化只是在各国相互交往的领域,才需要统一的规则,这种规则在彼此尊重、理解各国文明的基础上并不难制定出来。而在各国的内部生活中,从自己历史文化中诞生出来的法律制度才是最适合自己的制度,而这种制度是不需要放弃也不能放弃的。至于在未来的发展中,各文化也许会出现彼此接纳、并日益趋同的趋势,但这毕竟是一个历史的演进过程,也是自己文化内部发展的结果。就比如儒家思想和佛学在中国的发展就有一种彼此渗透的关系,但并不妨碍二者的发展。在这种趋势下,随着各国人民交往的进一步加深和频繁,各国法律制度也许会走向趋同,但这毕竟是在历史发展中,不抛弃固有文化的基础上自然演进而成。

总之,在当代中国社会转型时期,中国特色的社会主义法律制度的建立,有必要重新尊重自己的历史文化,尊重传统价值观念,重塑新时代的社会精神。只有在这个基础上建立起来的法律制度,才能够更好地迎接全球化的趋势,并和其他国家的法律制度和谐并存,共同促进世界和平和人类文明的发展。

第二章 当代中国的社会道德

一、转型时期的道德多元化格局

道德多元化包括道德意识的多元化和道德行为的多元化,就是人们在思考问题、评价事物以及从事道德行为的时候,不再仅仅使用同一种道德标准,而是趋于多种多样的道德标准和行为方式。在中国现阶段的社会转型中,道德也面临着一次转型,即人们从过去较为单一的道德观开始向较为多元化的道德观转变。试举几例:

如在个体利益和整体利益的选择上,有人曾以在校研究生为对象做过调查。当"尊重自我"与"服从社会"发生矛盾时,被调查者中有67.5%表示"服从社会",32.5%表示"尊重自我"。当问及对"个人为集体作出牺牲"的看法时,46.9%表示"只要自己觉得值得作出牺牲,没有什么报酬也干";17.8%表示"个人得到的回报应该与为集体做出的贡献相当,没有理由要求个人作出牺牲";16.7%表示"集体的事人人有责,总得有人为集体作出牺牲";只有3.5%表示"只要符合集体的利益,个人无论作出多大的牺牲都是合理的"。

"婚外恋"在20世纪90年代以前,几乎没有人不认为它是不道德行为,然而,进入90年代后,看法开始有所改观,有人做过调查,被调查者中有7%对"对那些搞婚外恋的人,社会舆论应该加以谴责"的说法表示不同意,74.7%表示同意,18.3%持"无所谓"的态度。

调查中,在评价"规规矩矩做人,老老实实做事,是现代人应有的品格之一"这句话时,青少年被调查者中,有

26.5%表示不同意,8.6%表示"无所谓",64.8%表示"同意",即有1/3的人不再把"规矩"、"老实"作为自己敬仰的人格。①

在中国从传统到现代的转型中,道德多元化现象在迅速地出现,法律与道德的关系将会出现什么样的变化,这正是我们将要探讨的问题。

道德多元化的出现不仅是一个中国问题,而且在现代西方社会也是一个深层问题。因此,我们的话题首先也从西方谈起。美国哲学家麦金太尔在《德性之后》一书中曾经深刻地揭示出当代西方社会道德分歧的现实,他指出了西方道德生活中已处于严重无序状态,道德的完整实体在很大程度上已成为碎片。同时他采用了三个例证来说明这样的道德争论。这三个例证包括对现代战争的看法、对人工流产或堕胎的看法、对公民享有教育和医疗保健的权利的看法。这些道德争论表明,在道德问题上人们已难以产生一致的看法,而不同的看法之间不可能产生共识。麦金太尔对西方道德问题的认识应该说是准确的,当然并不意味着西方社会进入了一个道德衰落的时期,有学者根据欧洲价值观调查数据(EVC)提出:那种认为现代社会的道德趋于衰落的观点无法得到证实,但可以证实的是个人道德观正在取代传统道德观,个人的道德观念越来越多地建立在个人的考虑和信念上,趋于衰落的是道德由宗教统治的、为公共机构所提倡的道德观念,这种道德观念退居边缘地位。②

可以肯定的是,一种传统的共同道德观念正在瓦解,这种趋势大概是世界范围的,即道德的多元化正在相当多的社会中蔓延。对这种趋势,我们却不能因为道德衰退无法证实,而乐观地认为不必为道德的多元化而忧虑。在这种道德的多元化面前,我们实际上已经失去了判断道德是否衰退的能力,当共同的道德观念瓦解之后,便不可能存在一种道德观念可以作为判断道德是否进步或衰退的标准。

西方社会存在的种种道德分歧都可以被归结为在道德领域内的个人主义,在个人主义背景下,如何寻求道德共识便成为一个重要的任务。无论是罗尔斯的正义理论还是哈贝马斯的商谈理论,都反映出在自由主义社会寻求一种道德共识的努力。

麦金太尔(Alasdair Chalmers MacIntyre)却认为,当今社会的许多道德争论是不可通约的,道德共识已无法产生。他以罗尔斯和诺齐克的争论为例予以说明,他认为罗尔斯和诺齐克的争论反映出西方社会的道德现实——道德主张的

---

① 郑杭生等:《转型中的中国社会和中国社会的转型:中国现代化进程的社会学研究》,首都师范大学出版社1996年版,第199—205页。
② 〔美〕勒克·哈尔曼:《道德观念是否正在衰落?对当代社会道德面貌的国际调查》,载中国社会科学杂志社编:《社会转型:多文化多民族社会》,社会科学文献出版社2000年版,第117页。

不可通约。这种不可通约体现在罗尔斯把需要的平等设定为起始物,而诺齐克则把权利的平等设定为起始物。尽管二者的观点不可通约,但都有共同的理论前提,就是"社会是由各自有其自身利益的个人组成,然而这些人不得不走到一起,共同制定公共生活准则。……在他们的阐述中都是个人第一、社会第二,而且对个人利益的认定优先于、并独立于人们之间的任何道德的或社会的连接结构"①。正是因为这样一种个人主义,最终不能够形成共同体的一致性道德观念,而共同的道德观念只有在共同体的背景下才能够形成。

道德多元化的出现大概是一个世界性问题,面对多元道德的出现,法律与道德的关系将会出现怎样的状况?笔者认为,当代法理学中关于法律和道德问题的探讨,大多与道德多元化相关,道德多元化的过度发展实际上导致了法律与道德问题的困境。

(一) 法律与道德问题的困境

在自由主义背景下,随着道德多元化的不断加剧,法律和道德的紧张关系日益明显,在如何处理道德和法律的关系上出现了种种理论难题,这突出地反映在立法、司法和守法的实践中。比如在法学中激烈争论着的道德的法律强制问题,司法判决中道德标准的适用问题,善良违法问题等。这些问题都涉及法律的正当性问题和道德的统一性问题,二者紧密地联系着。

20世纪50年代发生在西方的一场争论使道德的法律强制问题成为法学界关注的焦点。英国50年代初发生了关于同性恋和卖淫的道德、宗教和法律的争论。1957年公布的《沃尔芬登委员会报告》认为法律不是干涉公民私生活或强制推行某种特定行为的工具,法律必须给私人道德和不道德留下一定余地。该报告的出台引起了众多法学家关于道德的法律强制的争论。英国法官德富林认为,社会不是个人的简单的集合体,而是观念的共同体。如果人们共同的善恶观念不存在了,社会就要瓦解。社会有权使用法律来保持对其生存至关重要的普遍的道德观念。一种行为是否对社会构成威胁,其标准是看社会上是否对它存在强烈的、普遍的谴责和憎恶感。而英国法学家哈特(H. L. A. Hart)在其《法律、自由与道德》的讲演中,对德富林的理论进行了批评。他认为,社会中实在的道德观念不应当作为衡量一切特殊行为的标准道德。他怀疑维护社会道德现状的必要性是否足以抵消因法律强制人们接受某种道德观念而造成的人类不幸。② 德沃金(Ronald Dworkin)也批评了德富林的观点。德沃金认为德

---

① 〔美〕麦金太尔:《德性之后》,龚群译,中国社会科学出版社1995年版,第315页。
② 〔英〕H. L. A. 哈特:《法律、自由与道德》,支振锋译,法律出版社2006年版,第68页。

富林的结论之所以错误,原因在于它依赖于人类学意义上的"道德立场",即使大多数人认为某种行为是一种令人厌恶的罪恶,这种普遍道德观念仍然可能是偏见及个人好恶的产物。① 在这场争论之后,西方社会的法律对个人领域内的不道德行为日趋宽容。表面上看,这场争论是一场自由主义和保守主义的争论,保守主义试图通过法律维持原有的社会道德,而自由主义则对这种维持不加以认同。但实际上这场争论是西方道德多元化现象的必然产物,道德法律化本是法律得以形成的必然要求,但面对多元化的道德,法律去强制何种道德才是正当的呢?在无法达成共识的问题上,法律是很难去强制实现道德的。

在司法领域,司法过程中是否可以适用道德标准,也是一个长期困扰人们的问题。19世纪在英国出现的分析法学以及在欧洲出现的概念法学,都否定在司法过程中运用价值判断,将道德标准纳入到司法推理的过程中。道德规范进入法律只能在立法领域,在司法领域运用道德规范,会带来法律的不确定性以及对三权分立原则的违背。然而,法典的不完备性以及法官必然需要解释法律等现象,使得司法过程中运用道德标准不可避免。庞德(Roscoe Pound)认为,那种认为可以在司法中排除伦理因素的主张其实是自欺欺人的。他说:"在实际的司法过程中,法律适用中的伦理因素从来都未曾被排除出去过。20世纪我们的分析性法律科学,仅仅是用教义学虚构掩盖了那一实际过程,它让我们看不清自己正在做些什么,并引发了一些不适当的尝试——运用规则处理那些没法依规则处理的事务。显而易见,伦理因素在法律适用的两个层面上一直起着决定作用,即法律标准的适用和司法自由裁量。"②但是,法律对确定性的要求和司法中运用道德标准相互矛盾,因为现代社会的道德标准是多元化的。既然道德标准的适用在某些时候难以避免,那么什么时候不能适用道德标准,什么时候可以适用道德标准,以及如何获得司法结论的确定性,都成为了现代法学理论和司法实践中的难题。

在公民守法过程中,是否任何法律都必然需要遵守?公民是否可以通过对法律进行道德判断后拒绝遵守法律?如果法律从来都是正义的,那么公民对法律就有必然的服从义务。但是,从历史上看,不正义的法律并非从来都不存在。正是因为如此,善良违法的性质如何进行界定?是违法还是合法,便成为一个理论上的难题。实证主义法学一般说来是否定善良违法的,因为他们认为道德感觉是不可靠的,如果仅凭道德感觉就可否定遵守法律,那么法律秩序便难以

---

① 〔美〕德沃金:《认真对待权利》,信春鹰、吴玉章译,中国大百科全书出版社1998年版,第334页。
② 〔美〕庞德:《法律与道德》,陈林林译,中国政法大学出版社2003年版,第81页。

形成。但善良违法现象却在西方不断地上演,而且也博得了人们的广泛同情。最早我们可以追溯到美国政治评论家亨利·大卫·梭罗(Henry David Thoreau,1817—1862年)那里,梭罗因抗议美国对墨西哥的侵略战争和蓄奴制度,公然地拒绝向美国政府纳税。他否认公民应不断地将自己的良心托付给立法者,认为:"我有权承担的唯一义务,乃是不论何时,都做我认为正当的事情。"①美国越战期间不断发生的以良心拒绝的方式违反征兵法事件,激起了美国法学家的进一步讨论,德沃金和罗尔斯等著名学者对善良违法现象给予了一定的肯定。但不论给予善良违法以肯定或否定都面临理论上的困难,因为在一个道德观念日趋多元化的自由主义社会里,这将会导致两难的困境,要么带来对法治的危害,要么带来对道德的危害。

法律和道德问题的困境需要我们去回答这样的问题,多元化道德和法律之间究竟是什么关系。本书的观点是道德多元化推动了法律的产生,多元化的道德和法律之间的互动一定程度上保证了法律的内在活力和适应性,但随着道德多元化的加剧,法律便会难以维护自身的正当性,出现名存实亡的现象。

(二)道德多元化推动了法律的产生

在法律形成问题上,历来法学家们有不同的认识。法社会学家和法人类学家往往运用实证研究方法,具体考察一些人类社会形态,而得出自己的结论。有的法学家认为,法律形成原因与人们之间的关系有关,如法人类学家格鲁克曼(M. Gluckman)认为社会里人们之间关系的简单或复杂决定了它所需要的法律形式和社会控制形式。复杂关系表明人们之间关系亲密,简单关系表示关系疏远。现代社会是一个复杂的社会,但关系简单,而传统社会是一个简单社会,但关系复杂。在简单关系中如果产生了不同的意见,关系的有限性几乎没有什么解决问题的资源,只有依靠法律。因此,在简单关系占统治地位的社会结构中,法律占统治地位。而复杂关系能使社会里的人们增加相互控制的方法,就使法律难有适用的必要。②

布莱克(Donald J. Black)用关系距离来说明法律量的多少,他认为法律与关系距离之间的关系呈曲线形。"在关系密切的人们中间,法律是不活跃的;法律随人们之间距离的增大而增多。"③

马克思主义最基本的法学命题就是认为法律的产生根源于经济基础。马

---

① 〔美〕梭罗:《公民不服从》,载何怀宏编:《西方公民不服从的传统》,吉林人民出版社2001年版,第17页。
② 朱景文:《现代西方法社会学》,法律出版社1994年版,第114—116页。
③ 〔美〕布莱克:《法律的运作行为》,唐越等译,中国政法大学出版社1994年版,第48页。

克思认为:"法的关系正像国家的形式一样,既不能从所谓人类精神的一般发展来理解,相反,它们根源于物质的生活关系,……"①与此观点类似,也有一些现代法学家认为法律的形成和所有制有关,如美国学者沃尔兹(R. Schwartg)通过对以色列20世纪50年代早期两个公社的犹太人移民区的研究中阐述了所有制关系对法律形成的影响。在实行平均主义的公有制的公社中没有形成法律制度,这个公社的所有财产归全体社员所有,他们在公社食堂就餐,并共同劳动。因为成员之间频繁的日常交往,任何人违反群体规定都不可能不受到其他成员直接的、迅速的和个别的反映和制裁。而另一公社虽然土地也归公有,但每个家庭在自己的土地上劳动,有私有财产,公社成员很少交往。在这个公社里形成了正规的法律制度。②

法人类学和法社会学对法律产生的解释大都涉及纠纷解决方式,他们认为在某种社会条件下,纠纷解决是不需要法律的。那么我们可以推知,如果不存在社会纠纷,或纠纷很少,那么社会对法律就不存在太大的需求,而如果社会虽然存在纠纷,但可以不通过法律这种成本较高的方式来解决,也不需要法律。

任何社会的存在都离不开秩序,即使没有法律,那么也存在着自发的社会道德规范(广义上的)对社会进行着调整,解决社会纠纷。但为什么法律会产生出来,其根本原因就是社会自发产生的社会规范不能完成维护社会秩序,完满解决纠纷的任务。要说明不能解决的原因,首先就需要认识能够解决纠纷的社会规范的特点是什么。笔者认为这种特点就是规范自身的确定性、权威性和强制性。如果规范不确定,那么等于没有规范;如果规范不具有权威性和强制性,那么规范就毫无效力。在一个没有法律调整的社会里,其调整社会的规范一定能够满足以上特点。也就是说,像原始社会那样的社会,其社会规范也是有确定性、权威性和强制性的。一旦这些特征不再鲜明,法律这种更具有确定性、权威性和强制性的规范才具有了产生的条件。

在没有法律的原始社会里,道德的统一性使道德规范具有了确定性、权威性和强制性。道德的统一性可以使人们的是非意识非常明确,不假思索就可以得出应该如何行为的认识,至于人们开始用理性和逻辑来推知道德的时候,就已经预示着道德规范的确定性已经基本丧失。当道德具有统一性时,道德也具有了权威性,因为没有和这种统一性道德相对立的其他道德意识,这种权威是必然存在的。而道德的统一性同样也使道德具有了被强制的条件,道德既可以在内心产生出一种强制力,也可以通过外在的舆论和个别制裁的形式产生出

---

① 《马克思恩格斯选集》(第2卷),人民出版社1995年版,第32页。
② 朱景文:《现代西方法社会学》,法律出版社1994年版,第109—110页。

强制力。由于道德的统一性和确定性,这种外在强制是不会存在异议的。

至于原始社会统一的道德观的形成,我们可以归结于当时的社会条件,即人们的亲密关系和所有制结构。人们之间的亲密关系主要是由血缘关系连接在一起的,其次是地域关系的局限,也就是活动范围的局限,它也增强了人们之间的亲密关系。在一种较为封闭的社会里,缺乏与外界的交往,缺乏文化、风俗、习惯的碰撞,人们甚至无法想到可以以另一种方式来生活,相同的生活态度、习惯、道德在人们的头脑中根深蒂固。社会道德越统一,社会舆论就越有力量,舆论的强大力量可以使异端思想不易形成,使统一的道德更加巩固。而公有制则从习俗或制度上强化了人们之间一致化的利益关系,使人们之间没有利益冲突,在相同的利益取向上形成了相同的道德观念。

在社会道德十分统一的情况下法律是没有必要产生的,法律的产生来自于道德规范的确定性、权威性和强制性的削弱,以至于无法完成过去能够完成的调整社会的功能,这个过程就是道德多元化的过程。随着道德的多元化,道德自身的确定性、权威性和强制性都得到削弱,法律不得不产生出来。法律的特点在于通过某种法律的宣示(如公布成文法或通过审判宣示法律),将一些社会基本道德规范转化为法律,使多元化的道德转化为一种法律上的统一,使法律具有了比道德更加确定性的内容,并通过有组织的机构加以实施,法律获得了自身的强制力和权威性。许多国家历史上都有公布成文法的过程,如古希腊的德古拉法和梭伦立法,古罗马的《十二铜表法》,中国春秋时代子产公布铸刑书等。通过成文法的公布,法律获得了多元化道德所不具有的确定性和强制力。

由此看来,法律不过是道德规范的替代品,是对不再统一的道德的强制性统一,因此在这个意义上,道德多元化是法律产生的直接原因。

道德多元化及其冲突的出现,意味着社会陷入了一种巨大的矛盾之中。仅靠一些相互冲突的以及权威性和强制性都日益下降的道德规范来调整社会已不太可能。为使社会不至于消灭在冲突之中,冲突的平衡便显得非常必要。法律就是道德冲突的一种平衡。平衡是冲突带来的必然现象,它规定了持各种道德观的人必须遵守的一些共同规则,以此维持社会存在和发展之必需。

法律之所以能够平衡道德冲突,是因为多元化道德并不是一种绝对的多元,而是在多元之中有着统一,正是这种统一能够使法律建立在它的基础上,并对道德冲突进行平衡。这种统一当然没有消灭也无法消灭道德的存在,因为正是由于从此在人类社会规范中增加了法律规范这一主导性的规范,它和道德规范一起共同地服务于人类社会的秩序。道德规范更多地着眼于人的内心约束,而法律规范更多地调控人的外在行为。

(三)道德多元化促进道德和法律的更新

1.道德多元化促进道德的变化发展

如果我们回顾历史,我们会发现虽然在不同时代有着恒久不变的社会道德,然而,在不同的时代也有着极为不同的道德,道德标准处于不断变化之中。古希腊时期,奴隶制被认为是正当的,亚里士多德就这样认为,有些人天生就是奴隶,对他们来说,被奴役不仅是有益而且是公正的。[1] 而到了启蒙时代,奴隶制遭到普遍的反对。如卢梭(Jean-Jacques Rousseau)激烈地批驳了亚里士多德的观点,他认为并不存在天然的奴隶,是奴隶制使奴隶成为了奴隶,奴隶制并不能被论证为是正当的。[2] 同性恋过去曾被认为是一种罪恶,而现在西方各国对此倾向于愈来愈多的宽容。在中国古代,父母之命、媒妁之言曾是合法婚姻成立的条件,而现在包办婚姻反而是违反婚姻自由原则的不合法行为。如果我们要寻找道德变迁的例子,我们还可以发现很多。

道德的发展变化和道德多元化的出现是有密切关系的。在每个时代,都有这个时代占主流地位的道德,一种主流道德的变化来自于另一种不占主流地位的道德的挑战。某种曾经不占主流地位的道德获得了更多群众的支持,那么这种道德就会逐渐变为一种主流道德,而驱逐过去的主流道德。在道德完全一元化的封闭社会里,主流道德很难遇到其他道德的挑战,因此道德发展是停滞或是缓慢的,但道德也容易获得它的权威地位。在道德出现多元化时,主流道德很难长时间获得其权威地位,它需要不断地应对其他道德的挑战。在多元道德的情况下,除非有一种道德被论证为是必然的真理的情况下,它才有可能获得长期的权威性和稳定性,然而这是不可能的,只要人们的价值观出现了变化,道德的变化就必然出现。

主流道德的变化虽然不能被论证为是在一步步地在接近真理,但是,主流道德的变化和人类经验的积累有关,也和社会的政治、经济、文化、科技发展等多方面的因素有关,它是人类应对社会生活发展的必然结果。因此,人类道德的变化是一个必然的现象,而道德多元化使人们在应对社会变化时,有了更加开阔的思路,有了更多应对的方法,有益于道德发展变化去适应变化了的社会生活。

由于道德往往可能和权力相结合,而被异化为权力的工具,所以道德多元化也可以构成对一种专断权力的挑战。权力总是需要论证其合法性,在一些国

---

[1] 〔古希腊〕亚里士多德:《政治学》,吴寿彭译,商务印书馆1983年版,第17页。
[2] 〔法〕卢梭:《社会契约论》,何兆武译,商务印书馆1980年版,第11页。

家是通过权力和宗教的结合而实现的,通过"君权神授"的观念,使政权获得人们的支持。在中国,则往往是通过权力和道德的结合,使道德成为了权力合法性的来源,统治者需要"以德配天",符合某种伦理道德的政权才具有合法性,才能被人们承认。在这种情况下,尽管道德构成了对权力的约束,但也不可避免地构成了权力的工具,成为了维护权力的一种手段。当某些僵化的道德规范已不适应社会需要的时候,权力则会为了自身的利益,而极力维护它们,从而维护自身的专断统治。道德多元化则成为促进僵化的道德更新的必要条件。

　　当然,道德更新必须在存在着一种主流道德的情况下,才是可能的。如果道德多元化到了无一种主流道德的情况下,多种道德和平共处,平起平坐,则已不存在任何道德更新可言。所以促进道德更新的基本条件是在道德统一下的多元,既需要一种主流道德,也需要能够被主流道德所承认的多元道德的存在。

　　道德的发展变化应当是一个历史的现象,而不是人为设计的结果。以往唯理主义者将人们的理性认识能力无限扩大,"道德观念、宗教和法律、语言和书写、货币和市场,都被认为是由某人经刻意思考而建构起来的;至少它们所具有的各程度的完备形式被认为是经由某人刻意思考而设计出来的"[1]。然而唯理主义者对理性能力的迷信,却常常在现实世界的实践中遭到失败。哈耶克(Hayek)认为:"我们必须承认这样一个事实,即甚至那些被我们认为是善的或美的东西亦会发生变化,因此,正是在这一意义上,我们可以说我们在许多方面都不知道下一代将把何者视为善或将把何者视为美。更有进者,我们不知道我们为什么视某事为好,而且当人们就某事发生分歧时,我们亦难断定谁是正确的。"[2]他又说:"正是这类自愿性规则在压力方面所具有的弹性,使得逐渐进化和自生自发的发展在道德规则领域成为可能。"[3]不论是主流道德还是多元道德,它的产生都不可能被人为地刻意地创造出来。它来自民间,是当时历史条件下人们心灵感受的总和,这种心灵感受可以被总结提炼出来,成为社会的道德规范,同时随着历史的发展,这种根源于人们心灵的道德便会出现一种自然的演进。如果谁敢于去创造某种具体的而不符合人们心灵感受的道德,那么这种道德是没有生命力的。所以在道德变迁中最强烈的因素不是来自政府,而是来自人们心灵最深处的道德感受,这样的道德感受是任何人都无法加以干预的。这种道德感受是最活跃、最丰富,最容易随着社会环境条件的变化而变化

---

　　[1] 〔英〕哈耶克:《法律、立法和自由》(第1卷),邓正来等译,中国大百科全书出版社2000年版,第5页。

　　[2] 〔英〕哈耶克:《自由秩序原理》,邓正来译,生活·读书·新知三联书店1997年版,第37页。

　　[3] 同上书,第72页。

的。正是因为这种道德感受的存在,道德才不会仅仅是一种僵死的规范。这才是道德会出现多元化的真正原因。

所以,从历史上看,道德的更新是一种无法阻挡的潮流,要想完全否定道德多元化是不可能的,道德多元化构成了道德发展的前提。

2. 道德多元化促进了法律的更新

法律的更新既包括一种法律的技术上的更新,也包括法律的伦理道德上的更新。技术上的更新是比较频繁的,追求的是既有价值目标下的技术上的完善,以达到更好的实施。而伦理道德上的更新则属于价值目标上的更新,往往属于社会剧烈变革时期。道德的多元化可促进法律在这方面更新的进行。

法律作为一种源于立法活动或司法活动的强制性规范,并不是从人的心灵中自动生成,而被人们自然承认的。所以它自身并不能为自身提供正当性,而只有依靠直接源于人内心的道德才能证成法律的正当性。道德法律化就是法律获得正当性的过程。然而,道德一旦法律化,这种法律化的道德便获得了其精确的内容,会变得越来越僵化,不能随着时间、环境条件的变化而变化。而人的道德观念的变化却并不受法律的约束,法律只能约束行为,而不能管束内心,因此,道德的变化总是随着外在条件的变化静悄悄地进行着。当道德随时间的变化而出现较大变化,并与法律产生了冲突之时,法律的正当性便会受到质疑。解决法律和道德冲突的唯一办法就是法律的更新。法律和道德的冲突在任何时代都存在着,局部的个别的冲突并不构成对法律制度的挑战,但如果从整体上看,人们的社会道德观念都出现了更新的情况下,法律的更新就不可避免了。

法律更新的条件就是道德多元化的存在,即人们可以从更多的角度思考道德问题,并回应社会的需求。从这个角度说,通过法律来控制思想,强制人们的道德意识和行为,试图保持道德的统一性,不仅会阻碍道德的更新,也会阻碍法律的更新。而道德和法律的更新是应对社会发展挑战的必要方法。

要保证道德多元化,就需要在道德法律化的过程中,做到法律和道德的适当分离,即不仅要保证道德思想上的自由,而且也要保证一部分不道德行为不受法律的制裁,而只属于道德调控的范围。也就是说,要把握好法律对道德控制的边界,不能越出不必要的范围。只有这样,道德才有发展的可能,法律才可能随道德的更新而更新。

当今时代进入了全球化时代,封闭社会已经不太可能了。可以说,传统道德得以成立的外部条件已经发生了巨大的变化,要固守传统的法律和道德不加以变革,已经不可能了。在这种情况下,如果试图通过法律控制道德,防止道德多元的产生,并不能使法律获得其正当性,也无法使法律做到与时俱进。法律更新是社会发展的必然要求。对此,多元道德的存在构成了法律更新的条件,只有允许一定的多元化道德的存在,才可能使法律适应变化了的现实生活。

法律的更新需要道德的多元化,但这种多元化并不是取消主流道德的多元化,如果社会没有了主流道德,人们没有了共同的一致的道德追求,那么,法律的正当性也就难以建立起来了。当法律仅仅剩下强制性,而失去了自身统一的价值追求的时候,法律难免成为权力的工具,而不是正义的象征。

(四)道德多元化发展隐含着法律衰亡的可能

以上论述说明,法律不论从产生还是发展来看,都需要道德的多元化。实际上,正是道德的多元化使法律的存在产生了必要性,也正是道德多元化的事实使法律的地位日益重要。因为,在其他调控手段无法完美地调控社会时,只有依靠法律这种强制性的手段来调整社会。但是,道德的多元化发展隐含着法律衰亡的可能性,如果道德多元化严重到威胁主流道德的存在,法律便难以得到社会的一致支持,法律便失去了它应有的权威和作用。所以,道德统一性同样是法律健康存在的条件。

首先,法律的内在价值的统一性需要道德的统一性。

法律自身并不能提供自身的价值,法律的价值是社会中人们价值观念的反映。只有在社会中人们具有共同的价值观念时,法律才可能从中抽象出法律价值作为法律的理想追求。然而,当社会的道德观分裂之后,人们的价值观念也将出现分裂,人们对善恶美丑产生了不同的认识,那么在无法达成道德共识时,法律应当建立在什么样的道德基础上呢?在立法活动中,这种分歧将引起巨大的争议,即使在一部法律的通过中,人们勉强获得了共识,但是一个国家的法律体系中有不同的法律部门,有不同的法律文件,它们可能是在不同时期以及不同地方由不同主体制定而成,如果立法者的价值追求不同,那么如何能够保证它们的价值是统一的呢?即使一个国家存在着宪法来保证它们的统一,但宪法也必然需要人们有共同的价值观念,才可能有共同的理解。如果一个国家的法律价值在不同的法律中有不同的体现,那么司法审判的结论便可能受到人们的质疑。并且,在司法程序中,法官的道德观念仍然影响着司法判决,司法并不是机械地适用法律的过程,而是法官面对具体案件,通过解释适用法律的过程。在法律解释中法官会不知不觉地将自己的价值观念渗透到司法判决之中。如果不同的法官具有不同的道德和价值观念,那么司法判决的结果也就不会具有统一性。由此,法律价值并不是外在于人的心灵的法律字词,而是存在于人们内心的价值观念的反映,通过立法者和法官、执法者等的行为进入到立法和法律实施之中,如果人们的道德观念和价值观念出现巨大的分裂,而没有统一的可能,那么法律的内在价值就会出现碎片化。其实,正是因为人们虽然具有多元化的道德观念,但是在一些基本的道德观念和价值观念上仍然存在着统一,因此,法律的统一的价值才是存在的。但如果道德的多元化到达非常严重的地步,法律的价值统一则无法实现。

其次,法律信仰的树立需要道德的统一性。

法律信仰并不是仅仅因为是法律,所以就会被信仰。法律信仰也不是对法律内含的技术性成分的信仰,法律无法多么完善,多么科学,多么便于实施,它并不能构成人们对它的信仰。法律信仰来自融入法律之中的价值理想以及这种价值理想的恒定不变。从根本上说,法律信仰是人们对自己的价值观念的信仰。如果法律的价值观念和人们的价值观念不相吻合,那么法律也就不会获得人们的信仰。对于一个法治社会来说,法律信仰如果不复存在,那么法治也就不会存在。因此,一个法治社会,并不是标榜法律至上的社会,而是一个事实上法律至上的社会,在这个社会里,因为法律和人们的价值理想获得了完全的统一,法律获得了至上的地位。在一个缺乏道德统一的社会里,法律的价值难以获得和人们的价值观念的完全统一,法律也就难以被所有人信仰。此外,法律价值内在的不统一性,也使得法律价值显示出多变的色彩,这种价值上不统一的法律是难以被人们信仰的。

再次,法律对权力的约束需要道德的统一性。

法治的要义在于法律能够约束权力。但法律无论如何都会来自权力,无论是一个人的权力,或者是少数人的权力、多数人的权力。法律怎样才能不成为任意意志的工具？单靠法律形式本身是不足以构成对权力的约束的,因为法律形式下可以拥有任意的价值,只有靠法律中蕴涵的伦理道德观念。法律中的伦理道德观念可以超越个人的权力,甚至是多数人的权力,它并不能被人的任意意志所决定。因为伦理道德不是意志的产物,它来自历史文化以及人类理性。然而道德的多元化却会带来道德的效力降低,因为每个人每个群体都可以有自己的道德观念和正义观念,每种观念都不会被论证为是错误的,道德或不道德的区分纯粹是个人的事,在这种情况下,舆论不会产生力量,道德的力量纯粹只是一种自我的内心约束。只有拥有统一的被人们都认可的道德规范,这样的道德规范才会有更高的约束效力。如果道德规范缺乏应有的约束任意意志的效力,那么法律规范也就会缺乏这种效力,因为立法者可以在没有任何道德约束的情况下制定任意的法律,执法者和司法者可以按照自己个人对法律的理解任意解释法律和实施法律,法律必然分裂成不同的人不同的意志的表达,无法构成对任意权力的约束。而只有道德的统一才能构成法律的统一,才能构成对权力的约束。

当然,从人类已有的历史来看,完全没有统一性的道德多元是从来没有出现过的。事实上,只要人类还是以社会的形式在生活,那么一定存在着共同的统一的道德观念,即使在不同文化的社会里,尽管存在着巨大差异,但是共同的道德观念都是可以找到的。一个纯粹的多元道德社会实际上就是一个不存在的社会,因为如果完全没有共同的道德观念,社会早已解体而不能形成。在现代社会,虽然人们始终还存在着共同的道德观念,但是随着现代化的进程,多元化道德的发展已经对共同道德产生了冲击。

共同道德的危机又和后现代社会的特征密切地相关,后现代学者声称,在后现代社会里,对知识的宏大叙事已经失去可靠性,知识显示出不可通约性、不确定性、多元性、差异性等特征。不同的人对后现代状况也许会有不同的评价,但至少说在法律和道德领域并不是令人乐观的现象,因为在这一背景下,道德的统一性日益削弱,不同的人、不同的群体、不同的领域都可以拥有自己对道德的认识,然而却没有一种主流认识。这种多元化的过度发展不仅会消解社会联系的纽带,而且会带来法治的危机。

笔者认为,西方社会出现的法律与道德问题的困境与这一背景密切相关。正是因为道德的不确定性、相对性,法律与道德问题才显得扑朔迷离。如果笔者上述关于法律与多元化道德的关系的论断是成立的话,那么解决法律与道德困境的关键就不是一个单纯的法律问题,而是一个社会系统的整体性问题,单纯地作为一个法律问题来探讨并不能解决所有问题。我们应当注意的是如何使多元化的道德维持在有限的程度之内,以消解法律与道德的日益紧张关系,同时使真正的法治能够得以成立。

二、转型时期法律制度的社会道德根基

(一) 制度怎么了

据 2006 年 12 月份的一则报道,居住在深圳的北京离休老干部曹大澄,扮为乞丐,卧底行乞同吃同行两个月,揭开了残害胁迫流浪儿童行乞的重重黑幕,温家宝和罗干、回良玉等多位领导同志进行了长篇批示。曹大澄不仅揭露了以病残儿童作为行乞工具,并残害儿童的现象,而且他还揭露了职业乞丐靠行乞致富的怪现象。在深圳,行乞的人多来自同一地方,有夫妻共同经营乞讨业务的,有亲戚朋友相互传带的,甚至还有村民小组长带着村民一起来的。丐帮里普遍流行着"城里磕上三年头,回到老家盖洋楼"、"城里讨上三年饭,给个书记都不换"的顺口溜。而较之过去收容遣送制度更为人性化的对流浪乞讨人员的

救助制度,在职业乞讨泛滥的情况下,根本不能发挥作用。曹大澄调查发现,其中一个重要原因在于,乞讨的高收入使城市丐帮不愿进入救助站。以深圳一个沿街向车辆司机乞讨的乞丐为例,一天的收入大概在 50—80 元,年收入可达 18000—28800 元。在大城市的乞讨者大多数都是乞讨专业户。用乞讨者的话讲,"去救助站就会耽误生意"。而一到过年,这些乞讨者就会自愿到救助站住上两天,洗洗澡、理理发,要一张车票回去。①

从城市流浪乞讨人员的收容遣送办法的废除,到城市流浪乞讨人员的救助管理办法的出台,体现了新形势下政府执政理念的转化。这样一种更为人性化和更注重人权保护的制度从一出台就获得了学界和社会公众的广泛支持。但如同旧的收容遣送制度一样,法律实施中的问题在各地已悄然出现。

"上有政策,下有对策"一直是形容中国社会治理现实的民谣,在实行依法治国的今天,我们试图以法治来弥补人治之缺陷,但如人治中的政策一样,法律的实行同样面临考验。这一考验就是法律的实施如何才能不走样。

已有一些学者注意到这个问题,有学者认为 1982 年国务院发布的《城市流浪乞讨人员的收容遣送办法》本身不是导致孙志刚之死的直接原因,就立法原意来看,是作为一种社会救助措施以救济、安置、教育流浪乞讨人员。而孙志刚案的发生,不过是法律执行中的问题。② 而另有学者认为,法律执行中被扭曲的问题,和传统文化的思维方式有关,传统文化中对事物规律的认识是经验性的领悟,在法律和政策的具体执行中用创新的方法去处理,从而带来法律最终被扭曲,而不得不制定新法。③

由收容遣送办法的废止到救助管理办法的实施,从中发生的一系列问题,简单地从立法上追究制度原因,恐怕是过于简单化的思维方式。我们必须抛弃一种头痛医头,脚痛医脚的办法,我们必须究究什么是制度这一根本性的问题。

收容遣送办法在执行中被扭曲的原因可以归结为权力的滥用,而新实施的救助管理办法却又面临因权利被滥用而被扭曲的危险。如果我们从立法角度思考问题,我们会想当然地归之为法律不完善,法律有漏洞,法律赋予了人过多的权力或权利。从这种思路出发,立法成为了解决一切法律问题的法宝。

但如果我们仔细地思考一下,有无真正完备的立法?事实上,在任何一个法治国家,权力都不可能得到彻底的规制。尤其是像中国这样一个试图建立法治的大国,更是如此。因为各地的社会实际状况相差甚远,法律需要具体地执

---

① 资料来源:http://www.ycwb.com/xkb/,2007 年 12 月 21 日访问。
② 苏力:《面对中国的法学》,载《法制与社会发展》2004 年第 3 期。
③ 陈晓枫:《由"初衷"而"扭曲":析中国法律变迁的文化动因——兼议收容遣送制度之立废》,载《法学评论》2004 年第 6 期。

行,就必须要各地各部门运用自己的权力因地制宜地处理具体问题。比如法律需要行政法规、地方性法规、司法解释等进一步具体化,使之具有更大的可操作性,而行政法规、地方性法规又需要部门规章和地方政府规章予以进一步具体化、明细化。而各种各样的法律、法规、规章以及司法解释在具体司法和执法过程中,必然又面临法官和执法者针对具体案件进行解释。在每一个步骤中,都存在权力的自由运用问题,尽管这个自由受到上位法的约束或具体法律规范的约束。但不可避免的是,在法律的进一步具体化以及法律解释的过程中,权力的运用必然需要拥有一定的自由度,以便能够针对具体案件解决具体问题。若不如此,法律将无法被运用。因此,书本上的法是通过具有一定自由的权力被逐渐转换成行动中的法。从这个意义上讲,真正完备的立法实际上是不存在的。

  从守法的角度看,守法无非就是行使法律权利和履行法律义务的行为。没有任何法律能够促使公民正确行使权利和自觉履行义务,实际上守法对公民来说是自由的选择,违法的法律后果只是一种法律强制。所谓完备的立法,只能做到权利体系和义务体系的完备,而无法做到促使公民正确地行使权利和自觉地履行义务。况且,法律权利和义务也同样需要被人们理解和解释才能转化为人们的守法行为,在这个过程中,书本上的法完全可能无法实行或在实行中被走样。再加上社会生活的不断发展变化,新的权利和义务将不断出现,立法的完备永远都是一种将来。所以要想仅仅通过立法的完备来达到法治国家的目标,恐怕只是一种梦想。

  柏拉图对这一点看得很清楚,他将那些不断地制定和修改法律以杜绝弊端的做法视同为砍九头蛇的脑袋,他认为在政治秩序不好的国家里法律和宪法是无济于事的,而在秩序良好的国家里法律和宪法有的不难设计出来,有的则可以从前人的法律条例中很方便地引申出来。① 从他晚年的《法律篇》中,我们还可以看到,柏拉图将法律赖以存在的社会基础——公民道德看得比法律本身更重要,以至于他的法治国的建构在立法之前有一个长长的序言全是强调公民美德之重要。而在《理想国》中,他早就认识到"仅仅订成条款写在纸上,这种法律是得不到遵守的,也是不会持久的"②。他更关注的是存在于人心中的法律。

  从收容遣送制度到到救助管理制度的变迁过程,我们可以发现,中国目前法治国家建设中存在的问题,还不是一个立法是否完备的问题,它是一个更深

---

① 〔古希腊〕柏拉图:《理想国》,郭斌和、张竹明译,商务印书馆1986年版,第143页。
② 同上书,第140页。

层次的社会问题。孟子所言"徒法不能以自行"①,一直在法治论者那里被视为古代人治思想的体现,然而我们如果从法社会学的角度看,这又不失为至理名言。中国古代法律思想表面上好像不重视法律,但实际上它对法律的重视体现在更深层次的内容上,那就是——用法律社会学的术语来说——活法或行动中的法,它在人的行动中体现出来。而就目前而言,我们实行依法治国所欠缺的恰好是我们古人更重视的问题——法律如何才能实施?我们目前所重视的只是僵死的制度,而古人却是把制度看成是与人相联系的一个有机的整体。没有与制度相配套的合格的人,纵有好的制度也是枉然。

在过去的收容遣送制度中,出现的权力滥用问题实际上是法律的执行过程中走样的问题,而这样的执法走样,实是一个大国在法律实施中不可避免的现象,因为针对千变万化的具体情况,死搬法律规定是不能适应新情况的发展的,必然需要法律拟制和衡平手段。如果权力的自由运用得到人们的赞许,可能将被誉为制度创新,或是法律在具体实施过程中针对具体情况的新创举;如果权力的自由运用得到恶评,就会被人们指责为权力滥用。可见,如果我们仅仅从立法来规范人的行为,权力滥用现象仍然是无法避免的,即使我们制定完全彻底和细密而严格的法律,要求人们严格适用和遵守,但是只要实施,就有对法律的理解和解释,而一旦对法律进行理解和解释,权力的自由裁量就不可避免。

在目前实施的救助管理办法中,出现的主要问题是守法问题,是公民权利的滥用问题。什么是权利的认识和什么是正当的认识是分不开的,如果人们没有对什么是正当的正确认识,就不可能对权利有正确的认识。尽管法律会告诉我们什么是权利,但法律不可能列举所有的权利,也不可能将所有的权利阐释得一清二楚。即使法律能够穷尽一切权利,但要使权利进入人的心中还是另外一回事。在我们这个社会里,权利被滥用的现象可以说比比皆是,非正当被认为是正当,非权利被认为是权利,就是因为在人们心中已经没有了真心愿意去遵循的社会道德规范。在中国历史上,也许最没有是非观念的时代就是我们这个时代,否则怎么会出现以乞讨致富、以乞讨为荣的怪现象?

无论是收容遣送制度或是救助管理制度,它们都不同程度地被扭曲了,尽管表现不一样,但问题的实质还是一样的。它们实施中出现的问题的关键还不是一个立法上的问题,而是法律实施中人的问题,要更深入地了解这个问题,我们还需要进入法社会学领域,进一步探讨什么是制度这个问题。

---

① 《孟子·离娄上》。

(二) 社会价值、社会事实和社会制度

在现代社会里,从表面上看,社会制度是通过宪法得到体现,宪法构建了一个社会的基本政治制度和法律制度。各种具体法律通过落实宪法的基本原则和精神,形成了各种具体领域的制度。那么制度和法律究竟是一种什么关系呢?通过宪法和法律是否就构成了制度本身呢?答案应该是否定的。

从中西方历史上看,不一定存在宪法和法律,但一定有制度。这种制度不过是人心中存在的社会价值的体现,它反映在人的习惯行为上。人们根据习惯,自然就知道什么是正义和非正义,并不需要通过宪法和法律来宣告,社会秩序因此得到维持。宪法和法律是人类发展过程中,为了更好地约束权力,保护权利,并促使履行义务,将人们对于正义和非正义的价值观念进一步明确化,通过文字予以表达,并赋予强制力而已。

因此,社会制度其实质并不是宪法和法律本身,而是凝聚成宪法和法律的那种人们心中的价值观念。由于人们共同拥有的价值观念,因此形成了社会价值,从而形成了制度。如果人们原有的共同价值观念被颠覆了,更新为另一种共同价值观念,则制度就出现了更新。如果共同的价值观念破裂了,变成了散沙般的各不相同的价值观念,则制度被瓦解,即使仍然存在宪法和法律,实质上制度已不存在了,因为,它已没有了真正的作用。①

所以,社会制度如果需要真正健康地存在,必须要反映社会价值。而社会价值一词本身意味着社会存在着共同地被大家真心维护的价值观念。这种价值观念的维护是一种比制度本身建构更为重要的事情。从中国古代法律理念来看,古人所重视的正是这个问题,孔子认为要使法律发挥作用,必须要兴礼乐:"礼乐不兴,则刑罚不中。"而其中的关键在于正名,就是要名与实要相合,说的要和做的一致。否则"名不正则言不顺,言不顺则事不成"②。如果将这样的观念引申到制度和行为的关系上时,制度是一种语言表达,而行为(无论是官员还是百姓的)如果和这种表达不一致,则制度的目标就不能达成(事不成)。所以兴礼乐必须要通过君子言行一致的引导,才能成功。而礼乐的维护是法律成功的必要条件。因此,需要靠道德教化作为制度维护的必要手段。从历史上

---

① 也许有人主张价值的多元化和制度的价值中立。但即使价值多元也应该是有限度的,如果只是多元而没有统一,则根本就不存在制度本身了。而真正价值中立的制度实际上是不存在的,它总要反映一种价值观念,而否定另一种价值观念。尽管自由主义社会被认为在法律上是价值中立的,但也摆脱不了服从于权力的实质。西方后现代法学对这个问题进行了充分的解构,其说法有一定的道理。参见朱景文主编:《当代西方后现代法学》,法律出版社2001年版,第32—33页。

② 《论语·子路》。

看,中国儒家化的法律制度能够存在两千年,和这样一种认识是分不开的。

当一个社会能够形成共同的社会价值,那么社会价值和社会事实就能够重合,就是说社会价值就能够成为一种客观的事实上的存在,并影响人的心灵和行为,社会制度就能够真正形成。即使没有宪法和法律,但实际上社会规则已经真正形成。如果社会价值分裂而成为每个人的不同的价值,价值则进入主观心灵领域,就不能成为一种社会事实。

然而,事实和价值在人们的心目中是截然不同的。自休谟(David Hume)以来,哲学上已将事实和价值的二分作为了思考问题的基本出发点。休谟区分了人们在"应当"和"是"问题上的混淆,将应当这样的问题交由人的情感而不是理性来回答。① 从此,价值被认为是由情感、兴趣、偏好来决定的,是纯主观,而非客观的现象。而事实才是客观的、实在的,不以人的意志为转移的现象。

如果说,从哲学寻求真理的着眼点来看问题,事实和价值的分离是不得不承认的命题。但从社会学角度,社会价值不是一个真理性概念,因此不排除它可以具有客观性。涂尔干(Emile Durkheim)在《价值判断和实在判断》这篇论文中,为了弥补个体价值判断的主观性,而将其引入社会领域,在集体的道德权威中获得价值判断的客观性。"社会判断与个人判断相比,也更客观。于是,价值尺度便从多变的、主观的个人评价中解脱出来。"②

因此,在社会学上,社会价值和社会事实是可能重合的,社会价值可以是一种社会事实。涂尔干将社会事实如此定义:"一切行为方式,不论它是固定的还是不固定的,凡是能从外部给予个人以约束的,或者换一句话说,普遍存在于该社会各处并具有其固有存在的,不管其在个人身上的表现如何,都叫做社会事实。"③法律、道德准则、习俗以及社会潮流等凡能够从外部影响个体的都是社会事实。所以,当人们凝聚而成的共同的价值观念从外部来影响个体的心灵的时候,使个体主观的价值领域拥有客观的可衡量的价值准绳。于是,这种社会价值就成为了社会事实。

当价值变成了社会价值,并成为社会事实之后,制度的根基就具备了。宪法和法律只是这样一种事实性质的社会价值的书面表达。如果价值不能进入社会领域,构成共同价值,则价值就变成了一个纯粹心理的主观现象,制度的根基就不牢固了。自由主义社会往往会产生这样的毛病,由于不注重社群美德的培养,共同的价值观念日益破裂,价值观念便进入了主观领域,道德相对主义和

---

① 〔英〕休谟:《人性论》(下),关文运译,商务印书馆1980年版,第509页。
② 〔法〕涂尔干:《社会学与哲学》,梁栋译,上海人民出版社2002年版,第91页。
③ 〔法〕迪尔凯姆:《社会学方法的准则》,狄玉明译,商务印书馆1995年版,第34页。

情感主义伦理学便不得不成为解释道德的主流理论。美国伦理学家麦金太尔在《德性之后》一书中对这个问题有深刻的揭示。当社会价值变成个人价值之后，制度便会遭遇危机，西方后现代法学家对现代法律危机的揭示，反映的正是这种背景下法律制度的危机，没有了共同的被全社会接受的社会价值观念，并以此为基础进行立法，那么法律所反映的价值便是可疑的，法律的至上性、自治性、整体性都会受到挑战。

当以上问题被交代清楚之后，我们再回到中国的现实问题上来。中国法律实施中存在的诸如对流浪乞讨人员立法的种种问题，确实是制度性问题，但不是立法可以解决的。其原因在于中国还没有形成牢固的被人们普遍接受的社会正义观念，没有这样普遍性的客观的可以影响人的心灵的社会价值观念，则每个人只是凭借自己的感觉来认识是非对错问题，这种感觉靠不住的地方就是它基本上是站在自身立场思考问题，其正义观是偏向于自身利益或自我偏好的，这样的价值是纯粹主观的，没有客观的社会价值影响的个人价值。在这种情况下，即使有正义的法律，在实施过程中，完全可能因为个体或群体的特殊价值观的原因而出现扭曲，因为这种法律并没有进入每个人的心灵，而完全可能会被个体价值所抗拒。在中国，潜规则的横行就是因为书本上的法并没有进入人的心灵，而社会共有的正当社会价值还没有形成。某些不正当的价值便会在社会的某些角落乘虚而入，形成对抗国家法律的潜在规则。权力滥用和权利滥用现象就是在这种背景下产生的。① 从收容遣送制度到救助管理制度，从立法上看，都不存在太大的问题，其实施中的问题，来自于整个社会价值的危机，主导人们心灵的是自我利益和偏见，这不能不导致法律实施的走样。当一些公民将乞讨作为致富手段，将救助措施看成是帮助乞讨致富的方法时，我们可以看到，在他们那里，已经没有是非观念了，为了赚钱，没有什么不能做。当然这个问题不仅仅是一些流浪乞讨人员的问题，而是整个民族已经受到这种风气的极大腐蚀。

（三）教化——制度之根基

综上所述，单靠立法不可能形成制度。制度是什么和社会价值联系在一

---

① 2006年发生的张钰现象是一个典型，在张钰和导演之间的性交易中，导演是在滥用权力，而张钰自以为通过性交易，就能够得到角色，并以此为要挟，则是滥用权利。支配双方心灵的既不是国家法律所主导的价值观念，也不是正当的社会价值观念。另外，目前医患关系紧张，归根到底也是权力和权利的滥用引起的，医生滥用医疗权力，而病人则往往会无理取闹，使医患关系出现不健康的状态。据报道某地医务人员竟然需要戴钢盔上班，以防备病人及家属闹事。类似的问题在其他地方也有不少体现。

起,有什么样的社会价值,就有什么样的制度,立法只是将这样的社会价值进行书面表达。在我们借鉴西方法律制度的时候,我们往往只看到了这种制度的表面,而没有看到漫长的西方文化演变发展形成的社会价值为现代西方法律奠定了制度基石。

如何才能形成普遍遵循的社会价值?一个没有信仰、没有理想的民族是很难形成共同遵循的社会价值的,要形成社会价值必须树立民族理想。在传统中国的儒家文化中,理想人格被定位为君子,而小人则为人所不齿。儒家文化并没有告诉我们更多的知识,而是反复告诫人们如何做人,如何提升人的精神境界,并把这一问题和国家的长治久安联系在一起。修身、齐家、治国、平天下,"自天子以至于庶人,壹是以修身为本。"①在儒家文化的熏陶下,一个人生活的目标是确定的,就是人格的完善。而这样的社会价值观念的形成又和政府长期以来不遗余力的教化分不开。

中国传统的教化观念不能简单地比附为来自西方的教育概念。教育更多地体现为一种知识的传授,不论是科学教育还是在道德教育方面。西方的科学思维发展较早,从古希腊开始,对美德的学习也追随了这样的思维。苏格拉底首倡知识即美德,通过理性和逻辑的方式追求美德,从而形成了西方社会追求美德的知识传统。只是后来基督教文明才将美德和信仰结合在一起。在中国传统教化方式被抛弃的情况下,道德教育也逐渐变成了一种知识教育,或仅仅是说教,与人的灵魂和生命失去了联系。

人生追求什么,是作为高等动物的人必然需要反省的一件大事,人不同于动物之处就在于此。什么样的生活是更好的生活,靠的不单是言传,而更多的是身教。只有言行一致,才有教化之功效。子路问孔子从政的首要大事的时候,孔子提出了正名的主张:"名不正,则言不顺;言不顺,则事不成;事不成,则礼乐不兴;礼乐不兴,则刑罚不中;刑罚不中,则民无所措手足。故君子名之必可言也,言之必可行也。君子于其言,无所苟而已。"②现代的道德规范不是没有,而是基本上已经成为了一种口号,一种标榜,而真正笃行的已不多了。而要做到笃行,道德规范必须是有权威的,能够使人从内心去信奉,成为自己的生命追求。在这个问题上,宗教信仰能够做到这一点。但在传统中国,宗教价值并不是社会的主流价值,主流价值是儒家思想,儒家思想在树立社会道德权威方面是非常成功的。它靠的不是造神运动,而靠的是对社会的深刻体悟。它深知中国社会能够凝聚起来的纽带是血缘关系,这种以血缘关系为纽带的伦理社会

---

① 《礼记·大学》。
② 《论语·子路》。

是不能被破坏的,如果被破坏,社会中人们之间的感情联系和相互信任无法得到建立,社会合作将无法形成。这样的社会结合方式是中国在漫长的历史发展过程中自然形成的。而在这样的社会里,道德权威的树立就是靠对祖先的崇拜,就如同在每个家庭子女对自己的父母依赖和尊敬一样。孔子将孝作为仁之本,礼的核心也就是孝。曾子也说:"慎终追远,民德归厚矣。"① 孝虽然是直接针对父母的,但其结果是直接延续到对自己的祖先追思,道德传统也由祖先延续到后代。中国道德权威的树立靠的就是对传统的维护,如果破坏了传统,又不依靠宗教,那么谁的话语又具备道德上的权威呢?社会价值又如何得到树立和保存呢?学习西方的社会契约和商谈理论吗?没有基本一致的道德观念和相互信任的基础,合意又如何能够形成呢?

中国传统之教化首先是从个人做起,个人是家庭中的一员,个人的修养提高了,则子女可以得到榜样,并把它作为传统延续下去。从国家来看,也是这样,作为一国领导人,自己的修养提高了,则可作为传统延续给下一代领导人。实际上,从西方国家来看,法治国家的建立靠的也是这个,通过惯例构成传统。较近的如美国华盛顿将军树立的惯例被遵循,远的如古希腊梭伦传承的法治和民主。②

通过对历史传统的尊重,通过个人的身心修养,教化就能够取得功效。教化取得功效,则道德权威就自然树立起来。道德权威不仅存在于历史之中,也存在于每个人的身边,在对理想人格的追求过程中,人们身上道德的亮点将会闪耀,话语的道德力量也将出现。通过对共同传统的尊重,人们的价值才能够真正凝聚为共同的社会价值,人们的行为才有了无形的道德准绳,真正的制度最终才得以形成。只有在这个时候立法,宪法和法律才构成了制度,因为这个时候的制度才是活的制度,而不是死的制度,它活在人的思想和行为之中。

---

① 《论语·学而》。
② 梭伦改革的成功依靠的是自身的美德。在他任期结束之际,凭着他的极高声誉,梭伦本可以成为一位僭主,但他拒绝了。他在诗中写道:梭伦是一个没有头脑、没有主意的人/神赐给他幸福,他自己不愿意接受/网里已经装满了鱼,他吃惊,却不把它拉起/一切都是由于没有勇气,也因为他已经失去了聪明/我当然也曾愿意获得这个权力,和无数的财富/在雅典做不过一日的僭主/然后我被剥皮/我的后代被消灭。参见赵明:《论梭伦立法》,载《法意》(第1辑),商务印书馆2006年版。

三、转型时期的道德多元化与司法确定性

（一）一个旧案的重新回顾

司法判决出现争议是十分常见的现象。近年来，有许多司法判决中的争议被日益公众化，并带来了广泛的社会影响。其中，2001年的泸州遗赠案便是其中之一。在该案的判决后，法学界无论是学者还是法官、律师，对立双方的意见互不相容，辩论十分激烈。在事隔多年以后的今天，笔者重新回顾该案，并不想探讨该案判决的是非对错，而是试图在当今中国社会道德变迁的背景中思考一个早已被提出过的法理学问题：司法有无唯一正确的结论？如果我们确认唯一正确的答案不是任何时候都存在的，那么如何才可能增进司法结论的确定性？

为了回答这样的问题，分析像泸州遗赠案这样的典型案例是十分合适的。为了叙述的方便，现将该案简述如下：

四川省泸州市某公司职工黄某和蒋某1963年结婚。1994年，黄某认识了一个张姓女子，并且在与张认识后的第二年同居。黄的妻子蒋发现这一事实以后，进行劝告但是无效。1996年底，黄和张租房公开同居，以"夫妻"名义生活。2001年2月，黄到医院检查，确认自己已经是晚期肝癌。在黄即将离开人世的这段日子里，张面对旁人的嘲讽，以妻子的身份守候在黄的病床边。黄在2001年4月18日立下遗嘱："我决定，将依法所得的住房补贴金、公积金、抚恤金和卖泸州市江阳区一套住房售价的一半（即4万元），以及手机一部遗留给我的朋友张某一人所有。我去世后骨灰盒由张负责安葬。"4月20日黄的这份遗嘱在泸州市纳溪区公证处得到公证。4月22日，黄去世，张根据遗嘱向蒋索要财产和骨灰盒，但遭到蒋的拒绝。张遂向纳溪区人民法院起诉，请求依据继承法的有关规定，判令被告蒋某按遗嘱履行，同时对遗产申请诉前保全。

10月11日纳溪区人民法院公开宣判，认为：尽管继承法中有明确的法律条文，而且本案中的遗赠也是真实的，但是黄将遗产赠送给"第三者"的这种民事行为违反了《民法通则》第7条"民事活动应当尊重社会公德，不得损害社会公共利益，破坏国家经济计划，扰乱社会经济秩序"，因此法院驳回原告张某的诉讼请求。

根据笔者在网上对该案评论的检索，发现除了较少的学者支持纳溪区法院的判决外，大多数学者则表示该案的判决是错误的。主张该案判决为错误的大致原因为：法院的判决是以道德代替法律规范而进行的枉法裁判。该案的审判

应该属于简单的民事案件,直接运用规则便能够解决问题,在该案中不存在因规则的空缺而运用原则填补漏洞问题。而司法不能适用道德规范则主要是因为道德具有相对性、地方性和时代性,因此法官的道德判断具有不确定性,法官通过判决将个人的道德观强加于社会,将带来法官专横现象。①

另一种观点认为,现行继承法已不适应社会现实需要,泸州纳溪区法院的审判是法官填补漏洞的行为,面对法律漏洞,法官利用论理解释和实质推理是符合法理的。另外从法社会学的角度分析,法官应当考虑社会利益的平衡、道德标准和法律的社会效果。法律特别是继承法对确定性法律规则的需求并不绝对排除一切个别裁量,在司法中并不意味着法律和道德的绝对分离,相反在关乎每个人利益的婚姻家事法律中,法律和道德标准的契合非常重要,从法律的社会效果出发,更应当考虑民众的道德标准。②

从理论渊源上看,第一种观点实质上是西方自19世纪兴起的法律实证主义和法条主义理论的结论。针对法律是什么的问题,这种理论抛弃了自古以来的自然法传统,仅仅将法律限定在主权者制定的规则本身,以维护法律本身的确定性,并排除道德的不确定性。法律和道德的结合仅仅在立法中体现,而一旦立法完成,法律的运作便脱离了道德的考虑,法律便构成了一个自足的体系。由于排除了司法中的道德判断,于是司法便成为了一种纯粹的技术,通过这样的技术,可以获得法律的确定性和实现形式正义。

而第二种观点的理论渊源仍然来自西方,主要是20世纪日益强盛的社会学法学理论以及现代的法律方法理论,这种理论脱离了对书本上法律规则的绝对维护,认为书本上的法和行动中的法是不可能完全合一的,书本上的法律规则不可能预见一切可能发生的社会关系因而做出有效的调整,法律必定会不适应社会需求,而产生漏洞,而作为漏洞的填补,不过就是将书本上的法向行动中的法靠拢而已。作为社会道德这样的行动中的法,在社会生活中比书本上的法还可能起更大的社会调整功能,其重要性也许更大。因此,在特定情况下,从社会中选取体现人们实际道德标准的行动中的法或活法,以矫正书本上的法,是可行的。

第一种理论倾向在西方已日益衰落,而现代西方社会取而代之的实践则是非形式主义的,如昂格尔(Roberto Mangabeira Unger)所述:"在立法、行政及审判

---

① 许明月、曹明睿:《泸州遗赠案的另一种解读》,http://www.chinalegaltheory.com;何兵:《冥河对岸冤屈的目光——析"二奶"继承案》,http://www.law.chinalawinfo.com;何兵:《法意与民情——从二奶继承案说起》,http://article.chinalawinfo.com/article,2008年2月17日访问。
② 范愉:《泸州遗赠案评析:一个法社会学的分析》,见http://www.cn-doc.com,2008年9月10日访问。

中,迅速地扩张使用无固定内容的标准和一般性的条款。……从形式主义向目的性或政策性导向的法律推理的转变,从关注形式公正向关心程序或实质公正转变。"①作为这种转变的原因,昂格尔认为很难给出一个全面的解释,而是给出了种种可能的因素,如语言的理论解释的变化以及关于国家行为和等级秩序结构等变化。②

将法律作为自足的封闭体系的认识在现代社会的发展面前已逐渐不能适应需要,显然道德判断以及其他法律之外的因素对司法的影响便是无法摆脱的。从上述第一种观点来看,法律实证主义将法律仅仅视为规则本身,而忽略了规则本身对实质正义的表达,那么就可能造成这样的结果,在某些个别情形下符合规则,但违背人们关于正义的认识。笔者并不清楚持第一种观点的人,是否主张根据我国《继承法》第16条的规定,个人完全可以将自己的财产遗赠给任何人。比如,在能够合理预见受遗赠者将会利用遗赠的财产用于阴谋颠覆国家政权的活动之时,这种遗赠的权利是否成立?如果他们知道在特定情形下适用规则的结果是完全不符合所有人的价值观的时候,是否还会适用规则?如果主张第一种观点的人仍然持一种实证主义的态度,那么将是社会难以接受的,司法的合法性和权威性仍然将被人们质疑。但如果他们将排除个别的被他们自己也认为是极端不合理的结论的时候,那么他们的态度便不是逻辑一致的实证主义态度。

除了极个别的人之外,大多数将会承认适用规则必须在考虑原则的情况下做出。这样一来,规则的运用将在原则的指导下,而有更灵活地解释的余地。关键是到底是服从于意思自治的民事原则,还是公序良俗原则,这实际上是法官裁量时的价值衡量。说到底,法官无法采取一种绝对的实证主义态度,因为无论是采用意思自治还是公序良俗,都是一种道德观的体现,法官必然要将自己对这样一些民事原则的道德理解渗透进去。

由此,该案件之争其实并不是案件适用法律的对错之争,而是价值之争。因为,无论是主张第一种反对该案审判结论的学者,还是支持审判结论的学者,都可以在法律理论上找到支持自己的理由,而到底是支持哪一种理论,也许导致这样一种选择的不是学术观点的歧异,而是道德价值观的分歧。笔者的这种看法,还有其他什么理由吗?

法律现实主义学派的法学家对司法过程的剖析或许可以给予我们启发。

---

① 〔美〕昂格尔:《现代社会中的法律》,吴玉章、周汉华译,中国政法大学出版社1994年版,第181页。

② 同上书,第183页。

弗兰克(Jerome New Frank)认为,法官决不像人们想象的那样,从法律规则的前提出发,将它们适用于事实从而得出司法结论。其实,在大多数情况下,司法判决是从暂时形成的结论回过头来作出的。也就是说,法官实际上是通过感觉而不是通过判断来判决,是通过预感,而不是通过推理来判决,法律推理只出现在判决理由中。① 虽然弗兰克的观点有点难以为人们接受,但无疑揭示出法官对案件结论的道德感受在司法推理中作为"前见"的作用。由于法律推理过程中所出现的不可避免的不确定性,使得法官可以从自己认为的正确价值观念出发,去选择和解释法律原则与规则,以达到法律推理与自己的结论相符合的结果,而这样的推理过程并不能说是错误的。

在上述案例中,第一种观点的主张者并没有拿出法律实证主义的理论武器,而且中国的民法适用也绝对不可能是实证主义的,在适用规则时必须考虑民事原则,则等于是宣告道德判断将会时常出现在司法推理中。作为第一种主张的学者们主张规则的优先性,而否定道德标准的适用,实际上是在宣告他们的另外一种道德态度,即将意思自治原则凌驾于公序良俗原则之上的道德态度。这样一来导致他们主张适用规则而不考虑道德的主要因素也许就是他们的道德"前见"。正是这种道德前见,导致他们选择适用规则,倾向在该案中适用形式推理。

当然,可以更直接地推知作为第一种观点的主张者,主张在该案中选择适用公序良俗原则,而不选择反映意思自治原则的规则,其主导因素也是道德判断。正是因为其道德前见决定了他们坚决否定那种直接运用规则而获得的不合社会道德的审判结论,并从符合自己道德观的判决结论出发,重新置换司法推理的大前提,以不符合公序良俗原则为由,否定我国《继承法》第16条规定在该案中的直接运用,以民众道德观来解释公序良俗原则,并作出实质司法推理。

如果果真在泸州遗赠案中的争议主要是价值之争的话,那么这是两种什么样的价值呢?何以会发生如此激烈的争论?第一种观点的主张者所拥有的道德价值观正是中国在从传统向现代转型过程中蓬蓬勃勃兴起的个人主义和自由主义价值观。这种价值观更多地体现在一些法学家以及年轻人那里,作为法学家群体由于长期以来接受西方法律思想的影响,因而一些人不自觉地将西方法律制度中以个人为本位的自由主义当成不证自明的原则,缺乏对西方法律价值的深切反思。他们往往没有认识到西方法律的价值基础是在西方历史发展的过程中逐渐产生出来的,有着西方文化的独特背景。这种价值是否应当以及是否能够被中国民众所接受,他们并没有仔细地思考和研究。这些价值构成了

---

① 沈宗灵:《现代西方法理学》,北京大学出版社1992年版,第338—339页。

他们思考法律问题的不自觉的出发点。在这个问题上苏力教授对中国一些学者的批评应该是深刻的,他说当代中国主流法理话语大致是学术意义上的自由主义传统,由于缺乏对法律事件的细致分析和勾连,缺乏对事实的关注,对司法和执法语境也缺少足够的关注和理解,表现了很强的教义倾向。因此这种自由主义是相当不完整的。① 意思自治原则与西方的个人主义有直接的渊源,如果将个人主义推到极端,那么意思自治原则将是绝对的,然而个人的意志的自由真的就是不受任何约束吗? 在该案中,由于法官的判决迎合了民众,而不符合西方法律的自由价值,一些学者便难以接受,这不能不说是受道德前见的影响的结果。

第二种观点的主张者所主张的价值是中国传统的以家庭为本位的道德价值,而不是个人本位的自由主义价值观。在中国传统社会里,家庭才是社会的细胞,个人并不是独立的个体,个体存在着对家庭的依附性。对于家庭,个人往往承担较多的义务,而不是较多的权利。这是因为家庭的和睦与安定是社会稳定和个人幸福的源泉,因此对家庭完整性的维护不仅构成了个人的期待,而且构成了社会的期待。只有在安定的家庭中个人才能得到关爱,获得安全的感觉,正如只有在稳定的社会里,家庭才能获得安定的感觉一样。正因为如此,整个社会治理也从家庭开始,"修身、齐家、治国、平天下",家庭和睦与安定是治国的根本出发点。这种传统的思维形式,并不因中国法律的转型而得到完全的改变,至少在一些并不是现代化的城市和农村里,对家庭完整性的需求可能远远大于对个人权利的需求。这样我们就不难理解为什么在泸州纳溪区法院判决结果作出后,会获得人们热烈的掌声。人们更希望的是对夫妻相互忠实的鼓励,而不是对破坏婚姻家庭的鼓励。

在传统向现代转型的过程中,以个人为本位的道德价值观和以家庭为本位的道德价值观有着激烈的冲突,这样一种价值冲突最终也会体现在司法审判之中。由于书本上的法律是经过法官的阐释而成为现实中的法律,法官对书本上的法律绝不是一种机械的照搬,必须考虑现实中的事实状况,那么司法判决必因法官的价值认知的不同或当地民情的不同,而产生不确定性。

(二) 司法不确定性

确定性是法律追求的目标,当人类生活一旦以法律的方式被展开时,生活的安定性便有赖于法律的确定性。法律确定性避开了人的意志的任意性和专横性,提供了克服任意意志统治的弊端。但对法律确定性的不切实际的幻想也

---

① 苏力:《当代中国法理的知识谱系及其缺陷:从黄碟案透视》,载《中外法学》2003 年第 3 期。

许是认为司法结论总是有唯一正确的答案,法律实证主义认为法律不确定性的罪魁祸首是在司法审判中渗透了道德的因素,因此,他们认为"法的存在是一个问题。法的优劣是另外一个问题。……一个法,只要是实际存在的,就是一个法,即使我们恰恰并不喜欢它,或者它有悖于我们的价值标准"①。抛开不确定性的道德标准,法律似乎就有了确定性。而作为概念法学则相信法律概念和外界千变万化的事物有着一一对应关系,只要我们去构筑一个法律概念的金字塔,所有外在的种种事件和行为都可以从概念中得到反映,从而得出唯一的法律结论。但正如考夫曼(Arthur Kaufmann)指出的,对法实证主义的批评,首先针对的是其理论本身,其两个信条,一为法官不许造法,二是法官不许在法律上沉默,即在逻辑上必以制定的法律秩序是一个封闭的无漏洞的整体为前提。一旦法律的完整性无法达成,则严格的法律实证主义被彻底改变。②

确实,生活的丰富多彩,大千世界的千变万化,使法律所不能涵摄的内容比比皆是。在相当多的情况下,法律只有抽象的法条,而难以直接对应客观的事实,即使在符合法律规则的情况下,司法结论的不确定性也是必然的现象。对司法不确定性的承认比否认更符合事实。卡多佐(Cawdoyo Benjamin Nathan)说:"只有在极其罕见的、几乎不存在的事例中,确定性才是可能的或可期待的。"③但正是因为司法的不确定性的现实存在,才促使了人们追求司法确定性的努力。而这种努力也构成了法律及其法学发展的动力。

司法结论的不确定性来源于法律推理的大前提和小前提的不确定性。法律推理的大前提即法律规范,而小前提即法律事实。由于法律事实并非是纯粹客观的事实,它仅仅是法官通过证据对已过去的事实的一种重构,它具有主观性。如弗兰克所说,在裁定事实的过程中可能会有"作伪证者、受人指使的证人、有偏见的证人、在陈述所举证的事实时发生误解的证人或在回忆其观察时发生误解的证人;有证人失踪或死亡、物证灭失或被毁的情形;有为非作歹和愚蠢的律师。有愚蠢的、带偏见的和心不在焉的陪审官;也有愚蠢、'固执'或对证词有偏见或漫不经心的初审法官"④。对于司法不确定性的关注,人们更多的是对作为法律推理的大前提——法律规范的关注,因为事实的不确定性更多的不是一个法律问题,而是涉及人性之弱点,它不可能完全地予以避免。法律推理的大前提的不确定性一方面涉及语言和事实之间存在的分裂,由于法律中对

---

① 〔英〕奥斯丁:《法理学的范围》,刘星译,中国法制出版社 2002 年版,第 208 页。
② 〔德〕考夫曼:《当代法哲学和法律理论导论》,郑永流译,法律出版社 2002 年版,第 116 页。
③ 〔美〕卡多佐:《法律的生长》,刘培峰、刘骁军译,贵州人民出版社 2003 年版,第 39 页。
④ 〔美〕弗兰克:《现代和古代的法律实用主义》,转引自〔美〕博登海默:《法理学:法律哲学与法律方法》,邓正来译,中国政法大学出版社 1998 年版,第 155 页。

语言符号的独立性极力强调,而结果造成了语言表征与所指的分裂,即语言中"能指"和"所指"的分离。① 而概念法学所设想的通过语言概念去涵摄大千世界的种种事实其实只是幻想,这导致法官在比照事实和规则的时候,不得不根据自己对规则的理解和解释来认定事实是否与规则相符,从而作出推理。加达默尔(Gadamer)认为对法律规则的正确的理解,即按照本文所提出的要求被理解,是这样一种理解:"它一定要在任何时候,即在任何具体境况里,以不同的方式重新被理解。""在这里仅当本文每次以不同的方式被理解时,本文才可以说得到理解。"②这是因为"对一条法律原文的意义的认识和这条法律在具体法律事件里的应用,不是两种分离的行为,而是一个统一的过程"。"法律在其规范应用中所表现的意义,从根本上说,无非只是事实在本文理解中所表现的意义"。③ 加达默尔的法学诠释学告诉我们的无非就是:对法律规则的理解不是对法律原本意义的直接理解,只有在不断地应对于具体事实时的不断理解之中,才可能得到真正的理解,而这种理解中包含了法官创造性的工作。

如果我们理解了法律解释的真谛,那么一切法律规则最终都体现为应用中的理解,这种理解如果体现为任意,则司法将不可能具有确定性。而如果理解是受到约束的,则司法将加大自身的确定性。

对法官的法律解释的最大约束是法律规则本身,但法律规则远远未能构成对法官理解的全面约束,因为规则针对具体事实而言,总是抽象的,法官必然需要从具体事实出发来重构法律规则在该案中的含义。

在重新思考法律规则的具体含义时,司法面临的不确定性大致可以分为两种,量上的不确定性和质上的不确定性。量的不确定性只是轻重和多少问题,性质已被确认。如刑法上有罪无罪以及所犯何罪是确定的,只是罪的轻重的认识和量刑有差异。民法上关于有无权利问题是确定的,只是权利实现或恢复程度是有差异的。而质上的不确定性,涉及的是有罪无罪以及有权利无权利问题。量的不确定性是司法过程中的正常现象,有利于法官针对具体情况实现个别正义。尽管我们也需要确定性,但绝对的确定性却可能束缚法官的手脚,无法实现具体案件的衡平。在量的不确定性面前,需要处理好的关系是确定性与不确定性的平衡,在什么时候需要确定性,在什么时候要突破这样的确定性,这使得司法过程变成了一个展现法官技艺的过程。在这个过程中完全的确定性是不可能出现的。

---

① 沈敏荣:《法律不确定性的思想渊源》,载《社会科学家》1999年第12期。
② 〔德〕伽达默尔:《真理与方法》(上卷),洪汉鼎译,上海译文出版社2004年版,第400页。
③ 同上书,第402—403页。

而质的不确定性,却是司法过程完全应当防备的现象。因为质的不确定性带来的是截然不同的冲突性结论,不论是同一法院还是不同法院的判决中针对同一事实出现了如此的结论,都是难以被接受的,以致会导致对司法正当性的怀疑以及失去对司法的尊重,从而司法判决也失去了对人们行为的价值指导意义。昂格尔指出现代自由主义社会里存在法治的危机,这种危机就是法律的原有特色实在性、公共性、普遍性和自治性的失去。"人们愈是把公平和协作看做是法律的渊源和理想,人们愈是不可能区分国法与道德责任或礼仪的观念,它们存在于不同的产生争执的社会结构中。与此同时,实在性规则在法律中愈来愈不重要了。"① 在司法中,昂格尔认为"社会共识的变化无常及不合法性使得法官很难发现一种稳定的、权威性的共同认识及价值观的体系,以便在此基础上建立他的法律解释。因此,每一个案例都迫使法官,至少是暗中地,决定一个既定社会中相互竞争的信念体系中孰先孰后"。在这样的社会里,相互冲突的价值完全可能带来司法结论的质的不同。麦金太尔批驳了德沃金关于把最高法院的职责视为实行一套一致性原则的观点,认为一些案件并非如此:"现在我手头上有的巴克案件就是这样的决定的例子。在该案审理中,法庭成员所持两种观点一看便知极不相容,而签署决定的 J. 鲍威尔先生就是持有这两种观点之一的一个法官。但是,如果我的论证正确的话,最高法院的职责之一就是要做到不偏不倚地判决,主持公理,从而在坚持对立的正义原则的相互冲突的社会团体之间维持和平。所以,最高法院在巴克案件中一方面禁止在大学招生中有明确规定的种族限额,另一方面又允许有所区别以有利于曾被剥夺受教育权利的少数民族。让我们设想一下此类决定和独创性背后的一致性原则吧,你无法使自己确信该法院的矛盾态度是无罪的。"② 麦金太尔认为这主要原因在于我们的社会不存在任何道德首要原则。

由此,西方社会司法结论可能存在质的不确定性的原因就在于社会道德价值的分裂,各种分裂的相互冲突的道德不可通约。在司法审判中,一旦法官面临对法律的道德解释的时候,相互冲突的道德观念便可能导致非此即彼的不确定性结论。西方社会的价值多元来自自由主义对价值的中立态度。自由主义确信理性的人们思想的自由和讨论的自由,在不同的意见中,最终真理将会胜出。在这个过程中没有不容争辩的东西存在。同时,自由主义社会又是利益多元化的社会,在价值冲突之中,利益因素的影响又无法彻底摆脱。这两种因素

---

① 〔美〕昂格尔:《现代社会中的法律》,吴玉章、周汉华译,中国政法大学出版社 1994 年版,第 198—199 页。

② 〔美〕麦金太尔:《德性之后》,龚群、戴扬毅等译,中国社会科学出版社 1995 年版,第 319 页。

的结合最终导致社会价值分裂无法最终统一。

当代中国和西方的情况是有一定差异的,但由价值冲突导致的司法不确定性同样存在。司法确定性长期以来是我们追求的目标,为了达到这样的确定性,我们更多地束缚法官的自由裁量权力,把法官的司法解释权力更多地赋予最高人民法院行使。同时我们还实施了错案追究制,防止法官错案发生。但完全束缚法官手脚却可能导致法官司法中的形式主义态度,一切以法条的字面意思为准,忽略社会的变迁和需求。这样的结果却可能带来司法判决与社会需求的脱节,人们可能更愿意接受更灵活的调解,而不愿意接受根据法条的判决。对法律形式主义的强调可能带来法律权威的丧失和人们对法律的离弃。

然而,当我们一旦采取更多的实质推理,判决的不确定性又摆在我们面前。泸州遗赠案可以被认为是法院采用实质推理、迎合社会需求的一种尝试,然而这种尝试,正好体现出司法判决出现质的不确定性的可能。从对泸州遗赠案的相互冲突的争论中可以看出,无论哪一方的主张都不存在真正的错误,因为最终的争论在笔者看来仅仅是价值之争,而价值判断最终只能诉诸个人情感,而没有客观真理的结论。

中国出现的价值冲突和西方自由主义有一定差别。中国并没有真正完全地由传统走入现代,而社会却出现了传统和现代的奇妙融合,传统价值和现代价值在同一时空中激烈冲突,而法律日益走向了对现代价值的维护,权利本位和个人本位的价值观念在法律中得到更充分的体现,这使得法律和社会的脱节也日益严重。在这样的情况下,司法中出现质的不确定性,也成为难以避免的现象。

(三) 法律如何与社会统一

法律从来被我们看成是改变社会,促使社会进步的工具。这种心理态度无疑是中国百年社会转型历史的反映。为摆脱中国屈辱的状况,知识精英不断探索使中国摆脱落后挨打、实现国强民富的办法。在这个过程中,精英和民众思想的脱节变得日益严重,民众便成为需要启蒙的对象,然而这种启蒙并不如同西方启蒙时代,那是一个自然而不是勉强的过程。在社会需要精英领导的年代,民众的自然需求往往被忽略了,法律也更多地从社会需要发展的精英愿望出发,变成了改变社会的工具。但在这个过程中很容易忽略社会意识和社会价值这个实际上是客观的领域,民众的意识往往无法达到精英要求的那样的水平,而精英的话语便最终变成不断强调提高人们法律意识的苍白话语。

将法律看成是改变社会的工具,其要求是以社会来适应法律,这种态度最终可能导致社会对法律的背叛,法律在社会中无法实行。而如果法律要单纯地反映社会,则会造成有什么样的社会就有什么样的法律,我们要改变社会的愿望可能会落空,我们的理想无法被实现。特别是当我们看到社会中种种不合理的潜规则的横行,我们也决不愿意将这样的规则转化为国家法律本身。

这里一种矛盾的处境便显示出来,一方面,以法律改变社会的强制性方法不能奏效;另一方面,以法律迎合社会的方法也存在种种问题。这种窘境迫使我们思考是否仅仅依靠法治就能够解决当今中国的社会治理问题。

泸州遗赠案提供了一个我们思考问题的契机,无论你是强调国家法律的庄严性也好,还是强调社会的需求也好,其背后都有一种价值观的支撑。正是因为这种基于个人本位与家庭本位的不可调和的价值,司法结论便产生了不确定性的可能。如果我们全部采用形式主义的司法态度,忽略实质正义,忽略具体案件中可能需要依据的社会道德,法律恐怕难以适应社会。而如果采取法律社会学的态度,如何在多种道德中选取正当的道德标准,却是难以解决的难题,司法不确定性因此更难以避免。

法律的困难其实不是法律本身带来的。我们常常以为靠法律自身的完善就能够完美地解决所有社会问题,但实际上不仅无法解决,而且连法律自身都会出现问题。司法不确定性便是这样的问题之一。

治理社会是一个系统的工程,单纯法律并不能达到这样的目的。而法律自身的一致性和完整性要得到维持,还需要各种社会因素的支撑。如西方基督教社会,法律的完整性靠的是宗教信仰,中国传统社会法律的完整性靠的是儒家伦理的一统作用,早期资本主义社会法律的完整性靠的是启蒙价值。自由主义一旦解脱了宗教和传统的约束,自由主义便会演变成多元的自由主义,一旦多元价值观在社会中形成,而主流价值观被淹没,则法律自身的完整性便会瓦解。

法律实际上是社会价值的反映,有什么样的社会价值,便会产生什么样的法律。要做到法律自身的完整性和达到更大的司法确定性,必须注重共同的社会价值的培育。共同的社会价值不仅是社会联系的纽带以及社会信任得以形成的必要条件,还是法律确定性得以形成的必要条件。不仅如此,共同的社会价值还是法律获得权威性和正当性的必要条件,以及使法律适应于社会的前提条件。

如何形成当今中国的共同价值观念?从历史来看,中国自古以来共同的价值观的形成,不是依赖于宗教,而是依赖于传统。宗教只是社会的点缀,而注重传统并同时具备超越性意义的儒家伦理才是社会主流。这就避免了宗教价值作为主流价值的极端排斥异己的趋向,引导社会价值向中庸方向发展。儒家伦理不绝对排斥异己的倾向导致的社会价值是在一元统摄下的多元的,社会既不是散沙化的、分裂的,也不是没有活力的、完全被国家统管的、缺乏人之个性的群体。而这种一元统摄的合法性一方面来自"天之元","整个人类社会不管怎样独立多元,都有一个共同的形上本源,都必须统于'天之元'。此即是公羊学在解《春秋》'元年春王正月'时所谓——为元、立元正始、贵元崇本之义"。① 由于对天的尊崇,而社会价值克服了其任意性的取向,获得了终极的确定性和合法性。

这种一元统摄的合法性的另一方面来自传统,即历史文化所赋予的合法性。作为传统之核心的"礼"的存续,表达了儒家对祖先的道德传统的尊重,在对祖先的敬重中,礼获得了它应有的道德权威,而社会获得了道德统一性。但礼毕竟是固定不变的行为准则,在各种具体事务和变化面前,不一定能完全合于天之道,而需要人心与它直接契合,这就需要通过不拘泥于礼,而在修身中以敏锐的直觉直接获得对天道的领悟。这样便可以克服礼的僵硬性,使礼可以因时空的变更而变化。

为达到社会道德的统一性,修身便是关键。修身要求一方面是要尊礼,这才能使社会规范"齐于礼",社会规范获得统一性。但是,礼内在的僵硬性,有待于"仁"予以调和,而只有"仁"作为一种不依赖于语言的对天道的直接感知,才获得了人心和天道的契合。所以,修身的另一方面是"依于仁"。通过修身,社会规范获得了统一性,它不仅通过"齐于礼"获得了形而下的统一性,而且通过"依于仁"上接天道获得了形而上的合法性。

在当代中国社会转型时期,法律的合法性和整体性以及法律与社会的统一性,有必要吸取古代儒家思想的智慧。这种智慧就是对社会共同的道德价值观念的培育,防止社会道德分裂为相互冲突而没有形上和形下统一的碎片。只有具备了共同的社会道德观念,我们才可能使法律适应于社会,统一于社会,法律才具备自身的合法性、完整性,司法最终才可能获得确定性。

---

① 蒋庆:《政治儒学:当代儒学的转向、特质与发展》,生活·读书·新知三联书店2003年版,第312页。

第三章 当代中国的社会结构

自 1978 年中国改革开放以来,一方面是中国社会经济持续快速发展,另一方面是贫富差距不断拉大,在经济发展中并非所有人都同等受益的情况越来越严重,人们的社会不公平感也越来越强。2007 年 2 月 1 日国家发改委官方网站公布系列收入分配报告显示,1990—2005 年,城乡居民的工资性收入在居民总收入中所占的比重从 45.3% 逐步提高到 63.2%。但也就在这一时期,平均货币工资收入最高最低行业之比由 1.76∶1 扩大为 4.88∶1。2008 年中国社科院发布《人口与劳动绿皮书》中指出,中国城乡居民收入差距出现全方位扩大。据 2011 年 6 月 11 日财新网报道,人保部劳动工资研究所所长苏海南提到,目前收入分配失衡严重,城乡居民之间收入差距维持在 3.3 倍左右,行业间差距最高达到 15 倍,10% 的最高收入户与 10% 的最低收入户人均收入相差 20 多倍。而少数金融国有企业高管的年薪是社会平均工资的 100 多倍,有的则达到社会平均工资的 2000 多倍。

面对城乡之间的这种割裂,要确保整个社会能够和谐发展,走出"社会不公"陷阱,法律作为社会调整器自然担负着重要的责任。

在展开对社会结构的微观观察之前,有必要首先对"当下"中国社会整体状况做一说明。

首先,当下中国"三维"社会并存。如果从清末开始算起的话,中国在中西文化冲突的背景下展开社会转型、变迁已有一百多年。并且,中国的社会转型进程曲折、复杂,呈现出一种独特性;这种独特性又构成了"中国社会问题"的大背景或土壤。具体来说,从时间的维度来看,中国一百五十年来始终在进行的社会转型及其所面临的问题,其中许多对应的是西方17—19世纪各民族国家曾经面临的问题,而今日中国现在所面对的却是21世纪的世界秩序。或者说,西方各国在二百多年前形成的自由民主的宪政理念正成为今日中国努力的方向;但是,今天西方的自由民主宪政国家的弊端却正日渐显露,西方现代性的危机显现了"去国家化"的趋势。这种社会转型在时间上的不对应性进一步显示在空间维度上。一方面我们要强调主权中国、强化民族独立性、呼唤爱国主义,这些是中国现代化未竟的事业;另一方面西方却对此开始持有相当的质疑了。托夫勒在《第三次浪潮》一书中曾指出,农业文明是人类经历的第一次文明浪潮,工业文明是人类经历的第二次文明浪潮,而以信息技术和生物技术为代表的新技术革命,则是人类正在经历的第三次文明浪潮。这三种文明在时间上是有一个递进过程的,在进化史观下,工业文明是以对农业文明的超越形象出现的,而信息社会是对工业文明的再超越过程。西方社会的历史演进似乎在印证着这一进程。但在中国社会转型过程中,三种原本属于时间上先后的社会文明形态却出现了空间上的共存状态。社会学者孙立平对此曾进行了颇为形象的描述:在北京的中关村以及全国许多大城市中的"新技术开发区"、"科技园区",在那些地方到处都能见到的是:计算机、网络、软件、基因、生物技术、电子商务、白领……从中关村出去往西南走十几公里就到了石景山,在那里有全国著名的"首钢"。那是一个钢铁生产基地。那里的情形与全国大部分大中小城市一样(除大城市的科技园区之外),还是典型的"第二次浪潮"——工业文明:灰色调的环境,轰鸣的机器,废气废物和产品同时排放……出了城市,到了广袤的农村,那里则是典型的"第一次文明"的情景:一个家庭就是一个生产单位,耕种着很小一块土地,从中收获的农副产品,自己要消费掉相当大的部分,能够出售的部分非常有限。① 传统社会、现代社会和信息(风险)社会代表时间先后的三种社会形态在当下中国形成空间上三维并存。

其次,跛脚的现代社会转型。从传统到现代的转型原本具有至少两种不同的、相互关联的面相:技术现代性与人类解放现代性。现代性既意味着技术的进步,也表征着人类的自由、民主和解放。这两种现代性截然不同,甚至相互对立。法国大革命以后,启蒙时代共生的两种现代性和谐不再,追求技术性的资产者开始恐惧于下层社会的人类解放诉求。两种现代性构成了现代世界体系

---

① 孙立平:《断裂——20世纪90年代以来的中国社会》,社会科学文献出版社2003年版,第7页。

的主要文化冲突,并导致了道德和制度危机。① 近代中国的发展,尤其是新中国,也凸显了两种现代性的错位。中国的"现代化"一定程度上可以等同现代性中技术现代性一维,但单纯执着于"发展"的实践,造成了对自由、民主、平等意义上的人类解放现代性的遮蔽或遗忘。"经济主义无视政治,并强加一整套诸如最大增长、竞争、生产力等未经质疑的目标,从而放弃对责任和动员的观察"②,人要么被塑造为"唯利是图"、"急功近利"、"短视"、"现世主义"、"犬儒主义"、无信念、无责任感的"经济人、理性人";要么,人的任何精神性需求在充斥着数字、统计、计算的无感情社会无所着依。如果说"社会主义"以及其最高理念形态——共产主义在一定程度上可以承担起化解人的精神性供求冲突的任务的话,自1978年以来的"去意识形态"化的努力,使社会主义的实质意义确实已被其符号意义所部分取代,从而,也无法完成这一任务。

在上述大的社会变迁背景下,笔者认为当下中国社会总体特点可概括为"社会内外纵横交织"。所谓"内外"主要是就中国社会现象本身所发生的空间而言的。在今天,已经进入全球格局的中国,任何社会现象的考察都不能忽略"中西"这一镜像,西方既是我们参考的对象,也是反思自我的镜子;同时,主体中国的自觉意识又必须时时得到铭记。所谓"纵横"主要是针对社会现象发生的空间而言。所谓"纵"是指在时间意义上原本代表着"递近"的三种异质社会结构,由于在空间上处于共存状态,基于异质社会结构而发生的各种社会现象。

本章重点从社会转型过程中具有重要意义的土地资源入手,分析在现代化进程中,我国法律③对土地资源配置、调控失效的原因并探讨社会结构之于法律的意义。

一、当代中国社会结构的变迁与重组

改革开放以来,中国经历更为深刻的、全面的社会转型。传统中国是农业国,农业社会常常被描绘成是一种"向土地刨食"的社会。土地是一切物质生产的前提和基础,是满足人们基本生存之衣食用度的宝库。农业社会的社会结构

---

① 〔美〕沃勒斯坦:《沃勒斯坦精粹》,黄光耀、洪霞译,南京大学出版社2003年版,第527—528页。
② Pierre Bourdieu, *Acts of Resistance*: *Against the Tyranny of the Market*, New York Press, 1998, p.50.
③ 这里的"法律"是从法社会学角度进行理解,既包含了制定法,也包含对对象起实质调控功能的政策、决定、决议等。

决定了土地必然成为法律调控的重要对象,甚至,关于土地的制度安排构成了法律的全部内容,构成了国家其他制度安排的基点。

改革开放以来,现代化尤其是经济现代化成为中国社会转型的目标,整个社会要实现从以农业、农村、农民为主到以现代大工业生产为主的社会转型。土地的功能或意义在现代视野下的工业社会里必然会有一些变化。(见表1)

表 3.1 农业社会与工业社会之土地状况比较

	传统视野下的农业社会	现代视野下的工业社会
土地的地位	核心资源	与技术、知识等并列成为重要资源
土地资源分类	土地的产出资源为主要资源	土地本身成为主要资源
土地价值的显现	主要是生产和消费两个环节	分配、交换等流转环节

社会结构模型的转换,必然在一定程度上成为法律对土地资源调控的总原则。

1982年制定的我国现行《宪法》第10条规定,城市的土地属于国家所有。农村和城市郊区的土地,除由法律规定属于国家所有的以外,属于集体所有;宅基地和自留地、自留山,也属于集体所有。同时规定:国家为了公共利益的需要,可以依照法律规定对土地实行征收或者征用并给予补偿。任何组织或者个人不得侵占、买卖、出租或者以其他形式非法转让土地。

这确立了土地配置的总纲。首先,土地国家或集体所有,这预示着土地的直接使用人对土地并不享有完整的占有、使用、收益、处分权利。土地直接使用人不可以将土地本身作为资源进行流转并实现收益。其次,"国家为公共利益的需要,可以对土地进行征收征用",这明确了国家或政府可以作为土地流转或交易的主体。而且,与前一点土地使用权人权利的局限相比,政府出于公共利益需要,实施征地的权力在宪法意义上是完整的。此种土地流转形式建立在土地流转双方力量失衡的前提下,无法在制度层面有效避免发生基于土地资源争夺而生的危机。

1983年,中共中央颁发了《关于印发农村经济政策的基本问题的通知》,明确土地所有权与经营权分离的立场。根据该政策性文件,我国农村土地仍然坚持集体所有,但实行包干到户,家庭承包经营土地。农民可以在自己的承包地上自主地进行经营,只要"交足国家的,留够集体的,剩下的都是自己的"。该文件仍然以"土地产出收益"为重点调整对象,而非将土地本身作为一种资源进行规范。

1984年中共中央颁布的《关于1984年农村工作的通知》将土地承包期规定

为 15 年不变,这一规定可以理解为:为使土地经营者能够对土地这种损耗性资源进行自觉保护,通过延长承包期限以激发实施土地保护的内在动力。因为土地存在绩效问题,不注重保养,土地就会衰竭;但因土地不归经营者个人所有,只有通过延长土地承包期以确保土地绩效。

1988 年七届全国人大一次会议通过的《宪法修正案》第 2 条规定,"任何组织或者个人不得侵占、买卖或者以其他形式非法转让土地。土地的使用权可以依照法律的规定转让"。宪法的这一修正,一方面重申了土地的国家和集体所有立场,但另一方面也直接肯定了土地使用权流转的合法性。

1998 年第九届全国人民代表大会常务委员会第四次会议通过的《土地管理法》对上述两个政策性规定的精神给予了认可。该法同时规定土地使用权可以依法转让。这使宪法修正案所肯定的土地使用权作为资源的价值进一步被承认。《土地管理法》为土地交易提供了具体依据,但同时也设定了严格的条件。

2002 年 8 月第九届全国人民代表大会常务委员会第二十九次会议通过的《农村土地承包法》第 37 条规定,通过家庭承包取得的土地承包经营权,可以依法采取转包、出租、互换、转让或者其他方式流转。这进一步扩大了土地使用权权能,使土地交易有了进一步的法律保障。

2005 年 7 月,广东省政府发出《广东省集体建设用地使用权流转管理办法(草案)》,明确农村集体建设用地使用权可于 2005 年 10 月 1 日起上市流转。这意味着广东全省农村的经营性用地可以通过招标、拍卖、挂牌和上网竞价等方式进行交易。

可见,法律确实在按照市场化原则,按照现代社会要求对土地资源进行调整,尽管很缓慢。与此同时,针对我国土地资源锐减和土地冲突频发的严峻事实,法律对这些社会事实也作出回应,给出越来越严厉的规制。

2004 年印发的《国务院关于深化改革严格土地管理的决定》(国发[2004]28 号)明确:实行最严格的土地管理制度和土地管理责任追究制,是由我国人多地少的国情决定的,也是贯彻落实科学发展观,保证经济社会可持续发展的必然要求。严令单位和个人不得擅自占用基本农田和改变用途,指出国家将"从严从紧"控制农用地转为建设用地,必须充分保障被征地农民的长远生计。

2005 年第四季度,中央"十一五规划建议"和中央农村工作会议强调,要坚持农村土地基本经营制度和严格控制建设占地,确保农业发展和农村稳定。

2006 年 8 月,《国务院关于加强土地调控有关问题的通知》再一次重申土地管理和耕地保护的责任,要求切实保障被征地农民的长远生计,禁止擅自将农用地转为建设用地,严肃惩处土地违法违规行为等。

2008年3月,国土资源部等部门联合出台了《土地出让金收支管理办法》,其中规定15%的土地出让金必须用于土地复垦和土地整理工作,土地出让金必须纳入地方财政,实行"收支两条线"管理。但是,2008年6月4日国家审计署国有土地使用权出让金审计调查结果(审计结果公告2008年第4号)显示,北京、天津、上海、重庆、哈尔滨、合肥、济南、长沙、广州、南宁和成都11个市及其所辖28个县(市、区)有1864.11亿元土地出让金没有纳入基金预算管理,占11城市土地出让净收益总额的71.18%。

二、当代社会结构的法律规制现状

法律失效的论据主要来自两个方面:一是保护农地、遏止耕地流失的事实没有出现。根据国土资源部统计,截至2005年底,我国耕地面积为18.31亿亩,人均1.4亩,不足世界平均水平的40%,约相当于美国的1/8、印度的1/2。而且现有耕地总体质量不高,高产田仅占28%,低产田为32%。[①]《全国土地利用总体规划纲要(2006—2020年)》指出,优质耕地减少和工业用地增长过快。1997—2005年,全国灌溉水田和水浇地分别减少93.13万公顷(1397万亩)和29.93万公顷(449万亩),而同期补充的耕地有排灌设施的比例不足40%。局部地区土地退化和破坏严重。2005年全国水土流失面积达35600万公顷,退化、沙化、碱化草地面积达13500万公顷。违规违法用地现象屡禁不止。2007年开展的全国土地执法"百日行动"清查结果显示,全国"以租代征"涉及用地33万亩,违规新设和扩大各类开发区涉及用地91万亩,未批先用涉及土地面积225万亩。

二是由土地引发的冲突事件逐年上升。在城市化过程中,一些地方盲目扩大招商,滥用征地权,强行征用农民集体土地,导致失地农民人数逐年上升。另有一些地方压低补偿标准,拖欠、截留、挪用土地补偿安置费,这进一步加剧失地农民绝对贫困的风险;再加上我国整个社会保障体系极为脆弱,农村的社会保障更是处于一穷二白阶段,这极大增加了发生社会冲突的危险。河北定州和四川汉源发生的群体性冲突都是因征地、补偿等引发的。2003年辽宁省"丹庄"高速公路涉及非法大量占用土地和截留征地补偿费等4起案件就发生在中央三令五申的情况下。据《重庆日报》报道:包括内蒙古、山西、河南、广东等多

[①] 《国土资源部报告:中国10年耕地减少了1.2亿亩》,见新华网2006年3月16日。

起土地违法案件也发生在《国务院关于加强土地调控有关问题的通知》发布不久。①

可以看到,"在法的实践中,关于一种非意向的、在行动者背后起作用的、匿名的社会化过程的现实主义模式,取代了关于一种由法律共同体成员有意形成和不断维持的联合体的理想主义模式"②。在经验层面,即表现为纸面上的法与法的实际功效的断裂。

三、当代中国社会结构的制度影响力

法社会学坚持从"系统论"的立场看待法律,拒绝对法律做抽象的描摹。法律的失效当然和法律所身处的社会的诸种要素及社会整体息息相关。中国社会在转型过程中,现代化是遵循"分级逐步"模式推进。"允许一部分人先富起来"隐含了城市优先农村、东部优先西部的发展战略。这种先逐步完成城市的现代化,再依照"城市反哺农村"最终全面完成"共同富裕"方案的推行,长期以来形成了城乡分割,乡村单方面供给城市的格局。这也深刻地改变着我国的社会结构(见表2)。

表3.2 中国产业结构调整的轨迹

产业结构调整	农业	工业	第三产业
第一阶段(1978—1984年)	从28%到32.2%	从48.2%到43%	从23.7%到24.8%
第二阶段(1985年—1992年)	从31%到23%	从44%到48%	从25%到29%
第三阶段(1993年—2005年)	从22.4%到12.5%	从48.3%到47.3%	从29.3%到40.2%

---

① 根据国务院领导指示,国土资源部、监察部组成联合调查组,对郑州违法批准征收占用土地建设龙子湖高校园区、广东清远市清城区石角镇非法征地、太原经济技术开发区违法批准富士康(太原)科技工业园三期项目占用土地、山西太原万水物资贸易城和富丽装饰材料公司违法占用土地、河南安阳四季花香生态园违法用地等5起土地违法案件进行了调查。国务院常务会议听取了关于郑州违法批准征收占用土地建设龙子湖高校园区案件调查情况的汇报,要求对有关责任人员作出严肃处理。经监察部部长办公会议研究决定,给予河南省发改委主任(原国土资源厅厅长)林景顺降级处分,建议给予党内严重警告处分;给予郑州市市委副书记、市长赵建才记大过处分,建议给予党内警告处分;给予郑州市副市长、郑东新区管委会主任王庆海降级处分,建议给予党内严重警告处分;给予郑州市市长助理、龙子湖建设指挥部指挥长牛西岭记大过处分,建议给予党内警告处分。详见《重庆日报》2006年9月28日,第19版。

② 〔德〕哈贝马斯:《在事实与规范之间》,童世骏译,生活·读书·新知三联书店2003年版,第57页。

中国社会不均衡分层结构中最醒目的即失地农民这一新的社会群体。该群体在社会转型过程中,因为无以作为独立的社会力量与其他社会阶层进行对等的利益博弈,在社会资源重组、分化、竞争中不断败北,逐步被社会边缘化。进而,他们也常成为社会冲突(尤其是群体性冲突)的主角。

从表3.2可以看到,从绝对数字的角度,农业、工业、第三产业的结构比标志着传统农业社会一去不返,显现了现代化的成就。改革开放以来中国农业在国民总产出中所占的比例经历了一个从短暂上升到不断下降的过程。这一变化表明农民在改革初期作为改革受益者,随后不断沦为改革代价的主要承担者的过程。具体讲,中国的改革在第一阶段,"自上而下"的理性推动色彩明显,改革初期对所有人而言都是收益大而很少需要付出代价,而在这个阶段农业的比例上升正是农村生产力得到解放的反映及其带来的结果。但农业在第二、第三阶段所占的比例急转直下,这反映了改革进入"社会力量博弈"阶段,农村的生力军——农民越来越力不从心;农民在城乡分割的社会结构中,在资源占有上处于劣势;而这种劣势使农民进一步失去与社会结构中其他力量进行博弈的条件和可能性,从而不断被边缘化,并越来越成为改革代价的承担者而非社会发展的受益者。这种逐步定型的新社会结构又抽离了来自中央的一相情愿的、倾向保护农民利益的法律的生效基础。具体而言:

在城乡分割的格局下,在长期的改革过程中,农民群体可资支配的资源是非常单一的。与城市相比,在适应现代化所要求的知识、技术、信息等方面,农民几乎都处于绝对劣势。农民手中可以用作博弈的只有土地。但是,一方面,前述我国宪法规定:国家得因公共利益征收土地。在工业化、城市化进入快速发展时期,这一规定使农村土地无"屏障"地供给城市有了宪法依据。另一方面,由于宪法同时确定了土地国家或集体所有制,这就大大限制了作为土地的实际占有、使用主体——农民对该资源所享有的法律权利范围。"但是所有权的分割不只受法律的影响,还受社区传统社会结构和习惯力量的影响。社区农民把土地看做自己的,把社区之外的人以低廉的价格买走自己的土地看做非法侵入。农民的这种'合法性'意识根深蒂固,由此使这种产权结构的效率大打折扣。农民通过偷、抢和破坏土地产出和土地设施等方式,表达他们对社区之外占有土地的不承认,造成保护合法产权的高额成本,并因此使土地贬值。"[①]在这种潜在意识支配下,为确保自己不至于在现代化过程中被抛在社会结构之外,农民必须抓住手中的土地。

在表3.1中,现代化社会里土地自身作为资源的价值被强烈地凸现,土地

---

① 党国印:《中国农村社会权威结构变化与农村稳定》,载《中国农村观察》1997年第5期。

本身在流转过程中交易价值明显。相反,传统农业社会的"土地产出收益"则非常不起眼,这也是今日中国老百姓的"种地不赚钱"感觉的来由。因此,必须要显现流转中的土地价值。在前述法律调整变化中可以看出,我国"土地流转"方面的限制确实在不断放松。而且,发生在土地使用人之间的土地流转,如租赁、转包、互换等行为,土地使用人在法律许可范围内是充分自治的,流转是依照法律上的契约条件发生发展的。但在城市化过程中,导致土地权属变化的最关键、最突出的行为是以政府名义进行的土地"征收征用";而该类行为却依然遵循"命令——服从"逻辑运行。在这种逻辑下,农民试图以自治的姿态与代表"公共利益"的国家或政府就土地的价值进行博弈,势必是困难重重。

这种困难表现为:作为土地交易一方的政府,既是"裁判",又是"球员"。所谓"裁判",是指政府在自上而下推进的社会转型中一直充当改革方案设计者、规则制定者。前文里有关土地的政策性调整文件都出自政府之手。那么,政府在"征收征用"土地活动中,首先并不是作为与农民具有同等法律地位的土地使用权人出现,而是凌驾于一切其他土地使用权人之上仲裁者。但是,政府同时又确实是这一土地交易的一方当事人,必须对土地被征收的失地农民履行给予补偿等一系列责任。在现实中,这种"土地征收征用"的操作模式弊端丛生。例如,在征地补偿制度中,具体的补偿标准由政府制定,而支付补偿费用的也是政府。按照我国的宪政理论,社会主义国家一切权力属于人民,除了人民的利益,国家没有额外的利益。政府代表国家履行公共职能,不会"以权谋私"。但是,我们也知道,没有制约的政府同样会与民争利,履行公共职能的政府一样会蜕变成"追求利益最大化的政府"。美国经济学家布坎南(James M. Buchanan,1919—)曾指出,在政治过程和市场过程中,任何人都在寻求促进自己利益的目标,而在个人目标之外,根本就不存在任何类似于"社会目标"、"国家目标"和"社会福利职能"之类的东西。[①] 当前,土地出让金与征地成本之间存在巨大的利益空间,政府通过"征用—转让"这一过程,可以获得大量的利益。这导致难以完全排除政府"以权谋私"的可能性。

同时,政府在实现经济利益最大化的同时,又可以获得"政绩"形式的政治利益。这样,作为经济人的政府一方面没有内生动力去完善土地征收制度;另一方面反而会滋生出抵抗改变现存结构的力量。当权力已成为一种可以增值的资本时,也就意味着权力超出了其为社会主体提供社会资源的定位,而成为

---

① 〔美〕詹姆斯·布坎南、里查德·瓦格纳:《赤字中的民主》,刘延安等译,北京经济学院出版社1998年版,第4页。

获取利益的手段。那么,作为权力运作结果的法律针对权力所进行的调整必然发生一定程度的扭曲。全国政协委员、国土资源部咨询研究中心副主任刘文甲曾说:"滥占土地的责任主要在各级地方政府身上,其根源就是一个'钱'字。一些地方政府把土地看做财政收入的主要来源,或者越权批地,默许、支持违法用地;或者越位去做市场主体,亲自上阵抓钱。"①

农民在"征地"流转中没能和政府站在同一起跑线上,从而无权参与土地交易谈判。这种没有完全贯彻公平的交易使得农民既无法充分保有可支配的唯一资源——土地,也无法在失地的同时获得一份可以凭依的资本。所以,从表3.2看,中国似乎已经实现了产业结构的合理化,但不能忽略的是,农业与工业在国民生产总值中所占比例虽然"此消彼长",但农民的境域却没有随社会的现代化而蒸蒸日上。目前,我国有近4000万农民失去土地。失地农民没有随城市化的进程改变身份成为产业工人,其中一部分生成一个特殊的阶层——农民工(即法律身份是农民,职业是雇佣工人);还有的彻底成为"三无人员",即无地可种、无业可就、无保可享。

失地农民越来越失去改革受益者的地位,趋于绝对贫困并不断被边缘化,陷入一个恶性循环。对于失地农民等群体而言,正如社会学者孙立平所指出的,回到社会的主导产业中已没有可能;回到原来那种稳定的就业体制中去也没有可能;朝阳产业不会给他们提供多少就业机会。事实上,他们成了社会中的被淘汰者,已经成为被甩到社会结构之外的一个群体。②

法律在这种情况下,能够做什么呢?在前文中可以看到,国务院不断地重申"严格保护"土地的立场,但这种立场以及相关的决策、法律都处于一种让人绝望的失效状态。法律不是自在自为的,法律是社会的产物,其效力的发挥受制于其所处社会的各种结构要素的制约。改革以来中国社会最为根本的变化即是社会结构的变化,其中又以社会分层结构的变化最为引人注目。以市场经济、民主法治为目标的社会转型谋求的是破除"身份"制的新社会分层结构,也就是要彻底放弃以天赋因素进行社会群体区分的社会屏蔽机制。③ 但是,后发现代化国家的现代化发生情境决定了中国同样没能跳出"城乡分治"的窠臼。"城""乡"分治的策略非但没能有效地破除"身份化",反而在社会结构中造就

---

① 张晓松:《土地调控新政剑指何方》,新华网2006年9月7日。
② 孙立平:《断裂——20世纪90年代以来的中国社会》,社会科学文献出版社2003年版,第2页。
③ 中国自21世纪50年代中期以来建立的以年龄、性别、家庭出身、出生地等为标准的户籍制度、单位制度、档案制度、干部级别制度。这些制度更倾向于以天赋因素作为社会屏蔽的基本指标,对社会群体进行区分。

了最突出的两种身份群体——城市中权力与财富结盟的政府和乡村的失地农民。在关涉土地资源的争夺中,博弈双方在社会结构中力量严重不均衡,两种社会阶层的力量对比过于悬殊。由此,调整"征收征用"这一土地权属变化的法律机制一再被扭曲。"保护土地",即使来自代表人民意志的法律或来自最高层政府的自上而下的命令,同样需要在社会结构中作为"经济人"政府的配合和支持,否则这些法律或命令要么有名无实;要么难逃"播下龙种、收获跳蚤"的尴尬。

2008年10月9日至12日召开的党的十七届三中全会,明确肯定农业、农村、农民问题关系党和国家事业发展全局。会议审议通过了《中共中央关于推进农村改革发展若干重大问题的决定》,指出:"以家庭承包经营为基础、统分结合的双层经营体制,是适应社会主义市场经济体制、符合农业生产特点的农村基本经营制度,是党的农村政策的基石,必须毫不动摇地坚持。同时强调要赋予农民更加充分而有保障的土地承包经营权,现有土地承包关系要保持稳定并长久不变……要建立健全土地承包经营权流转市场,按照依法自愿有偿原则,允许农民以转包、出租、互换、转让、股份合作等形式流转土地承包经营权,发展多种形式的适度规模经营。有条件的地方可以发展专业大户、家庭农场、农民专业合作社等规模经营主体。"这些改革方向或重点在提升整个农业人口或农民阶层的社会经济地位,以及与经济地位密切联系的政治、文化地位方面大有裨益。与此同时,《中共中央关于推进农村改革发展若干重大问题的决定》要求:"改革征地制度,严格界定公益性和经营性建设用地,逐步缩小征地范围,完善征地补偿机制。依法征收农村集体土地,按照同地同价原则及时足额给农村集体组织和农民合理补偿,解决好被征地农民就业、住房、社会保障……健全严格规范的农村土地管理制度。土地制度是农村的基础制度。按照产权明晰、用途管制、节约集约、严格管理的原则,进一步完善农村土地管理制度。"2011年,国土资源部、财政部、农业部联合下发了《关于加快推进农村集体土地确权登记发证工作的通知》(国土资发〔2011〕60号),进一步规范和加快推进农村集体土地确权登记发证工作。这反映了法律在促进社会公正、促进中国在统筹城乡改革上取得重大突破,在促进整个经济社会持续发展上应该发挥更大的效力。

法律不是自在自为的。法律是社会的产物,其效力的发挥受制于其所处社会的各种结构要素的制约。在试图通过法律改变社会的同时,一定要清醒地认识到社会也在塑造着、甚至扭曲着法律。① 因此,从社会结构与法律的关系视角,必须高度重视实然的社会结构对"纸上的法"的效力扭曲;同时,必须发挥法律矫正失衡的社会结构的功能。

---

① 最近几年提高农民收入减轻农民负担方面的法律法规也遭遇同样命运。一方面中央不断在出台减费、减负决定、决议、法律法规;另一方面农村因农民负担产生的冲突持续且有所激化。问题的关键即是农业从业人员占全部从业人员50%的比例下,农业生产的增加值却还占不到GDP的17%,不到17%的GDP在50%的从业人员中分配,始终是农业比较利益过低,农民收入不可能有普遍改善。这样的结果反衬出法律是失效的。

第四章 当代中国的社会冲突

一、当代中国的社会冲突认识与法律定位

从1949年新中国成立到1978年中共十一届三中全会召开这29年的时间里,关于社会冲突的认识经历了较大波动。在这一阶段里,"阶级斗争"总体上被看做是社会的主要矛盾,相应形成法律虚无主义思潮。1978年12月18—22日召开的中国共产党十一届三中全会,断然决定停止使用"以阶级斗争为纲"的口号,否定了1977年8月中共"十一大"仍继续肯定的"无产阶级专政下继续革命"、"'文化大革命'这种性质的政治大革命今后还要进行多次"等"左倾"错误观点。党的十一届三中全会公报在对中国社会主要社会矛盾冲突问题认识上做出重大调整,中国社会冲突不再是两大对立阶级"敌我"之间的冲突,而是人民内部日益增长的物质文化需要与中国社会的生产力不发达之间的紧张,各种物质利益分配的不协调导致的冲突。物质利益匮乏、社会生产力低下,经济增长缓慢是引起冲突的主要原因。针对此种冲突的解决策略应该是全党、全军和全国各族人民同心同德,进一步发展安定团结的政治局面,"大力发展生产力",鼓足干劲,群策群力,把我国建设成为社会主义的现代化强国。"稳定"、"发展"、"现代化"、"富强"等成为1978年以来中国社会的主流话语。

新中国成立后至1978年底中国现代社会转型所经历的发展上的重大挫折,最终被表达为现代化语境下的发展范式,这有着深厚的历史和现实原因。

中国古代讲"不患寡而患不均",其实,中国自近代以来

面对凶暴的殖民主义,"亡国灭种"的生存危机点燃的"富国强民"民族情感,显露是更接近"患寡"心态。新中国前 29 年发展道路上的重大挫折并没有对"国家积贫积弱"有明显改变,"患寡"、"富国强民"、"发展"的急迫心态在党的十一届三中全会后,通过邓小平理论以更强的声音传达出来:贫穷不是社会主义,"社会主义的本质,是解放生产力,发展生产力,消灭剥削,消除两极分化,最终达到共同富裕"①。邓小平 1992 年初在南方谈话中指出:"改革开放迈不开步子,不敢闯,说来说去就是怕资本主义的东西多了,走了资本主义道路。要害是姓'资'还是姓'社'的问题。判断的标准,应该主要看是否有利于发展社会主义社会的生产力,是否有利于增强社会主义国家的综合国力,是否有利于提高人民的生活水平。"②这些具有指导性的言论最终汇聚成"发展是硬道理"。同时,以"发展"为指导目标的"社会主义现代化强国"逐步被化约为简单明了的四个现代化——经济、政治、国防和科技现代化,这其中又以经济现代化为先导。

随着对主导性社会冲突认识的转换,法律也逐步摆脱了"无用论"窠臼,在社会中获得越来越多的话语空间和重视。在党的十一届三中全会公报中就明确,为了保障人民民主,必须加强社会主义法制,使民主制度化、法律化,使这种制度和法律具有稳定性、连续性和极大的权威,做到有法可依,有法必依,执法必严,违法必究。全会发出号召:"从现在起,应当把立法工作摆到全国人民代表大会及其常务委员会的重要议程上来。检察机关和司法机关要保持应有的独立性;要忠实于法律和制度,忠实于人民利益,忠实于事实真相;要保证人民在自己的法律面前人人平等,不允许任何人有超于法律之上的特权。"社会主义法制"十六字方针"逐步成为人们耳熟能详的主流话语。

同时,为实现经济现代化的目标,必须通过法律等社会规范构建起有序稳健的制度环境,以便有计划、有步骤地开展经济活动。"社会主义市场经济体制的建立和完善,必须有完备的法制来规范和保障。要高度重视法制建设,做到改革开放与法制建设的统一,学会运用法律手段管理经济。……本世纪末初步建立适应社会主义市场经济的法律体系。"③从 1993 年开始,"社会主义市场经济在一定意义上即法制(治)经济"作为一个简单明了的口号和命题,在学界流行开来。法律要"为经济保驾护航",要成为规范调整经济生活的常规手段,要致力于对各个社会阶层和各种利益主体的经济利益进行协调。与此同时,在推

---

① 《邓小平文选》(第 3 卷),人民出版社 1993 年版,第 373 页。
② 同上书,第 372 页。
③ 《中共中央关于建立社会主义市场经济体制若干问题的决定》,人民出版社 1993 年版,第 30 页。

进市场经济的目标指引下,作为技术理性的法律获得很大的发展。围绕市场经济,中国立法开始进入快车道、社会主义法律体系基本形成、国家的立法、执法、司法、法律监督活动走上正轨并日渐发挥作用、法律职业开始兴起、法学教育和法学研究方兴未艾。

自1978年中国社会开启的现代化语境主宰下的"发展"工程推行至2006年,又是一个28年。在这28年里,围绕社会供给和社会需求之间的紧张、冲突,国家大力发展经济,在社会物质财富发展、改善和提高人民生活水平等方面都获得了骄人成绩。但同时,中国社会在保持总体发展的前提下,也出现了很多使人忧心的情况。为回应这些情况,在2002年11月党的十六大报告中,强调全面建设的小康社会是"惠及十几亿人口的更高水平的小康社会,使经济更加发展、民主更加健全、科教更加进步、文化更加繁荣、社会更加和谐、人民生活更加殷实"。这表明小康社会作为中国社会转型目标,其衡量标准已经突破此前单一的经济指标。2003年10月11日至14日召开的党的十六届三中全会通过了《中共中央关于完善社会主义市场经济体制若干问题的决定》,一方面强调要建成完善的社会主义市场经济体制和更具活力、更加开放的经济体系的战略部署,加快推进改革,进一步解放和发展生产力。另一方面要求统筹城乡发展、统筹区域发展、统筹经济社会发展、统筹人与自然和谐发展、统筹国内发展和对外开放,树立科学发展观,为全面建设小康社会提供强有力的体制保障。"科学发展观"的提出表明进一步对此前"经济现代化"视角下的"发展"范式进行反思。2004年9月16日至19日中国共产党十六届四中全会召开,会议发布的《中共中央关于加强党的执政能力建设的决定》提出,共产党作为执政党,要"坚持最广泛最充分地调动一切积极因素,不断提高构建社会主义和谐社会的能力"。至此,"构建社会主义和谐社会"首次同经济建设、政治建设和文化建设在党的文件中并列出现。

和谐社会的提出,无论其有多少深意,但有一点应该是明显的:即面对中国社会目前所出现的林林总总的冲突以及种种不和谐因素,必须沿着"高水平的小康社会"和"科学发展观"所开拓的思路,对"发展"范式进行持续的反思和超越。和谐社会也是这种反思和超越的表现之一。那么,现代化语境主宰下的"发展"范式,究竟带来中国社会怎样的冲突状况?这一状况又对法律提出了怎样的新要求?对这些问题的考察应该是顺理成章的。

二、当代中国"社会冲突"视角下的社会秩序

(一) 当代中国社会冲突的整体状况

社会冲突是衡量社会秩序的一个标尺。当下中国社会冲突总体特点可概括为"社会冲突内外纵横交织"。

所谓"内外"主要是就冲突本身而言的。冲突通常是指发生在同一空间两个或两个以上事物的互相对抗过程。物质性的冲突往往是可见的、有形的,常有以下特征:冲突的直接目的是打败对方,是直接以对方为攻击目标的一种互动行为;冲突双方必须有直接的交锋;冲突各方所追求的目标既可能相同又可能不同;冲突在形式上比较激烈,往往突破了规则甚至法律的限制,带有明显的破坏性。这种意义上的冲突是没有争议的,是外显的,也就是所谓的"外在"冲突。所谓"内在"冲突即意识层面、价值观意义上的对立,其未必形之于外。该种意义上的冲突更复杂。在科塞看来,如果"冲突越是具体表现为超出个人利益之上的东西,冲突就越激烈。一个群体在意识形态方面越是统一,其目标就越是共同的和超出个人自我利益的,越具有一种明确的良心,冲突双方感情的卷入就越深,减少了缓解冲突的可能性"[1]。我国学者李培林等人的研究也表明,如果底层民众普遍把贫富差距归因于贪官污吏、巧取豪夺、横征暴敛和为富不仁(如腐败、巨额偷漏税、变相侵吞国有资产等)(无论事实如何,只要人们普遍这样"认为"),社会风险就会大大增加。[2] 尽管必须要防止陷入西方冲突论的"泛冲突"窠臼,但当下中国人民心理层面日渐积累并显露的"被剥夺感"、"冲突感"、"不幸福感"是非常值得重视的。正像亨廷顿所指出的,"都市化、扫盲、教育和新闻媒介都给恪守传统的人士带来新的生活方式、新的行乐标准和获得满足的新天地。这些新鲜事物打破了传统文化在认识和观念上的障碍,并提高了新的渴望和需要水准。然而,过渡型社会满足这些新渴望的能力的增进比这些渴望本身的增进要缓慢得多。结果,便在渴望和指望之间、需要的形成和需要的满足之间、或者说在渴望程度和生活水平之间造成了差距。这一差距就造成社会颓丧和不满。实际上,这种差距的程度就为衡量政治动乱提供了可

---

[1] 〔美〕科塞:《社会冲突的功能》,孙立平译,华夏出版社1989年版,第98页。
[2] 李培林等:《社会冲突与阶级意识》,社会科学文献出版社2005年版,第19页。

信的指数"。所以,尽管"现代性孕育着稳定,而现代化过程则滋生着动乱"①。

所谓"纵横"主要是针对冲突发生的时空而言。所谓"纵"是指在时间意义上原本代表着"递近"的三种异质社会结构,由于在空间上处于共存状态,基于异质社会结构而发生的冲突。② 在当下中国社会,宏观视角下的社会冲突几乎都与时间空间上的交叉重叠的社会转型有关。例如,肯定诉讼等公力救济方式与禁止"私了"反映的是传统与现代之间的冲突,而"大力发展生产力、促进经济高速发展"与"尊重和保障人权"、"允许一部分人先富起来"与"实现社会公平"、"发展"与"环境恶化"等反映的是现代社会与信息社会、风险社会之间的冲突。所谓"横",主要是指空间意义上横向并存的社会形态内部的具体冲突。

将当下中国社会冲突定位为"内外纵横交织"态,有下列益处:一是有助于警惕那种将社会冲突仅定格为转型社会的阶段性现象的认识。在这种认识里,潜在地隐含着论者的盲目乐观情绪和不负责任的"犬儒主义"态度。所谓"盲目乐观"即似乎只要社会转型完成,社会冲突问题就迎刃而解。即使今天中国社会冲突多点儿、严重点儿,那是改革到了攻坚阶段,是正常的;甚至还有人大肆宣扬"腐败是改革的润滑剂"之类话语。所谓"犬儒主义",即"把对现有秩序的不满转化为一种不拒绝的理解,一种不反抗的清醒和一种不认同的接受"③。突出表现如俗语讲的"拿起碗吃肉,放下筷子骂娘"情形,在心理上谴责、拒斥社会冲突;在行动上却"听之任之"。二是可以防止将冲突仅仅定格为"社会病"。客观的社会冲突当然在一定程度反映社会失范、社会风险的重要方面。在这个意义上,可以说存在"社会病"。对一个个具体冲突的解决就是在对社会施行有效的治疗。但是,同时必须要公允地看到,冲突与社会共生的一面。应该说憧憬没有冲突的社会是可贵的;但也必须清楚,任何以"彻底"消除社会冲突的努力在终局意义上都注定难逃"拔着自己的头发离开地面"的结局。在社会转型、变革过程中,各种观念面临并事实上在解体,维系共同体存续的"连带

---

① 〔美〕亨廷顿:《变化社会秩序中的政治秩序》,王冠华等译,生活·读书·新知三联书店1989年版,第38—50页。

② 假设中国一城市居民养宠物狗,并每天给狗喝牛奶。对这一现象,笔者曾随机问过一些人,发现人们的反应差异颇大。代表社会底层的"棒棒"(农民工)更容易表示愤怒,"我们都喝不上牛奶,这不是人不如狗吗?"较极端的会进一步要求富人应该将钱拿出来救济穷人。居住在笔者所在小区的人,大致上他们属于这个城市或社会的中层,具有稳定收入和与之相应的体面的职业、受过相对较好的教育,他们的反应往往很平和:"那是人家自己的事,我们不必说三道四,不是没有违法吗?"当然,还有一种反应强烈的声音,比如笔者小孩所在学校的一些中学生:"为什么一定要人比狗强,狗和人是一样的,狗也应该受到最大可能的善待,喝牛奶完全可以啊。"这些所谓80、90后的一代显然传递了后现代的姿态,无意识地在质疑人类中心主义的逻辑。

③ 张伟:《冲突与变数》,社会科学文献出版社2005年版,第416页。

意识"能否重构？如何能再达成共识？这些问题是缓解社会风险或不安的关键方面，同时，社会风险和冲突也为探索这些问题提供了问题源、思考方向和各种可能的思想资源。三是有助于我们慎重地对待冲突控制命题。仅仅关注一个个具体冲突的"解决"是远远不够的。比如，司法的功能定位为"息讼服判"，那意味着根据现行司法体制，一个冲突如果诉诸审判，只能经过两次审判即告救济途径终结，你必须得服判，在现代社会视野下该冲突就算解决了，无论你是否真心实意"服判"，你基本上也绝无就相同事件再"兴讼"之可能。但是，一旦突破单一"现代社会场"，将该冲突放置在"纵横社会场"中；一旦突破外在冲突层面而考察内在冲突层面，也许就无法得出冲突"解决"的结论。进而，我们误以为的，以"结案率"、"调解率"表征的这种"解决"究竟给当事人、给非当事人、给整个社会留下了什么？其"所留下"的又会在何时、何地、以何种面目重又出现于社会，并对共同体有所损害或助益？这些问题就会纷至沓来。

所以，当下中国社会冲突处于"内外纵横交织"态即成为下面行文的背景或"场"，对任何具体冲突问题的讨论都必须照应这个作为整体的"场"。

（二）当代中国社会冲突的特征

1. 冲突数量上升

在德国学者贝克（U. Beck，1944—）看来，"只要在国家和社会中明确的物质需要——'短缺的专制'——还统治着人们的思想和行动（就像今天在大部分所谓的第三世界中那样），社会生产的财富分配以及与之相联系的冲突就占据着历史的前台。在这种短缺社会的境况下，现代化进程是随着用科技发展的钥匙开启隐藏的社会财富源泉之门的主张而开始的。从阶级到阶层化和个体化的社会中，这些从不应有的贫困和依赖中解放出来的承诺，都是以社会不平等范畴进行行动、思考和研究的基础"①。

1978年以来，通过改革开放近三十年的发展实践，社会发展成绩斐然。但从绝对意义上想要通过"发展"达到"社会财富极大丰富"，从而在本源上根除物质性供求冲突的动因，这种思路仍然是欠妥的。因为这从根本上违背了"共产主义"作为"纯粹理想模型"，拒绝阶段性历史实践的初衷。事实也证明，"在现代化进程中，生产力的指数式增长，使危险和潜在威胁的释放达到了一个我们前所未知的程度"②。

从宏观上看，我国在世界经济体系中处于发展中国家地位并没有根本改

---

① 〔德〕贝克：《风险社会》，何博闻译，译林出版社2004年版，第16页。
② 同上书，第15页。

变,物质利益产出总体依然匮乏。尽管从 1978 年至 2009 年,中国经济平均增长水平达到了 9.9%,但整体上中国处于发展中国家的地位却没有实质的改变。贫困问题虽有缓解,但形势还是非常严峻。我国目前的贫困形式呈现下列特征:从社会成员普遍贫困到贫富差距迅速扩大,从绝对贫困为主到相对贫困为主,从农村贫困突出到城市贫困问题凸显,从区域型贫困到阶层性贫困,从社会分割性贫困到社会转型性贫困,从暂时性贫困到持续性贫困。① 社会保障覆盖面较窄,根据中国社会科学院和国家信息中心联合发布的 2005 年《经济、社会蓝皮书》报告指出,截至 2005 年 9 月底,中国医疗保障体系仅仅覆盖了 1/3 的国民,目前全国仍有 65.7% 的人没有任何形式的医疗保险。公共教育经费投入慢于 GDP 增长,财政性教育经费按人口平均 2003 年仅为 36 美元,只相当于美国 20 世纪 90 年代 1400 多美元的 2.6%。教育公共服务的覆盖面不均衡,2003 年教育部预算内经费用于农村小学和初中的只占 30% 左右,从 1985 年到 2003 年间,我国初中后辍学的初中毕业生人数总计达 13299.1 万人。②《2007 亚太地区养老金》报告也强调,"较低的保险覆盖率要求中国政府进一步加大养老金体制的改革力度"。

从微观上,表征冲突的相关数据呈上升态势,社会冲突频仍。

第一,从犯罪率上升情况看,自 20 世纪 80 年代以来,中国社会的犯罪峰值与经济发展呈同步创新高的走势。从 1978 年到 1995 年,中国经济以年平均增长 7.49% 的速度提升,人均年 GDP 增长率达到 6.04%。此阶段犯罪峰值伴随着经济 9.49% 的增速,以不同的新高相呼应。从 1987 年至 1989 年 12 年间以年增长 11.142% 速度跃升,尤其是 1994 年以来,更是以年增长 39.256% 速度不断攀新高。③ 1978 年刑事案件 50 多万起,1989 年 190 多万起,1999 年 224 万起,2004 年 470 多万起。2011 年最高人民法院工作报告指出,危害国家安全犯罪,杀人、绑架、抢劫、爆炸等严重暴力犯罪以及盗窃、抢夺、诈骗等多发性侵财犯罪,同比分别上升 2.3% 和 0.8%。各级法院审结的黑社会性质组织犯罪案件同比分别上升 13.8% 和 16.6%。最高人民检察院工作报告指出,全年共立案侦查各类职务犯罪案件 32439 件 41531 人,件数比上年减少 3.3%,人数增加 0.9%。突出查办大案要案,立案侦查贪污贿赂大案 18191 件、重特大渎职侵权案件 3175 件;查办涉嫌犯罪的县处级以上国家工作人员 2670 人,其中厅局级 204 人、省部级 8 人。上述司法统计上升数据显示,我国刑事犯罪仍居高不下,

---

① 洪大用:《转型时期中国社会救助》,辽宁教育出版社 2004 年版,第 34 页。
② 数据来源:《中国统计年鉴(2004)》,中国统计出版社 2004 年版,第 784 页。
③ 刘长城:《经济发展与犯罪峰值关联性初探》,载《中国经济快讯周刊》2001 年第 47 期。

社会治安状况仍不容乐观。

第二,从信访数据方面看,1978年至1982年的四年多时间里,全国法院处理民事申诉来信39800件,接待民事申诉来访近4.4万人次,两者相加共83700件(人)次。从1998年至2002年,在同样四年时间里,全国法院共接待处理群众来信来访4224万件(人)次,上升了近500倍,上升速度之快,超乎人们的想象。主要集中于"三农"问题、拆迁问题、失业问题、治安问题和公民权利保障问题。如此大规模的信访,表明在社会结构的微观层面蕴藏和积压着大量冲突、矛盾。《瞭望周刊》2003年12月8日发表的两篇报道指出:"目前来自全国各地的上访大军,在首都北京汇成一道道强劲的'寒流'。仅从今年7月1日到8月20日短短不到两个月的时间,到北京市委门前上访的就达1.9万人次,群体上访达347批;到中纪委门前上访的人员达1万多人次,群体上访453批,平均每天达100多人,最多一天达到152人。仅在全国人大常委会办公厅信访局:从今年1月1日到11月26日,就共收到上访信件52852封,比去年同期增长了近1/5;其中新信33369封,重信19483封。在同一时间段,来全国人大信访接待室上访总件数为17063件,比去年同期增长了近1/3。"从这些数据中,人们不难读出目前社会秩序面临较大问题。

第三,群体性事件的数量逐年上升。据统计,全国范围的群体性事件在1993年共8709宗,此后一直保持快速上升趋势。到了1999年,群体性事件总数已经超过32000宗,7年间增加了3倍。最近三年(2002—2004年)均保持在40000宗以上。① 中国社科院对外发布的2005年中国《社会蓝皮书》统计数据表明,从1993年到2003年间,我国群体性事件数量已由1万起增加到6万起,增加了6倍多。参与人数也由约73万人增加到约307万人,增加了4倍多。据公安部的资料显示,2005年妨害公务、聚众斗殴、寻衅滋事等扰乱公共秩序的犯罪增多,中国公安机关共立此类犯罪案件8.7万起,同比上升6.6%。②

所以,必须重申改革不仅是宏观系统重置的有序过程,或激励结构的恰当安置;改革更多意味着是一个阶层冲突、道德困境和经济混乱的过程。

2. 冲突主体多元

中国社会转型的核心部分是社会结构的转型。1978年以前将阶层(阶级)冲突化约为资产阶级与无产阶级之间的敌对,造成了国家管理上的重大失误和社会发展方面的重大迟缓。在新中国发展的第二阶段,"以阶级斗争为纲"的错误被更正,社会转向"现代化"下的"发展"路向。"猫论"与"三个有利于"是奉

---

① 蒋立山:《迈向"和谐社会"的秩序路线图》,载《法学家》2006年第2期。
② 载《重庆时报》2006年3月2日。

行实用主义"发展观"的通俗表达,同时,为防重蹈覆辙,社会不断有意识地淡化意识形态领域里的阶级话语。但是,这也在一定程度上导致了对社会阶层分化与多元价值取向的忽略。事实上,"每个人每天都会体验到分层现象,虽然我们经常可能只是感到有些人似乎比我们更强或更弱"。社会分层结构影响着人类体验的许多方面,"如人们对一种更美好生活的憧憬、改善自己生活的努力、对成功的奋斗、对失败的恐惧、对不幸者的同情、对幸运者的嫉妒,甚至包括对革命的激情等"①。

社会分层是社会学研究的重要领域之一。一方面我们已知的社会都存在程度不同的差异,社会差异结构与每个人的利益相关;另一方面社会转型是社会结构的再造过程,谋求一种尽可能"平等"的差异社会是永恒的目标。由此,揭示社会不平等的轮廓和分布问题构成社会分层理论;探索人究竟是如何进入、并在这个差异结构中生存、行动等问题构成了社会流动理论。

马克思关于社会阶级划分理论的关键,是社会群体在社会经济结构中的地位,并据此衍生出其政治和经济地位。具体来讲,在社会经济结构中处于统治地位的有产者、资产阶级,占有生产资料、劳动工具,有大量的投资资本;并垄断国家暴力机构,执掌政权,制定法律;同时将主流文化塑造成意识形态以论说经济和政治结构的正当性。相反,无产阶级除了出卖自己的时间和劳动力以外,在经济上一无所有;在法律面前,无产者只能是遵从;在权益方面,无产者只保有作为劳动力的市场工资;在文化层面,没有任何话语权。当然,马克思最关心的是阶级冲突而非阶级本身,但他的阶级理论明确财富、权力、知识等要素与社会分层是密切相关的。

沿着阶级划分传统,韦伯又提出三元分层视角。首先,韦伯认为权力是造成持久不平等的根本原因。有三种权力分配的形式,即阶级(经济)的、地位(身份)的和党派的。韦伯认为,纯粹的财产占有本身仅仅是真正"阶级"形成的初级阶段。真正导致共同行为和阶级利益的,归根结底是市场状况,人们对市场机会的不同占有是经济权力的不平等表现。只有与市场机会结合、并存的利益,才造就了"阶级",阶级结构因而是多层次的,而不仅仅是一个两分的结构。第二,在韦伯看来,区分不同群体的标准还在于其声称和所获得的社会尊敬程度,即"地位"。地位不受某种特定"荣誉"的制约。这种荣誉的实质是一种特殊方式的生活方式,表现在把"社会的"交往限制在排他性的"圈子"内,甚至内部完全封闭。地位作为一种垂直的社会序列,它带来一种被承认的更多的

---

① 〔美〕A.海勒:《论社会分层》,载苏国勋、刘小枫主编:《社会理论的诸理论》,上海三联书店2005年版,第353页。

荣誉,以利于享有特权的等级。如果说"阶级"在经济秩序中找到它的真正位置;地位则在社会秩序中、在"声誉"的分配领域中找到它的位置。韦伯所描述的这种"地位"如同我们所熟悉的传统社会中的"身份"。第三,党派的维度。它被视为一种合法的政治影响。党派的行为旨在获得社会的"权力",也就是说,是在对一个共同体的行动行使自己的影响力,不管该行动的内容是什么。由于党派的共同体行动意味着社会化,该权力更多的是一种共同体内部的政治"统治"的权力。韦伯还提出教育可作为分层变量。

P. A. 索罗金明确将政治—权力维度、经济—收入和财富维度以及职业—权威维度作为社会分层的变量。而伦斯基进一步厘清权力、权益、声望三者在社会分层中的地位。"社会的不平等主要是权力不平等,权益和声望的不平等大多是这种不平等的结果。"①其实,社会分层的体系实际状况远比上述分层理论所展现的要复杂得多。清华大学教授李强在《试析社会分层的十种标准》中认为社会分层本质上是社会资源在各群体中如何分布的。② 因此,资源的类型和占有水平也就常常成为划分阶层、社会地位的标准。以下十种资源可以作为参考,即生产资料资源,财产或收入资源,市场资源(以上三种属于经济资源),职业或就业资源,政治权力资源,文化资源,社会关系资源,主观声望资源,公民权利资源以及人力资源。毫无疑问,经济资源在社会分层中居于首要位置。

中国古代就有"事实上"的社会分层。古代中国有所谓"国人"、"野人"之分,"国人"就是指在城市里面居住的人;"野人"就是指在城外、乡下居住的人。③《汉书·食货志》曰:"士、农、工、商,四民有业;学以居位曰士。"还有更为细致的社会分层如我们俗语所说的"三教九流",等等。新中国经历"三大改造"后,一方面经济上普遍贫穷;另一方面政治上"翻身做主人"。尽管存在资源配置上的差异,但社会结构的均质化色彩相对较高。改革开放30年,中国社会结构的分化曲折复杂,但总体上是分化越来越明显,阶层之间的落差越来越大。

根据我国社会学家的有关研究,从20世纪70年代末开始,我国从农村到城市,从经济体制到政治体制等各方面都经历了巨大的变革。这种变革的实质可以看做是一种将原来由国家直接控制的资源,特别是经济资源进行分散和转移的过程。这种资源的分散与转移过程,沿着两个渠道、两个方向、采取两种方式进行:其一是在原体制内,由中央政府向地方、部门、单位分散和转移。其典

---

① 〔美〕K. I. 斯潘纳:《社会分层、工作和人格》,载苏国勋、刘小枫主编:《社会理论的诸理论》(2),上海三联书店2005年版,第335页。
② 李强:《试析社会分层的十种标准》,载《学道》2006年第4期。
③ 李强:《转型时期中国社会分层》,辽宁教育出版社2004年版,第8页。

型形式为"财政分灶吃饭"和"扩大企业自主权"。……社会资源的占有主体和控制层次发生了很大变化,具体表现为一种从上向下倾斜的趋势。这种倾斜的结果就是地方、部门和单位的自主权和地位重要性上升,中央和地方、部门、单位之间的利益分化和分割,日益明显地显现出来。……其二是将国家直接控制和占有的资源向国有体制之外分散和转移。其典型形式为"家庭联产承包责任制"的实施和允许个体、私营、三资等企业的发展。① 但是,这样一种"扇面式"的社会资源分配模式却没有顺利延续下去。从20世纪80年代末期和90年代初期开始,中国开始了新一轮的财富聚敛过程。"这个过程是由多种因素造成的。市场机制、巨大的收入差距、贪污受贿、大规模瓜分国有资产,造成收入和财富越来越集中在少数人手里;……通过税收、储蓄以及其他途径,大量农村中的资源源源不断地流向城市社会;在税制改革的推动下,政府获得越来越多的财政收入,然后将这些收入投向大城市和特大城市;证券市场的发展,企业间的重组和兼并,将越来越多的资金和技术、设备集中到数量越来越少的企业之中。所有这一切,都在从根本上改变着中国的资源配置格局。……首先,群体间收入和财富差距越拉越大。……其次,是社会的边缘地带,出现明显的凋敝。……再次,基层被掏空。……20世纪90年代,资源重新积聚的一个结果,是在我们的社会中开始形成了一个具有相当规模的弱势群体。"②将城乡贫困人口、经济结构调整进程中出现的失业和下岗职工、残疾人、灾难中的求助者、农民工等各类处于弱势群体的人口加总,然后再扣除重叠部分(如贫困人口中有失业、下岗职工和农民工等)和非弱势人口(如下岗职工、残疾人、农民工等中间的自强自立者),可以大致计算出目前中国弱势群体规模在1.4亿至1.8亿左右,约占全国人口的11%至14%。③ 这一个群体已渐渐成为群体性社会冲突中的主角。

在社会分化过程中,公务员、商人、农民、失地农民等群体在经济资源、政治资源和文化资源配置上有重大差异(见下表4.1),这种差异是阶层之间潜在的紧张根源。

---

① 郑杭生等主编:《当代中国社会结构和社会关系研究》,首都师范大学出版社1997年版,第83—84页。
② 孙立平:《断裂——20世纪90年代以来的中国社会》,社会科学文献出版社2003年版,第61—63页。
③ 郑杭生主编:《中国人民大学中国社会发展研究报告——弱势群体与社会支持》,中国人民大学出版社2003年版,第13页。

表 4.1 不同阶层经济资源、政治资源和文化资源配置上的差异①

	经济资源 (掌握生产资料的能力)	政治资源 (公共权力)	文化资源 (掌握教育和技能的能力)
公务员	A	B	C
商人	A⁺	B⁻	C
大学生	A	B	C
农民	A⁻	B⁻	C⁻
失地农民	A⁻	B⁻	C⁻
农民工	A⁻	B⁻	C⁻

第一，不同人在体制内资源与体制外资源占有情况不同。公务员往往是被认为"旱涝保收"的体制内资源的享有者；商人按照市场运行机制获得经济利益，风险与利润同在。但由于中国市场发育相当不完善，法律相当不健全，许多商人在经济资源占有方面迅速获得优势地位，其正当性颇受人们怀疑。大学生在文化资源占有上具有潜在优势，教育在目前中国各家庭投入中都占有相当大的比例，显示了人们对文化资源的看重。同时，"知识改变命运"反映了文化资源转化经济、政治资源的可能性。由于文化资源对学生而言具有潜在性，所以他们更接近为"似弱群体"(所谓"似弱"，即他们同已经作为政府公务员群体和市场的商人群体比较是"弱"，但非绝对的"弱"；因为他们对三种资源的占有都具有制度上的可能性。例如，学生毕业可以通过公务员考试进入政府，成为体制内的一分子；学生可以应聘到企业成为高级白领)。农民群体在三种资源占有上相对最弱。首先，文化资源上处于相对劣势。温家宝总理在 2007 年 3 月 16 日十届全国人大五次会议的中外记者招待会上特别强调，民生问题涉及人们的衣食住行，解决民生问题要着眼于困难群体，但当前最重要的是促进教育机会的均等。这表明我国教育资源公平分配上还存在许多问题。其次，政治资源分配上也存在明显不足。如 1953 年 2 月，中央人民政府通过了《中华人民共和国全国人民代表大会及地方各级人民代表大会选举法》，规定了城乡人民代表可以代表不同的选民人数。在选举全国人民代表大会代表时，农村每一代表所代表的人口数是城市每一代表所代表的人口数的 8 倍，即农村每一代表的选举权相当于城市每一代表的选举权的 1/8；在省、县一级的人民代表选举时，农村选民的选举权分别相当于城市选民选举权的 1/5 和 1/4。这些差别直到 1995 年 2 月 28 日全国人大常委会修改选举法才有所变化。根据 1995 年修改的选举

---

① 本表是笔者为对比不同群体的差异而粗略设计，这些差异并非严格计算的结果。

法,全国人民代表大会以及各级人民代表大会的代表名额,均按照农村每一代表所代表的人口数 4 倍于城市每一代表所代表的人口数的原则分配。再次,从经济资源角度,农民群体所从事的农业生产在整个产业结构中所占比重逐年下降;农产品价格比较工业产品和文化产品也偏低;土地资源因其不能上市,无法变现为农民最强有力的资源。失地农民群体处境更为艰难(后文有分析)。农民工虽然通过进城从事各种工种讨生活,但由于受文化资源限制,工种集中以体力劳动为主或蓝领职业层次。同时,农民工的权利缺少严密的法律保障。因此,他们基本也可被定位为弱势群体。

第二,资源转换与阶层流动机会不同。资源转换是指运用自身所拥有的资源换取其他资源的可能和现实。中国社会目前政治权力资本化严重。在转型社会法律治理水平较低的情形下,政治权力换取经济利益和文化资源的可能性或空间很大,所谓"有权就一定会有钱"。"官场腐败已经成为中国民众最不满的问题之一。中国体制改革研究会会长高尚全说,民众最不满的就是权钱交易、发横财、一夜暴富。他说,目前社会矛盾的焦点集中在行政权力参与市场分配产生的不公平,包括近年来房地产土地转让、资金信贷以及资本市场的'圈钱'等腐败现象"。① 经济资源兑换政治资源、文化资源的可能空间稍弱,所谓"有钱却不一定会有权"。即使对于已经进行自由市场化几个世纪的西方,很多研究表明,被统称为"资产阶级的理性自我"通常既不是理性的,也不是自主的,更不是"被社会化的";不受强有力的政治——法律调节的自由市场经济就是一个将欺骗行为正常化的机制;被设想为从任何历史社会的道德生活中分离出来的自由国家其实没有真正的公共属性;由于事实上没有力量保证国家政权透明的行动,而且由于没有什么能防止那些控制国家权力的人不把这种权力当做私人资本来使用,所以在自由国家中,通常就存在"政治势力和经济势力之间的卑鄙联合,金钱收买政治影响,而权力又吸引着金钱"。② 处于市场化初级阶段的中国,从实然状况看,政治资源转换比经济资源转换更经常、更容易。而文凭买卖、"镀金"等现象是经济、政治资源换取文化资源的表现。有社会学学者的研究表明,中国的阶层之间的资源转换是一种"圈内转换",即十几年改革过程中出现一个掌握文化资本、政治资本和经济资本的总体性资本精英集团。出现典型的"不落空"现象:在社会的每一次资本转换和资源占有的风潮中,都没有落下他们。"不落空"的几次高潮(20 世纪 70 年代末的高考、80 年代初的出国、80 年代的官倒、90 年代初的下海、90 年代中期的买文凭)成为总体性资本积累的

---

① 《腐败是中国诸多社会问题的源头》,载《参考消息》2006 年 12 月 27 日。
② 曹天予等编:《文化与社会转型》,浙江大学出版社 2006 年版,第 53 页。

重要环节。由于总体性资本过多地垄断了社会资源,因而,它侵犯了众多社会阶层的利益。①

所谓阶层流动,即建立在资源转换的可能性基础上,不同社会群体借助职业转换等方式实现的阶层内部人员替代。例如,一个学法科的农村大学生毕业时,可以根据《中华人民共和国公务员法》的规定,参加公务员选拔考试,实现向公务员群体的流动;一个公务员可以通过辞职,"下海"经商而向商人阶层流动。在社会阶层流动中,社会俗语"鲤鱼跳龙门"揭示了社会阶层向上流动符合大众对社会流动的基本要求。社会流动增强,特别是普遍向上流动的机制越多,形成向上流动趋势,具有消解阶层紧张和社会冲突的功能。从我国目前情形看,社会分层结构本身的变动性很大,相对稳定的阶层流动机制也非常欠缺,像"失地农民"群体甚至几乎已经被抛出社会结构以外,这使得该群体在阶层流动意义上"向上"流动变得相当困难。这样,群体如果长期处于被忽视、被剥夺的社会底层,就容易累积发生冲突的紧张。

第三,职业声望不同。由于上述不同群体在三种资源占有上的不同,以及资源流动可能性的不同,故而不同群体之间形成了不同职业声望。

尽管中国的社会转型打破了帝制统治下的金字塔式等级结构,但并没有形成所谓的社会中层占优势地位的"橄榄式"社会分层结构。人们最熟悉的要么是城乡二元结构,要么是断裂结构。

在我国,城乡二元社会观的判断多受益于"二元结构"理论。二元结构的研究最初源于经济领域。荷兰社会学家伯克(J. H. Boeke,1953—)在对菏属东印度社会经济研究中发现,由于西方文化的侵入,该社会分化成两部分——传统社会和现代社会。后美国经济学家刘易斯较系统完整地阐述了二元经济理论。刘易斯认为二元经济结构是发展中国家经济发展时存在的一个普遍现象,即发展中国家的经济包括"现代的"与"传统的"两个部门,现代部门包括自身的高额利润和资本积累,从传统部门获得劳动剩余并取得不断发展。随着现代城市工业的逐步发展、完善,在市场经济调节下,不断通过对传统农业部门的影响,促使传统部门向现代部门转化,最终实现二元经济结构的一元化和国民经济的现代化。②

我国也有学者从经济视角分析城乡二元结构的形成,并重申这是包括中国在内的后发现代国家普遍存在的社会结构形式,是个现代性问题。中国的城乡二元结构形成机理如下:以"由谁投资、由谁来做、由谁购买、由谁得利"为标准,

---

① 李培林等:《中国社会分层》,社会科学文献出版社2004年版,第59页。
② 〔美〕W. A. 刘易斯:《二元经济论》,施炜等译,北京经济学院出版社1989年版。

新中国从20世纪50年代开始的在计划经济模式下进行的工业化,其中最主要的特征就是国家投资。谁来做呢?当然也是来自传统乡村的进城农民。当时的情况是农民进了工厂,特别是全民所有制工厂。但产品购买却与农民无甚关联,那时的产品主要叫基础工业,是为重工业及军工服务的,所以产品同乡村无关。由此,就形成国家工厂与乡村之间没有什么产品交流。那么,又是谁获得工业化的红利呢?答案是国家,而传统乡村在直接的分利层面是一分利都没有的。国家把工业化红利进一步资本化,重新又投入新的工业规划中,往复循环。这样造就了城市与乡村之间异质的经济结构。

根据国家统计局1985—2003年《国民经济和社会发展总量与速度指标》统计数据显示,城镇居民人均可支配收入与农村居民人均纯收入的差距分别为1985年341元,1990年824元,1995年2705元,2000年4027元,2001年4494元,2003年5850元,呈逐年扩大趋势。另外,中国农村居民人均纯收入从1997年的2090.13元增加到2000年的2253.4元,但是,同一时期农村居民人均纯收入实际增幅却分别为4.6%、4.3%、3.8%和2%,呈现逐年下降的趋势。与不断恶化的农村、农民生活相比,不断推进的城市化使城市正经历着"旧貌换新颜"。据统计,1978年中国城乡人均收入之比是2.4∶1,到1983年缩小到1.7∶1。但到了1997年为2.5∶1,2000年则扩大到2.79∶1。①

而法律对城乡"二元结构"进行确认、保护,推进了城乡的分割。1951年中华人民共和国公安部公布了《城市户口管理暂行条例》,该条例从法规的层面强制推行农业户口与非农业户口两种制度与管理体制。1957年12月中共中央、国务院联合发出《关于制止农村人口盲目流动的指示》。1958年1月,全国人民代表大会常委会第91次会议讨论通过了《中华人民共和国户口登记条例》。该条例第10条第2款规定:"公民由农村迁往城市必须持有城市劳动部门的录用证明,学校的录取证明,或者城市户口登记机关准予迁入的证明,向常住地户口登记机关申请办理迁出手续。"这标志着"限制农村人口向城市流动"被法律化。同时,在城乡基础设施(包括水、电、路、电讯等)建设与管理、在义务教育和公共服务方面、在社会福利方面都推行城乡不同的模式。以1951年2月26日政务院公布的《中华人民共和国劳动保险条例》为例,该条例详细规定了国有企业职工所享有的各项劳保待遇,甚至职工供养的直系亲属享受半费医疗,等等。国家机关、事业单位工作人员的劳保待遇,国家是以病假、生育、退休、死亡等单项规定的形式逐步完善起来的。至于城市集体企业,大都参照国营企业的办法实行劳动保护福利政策。相反,农村劳动者的社会保障却只字未提。随着经济

---

① 朱庆芳:《社会经济发展参差不齐》,载《中国企业报》2002年1月1日。

意义上的"城乡二元"结构推行、延续,逐步衍生出城乡异质的政治、文化结构。

上述这些判断,总体上应该是不错的。但在笔者看来,用"城乡二元结构"来概括当下中国社会是有不足的,因为这种"命名"可能在微观视角遮蔽了当下中国社会结构的复杂性,当然,同时也有可能遮蔽了社会冲突在期间的复杂性。事实上,关于"二元结构"的理论自身不断修正的事实也是其存有缺陷的证明。比如,有学者提出"双二元结构"的说法。① 城市内部出现大量的下岗工人处于有名但无业的状态,只能从事修鞋、补伞、保姆等非正式职业,成为城市的"边缘群体"。在乡村,有成年在外打工的,穿梭于城市与乡村的流动"农民工"。在乡村,纯粹务农的农民与这个群体形成了二级结构。城市的无业人员与乡村出去的"农民工"分别构成"城乡"这一结构内部的新的群体或分层,而他们与原来意义上的城乡阶层会发生更为复杂的矛盾、冲突。

"断裂社会"结构是社会学学者孙立平在对20世纪90年代以来的中国社会进行细致分析基础上得出来的判断。所谓断裂,主要是指:第一,社会发展过程中有部分人逐步被甩出社会结构以外,他们既无法获得一份自我保存和自我完善的职业,也无法在现有社会机制下获得一份稳定的社会保障。因此,他们对社会的运行无法发言,即使可以发言也无足轻重。这些人与社会之间呈现一种断裂状态。第二,中国的现代化过程与城市化过程有明显的不同步性,这与西方的现代化进程有明显的区别。英国的现代化经过几番圈地运动,但其圈地运动与农业生产方式变革、资本主义生产方式兴起是一致的。大规模羊毛贸易的发展,需要大量的土地,农民的土地被圈划的同时,身份也转变为工人,原来的地主变为资本家,农业生产方式逐步转向资本主义化。现代化与城市化发展保持同步。而我国在"农村支援城市"、"双轨制"等指导下,中国的产业结构已经由农业社会向现代社会转变转化,农村土地在城市化过程同样是被轮番"圈走",但原有土地上的农村劳动力——农民却没有以同样的速度、顺利地转化为产业工人。② 工业化的成果在消费环节很大程度上与为此做出杰出贡献的农民无甚关联,从而显现出一种"断裂"。总体上"断裂社会观"在社会结构的角度与"城乡二元社会观"有一致性,两者都强调中国社会发展中基于"分割"所导致的异质结构。只是"城乡二元结构"太单线条、简单化;而"断裂社会观"强调社会不仅仅断裂成城市和乡村两部分,而是多个部分,且可能是多个处于不同时代的部分在同一空间并存。"在我们这样一个断裂的社会中,在社会的不同

---

① 刘祖云编:《社会转型解读》,武汉大学出版社2005年版,第54—55页。
② 根据2005年的《中国统计年鉴》,在我国产业结构中,农业占国民总产出的份额由1978年的28%下降到2005年12.5%;而农业从业人口在全国总人口的比例却仅从1978年的80%下降到2004年的58%。农业人口占1/2强的严峻现实是中国城市化的重大难题。

部分中,几乎是完全不同时代的东西,共存于我们的社会里。从存在主义、尼采热、后现代,到消费主义、市民文化、港台电视剧,再到农民的地方性的自娱自乐和'封建迷信'。"①孙立平也指出在这种"断裂社会",会导致一个结果,"不同社会成分的诉求共存于一时,有时会达到一种无法理解的程度"。

　　城乡二元结构与断裂结构的共识表现为,中国社会分层尽管仍处于变动中,但目前看确实是一种失衡的社会分层结构。处于弱势或底层的社会分层正逐步成为对这种结构质疑、不满,乃至社会冲突的主体。同时,社会变迁的大背景,阶层流动机制、法律保障等的不健全,使社会中层乃至社会上层对保有自己资源和地位的信心大打折扣。② 从而,这些群体对社会冲突往往持机会主义态度,平时,他们是冲突的潜在主体;特殊情形下,他们同样有可能加入到冲突行动中。

　　3. 冲突目标复杂

　　(1) 现实性冲突的诉求目标——物质利益

　　冲突表现为一种行动,主体通过冲突行动试图实现的目的即冲突的诉求目标,它是冲突发生的内在驱动力。现实性冲突的诉求目标常是稀缺的资源、利益。

　　功利主义将"趋利避苦"看做是人的自然本性,将社会中人的所有行动动力归结为利益,人被看做始终处于计算之中,追求自身利益最大化。往往以牺牲他人利益为代价来寻求自己的好处。由此,"价值观、不满情绪、意识形态和集体认同感都因此变成可以视而不见的及无关宏旨的东西"③。虽然功利主义将个人当做原子化的、脱离社会情境的漂浮物而饱受责难;但是将利益作为人们行动的内趋力在经验角度的确有很大的解释力,这一点也是不容置疑的。尤其在当下中国社会,在社会结构分化、重组的剧烈社会转型过程中,长期"重义轻利"的传统文化观念已被打破;伴随市场化,个人主义、自由主义、甚至拜金主义等思想潮流涌动,"趋利"行动在经验世界屡见不鲜。因此,现实性冲突更多的仍然是直接源于利益诉求与利益供给之间的紧张。但是,这种基于利益的稀缺产生的需求与满足之间的紧张状态,可以说在任何社会的任何时间,任何人都

---

　　① 孙立平:《断裂——20世纪90年代以来的中国社会》,社会科学文献出版社2003年版,第12页。

　　② 例如,在我国股票市场发育不全的情况下,造就了一夜暴富者。这些人属于经济意义上的社会上层,但他们未必有与其经济地位一致的阶层意识,因此他们的行动也无法用社会上层理论来衡量。同时,既然能够一夜暴富,就也可能一夜变成穷光蛋,这同样使社会上层群体内部充满变动,加大了对其行动进行测度的难度。

　　③ Aldon D. Morris and Cedric Herring, 1987. "Theory and Research in Social Movements: A Critical Review" in Samuel Long ed, *Annual Review of Political Behavior*, Vol. 2. Norwood, N. J. : Ablex.

可能遭遇,人们对此也都有清醒的认识。毕竟,"按需分配","想要什么就有什么"、"想要多少就有多少"的天堂只在童话里有。这就意味着,仅有"供给与需求"之间的紧张事实,以及对该事实的意识,并不足以导致冲突。例如,通常我们每个人手里的钱都是少的,但银行里的钱并不成为我们争夺的对象。

西方晚近的社会集体运动研究表明,"在有关社会抗议(冲突性集体行动)的文献中,有一个见解正在赢得广泛的支持,即是人们对现实的解释,而非现实本身,引发了集体行动"。① 人们在社会中生活感知着各种社会现象和问题,并对之进行评价,赋予其意义。一方面,个人对社会问题的感知和评价离不开"问题"所在之社会结构,在马克思看来社会结构是不以人的意志为转移的存在;另一方面,是"个人"通过"理性计算"赋予该问题以意义,这就是说,任何社会问题都有个人理性建构的色彩。英国历史学家汤普森(E. P. Thompson, 1924—)在《英国工人阶级的形成》一书中指出,某一群有着基本相似特征的人(无论给他们标上什么阶级标签,相似特征是其标签的来源),之所以会这样或那样地组织起来以表达自己的利益和意愿,其主要原因,是这群具有相似特征的人也有着某些基本一致的想法,即他们对某些重大社会事件的评价具有相似性,他们对某种社会政策执行结果的感知具有相似性,他们对某一社会演化结果的政治诉求具有相似性……这就大大降低了为将他们的力量凝聚在一起的组织成本。②

冲突作为社会主体的一种行动,主体行动的理性既受制于客观的社会境况,同时,主体对社会境况的主观判断、评价对行动也有很关键的影响。俗语说"君子爱财,取之有道"。利益追求在任何社会都是被许可的。如果"求利"是有规矩或受"道"规制的,人们的行动可能是制度化的、可预期的。如果在社会系统中,利益诉求渠道供给不足,规范缺位或被扭曲,没有健全的社会向上的流动机制,人们对现存的稀缺性资源分配制度的合法性有怀疑,那么,"求利"行动可能会以冲突的形式表现出来。

(2)非现实性冲突的诉求目标——公共物品

非现实性冲突并没有明确的目标诉求,冲突的全部意义就是为了冲突本身,通过冲突实现紧张释放,而不存在冲突以外的别的诉求。

社会学集体行动理论中有部分学者主张,集体行动的原动力是公共物品的需求。简言之,利益是个人行动的动因,公共物品无疑也具有"利益性";鉴于公共物品无法凭借个人力量缔造,必须依赖集体力量才能获得的属性,个人指向

---

① Klandermans, Bert, and Dirk Oegama, 1987. "Potentials, Net-works, Motivations and Barriers", *American Sociological Review*, Vol. 52, pp. 519—531.
② 参见李培林等:《社会冲突与阶级意识》,社会科学文献出版社 2005 年版,第 46 页。

公共物品的需求必然依托集体的形式才能得以满足。因此,任何集体行动都是由群体成员的公共物品需求引起的,离开公共物品指向的群体行动是不存在的。如"人们为了获得特别的好处,通过为生活的目的提供某些特别的好处而聚在一起","集体成员的身份的吸引力并不仅仅在于一种归属感,而在于通过这一成员身份获得什么"。① 尽管集体行动与非现实性冲突有一定的一致性,形式上,后者也表现为一种群体或集体行动;但是,在前者,群体或集体有明确的目标指向——公共物品,正是公共物品诉求将分散的个体扭结在一起,然后以群体的形式和身份付诸行动。例如,一个村子的村民联合起来对公共河流的保护行动,甚至这种保护行动代代相传。但对非现实性冲突而言,并不存在冲突行动以前先期存在的群体,也不存聚合群体的目标指向,或者至少是不明确的。非现实性冲突聚集起的大规模群体在行动上并不能看出有一致的目标指向,例如有人会因对"恃强凌弱"愤慨而加入,有人会因觉得"热闹"而加入,有人可能因为对政府不满而加入,也有想趁火打劫的,等等。毕竟"普通人的思想并不持续一致,而是混乱和偶发的:智力和道德所赞许的因素与冷漠、屈从乃至敌意的因素共存于不稳定的状态之下"②。在承认无目标指向以紧张消解为核心的前提下,我认为中国当下的非现实性社会冲突,鲜明展示了当下中国人的社会诉求已不仅仅局限在与一己相关的利益上,而是整体指向了社会公共物品。

何谓社会公共物品?公共物品是指一经产生全体社会成员便可以无偿共享的物品。国防、不付费的公路、公园、社会福利、公共教育、法治、民主等都属于此。公共物品是社会和文明得以存在的关键。人类文明之所以能够产生,就是人类能够组织起来创造公共物品,人类的发展在一定程度上就是获取公共物品能力的提高。现代社会借以超越传统社会的凭据很大程度上来源于现代社会可以供给更优越的公共物品。公共物品可以分为两类:消耗性的:如公路、公园等;非消耗性的,比如民主、法治、和平、公平等。

当代中国的社会转型,尤其是1978年以来确定的"发展"范式推动了公共物品的飞速产出,但正如前文已经提及的,"经济发展"代替"社会发展","现代化"代替"现代性"的简约思路,也带来很多消极影响,社会在公共物品供给方面出现严重问题。

在消耗性公共物品方面,我国耕地锐减、土地沙化严重、水资源缺口很

---

① Leon Festinger, "Group Attraction and Membership" in *Group Dynamics*, ed. Dorwin Cartwright and Alvin Zander (Evanston, Ⅲ: Row, Peterson, 1953), p.93.

② Joseph Femia, *Gramscis Political Thought*, Oxford: Clarendon Press, 1987, p.45.

大……面临越来越严重的生态危机。在非消耗性公共物品方面:大量合法权益得不到保障、社会普遍痛恨的官员腐败、社会普遍批评的行政低效、社会普遍关注的财政支出黑洞、社会普遍质疑的官商勾结、社会普遍要求推进的官员问责制、社会普遍要求有更多的民主参与权等,都属于公共物品供给问题。① 而社会无法及时地实现对这些社会公共物品的供给,最终形成"社会公正"作为"公共物品"的缺失,非现实性冲突正展现了人们对社会公正的强烈渴求。

社会公正应该是古往今来人类不竭奋斗的目标。但究竟"什么是正义社会"确实让众多哲学家、法学家感到为难。

古希腊哲人柏拉图、亚里士多德就"最佳政体"进行诸多探讨,给后世留下丰厚的思想富矿。柏拉图的"各守其分、各司其职"的理想国一片谐和;亚里士多德的分配正义与矫正正义区分影响深远。从启蒙时期开始,正义社会的讨论更是进入前所未有的热闹状态。以自然法思想为依据,价值论思想者们建构起由"自然状态"、"自然权利"、"社会契约"等砖瓦组成的"契约社会"大厦,它一度成为正义社会的代名词。直至功利主义发展出一套以"效用、福利总量、最大满足余额"等话语型构的"计算"的正义社会理论,社会正义理论阵营最终形成善(good)与正当(right)、实体正义与程序正义、实质理性与工具理性之间的紧张与对峙。晚近以罗尔斯为首的社会正义论,强调从社会基本结构入手考察社会是如何对基本权利义务进行分配的。"正义的主要问题是社会的基本结构,或者准确地说,是社会主要制度分配基本权利和义务,决定由社会合作产生的利益之划分的方式。"②所谓社会公正,罗尔斯认为,就是一个国家的公民和平相处的政治底线。换言之,社会公正是社会得以维持、存续的必要条件,没有社会公正,社会面临解组、在政治上会趋于崩溃。同时,社会公正也是社会成员对其所处的社会环境的心理感知和判断。在此意义上,社会公正既是一种可考量的社会事实状态,也是一种极具主观色彩的社会意识形态。罗尔斯的社会正义论通常被概括为:第一,"最大的均等自由原则"(Principle of greatest equal liberty),即每个人都应平等地享有基本的自由,包括政治、言论、集会、良心、思想、人身、占有个人财产、不受专横地逮捕与剥夺财产的自由;第二,"差异原则"(Difference principle),确立社会和经济的不平等时,应当对整个社会,特别是应当对处于最不利地位的人有利,而且所有的社会地位和官职对一切人开放或提供平等的机会。

当下我国的社会不公,在事实层面已经非常突出。一是贫富差距拉大,社

---

① 杨鹏:《中国社会当前的主要矛盾是什么》,载《中国青年报》2005年11月16日。
② 〔美〕罗尔斯:《正义论》,何怀宏等译,中国社会科学出版社1988年版,第5页。

会分配不公已经相当严重。根据国家统计局披露的数据,内地最富裕的10%人口占有了全国财富的45%,而最贫穷的10%的人口所占有的财富仅为1.4%;另据统计,银行的60%存款掌握在10%的存户手里。① 从测量收入分配不平等的基尼系数上看,中国的基尼系数从1988年前的不到0.3,迅速增大,到1988年达到0.382,已经逼近公认的警戒线;到1994年则上升到0.452。② 现在,尽管各方研究给出的数据有所差异,但基本共识是,从基尼系数上看,中国已经进入严重收入不平等国家行列。尽管对收入差距进行测度的基尼系数与社会失序之间的关系仍属探讨范畴,但是,也必须看到我国贫富差距问题的严重性。同时,中国的收入差距问题比其他国家和地区的情况要复杂得多,除了差距扩大速度快以外(在短短28年时间里,中国就从一个收入差距很小的国家急速迈入收入不平等国家行列,这样的速度是世界上少有的),更主要的是地区差距和行业差距纵横交织。城乡差距是地区差距的总体表现。以2006年前三个季度城乡居民收入、消费价格指数上涨等指标推测,"城乡收入差距将扩大到3.3倍以上,达到改革开放以来的最高水平。如果这一趋势延续到2007年,城乡居民名义收入差距有可能突破3.4倍"③。另外,收入分化带有明显的职业特征。居民收入水平与其所在的行业有很高的相关程度。有数据表明,从2000年到2004年,4年间行业差距扩大了1.6倍,按全要素收入来分析,最高收入与最低收入之间相差5—10倍,阶层之间收入最高的20%群体的收入,是收入最低的20%群体的收入的33倍。④ 以石油和信息产业为例:2006年上半年,垄断性的石油和天然气开采业、电信及其他信息传输服务企业景气指数高达196.8%和165.2%,比全部行业平均水平135.9%分别高出60和30个百分点左右,分别比上年提高了2.8和1.6个百分点。⑤ 这意味着垄断行业收入的增长速度远快于一般行业。

  针对目前的贫富差距拉大问题,国家虽然进行了各种努力,但明显有效地遏止贫富分化的举措并不太多。2007年2月1日国家发改委官方网站公布系列收入分配报告显示,1990—2005年,城乡居民的工资性收入在居民总收入中

---

  ① 转引自郑杭生主编:《中国社会发展研究报告2006 走向更加治理的社会》,中国人民大学出版社2006年版,第49页。
  ② 刘精明:《贫富差距与社会安全》,载郑杭生主编:《中国社会发展研究报告2004 走向更加安全的社会》,中国人民大学出版社2004年版。
  ③ 杨宜勇、顾严:《2006—2007年:收入分配调整加大力度》,载汝信等主编:《社会蓝皮书(2007)》,社会科学文献出版社2006年版,第262页。
  ④ 王红茹:《"第三次分配"被寄予厚望》,载《中国经济周刊》2006年第24期。
  ⑤ 杨宜勇、顾严:《2006—2007年:收入分配调整加大力度》,汝信等主编:《社会蓝皮书》,社会科学文献出版社2006年版,第262页。

所占的比重从45.3%逐步提高到63.2%。但也就在这一时期,平均货币工资收入最高最低行业之比由1.76:1扩大为4.88:1。城乡工资收入差距还在拉大。国家发改委公布的《中国居民收入分配年度报告(2006)》显示,城乡居民收入分配差距近三年一直保持在3.2倍左右。此外,2005年城镇最高10%与最低10%收入户的人均收入之比为9.2倍,比上年扩大了0.3倍。2005年农村高收入户人均纯收入与低收入户人均纯收入之比为7.3倍,比上年扩大了0.4倍。行业差距进一步扩大,1990—2002年,金融保险业、邮电通信业以及电力煤气等行业的职工平均工资增长速度明显高于采掘业、建筑业和农林牧渔业等行业。发改委的报告称,如果进一步考虑到高收入行业集中的垄断行业的工资外收入和员工福利大量存在的现状,差距将会更大。2005年的数据也表明,平均工资排在前十位的行业,工资增长率都超过了10%。同时,平均工资水平排在后十位的行业,增长率都比较低。该报告还坦承,政府调节收入力度不够。2005年,全国征收的个人所得税占各项税收的比例只有7.3%,占居民总收入的比例只有2.5%。同期,在政府财政支出中,用于抚恤、社会福利救济和社会保障的补助支出的费用占居民总收入的比例只有3%。①

二是权力腐败严重。权力腐败既指公共权力本身作为资源的滥用,也指公共权力机构对其垄断的其他资源的滥用。公共权力性资源滥用主要指人大、政府、法院等作为公共权力的执掌主体,违法滥用公共权力的各种活动。例如权钱交易、贪污贿赂、买官卖官、铺张浪费、"国家政权的严重内卷化"②等。垄断性资源滥用是指各级部门在邮政、通讯、电力等垄断性资源使用方面的违法违规行为。社会中存在很久的"垄断福利"即属于此类。各种垄断资源为垄断主体无偿或少偿使用在中国长久以来几成惯例,如铁路部门职员或家属乘车不用买票、电力部门工作人员或家庭免交电费、教育部门工作人员子女入学可以减免学费等。这种"垄断福利"的存在根本没有合法性,是一种显性的权力滥用、社会分配不公的表现。2011年温家宝总理所作政府工作报告明确提出,建设廉洁的政府是一项持久而又紧迫的任务,是人民的殷切期望。要加快解决反腐倡廉建设中的突出问题,扎实推进惩治和预防腐败体系建设,把查办大案要案作为反腐败的重要举措,同时更加注重制度建设。可见,虽然我国的反腐败工程

---

① 载《第一财经日报》2007年2月1日。
② 国家从农村汲取的资源,大量被同时膨胀的收取资源的行政官僚体系本身所耗费,而没有用到现代化目标上去或反哺,这被称为"国家政权的内卷化"。1990—2001年间,我国行政管理费用年均增速为29.2%,12年间增长了7.3倍。在20世纪90年代末,全国有350万辆公务车,一年耗费3000亿人民币。而在2001年,用于低保的费用只有100亿元,失业保险额只有190亿元。见孙立平:《利益时代的冲突与和谐》,人民网2006年8月25日。

已开启多年,并取得了巨大成就;但权力腐败现象还是非常严重、反腐形势严峻。

三是社会制度供给存在明显不公正。现有制度在有些方面依然贯彻身份制。例如,双轨制的存在合法地导致资源单向流动,这使得诸如城市与乡村的地差形成的巨额利润通过权力腐败方式有可能流入个人之手,腐败遂成为财富聚集的重要途径。非法财富因其所具有的隐蔽性等特征,使对之监管非常困难。目前国家借助税收通过税法调节贫富差距的效果非常不理想。根据孙立平的研究,以 2001 年为例,在税前,城市居民的收入相当于农村居民的 2.89 倍;但税后这一数字扩大到 3.17 倍,也就是,税收调节使贫富差距继续扩大。在城市内部,2000 年我国 600 多亿的个税中,工资、薪金项目占 40% 以上,工薪阶层成了纳税主力。2001 年人数不足 20% 的富人们占有 80% 的金融资产和储蓄,但其所交的个人所得税占总量不到 10%。① 此外,法律制度中的"身份",教育资源区域分配差异、用工制度方面名目繁多的限制性规定等诸多方面都有显现。

四是与上述社会不公的事实相比,对这种社会不公的感知所带来的社会不安情绪也是非常突出的。中国近年来涉及社会公共安全的意外事故和灾变性事件不断增加。例如汶川大地震、三鹿牛奶事件、染色馒头事件,以及矿难、毒品、艾滋病等都在增加有关生活不安的信息。美国智库卡内基国际和平基金会发表的一篇报告说,贪污和腐败造成的经济损失,保守的估计占中国国内生产总值的 13% 到 16%。② 如果说经济损失可以量化,那么腐败对中国人心理状态的影响至今无法估量。"中国目前的问题,除了贫富两极分化之外,就是这个传统的吏治腐败问题,现在已经到了非常严重的程度,已经普及到那些哪怕只有一点很小的公共权力的人。现在就连教师的腐败,医生的腐败,都已经相当普遍了。很多人甚至对此心安理得,这才是最可怕的。"③ 与之相反的是,"人们的直觉是如此确信每一个人都应当获得他的应得之物,以至于不能接受那种认为如果少数人的牺牲会给很多人,甚至整个社会带来福利和好处的话,那么他们的牺牲就可以接受的观点"。这样两种感知的对撞就形成了下述情形:一方是通过大有疑点的途径致富的商人或可能滥用权力的国家公职人员为富不仁、无官不贪、骄奢淫逸的形象;另一方是处于无钱、无权、无尊严,被凌辱、被欺负的扁担工、失地农民等形象。同时,社会的急剧转型是社会对立、社会不安产生的

---

① 孙立平:《断裂:20 世纪 90 年代以来中国社会的分层结构》,载李友梅等主编:《当代中国社会分层:理论与实证》,社会科学文献出版社 2006 年版,第 12 页。

② 《腐败是中国诸多社会问题的源头》,载《参考消息》2006 年 12 月 27 日。

③ 同上。

深层背景。社会转型带来新旧价值观的冲突、生活方向迷茫;生活节奏加快、社会竞争加剧导致人们心理紧张和压力增大;贫富差距产生失落感和无助感……这类心理状况或问题势必成为影响人们行动的潜在因素,因而也必须将其纳入对冲突行动考察的范畴。

虽然,对公正社会的需求不算什么新鲜事,但是,在当下中国其以非现实性冲突的形式表现出来,说明今日中国社会拥有不同职业、身份、财富、教育……的人表达着一种共同意识。这有助于打破一种谬误,即下层民众是需要不断被规训的,以使其能够理解并接纳正义、法治、自由。但是,通过非现实性冲突来表达对社会公正的渴求,这又使人忧心不已。

所谓非现实性冲突是基于价值观、信仰等对立形成的,两方或多方执着于"紧张释放"的冲突行动。然而,法律作为控制社会冲突的手段,对非现实性冲突却显示出"控制不能"的困境。

三、非现实性冲突与法律控制不能

(一) 从三起社会冲突事例谈起

2004年10月18日下午,重庆市万州区昊盛房地产水果批发市场一临时工胡权宗的妻子曾庆容与一搬运工(重庆习惯称"棒棒军")余继奎发生碰撞,胡权宗连续对"棒棒"进行殴打。胡自称自己是公务员,出了什么事花钱可以摆平。胡的举动引起了周围群众的公愤,大规模积聚的民众包围区政府要求公正惩罚凶手,最终演变为焚烧警车、打砸政府办公楼以及哄抢物品的重大群体性冲突。①

2005年6月26日在安徽省池州市区翠百路菜市场门口,22岁的当地学生刘亮与吴军兴驾驶的丰田轿车相撞,随后刘亮遭到吴军兴和两名保镖的当众殴打。这一野蛮行径激起了公愤。随着打人者放言"打死了也就30万"、"学生被打死"、"警察庇护打人者"等传言的流行,4个小时过后,已有上万人参与其中,局面失控。最终出现丰田轿车、警车、宣传车等被焚毁,一超市被抢等后果。②

2007年1月17日下午4时左右,四川大竹县竹阳镇发生大规模警民冲突。2006年12月30日凌晨4时许,大竹县公安局接到报案,竹阳镇莱仕德酒店一

---

① 文玉伯:《万州突发万人骚动事件》,载《凤凰周刊》2004年第31期。
② 王吉陆:《安徽池州群体性事件调查:普通车祸变打砸抢烧》,载《南方都市报》2005年7月1日。

名女员工不明死亡。因该酒店为当地派出所所长开办,死者亲属后与酒店方发生争执,矛盾激化,部分人员与酒店员工发生冲突,最终13层高的四星级酒店被焚毁,围观者达万人。①

仔细考察上述三个社会冲突事例,很容易发现:首先,大量冲突参与主体与引发冲突的事件——走路碰撞、汽车挂擦、亲人死亡没有直接利害关系。其次,上万冲突参与人没有明显的目标指向或指向不明。冲突参与主体似乎既不是要争夺某种明确的经济利益,也非某种确定的地位、资源。以打、砸、抢这种暴烈的形式表现出来的冲突,更多的是在展示某种不满,是一种情绪的表达。在我国,这种由普通的、"微小"的事件引发,最终却演变成为上万人聚集的,有打、砸、抢等暴烈行为和重大利益损失的重大群体性冲突,数量呈上升趋势,且越来越引人注意。

社会学领域中较早将冲突作为独立命题来研究的是德国社会学家齐美尔(Goerg Simmel,1858—1918)。齐美尔认为社会是其组成成员互动的场所。简单社会或者社会成员数量较少的社会,社会成员之间的相互作用非常直接,交往环节少,成员参与程度高,社会的维系和约束主要依赖情感、习惯等。但是,随着群体规模的扩大,社会成员彼此的异质性增强,冲突就不可避免。"恰如宇宙需要爱与恨、需要吸引的力量和拒斥的力量才会具有某种形式一样,社会也需要和谐与不和谐、联合与竞争、宠信与失宠的某种量的比例,才能达到某种特定的形态。"②完全协调一致的社会是不存在的、无生命的,正常的社会总是和谐和冲突、吸引和排斥、爱与恨的矛盾形式互动的统一体,没有哪一个比另一个更为重要。齐美尔将冲突划分为四种类型:战争,即群体之间的冲突;派别斗争,即群体内部的冲突;诉讼,即通过法律途径处理的冲突;非人格的冲突,即思想观念上的冲突。他特别指出,冲突主体如果在冲突中投入大量情感,将冲突本身置于个人利益之上,这种冲突的暴力水平、烈度会更强。相反,如果冲突主体仅仅是将冲突作为达致某个明确目标的手段,冲突的暴力水平会明显缩小。按照这一思路,齐美尔将冲突分为两种类型,一种是以参与者只是作为"私人的个体"参与的冲突,另一种是参与者主观意识上作为集体代表的、有部分人格投入地参与的冲突。前一种冲突参与的目标是个人利益,建立在个人计算基础之上;后一种冲突参与则体现了"缺少自我利益的高尚性",具有不妥协的特征。③齐美尔的这一冲突分类思想对后来科塞的冲突思想有较大影响,被科塞发展并

---

① 载《四川日报》2007年1月22日。
② 〔德〕齐美尔:《社会是如何可能的:齐美尔社会学文选》,林荣远编译,广西师范大学出版社2002年版,第222页。
③ 参见张伟:《冲突与变数》,社会科学文献出版社2005年版,第447页。

命名为现实性冲突与非现实性冲突。

冲突论的代表人物美国学者科塞(Lewis A. Coser,1913—2003)的"社会冲突论"集中于其1956年发表的《社会冲突的功能》一书中。科塞认为,齐美尔意义上的有人格参与的冲突,虽然也涉及两人或更多人的互动,但它不是由对立双方竞争性的目标引起的,而是起因于至少其中一方释放紧张状态的需要。① 在这种情况下,对于对立者的选择并不直接依赖于与引起争论的问题有关的因素,也不是以获得某种结果为取向的;而更多反应为是基于价值观、信仰的争夺而产生的冲突。科塞将此种冲突命名为"非现实性冲突"。由于"非现实性冲突"参与主体没有明确的组织和明确的诉求目标,往往是借助"情境的偶然性"而发,因而,也就不存在达到目标的替代性手段选择。因为满足感是产生于进攻行为本身。例如,一个将自己看做有恋母情绪的人,要向老板发泄进攻,进攻的对象在此时是次要的(老板或任何其他人),释放紧张的需要本身是根本的。因此,"非现实性冲突"所要寻求的满足是进攻手段本身而非什么结果。

本书认为,非现实性冲突是基于价值观、信仰等对立形成的,两方或多方的执着于"紧张释放"的冲突行动。"非现实性冲突"中有一个重要因素,即"紧张释放"。何谓"紧张释放"？在冲突论社会学家那里,这里的"紧张"不是指冲突双方针对有限的权力、利益等而产生的对立情绪;相反,该处的"紧张"是基于争夺双方所追求的价值、信仰等的差异而生。科塞详细地解释了这一点:那些为了把黑人同事排挤出去以维持自己工资增长而进行罢工的工人是在从事现实性冲突。但是,如果情况发生了变化,有了维持工资增长更有效的手段,工人就会抑制这种歧视性的行动。但是,如果在可以利用其他更有效的手段达到同样目的的情况下,他们仍然进行这种歧视活动,那么,有理由设想,在冲突中出现了像"偏见"这样的非现实因素。②

(二)转型期非现实性社会冲突的发生机理

非现实性冲突是"敌意"或"紧张"累积达到一定临界点释放的结果。若想对非现实性冲突进行控制,必须考察"紧张"累积的成因。结合中国转型社会的发展实践,笔者认为大致可以从下面四个角度进行:

首先,是合法性的考量。科塞指出,冲突与敌对感情之间的区别是根本性的。敌对态度是从事冲突行为的一种倾向性,相反,冲突则总是一种行动。敌对的情绪是否引起冲突行为,部分的取决于权力的不平等、分配是否被认为是

---

① 〔美〕L.科塞:《社会冲突的功能》,孙立平等译,华夏出版社1989年版,第35页。
② 同上书,第40页。

合法的。"合法性"是一个至关重要的中介变数。① 社会行动的合法性考量应该包含两个层次:第一,是法律的正当性。正当性倾向于是一种价值判断,属于"客观法"范畴。如果在法律正当性上存在分歧,那么"实在法"所规范调整的"地位"、"权力"、"资源"及其所形成的分配系统本身将成为争夺的首要指向,此时,是否"依法行事"则退居其次了。即便是依法行事,很可能会依然形成对"紧张"的累积。例如,我国现行法律所确立的"土地交易非市场化"模式一直为人们所诟病,一方面地方政府垄断了土地一级市场。按照常规的逻辑,存在市场失灵的地方就需要政府监管,但我国对土地一级市场的监管从制度到组织几乎都是空白。在此种情况下,即使征地是依法进行的,但对消解紧张依然是于事无补。

第二,是法律的合法性。这主要是承认法律具有正当性前提下,强调法律应该得到不折不扣的实施。韦伯在《经济与社会》中明确指出,与法理权威模式相联系的是科层制。科层制组织结构具有目标化、正规化、去个人关系化、分工明确、职责分明、规则明晰等特征。② 这些特征是作为技术理性的法律权威的落脚点。我国的组织结构经过长期建设已具有科层制的形式特点,但机构实际运行依赖更多的依然是传统社会规则。例如,现今法律适用面临的较大难题之一即法律的表层机制和深层机制不一致,规避法律、暗箱操作等行为比较严重。一方面国家法凭借自身的理性化预设在整个社会被推行(建设"法治");另一方面真实的生活世界依照自身的逻辑运行。这使得法律所自我宣示的或社会公开赋予的目标,与法律、制度运行的实际情形有较大出入。这种情形在近年被人们提炼为"权力腐败"话语,表达一种强势的法律评价心理。如果社会运行在众多方面都突破法律框架,背离法律逻辑,这必然会促成人们心理层面的紧张累积。

其次,是被剥夺感的考量。如果社会运行中存在大量背离"合法性"的情形,从而造成人们在权力、财富等资源占有上的不平等,处于相对劣势一方容易形成比较明显的被剥夺感。美国学者格尔(T. R. Gurr)1970 年发表的《人为什么造反》一书中指出,在快速变化的社会中,如果很多人把自己的命运与另外一个最迅速获利的群体所组成的参照群体相对比并感到强烈地被剥夺,就具备了发生集体造反的一个前提。人们的相对剥夺感越大,他们加入社会运动的可能性也越大。

剥夺(deprivation)是社会学的一个重要命题,20 世纪 50 年代开始,伦敦经

---

① 〔美〕L. 科塞:《社会冲突的功能》,孙立平等译,华夏出版社 1989 年版,第 22 页。
② 〔德〕韦伯:《经济与社会》(上卷),林荣远译,商务印书馆 1997 年版,第 242—251 页。

济学院的英国学者汤森(Peter Townsend)最先将剥夺作为研究贫困的定义和变量。"相对剥夺"是美国社会学家斯托弗于1949年在《美国士兵》一书中首先提出来的,后社会学家默顿在《社会理论与社会结构》一书加以系统阐释。它是指个体或群体将自身状况与参照群体进行比较,若认为自己比参照物得到的少,这时他将更倾向于作出社会不公平的判断,就会有不公平感产生。由于引起不公平感的剥夺只是相对的,并非是绝对的,因此称为"相对剥夺。"

关于"剥夺命题"的许多研究者倾向于主张,社会的不稳定不一定来自于绝对剥夺,可能在更大的程度上是来自于相对剥夺。托克维尔注意到这种现象,当时法国[路易十六时代]最进步的地区,那里的人民最不满。他说:"革命的发生并非总因为人们的处境越来越坏。最经常的情况是,一向毫无怨言仿佛若无其事地忍受着最难以忍受的法律的人民,一旦法律的压力减轻,他们就将它猛力抛弃。被革命摧毁的政权几乎总是比他前面的那个政权更好,而且经验告诉我们,对于一个坏政府来说,最危险的时刻通常就是它开始改革的时刻。原因只在于,某些随意的补救方法引起了人们的关注,而且现在看起来更加令人不满;人民可能少了些痛苦,但他们的敏感度却提高了。"①在中国这样一个大国,持续地进行社会改革,几乎无可避免地形成诸多问题。如果人们产生了强烈的社会不公平感、被剥夺感,这些就容易造成紧张的进一步累积,为非现实性冲突的发生进一步铺垫条件。社会学者李培林指出,社会中不满意程度较高、"相对剥夺感"较强、社会冲突意识较强烈的那部分人,可能并不是常识认为的那些物质生活条件最困苦的人,也不是那些收入低但利益曲线向上的人,而是那些客观生活状况与主观预期差距最大的人,是那些实际利益水平虽然不是最低但利益曲线向下的人。因此,"客观的贫富差距还只是社会风险的一个方面,而在社会变革过程的观念重构中,人们在社会公正意识上能否达成共识,则是社会风险的另一个方面。如果底层民众普遍把贫富差距归因于贪官污吏、巧取豪夺、横征暴敛和为富不仁(如腐败、巨额偷漏税、变相侵吞国有资产等),社会风险就会大大增加"②。

再次,是改变被剥夺境遇的可能性考量。在格尔看来,如果这些具有不满想法的人们心中思索减轻这一相对剥夺的希望先是被唤起,后来又无情地被落空,那么,反抗就可能出现。事实上,要使一个社会制度被全体社会成员接受,就必须使这一制度在运转过程中体现基本的社会公正,而社会公正所容纳的差异不能挑战人们可以承载的底线,即一种社会差异状态(在个人的生存境域)通

---

① [法]托克维尔:《旧制度与大革命》,冯棠译,商务印书馆1997年版,第210页。
② 李培林等:《社会冲突与阶级意识》,社会科学文献出版社2005年版,第19页。

过主体努力是有变更希望的,或者说社会不能阻断了这种变化的可能性或使人们相信其阻断了这种可能性。否则,累积起来的紧张就可能到了释放的临界点。就目前中国的情况,这一点也是应该引起注意的。

  长期以来,在效率优先、兼顾公平的指导方针下,在一部分人先富起来、先富帮后富的憧憬下,面对社会出现的巨大贫富差别,更多的人将其看做是社会转型的必经阵痛,充满自信地认为"共同富裕"是迟早的事。诺贝尔经济学得主库兹涅茨也用"倒 U 曲线"力证:在人均 GDP 达到 500—1000 美元的经济起飞阶段,收入差距会迅速扩大,但随着经济的进一步增长,收入差距会自然缩小。然而,人们希冀的贫富差距并没有按预想变化,2003 年,中国人均 GDP 超过 1000 美元;也就是从 2003 年以来,国民收入差距急剧加大。到 2005 年,标志分配平等程度的基尼系数已接近 0.5,大大突破国际公认的基尼系数警戒线 0.4。联合国开发计划署 2005 年 9 月份公布的《人类发展报告》中就有对中国的地区、贫富差距的描述。中国国家统计局最新披露,内地最富裕的 10% 人口占有了全国财富的 45%;而最贫穷的 10% 的人口所占有的财富仅为 1.4%;银行 60% 的存款掌握在 10% 的存户手里。① 这些事实不断向理论许诺泼着冷水,也不断挑战、考验着人们脆弱的神经。如果对"改变现状"长久地没有回答,会加快紧张的累积。

  最后,是"偶然"情境的考量。如果在前述条件具备的情况下,出现"偶然"引线,就可能发生紧张释放——非现实性冲突。根据李培林等 2002 年对中国城市居民社会观念调查结果,如果排除某些未回答者的影响,而只就"有效百分比"而言,那么,在被访问者中,认为各个阶级阶层之间"没有冲突"的人数所占的百分比,仅仅为 4.7%;认为各个阶级阶层之间"有很少冲突"的人数所占的百分比为 11.2%;认为各个阶级阶层之间"有些冲突"的人数百分比为 51.6%;认为"有较多冲突"的人数百分比为 22.3%;认为"有严重冲突"的人数百分比为 10.2%。总起来,有 95.3% 的人认为各个阶级阶层之间不同程度的存在冲突,而认为冲突程度较为严重的人已经高达 32.5%。同时,调查者发现"人们不仅现在对社会冲突感受强烈,而且认为这种冲突关系会在未来持续存在",而这是"非常危险的"。因为在随后问到是否参加"集体上访"这样的问题时,对该行动进行"劝阻"、和"旁观"的人数百分比较少,但表示"同情"和表示"参加"的人数百分比则比较大。② 事实上,这种调查所显示的人们主观心理倾向与行动之间的可能关系已经在前文三个非现实性冲突事例中得到验证:一旦遇有

---

 ① 赵灵敏:《让公平不再"兼顾"》,载《南风窗》2005 年 3 月 12 日。
 ② 李培林等:《社会冲突与阶级意识》,社会科学文献出版社 2005 年版,第 91 页。

"偶然情境",更多的人几乎是无预期的加入进这一"偶发情境"中。

(三)非现实性冲突与法律控制不能

根据媒体报道,在非现实性冲突发生后,被迅速采取的措施包括:其一,事件所在地领导亲赴现场。在"万州事件"中,"这起事件发生后,重庆市委常委、公安局局长朱明国专门赶赴当地现场指挥处理,正在中央党校学习的重庆市委常委、万州区委书记马正其也紧急飞返万州"①。在"池州事件"发生后,安徽省委、省政府高度重视,安徽省主要领导多次指示要求妥善迅速处置这一事件。安徽省公安厅厅长崔亚东当天连夜赶赴出事地点。其二,疏散群众、平息事态。其三,对非现实性冲突的"引线"进行处理。其四,对有严重打砸抢行为的、且能证明的进行追究。观察官方处理的策略,在事件定性上,"官方对万州事件的处理没有按照传统高压的手法定性事件的性质,而以息事宁人的基调把事件当做'人民内部矛盾',并从万州区域性社会矛盾的角度解释,认为事件的深层原因是'产业空心化导致人民生活水平降低',引起了人民的不满情绪"。② 对在事件处理中明显失当官员进行严厉处罚,如池州事件发生后,对安徽省分管政法工作的原副省长何闽旭的失职行为进行惩处。在"大竹事件"中,酒店主人派出所所长徐达祥很快被"双规"。

但总的来说,从这些冲突事件中实际采取的处理举措来看,法律在其间少有作为。法律对非现实性冲突的控制不能原因是什么呢?

原因之一:非现实性冲突往往参与者人数众多。在三个事例中参与冲突的数量都以万计。1994年,在美国洛杉矶,因警察无理对黑人殴打而引起的数量众多人积聚并伴有砸玻璃、烧、抢东西等攻击行为的非现实性冲突也是规模巨大。俗语说"法不责众",很多时候意指不是"不责"而是"不能"责,没有追究的有效技术手段和操作实践性。

原因之二:从技术层面上看,冲突具有明显的偶然性、突发性。冲突的发生没有预期,众多的参与者身份各异,没有特定的利益诉求,也没有特定的冲突对象。长久的情绪紧张累积借助偶然情境,通过情绪传递形成共振效应而突然爆发冲突。非现实性冲突往往省却了社会动员环节,这与那些特定利益人群通过有预期、有组织地酝酿、计划、动员而进行的维权行动有截然不同。正如应星所指出的:"在群体利益的受损相当明显且普遍的情况下,人们很可能在无须任何动员的情况下就采取集体行动。此时群体行动的发生,既可以说是'自然的',

---

① 新浪网,http://www.sina.com.cn,2004年10月20日访问。
② 朱智勇:《群体事件:中国社会生态的警讯》,载《凤凰周刊》2004年第32期。

因为它是集体利益受损的必然结果;也可以说是'突然的',因为群体行动具体会以什么形式出现、何时出现、因何导火索而出现,都是即时发生的,并无充分准备。"①这使作为常设的、一般性的法律控制变得几乎不可能。一般来说,法律作为精致的利益分配机制,其针对的是特定主体的特定利益诉求。司法为冲突双方提供法庭作为利益博弈的空间,程序法是博弈的游戏规则,法官则是对博弈结果的权威判断者、宣示者。由于非现实性冲突根本没有具体利益诉求、没有特定的冲突主体,法律的这套设计就落空了。偶然积聚的大众,发泄完情绪可能就"如鸟兽散"。没有主体告诉,法律怎么裁判?即使裁判了,也没有具体承受裁判后果的对象。事实上,例1、例4两事件发生后,大规模积聚的民众很快、也很容易就散去。法律的出场仅仅是针对引起非现实性冲突的引线,即那两个民事侵权案件以及有恶劣打、砸、抢行为的主体。这很难算作是法律对非现实性冲突的控制。

原因之三:非现实性冲突最核心的要素是"紧张释放"。紧张是集中描述人的心理状态的词汇。人的心理状态在一定意义上影响、左右、甚至决定人的行动;行动反过来可以调整、重塑心理。正如特纳和科廉(Turner and Killian)所指出的:"一个人如果能在他的行动中不带情感,那一定是冷血动物。一个真实的社会行为总是伴随着一定的认知决策过程,无论这一行为在局外人看来是多么不合理。但与此同时,任何一个真实的社会行为也总是受到某种由神经系统和内分泌系统控制的情感的影响。"②因此,社会在谋求对人的行为控制时,就要在心理和行动两个方面都有所作为。但是,法律——尤其是我们理解的技术理性意义上的法律却往往被定位为对行动的控制机制。马克思曾指出:"只是由于我表现自己,只是由于踏入现实的领域,我才进入受立法者支配的范围。对于法律来说,除了我的行为以外,我是根本不存在的,我根本不是法律的对象。"③法律对行为的调整借助惩罚、特定救济、替代救济等手段上。通过这些手段作用于行为主体,当然也可以对主体的心理产生诸如威慑、防范或鼓励、引导等倾向。但这往往是冲突发生之后,法律的事后性控制产生的效果(比如对打砸抢人员的严惩可能会使其"后悔",乃至不会再犯,但对发生了的这起冲突而言已无意义)。法律对非现实性冲突发生本身的预防性功能发挥是极为有限的。

---

① 应星:《群体利益的表达行动与社会稳定》,载徐昕主编:《纠纷解决与社会和谐》,法律出版社2006年版,第48页。
② 参见赵鼎新:《社会与政治运动讲义》,社会科学文献出版社2006年版,第68页。
③ 《马克思恩格斯选集》(第1卷),人民出版社1995年版,第121页。

四、一种"有限度"的法律发展观

中国自改革开放发展到今天,从言简意赅的社会主义法制"十六字方针"——有法可依、有法必依、执法必严、违法必究,到1997年中共十五大"依法治国,建设社会主义法治国家"的提出,直至1999年"依法治国,建设社会主义法治国家"写入宪法,依法治国成为中国的治国方略已经毫无争议。但是,在"法治"已经成为社会的主流话语之一的同时,依法治省、治市、治校、治家等说法的流行,也暗示了关于法治认识的某种隐忧。法治秩序代表的是一种社会秩序的法律主治观,而非法律的全面治理观。法律是建构社会秩序的一种力量,而且是非常重要的力量,但是,法律绝非社会秩序建构的唯一力量。科学的法律发展观不应该是刺激法律万能奢望的滋长,而应是对法律限度保有理性的自觉。

在西方社会,尼采所谓的"上帝死了"之后,在韦伯提出的"祛魅"之后,"世俗化"了的法律重新被伯尔曼赋予承担满足人的精神性诉求的功能,以挽救西方"祛魅"后出现的整体性精神危机。① 可以说伯尔曼有深刻的问题意识,作为技术理性的法律根本无法胜任建构社会秩序的重任,因为"没有信仰的法律将退化成为僵死的教条"。② 美国法理学家庞德也看到:"法律用惩罚、预防、特定救济和替代性救济来保障各种利益,除此之外,人类的智慧还没有在司法行动上发现其他更多的可能性……一个法院能使一个原告重新获得一方土地,但是它不能使他重新获得名誉。法院可以使一个被告归还一件稀有的动产,但是它不能迫使他恢复一个妻子已经疏远的爱情。"③庞德甚至明确指出:"如果法律在今天是社会控制的主要手段,那么它就需要宗教、道德和教育的支持。"④同

---

① 尼采在1882年的《快乐的知识》(〔德〕尼采著,黄明嘉译,中央编译出版社2005年版)一书中以寓言的形式宣称"上帝死了",预示西方现代性中虚无主义的一面。韦伯描述现代性的一词"disenchantment",中文被翻译成"祛魅",它一方面是强调把社会和人的命运从神的力量转到人自身的力量上来;但另一方面它也割断了人与古典神圣的、超越的源头的连接,搁置对人生意义的考量,并造成韦伯所谓的"专家没有灵魂,纵欲者没有心肝"的结果。1970年美国学者伯尔曼《法律与宗教》(〔美〕伯尔曼著,梁治平译,中国政法大学出版社2002年版)中开宗明义:"西方人正经历着一场整体性危机",并提出"法律必须被信仰"命题,其可以被看做是对此危机的一种回应。
② 〔美〕伯尔曼:《法律与宗教》,梁治平译,中国政法大学出版社2002年版,第38页。
③ 〔美〕庞德:《通过法律的社会控制 法律的任务》,沈宗灵、董世忠译,商务印书馆1984年版,第31—32页。
④ 同上书,第33页。

样,在《法律的运作行为》一书中,作者也指出:"社会控制是社会生活的规范方面,社会控制规定了不轨行为并对这种行为作出反应,它规定了什么是应当的,什么是对或错,什么是违反、责任、反常或扰乱。法律是社会控制,但礼仪、习惯、伦理、官僚制和对精神病的治疗也是社会控制。正如法律是国家公民中的社会控制一样,部落成员也有其社会控制;同样,家庭、车间、教会、派系集团和体育比赛的成员之间都有各自的社会控制。不论何时何地,不论在街道上、监牢中或晚宴上,只要人们相互以标准要求,就存在着社会控制,而不论标准是明示的或暗示的,也不论标准是有意识的或无意识的。"①

中国的现代化进程在"发展"范式支配下,带来社会全面的世俗化,韦伯意义上的"工具理性"一时间也呈占领态势。经济理性人、利益最大化、追求现世的快乐、幸福,各种俗世欲望的满足成为人们行动的出发点。然而,中国在持续的社会转型过程中,生成大量社会问题。一些群体心理上的挫折感、不公平感、不确定感、被剥夺感较严重。世俗化以工具理性的方式摧毁了人的内心世界和社会道德生活的完整性,普遍弥散的社会焦虑、群体紧张、个体内在心灵的冲突,是现代化在历史实践中自我悖谬的显现。当下中国屡发的非现实性冲突,也是人们意义价值失落的部分反映。

2006年11月27日,中央政法委书记罗干在全国政法工作会议上强调:"必须把维护社会公平正义作为促进社会和谐的生命线。公平正义是社会主义和谐社会的重要特征,是社会主义法治理念的价值追求。没有社会公平正义,就没有社会和谐。在一些地方,有的参与群体性事件的群众,自己并没有直接利益诉求,而是借机宣泄长期积累的不满情绪。这种社会现象很值得我们深思。"因此,在处置群体性事件时,要着力从根本上理顺群众的情绪,要立足于使群众心悦诚服地遵守社会管理秩序,减少对立情绪;必须更好地处理法律效果与社会效果的关系,以更好的执法质量、更低的执法成本、更便捷的执法形式,为社会提供可靠的安全保障,营造更多的和谐因素。②

对长期缺乏法律权威和意识的中国而言,提倡法律、宣传法律功能、并形成全社会对法律的倚重氛围当然是重要的、必要的。但是,没有真正地把握法律自身的规律,是不可能发挥其在冲突化解方面的功能的。整体上由技术理性主宰的法律,在消解因价值失落而导致的非现实性冲突方面,显示出极大的能力限度。如果依然是简单诉诸作为技术理性的法律来"控制"、甚至"压制"非现

---

① 〔美〕布莱克:《法律的运作行为》,唐越、苏力译,中国政法大学出版社1994年版,第123页。

② 罗干:《政法机关在构建和谐社会中担负重大历史使命和政治责任》,载《求是》2007年第3期。

实性冲突,非但不一定会解决问题,还可能走向人们预期的反面。革命心理学告诉人们,要小心使用法律惩戒手段,越是对群体过分打压,越可能使群体产生拼命抗争的心理。"政治的奇妙在于常常是预言证实,你把谁当敌人,处处设防,草木皆兵,他可能真就成了敌人。越多的敌意,越多的假想敌,社会就不可能和谐。"①

这意味着,即使对现实法律在形式理性和实质理性方面的改善和健全措施再多,也无法实现法律对非现实性社会冲突的"控制"。因为,"世俗化越深入,神圣、超越这些价值之物不仅没有退出历史舞台,反而已更尖锐的方式表现出来。自由只能提供给人选择的可能,民主赋予人以平等的尊严,但它们并不能因此给人的生活带来意义,告诉你美好的价值所在"②。这再一次表明,并非通过对法律的无限投入,法律就可以不断超越自身,无所不能。法律是有自身的界限的,超出该界限赋予法律重负,是注定无法获取预期效果的。那么,法律所留下的冲突控制空间必定需要其他社会控制机制加以填补。

从多元社会控制机制建构视角看,制度改革、创新是冲突控制的发展方向。尽管诉讼是当今社会冲突控制的主导形式,司法机构承担主要的冲突化解功能,但是诉讼主导地位的确立并非以其他控制方式的彻底退场为代价。例如,日本学者小岛武司指出,在德国绝大部分的冲突通过诉讼解决,而日本则常使用 ADR③。在这两极之间,荷兰、瑞典和丹麦,更接近于日本,美国和英国看来对诉讼的应用越来越少。④ ADR 作为替代性纠纷解决机制其优势表现为:充分发挥作为中立调解人的专家意见在纠纷解决中的作用;以妥协而非对抗的方式解决纠纷,有利于维护长期关系;令当事人有更多的机会参加纠纷解决;保守个人隐私和商业秘密;当法律规范相对滞后时,提供一种灵活的纠纷解决程序;允许当事人依自主和自律原则选择适用的行为规范;经当事人理性协商和妥协可能实现"双赢"。⑤ 中国建设社会主义法治国家的宏伟目标中,理应将致力于谈判、仲裁、调解、诉讼等多元机构的科学、协调设置作为子目标,努力实现制度完

---

① 蒋兆勇:《和谐社会与普通人的生存感》,载《联合早报》2006 年 1 月 6 日。
② 许纪霖:《回归公共空间》,江苏人民出版社 2006 年版,第 119 页。
③ ADR 是 Alternative Dispute Resolution 的缩写,其字面意思指替代性纠纷(或冲突)解决方式,或诉讼外纠纷(或冲突)解决方式。ADR 概括的具有以下特征:程序上的非正式性;纠纷或冲突解决的基准上的非法律化;纠纷或冲突解决主体上的非职业化;纠纷或冲突解决过程或结果上的非对抗性。参见郭星华、陆益龙等:《法律与社会——社会学和法学的视角》,中国人民大学出版社 2004 年版,第 123—124 页。
④ 〔日〕小岛武司:《裁判外纷争处理与法的支配》,日本有斐阁 2000 年版,第 179 页。
⑤ 徐昕:《迈向社会和谐的纠纷解决》,载徐昕主编:《纠纷解决与社会和谐》,法律出版社 2006 年版,第 129 页。

善和创新,以实现冲突社会控制方式的多元化。传统的人民调解机构、晚近出现的仲裁委员会等机构以及 ADR 所需各种条件,在中国如何实现与司法机构的恰当衔接,应该成为进一步制度化思考的方向。

从多元社会控制机制进化视角看,必须充分尊重社会自生自发的冲突化解机制。中国的现代化过程是后发的,因而也是被压缩的。作为世界结构中的一员,中国必须用比发达国家短得多的时间来完成现代性的建构,这种情形至今没有改变。由此,政府在国家发展中扮演着比发达国家政府更为积极的角色,这种情况短期内也不会改变。这种"压缩"的现代化在推进过程中,从社会转型的后果上看,难免会出现——"后发展国家政府的现代化政策都会导致社会资源在各个社会集团间的再分配,在此过程中,各个社会集团的利益和认同感本身也在急速变化。特别是,在许多不发达国家中,政府的许多政策常常是腐败性的,甚至是掠夺性的,从而引发被压迫群体的不正义感。"[①]因此,必须对"建构"立场保持警醒。非现实性冲突的根源在于中国社会转型带来社会核心价值体系的解体,要实现价值体系的重构,不是一蹴而就的。社会学、人类学视野下的广泛、漫长、多元的社会自生冲突化解机制对社会秩序型构具有同样重要的意义,也必然应该成为中国法学界未尽的研究课题之一。

---

① 赵鼎新:《社会与政治运动讲义》,社会科学文献出版社 2006 年版,第 113 页。

第二编
转型时期的法律运行机制

第五章 法律创制的理念背景

——以全国人大常委会历年公报为分析对象

在社会转型过程中,社会结构的转换必然带动社会利益的调整和社会观念的变化,其中,法律创制即立法,也面临着一系列的新问题。例如,立法如何反映不断变化的社会生活,既保证法律稳定性又体现法律的适应性,立法如何推动和促进社会的进一步转型,等等。本章之所以选择1980年至2010年的《中华人民共和国全国人民代表大会常委会公报》(以下简称《全国人大常委会公报》)为分析对象。一方面,是因为《全国人大常委会公报》"是全国人民代表大会常务委员会正式出版刊物,是国家颁布法律的重要途径"(见公报封底),它集中反映了立法所面临的诸多问题、立法者的态度以及在面对问题时立法者如何处理等多方面的情形,是研究立法的重要的、直观的第一手材料;另一方面,目前立法研究多着重于从理论到理论的逻辑推理式研究,而缺少对实证材料的讨论和分析。而直接从全国人大常委会公报中收集数据和材料进行分类和归纳,恰恰能够很好地发挥实证研究客观性、真实性的优势。同时,我国目前的立法研究大多集中于微观问题的讨论,这样的讨论固然有很强的针对性,是立法研究的重要组成部分,但是对立法的中观、宏观把握也同样具有重要意义,它可以从一定高度对立法进行提纲挈领的分析,能够看到一些微观研究容易忽视的问题。因此,本章分析的重点,就是20世纪80年代至今当代中国社会转型时期法律创制理念的发展。由于篇幅有限,本章仅从社会结构与社会行动者互动关系的角度进行探讨,并着重对我国当前立法状况进行分析。另外,需要说明的是,本文所说"立法"即法律创制,包括制定和修改法律;立法的"法"仅指法律,其他规范性文件的制定和修改不在本文的讨论范围之内。

一、法律创制的互动关系理论概述

社会结构和社会行动者的关系是社会学的一对基本关系,对于两者究竟怎样相互作用相互影响,学者们的观点大体可以分为两类:一类,强调社会结构对社会行动者有决定作用,行动者对于既有的社会结构只能被动地接受和适应,行动者必须遵从既定的规则,扮演既定的角色,履行既定的功能,对于社会结构的重大变革和重构,社会行动者的作用是十分有限的;另一类,强调社会行动者对社会结构的维续、变革具有决定性的作用,行动者不受或较少受社会结构的制约,具有较广泛的自由,能够通过其活动对社会结构产生根本性影响。随着结构功能主义理论的式微,强调主体能动性的社会理论逐渐受到人们的重视,这种理论动态地把握社会结构和社会行动者之间的关系,可以看做是前两者的综合,它认为"在现存结构中的机会与限制条件下,行动者进行互动——斗争、结盟、行使权力、谈判、合作,同时作用于社会系统并重构这些系统,结果导致制度的变迁与发展,不过,这种变迁与发展要受到结构的限制"[①]。这里的行动者既包括单个的个体,也包括组织化群体、组织甚至国家。在社会系统中包含三个层次:"行动者,行动者的角色与地位";"社会行动与互动的场景和过程";"内生限制因素:物质因素、制度因素和文化因素"。总的来说,社会结构与社会行动者之间是互动关系,在这一矛盾中,结构与行动者并不是简单的决定与被决定关系,两者的力量对比也并不均衡,地位并不平行。行动者由于起着将社会结构各要素联系起来的作用,是社会结构和维续、变革社会结构的实践知识的负载者,在互动关系中居于主导地位,是最活跃的因素。因此对行动者的考察是讨论互动关系的关键。人的行为都是有一定目的的,行动者通过实施一定行为来达到特定目的,在做出行为前,需要以行动者的价值观、偏好,背景知识和学习能力为基础,结合既有的社会规则和社会结构进行分析预测,并通过实际行动在互动场景和过程中实施行为,预期效果的达到与否同时还受到物质条件、技术、文化架构等限制。行为的后果可能是预料之中的,也可能是预料之外

[①] 〔瑞典〕汤姆·R.伯恩斯等:《结构主义的视野:经济与社会的变迁》,周长城等译,社会科学文献出版社 2000 年版,第 171 页。

的,其最终结果是行动者有意或无意地改变了下次行动的条件。

在这一点上,行动者——系统动力学理论与吉登斯的结构二重性理论有契合之处。结构二重性理论认为,社会结构与社会行动者(即个人)之间是一种互动关系,而不是简单的决定与被决定关系。这一关系既不是社会决定论认为的社会行为受社会结构的制约,社会结构外在于人的意志,它超越于个人并强加在个人身上,也不是方法论个体主义所认为的,"所有的社会整体都可以化约为个人的逻辑堆砌。""社会整体无非只是处于某种关系中的个人的集合体"①,而是试图将社会性与个体性相融合,探索一条不同于传统二元对立的"二重性"理论的道路。"结构二重性"是吉登斯的结构化理论大纲中的重要概念,这里他认为结构,"指的是社会再生产过程里反复涉及的规则与资源"②。吉登斯认为:"社会关系的结构性特征对于它们反复组织起来的实践来说,既是后者的中介,又是它的结果。相对个人而言,结构并不是什么'外在之物':从某种特定的意义上来说,结构作为记忆痕迹,具体体现在各种社会实践中,'内在于'人的活动,而不像涂尔干所说的是'外在的'。"一方面,人们在日常生活的实践中逐渐形成习以为常的惯例(routine),在以后的实践中,"通过实践意识"约束自己的行为按照一定的方式行事,并"反思性监管"(reflexively monitoring)自己的行为,调适自己的行为。另一方面,"结构总是同时具有制约性与使动性"。③ 行动者在依"惯例"行事的同时,又在主动地生产着制约其自身行动的结构。因此,"行动者在再生产结构性特征的同时,也再生产出促成这种行动的条件"。④ 社会系统的维续正是在这种互动中被反复生产出来的,既有的社会结构又制约着人的行动。这里为了论述的方便将该理论分成两个方面来讨论,并不代表先后顺序。吉登斯认为社会系统的再生产是一个因果循环,不断重复的过程,因此不存在何者在先、何者在后的问题。

除了社会结构与社会行动者之间的互动外,社会行动者之间也存在竞争、合作、交流、冲突等也即互动,不同的社会行动者其自身条件、所拥有的资源和权力都不同,因此他们之间的力量对比也不是均衡和相当的,拥有较多资源和权力的行动者更容易使行动的后果与其预期相符,较弱的行动者在互动中通过与较强行动者的竞争和妥协,使行动后果偏向于其预期。

最后,行动者——系统动力学理论落脚在社会规则体系理论,它认为一方

---

① 〔英〕安东尼·吉登斯:《社会的构成》,李康、李猛译,生活·读书·新知三联书店1998年版,第7页。
② 同上书,第52页。
③ 同上书,第90页。
④ 同上书,第91页。

面社会规则体系是对创造性人类活动组织和管理,另一方面,互动的真正目的在于变革社会规则体系以使其符合行动者的利益及活动目的。"社会规则体系是社会斗争与社会转型的一个主要目标"。① 而"这些主要规则体系有:语言、规范、法律、行为符码、家庭社会制度……"②,法律无疑是行动者之间的互动以及社会结构与行动者互动的风向标。在立法过程中,立法者之间如何竞争与合作以及法律如何体现并改变既有的社会结构都得到了充分的展现,因此分析立法的互动关系对于立法研究具有重要意义。

二、从经济结构转型看社会结构与社会行动者的互动

如本项目引论所述,中国当代社会转型以1978年的经济改革为起点。随着经济改革的深入和推进,社会的各个方面都发生了巨大的变化。经济改革拉开了我国社会转型的序幕,因此,探讨社会转型对立法的影响应先从经济结构的转型入手。

(一)我国经济结构转型

"在经济社会结构转型之中,最本质最主要的变化是,产业结构、就业结构,城乡结构的转变"。③ 从产业结构看,改革开放以来,我国的社会结构发生了重大的变化。例如,"1997年的三次产业结构的排序是二、三、一。这标志着中国已经从工业初期阶段进入到工业化中期阶段"④。从经济总值看,1979年"农村人民公社三级经济总收入1646.3亿元……"⑤,"1980年全国农业生产总值2160亿元,其中种植业占63.8%……副业占14.4%(其中队办工业占11.7%),粮食生产是农业生产的主体,占种植生产值的70%"。农村经济存在着明显的结构不合理,"这种种植业比重过大(有4个省超过70%)而林牧副渔比重过小的比较

---

① 〔瑞典〕汤姆·R.伯恩斯等:《结构主义的视野 经济与社会的变迁》,周长城等译,社会科学文献出版社2000年版,第176页。
② 同上书,第177页。
③ 陆学艺:《社会初级阶段的社会结构》,载胡耀苏、陆学艺主编:《中国经济开放与社会结构变迁》,社会科学文献出版社1998年版,第13页。
④ 同上书,第12页。
⑤ 中国百科年鉴编辑部:《中国百科年鉴1980》,中国大百科全书出版社1980年版,第338页。

单一的农业经济结构,是长期历史过程中形式的。"①仅仅几年时间,农村经济总产值就有了较大变化,农业产业出现多元化,乡镇企业更是蓬勃发展。

从城乡结构来看,随着改革开放的深入,农民有了经营自主权,农村的城镇化速度加快了,成为中国城市化的基本力量。一方面,我国人口中的非农人数所占比重总体呈上升趋势;另一方面,农村经济中非农经济占越来越大的比重。2008年10月召开的中共十七届三中全会强调:"我国农村正在发生新的变革,我国农业参与国际合作和竞争正面临新的局面,推进农村改革发展具备许多有利条件,也面对不少困难和挑战,特别是城乡二元结构造成的深层次矛盾突出。农村经济体制尚不完善,农业生产经营组织化程度低,农产品市场体系、农业社会化服务体系、国家农业支持保护体系不健全,构建城乡经济社会发展一体化体制机制要求紧迫;农业发展方式依然粗放,农业基础设施和技术装备落后,耕地大量减少,人口资源环境约束增强,气候变化影响加剧,自然灾害频发,国际粮食供求矛盾突出,保障国家粮食安全和主要农产品供求平衡压力增大;农村社会事业和公共服务水平较低,区域发展和城乡居民收入差距扩大,改变农村落后面貌任务艰巨;农村社会利益格局深刻变化,一些地方农村基层组织软弱涣散,加强农村民主法制建设、基层组织建设、社会管理任务繁重。总之,农业基础仍然薄弱,最需要加强;农村发展仍然滞后,最需要扶持;农民增收仍然困难,最需要加快。我们必须居安思危、加倍努力,不断巩固和发展农村好形势。"②

经济结构的急剧转型给立法不断提出新的要求,立法则通过确认转型中出现的新事物、新情况的合法性,又进一步促进了经济结构的转型。两者是如何在社会生活中实现互动的,可以用结构二重性理论来分析。立法活动从其本质上说是对社会生活的反映,是立法者将其对当前社会生活的认识确立在法律中,并以此方式来调整社会生活。因此,从这一角度讲,立法就是一种社会行动,立法者就是社会行动者。一般来说,我国的法律制定大体需先拟定立法计划,人大常委会交由主管或负责相关事务的部门来组织起草,如《企业破产法》由国家经济委员会组织起草,《农业法》由农业部负责,在起草过程中,有关部门通常将进行调研和讨论,在人大常委会组织下与有关实际部门,法律专家以及法院检察院的相关部门人员座谈,并征求意见。在这一阶段立法者结合自己的价值观、理念、立场形成对法律草案应体现的原则和应规定的具体问题的初步看法,不同的立法者对同一问题有不同的看法,必然引起立法者之间的竞争、冲

---

① 中国经济年鉴编辑委员会:《中国经济年鉴1982》,经济管理杂志出版社1982年版,第1—12页。

② 《中共中央关于推进农村改革发展若干重大问题的决定》,2008年10月12日中国共产党第十七届中央委员会第三次全体会议通过。

突,但为了使法律草案顺利通过(繁重的立法任务不允许立法者对法律草案久拖不决),立法者往往会最终达成妥协以取得一致意见。草案通过审议成为法律后,立法者通过司法部门、行政部门、社会舆论等途径将反馈回来的信息进行收集、分析、处理,这些信息改变了立法者的理性判断和预期目标,立法者在修改法律时又将其引入法律中,再次带来社会结构的变化。在这一过程中立法者并不是被动地接受信息并将其写入法律中,而是经过争议、讨论、利益衡量和妥协等环节加工变形后才写进法律,因此行动者实际上"……赋予社会规则和行动场景以新的有时是出乎预料的诠释。更为普遍的是,行动者具有创新能力"①。立法者在社会生活中了解了当前社会的基本经济结构,并在立法过程中体现经济结构,在此过程中不断"反思性监管"自己的立法活动是否符合并反映经济结构。立法者所立之法,一方面反映了当前社会经济结构,另一方面又改变着制约行动者行动的"惯例"和"实践意识"的经济结构。立法所调整的经济结构又是下一循环中制约立法的条件。

(二) 从宪法修改和立法重点变化看立法变迁

从宪法的修改方面看,首先,宪法的修改频繁。从纵向看,如表 5.1 所示,我国 1978 年宪法修改过两次,1982 年宪法修改过四次,就修改的频率而言,我国的宪法平均五年左右就会修改一次,而部门法除刑法外,平均六至八年才会修改一次。

表 5.1 与部门法的比较(纵向)

法律名称	制定时间	修改时间				修改频率(年/次)
宪法	1978	1979	1980			1
宪法	1982	1988	1993	1999	2004	5.5
治安管理处罚条例(法)	1957	1986	1994	2005	2012	8.7
中外合资经营企业法	1979	1990	2001			11
个人所得税法	1980	1993	1999	2005	2007	6.8
商标法	1982	1993	2001			8.5
专利法	1984	1992	2000	2008		8
会计法	1985	1993	1999			6
现役军官法	1988	1994	2000			6
税收征收管理法	1992	1995	2001			4.5
大气污染防治法	1987	1995	2000			6.5

---

① 〔瑞典〕汤姆·R.伯恩斯等:《结构主义的视野 经济与社会的变迁》,周长城等译,社会科学文献出版社 2000 年版,第 173 页。

单就修改的次数而言,宪法的修改次数远高于绝大部分部门法;因为除刑法外,能与宪法修改频繁程度相当的部门法也只有个人所得税法了;从横向看,如表5.2所示,与宪法同一时期制定的法律,虽然至今也颁行了较长时间,但其修改远不如宪法频繁。

表5.2 与其同一时期制定法律修改情况的比较(横向)

法律名称	制定时间	修改时间		法律名称	制定时间	修改时间	
宪法	1978	1979	1980	人民法院组织法	1979	1983	2006
				人民检察院组织法	1979	1983	1986
宪法	1982	1988	1993	刑事诉讼法	1979	1996	2012
		1999	2004	环境保护法	1979	1989	

其次,宪法修改的内容以1982年宪法为分水岭,之前着重于政治生活,之后着重于经济结构。1979年的修改主要包括:在县和县级以上地方各级人民代表大会设立常委会,将地方各级革命委员会改为地方各级人民政府等内容。1980年的修改主要是将《宪法》第45条"公民有运用'大鸣、大放、大辩论、大字报'的权利"的规定取消。1982年之前的两次宪法修改实际是为以后的重新制定作准备。1982年宪法的三次修改主要是经济方面的,涉及经济体制和所有制结构等问题,下文还将详细论述。

从立法的重点看,从没有明确的重点,到注重立法数量明确以经济立法为重点,再到以提高立法质量为重点。1979年到1981年的人大常委会工作报告在总结一年的工作时都未谈到立法工作的重点,也没有明确提出重点是什么,只有1981年的工作报告谈到"民族立法是立法工作的重要方面,需要大力加强"[①]。1982年的工作报告中开始出现"经济立法越来越迫切的需要"和"当前的立法任务,特别是经济立法的任务繁重"的字样,表明立法者已开始意识到经济立法的重要性。1984年的工作报告明确指出"全国人大和全国人大常委会把制定经济方面的法律作为立法工作的重点"[②],我国的立法工作明确地以经济立法为重点,在这以后的几年中,"常委会进一步加强了立法工作,特别是经济立法"[③]。从1999年开始,立法工作的重点又发生了变化,2003年的工作报告指出"五年来,常委会把加强立法工作、提高立法质量作为首要任务"[④]。从

---

① 《全国人大常委会工作报告》,载《全国人大常委会公报》1981年第3号,第57页。
② 《全国人大常委会工作报告》,载《全国人大常委会公报》1984年第3号,第89页。
③ 《全国人大常委会工作报告》,载《全国人大常委会公报》1986年第3号,第56页。
④ 《全国人大常委会工作报告》,载《全国人大常委会公报》2003年第3号,第196页。

立法规划也可以看出,根据立法规划,五届全国人大制定的法律为 60 件、六届 63 件、七届 83 件、八届最多为 116 件、九届 89 件、十届为 76 件、十一届为 64 件。

立法重点的变化表明:一方面,立法者通过改变立法工作的侧重点以保持与社会发展的步调一致。三十年来,经济建设一直是社会生活的重点,经济结构是社会结构中变化最为明显的部分,立法重点理应与经济结构的变化一致,同时及时反映社会生活的需要。另一方面,立法者试图通过改变立法工作重点间接调控社会结构的变迁。对于立法者认为尚不足以用法律调整的社会关系,仅依靠条例规定等行政法规和部门规章调整即可,相应的社会结构的转型则较为平缓和温和。对于立法者一致认为应加快发展或促进其转型的部分,则制定相应的法律保证其发展。我国的经济结构转型就是明证,在短短三十年间,我国已由计划经济体制转向市场经济体制,并且达到工业化中期水平,早在 1979 年改革开放之初,全国人大就通过了《中外合资经营企业法》,为私有经济的发展创造了所需的制度环境,中外合资企业的具体发展状况又成为人大下一步修改该法律的限制条件。比如:该法的出台为外国企业家在中国投资提供了法律保障,在促进经济发展的同时,又在一定程度上限制了合资企业的发展,1979 年《中外合资经营企业法》第 6 条第 1 款规定:"董事会设董事长一人,中国合营者担任。"这一规定将企业经营的主导权归于中方,无法调动外商在华投资和经营企业的积极性,极大地制约甚至是阻碍了企业的发展并且也同样不利于我国经济的发展。立法者通过了解该条规定的实施情况,在 1990 年修改该法时,将这一条修改为:"董事长和副董事长由各合营方协商确定或董事会选举产生。"又如,1979 年《中外合资经营企业法》第 12 条规定:"合营企业合同期限,可按不同行业、不同情况,由合营各方商定。"随后国务院就该条又对不同企业的不同合营期限作了规定,也就是说合营企业必须规定合营期限。在实践中,企业的经营和管理都比较灵活,人为地对经营期限加以规定难以适应变化莫测的市场,1990 年修改后的《中外合资经营企业法》规定:"有的行业应当约定合营期限,有的行业可以约定也可以不约定。"

(三)我国经济结构转型与立法变迁

我们可以按照市场在经济生活中作为资源配置手段的地位逐步确立和私有经济在国民经济中地位的变化,将这三十年划分为 1979 到 1981 年、1982 年到 1992 年、1993 年到 2008 年三个阶段。

第一个阶段,党的十一届三中全会刚做出国家工作重心是社会主义现代化建设的重大决策之后不久,由于政策的实施需要一段时间,人们的思想转变也不是一朝一夕就能完成的,这时的主要任务仍然是对政治上一些过激做法的纠正,因此,这时的宪法修改都是政治方面的。

第二个阶段,从非公有制经济成分在经济中所占比重的不断增大来看,党的十一届三中全会后不久,随着国家工作重点转移,经济建设的重要地位日益得到重视,我国经济生活开放的步伐越来越快,个体经济、私营经济等非公有制经济成分开始崭露头角。立法者逐渐认识到"国家形势已经有了很大变化和发展,1978 年宪法已经不能适应当前情况的需要……"①,因此重新制定了宪法。立法者的这一行动,按照吉登斯的理论,可以理解为,立法者在日常活动中逐渐形成"惯例",在实践中,也就是立法活动中,使其立法活动符合社会的现实情况。因此在 1982 年《宪法》第 11 条有这样的规定"在法律规定范围内的城乡劳动者个体经济,是社会主义公有制的有益补充"。用最高法律的形式确认了经济生活中发生的新变化,这一确认推动了社会的进一步转型,非公有制经济在我国逐渐发展壮大,这又反过来成为立法者下一步修宪时必须体现和反映的客观条件。立法者在立法过程中通过"反思性监管"来认识自身的立法行动是否反映了变化的经济结构,通过不断调适立法的内容,以期符合社会的要求。宪法中对个体经济的承认,极大地调动了个体私营者的积极性,在法律为其提供合法性保障和利益保障的前提下迅速发展。1988 年宪法增加规定,主要内容就是"国家允许私营经济在法律规定的范围内存在发展。私营经济是社会主义公有制经济的补充",并且删除不能以出租形式转让土地的规定,承认土地所有权与使用权的分离。

第三个阶段,从市场经济体制的发展来看,宪法内容中关于市场经济体制部分的修改,充分体现了立法者的能动性。立法者通过对过去国家实行计划经济体制的实际效果的分析,发现完全依靠国家的计划指导进行经济建设是不可行的,在经历了"计划为主,市场为辅"、"社会主义经济是公有制基础上的有计划的商品经济"等阶段,1993 年的宪法修改明确规定"国家实行社会主义市场经济"。这次修改"着重对社会主义经济制度的有关规定作了修改和补充,使其更加符合现实情况和发展需要"。② 有了宪法上的保障,市场经济体制在经济生活中发挥着越来越重要的作用,1999 年宪法修正案将"个体经济、私营经济等非公有制经济是公有制的有益补充"删去,改为"是社会主义市场经济的重要组成部分"。2004 年宪法修正案将"国家保护个体经济、私营经济的合法的权利和利益。国家对个体经济、私营经济实行引导、监督和管理"修改为:"国家保护个体经济、私营经济等非公有制经济的合法的权利和利益。国家鼓励、支持

---

① 《关于宪法修改的说明》,载《全国人大常委会公报》1982 年第 2 号,第 27 页。
② 《关于宪法修正案的说明》,载《全国人大常委会公报》1993 年第 5 号,第 74 页。

和引导非公有制经济的发展,并对非公有制经济依法实行监督和管理"。立法者所拥有的权力,使其所希望达到的目标,建立、发展、完善社会主义市场经济体制能够顺利付诸实施,并一一实现,同时经济体制的每一步变化又成为制约和影响立法者下一步决定的条件。因此,宪法修改频繁以及有关内容的修改都反映了经济和立法的互动。

三、从立法者价值观的变化看立法理念的发展

理解社会行动者如何通过行为体现其实践知识负载者的作用,是把握互动理论的关键,因此有必要从行动者的心理对其加以分析。吉登斯认为,社会行动者的行动都是其经过理性的思考后作出的理智的决定。至于行动者的理性是从何而来,又是如何影响其决定的,他只从"反思性监管"的角度进行了分析。行动者——系统动力学理论认为行动者以行动改变其行动的条件,然而是什么决定了行动者要采取行动,以及采取怎样的行动,该理论却没有给予详细的回答,只是在讨论社会系统层次时涉及属于微观层面的决定社会能动者行动的因素,包括:价值观、偏好、现实模式、知识、解决问题的规则和能力等。其实,社会行动者作为社会的一员必然会受其身处的社会环境的影响,分析其心理状态必然少不了对其所处社会的社会心理进行研究。目前,立法研究多着重于立法制度、立法技术等的研究,对于立法主体的立法理念及其深刻的价值观根源研究较少。下面从价值观及其变迁,这一较态度、社会心态更深层更具稳定性的层面,对社会转型时期立法者立法理念的变化作一分析。

社会心理学认为,"价值观既是个体的选择倾向,又是个体态度、观念的深层结构,它主宰了个体对外在世界感知和反应的倾向,因此是重要的个体社会心理过程和特征";同时"价值观还是群体认同的重要根据——共享的符号系统,因此又是重要的群体社会心理现象"①。社会价值观是观念的核心,它为人们的价值判断提供准则、理想目标与行为规范。社会价值观既规定着个人的处世态度和行为趋向,又反映了社会中群体的基本意向和价值追求。因此价值观的分析层面大致可以分为个体价值观、社会价值和文化价值观等。社会心理学家罗基彻(Rokeach)在前人已有的研究成果基础上,将价值观创造性地分为终极性价值观和工具性价值观,前者如舒适自在的生活、令人兴奋的生活、有成就感等,后者如有抱负的、心胸开阔的、有能力等各 18 种。但由于其视角和出发点

---

① 杨宜音:《社会心理领域的价值观研究述要》,载《中国社会科学》1998 年第 2 期。

都是西方的,以其解释中国人的价值观略显不足,中国学者研究认为中国实际上是同时处于"个体——社会"维度和"终极——工具"两个维度上的。"与西方人相比,中国人的价值观不够'终极化',而具有实用性、世俗性的倾向;同时也不具有西方人意义上的'工具性',而是通过对伦理价值的认同和遵奉将'终极性'和'工具性'统合起来。"①在社会转型的动态背景下,社会生活的剧烈变动对社会价值观的冲击也相当巨大。中国社会由过去的单一封闭逐步走向多元开放,各种不同观点和文化思潮不断涌现,冲突和碰撞是难免的,原有的社会价值观无法完全与新出现的价值观兼容,因而社会价值观受其冲击出现紊乱和无序是在所难免的。"传统价值观作为一种渊源的东西,是任何继之而起的新的社会价值体系所必须对接和承袭的,它构成我们重塑新的社会价值体系的历史前提,只有在这个基础上才可能更新和超越……"②我国改革开放三十多年来,社会价值观一直处于新旧更替、冲突的过程中,传统的价值观未完全褪去,新型价值观也未完全确立,这里仅从社会心理学公认的三种分类③,来分析我国社会价值观出现的一些变化。

（一）经济、政治及文化价值观的变化

首先,经济价值观的变化。

第一,传统的重义轻利、重理轻欲的价值准则,逐步转向到义利统一、理欲并蓄的价值观。中国古代认为义利都是人所需要的。荀子说:"义与利,人之所两有也,虽尧舜不能失去民之欲利。"④董仲舒说:"天之生人也,使人生与利。利以养其体,义以养其心。"⑤但两者的关系都并不是平行和对等的,因此主张"义以导利","以义而致利"。义是处理利益关系的准则,利虽然是人的基本需求,但却不是终极目标,在利之上,应是对义的精神追求。中国古代所谓"君子喻于义,小人喻于利"的观念,实际上是认为对物质利益的关注和追求乃小人之举,即所谓"君子谋道不谋食"。⑥这样的观点不仅延续了数千年,而且直到新中国成立后改革开放之前,人们都一直恪守着重义轻利的传统,对于金钱的欲望也掩藏得很深,绝大部分人都不愿意坦承自己对金钱的关注。随着我国的改革开放从经济体制开始,人们不得不面对金钱这个过去耻于谈论的话题,经济

---

① 杨宜音:《社会心理领域的价值观研究述要》,载《中国社会科学》1998年第2期。
② 刘扬:《转型时期的社会心态与价值观调节》,载《江西社会科学》2002年第6期。
③ 赖传祥:《中国传统价值观的现代转型》,载《江汉论坛》1994年第4期。
④ 《荀子·大略》。
⑤ 《春秋繁露·身之养重于义》。
⑥ 《论语·卫灵公》。

改革所带来的好处逐步显露使人们逐渐开始接受并认同经济在社会中所带来的种种变化。

第二,传统的安贫乐道、重农轻商的价值取向逐步转向进取、竞争的价值观。传统价值观认为人们应该安于现状,即使是贫穷也不能为钱财与人争斗,因为如上文所说"利"是君子所不喻的,获得"利"的职业也不是高尚或值得敬佩的。在这种思想的指导下,人人安于现状,社会虽平稳却显沉闷。经济改革后,由于经济的本质就是竞争的,只有通过不断进取才能获得更多的利益。经济改革的深入也将竞争和进取的思想带到社会生活的方方面面,社会价值观也产生了显著的变化。

其次,政治价值观的变化。

第一,唯政治化的价值取向逐渐转到务实的价值取向。改革开放之前,唯政治化的价值取向几乎渗透到社会生活的每个角落,社会生活的重心在政治斗争,对人的评价标准也是政治性的。由于指导思想上认识的偏差,在突出政治的社会氛围中,把一切工作政治化。使政治标准泛化,试图以政治手段解决社会生活领域的所有问题,在这种价值观指导下,华而不实和务虚的风气蔓延开来,成为人们行动的趋向。经济改革的深入,使人们认识到只有脚踏实地、一步一个脚印、实实在在地进行社会现代化建设,才能解决所面临的问题,空洞的口号和标语是无法解决所有领域面临的困难的。

第二,传统的唯上和依附观念逐渐转向现代型的独立自主、民主、自由的价值准则。中国传统社会中权力总是集中在极少数人的手中,普通人的命运并不掌握在自己手里。唯上和依附性的观念自然有其存在和维续的土壤。改革开放三十多年来,由于经济的放开和多元化,人们逐渐对自己的生活有了一定的预期,能够把握住生活的节奏,抵御未知风险的能力大大提高,平等和民主气氛的形成逐渐使人们具有独立自主把握自身命运的能力。

再次,文化价值观的变化。

第一,传统狭隘封闭、一味讲求大一统的价值取向逐渐转向开放、多元的现代价值观。由于我国传统小农生产方式和宗法制的社会结构,商品经济极不发达,新中国建立后,长期实行单一封闭的计划经济模式,人们的价值观也趋于单一,追求纯而又纯的经济体制,对于其他的经济模式一味排斥和拒绝,片面强调绝对的一致和统一,压抑了人们的积极性和创造性。改革开放以来,随着经济成分的复杂化,利益主体的多元化,人们的价值取向也相应地开放和更加宽容,对于新事物以更加开放的态度对待。

第二,传统的群体至上的观念向群体与个体兼顾的价值观的转变。与一味追求大一统的价值取向相适应,传统价值观认为群体在个体之上,没有群体就没有个体,为了集体的利益应当牺牲个体的利益,集体天然地居于个体之上,有超越个体的优先权,虽然强调了群体对于个体的重要性,但同时忽略了个体的独立性、创造性等积极意义,将个体置于无足轻重的位置,不利于个体作用的发挥。现代价值观认为在尊重集体利益的同时个体利益也是应当受到尊重和保护的,群体利益与个体利益并非截然对立而是可以并存的。

另外,新旧价值观的融合是当前社会价值观的重要特点。由于价值观是观念的深层建构和信仰体系,它是几千年来传统观念的积淀,难以在一朝一夕间彻底改变,而且我国传统价值观中亦存在能够适应现代社会要求的优秀部分,因此在传统价值观已深入人心,成为人们坚定信念和行为规范的情况下,要完全摆脱或抛弃是很困难的。改革开放时期新旧体制更替期异常短暂,转型所带来的新旧价值观的更替也是十分迅疾的,因此人们的社会行为同时受到两类价值观的支配,立法者的立法活动也是如此,立法者的价值集中体现在立法理念上,它决定立法者对待立法的态度,决定其所立之法体现什么样的价值追求。我们可以看到其价值观在逐步向民主、自由、平等等现代价值观过渡,新出台的法律在谈到立法宗旨时越来越多地采取"保护人民群众的合法利益","促进社会现代化建设"等体现现代价值观的表述,同时也可以看到由于两类价值观的并立,立法者在不自觉地践行着其所排斥的传统价值。

(二)立法者价值观的变化所带来的立法理念变化

对于立法者立法理念的变化可以从下面两个方面来分析:

一方面,立法者对法律的认识有了明显的变化,对法律的认识从单一的专政工具转为较全面的治国方略。彭真在1979年第五届全国人民代表大会第二次会议上作的《关于七个法律草案的说明》中谈到:"这一切表明,要充分实现社会主义民主,必须逐步健全社会主义法制,使九亿人民办事有章可循,坏人干坏事有个约束和制裁。"1981年的人大常委会工作报告中也谈到:"立法工作中的一项重要任务,就是制定必要的法令,以巩固人民民主专政。"这表明在强调政治斗争、唯政治化的价值取向至上的时期,立法者对法律的认识还比较简单,认为法律就是实行对敌专政的工具。这里使用"坏人"这一道德意味胜过法律含义的词语,表明立法者只是出于朴素的善恶观念来看待法律对社会所具有的价值和意义,这时立法者对于法律的理解还比较狭隘,法律对于立法者而言仅具有工具性价值。随着社会转型的不断推进,传统的价值体系也在不断变化,随着社会生活政治色彩逐渐褪去,经济建设成为人们关注的焦点,法律的政治色彩也相应淡化,立法者对法律的认识更全面,并赋予其务实的、民主的自由的意义。法律是保护人民权利、维护社会秩序、充分发扬民主的重要途径。立法者逐渐认识到法律的意义还在于将以往口口相传或仅停留在法规、条例中随意性比较大的经验上升为比较稳定和规范的制度，使以后有关活动有可以依凭的根据。进入20世纪80年代中后期，关于法律草案的说明中大都有"用法律形式固定下来"或"用法律形式肯定下来"之类的话，例如，"把农村经济体制改革中中央肯定的行之有效的经验用法律的形式肯定下来"，"把经济体制改革中的成功经验用法律形式固定下来"，"草案将分组会议、联组会议用法律形式肯定下来，是很有必要的"。90年代后，立法者对法律不仅有了较全面的认识，同时也开始注意反思过去的一些做法。在1994年《关于〈中华人民共和国预算法〉（草案）的说明》中谈到："长期以来，由于我国在预算管理方面一直没有以法律的形式作出规定，因此在预算的编制、审批、执行、调整、决算以及监督等方面都存在不少问题"。立法者对法律的认识不断加深，要将社会生活的方方面面都纳入法律体系，立法数量必然与日俱增。2005年我国颁布了一部只有四个条文的法律——《外国中央银行财产司法强制措施豁免法》，或许由于它的专业性无法引起大众对这部法律的关注，但它以法律的形式规范哪怕是相对细微的社会生活，这也显示了我国立法的重大转变。

从下图5.1可以看出，虽然立法数量各年份之间有一些增减，但从总体上看，立法数量呈上升趋势，从1992年开始的十几年间，每年的立法数量都在九件以上，从整体上看普遍高于上个十年，2004年更是法律出台最集中的一年，平均两个月就审议通过三部法律。

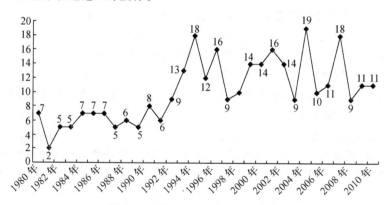

图 5.1　1980—2010 年立法总数①

---

①　此数据来源于1980年至2011年第1号全国人大常委会公报，并且仅指每年人大常委会审议通过法律的数量（包括修改的法律）。按照人大常委会工作报告对立法数量的计算方式，"一年"是指从头一年人大会议召开开始到下一年人大会议召开前止。2009年的数据不包括全国人大常委会打包清理的法律数量。

1979年《关于七个法律草案的说明》中的这段话是我们分析立法者立法理念变化的一个很好的例子。

"为了把法律交给人民,使他们能够掌握,在实施前必须在干部和群众中广泛进行宣传教育,……在这个期间,要在全国人民中普遍深入地开展社会主义民主和社会主义法制的学习和宣传,使刑法、刑事诉讼法、选举法和几个组织法逐步做到家喻户晓,人人明白。"①

从这段话中,我们至少可以读出这样几层含义:首先,立法者仍将法律视为一种政策。这段话最后部分着重强调了进行法制宣传教育最后应达到的理想状态是"家喻户晓,人人明白"。我们知道一部法律的颁行实施,在中国,对人民进行宣传教育是必不可少的,但如此强调宣传最终应取得的成效却是不多见的,一部法律是否为人所知晓,是否为人所精通,并不是立法者应重点关心的问题,只要法律是公布于众,广大人民群众可以通过各种途径查阅和了解即可,至于是否是人人都能深刻体会和领悟其中的含义、立法意图、立法宗旨等则不是立法者所着重关注的。需要人民群众家喻户晓,人人明白,恐怕不多,政策便是其一。

随便翻开一本《政策学》的教科书就可以看到这样的论述:"政策执行的一般步骤包括:政策宣传、组织实施、监督检查。要正确地贯彻执行政策,首先必须认真学习和深刻理解政策。""所以,各级政策实施机构要努力做好政策的宣传工作,利用一切宣传工具,采取各种宣传方式……这种宣传要系统深入,做到家喻户晓,人人明白"。② 法律和政策对其实效的预期出现惊人的相似并不完全是巧合,这实际表明立法者只是将法律视为治理人民的一种手段,它需要广大群众的充分了解和认识,积极协助和配合以有助于实效的达成。也许立法者并不是故意借助法律来推行其政策,使法律有其名而无其实,只是由于此时立法者并不十分清楚法律和政策之间的根本差别,也不明白两者在社会生活中所发挥的不同作用。立法者只是模糊地感觉法律具有严肃性和权威性,用它来规定重要问题是有必要的,却忽视了政策同样具有这样的特征。

1982年《全国人民代表大会常务委员会关于严惩严重破坏经济的犯罪的决定》中也谈到:"本决定对国家和全体人民利益关系重大,所有国家机关、军队、企业、事业机构、农业社队、政党组织、人民团体、学校、报纸、电台和其他宣传单位,自本决定公布之日起,都有义务采取一切有效方法,对全体工作人员、指战员、职工、学生和城乡居民,反复进行通俗的宣传解释,做到家喻户晓、人人

---

① 《关于七个法律草案的说明》,载《新华月报》1979年第6号,第44页。
② 刁田丁、兰秉洁、冯静:《政策学》,中国统计出版社2000年版,第225页。

皆知。"①

从这一段话可以更清楚地看到,也许立法者认为理论上法律与政策存在着区别,但在立法实践活动中,从立法者的态度可以看出它们之间的差别实际不大。当然,使得立法者难以把两者分开的原因还在于这两个文件都是关于刑事犯罪的,前者将刑法、刑诉法放在重要位置,后者是关于严重经济犯罪的专门决定,这与法律传统中"重刑轻民"、甚至认为刑法就是法律的思想有关。

其次,立法者要将法律交给人民,表明法律原本在立法者或是执政者手中,而不在人民手中,立法者与人民之间发生了分离。由于立法者认为法律是专政的工具,而专政是相对于阶级敌人而言的,与人民的关系不大,在法律的制定过程中只要立法者自认为自己代表了人民的利益和声音即可,人民并没有真正地和有效地参与到立法过程中去,脱离人民的立法活动必然在立法者和人民之间产生一定的距离。

再次,立法者必定是出于某种原因而将法律交给人民,这个原因就是为了更好地专政,使政策化的法律更好地得以执行和实施,因为人民的力量是无穷的,"人民的眼睛是雪亮的"。尽管人民在逻辑上被赋予了重要意义,但在这个过程中人民实际是处于被动和次要的位置。

最后,"把法律交给人民"忽视了人民对法律的态度。这段话的立场和出发点都是立法者,并没有对人民的态度予以关注。事实上,正是人民对法律的不需要和无需求,才使得立法者不得不采取一切有效的宣传方式,通过做到家喻户晓,人人明白,从而将"法律交给人民"。法律之所以能够成为调整社会的普遍方式是因为它能够满足人民对公正、平等的需要,因此具有价值。不同的法律具有不同的价值,不同的法律满足不同人的需要。在当时的社会中,道德、职业规范等非法律的社会控制手段即足以调整社会生活,人民对法律的需要并不十分必要和迫切,在这种情况下,立法者需要大力宣传才能把法律交给人民。在社会急剧转型的背景下,这样强调法制宣传效果的法律草案说明已不多见,更多的是强调法制宣传的重要意义,立法者的认识变化与社会结构发展是一致的。虽然十几年过去了,立法者仍然将"促进法律知识的宣传和法制教育作为一项经常性的重要工作",仍然还存在苏力先生所讲的"送法下乡",但立法者立法理念的变化还是巨大的。

另一方面,立法者对立法活动的认识有了明显变化。

第一,立法者对于立法活动应遵循的基本原则有了越来越清楚的认识。全

---

① 《全国人民代表大会常务委员会关于严惩严重破坏经济的犯罪的决定》,载《全国人大常务委员会公报》1982年第1号,第43页。

国人大常委会作为法律的制定机关,在提高对法律认识的同时也提高了对自身工作的认识。1984年人大常委会工作报告中就谈到:"目前,人大常委会的工作,仍处在一个大转变的过程中。几十年来,我们从革命战争时期转入社会主义建设时期,从没有掌握全国政权时主要依靠政策办事,逐步过渡到掌握全国政权后,既要依靠政策,还要依靠健全社会主义法制管理国家这样的转变。"① 立法者不仅认识到应当依据法律来调整社会生活,而且法律制定者的活动也应当纳入法律调整的范畴。

1983年《全国人民代表大会常务委员会关于严惩危害社会治安的犯罪分子的决定》和《全国人民代表大会常务委员会关于迅速审判严重危害社会治安的犯罪分子的程序的决定》中规定:"一、对杀人、强奸、抢劫、爆炸和其他严重危害公共安全应当判处死刑的犯罪分子,主要犯罪事实清楚,证据确凿,民愤极大的,应当迅速及时审判,可以不受刑事诉讼法第一百一十条规定的关于起诉书副本送达被告人期限以及各项传票、通知书送达期限的限制。二、前条所列犯罪分子的上诉期限和人民检察院的抗诉期限,由刑事诉讼法第一百三十一条规定的十日改为三日。"并且"对下列严重危害社会治安的犯罪分子,可以在刑法规定的最高刑以上处刑,直至判处死刑"。

目前,法学界对人大常委会有权部分修改基本法的宪法规定,存在不少争议。实际上,这里的"部分",应当理解为非根本性、非实质性的修改,而不应仅仅是数量或幅度的多少和大小。对刑法和刑事诉讼法的根本性修改,应当经过全国人民代表大会的审议才能通过,这里的两个决定对体现刑法和刑诉法、罪刑法定和罪刑相适应等根本原则的规定,以及体现保障人权的根本精神的规定都进行了较大的修改,对法律所应体现的价值和应具有的实质都有了突破。不能单纯地视为部分,虽然不过只言片语,但这种补充规定大大超出了法律基本原则限定的范围,仍认为是部分的修改和补充难以让人信服。而在当时刚刚颁布的1982年宪法明确规定,人大常委会只能对基本法律做部分修改。仅仅靠两个决定就修改了基本法律明显是不合宪的。就在同一年的人大常委会工作报告中还明确写到"目前广大人民最关心的是如何切实保证宪法的实施。这是关系到我们国家政治安定和兴旺发达的重大问题"。在新宪法的贯彻实施上,人大常委会无疑应起到示范作用,但两个决定却表明其自身的法律意识和宪法意识还很欠缺。

第二,人大常委会对自身工作应遵循怎样的规则和程序的认识也经过了一个循序渐进的过程。在1979年改革开放和社会生活转向以经济建设为重心的

---

① 《全国人民代表大会常务委员会工作报告》,载《新华月报》1984年第5号,第47页。

八年之后,也就是1987年,才制定了规范自身活动的《全国人民代表大会常务委员会议事规则》,第二年出台了《全国人民代表大会常务委员会委员长会议议事规则》,紧接着又在1989年出台了《全国人民代表大会议事规则》。这表明立法者摸索出约束自身活动的规则经过了一个较长的时间。在已经有《宪法》和《全国人民代表大会组织法》的规定后,人大又出台议事规则将法律的规定进一步细化,这表明立法者法律意识的提高。议事规则对于规范人大及其常委会的工作具有重要意义,它将议事活动纳入制度框架,使议案的提出和审议,工作报告、政府预算、国家计划的审议以及询问和质询都遵循一定的程序,使人大代表和常委会委员能够更好地行使职权,提高议事效率,以利于民主的实现。此外人大常委会每年制定的立法规划也表明立法工作逐步走上正轨,向系统化和制度化发展。立法规划指明了立法的方向和任务,对立法工作进行了部署和安排。人大常委会在八届全国人大期间就开始明确提出立法规划,对五年以内的工作进行安排,而在改革开放之初则缺乏这样的规划。立法规划首先从建构和完善整个法律体系的角度出发,结合已经制定和尚未制定的法律,确定本届任期内制定哪些法律。然后,再根据不同法律调整范围的不同以及社会需求的迫切程度不同,将法律分为一类、二类等不同等级,保证立法工作有序进行。

《立法法》的制定标志着我国的立法工作进入了一个崭新的阶段,第一次对法律、行政法规、地方性法规、自治条例和单行条例、规章及其适用与备案进行了系统和专门的规定。虽然《立法法》尚待完善,但是对于规范立法活动、确保正确行使立法权都具有积极的意义。

四、从立法实例看立法理念的影响

社会转型时期社会结构的变迁以及立法者立法理念的变化,在刑法的历次修正案中得到了集中体现。关于已经出台的《刑法修正案》的具体情况,本书第三编"转型时期的法律制度创新"中将作专章研究。① 这里仅仅把刑法的修改过程特别是2001年《刑法修正案》(三)作为一个立法实例,分析立法理念的影响。

(一) 立法实例

我国《刑法》于1979年7月1日颁布、1980年1月1日实施,经过十七年的

---

① 参见"第十一章 社会进步与人权价值取向——以刑法典的人本化历程为视角"。

时间,于1997年进行全面的修改,这期间,除了全国人大常委会以决定的形式对其进行过补充规定外,没有正式地修改过刑法。而在1997年的全面修改两年后即颁布了《刑法修正案》(一),并于2001年一年之内先后颁布了《刑法修正案》(二)和(三)。在高频率的修改之后,2002年又继续颁布《刑法修正案》(四),并且2004年人大常委会决定"根据需要将适时审议刑法修正案"[①]。尽管立法者也认识到:"这次修订刑法,主要考虑:……注意保持法律的连续性和稳定性。对刑法的原有规定,包括文字表述和量刑规定,原则上没什么问题的,尽量不做修改。"[②]但不可否认在经过十几年较稳定状态后,刑法进入了频繁修改的时期。显然,这并不是立法者主观任意的结果,而有其深刻的社会背景,其中尤以修正案(三)最为突出。2001年6月和12月全国人大常委会分别审议通过了《刑法修正案》(二)和(三)时间相隔不过半年,从理论上说完全可以将其合而为一,但立法者却采用了两个修正案,这表明在2001年9月11日发生的对美国的恐怖袭击对在太平洋西岸的中国产生了相当的影响,否则立法者不会不顾"法律的稳定性"而马上制定《修正案》(三)(以下简称《修正案》(三))。

发生在遥远国家的恐怖袭击事件何以影响中国的刑事立法,这只能从中国社会深处寻找原因。自20世纪90年代以来,"在海外兴风作浪多年的'东突'恐怖势力为实现建立所谓'东突厥斯坦'的邪恶目的,勾结国际恐怖主义组织,在中国新疆地区和中亚等国陆续策划、组织了一系列恐怖事件,严重危害中国各民族群众的生命财产安全和社会稳定。据不完全统计,自1990年至2001年,境内外'东突'恐怖势力在中国新疆境内制造了至少200余起恐怖暴力事件,造成各民族群众、基层干部、宗教人士等162人丧生、440多人受伤"[③]。这可以看做是《修正案》(三)出台的直接原因,但更深层的原因,还得到中国社会结构的变迁以及一系列随之而来的变化中去寻找。

(二) 社会结构方面的原因

第一,中国社会逐渐开放多元,与世界的联系日益增多。在计划经济体制下,国家的经济生活完全按照预先拟定的计划进行,社会的需要被限制到最小,

---

① 《系民生民意彰人文关怀——十届全国人大常委会2003年立法工作回顾》,载《法制日报》2004年2月20日,第1版。
② 《关于〈中华人民共和国刑法(修订草案)〉的说明》,载《全国人大常委会公报》1997年第二号,第220页。
③ 陈敏、范利明:《构筑修补反恐新法网刑法修正案(三)登台亮相》,载《人民公安》2002年第6期。

仅仅依靠国内生产就可基本满足,很少与其他国家有贸易交往。政治上,由于与资本主义国家分属两大对立陈营,除与少数几个社会主义国家有一些往来而外,中国很少与其他国家对话或交流。在这种情况下,封闭是显而易见的。随着经济结构的调整,经济成分的多元化,我国的经济活动与外界的联系越来越多,越来越紧密。政治领域的交流增多,社会的开放程度也大大提高。在当前我国积极融入全球一体化、地球成为村落的背景下,发生在大洋彼岸的恐怖袭击才有可能波及我国的刑事立法。

第二,国家与社会逐渐分离,社会力量逐步增大。仅仅有国际社会的大背景仍不足以解释《修正案》(三)的出台,因为我国社会自身的变化也是重要原因之一。我国社会由单一、同质向多元、异质的转型过程中,"……'国家——社会'一体化的格局被打破,民间社会或公民社会的逐渐形成,社会主体的自主性、自治性增强,社会物质和文化资源部分地从国家垄断中剥离出来,归公民和社会拥有,开始发挥其对社会和国家的影响力和支配力。因此,于国家权力之外,与之并存的又有了一种新型的权力——社会权力"①。这表现在行政上就是中央政府向地方政府下放权力,经济上实行政企分开,还企业以经营自主权,国家与公民的关系上,政府放松了对公民的管理。因此也有学者认为我国的社会结构是"从政治主导型向政治—社会主导型转型"。社会转型从某种意义上说就是"政治共同体和社会共同体之间的权力博弈。权力在这种博弈中的流向总的特征是:政治权力从中央到地方直到基层呈下行走势,权力从政治领域向社会领域有条件地转移"②。正如弗里德曼所说的"因此,创造法律的不是科恩、罗布森和贝茨所谓的公众舆论,而是实际上施加作用的社会力量"③。这里他使用的"社会力量"与"社会权力"一词具有基本相似的含义,因为他认为:"在法律制度内部有建立并维护社会结构的程序和规则。这些规则来自社会,可以说社会是其设计者。""……法律规则和法律程序是权力的产物。"④由于社会权力的作用方向不可能与国家权力始终保持一致,当两者发生偏离时,尤其是当其造成破坏性影响时,如恐怖袭击、邪教活动等,国家权力都必须采取有力措施对其进行规范和控制。《修正案》(三)就是国家利用强制力对可能造成国家和社会动荡和不稳定的恐怖活动进行控制和管

---

① 郭道晖:《论社会权力与法治社会》,载《中外法学》2002年第2期。
② 谢岳:《权力的流变:当代中国社会结构转型的政治话语》,载《中共福建省委党校学报》2000年第2期。
③ 〔美〕劳伦斯·M.弗里德曼:《法律制度——从社会科学角度观察》,李琼英、林欣译,中国政法大学出版社2004年版,第195页。
④ 同上书,第197页。

理的表现。

第三,社会控制手段由行政命令向法律的转变。在高度同质的社会中,国家通过行政手段颁布政策、方针、路线就可以实现对社会高效、有序的管理。而在异质社会中,利益主体的多元化,使得社会必须相应地多元与开放,才能容纳各种不同意见的存在,显然,使用单一手段对社会进行管理和调控是不够的,此时的社会控制手段必须具有一定的公共性和包容性方能适用于社会中各种不同的主体,仅凭行政命令和计划指令是难以适应这种要求的。法律则具有这种公共性,其基本原则"法律面前人人平等"就表明其所具有的普适性,不是仅适用于某一类人或是某一种情况,而是对全社会都普遍且平等地适用。"因此,中国社会的转型……从制度控制的意义上说,它是政府职能的功能分化过程,控制方式由以政权为核心的行政控制走向法律控制的过程。"[①]如果没有社会控制手段的转变,人大常委会完全可以如1983年那样以决定的形式快速地颁布和推行,做到家喻户晓,甚至根本不用担心,发生在别国的事件会影响到本国,因为在国家的严密监控下,被牢牢限定在自己位置上的个人是无法对社会产生不良影响的。

当然,社会控制手段的转变并不是完全衔接起来的,行政手段的放松并不会自然而然地导致法律控制的相应增强,以填补社会控制手段的空白。社会控制的闭环性没有充分体现出来,即"社会控制系统具有反馈回路的闭环控制系统"[②]。它使社会控制系统可以自我调节、自我修正,在动态的过程适应社会的不断变化。而在社会转型时期,社会控制系统不能适应社会的快速发展,使各种社会控制手段之间出现脱节。为了保证社会的正常运行,及时解决出现的问题,政策具有法律的某些特征,法律又带有政策的色彩,两者在某种程度上出现交叉、重合。应急机制的欠缺导致在遇有紧急事件突发时,法律在短时间内制定出台,此时的法律更像是带有强烈应急色彩的行政措施。类似的做法还体现在1989年短期内出台的《集会游行示威法》和1998年长江、松花江流域出现特

[①] 郑杭生等:《转型中的中国社会和中国社会的转型》,首都师范大学出版社1996年版,第176页。

[②] 王传鸾、王永贵、王曼:《转型期社会学若干问题研究》,国家行政学院出版社1998年版,第157页。

大洪水后出台的《公益事业捐赠法》。①

（三）立法理念方面的原因

《刑法修正案》（三）的出台还表明：

第一，立法者已经充分地认识到法律在社会中所起的根本性作用，立法的基本任务就是将重要的社会问题纳入法律的解决体系，离开法律来调整社会关系只能是暂时和不全面的，只有将出现的问题以法律形式加以解决，才能使其有章可循得到很好的规范。因此对恐怖活动这类严重威胁社会安全和稳定的社会问题必须有相应的法律明确规定才能打击犯罪保障人民的利益。即使是在情况较为紧急的情况下，人大常委会仍采取了法律形式对其加以规范。这也表明立法者对法律的认识已经越来越深刻了。

第二，立法者对法律和相关的规范性文件有了明确的区分。在谈到采取修正案形式取代"决定"的原因时，立法者认为："一些委员、部门和专家提出，考虑到刑法的统一和执行方便，不宜再单独搞两个决定，认为采取修改刑法的方式比较合适。"②实际上，决定与法律的根本区别在于，前者没有国家暴力机关的强制力保证实施，而后者却明确地有相应的国家暴力机关保证实施，另外相较于前者它更稳定。因此在刑法之外还存在一些与刑法具有同样强制力和性质的决定，必然人为地制造法律冲突，无法保持法律的一致性，立法者在反恐问题上没有再采取决定的形式是做了充分考虑的。

另外，《刑法修正案》（三）的出台也暴露了立法者立法理念中的一些问题。尽管刑法学界普遍认为，1999年采用修正案的形式修改刑法对于刑法的制定具有重大意义，但仍有不少学者对人大常委会以修正案形式修改基本法律提出质疑。宪法"第62条规定全国人大有权制定和修改基本法律，第67条规定全国人大常委会在人大闭会期间，有权进行部分修改和补充，其含义是修改基本法

---

① 虽然两部法律都不约而同地声称经过长时间的酝酿，如前者称"为了起草好这部集会游行示威法，近十年来进行了大量的调查研究。早在1979年初，全国人大常委会法制委员会就为起草这部法律做了不少工作"。见国务委员兼公安部部长王芳于1989年7月3日在第七届全国人民代表大会常务委员会第八次会议上所作的《关于中华人民共和国集会游行示威法（草案）的说明》，载《全国人大常委会公报》1989年第五号，第11页。后者称"根据八届全国人大常委会的立法规划，从1996年初开始，法制工作委员会同华侨委员会着手研究公益事业捐赠法的起草工作，历经三年，……"。见全国人大常委会法制工作委员会副主任张春生于1999年4月26日在第九届全国人民代表大会常务委员会第九次会议上所作的《关于中华人民共和国公益事业捐赠法（草案）的说明》，载《全国人大常委会公报》1999年第4号，第320页。但这仍无法掩饰其出台的仓促。

② 《关于惩治违反会计法犯罪的决定（草案）的说明》，载《全国人大常委会公报》1999年第7号，第697页。

律原则上应当由全国人大完成,仅仅是作为例外(即闭会期间),而且仅仅能部分修改和补充,而且其内容不得违背基本法律的基本原则,因此部分修改和补充决不意味着可以对基本法律推倒重来,也不意味着旧瓶装新酒,而目前全部由全国人大常委会进行的刑事法修改,导致了根本上违反宪法的结局,更加可怕的是,我们对此竟然熟视无睹"[1]。实际上,全国人大常委会连续出台四项修正案很难说只是"部分修改",并且从内容上看,每个修正案都涉及对具体罪行的定罪量刑,绝不仅仅是简单的补充或文字上的变动。有学者认为全国人大常委会不仅"越权行使立法权,超越其自身立法权限范围,侵犯全国人大立法权"(如制定属于基本法律的《集会游行示威法》),而且"在修改补充基本法律时也常超出'部分'的范围,在修改补充基本法律时与'基本原则'相抵触、冲突的情形,也常见不鲜"。[2] 虽然全国人大常委会在每年的工作报告中都谈到要加强法制宣传,增强人民法制意识,其自身却在不自觉地"善意违法",这其中当然有人大制度不完善以及应急机制欠缺等其他方面的原因,也许全国人大常委会这样做是出于不得已,但其做法具有明显的违法性却是不争的事实。

《刑法修正案》(三)出台时,社会结构发生了一些明显变化,主要表现在国家与社会的分离。市民社会正在形成,社会权力正在从国家权力中分化出来成为独立的一支力量发挥着作用,这就使得立法者不得不首次采取法律而非决定的形式对这支重要力量进行调整,以往决定的形式已不能够全面和充分地调控社会力量。通过对恐怖活动的打击,限制破坏性社会力量,保护积极的和建设性社会力量的发展和壮大,促进国家与社会的分离并使社会结构朝着更合理的方向发展,同时社会结构的优化又成为限制下次法律修改的条件。立法者根据司法机关、行政机关、社会舆论等多种渠道反馈回来的信息,"反思性监控"自己的立法行为,对社会结构已出现的变化予以充分考虑,同时立法者对此类问题的认识有了深化,并结合自己的价值观和背景知识,体现到下次法律修改中。

五、对转型时期立法理念的再认识

本章上文讨论了我国的法律修改、立法重点变化以及立法理念的变化,并

---

[1] 张波:《论刑法修正案——兼谈刑事立法权之划分》,载《中国刑事法杂志》2002年第4期。另见罗书平:《我国刑法时间效力的立法完善》,载《法学研究》1996年第5期;付立忠:《我国刑法新变化与存在问题述评》,载《中国人民公安大学学报》2002年第6期。

[2] 封丽霞:《论全国人大常委会立法》,载周旺生主编:《立法研究》(第1卷),法律出版社2000年版,第111页。

结合《刑法修正案》(三)的实例进行了分析。通过以上论述可以看到,我国的社会结构发生了巨大的变化,并且这样的变化还将继续下去,我国的立法也发生了很大变化,这种变化的产生与社会行动者的行动是分不开的,我们可以从中得到有益的启示。

(一) 关于法律稳定性的再认识

立法者应当根据社会需要,适时地修改法律,不能一味地求稳。从理论层面来看,稳定性一直被人们认为是法律固有的天然特性,法律如果朝令夕改则会让人们无所适从,而使其权威性大打折扣。中国近代以来的法律大多沿袭西方的法律模式,立法理论也多借鉴西方的研究成果,对于西方认为稳定性是法的本质属性的看法也沿用过来,并在立法实践中遵循实施。这里并不是否认法律具有稳定性这一基本属性,也不是认为我国的法律就不应讲稳定,而是想指出在我国当前社会急剧转型的背景下,一味追求法律的稳定是不恰当的。一个容易让人忽视的事实是,西方社会在经过几百年的变革和动荡之后,目前已经进入相对稳定的发展时期,因而其法律毫无疑问的应当稳定,无须频繁变化,法的稳定性也就是在这样的背景下提出和实行的。而我国当前形势却与西方社会大不相同,下面一组数据可以说明这一点:"改革开放以来的1979年至1991年,我国国民生产总值年均增长8.6%,速度居世界第二。而从1992年至1996年这五年间,我国国内生产总值(GDP)则更以年均12.1%的高速度快步增长,不仅大大超过同期世界增长速率3%,而且遥遥领先于新加坡、韩国等世界公认的增长最快的新兴工业国家(8%左右)。到1995年,我国仅用15年的时间即提前实现了国民生产总值原定到2000年较1980年翻两番的目标,而经济发展初期实现人均产值翻番美国用了40年,英国用了60年。……改革开放以来,我国仅用18年时间就使第一产业的比重从1978年的78%以上降至56%左右,而日本实现这一转变所花费的时间是40多年。……预计到2010年,第三产业占国民生产总值的比重可达45%,即美国社会学家英格尔斯所提出的现代化标准。"[①]我国将西方在一段较长时间所进行的变革压缩至不到其一半的短时间内完成,其间社会产生的变化必然是剧烈和迅疾的。在这样的快速转型下,仍固守法律的稳定性,必然使其无法适应社会的需要。

从实践层面来看,我们通过对宪法和部门法修改次数的比较,可以看出最需要稳定的国家根本大法宪法比部门法变化更频繁,这本身就表明固守稳定性的不易。此外,1987年《全国人大常委会法制委员会关于对1978年底以前颁布

---

① 刘崇顺:《二十年的社会变革与社会心理变迁》,载《特区理论与实践》1998年第12期。

的法律进行清理的情况和意见的报告》也充分说明了这一问题。报告谈到:

"从1949年9月至1978年底,由中国人民政治协商会议第一届全体会议、中央人民政府委员会、全国人民代表大会及其常务委员会制定或者批准的法律共有134件。已经失效的有111件,继续有效或者正在研究修改的有23件。其中已经失效的111件又分为由新法废止的11件,由新法代替的41件,由于调整对象变化或者情况变化而不再适用或者已经停止施行的29件,对某一特定问题作出的具有法律效力的决定、条例已经过时的30件。"①

"此外,在1978年底以前,全国人大常委会批准民族自治地方的人民代表大会和人民委员会组织条例48件,因新宪法、地方各级人大代表大会和地方各级人民政府组织法和民族区域自治法已经制定,各民族自治地方人民代表大会都已成立常务委员会,各自治地方都已经或正在另行制定自治条例,上述组织条例已因情况变化而不再适用。"②

可以看出,由于从1949年9月至1978年12月的状况与改革开放后三十年的社会实际状况有了很大不同,直接导致了一大批法律的失效,立法者再一味坚持所谓的稳定性,就只能被快速发展的社会远远地抛在后面。与上述材料形成鲜明对比的是全国人大常委会在七年前还"重申建国以来制定的法律、法令,除同第五届全国人民代表大会和全国人民代表大会常务委员会制定的宪法、法律、法令相抵触的以外,继续有效"。③ 2008年全国人大常委会在立法计划中提到了"法律清理",这意味着我国将再次进行法律清理活动。事实证明,不顾社会的现实状况,教条地固守法律的稳定性,最终仍将承认社会的发展变化,不得不修改法律。立法者推崇这样的推论:法律之所以需要稳定是因为如果法律频繁变动会令人们无所适从,在法律难以适用的情况下,人们可能会选择其他方式来调整自己的行为,最终使得法律在社会中无法树立起权威,赢得人们的尊重,也就无法确定其在社会生活中的首要和至上地位。但他们忽视了一部远远落后于现实的法律同样是一纸空文,同样得不到人们的遵守,其权威同样无法树立。法律的存在近似于无,人们可以任意行为而不必担心法律的规定,因为法律根本就没有有效的规定,就如婚姻法二十年不变一样,等到社会中"找小秘、包二奶"等丑恶现象已不足为怪时,才决定修改,此时期望人们仍能建立对法律的信仰只能是奢望。

---

① "全国人民代表大会常务委员会关于批准法制工作委员会关于对1978年底以前颁布的法律进行清理情况和意见报告的决定"(1987年11月24日第六届全国人民代表大会常务委员会第二十三次会议通过),载《全国人大常委会公报》1987年第6号,第31页。
② 同上书,第32页。
③ 《五届全国人大三次会议举行全体会议》,载《人民日报》1980年9月3日,第1版。

追求法律的稳定性并不意味着法律就要一成不变,适时和恰当地修改能够使其更适应社会的变化,美国《特拉华州普通公司法》就是因改而著称的。特拉华州在美国享有"公司天堂"的美誉,而"在美国学者们观点各异的论说中,有一个共同点,即认为《特拉华州普通公司法》对特拉华州最终成为'公司天堂'所起的巨大作用是不容置疑的"。① "在浩如烟海的英美成文法中,《特拉华州普通公司法》无疑是具有代表性和世界性的一部典范性法典,正是这部美国的州成文法引领了一百多年来世界公司法的发展。"②一部法律如何能够取得如此大的成就,其根本原因就是频繁修改,这也许在许多人看来是不可思议的,但事实就是如此。"《特拉华州普通公司法》的修改频率极高,几乎每年都要进行修改,有时甚至一年修改几次"。由于每次修改"主要是对社会实践和法院司法判决的迅速回应"③,使该法及时反映和体现了社会的需求,与社会的发展几乎保持了同步,吸引了众多公司前来注册,才成就了特拉华州"公司天堂"的美誉。通过这部法律,我们可以看到,法律的频繁修改并不一定意味着其质量不高,从某种程度上说,只有恰当和适时地修改才能保持法律的科学性和合理性。《特拉华州普通公司法》的频繁修改不仅没有给社会带来动荡和不安,相反得到了各界普遍的称赞,究其原因与其适用的主体和范围紧密相关。

从主体来看,作为一部公司法,它所涉及的有关各方主要包括公司的决策层和高级管理层,法律界的法官和律师,学术界的学者。各公司对它的关注主要出于对其切身利益的关注,法律界则出于法律适用的考虑对其关注,而学术界则是出于研究方向和兴趣予以关注。这样一部专门性的法律是否修改,如何修改以及修改的结果好坏一般只会引起这三类人的注意,对它的评价也主要来自他们。与公司的设立和运作及相关法律无关的普通百姓是不大可能关注公司法的修改的。这表明在现代社会由于职业成为人们的第一身份,人们的工作、社交都带有明显的"业缘"倾向,在日常生活中人们更多地跟与自己从事相同或类似职业的人相处和交往,因此调整某一方面具有专业性的社会关系的法律的修改难以引起整个社会的关注和讨论。

关于这一点也可以从社会阶层的角度来解释。公司法的修改涉及的主要是公司法人、自由职业者以及法官阶层,社会中其他阶层如农民阶层、工人阶层、白领阶层等的关注程度则要低得多。公司法的修改所带来的变化仅波及有限的几个阶层,社会中其余的各个阶层所受的影响较小,因此法律的修改不会

---

① 纪旭:《美国成文法立法技术个案研究》,载周旺生主编:《立法研究》(第3卷),法律出版社2003年版,第564页。
② 同上书,第564—565页。
③ 同上书,第567页。

带来较大的社会动荡。从法律的适用来看,由于法律的修改反映了企业主变化的要求,体现并保护了其利益,较好地适应了社会的发展需要,因此即使频繁变动,也会受他们的欢迎而不是埋怨。对于法律界和学术界而言,其本职工作就是研究和适用法律,法律的变动正是他们所关心的,人们通常认为的那种由于法律频繁变动而引起的无所适从在《特拉华州普通公司法》的修改过程中并不明显。因此对于法律的稳定性不能一概而论,在我国急剧转型的背景下,由于社会环境发生着持续和迅速的变化,法律应该区别对待,对于那些涉及面宽,关系到社会中大部分人切身利益的法律应注意其修改频率不宜过高;对于只涉及社会中某一群体或一部分人的法律,只要修改后的法律能很好地体现其需求,就不必教条地固守法的稳定性,而应当适时予以修改。因此"我国立法应当抛弃过度稳定的立法观念","从总体上讲,法律修改的频率与法律所处社会环境的变异程度相适应"。①

另外,适时修改法律可以在一定程度上避免"司法解释立法化"。由于我国立法者一味追求稳定性,使法律中需要因时而变的部分不能及时得到修改,只能通过司法解释的变通方式,使法律与社会需要相适应。司法解释作为司法机关就法律的具体应用所作的解释,应有其严格的适用范围和限度,它应当是对有关法律条文、概念和术语等方面的说明和补充,其补充性显而易见,因此它不能超出一定的范围对法律进行解释,更不能背离法律制定的初衷。然而我国当前的司法解释"其性质不再属于法律条款的文字含义和文字表达的技术性阐释,而是逐步扩大到整个法律文本,最后演变成脱离原有的法律文本甚至文件系统所指向的法律调整框架和调整范围的'准立法行为'"②。从最高人民法院《关于贯彻执行〈中华人民共和国民法通则〉若干问题的意见(试行)》的条款数远远超过《民法通则》本身就可以看出司法解释对解释对象的超越。司法解释的立法化趋势必然会给我国的法制建设带来不少问题。

首先,变相下放立法权。由于法律的制定滞后于社会的发展,对于新出现的问题难以作出及时的回应,司法解释又以其灵活和操作性强的特点成为法官审理案件中的重要依据,在法律缺失的情况下,司法解释便响应现实的呼声大量出现,司法机关成为立法机关之外的"实际立法者",立法的严肃性和权威性都受到影响。

其次,造成法制的冲突,比如我国《民事诉讼法》第113条第2款规定:"被

---

① 纪旭:《美国成文法立法技术个案研究》,载周旺生主编:《立法研究》(第3卷),法律出版社2003年版,第599页。
② 袁明圣:《司法解释立法化现象探微》,载《法商研究》2003年第2期。

告提出答辩状的,人民法院应当在收到之日起5日内将答辩副本发送给原告。被告不提出答辩状的,不影响人民法院审理。"这条规定体现了民诉法的辩论原则这一基本原则,肯定了答辩权是被告在诉讼中的基本权利,它的行使与否都不影响法院对案件的审理。而最高人民法院《关于民事诉讼证据的若干规定》针对这一条所作出的解释即第32条规定"被告应当在答辩期届满前提出书面答辩,阐明其对原告诉讼请求及所依据的事实和理由的意见"。司法解释中使用"应当"一词,表明被告负有答辩的义务而不是权利。这种规定实际是对民诉法规定的一种突破,造成了法律与司法解释之间的矛盾和冲突。对法律适时进行修改则可以在一定程度上避免上述问题的出现。法律能通过修改,比较及时地反映社会的变化,一方面能够树立权威,保证其严肃性,另一方面可以避免大量司法解释所带来的混乱和法律冲突。

(二) 关于"宜粗不宜细"的立法理念的再认识

众所周知,全国人大常委会在立法过程中大多采用"宜粗不宜细"的立法技术,也就是法律制定得比较概括,对不少问题只作原则性规定,具体的操作性强的规定较少,大多留给国务院或有关行政部门制定实施细则作为补充。法学界对此争论较多,但较少有人从社会自身角度对该问题进行分析。

我们认为,我国的法律规定比较概括和原则的原因还包括社会自身的因素。虽然我国的改革开放已经进行了三十年,但相较于西方社会的成熟,我国的社会还显得有些稚嫩,社会生活的许多方面都仍处于起步阶段,要达到比较完善的程度还有很长的路要走。在这个过程中由于各地的各种实际做法有较大差异,甚至存在截然相反的情况,而法律的适用是全国范围的,要做到比较一致和统一才能加以规定,从而使得立法者不得不舍弃"具体"保留"概括"。以全国人大常委会关于《城市居民委员会组织法》第15条是否规定"居民委员会可以兴办'生产'服务事业"问题的讨论为例。在《关于〈中华人民共和国城市居民委员会组织法(草案)〉的说明》中,首次提到"居民委员会可以兴办便民利民的生产生活服务事业"。① 紧接着,人大法律委员会又审议认为应去掉"生产生活",但随后在对草案修改稿审议后又建议将"生产生活"增加进去。在几次反复之后,人大常委会法工委在北京作了一些实际调查,同时"民政部也在江苏、浙江作了调查",调查结果是各地存在着相当的差距,"北京兴办的主要是小饮食、小副食、小百货、小修理等服务项目,约8000多个,……其中大多数属于

---

① 《关于〈中华人民共和国城市居民委员会组织法(草案)〉的说明》,载《全国人大常委会公报》1989年第6号,第8页。

生活服务性质,……属于生产性质的(如糊纸盒、折页、装订等)约占1%。江苏、浙江、福建、广东的城市居民委员会除兴办生活服务项目外,还兴办一些生产性企业……"因此"民政部和北京、上海、天津、武汉、西安、广州、沈阳等市建议保留可以兴办有关的生产服务事业的规定。成都市主张删去可以兴办生产服务事业的规定"。① 最后认为"考虑到对此还有不同意见,各地情况不一样,建议将草案修改稿第四条规定中的……'生产生活'四个字删去,这样规定后,各地仍可以根据实际情况决定是否举办服务事业"。② 关于是否规定"生产服务事业"的争论使得《城市居民委员会组织法》数易其稿,最后不得不选择概括和原则性的规定,对具体问题采取回避的态度,避免了与事实不符的尴尬。这样法律必然缺乏一定的具体可操作性,但将许多细节问题的解决留在法律所调整的范围之外,以免法律的规定引起不必要的混乱。类似的情况并不少见③,这表明社会实践中还存在极不相同的做法,这一问题具有一定的普遍性。我国的社会转型进入加速阶段的时间不到三十年,很多问题由于刚刚开始发展,人们有各种不同的看法和认识,在这一起步阶段,难以就孰对孰错,孰优孰劣下一个结论,人们的认识还没有统一,在实践中各种做法也不尽相同,正如邓小平同志所说立法"要摸着石头过河",因此,法律对于这些尚未定论的问题不宜加以具体规定,以免束缚了社会的发展。总的来说,法律的规定应当详细具体,而由于我国目前社会结构的限制,法律只能规定得概括些。笔者认为可以在制定之初规定粗一些,通过适时修改的方式,使法律规范在修改中得以具体化,具备更强的操作性。

---

① 《关于〈中华人民共和国城市居民委员会组织法(草案)〉是否规定居民委员会可以兴办"生产"服务事业问题的汇报》,载《全国人大常委会公报》1989年第6号,第13页。
② 同上书,第14页。
③ "土地问题涉及面广,矛盾较多,……法律条文要求简明扼要,主要政策界限必须清楚,因此,不可能对所有的土地问题都规定得非常具体,需要通过发布实施条例加以解决。"见《关于〈中华人民共和国土地法(草案)〉的说明》,载《全国人大常委会公报》1986年第5号,第14页。"由于当时对一些问题还看得不很清楚,意见也不大一致,只根据宪法作了一些必要的修改……根据这几年的实践经验和实际需要,已有条件对选举法和地方组织法作进一步的补充、修改。"见《关于修改〈中华人民共和国全国人民代表大会和地方各级人民代表大会选举法〉和〈中华人民共和国地方各级人民代表大会和地方各级人民政府组织法〉的说明》,载《全国人大常委会公报》1986年第7号,第86页。"事业单位的情况比较复杂,有实行企业化经营的,还有一些事业单位依法行使部分行政职能,……规定事业单位一律按本法执行,很难做到。"见《关于劳动法(草案修改稿)、城市房地产管理法(草案修改稿)和惩治侵犯著作权的犯罪的决定(修改稿)修改意见的汇报》,载《全国人大常委会公报》1994年第5号,第30页。另外,人大常委会在总结立法工作经验时也谈到"……有些由于体制改革,还处于探索试验、积累经验的阶段,制定法律可能还要费些时间……因此,法律只能解决最基本的问题,不能规定太细,太细就难以适用全国"。见《全国人大常委会公报》1985年第3号,第89页。

（三）关于立法主体在立法活动中作用的再认识

应当重视立法者的能动作用，加强全国人大立法权。我国传统的立法理论认为应当制定符合社会现实物质条件的法律，强调社会状况对法律制定的制约和限制作用，忽略了立法主体在立法过程中的能动作用，将社会结构与社会行动者视为单纯的决定与被决定关系，仅对其做静态分析，显然不能解释我国在社会转型过程中所遇到的问题。我国现阶段应当重视立法者所具有的能动作用，强调其主导作用的发挥才能更好地制定法律。

从社会结构来看，我国社会发展的动因来自于社会外部。"社会变动的原因无非就是两种，即社会界线内部的原因和社会系统界线外部的即环境的原因。我们把前者叫做内生因，后者叫做外生因。"①所谓的内生、外生的区别在于："社会发展是源于该社会内部的发明、发现和创造，""还是源于外来文化的传播。""大体说来，社会发展当中先发展国家的社会变动是由内生因引起的（从理论上来说，绝不会是内生因之外的原因引起的）；后发展国家的变动是由外生因引起的（从理论上来说只能是外生因引起的）。"②英国社会就是典型的内生因社会，工业革命的开始源于生产技术的提高，社会内部有着强烈的改变现状的呼声，社会的前进并不依靠外来力量的推动和促进。"在社会变动是由内生因引起的时候，就意味着一种国民规模上的选择，即作为社会系统成员的多数行动者因需求水平提高自发地产生一种动机，力图改变该社会系统（这里可以认为是国民社会）的现行结构，使之变得更有利于提高功能性行动水平……"③而中国古代社会由于长期处于"超稳定"状态，社会内部缺乏一种不满足现状，要求变革的力量。而改革的最初动力来自统治精英对国际形势和国内状况的分析比较，以及对自身情况的反思，作为普通社会成员极少有这样的反思或自发地提出变革的要求。因此，对于中国这样一个自身缺乏变革动力的社会，社会行动者的能动作用就显得十分重要。有学者认为，1978年以来的现代化过程是"进入内在生长力的初步发育期"④，虽然随着社会转型的推进，社会中已经有了一些自己的声音，但这样的声音还是太少、太小，社会的变革和进一步发展仍然离不开行动者以行动去推进。

从现实条件来看，社会行动者之所以能起到能动作用，不可缺少的因素就

---

① 〔日〕富永健一：《社会学原理》，严立贤等译，社会科学文献出版社1992年版，第250页。
② 同上书，第250页。
③ 同上书，第250页。
④ 吴忠民：《中国现代化内在生长力的初步发育》，载韩朝谟等：《社会学家的视野：中国社会与现代化》，中国社会出版社1998年版，第146页。

是其拥有的权力。既定的社会结构实际已经在社会行动者组织内部对社会资源和社会权力进行了分配,行动者可以利用其拥有的权力进行活动,能够影响或改变社会结构就源于其手中握有"对他人有影响或决定力量"的权力。因为"权力建构并分配着创新机会,对重要资源的获得与使用的机会,以及对其他能动者的活动加以控制的机会。"①吉登斯的看法则更为直接,他认为:"个体有能力'改变'既定事态或事件进程,这种能力正是行动的基础。如果一个人丧失了这种'改变'能力,那么他就不再成其为一个行动者。"②并且他认为权力具有一些重要的特点如权力的在先性,"最广泛的'权力'在逻辑上先于主体性及行为的反思性监控的构成",权力的普遍性,"权力的运用并不是某些特定行为类型的特征,而是所有行动的普遍特征"。③推动中国社会变革的必然是拥有权力的政府,能够促进立法变革的必然是拥有立法权的立法者。要推动中国的法律发展,立法者所起的作用是十分重要的,在加强人大立法权方面已经有了一些可喜的变化,"作为加强人大权力标志之一的《立法法》的匆匆出台可以看做是决策权力从政府部门向人民代表大会转移的尝试和制度保证"。④如上文所谈到的,在改革开放前无论是经济方面还是政治方面,都很少有人提到对现实状况不满,绝大部分人都是支持和拥护改革的各项政策措施的,在改革之初却有不少人想不通。认为各项改革措施是"开历史倒车"需要中央率先作出表率并以行政强制力推行。造成人们思想封闭的原因恐怕与权力的过分集中分不开,在一个人的思考代替了所有人的思考的情况下,社会普通成员难以有个人的、独立的见解,也提不出什么不同的看法,当政府与社会,中央与地方高度同一时,社会自身不可能提出变革的要求,即使提出也难以实现。这就不难理解我国政治体制改革的目标"直指原有政治体制的'总病根'即'权力过分集中',特别是'领导者个人高度集权'"。⑤我国改革开放的三十年已经证明,改革的最初动力来自于中央政府,改革各项措施的推进也有赖于政府强力支持,也许社会中存在的问题已经比较突出,但没有政府的介入,问题不会自然而然地解决,只有以条例、规定、甚至暂行办法的形式明确规定,解决问题的特定方法和程序确定下来后,问题才能真正得到解决。社会转型过程中法律出现的各种问题需

---

① 〔瑞典〕汤姆·R.伯恩斯等:《结构主义的视野 经济与社会的变迁》,周长城等译,社会科学文献出版社2000年版,第200页。
② 〔英〕安乐尼·吉登斯,《社会的构成》,李康、李猛译,生活·读书·新知三联书店1998年版,第76页。
③ 同上书,第77页。
④ 桂宇石、占红津:《人民代表大会制度变革的政治原因》,载《法律评论》2003年第5期。
⑤ 同上。

要立法者充分地发挥能动作用,进行调查研究、分析判断,充分借鉴国外的立法经验,找出解决方法。

全国人大常委会关于《企业破产法(试行)》草案的讨论,就集中体现了立法的能动作用。对于该法的草案,有委员"建议将本法的名称改为'国营企业破产法',不适用于集体所有制企业和'三资'企业"。①也有的委员提出:"本法名称中的'国营企业'应改为'全民所有制企业',本法可以不试行。"②同时也有委员针锋相对地提出"破产法应先试行",并对第1条又有修改,关于是否试行的问题,一部分委员认为应当通过颁布,也有一部分认为现在通过破产法,条件还不够具备,时机还不够成熟,建议改为《国营企业破产法试行》或《国营企业破产暂行条例》。最后还有委员建议"将名称改为《企业破产法(试行)》同时在总则中增加一条作为第2条:'本法适用于全民所有制企业'"③,另有委员"建议改为《处理全民所有制企业破产法(试行)》"④。法律草案名称的修改直接关系到法律调整范围和对象的变化,而是否试行则更是决定法案是具有法律效力成为法律的根本性问题,而就是这样的根本性问题也发生了严重分歧,对于某一类或某几类社会关系是否应上升为法律关系,立法者的意见并不统一,这表明法律并不如我们想象的那样明确、清楚、确定无疑,法律关系与其前身社会关系之间的界限并不是清晰的,而是存在许多模糊和不确定的地方,法律也不总是处于一种理想状态,等待人们去发现和表述,它需要立法者从现实生活中去提炼和总结,这就离不开其已有的价值观,偏好等前见的影响,实际上即使法律是明确和确定的,由于表述主体以及表述语言不同也会有所不同。因此,在立法过程中,立法者具有相当的能动性,从某种意义上说,正是立法者决定了法律如何规定,如何表述社会生活。

本部分的几点认识也许并不是关于立法的根本性问题的认识,但正是许多具体的、甚至细微的问题反映了立法者立法理念的变化,也从某种意义上决定了立法者能动作用的发挥。

另外,对立法变迁的研究还不仅限于本章的讨论范围,还有不少值得研究

---

① 《全国人大法律委员会对〈中华人民共和国企业破产法(草案)〉审议结果的报告》,载《全国人大常委会公报》1987年第7号,第20页。

② 《关于〈中华人民共和国国营企业破产法(试行)(草案)〉几点修改意见的说明》,载《全国人大常委会公报》1987年第7号,第24页。

③ 《关于〈中华人民共和国国营企业破产法(草案)〉(修改稿)几点修改意见的说明》,载《全国人大常委会公报》1987年第7号,第22页。

④ 《关于〈中华人民共和国全民所有制企业破产法(试行)(草案)〉(修改稿)和〈中华人民共和国邮政法(草案)〉(修改稿)修改意见的说明》,载《全国人大常委会公报》1987年第7号,第22页。

的问题。例如,我国不少法律是在国务院或国务院各部门制定的行政法规或部门规章的基础上制定的,因此研究对某一社会关系的调整方式如何从道德规范,到条例、暂行规定等,再到法律条文的过程,以及法律的成长与社会发展之间的关系,都是探讨对立法变迁的较好的角度。再比如作为重要的社会控制手段,以及社会规则体系重要组成部分的法律如何与社会的不断发展保持一致,也是值得研究的。此外,对全国人大公报的不同理解也会对立法变迁得出不同的结论。比如通过对法律草案说明的分析,可以看出各种利益的斗争和各种力量的博弈,以及这些力量如何影响立法,法律如何反映其利益,并在客观上推动立法发展;通过对法律条文的修改可以看出法律语言的变化,以及产生这种变化的原因;甚至从全国人大常委会公报的篇幅、叙述和论证方式的变化也可以看出立法的变化。

第六章 法律运行的适应性解读
——以1982年《宪法》的修改历程为分析对象

发端于20世纪70年代末的改革开放至今已经走过了三十多年的风风雨雨,其间中国社会发生了翻天覆地的变化。一方面,法律变革成为现实的迫切需要。"在近代世界,法律成了社会控制的主要手段"①,中国社会剧烈变化造成已有的法律在规范社会生活中日益显现滞后和不足,要求"反映并用以调整社会关系的法制相应地改变自身"②。另一方面,法律需要保持稳定性。"法律是一种不可以朝令夕改的规则体系,一旦法律制度设定了一种权利义务方案,那么为了自由、安全和预见性,就应当尽可能地避免对该制度进行不断的修改和破坏"③,法律缺乏稳定性将消减民众的守法习性,削弱法律的威信。当前,快速的、规模宏大的社会变迁,给社会秩序和法律治理带来了全新的挑战,法律的稳定性与法律的适应性矛盾进一步凸现。法律如何适应社会?法律有无适应社会?通过对1982年宪法四次修改同社会现实的适应性进行考察,可以部分回答上述问题。

---

① 〔美〕罗斯科·庞德:《通过法律的社会控制——法律的任务》,沈宗灵、董世忠译,商务印书馆1984年版,第10页。
② 季卫东:《社会变革的法律模式》(代译序),载〔美〕P.诺内特、〔美〕P.塞尔兹尼克:《转变中的法律与社会——迈向回应型法》,张志铭译,中国政法大学出版社2004年版,第4页。
③ 〔美〕E.博登海默:《法理学——法律哲学与法律方法》,邓正来译,中国政法大学出版社2004年版,第419页。

一、回应社会需求:现行《宪法》四次修改背景的历史探寻

(一) 1988年修宪:私营经济走向合法

私营经济在现代中国的社会变革中可谓历尽沧桑,对它的正确处置,成为经济政策的一个焦点。共和国成立前夕通过的临时宪法——《中国人民政治协商会议共同纲领》中曾规定:"凡有利于国计民生的私营经济事业,人民政府应鼓励其经营的积极性,并扶助其发展。"1954年《宪法》一方面仍旧规定了私营经济的存在,另一方面为了实现社会主义改造的总任务,又规定了对其实行"利用、限制、改造"等政策,并且指出了逐步以全民所有制代替之的发展方向。后来的几部宪法即1975年、1978年、1982年《宪法》均否定私营经济的合法性,其中1975年和1978年《宪法》仅规定两种所有制经济即社会主义全民所有制和集体所有制。事实上,1956年社会主义改造基本完成后,就不再允许私营经济存在。即使在具有划时代意义的中共十一届三中全会召开后的一段时期,私营经济也是资本主义的同义语,被认为同社会主义水火不相容。私营经济走向合法经历了一个漫长的逐步发展的过程,是社会各方面因素共同作用的结果。

首先,国家对私营经济认识的逐步深化,为私营经济走向合法提供了理论基础。这一认识历程,大致可以分为两个时期。

第一个时期是1978—1982年底,这一时期的态度是鼓励、支持个体经济的恢复和发展。

早在1978年3月,国务院在批转关于全国工商局长会议的报告中就已经指出:"为了方便群众生活,并解决一部分人的就业问题,可以根据实际情况在城镇恢复和发展一部分个体经济"。但那时人们对于从事个体经济望而却步。1978年12月18—22日在北京的召开的十一届三中全会明确规定:"社员自留地、家庭副业和集市贸易是社会主义经济的必要补充部分,任何人不得乱加干涉。"并且提出了"少数人通过诚实劳动先富起来"的政策。① 它对个体经济的恢复和发展起到了积极的促进作用。党的三中全会以后,1979年9月25日,党的十一届四中全会通过了《关于加快农业发展若干问题的决定》,明确指出:"社队的多种经营是社会主义经济,社员自留地、自留畜、家庭副业和农村集市

---

① 中共中央文献研究室编:《十一届三中全会以来党的历次全国代表大会中央全会重要文献选编》(上),中央文献出版社1997年版,第2页。

贸易是社会主义经济的附属和补充,决不允许把它们当做资本主义尾巴去批判。"① 此后,中央又陆续出台了一些鼓励、保护个体经济的政策和法律。1981年,国务院制定了《关于城镇非农业个体经济若干政策规定》,第一次在法律上确认了个体经济的地位;1982 年《宪法》第 11 条确认,在法律规定范围内的城乡劳动者个体经济,是社会主义公有制经济的补充,国家保护个体经济的合法的权利和利益;国家通过行政管理,指导、帮助和监督个体经济。这就从法的形式上,肯定了个体经济的地位和作用,也为私营经济的恢复和发展创造了必要和适宜的环境。在党和国家政策的允许、鼓励和支持下,个体经济在全国范围内迅速恢复发展起来。

第二个时期是 1983—1986 年底,这一时期对私营经济的态度是采取"看一看"的方针,静观其发展。

私营经济作为一种社会现象是从个体经济的基础上发展起来的。从 1983 年开始我国的个体经济迅速发展,那些资金较多、生产规模较大的农村专业户和城乡个体经营者,逐渐发展成雇工经济,雇工超过 7 人的经营现象在各地陆续出现。针对这种情况,1982 年,中央政治局经过慎重研究,明确指出:"这冲击不了社会主义,可以等一等,看一看"。② "看一看"的方针,实际上是对雇工现象的允许和保护。1983 年 1 月 2 日,中共中央在《当前农村经济政策的若干问题》中强调指出:对雇工大户或私营企业"不宜提倡,不要公开宣传,也不要急于取缔"。③ 不久,邓小平在一次谈话中又一次强调,"有个别雇工超过了国务院的规定,这冲击不了社会主义。只要方向正确,头脑清醒,这个问题容易解决"。政策方面的倾斜给了私营经济发展很大的空间。由于党对雇工经营现象实行"三不"政策和"看一看"方针,我国私营企业迅速发展起来。这一时期,我国城乡特别是农村私营企业、雇工大户成批地产生,有的甚至雇工数百人。同时全国还出现了一些私营企业发展比较集中的地区,例如温州市。

1983 年 4 月,国务院发布《关于城镇劳动者合作经营的若干规定》和《〈关于城镇非农业个体经济若干政策性规定〉的补充规定》、《关于城镇集体所有制经济若干政策问题的暂行规定》等文件。文件指出,城镇个体经济是公有制经济的必要的、有益的补充,城镇集体所有制经济是社会主义公有制经济的一个

---

① 中共中央文献研究室编:《十一届三中全会以来党的历次全国代表大会中央全会重要文献选编》(上),中央文献出版社 1997 年版,第 36 页。

② 中央党史研究室编:《中国共产党新时期历史大事记》(1978.12—2005.5),中央党史出版社 2002 年版,第 95 页。

③ 中共中央文献研究室编:《十二大以来重要文献选编》(上),人民出版社 1986 年版,第 258 页。

重要组成部分,是我国基本的经济形式之一。1984年10月中共十二届三中全会通过的《中共中央关于经济体制改革的决定》,提出我国社会主义经济是公有制基础的有计划的商品经济,突破了把计划经济同商品经济对立起来的传统观念,为私营经济的存在和发展提供了理论依据。

其次,私营企业主希望法律对其合法地位予以确定,这为私营经济入宪提供了客观需求。私营经济在发展壮大的同时,由于私营经济缺乏宪法依据,法律地位没有明确,私营业主心有疑虑,难以相信社会主义制度会容纳自己,私营企业主因为心存疑虑和受到歧视,在私营经济未在法律上获得明确地位以前,私营业主采取两种做法来避免惩罚:其一,见好就收;其二,一些私营业主为自己找一顶"红帽子"。然而,"红帽子"的存在客观上造成了财产关系模糊不清,私营业主的自身权益更加难以保障,私营企业主希望自己的利益能够在法律上得到保障。

再次,个体经济、私营经济的快速发展为私营经济入宪提供了现实条件。到1988年《宪法》修正案通过前夕,如果仅按营业执照算,以私营企业名义登记的企业全国不过只有6家,即温州4家,沈阳2家;如果按各地工商局的统计,雇工8人以上的私营企业全国有11.5万户,雇工人数为184.7万人。即使这样,也与实际数字相去甚远。有关部门经过实际调查发现,全国28.3万户合作经营组织中,属于私营企业性质的有6万户;以集体名义登记,实为私营性质的企业,也在5万户左右。三类合计,全国私营企业实有22.5万户,雇工总数已经逾360万人。[①] 1988年《宪法》修改前夕,我国国民生产总值、国家财政收入和城乡居民平均收入均比前一年大体上翻了一番。在从业人员中,城乡个体工商业从业者剧增。1988年仅城市新就业的劳动力就达7000万人,农村中乡镇企业异军突起,有8000万农民转入或部分转入非农产业。据统计,"一方面,在全国的工业总产值中,全民所有制企业的产值有相当的增长,但它的比重则有所下降,从1978年的占全国工业总产值的77.6%降为1987年的59.7%;另一方面,个体经济、私营经济、'三资企业'及其他非公有制经济成分,则由改革前的几乎为零上升到了5.6%。在同期的商业中的比重,全民所有制和集体所有制商业分别下降为38.7%和35.7%,而非公有制经济成分却在全国商业中的比重由2.1%上升至25.6%"[②]。

在上述因素的影响下,1988年4月12日,七届全国人大一次会议审议通过了第一个宪法修正案,原《宪法》第11条增加了"国家允许私营经济在法律规定

---

① 文正邦、付子堂等:《共和国宪政历程》,河南人民出版社1994年版,第285页。
② 许崇德:《中华人民共和国宪法史》,福建人民出版社2003年版,第845页。

的范围内存在和发展。私营经济是社会主义公有制经济的补充。国家保护私营经济的合法的权利和利益,对私营经济实行引导、监督和管理",私营经济走向合法。

(二) 1993年修宪:社会市场经济体制确立

新中国成立以来,我国在一个较长时期内,实行的是高度集中的计划经济体制。这种体制在当时条件下曾经起过积极的作用。但随着经济的不断发展,这种体制统得过多过死的弊端逐渐显露出来,阻碍了生产力的发展。十一届三中全会以来,随着改革的深入,我国逐步摆脱了这种旧的体制,开始向市场经济体制过渡。

首先,对市场经济体制认识的不断深入为社会主义市场经济入宪奠定了理论基础。

我国从20世纪70年代末改革一开始,就针对传统体制排斥市场调节作用、指令性计划一统天下的弊端,提出了发挥市场调节作用的理论。不过,在1984年中共中央《关于经济体制改革的决定》颁发以前的五年中,市场调节在理论和实践上,只是作为在计划经济中起辅助作用的机制而发挥作用。

最早提出在社会主义经济中要发挥市场调节作用的是陈云。他在1979年3月写的一份提纲《计划与市场问题》中指出:"苏联1917年后和中共1949年后实行计划经济,都是按照马克思所说的有计划按比例的理论办事的。"当时苏联和中国这样做是完全对的,但是没有"根据已经建立的社会主义经济制度的经验和本国生产力发展的实际状况,对马克思的原理(有计划按比例)加以发展,这就导致在计划经济中出现的缺点"。陈云同志指出:"整个社会主义时期必须有两种经济,一是计划经济部分;二是市场调节部分(即不作计划),只根据市场供求的变化进行生产,即带有盲目性调节的部分。"[①]

1979年4月5日,李先念在中央工作会议上的讲话中强调:"在我们的整个国民经济中,以计划经济为主,同时充分重视市场调节的辅助作用",他还提出"企业之间可以进行竞争"[②]的观点。在马克思主义和社会主义发展史上,提出国有企业要发挥市场调节的辅助作用和进行竞争,这是一种理论思想上的突破与发展。

1981年6月中共中央通过的《关于建国以来党的若干历史问题的决议》

---

① 中央文献研究室选编:《十一届三中全会以来重要文献选编》,中共中央党校出版社1981年版,第17—18页。

② 中央文献研究室选编:《三中全会以来重要文献选编》,人民出版社1982年版,第134页。

中,提及了关于计划经济与市场经济调节的主辅关系的论述,"必须在公有制基础上实行计划经济,同时发挥市场调节的辅助作用"。1981年11月30日和12月1日在第五届全国人民代表大会第四次会议上的《政府工作报告》中也讲,"我国经济体制改革的基本方向应当是:在坚持实行社会主义计划经济的前提下,发挥市场调节的辅助作用",并指出"正确处理计划经济和市场调节的关系,是改革中的一个关键问题"①。1982年党的十二大报告中也强调指出正确贯彻计划经济为主、市场调节为辅的原则,是经济体制改革中的一个根本性问题。

1984年中共十二届三中全会通过的《关于经济体制改革的决定》中,没有再明确提"计划经济为主,市场调节为辅",它强调地提出了有计划的商品经济理论。决定指出:"改革计划体制,首先要突破把计划经济同商品经济对立起来的传统观念,明确认识社会主义计划经济……是在公有制基础上的有计划的商品经济。商品经济的充分发展,是社会经济发展不可逾越的阶段,是实现我国经济现代化的必要条件"。社会主义公有制基础上的有计划的商品经济理论的提出,为我国市场取向的经济体制改革提供了一个重要的理论突破。

1987年中共十三大报告提出,社会主义有计划商品经济的体制应该是计划与市场内在统一的体制,它第一次明确提出了我国经济体制改革的目标是建立社会主义有计划的商品经济体制。这里没有再强调实行计划经济,进一步提出了逐步建立"国家调节市场,市场引导企业"这一新的经济运行机制。这种经济运行机制与市场经济体制已靠拢得很近了。1989年党的十三届四中全会以后提出要建立适应有计划商品经济发展的计划经济与市场调节相结合的经济体制和运行机制。

然而道路是曲折的,1989年春夏的政治风波导致"左"的思想开始回潮。从1990年2月起,社会上掀起了一股改革到底是姓"资"还是姓"社"的争论。如《当代思潮》曾多次发表文章表达对改革现状的忧虑,"私营经济和个体经济……如果任其自由发展,就会冲击社会主义经济";"不问姓'社'姓'资',必然把改革开放引向资本主义道路而葬送社会主义事业";另一家杂志甚至以极具鼓动性的语气提出疑问:"一切不愿做双重奴隶的中国人,在改革大道上前进时,有责任也有权力问一问姓'社'姓'资',时刻提防不要偏离改革的方向"。②针对于此,1992年春,邓小平提出,姓'资'还是姓'社'的判断标准,应该主要看"是否有利于发展社会主义社会的生产力,是否有利于增强社会主义国家的综

---

① 中央文献研究室选编:《三中全会以来重要文献选编》,人民出版社1982年版,第963—964页。

② 马立诚:《大突破——新中国私营经济风云录》,中华工商联出版社2006年版,第188页。

合国力,是否有利于提高人民的生活水平","计划多一点还是市场多一点,不是社会主义与资本主义的本质区别。计划经济不等于社会主义,资本主义也有计划;市场经济不等于资本主义,社会主义也有市场。计划和市场都是经济手段"。邓小平的南方讲话使中国大地卷起了经济改革浪潮。人们对社会主义经济制度的认识发生了深刻变化,经济改革取得了突破性进展。1992年10月,中国共产党的第十四次全国代表大会对十多年来的改革进行了总结,把"建设有中国特色社会主义理论"确定为改革开放和建设的一项长期方针,并对一些重大问题作了阐述和规定,它与宪法中的某些规定不一致。最突出的是提出"建立社会主义市场经济的改革目标",与宪法规定的"以计划经济为主、市场调节为辅"的经济体制直接冲突。这表明,中共十四大后,由于宪法过多地规定了经济体制方面的内容,使得1982年《宪法》的某些方面已经不能适应现实的需要,修宪问题被提上日程。

其次,国内经济发展情况为市场经济体制的确立奠定了经济基础。1993年的国内经济形势也有利于市场经济体制的确立。国家的改革正进入一个关键时期。从农村开始的这场改革,在经济领域中取得了令人瞩目的成就,经济总量有了大幅增长,国家实力得到明显加强,有计划的商品经济理论的提出冲破了传统计划经济的一统天下,社会利益结构日益呈现出多元化格局。法制建设也取得了重大进展,改革开放以来立法60多起,初步建立起我国的法制体系,无法可依的局面得到根本改变。个体经济和私营经济获得了宪法性的合法地位,无疑是向整个社会传达了一个政策性的信号,即执政党坚定经济体制改革的决心。此后,个体经济和私营经济迅速发展,"到1988年底,全国城乡登记注册的个体商户发展到1454.9万户,从业人员2304.9万人;注册的私营企业有40638家,雇员人数723782人,如果加上大量挂集体企业牌子和混杂于个体的商户、个人合伙及乡镇、街道企业中的私营企业在内,实际的私营企业估计有20多万家"①。在巩固和发展公有制经济的同时,个体经济、私营经济、外资经济等多种经济成分得到进一步发展。宏观经济调控有所改善,市场机制的作用明显增强,消费品和生产资料市场扩大,金融、技术、劳务、信息和房地产等各类市场开始形成。价格改革迈出较大步伐,由市场决定价格的比重,由1988年的50%左右扩大到1993年的80%左右,运用市场调节价格的机制已经基本形成。对外开放的范围和领域显著扩大,新开放了5个沿江城市、18个省会城市、13个沿边城市,增加了34个开放口岸,形成了全方位开放的新格局。利用外资是改革开放以来最多的一年。国民经济实现了快速增长,国民生产总值比上年增

---

① 马立诚:《大突破——新中国私营经济风云录》,中华工商联合出版社2006年版,第187页。

长 12.8%。① 社会各项事业都有明显进步。当时这种社会形势为"社会主义市场经济"入宪奠定了经济基础。

在上述条件都相对成熟的情况下,1993 年 3 月 29 日,八届全国人大一次会议审议通过了第二个宪法修正案,原《宪法》第 5 条中"国家在社会主义公有制基础上实行计划经济"的规定被修改为"国家实行社会主义市场经济",社会主义市场经济体制在我国得以确立。

(三) 1999 年修宪:依法治国方略、法治国家目标提出

1957 年之前,新中国的法学家曾讨论过法治和人治的问题,但后来由于领导人一言定夺,"法治"遂被视为资产阶级的主张,法治人治问题也就成了中国法学领域里的禁区。党的十一届三中全会是一系列反思的开始,它对法制建设的认识具有里程碑的意义。

首先,对"法治"认识的不断深入,为依法治国、建设社会主义法治国家入宪奠定了理论基础。在党的十一届三中全会解放思想、实事求是思想的指导下,学界关于人治和法治问题的讨论可以分为三个阶段。

第一个阶段是在 20 世纪 70 年代末 80 年代初的讨论。

党的十一届三中全会的思想解放,激发了法学界的勇气,创刊不久的《法学研究》杂志在 1979 年第 5 期上开辟了《关于法治和人治的讨论专栏》,其他许多报刊也发表了讨论文章,关于法治与人治问题的大讨论开始。

在这场关于法治和人治问题的讨论中,形成了三种不同的观点:第一种是主张要法治,不要人治,这被称之为"法治论"。② 第二种观点是主张既要法治也要人治,二者应当结合,这被称之为"结合论"。③ 第三种观点认为,法治和人治的概念只是历史上陈旧的理论主张,我们应当抛弃,即使作为口号也不适宜;我们应该采用社会主义民主和社会主义法制的提法。这被称之为"取消论"。④

经过激烈的学术争鸣,形成了初步的看法:要法治,不要人治;法治并不是

---

① 参见《中华人民共和国第八届全国人民代表大会第一次会议政府工作报告》。
② 谷春德、吕世伦、刘新:《论人治和法治》,载《法治与人治问题讨论集》编辑组主编:《法治与人治问题讨论集》,群众出版社 1981 年版,第 98 页;李步云、王礼明:《人治和法治能互相结合吗?》,同上书,第 64 页;何光辉、马克昌、张泉林:《实行法治就要摒弃人治》,同上书,第 53 页;吴大英、刘瀚:《正确认识人治与法治的问题》,同上书,第 109 页。
③ 廖竞叶:《法治和人治没有绝对界限》,载《法治与人治问题讨论集》编辑组主编:《法治与人治问题讨论集》,群众出版社 1981 年版,第 278 页;韩延龙:《试论人治和法治的统一》,同上书,第 264 页。
④ 范明辛:《抛弃"人治"、"法治"的提法》,载《法治与人治问题讨论集》编辑组主编:《法治与人治问题讨论集》,群众出版社 1981 年版,第 310 页。

轻视人的作用,而是说人要服从法。当然只能是"基本",因为后来情况发展说明还未达成共识。① 怎样才能防止国家再出现动荡和混乱,怎样才能使国家长治久安,这是讨论者们关注的焦点。尽管观点各异,提法不同,但追求的目标却是一致的,都是在呼唤民主,反对专制,都是在积极探寻着治国安邦之道。这场讨论大概延续到1980年下半年告一段落。

第二个阶段是在20世纪80年代末至90年代初的讨论。

"法治"呼声的再度兴起是在1988年。一方面,中国的改革正进入一个关键时期。到1988年,全国在经济领域中取得了令人瞩目的成就,经济总量大幅增加,国家实力得到明显加强,有计划的商品经济理论的提出冲破了传统计划经济的一统天下,社会利益结构日益呈现出多元化格局。法制建设也取得了重大进展,改革开放以来立法60多起,初步建立起我国的法制体系。另一方面,这场改革在向其他领域的纵深推进时却遇到了重重阻力。传统的政治体制盘根错节,政府机构臃肿,党政不分,权大于法,以言代法的现象依然严重,部分政府官员和高干子弟利用职权倒卖批文,圈地牟利,越演越烈。经济发展也忽冷忽热,进退无据。物价失控、通货膨胀、脑体倒挂、分配不公,一时成为社会关注的热点。不改革问题成堆,一改革又出现成堆问题,中国改革处于一个进退两难的境地。社会上弥漫着焦躁的情绪,高层领导也举棋不定。政治体制改革欲行又止,一波三折;物价工资改革宣而不定,朝令夕改;"摸着石头过河"的做法遭到了普遍的诘问,中国改革的理论滞后和决策无序已日益显露。

面对中国改革的现状,法学家们提出是:走出困境靠法治。他们认为中国改革出现的困境,关键是因为政治体制改革的滞后,而现在政治体制的症结就在于"人治",政治体制的改革就是要实现从"人治"到"法治"的转变。有的学者指出:"人治和法治,是两个根本对立的治国方针,以个人意志作为治国的准绳,搞人治,势必个人说了算,形成新的专制主义;个人随心所欲,造成经济大起大落;个人凌驾于宪法法律之上,使社会大动乱,给人民带来极大的灾难。而以体现人民意志的法律为治国准绳,实行法治,则必然使政治民主化,经济振兴,国家现代化。要知道,人治总是与超经济掠夺,趁机捞一把的短期行为为伍,带来的是野蛮、落后、消极、动乱;而法治则是以在法律允许的范围内公平竞争,自由创造,奋发开拓,注意长远发展为特征,带来的是文明、进步、进取、长治久安。因此坚决摒弃人治,厉行法治,是社会主义初级阶段治国安邦,健全社会主义民

---

① 郭道晖、李步云、郝铁川主编:《中国当代法学争鸣实录》,湖南人民出版社1998年版,第192页。

主政治,发展社会主义商品经济的根本大计,切不可丝毫动摇"①。一时间,呼唤民主政治,倡言法治之声四起,法学界不少人纷纷撰文论述法治,形成了第二次法治讨论高潮。这一时期,改革法制是共同的要求,而"法治"又成为统一的用语。

第三个阶段是在1992年邓小平南方谈话特别是党的十四大提出建立社会主义市场经济后的讨论。

1989年风波过后,法学界在沉寂中反思。1989年9月26日,中共中央总书记江泽民在回答《纽约时报》记者提问时说:"我们绝不能以党代政,也绝不能以党代法。这也是新闻界讲的究竟是'人治'还是'法治'问题,我想我们一定要遵循'法治'的方针"。中共最高领导人这种表态清楚地说明了中国党和政府并未将法治视为异端,他们正在清醒地掂量、认识法治这样一个极为敏感的问题。

1992年邓小平南方讲话后,法治再次成为关注的话题。市场经济体制的确立使中国体制改革有了质的飞跃,也为法治理论提供了现实的基础。法学家们明确指出:市场经济是法治经济。计划经济向市场经济体制的转换,意味着国家不再主要依靠行政命令,而是主要依靠法律来规范和调节经济活动。市场经济既然是法治经济,那么实行市场经济的社会,就不可能不成为法治社会。因为一个社会的经济关系原则必然会影响和支配该社会的政治关系原则和其他社会关系原则,影响该社会的内部结构和整体面貌。② 法学家们对人权保障、权利本位、法律精神、法制现代化等问题的研究,使法治的内涵得到更丰富的阐述。法学界也加强了对邓小平法制思想的研究,有学者提出实现法治是邓小平法制思想的核心,这就为国家最终确立法治方针提供了一个强有力的理论支点。③

1996年2月,王家福作了《关于依法治国,建设社会主义法制国家的理论和实践问题》的讲座。江泽民在讲座后发表谈话,指出:"加紧社会主义法制建设,依法治国,是邓小平同志建设有中国特色社会主义理论的重要组成部分,是我们党和政府管理国家和社会事务的重要方针。"④他强调"依法治国是社会进步、社会文明的一个重要标志",必须"实行和坚持依法治国"。1996年3月17

---

① 王碧蓉整理:《专题座谈:健全法制,厉行法治》,载《群言》1988年第6期。
② 刘翰、夏勇:《法理学面临的新课题》,载《法学研究》1993年第1期。转引自张毅辉:《法治理论在当代中国的历程》,载《南京师大学报》2001年3月第2期。
③ 张正德:《论邓小平建立法治社会的思想》,载《中国法学》1995年第5期。
④ 江泽民:《在中共中央举办的中央领导同志法制讲座结束时的讲话》,载中共中央文献研究室编:《江泽民论有中国特色社会主义》,中央文献出版社2002年版,第326页。

日,八届全国四次人大会议批准的《国民经济和社会发展"九五"计划和2010年远景目标纲要》中又将"依法治国,建设社会主义法制国家"列为奋斗目标和指导方针。1997年9月,中国共产党在其跨世纪的执政纲领——"十五大"报告中明确写上"依法治国,建设社会主义法治国家",并将之作为党领导人民治理国家的基本方略和建设有中国特色社会主义的一个基本目标予以系统阐述。1998年3月,九届全国人大一次会议批准的《政府工作报告》中提出了"依法治国,建设社会主义法治国家"的任务和目标,从而在"法治"方略上形成了举国上下的一致共识。

其次,社会主义市场经济体制的确立为依法治国、建设社会主义法治国家入宪提供了客观需求。1993年,"社会主义市场经济"写入宪法,这标志着社会主义市场经济体制在我国的确立。从我国社会主义的经济性质看,完善社会主义市场经济制度,就必须实现管理方式的转变,即由主要靠行政规则、行政手段向主要靠法制规则、法制手段的转变。事实证明,凡是运转效率比较高的市场经济国家,都是法制比较完备的、建立在法制基础上的国家。从市场经济对法制的基本要求看,一方面必须有调整各种市场行为的较为完备的具有崇高权威的法律体系,另一方面这些法律必须符合和表达社会主义市场经济规律的要求。市场经济是法律占统治地位的经济、严格依法治理的经济。所以,没有法治,很难推进社会主义市场经济的发展;而要大力发展社会主义市场经济,实行依法治国就是必然的。

再次,法制建设的快速发展,法律体系的初步完善,为依法治国、建设社会主义法治国家奠定了法律基础。据统计,1980年至1998年底,全国159个民族自治地方业经所在的省或自治区人大常委会批准生效的自治条例126件,单行条例209件,变通规定59件,平均立法约21.8件。国务院制定行政法规800余件,年均制定行政法规36件;地方人大及其常委会制定了近8000余件地方性法规,年均立法约360件;国务院部委和地方政府制定行政规章50000余件,年均制定行政规章2272件。① 1992年以后的五年中,共审议法律和有关法律问题的决定草案129个,通过法律85个、有关法律问题的决议33个,共计118个。国务院制定行政法规197个,地方制定地方性法规4200个。从1979年到1996年初,地方及其人大常委会制定了4000多个地方性法规,地方政府制定的行政规章数以万计。② 截至1996年8月,全国人大及其常委会,审议通过的法律和

---

① 李林:《法治与宪政的变迁》,中国社会科学出版社2005年版,第197页。
② 程维荣:《走向法治时代——从"文革"结束到中共"十六大"召开》,上海教育出版社2003年版,第336页。

有关法律问题的决定,已整整有 300 个。与此同时,国务院制定了 700 多个行政法规,各地制定了 4200 多个地方性法规。全国人大及其常委会平均每 13 天制定或修改一部法律,国务院平均每 6 天制定一部行政法规,各地方平均每 3 天制定一部地方性法规。① 我国这一时期法制建设表现为立法数量的增加与立法质量的提高同时并进,法律调整社会关系的范围趋于完善,法律体系的基本健全,这些因素为"依法治国,建设社会主义法治国家"提供了法律上的准备,为建设法治国家奠定了基础。

在上述因素相对成熟的条件下,1999 年 3 月 15 日,九届全国人大二次会议通过了第三个宪法修正案,在原《宪法》第 5 条增加了"依法治国,建设社会主义法治国家"。自此,依法治国方略确立,法治国家的目标被正式被写入宪法。

(四) 2004 年修宪:国家尊重和保障人权价值彰显

享有充分的人权是长期以来人类追求的崇高理想,也是中国人民千百年来努力奋争的目标,而且已经是也应当是中国共产党的纲领中的题中应有之意。然而,新中国成立后的几十年间,由于种种原因,人权问题竟逐渐成了人们谈之色变的理论和政治禁区,直至 1979 年前后,还有人将"人权"视为"异端"而打入冷宫,被认为是"资产阶级的口号和意识形态"②。党的十一届三中全会确立了解放思想,实事求是的方针后,人们开始了对人权的探索。

首先,对人权认识的不断深入为人权入宪提供了理论基础。

1979 年底,国内有关报刊就人权问题发表了不少文章。这是新中国历史上第一次人权大讨论。但是,在这场讨论中,占上风的观点却是不赞成提"人权"口号。③ 这些文章认为:人权首先是资产阶级提出来的,是资本主义生产关系的产物,是为资本主义私有制服务的,是维护资产阶级特权的。"人权"从来就是资产阶级的口号。这个口号是反映资本主义上升时期资产阶级对经济、政治统治权的要求,是资产阶级反对封建政权的思想武器。"人权"口号在反对封建专制主义,动摇封建统治中无疑起了巨大作用。但是,必须看到,任何一种所谓"人权"都没有超出利己主义的范围,这个"人权"的"人",是利己主义的人,是资本的人格化,即资本家自己,而"人权"的"权",则是资产阶级的特权。一句话,"人权"是资产阶级的人权。因此,人权从来就是资产阶级的口号,而不是无产阶级的口号。资产阶级启蒙运动的领袖们高呼"人权",从来就是一种资产阶

---

① 李林:《法治与宪政的变迁》,中国社会科学出版社 2005 年版,第 67 页。
② 中国社会科学院法学研究所:《当代人权》,中国社会科学出版社 1992 年版,第 375—376 页。
③ 文正邦等:《共和国宪政历程》,河南人民出版社 1994 年版,第 332—334 页。

级的政治手段。所以，凡是站在无产阶级和人民大众立场上，愿意思索和善于思索的人，都会看到，在无产阶级和劳动人民当家做主的社会主义国家里，"争人权"口号的提出，不仅混淆了无产阶级专政和资产阶级专政的区别，混淆了社会主义和资本主义的根本区别，而且势必会被推翻了的剥削阶级和敌视社会主义的分子利用来攻击无产阶级专政，如果抽象地提出人权口号，只能对无产阶级专政的敌人有利，阻碍甚至破坏四个现代化事业。

1989年春夏之交政治风波之后，有的国家又以人权问题为借口攻击中国并附加经济制裁，使人权这个政治问题、理论问题同经济问题相挂钩，这也促使中央有关部门重视起人权问题的研究。1989年底，中共中央领导人开始明智地对人权问题采取正视和重视的态度，新任中共中央总书记的江泽民就提出要回答人权理论问题以回击挑战。

1990年12月6日，江泽民又在一份批示中写道："建议对人权问题进行研究；人权在理论上有阶级性，但仅仅这样讲西方国家不易接受；西方国家社会中也存在有不符合西方人权观念的现象，我们应当予以揭露；美国有关文件把达赖说成是人权斗士，而把共产党说成是破坏人权的魔鬼，其根据完全是道听途说；这联系到民主问题，必须认真对待"①。

1991年，在北京召开了一次全国性的人权理论研讨会。有关负责人明确强调，人权问题的研究关系到反击西方对中国的和平演变，关系到第三世界反对强权政治，也涉及如何发挥社会主义优越性、健全我国民主法制建设的大问题，因此必须对其重要性有充分的认识；为了反击西方资本主义世界对我们的猖狂攻击，必须用马克思列宁主义基本理论进行指导，深入研究，建立合乎中国国情、顺应世界文明发展潮流又适合中华民族文化传统的人权理论体系。

1991年11月1日，中国国务院新闻办公室发表《中国的人权状况》白皮书，这是中国政府向世界公布的第一份以人权为主题的官方文件，将人权称为"伟大的名词"。白皮书强调，人权是全面的和相互联系的，经济、社会、文化权利与公民、政治权利是人权体系中两个不可分割的组成部分，受到中国宪法和法律的保护。

1992年3月，七届全国人大五次会议通过的《政府工作报告》指出："人权是国际社会普遍关心的问题……整个人类的人权和基本自由应得到普遍尊重"。1993年3月八届全国人大一次会议的《政府工作报告》再次指出："中国重视人权问题，并愿意与国际社会一道为实现联合国保护和促进人权与基本自由的宗旨而努力……促进整个人类人权和基本自由的普遍实现"。1994年9月，钱其琛外长出席第49届联大，在发言中说："维护和保障人权应是各国社会政策的一

---

① 文正邦等：《共和国宪政历程》，河南人民出版社1994年版，第332—334页。

项重要内容。随着经济和社会的发展,不断提高我国人民享有的人权水平,是我国政府的一项基本政策"①。这些表态充分体现了中国视人权为所有人追求的美好目标的立场。1997年9月12日,党的十五大首次将"人权"写入党的报告。2002年11月,党的十六大报告将"尊重和保护人权"确立为新世纪党和国家发展的重要目标。对人权认识的不断深化为人权入宪奠定了思想理论基础。

其次,国际环境对人权入宪提供了现实要求。以宪法规定并确认"尊重和保护人权"作为一项宪法原则,是当代人权宪法化趋势的要求。

一方面,中国积极倡导人权领域的平等对话与合作,并坦言"任何一个国家的社会生活中都会有侵犯人权现象发生"。1992年1月,李鹏总理在联合国安理会就表示,"中国重视人权问题,并准备与其他国家在平等的基础上进行对话与合作"。1992年七届全国人大五次会议《政府工作报告》更为直接地表达了"我们同意就人权问题进行正常的国际讨论"的意愿。1995年10月,江泽民主席在纽约出席联合国成立50周年特别纪念会议,作了题为《走向新世纪的中国和中美关系》的讲话,他指出,"世界上任何一个国家的社会生活中,都会有侵权现象的发生。重要的是政府对这些现象采取什么态度……不能把危害国家和侵犯人民利益的犯罪行为划入人权保障的范围",他还说,"我们愿意与世界各国人民在保障人权问题上进行平等对话与合作"②。1997年10月我国政府签署了《经济、社会及文化权利国际公约》,1998年10月签署了《公民权利和政治权力国际公约》,中国政府始终强调平等对话的意愿,充分表达了中国在此问题上寻求与国际社会一同进步的诚意和决心。

另一方面,中国已批准和加入20个联合国制定的国际人权公约,特别是:其一,对《世界人权宣言》给予了高度评价,认为它"作为第一个人权问题的国际文件,为国际人权领域的实践奠定了基础";其二,全国人大常委会于2001年批准了联合国《经济、社会和文化权利国际公约》;其三,联合国《公民权利和政治权利国际公约》正在全国人大常委会的审议过程,一旦这个人权公约获得批准,就意味着中国全面接受了被国际社会称为联合国《人权宪章》的由上述三个人权文件确立的国际人权标准,并承担相应的国际法义务。中国在国际人权领域发挥着越来越大的影响和作用,而中国宪法却没有关于尊重和保障人权的原则性规定,"这就在进步的国际法与落后的国内法之间产生了一种矛盾:落实国际公约时没有切实的国内法律依据,便无从着手,人权公约就很可能

---

① 中国联合国协会编:《中国的声音——中国领导人和政府代表在联合国系统重大国际会议讲话专辑》,世界知识出版社1999年版,第124页。
② 高广温、王成福主编:《党的第三代领导集体治国决策述要》,红旗出版社2001年版,第568—569页。

被架空"①,这与中国在国际上的大国地位、大国形象不相称,与中国在国际人权领域开展合作和斗争、维护自己国家利益的需要不相称。

再次,社会实践的发展为人权保障入宪提供了客观环境。2003 年可以被称为"中国的人权年",因为这一年我国的人权事业取得了重大发展。在"三个代表"重要思想指导下,胡锦涛总书记提出了"群众利益无小事"、"执政为民"和"权为民所用、情为民所系、利为民所谋"的重要思想;温家宝总理亲自为民工要工钱;《法律援助条例》颁布实施,明确了公民获得法律援助服务权利的范围;《收容遣送办法》废止,《城市生活无着的流浪乞讨人员救助管理办法》出台;司法机关纠正超期羁押 25736 人,超期羁押问题基本得到纠正;国务院出台的《新婚姻登记条例》不再要求申请结婚者出具证明,也不再要求"强制体检"。以上事件说明,公共权力受到了制约,公民权利得到了充分保护,公民的权利意识正在觉醒。保障人民权利是依法治国的本质,评价一部法律体系对社会的推动作用大小,要看其在多大程度上维护了人的尊严和发展了人的价值。这些为"人权"入宪提供了现实的基础。

在上述因素的共同推动下,2004 年 3 月 14 日,十届全国人大二次会议审议通过了第四个宪法修正案,在原《宪法》第 33 条增加一款"国家尊重和保障人权"的条款,人权保障正式被写入了宪法。

二、推进社会发展:现行《宪法》四次修改效果的现实考察

宪法因社会现实的变化而修改是适应性的一个方面,宪法修改后是否达到了预期的社会效果,则是适应性的另外一个重要方面。因此,有必要通过对宪法修改的社会效果进行考察分析,以研究宪法是否真正适应了社会现实。

(一)保障个体经济、私营经济的快速发展

首先,个体经济、私营经济的发展规模不断壮大。如图 6.1、图 6.2 所示,改革开放三十多年来,个体经济发展存在着 1999 年和 2003 年两个分水岭,具体而言:1999 之前户数与人数逐步增加,1999 之后略有下降,这是因为个体经济快速发展导致经济规模迅速扩大,使个体经济向私营经济发生转化,从而出现了户数与人数的下降;2003 年之后户数与人数又逐步增加,这主要得益于经济高速增长的有效刺激和"国家鼓励、支持和引导非公有制经济的发展"入宪的政策

---

① 李林:《法治与宪政的变迁》,中国社会科学出版社 2005 年版,第 331 页。

保障。此解释亦可以从私营经济户数与人数发展情况中得以证明：私营经济的户数与人数始终呈上升趋势，发展规模壮大增速明显。

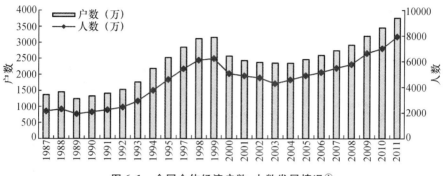

图6.1 全国个体经济户数、人数发展情况①

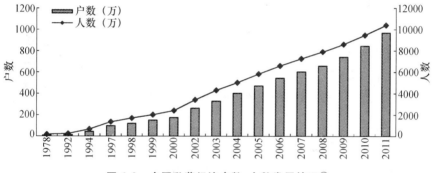

图6.2 全国私营经济户数、人数发展情况②

其次，个体经济、私营经济的注册资金增长迅猛。如图6.3、图6.4所示，《宪法》1988年、1999年和2004年对私营经济等非公有制经济的条款进行的修改，从体制层面承认了个体经济、私营经济的合法地位，引导了社会资源的合理流向，从而促进了个体经济、私营经济实力的大幅提升。

再次，个体经济、私营经济对国民经济的贡献日益突出。如图6.5所示，以经济类型为划分标准，1993—2011年全社会固定资产投资比例中，个体私营经济所占的比重呈明显上升趋势。改革开放三十多年来，我国国民经济以平均每年9%以上的速度快速增长，而个体经济、私营经济增长速度却达到20%—30%。个体经济、私营经济对推动我国国民经济的快速发展做出了积极贡献。

---

① 参见历年《中国经济年鉴》。
② 同上。

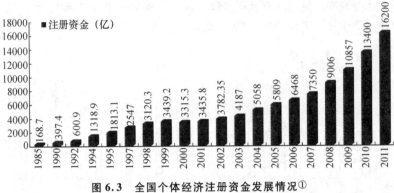

图 6.3　全国个体经济注册资金发展情况①

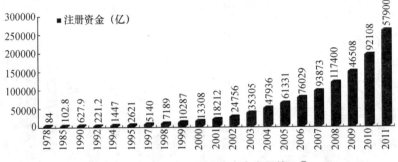

图 6.4　全国私营经济注册资金发展情况②

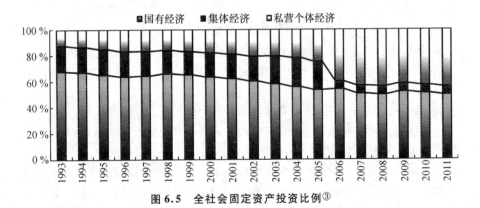

图 6.5　全社会固定资产投资比例③

---

① 参见历年《中国经济年鉴》。
② 同上。
③ 同上。

如表 6.1 所示,宪法作为国家的根本大法,对个体经济、私营经济的地位规定从 1988 年的消极容忍转变为当前的鼓励与支持,这种态度的变化对个体经济、私营经济影响明显。改革开放以来,中国的个体经济从小到大,私营经济从无到有,从弱到强,这同宪法的法律保障休戚相关。事实证明,我国宪法有关个体经济、私营经济的修改,促使个体经济、私营经济规模不断壮大、经济实力日益增强、对国民经济的贡献日益突出,发挥了积极的作用。宪法修改在客观上达到了良好的社会效果,适应了社会发展的要求。

表 6.1 宪法关于个体经济与私营经济的修改

1988 年	1999 年	2004 年
国家允许私营经济在法律规定的范围内存在和发展。私营经济是社会主义公有制经济的补充。国家保护私营经济的合法的权利和利益,对私营经济实行引导、监督和管理。	法律规定范围内的个体经济、私营经济等非公有制经济是社会主义市场经济的重要组成部分,国家保护个体经济、私营经济的合法的权利和利益。国家对个体经济、私营经济实行引导、监督和管理。	国家保护个体经济、私营经济等非公有制经济的合法的权利和利益。国家鼓励、支持和引导非公有制经济的发展,并对非公有制经济依法实行监督和管理。

(二) 推进社会主义法律体系的逐步健全

在法律体系中,宪法是部门法的基础,部门法以宪法为立法依据,需要宪法的指引和规范,避免脱离宪政轨道;部门法是宪法的延伸与体现,宪法需要部门法进行细化和补充,落实其思想和理念。实践中,宪法的每一次修改,都会对部门法产生较大的影响。

如图 6.6、图 6.7、表 6.2 所示,以历届全国人民代表大会及其常务委员会通过的法律、法律解释、有关法律问题的决定数量和现行有效法律历年制定与修改废止情况为研究对象,通过对比分析,可以看出,宪法修改对我国法律体系的影响可以分为两个时期。

第一个时期是从六届全国人大到八届全国人大期间(1983—1997 年),法律制定数量高于修改废止数量。原因在于:此时期我国的法律体系尚不健全,又处于从计划经济体制向市场经济体制转轨的过程中,因而立法任务以创建为主,属于中国法律体系的初步建立时期。具体而言,六届全国人大期间(1983—1987 年),中国刚刚从噩梦中醒来,法律相当不健全,按照"适应社会主义四化建设、经济体制改革和对外开放需求,常委会一直把制定有关经济方面的法律作

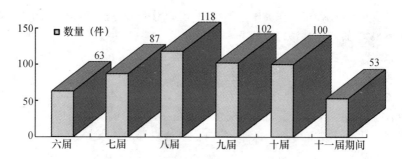

图 6.6 历届全国人民代表大会及其常务委员会通过的法律、法律解释、有关法律问题的决定数量情况①

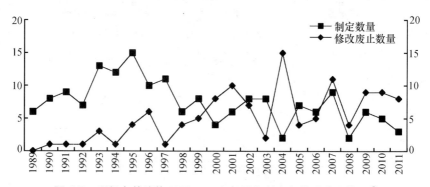

图 6.7 现行有效法律 1989—2011 年历年制定与修改废止情况②

表 6.2 现行宪法修改年份及重点条款表

1982 年	1988 年	1993 年	1999 年	2004 年
现行《宪法》修改通过	私营经济是社会主义公有制经济的重要补充	国家实行社会主义市场经济	依法治国,建设社会主义法治国家	保障人权;保护公民合法私有财产,建立健全社会保障制度

为立法重点"③的工作思路,急需加强立法工作;七届全国人大期间(1988—1992 年),1988 年宪法修改肯定了私营经济的合法性地位,经济体制又有计划的商品经济体制向社会主义市场经济体制转型,按照"增强立法工作计划性,加

---

① 参见历届《全国人民代表大会常务委员会工作报告》。
② 参见国务院新闻办公室:《中国的法治建设》白皮书;历届《全国人民代表大会常务委员会工作报告》。
③ 参见《中华人民共和国第七届全国人民代表大会第一次会议全国人民代表大会常务委员会工作报告》。

快立法步伐"①的工作思路,立法依旧呈上升趋势;八届全国人大期间(1993—1997年),1993年"社会主义市场经济"被写入了我国的宪法,表明我国由计划经济体制转变成为建设社会主义市场经济体制,按照"加快立法步伐,抓紧制定社会主义市场经济方面的法律"②的工作思路,这时的立法达到最高峰,"立法数量不仅多,质量也有所提高,为形成具有中国特色社会主义法律体系奠定了基础"③。

第二个时期是从九届全国人大到十一届全国人大期间(1998—2011年),法律制定数量总体低于修改废止数量。1999年是法律制定数量与修改废止数量的转折点。在1999年之后,法律制定数量大致成下降趋势,但修改废止数量大致呈上升趋势。原因在于:1999年宪法修正案将"依法治国,建设社会主义法治国家"写入宪法,对我国的法制建设具有重要意义。依法治国入宪,不单单代表"有法可依、有法必依、执法必严、违法必究"的十六字方针,更意味着制定的法应该是良法,是符合社会发展规律和时代精神的法,这对于我国法律体系建设的指导理念有重大影响。九届全国人大期间(1998—2002年),提出"依法治国"的方略,按照"把加强立法工作,提高立法质量作为首要任务"④的工作思路,我国"构成中国特色社会主义法制体系的各个法律部门已经齐全,每个法律部门中的主要法律已经基本制定出来,加上国务院制定的行政法规和地方人大制定的地方性法规,以宪法为核心的中国特色的社会主义法律体系已经初步建成"⑤;十届全国人大期间(2003—2007年),"国家尊重和保障人权"、"公民合法的私有财产不受侵犯"和"国家建立健全同经济发展水平相适应的社会保障制度"被写入宪法,标志着我国对公民权利关注的提升。在这种背景下,全国人大及其常委会按照"基本形成中国特色社会主义法律体系为目标,提高立法质量为重点"⑥的工作思路,"以改革开放和社会主义现代化建设伟大实践作为立法基础,根据经济社会发展的客观需要,把在中国特色社会主义法律体系中起支架作用、现实生活迫切需要、立法条件比较成熟的立法项目作为立法重点,将改革开放和社会主义现代化建设的成功经验以法律形式固定下来,在加强经济

---

① 参见《中华人民共和国第七届全国人民代表大会第一次会议全国人民代表大会常务委员会工作报告》。
② 同上。
③ 同上。
④ 同上。
⑤ 同上。
⑥ 参见《中华人民共和国第十一届全国人民代表大会第一次会议全国人民代表大会常务委员会工作报告》。

领域立法的同时着力加强社会领域立法"①;十一届全国人大期间(2008—2011年),围绕"确保到 2010 年形成中国特色社会主义法律体系"②的工作思路,一手抓法律制定,一手抓法律清理,在形成中国特色社会主义法律体系上迈出决定性步伐;中国特色社会主义法律体系形成后,加强法律实施和普法教育,大力弘扬社会主义法治精神,统筹安排好立法项目,更好地发挥了法律的规范、引导、保障和促进作用。

如图 6.8 所示,到 2010 年底,我国已制定现行有效法律 236 件、行政法规 690 多件、地方性法规 8600 多件,并全面完成对现行法律和行政法规、地方性法规的集中清理工作。③ 涵盖社会关系各个方面的法律部门已经齐全,各法律部门中基本的、主要的法律已经制定,相应的行政法规和地方性法规比较完备,法律体系内部总体做到科学和谐统一。一个立足中国国情和实际、适应改革开放和社会主义现代化建设需要、集中体现党和人民意志的,以宪法为统帅,以宪法相关法、民法商法等多个法律部门的法律为主干,由法律、行政法规、地方性法规等多个层次的法律规范构成的中国特色社会主义法律体系已经形成,国家经济建设、政治建设、文化建设、社会建设以及生态文明建设的各个方面实现有法可依,党的十五大提出到 2010 年形成中国特色社会主义法律体系的立法工作目标如期完成。

(三)促使人权保障事业的不断完善

"宪法就是一张写着人民权利的纸"④,是人权的根本保障书。法治实践的发展更加要求尊重人的主体性,建立成熟的人权文化。"国家尊重和保障人权"被载入宪法,促进了人权保障事业的法律化、制度化和规范化。如对"撞了白撞"违背生命权价值规定的否定,使人们深刻感受到立法对生命权的关怀;收容遣送条例的废除,使人们充分认识到人的尊严的价值;户籍制度改革,使人们充分感受到平等权价值;取消 13 个经济性非暴力犯罪死刑,完善对老年人和未成年人犯罪从宽处理的规定,深度体现法治文明;等等。实践表明,各种宪法基本权利保障越来越成为法治发展的基本价值趋向,人权文化产生了越来越大的影响力。

---

① 参见《中华人民共和国第十一届全国人民代表大会第一次会议全国人民代表大会常务委员会工作报告》。
② 同上。
③ 同上。
④ 《列宁全集》(第 12 卷),人民出版社 1987 年版,第 50 页。

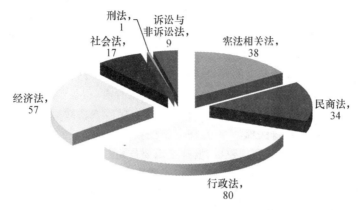

图6.8 中华人民共和国现行有效法律分类

首先,以社会法立法为例,如图6.9所示,近年来该领域制定和修改的频率逐渐增多,国家对劳动者权益的保障、社会保障的完善和特殊群体的保障等方面日趋成熟,人权的法律保护体系得到进一步的健全和完善。

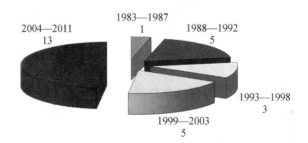

图6.9 社会法制定和修改情况①

高度重视劳动者权益的法律保障,制定了劳动法,将劳动关系以及与劳动关系密切联系的劳动保护、劳动安全卫生、职业培训以及劳动争议、劳动监察等关系纳入调整范围,确立了中国的基本劳动制度;制定了矿山安全法、职业病防治法、安全生产法等法律,对安全生产、职业病预防等事项作了规定,加强了对劳动者权益的保护;制定了劳动合同法、就业促进法和劳动争议调解仲裁法,建立健全了适应社会主义市场经济的劳动合同、促进就业和解决劳动争议的制度;制定了红十字会法、公益事业捐赠法和基金会管理条例等法律法规,建立健全了促进社会公益事业发展和管理的制度;制定了工会法,

---

① 参见国务院新闻办公室:《中国特色社会主义法律体系》白皮书。

并先后两次进行修订,确定了工会在国家政治、经济和社会生活中的地位,明确了工会的权利和义务,对工会依法维护劳动者的合法权益发挥了积极作用。

高度重视社会保障制度的建设,制定了社会保险法,确立了覆盖城乡全体居民的社会保险体系,为维护社会公平,构建和谐社会,提供了法制保障。国务院还制定了失业保险条例、工伤保险条例和社会保险费征缴暂行条例、农村五保供养工作条例等行政法规,并决定建立新型农村养老保险和新型农村合作医疗制度,对推动社会保障制度建设,发挥了重要作用。

高度重视特殊群体的权益保障,制定了残疾人保障法、未成年人保护法、妇女权益保障法、老年人权益保障法、预防未成年人犯罪法等法律,在保护特殊群体权益方面形成了较为完备的法律制度,对于保护特殊群体合法权益,维护社会公平正义,发挥了重要作用。

其次,从国际领域看,"人权保障"入宪对于开展国际人权斗争,树立中国良好的国际形象具有积极作用。

有利于中国开展国际人权斗争。中国作为一个在国际上发挥着举足轻重作用的负责任的大国,将人权保障写入宪法,有利于其积极主动"尊重和保障人权"。一方面,如表6.4所示,自1991年发布第一部白皮书,截至2012年10月,中国已发表了82部白皮书,涉及民主政治建设、法治建设、政党制度、人权状况等内容,全面准确地介绍中国政府在这些重大问题上的政策主张、原则立场和取得的进展,增进了国际社会对中国的了解和认识,受到了广泛关注。另一方面,如表6.5所示,中国政府通过发布人权记录的方式加大对他国指责的反击力度,"让世界人民全面了解美国人权的实际状况,敦促美国反思其不当行为",有效维护了保障人权的话语权。

表6.4 中国政府白皮书一览

发布时间	白皮书名称	发布时间	白皮书名称
1991.11	中国的人权状况	1992.8	中国改造罪犯的状况
1992.9	西藏的主权归属与人权状况	1993.8	台湾问题与中国的统一
1994.6	中国妇女的状况	1994.6	中国知识产权保护状况
1995.8	中国的计划生育	1995.11	中国的军备控制与裁军
1995.12	中国人权事业的进展	1996.4	中国的儿童状况
1996.6	中国的环境保护	1996.10	中国的粮食问题
1997.3	1996年中国人权事业的进展	1997.3	关于中美贸易平衡的问题

(续表)

发布时间	白皮书名称	发布时间	白皮书名称
1997.10	中国的宗教信仰自由状况	1998.2	西藏自治区人权事业新进展
1998.5	中国海洋事业的发展	1998.7	中国的国防
1999.4	1998年中国人权事业的进展	1999.9	中国的少数民族政策及其实践
2000.2	一个中国的原则与台湾问题	2000.2	中国人权发展50年
2000.6	西藏文化的发展	2000.6	中国的禁毒
2000.10	2000年中国的国防	2000.11	中国的航天
2000.12	中国21世纪人口与发展	2001.4	2000年中国人权事业的进展
2001.10	中国的农村扶贫开发	2001.11	西藏的现代化发展
2002.4	中国的劳动和社会保障状况	2002.12	2002年中国的国防
2003.3	西藏的生态建设与环境保护	2003.5	新疆的历史与发展
2003.12	中国的防扩散政策和措施	2003.12	中国的矿产资源政策
2004.3	2003年中国人权事业的进展	2004.4	中国的就业状况和政策
2004.5	西藏的民族区域自治	2004.9	中国的社会保障状况和政策
2004.12	2004年中国的国防	2005.2	中国的民族区域自治
2005.4	2004年中国人权事业的进展	2005.4	中国知识产权保护的新进展
2005.8	中国性别平等与妇女发展状况	2005.9	中国的军控、裁军与防扩散努力
2005.10	中国的民主政治建设	2005.12	中国的和平发展道路
2006.6	中国的环境保护（1996—2005）	2006.10	2006年中国的航天
2006.12	中国老龄事业的发展	2006.12	2006年中国的国防
2007.8	中国的食品质量安全状况	2007.11	中国的政党制度
2007.12	中国的能源状况与政策	2008.2	中国的法治建设
2008.7	中国的药品安全监管状况	2008.9	西藏文化的保护与发展
2008.10	中国应对气候变化的政策与行动	2009.1	2008年中国的国防
2009.3	西藏民主改革50年	2009.5	中国的减灾行动
2009.9	新疆的发展与进步	2009.9	中国的民族政策与各民族共同繁荣发展
2010.6	中国互联网状况	2010.9	2009年中国人权事业的进展
2010.9	中国的人力资源状况	2010.12	中国与非洲的经贸合作
2010.12	中国的反腐败和廉政建设	2011.3	2010年中国的国防
2011.4	中国的对外援助	2011.7	西藏和平解放60年

(续表)

发布时间	白皮书名称	发布时间	白皮书名称
2011.9	中国的和平发展	2011.10	中国特色社会主义法律体系
2011.11	中国农村扶贫开发的新进展	2011.11	中国应对气候变化的政策与行动（2011）
2011.12	中国的对外贸易	2011.12	2011年中国的航天
2012.6	中国的稀土状况与政策	2012.9	钓鱼岛是中国的固有领土
2012.10	中国的司法改革	2012.10	中国的能源政策（2012）

表6.5 中国发布的美国的人权记录

1999年美国的人权记录（2000年2月）	2000年美国的人权记录（2001年2月）	2001年美国的人权记录（2002年3月）
2002年美国的人权记录（2003年4月）	2003年美国的人权记录（2004年2月）	2004年美国的人权记录（2005年3月）
2005年美国的人权记录（2006年3月）	2006年美国的人权记录（2007年3月）	2007年美国的人权纪录（2008年3月）
2008年美国的人权纪录（2009年2月）	2009年美国的人权记录（2010年3月）	2010年美国的人权纪录（2011年4月）
2011年美国的人权纪录（2012年5月）		

有利于中国树立良好的国际形象。一方面,中国一贯支持并积极参与联合国保障人权的活动。从1981年以来,我国一直连选连任联合国人权委员会成员,积极参与国际人权法律文书的制定工作。具体说来,中国派人参加了联合国《关于保护所有人不遭受强迫失踪的具有法律拘束力的规范性文书》的起草工作;参与了制定《残疾人权利公约》的特委会会议;承办了联合国亚太经社会关于制定《残疾人权利公约》的政府间会议,通过了《北京宣言》;积极参与和推动了第二个"亚太残疾人十年(2003—2012年)"活动;中国是《世界人权宣言》的创始国之一,已加入包括《经济、社会及文化权利国际公约》在内的25项国际人权公约,认真履行所承担的相关义务,积极提交履约报告,充分发挥国际人权文书在促进和保护本国人权方面的积极作用。另一方面,中国政府积极开展人权领域的国际合作。2005年联合国人权高专办与中国外交部签署了第二份《合作谅解备忘录》,双方在人权领域的技术合作项目进展顺利;2003—2007年期间,中国分别与澳大利亚、加拿大、英国、欧盟、挪威、德国、荷兰等举行了多轮人权对话或磋商,与越南、老挝、厄立特里亚塞拉利昂、津巴布韦等许多发展中

国家进行了交流与合作，主办了亚欧非人权研讨会、中非人权研讨会以及中欧、中澳、中加、中挪等多种形式的多边和双边人权研讨会。① 2009 年 2 月，中国首次接受联合国人权理事会国别人权审查，同年 6 月，人权理事会全会认可了工作组审议中国的报告。2009—2010 年期间，中国人权研究会两次举办"北京人权论坛"，先后与 40 多个国家和地区以及有关国际组织的官员、专家进行了交流。2011 年 7 月，国务院新闻办公布《国家人权行动计划（2009—2010 年）评估报告》，对 2009 年至 2010 年"行动计划"的执行情况作了全面评估。通过这些对话、交流与合作，增进了中国与国际社会在人权问题上的相互了解和信任，增强了共同分享经验、共同应对挑战的基础。

"人权入宪"使我国法律体系在人权问题上的效力位阶得以连续，为国内的司法实践提供了基石，开辟了更为广阔的人权立法领域，实现了人权保障同世界接轨，加速了中国人权保障事业的完善。

三、互动中相一致：现行《宪法》四次修改的理论思考

（一）宪法修改的原动力在于社会变迁与经济发展

社会变迁是法律变革与发展之源。法律是人类社会发展到一定历史阶段的产物，它必然受制于社会，必然遵循人类社会历史发展的客观规律性。诚如埃利希所言："无论现在和其他任何时候，法律发展的重心不在于立法，不在于法律科学，也不在于司法判决，而在于社会本身。"② 现代化的过程是从传统社会向现代社会变迁和进步的过程，其最重要标志之一就是制度变迁，尤其是宪政制度与法律制度的变迁。宪法变迁一般包括革命性的立宪、重新制定宪法、重新解释宪法和修改宪法等多种形式，其中修改宪法是最温和的、风险性最少的形式。宪法作为社会利益最权威的调整力量和社会政治力量实际对比最集中反映的制度安排，必须对社会变迁及时作出回应，正如有的学者所言："宪法必须随着时间和社会情势的变化而变化，宪法不在变化中自变，就会因其不变而为社会所推翻，在这种情景下，更不能奢谈宪法权威和法治"③。

经济发展是宪法修改的重要原动力。宪法修改通常存在主客观两个方面因素：主观方面，立宪者总要受到认识能力和当时立法技术的限制，不能苛求立

---

① 董云虎：《中国人权取得突破性进展的五年》，载《人权》2008 年第 1 期。
② 赵震江主编：《法律社会学》，北京大学出版社 2002 年版，第 14 页。
③ 舒国滢：《宪法的时间之维》，载《法学研究》1999 年第 3 期。

法者高明到能对未来世界做出完全正确的预期和判断;客观方面,根据"物质决定意识,经济基础决定上层建筑"的学说,任何宪法总要打上时代的烙印,宪法必然要适应社会发展尤其是经济发展情况而作出相应的修改。恩格斯指出:"每一个时代的社会经济结构形成现实基础,每一个历史时期由法律设施和政治设施以及宗教的、哲学的和其他的观点所构成的全部上层建筑,归根到底都是应由这个基础来说明的。"①由此可见,社会经济结构变化是宪法修改的重要原动力。

改革开放三十多年来,中国处于急剧的社会变迁之中,经济体制改革方面,围绕建立社会主义市场经济体制的目标,所有制实行以公有制为主体、多种所有制经济共同发展的经济制度,分配实行以按劳分配为主体、多种分配形式并存的制度;政治体制改革方面,逐步建立起更加符合生产力发展的法治体系,民主、人权、自由得到更多的保障;文化生活方面,多元文化、世界多国文化共生共存,相互融合;社会结构方面,以职业为特征的新的社会阶层不断出现,原有的社会阶层在社会中的比例和地位不断调整,执政者更加关注新阶层的利益诉求,并积极从法律上予以承认保护。思想解放与改革开放每迈出一大步,宪法就会适时作出修改,巩固和保障改革成果。审视我国的国情,综合现行宪法四次修宪历程,正如有学者所言:"任何宪法的稳定性,主要不是靠它的规定,而是靠社会和经济力量对它的支持"②,我国宪法的生命力一直牢牢植根于中国的改革开放和社会主义现代化建设实践之中。

如1988年《宪法修正案》第1条的出台,直接确定了私营经济的合法地位。一方面,改革开放以来,中国个体经济得到快速发展,直接结果就是超过8人的雇工经济逐渐成规模,而这种现象受到当时"七上八下"政策的制约,使私营企业主无法扩大其生产规模,进而阻碍了社会生产力的发展,私营企业主在客观上希望其合法地位能够被法律予以确认;另一方面,私营企业主为社会发展做出了重大贡献,是促进社会发展的一支有活力的力量。在社会结构与经济发展的背景下,宪法修改确认了私营经济的合法地位。从实践来看,此次修改不但促进了私营经济的快速发展,并且也推动了国民经济的快速发展。

又如1999年《宪法修正案》第13条增写"中华人民共和国实行依法治国,建设社会主义法治国家"条款,提出了"依法治国"的治国方略与"建设社会主义法治国家"的奋斗目标,也是适应经济发展与社会变迁的需要。中国处于剧烈的变革期,一方面,经济突飞猛进,GDP以每年8%以上的速度快速增长;另一

---

① 《马克思恩格斯选集》(第4卷),人民出版社1995年版,第739页。
② 龚祥瑞:《比较宪法与行政法》,法律出版社1985年版,第40页。

方面,经济体制改革、政治体制改革促使社会结构不断发生变化。社会主义市场经济体制的确立为"依法治国"提出了客观需要;法治意识的增强为"依法治国"奠定了理论基础;法制建设的完善为"依法治国"提供了现实法律基础。在需求与准备都成熟的情况下,1999年《宪法》将"依法治国,建设社会主义法治国家"写入了宪法,此次修改促进了社会主义法律体系的健全与完善,推动中国社会向法律主治的方向迈出了坚实步伐。

(二)宪法修改体现了法律适应性与稳定性的统一

法律的适应性,反映着法律与社会现实之间的一致性和统一性。宪法作为国家的根本大法,是治国安邦的总章程,是全国人民意志最集中的体现,具有最大的权威和最高的法律效力。如何有效维护宪法权威、得到普遍遵从,成为宪法的首要问题。

首先,法律本身需要稳定性的品质。只有法律稳定,人们才可预知自己行为可能产生的法律后果,一部朝令夕改的宪法,其权威性必然受到不可挽回的损伤。宪法要保持最高权威性,就必须保持相对的稳定性。作为国之重器,宪法修改必须体现"审慎的态度",如周叶中教授所言:"以审慎的态度对待修宪,是一个负责任的政府应当具备的素质,也是一个文明社会应当具备的理性"[①]。当今世界各国对宪法修改无不采取这种"审慎的态度",修宪草案的提出、表决和通过要求都比一般法律要严格得多。

其次,法律的权威性决定宪法必须适应社会现实进行修改。宪法应当稳定,但不能为稳定而稳定。一部好的宪法首先应该是一部符合社会现实、带有时代特征、体现与时俱进精神的法。综观世界上的法治国家,宪法自制定以后没有作出补充和修改的基本没有,只是有的宪法条文相对简单概括抽象,所以适应性更强一些,如美国宪法;有的宪法条文通过宪法性法律和宪法惯例的形式作出修改,如英国宪法。"宪法的权威不是一个数量问题,而是一个质量问题,影响宪法权威的关键因素不是修改宪法的次数,而是宪法能否适应社会发展和社会变革的要求"[②],适时的宪法修改能够更好地调整和规范社会生活,提高和增强宪法的权威性。我国1982年《宪法》受苏联立宪模式的影响,具有经济政策性较强的特点,这决定宪法条文只有及时修订,才能适应经济生活的变动。"我国正处于从计划经济向市场经济、从传统社会向现代社会的转型时期。

[①] 周叶中:《与时俱进,继往开来——谈我国现行宪法的第四次修改及其意义》,载《思想理论教育导刊》2004年第4期。

[②] 刘淑君:《修改宪法的理论思考》,载《甘肃政法大学学报》2000年第2期。

所有制结构形式、各种所有制经济之间的关系、社会产品分配方式等方面都会发生变化,这些变化必然对经济制度产生重大影响"①,当这种影响促使经济制度发生较大的变化时,修宪就成为必然。

再次,法律的滞后性决定宪法必须适应时代发展进行修改。宪法一经制定便是固定的规范,即使带有超前性和纲领性,但是随着时间推移,凝固的宪法条文同瞬息万变的客观现实之间,不可避免地要发生脱节甚至矛盾的现象。当宪法规范不能适应社会政治经济发展的要求,"宪法的修改是必要的,不修改不足以维持宪法的适应性,就会损害宪法的尊严和稳定"②。正确反映客观实际、指导客观实际,这就是宪法的适应性。

综上所述,良宪应当实现适应性和稳定性的统一平衡。静态的宪法规范同动态的社会现实往往处于冲突、协调、再冲突、再协调的张力之中,当这种张力到一定程度时,修改宪法就是一种理性的选择。就中国而言,改革开放以来的行宪史,也是宪法的变迁史。宪法且行且改,可以说是一部"改革宪法",它为认可和推动改革而制定,又因改革而屡屡修改。现在应该考虑的问题是,"宪法不单要跟着改革的步伐走,不断确认和巩固改革的成果,还要更多地引导改革、指导改革,为改革留出必要的空间,为中国社会的发展和中华文明的传承提供宏大而坚固的理论和制度框架,并在必要时能够限制改革、约束改革"③。

我国现行《宪法》的四次修改,从背景上看,主要是社会系统各因素的变化所引起;从原则上看,始终贯穿了"必须修改的才修改,可改可不改的不改,有争议的问题不改"的要求,服务于国家建设;从效果上看,促进了社会政治、经济、文化等全方位的进步。"当法律同现实脱节的时候,宪法是虚假的;当它们是一致的时候,宪法就不是虚假的"④,无论是从实践上考察还是从理论上分析,纵观三十多年来的修宪历程及修宪效果,可以得出结论:我国现行宪法四次修改适应了社会现实的变化,获得了旺盛的生命力,找到了稳定性与适应性的平衡状态,实现了两者的有机统一。"我国宪法是一部符合国情的好宪法,在国家经济、政治、文化和社会生活中发挥了极其重要的作用。宪法保障了我国的改革开放和社会主义现代化建设,促进了我国的社会主义民主建设,推动了我国的

---

① 牛凯:《论我国现行宪法修改的原因及其重大意义》,载《青年政治学院学报》2000 年第 2 期。

② 许崇德:《迈向新世纪的根本大法——论九届全国人大对宪法的修改》,载《现代法学》1999 年第 2 期。

③ 夏勇:《宪政建设——政权与人民》,社会科学文献出版社 2004 年版,第 4 页。

④ 《列宁全集》(第 17 卷),人民出版社 1988 年版,第 320 页。

社会主义法制建设,促进了我国人权事业和各项社会事业的发展。"①三十多年来,每一位公民都沐浴了宪法的光辉。只有认真贯彻实施宪法,坚持和完善宪法确立的各个方面的制度和体制,才能保证改革开放和社会主义现代化建设不断向前发展,保证最广大人民的根本利益不断得到实现,保证国家安全和社会和谐。

(三) 宪法修改内在逻辑统一于法治国家建设进程

1999年《宪法修正案》将"依法治国,建设社会主义法治国家"写入宪法,"依法治国"成为前提,"法治国家"成为宪法意义上的社会发展目标。

法治国家,是指国家法治化的状态或者法治化的国家,是法治在国家领域内和国家意义上的现实化。② 法治国家是一项治国的战略目标,要求法治完备而法律至上、政治廉明而民主完善、经济繁荣而社会安定,应当"以民主完善、保障人权、法律至上、法制完备、司法公正、制约权力、依法行政、保障权利作为其基本特征"③。"法治国家"建设涉及立法、守法、执法、司法和法律监督等各个环节和整个过程,要求把依法办事的原则贯彻到社会生活、政治生活、经济生活和文化生活的各个方面,任何机构、组织及个人都要受到法律支配,公民自觉遵守法律,人权受到法律的切实保护。

纵观改革开放三十多年的宪法发展历程,"法治国家"建设的共同目标作为主线贯穿了现行宪法四次修改的始终。

首先,"市场经济"是"法治国家"建设的经济基础。

法是伴随经济的市场化而产生的,法治是伴随着经济的高度市场化而逐步产生的,市场经济是法治形成的经济基础,经济的市场化是法治建设的经济动力。人类社会的经济类型,一般地说,不外乎自然经济、产品经济和市场经济。与自然经济不同,市场经济作为自由的经济、平等的经济,是法治经济,是法治国家的经济基础。④ 这是因为,其一,法治需要以民主和法治的社会意识作为其文化基础,而唯有市场经济才能孕育出民主和法治的社会意识。这种民主和法治意识,主要有"社会契约观念"、"政治市场观念"、"思想市场观念"、"主体观念"、"权利观念"和"平等、自由观念"等。其二,市场经济决定了法治的基本制度框架:保障自由平等和限制、约束国家权力的宪法、民法、行政法和诉讼法等,都是以商品正义为价值基础的。其三,"法治的实现程度取决于市场经济的发

---

① 王汉斌:《让共和国宪法光辉沐浴每一位公民》,载《法制日报》2008年11月19日。
② 卓泽渊:《法治国家论》,法律出版社2003年版,第14页。
③ 同上书,第42页。
④ 同上书,第115页。

展程度"①,市场经济成熟之日,也就是法治成功之时。

1993年社会主义市场经济体制的确立为社会主义法治国家建设提供了经济基础。市场经济的发展,在中国当前主要是经济的市场化,它对法的发展提出了法治要求,也为法治或法治国家的形成奠定了基础。为了适应市场经济的需要,我国必将建立形成完善的市场经济主体的法律制度、市场经济运行的法律制度、市场经济宏观调控的法律制度和市场经济社会保障的法律制度等,从而为整个法治状态的形成创造条件。法治与市场经济有着内在的联系,只有把"实现社会主义法治的战略放在经济体制改革和市场经济的发展这个基点上,我国才能逐渐步入法治社会,并避免发生历史性的逆转"②。

其次,"依法治国"是"法治国家"建设的治国方略。

"依法治国"是"法治国家"的行动与过程,"法治国家"是"依法治国"的目标与结果。"依法治国"并非简单指"有法可依、有法必依、执法必严、违法必究"的十六字法制方针,而是"依靠法律治国,很好理解,实际上同西方的'法治'是一个意思"③。

"依法治国"作为一项治国的战略方针,基本含义包括:一是治国的理论和指导思想,即国家的兴旺发达和长治久安,关键的决定性因素和条件是建立良好的有权威的法制和制度,而不是寄希望于圣主贤君;二是治国的行动准则,即国家不能依照少数几个领袖人物个人的智慧、看法和注意力来治理,而应依据"符合事务规律、时代精神、社会理想与人民利益的法律来治理,不能权大于法"④。

1999年《宪法》修改使"依法治国"方略、"法治国家"目标更加明确化、法律化。法治作为一种治国方略优于人治。从法制到法治是一个漫长的认识过程,如李步云教授所言:"从法制到法治,是20年改一字。个中艰辛,法学界深尝其味"⑤。法治不同于法制主要表现在:其一,法治是一个蕴涵价值理想和精神意义的概念,法治既有通过法律治理国家的意思,也有通过法律实现国泰民安的意思,它包含着国家政治稳定、百姓生活安宁的理想;法制相对而言是一个中性概念,它既可以用来实现社会太平,也可以用来专横地实施专制或独裁。其二,法治是一个动态概念,它既包含法律体系和法律制度,也包含着法治精神指引

---

① 王人博、程燎原:《法治论》,山东人民出版社1989年版,第186—192页。
② 张文显:《中国步入法治社会的必由之路》,载《中国社会科学》1989年第2期。
③ 李步云:《法苑春秋》,中国法制出版社2007年版,第64页。
④ 程燎原:《从法制到法治》,法律出版社1999年版,第1页。
⑤ 吴兢、裴智勇、刘晓鹏:《法学家盘点"依法治国十年"》,载《人民日报》2007年7月18日,第13版。

下的立法、执法、司法、守法等一系列法律实践活动；法制是一个相对静止的概念，它通常不能像法治那样用来表现从法治观念到法律制度、从法律制定到法律实施的全方位动态过程。其三，法治在现代社会中是一个与民主密不可分的概念，法制则既可以在民主的条件下存在，也可以在非民主的条件下存在。在非民主条件下，法制通常是统治者从上到下制约和强制百姓行为的工具；在民主条件下，法律经过民主程序产生，既包含规范公民行为的内容，也包含对权力的规范、制约和监督内容。

再次，"人权保障"是"法治国家"建设的灵魂所在。

人权，是指人之为人所应享有的权利。人权的意义可以分为三个层面：一是道德层面；二是政治层面；三是法律层面。相应的，人权也可以分为应有人权、实有人权与法定人权。2004年"人权保障"被载入《宪法》，使我国的人权保障由一种应然权利转变为一种法定权利，为更好的保障人权奠定了宪法基础。

人权、民主与法治是"法治国家"建设的三大核心要素。"人类之所以要去人治、行法治，其目的在于近民主；人类之所以要远专制、近民主，其目的在于得人权。是故，在人权、民主与法治中，人权是灵魂，民主与法治皆为手段。"①人权问题不是一个孤立的问题，而是一个贯通政治、经济与文化的桥梁性问题。经济发展在于提高人类的物质生活水平，精神文明建设在于提高人类的精神意蕴，制度文明建设则从物质与精神两个方面促进着社会进步，而这一切的最终目的就是使人能够有尊严地生活。

人权的权利范围和保护程度是一个国家进步与文明程度的重要表现。国家由非法治国家向法治国家转换，是人权内容与保护的一次飞跃，"人权兴则法治兴，人权滞则法治衰，百世不移"②。进入21世纪的中国法治，所表现的制度是民主，所统摄的灵魂是法治。理想的法治，是通过法律实现的公共权力与公民权利相和谐的状态。公民权利为国家权力所尊重、所保护、所救助，人权是公权的本质、界限、目的，法律能够调处出这种状态，法治便存在。在公权不受限和人权无保障的地方，便没有法治。"尊重和保障人权是中国法治建设的核心价值，贯穿于法治建设的各个环节，是法治建设的根本目标"③，"人权保障"入宪，触动了"法治国家"建设的主脉，契合了"法治国家"建设的深层次精神要求，在客观上适应了中国社会发展变革的需要。

---

① 齐延平：《人权与法治》，山东人民出版社2004年版，第13页。
② 徐显明主编：《人权研究》（第1卷），山东人民出版社2002年版，第3页。
③ 韩大元：《尊重和保障人权是法治建设的核心价值》，载《法制日报》2008年3月2日，第10版。

综上所述,现行《宪法》四次修改同"法治国家"建设之间的关系可以描述为:市场经济入宪提供了经济基础——依法治国入宪提供了治国方略——人权保障入宪体现了核心灵魂。宪法修改的过程正是"法治国家"建设逐渐深入、逐渐细致的过程,宪法修改的内在逻辑统一于"法治国家"建设的进程之中。

四、社会转型进程中的法律适应性

"法治国家"是"适应中国社会改革发展需要而提出的"①。由于种种原因,历史上曾经发生过一些失误,反右斗争、"文化大革命"导致了灾难性的后果。1978年12月党的十一届三中全会全面揭开了中国改革开放的序幕,经济体制改革、政治体制改革和文化体制改革等各个方面的社会改革都得以启动。经过改革发展,中国社会逐步认识到了"建设社会主义法治国家"的必要性和重要性,1994年被党中央确认,到1999年被写入宪法,成为我国宪法意义上的发展目标。

改革开放三十多年来,中国社会急剧转型、社会关系复杂化导致法律修改频繁,法律适应性与法律稳定性之间的矛盾凸显。仔细分析,适应性与稳定性有着共同的目的——法律的权威性。强调法律的适应性是从法律与社会的角度而言,强调法律的稳定性是从法律与公民的角度而言,就法律的权威性实现而言二者可谓是殊途同归。故有学者提出了法律"形式稳定性"与"实质稳定性"之分,指出"实质稳定性"才是真正的稳定。② 适应性是法律具有的内在属性,稳定性是这种内在属性的外显,法律修改作为化解适应性与稳定性矛盾的有效途径,能否维护法律的稳定性与权威性,关键在于是否以社会现实需要为参考。

中国当前最重要的社会现实需要,就是保障并促进"法治国家"建设目标的实现。从实践来看,现行《宪法》四次修改分别为"法治国家"提供了经济基础——治国方略——核心价值,契合了"法治国家"建设目标,可以预见,以后的宪法修改同样将围绕此目标而不断前行。由此可见,只有当法律修改的出发点与社会效果都同"法治国家"建设的进程相一致的时候,法律的适应性才能充分体现。

中国仍处于"法治国家"建设的进程之中,并且存在着一定差距。"法治

---

① 卓泽渊:《法治国家论》,法律出版社2003年版,第165页。
② 刘茂林:《转型社会的宪法稳定观》,载《法商研究》2004年第3期。

国家建设本身就是中国的法制变革,而且是有史以来最为壮观的法制变革,同时也是社会变革的一部分。法律在其中如何发挥作用,促进社会发展是令人关注的问题。"①处于社会转型期的中国,法制变革必须以"法治国家"建设为着眼点而循序渐进,法律变革的渐进性统一于"法治国家"建设进程的渐进性之中。

---

① 卓泽渊:《法治国家论》,法律出版社2003年版,第164页。

第七章 司法运行的功能变迁
——以最高人民法院历年工作报告为分析对象

司法制度是我国政治制度的重要组成部分,司法公正是社会公正的重要保障。2012年10月9日,国务院新闻办公室发表了《中国的司法改革》白皮书。这是中国首次就司法改革问题发布白皮书。在其中为当前我国司法制度进行了总体定位:"中国的司法制度总体上与社会主义初级阶段的基本国情相适应,符合人民民主专政的国体和人民代表大会制度的政体。同时,随着改革开放的不断深入特别是社会主义市场经济的发展、依法治国基本方略的全面落实和民众司法需求的日益增长,中国司法制度迫切需要改革、完善和发展。"白皮书还指出,自2008年启动的新一轮司法改革的任务已经基本完成。在党的十八大刚刚闭幕不久的大好形势下,全面总结过去司法改革进程中的成果和经验,反思其中存在的教训与问题,对于推动我国司法改革的进一步深入,意义重大。

最高人民法院每年都要向全国人民代表大会(1954年以前是向政协全国会议)报告全国法院的工作情况。这些报告为我们提供了一个观察我国司法改革进程的缩影。本章主要以最高人民法院1980年以来的工作报告[①]为素材,从法社会学的视角来审视中国司法改革所走过的历程,由此认识在社

---

① 工作报告主要是对过去一年法院工作情况的总结和接下来一年的工作计划和安排。考虑到最高人民法院的工作报告在1979年之后是连续的,而在此之前的不连续,因此本章将1980年的工作报告作为研究的起点。

会变迁这一背景下司法①所承载的功能是如何逐步强化的,是如何满足社会发展需要的。司法的过程是法官行使司法权的过程。司法权行使的场所——法院,司法权行使的主体——法官,司法权行使本身——审判工作,三位一体构成了整个司法。因此,文章以法院机构设置及经费和物质装备、审判制度建设、法官队伍建设这三个方面为切入点,着眼于《最高人民法院工作报告》中对这三个方面问题的阐述,对相关改革措施的实施总结以及根据上年度的实施效果所作出的调整、回应。为了便于分析研究,文中将选取的材料按时间顺序分别制作了表格。②

一、从法院机构设置及经费和物质装备情况看司法改革

新中国成立后,中央人民政府对国民党时期的司法制度作了全面否定。当时对国民党政府的法院是这样定性的:国民党的法院"是反动阶级统治人民的工具,只能站在反动统治阶级的立场上面,镇压革命,压迫人民。它不但对共产党,对工人、农民肆行血腥的残害,就是对一般人民也竭尽其欺凌之能事"③。1950年的最高人民法院工作报告指出:"我们建立人民法院,首先是吸取了老解放区二十年来的经验,其次是学习了苏联和其他人民民主国家的先进经验。不仅是从组织上彻底粉碎了国民党反人民的司法机构,而且在思想上,和反人民的旧'六法'观点进行了坚决的斗争,并在这个基础上建立起真正人民法院和为人民服务的司法制度。"④旧法院被否定、废除后,各地人民法院无论在组织上,还是在制度上既不完整又不统一。在这种情况下,借鉴和移植苏联社会主义的一些法院制度模式,成为简便易行且顺理成章的事。在土地改革、镇压反革命和"三反"、"五反"运动中,人民法庭作为一种权宜的、过渡的即临时的群众性司法组织的建立就是借鉴了苏联早期出现的革命法庭。⑤ 政法机关(政法委员会、司法、法制委员会、人民法院和人民检察署)则合署办公。1957年"反右"运动开始,到1960年,全国的公、检、法系统更是自上而下实行合署办公,在

---

① 关于司法的定义,历来有很多种理解和解释,有形式与实质之分,有广义与狭义之分,这种不同既可能是源于司法观念文化上的差异,也可能源于传统司法向现代司法演进过程中,司法功能的扩展带来人们在认识上的差别。本章对司法采取的是一种狭义解释,即司法是指由法院适用法律裁决纠纷的活动。

② 需要说明的是,材料的选取可能是不够完整的,限于篇幅,在不影响分析问题的情况下,尽量避免近两年关于同一问题的重复。因此,有些年份,材料选取较多;有些年份,则选取较少;有些年份,材料看起来似乎有些零碎,但综合起来看,由此反映的问题脉络还是清晰的。

③ 何勤华:《关于新中国移植苏联司法制度的反思》,载《中外法学》2002年第3期。

④ 《中华人民共和国审判法参考资料选编》(第3辑),北京政法学院1956年编印,第2页。

⑤ 王人博、程燎原:《法治论》,山东人民出版社1998年版,第285页。

最高层由公安部党组统一领导。"文化大革命"则开启了长达10年"无法无天"的时代。1967年7月开始,"砸烂公、检、法"的口号响遍了全国,司法机关和司法人员都遭受了致命的打击和破坏。①

1978年12月,党的十一届三中全会发表了全体公报,《公报》提出:"为了保障人民民主,必须加强社会主义法制,使民主制度化、法律化,使这种制度和法律具有稳定性、连续性和极大的权威,做到有法可依,有法必依,执法必严,违法必究。从现在起,应该把立法工作摆到全国人民代表大会及其常务委员会的重要议程上来。检察机关和司法机关要保持应有的独立性;要忠实于法律制度,忠实于人民利益,忠实于事实真相;要保证自己的人民在法律面前人人平等,不允许任何人有超越法律之上的特权。"这无疑是中国法律建设历史上的一个重要的里程碑。从此,人民法院逐步恢复正常工作。

表7.1按年度汇总了最高人民法院工作报告(1980—2012年)中关于法院机构设置及经费和物质装备的情况。

表7.1　1980—2012年最高人民法院工作报告中关于法院机构设置及经费和物质装备的情况

报告时间 报告人	法院机构设置及经费和物质装备
1980年9月2日 江华	经过粉碎"四人帮"以后三年多的努力,人民法院的工作已经开始走上依法办案的正常轨道,司法建设进入了一个新的发展时期。 十年动乱中,林彪、"四人帮"恣意横行、无法无天,把国家的社会主义法制破坏无遗。各级人民法院一度被"砸烂",不能行使审判权。
1981年12月7日 江华	一年多来,各级人民法院……建立组织,深入调查,交流经验,积极开展经济审判工作。到目前为止,最高人民法院、各高级人民法院和293个中级人民法院……都建立了经济审判庭……为了有效地审判危害铁路运输的刑事案件和经济纠纷案件,以保障铁路运输事业的顺利进行,……全国铁路系统已建立了铁路运输高级法院和20个铁路运输中级法院、62个铁路运输基层法院,……水上运输法院也正在筹备中。

---

① 最高人民法院在"文革"初期就受到冲击,1968年2月军事代表进驻开始"军管",1969年2、3月最高人民法院除留下20余人外,大多数干部下放湖北省荆州地区沙洋农场劳动,1972年1月才陆续回京。参见《江华司法文集》,人民法院出版社1989年版,第1页。另参见左卫民等:《最高法院研究》,法律出版社2004年版,第253页;张晋藩主编:《中国司法制度史》,人民法院出版社2004年版,第627页。

(续表)

报告时间 报告人	法院机构设置及经费和物质装备
1982年12月6日 江华	本次会议上法院工作报告没有谈及法院机构设置及经费和物质装备的问题。
1983年6月7日 江华	在设备、经费方面还存在不少困难。对这些问题必须采取有效措施,切实加以解决。
1984年5月26日 郑天翔	截至1983年年底,最高人民法院、各高级人民法院、中级人民法院(除个别边远地区外)和87%的基层人民法院都已建立了经济审判庭。 　　为了保证斗争的胜利,有关部门在物质上给人民法院很大的支持。 　　法院和人民法庭工作条件方面的困难,在一些地方还没有得到妥善解决。……我们将在这方面继续争取有关部门的支持,使问题逐步得到解决。
1985年4月3日 郑天翔	此外在客观上,人民法院也还存在一些实际困难。在经费、交通工具、囚车、审判法庭、法医设备、办公用品等方面的问题,各级领导都很关注,有了改善,有的地方有了明显的改善。
1986年4月8日 郑天翔	法院管理方式的现代化问题已经提到日程上来。我们强调要加强信息传递,加强统计工作,加强综合分析,以改变信息不灵的落后状况。对应用电子计算机进行管理并辅助审判工作等问题,最高人民法院和有的高级人民法院已着手进行研究,提出规划,准备根据国家财力情况逐步实现。
1987年4月6日 郑天翔	目前各级人民法院的力量与任务的矛盾十分尖锐,加强法院系统的各项建设,仍然是一个长期的任务。
1988年4月1日 郑天翔	1983年9月,……地方各级法院的物质条件有了明显的改善。全国地方法院中,有审判法庭的,1983年仅占当年法院数的12%,1987年底达到了一半。……全国有88%的地方法院配置了囚车。交通、通讯状况有了明显的改善。法院管理的现代化开始起步。……从经费方面看,除少数地区外,许多法院特别是基层法院和老少边穷地区的法院经常处于困难之中。有些民事、经济纠纷案件该收未收,有些案件则需要到远地多处调查取证,由于缺少经费不能去,以致久拖不决,或者办得质量不高。……对于法院办案经费、法庭建设、交通工具等方面的困难状况……我们希望能有一个大的转变。我们建议全国人大、人大常委会和国务院……把法院的经费和基本建设费用,在国家的、地方的国民经济和社会发展计划之中,单独列项,给予保证。

(续表)

报告时间 报告人	法院机构设置及经费和物质装备
1989年3月29日 任建新	我们要求各地法院作出规划,在当地政府的支持下,使审判法庭在3年内基本建成。 一年来,法院的业务经费状况,有些地方有所改善,但经费短缺仍然是比较普遍存在的问题。……因此希望各级政府和财政部门增加拨款,保证法院必要的办案经费;贫困县由上级财政部门给予办案经费补贴;同时,法院的应急装备、工作条件和生活条件也需要给予保障。 现在全国有基层法院3014个,有人民法庭17273个。
1990年3月29日 任建新	目前,全国已有2400多个法院建立了行政审判庭,积极慎重地审理了一批行政案件。 人民法院所面临的任务同人民法院现有的审判力量之间的矛盾、案件的大量增加同业务经费不足和必要的装备紧缺的矛盾十分突出,长期影响着审判工作的开展。对这些困难,党中央、全国人大常委会和国务院都很重视。我们希望在今年得到适当解决。
1991年4月3日 任建新	截至去年年底,全国已经建立人民法庭1.85万个,配备法庭干部7万余人。 一年来……审判工作所必需的物质条件有了一定的改善。但是,许多地区由于种种原因,审判法庭和人民法庭的建设缓慢;业务经费特别是办案经费短缺,通讯设备和交通工具严重不足,影响了审判工作的开展。
1992年3月28日 任建新	不少法院特别是基层法院和贫困地区的法院办案经费严重短缺;有1/3的法院还没有审判法庭,1/2的人民法庭没有工作用房。 抓紧起草《人民法庭组织条例(草案)》,尽快提请全国人大常委会审议,使人民法庭的建设进一步规范化、法制化。
1993年3月22日 任建新	海商法涉及许多国际公约、议定书、规则,施行海商法越来越要求司法的统一,因此,设立海事高级法院,统一受理二审海事、海商案件非常必要。 根据进一步扩大开放和经济建设的需要,增设了厦门、海口、宁波3个海事法院,使海事法院由原来的6个增加到9个;……各级人民法院普遍设立了行政审判庭、执行庭,一些法院设立了房地产审判庭、涉外经济审判庭、少年法庭。 但总的来说,人民法院的设施和装备还比较落后,经费紧缺,执法条件有待进一步改善。现在全国还有830个人民法院没有审判法庭,6800多个人民法庭没有办公用房,亟待解决。军事、海事、铁路运输等专门法院的审判法庭也需要抓紧建设。

(续表)

报告时间 报告人	法院机构设置及经费和物质装备
1994 年 3 月 15 日 任建新	目前全国不少法院办案经费短缺,装备落后;还有约 20% 的人民法院没有审判法庭,31.8% 的人民法院没有办公用房,严重影响严肃执法,必须加以解决。我们衷心希望继续得到各级人大、政府的关怀和支持。
1995 年 3 月 13 日 任建新	继北京、广东等地之后,又有一些法院设立了知识产权审判庭或者相应的审判组织,最高人民法院的知识产权审判庭也在筹建之中。 为了改善执法条件,还要进一步加强法院自身的改革和建设,依靠有关部门的共同努力,逐步解决法院面临的人、财、物方面的实际困难。
1996 年 3 月 12 日 任建新	加强物质装备建设。制定法院建设总体规划和年度计划,纳入中央和地方的发展规划,到 2000 年,审判法庭和人民法庭的建设全部完成,交通和通讯等设施有较大的改善,逐步实现办工现代化,不断提高工作质量和效率。
1997 年 3 月 11 日 任建新	在党委、人大和政府的重视、支持下,逐步解决人民法院办案经费不足、装备落后等困难,进一步改善执法条件。
1998 年 3 月 10 日 任建新	自 1995 年国家赔偿法实施以来,全国中级以上人民法院均设立了赔偿委员会。深入研究进一步理顺法院体制,改革法院干部管理体制和经费保障体制等问题,改革、完善人民陪审员制度和书记员管理制度,为完善有中国特色的社会主义司法制度而努力。
1999 年 3 月 10 日 肖扬	最高人民法院还制定了督导制度和"收支两条线"诉讼费管理制度。 认真清理经商办企业问题……为了贯彻执行党中央关于政法机关不再从事经商办企业活动的决定,最高人民法院要求对全国法院及其所属单位开办的经营性公司,必须按照有关规定进行清理。禁止法院与行政机关、企业事业单位建立"法律服务关系"并设立机构,撤销了挂靠在本院有关的法律服务中心;……地方各级人民法院进一步清理了设在行政机关的执行室、法庭,纠正了审判人员参与行政事务,行政人员参与审判活动的错误做法。 一些法院特别是贫困地区法院办案经费严重不足,工作条件差,装备落后,影响案件的及时审理和执行。 今年改革的重点是:改变长期存在的审判工作行政管理模式,建立符合审判工作规律,具有审判工作特点,适应审判工作需要的法院管理机制,……调整人民法庭设置,加强人民法庭建设……积极探索法院体制改革确保人民法院依法独立公正行使审判权。

(续表)

报告时间 报告人	法院机构设置及经费和物质装备
2000年3月10日 肖扬	根据宪法和法律规定的原则,制定了《人民法院五年改革纲要》。 完善诉讼费管理,坚决实行"收支两条线"。 诉讼费实行"收支两条线"后,法院经费保障方面出现了一些新情况和新问题。一些法院特别是老、少、边、穷地区法院办案经费严重不足,执法条件困难,影响了审判工作的正常开展。 科学设置人民法院的内部机构,改变目前职能交叉、分工不明的状况,精简合并职能重叠的司法行政管理部门,调整审判人员与行政人员的编制结构比例,充实、加强审判业务部门。 进一步强化审判组织建设。最高人民法院对原审判机构的设置和职能进行了调整,完善了我国刑事、民事、行政审判体制;针对审判工作的特点,进一步落实了立案与审判、审判与监督、审判与执行三个分立制度。
2001年3月10日 肖扬	完善地方人民法院机关改革工作,实现内设机构合理,职责划分清晰,人员配备优化的目标。积极探索符合审判工作特点的经费、装备保障机制,进一步改善审判工作条件,提高司法现代化水平。
2002年3月11日 肖扬	理顺涉外审判机制,做好组织准备。加强涉外民商事审判组织建设。 一些法院审判设施落后,交通通讯装备短缺陈旧,业务经费严重不足,影响审判工作正常开展。这些长期存在的问题尚未得到根本解决,与我们监督不力,指导不够及时,治本力度不大有关。
2003年3月11日 肖扬	最高人民法院还基本完成了海事法院管理体制改革;按照规范化要求,调整人民法庭的设置,突破了按行政区域设置的模式。改革诉讼费用管理制度。认真落实"收支两条线"规定,严格诉讼费项目标准,减轻当事人诉讼负担。改进收费办法,法院不再直接收取诉讼费,当事人直接到指定银行交费,由银行汇交各级财政部门专门集中管理从源头上防止乱收费、私设小金库等违法违纪行为的发生。 ……但仍有一些法院,尤其是西部地区法院经费不足,装备落后,制约了审判工作的正常展开。

（续表）

报告时间 报告人	法院机构设置及经费和物质装备
2004年3月10日 肖扬	开展设立少年法院试点的调查研究,进一步完善少年审判工作机制。为深入贯彻未成年人保护法,针对未成年人犯罪的状况以及未成年人的心理、生理特点和法律保护的特殊要求,指导上海、南京、哈尔滨等地着手进行设立少年法院试点的调研和筹备工作,对少年审判机制进行了探索。 对基层法院特别是中西部基层法院的基本建设和物质装备建设支持力度需要进一步加大。
2005年3月9日 肖扬	国务院拨出专款支持人民法庭建设和法官培训基地建设,采取转移支付的方式解决基层法院办案经费的困难。 在党中央、国务院和地方党委、政府及有关部门的支持下,统筹规划人民法庭的基础设施建设,特别加大对西藏、新疆等少数民族地区和贫困地区的扶持力度,用三年左右的时间,改变部分人民法庭办公无房、审判无庭的状况。（此属2005年工作规划中的一部分——项目组注）
2006年3月11日 肖扬	2005年,最高人民法院按照中央关于司法体制和工作机制改革的统一部署,颁布了《人民法院第二个五年改革纲要》。 为推进人民法院的基层建设,最高人民法院召开全国人民法庭工作会议,制定《关于全面加强人民法庭工作的决定》,指导人民法庭的政治建设、组织建设、业务建设、物质装备、审判管理等各项工作。健全和完善基层法院联系点制度,要求各级法院领导深入基层、了解情况、总结经验、指导工作。一些基层法院在工作中也遇到了一定困难,影响了审判工作的正常开展……三是一些基层法院尤其是中、西部地区一些基层法院办案条件落后,办案经费短缺。
2007年3月13日 肖扬	大部分东部沿海地区和大中城市基层法院案多人少的矛盾依然比较突出,中西部基层法院办案经费短缺问题依然较为严重。
2008年3月10日 肖扬	基层基础工作得到加强,基层司法条件显著改善。最高人民法院坚持把人民法院建设的重点放在基层,先后颁布《关于进一步加强人民法院基层建设的决定》和《关于全面加强人民法庭工作的决定》,全面提高基层人民法院和人民法庭队伍的整体素质和公正司法水平。

（续表）

报告时间 报告人	法院机构设置及经费和物质装备
2009年3月10日 王胜俊	制定基层法院经费保障标准,积极争取中央财政和地方财政支持,缓解经费不足。地方各级法院在当地党委、人大和政府支持下,努力解决基层审判一线法官的职级、职数问题,不断改善基层法院和人民法庭的办案条件。 　　一些法院特别是中西部地区基层法院办案经费短缺、人才流失、法官断层等现象依然存在。对这些问题和困难,我们将在各方面的关心支持下,切实采取措施,努力加以解决。
2010年3月11日 王胜俊	继续坚定不移地推进司法体制改革,按照中央的统一部署,按期完成刑事被害人救助、司法公开制度等5项改革任务的实施方案,制定《人民法院第三个五年改革纲要（2009—2013）》。同时,为确保审判公正高效,大力推进人民法院工作机制改革。 　　完善基层工作保障机制。在党中央、全国人大和国务院的关心支持下,法院经费保障体制改革顺利推进,人民法院经费保障状况得到较大改善。……向全国9835个人民法庭配送法律应用软件,提高信息化水平。继续开展东中西部法院之间结对帮扶工作,积极解决西部民族地区法庭布局不合理问题,提高西部基层法院的司法能力和保障水平。
2011年3月11日 王胜俊	推进政法经费保障体制改革,初步建立起法院经费保障制度体系。加强法院信息化建设,启动人民法院电子政务项目建设。修订法庭建设标准,进一步改善基层司法条件。 　　（2011年）要更加重视加强人民法院基层基础工作。……落实法院经费分类保障办法,建立公用经费正常增长机制,进一步改善基层法院经费保障状况。加快办公办案信息化建设。坚持以人为本,关爱法官身心健康,营造和谐工作环境。
2012年3月11日 王胜俊	启动法官单独职务序列、法院人员分类管理改革,推进法官招录体制改革等工作,切实解决法官提前离岗、离职等问题,着力加强基层职业保障。配合有关部门逐步建立经费分类保障和正常增长机制,基层法院办案经费基本得到解决。认真做好援藏援疆工作,积极培养双语法官,加大对西部边远、民族地区法院建设的支持力度。推进信息技术在审判业务和司法行政工作等方面的应用,提高基层法院管理水平。

（一）1980—1987 年,法院组织机构全面恢复、建设时期

十年动乱中法院遭到严重破坏,不能行使审判权。粉碎"四人帮"后,人民法院在复查、纠正"文化大革命"期间判处的刑事案件这一艰巨任务的特殊历史背景下陆续恢复、重建。自此,人民法院工作走上依法办案的正常轨道,司法建设进入了一个新阶段。

随着对内搞活经济和城乡经济体制改革的进行,商品经济迅速发展,财产关系也发生了相应的变化,利益的多元化及冲突导致案件数量迅速上升,种类增多,范围也扩大了。这就使原有法院的设置规模难以胜任,20 世纪 80 年代以前,中国法院的内部设置只有两个实体部门：一是民庭,二是刑庭。民庭处理的案件大多为婚姻纠纷,刑庭处理的案件主要是刑事犯罪。法院种类少、数量也少,内部机构也简单。"政企分立"的改革推行后,过去由政府的经济主管部门解决的经济实体间纠纷都涌到法院。面对突然暴涨的各类新型案件,设置专门法庭如经济审判庭、专门法院如铁路运输法院、海事法院以及增设法院的审判法庭、人民法庭就成为首要任务。

机构的建立、健全涉及的首先就是财、物的问题。1983 年 9 月,全国人大常委会修改了《人民法院组织法》,法院的司法行政工作由法院自行管理,这是司法行政体制的一次改革。在中国,法院司法行政问题在习惯上被统称为法院的人、财、物问题,包括：法院业务经费的计划分配,法官及法院行政人员的录用、培训、报酬、待遇,法院的工作条件如办公用房、法庭建设、法庭装备、通讯工具,等等。从法院工作报告中我们看到,法院的经费和基本建设费用问题已经影响到法院的工作,特别是基层法院和老少边穷地区的法院。另外,法院管理方式的现代化对财力也提出了更高的要求。1988 年,最高人民法院在报告中指出,用行政机构经费包干的办法,不能解决法院经费问题,把办案经费和罚没收入挂钩或者变相挂钩,不但不能解决问题,反而会产生很多流弊,因而建议全国人大、人大常委会和国务院制定出一个系统的解决办法,把法院的经费和基本建设费用,在国家的、地方的国民经济和社会发展计划之中,单独列项,给予保证。

（二）1987—1997 年,法院机构逐步健全,法院体制改革日益迫切

1992 年,党的十四大确定了建立社会主义市场经济体制的改革目标。中国的经济体制改革由市场取向转入全面建立市场经济体制。到 20 世纪 90 年代末,市场已成为资源配置的基本手段,经济运行中市场的主导地位也已大体形

成,社会治理方式和治理结构发生了重大变化。尤其是 1997 年,党的十五大提出"依法治国,建设社会主义法治国家"基本方略后,司法作为从"书本上的法"到"生活中的法"之桥梁,其在保证法律规则的统一性、普遍性、一定的前瞻性,同时又不失灵活性、丰富性、现实性方面,特别是在中国这样一个各地政治、经济、文化发展很不平衡的国情下显得尤为重要。法院作为裁决纠纷的场所,也越来越受到世人关注。

1989 年以前,中国行政诉讼的程序适用的是 1982 年通过的《中华人民共和国民事诉讼法》(试行)规定的程序。到 1988 年,已有 130 多部法律分别规定法院可以受理行政诉讼案件,由于没有专门的行政审判机构,行政诉讼案件一直由民庭受理,当行政案件数量达到一定规模时,制度化建设和改革的要求就提上日程。1989 年 4 月 4 日七届全国人大常委会第二次会议通过了《中华人民共和国行政诉讼法》。设置行政审判庭成为法院系统的一项重要工作。1990 年全国行政审判工作会议后,全国法院成立的行政审判庭达到 3037 个。① 从 1993 年的最高人民法院工作报告,我们得知,到 1992 年底全国各级人民法院已普遍设立了行政审判庭。行政审判制度作为维护公民权利、限制政府权力的一项重要制度被认为是中国司法改革的一个重要成果。

法院的经费、物质装备问题尽管几乎在每一年的法院工作报告中都要提到,尽管每年都会有一定程度的改善,但始终没有根本解决,在一些地区已经直接影响了审判工作的开展。法院资源供给的这种匮乏状态,所引发的负面效应主要体现在两个问题上:第一,司法腐败现象的滋生。虽然,导致司法腐败的因素是多样化的,但法院自身资源短缺却是一个直接的诱因。司法腐败的实质是司法权的异化,即司法机构及其成员利用司法权换取某种物质或非物质利益。既包括滥用司法权获得这种利益,也包括在正常行使司法权的情况下,利用职业地位的优势取得这种利益。当法院的办案经费短缺时,"三同现象"(即案件承办人与当事人同吃、同住、同出差,费用由当事人出)的出现也就不足为怪了;当法官工资收入偏低,甚至被拖欠、不能足额发放时,当事人的吃喝请送也就难以抗拒了。但是,法院作为社会正义的最后一道防线,作为公平正义的象征符号,其腐败尤其难以让人接受。所以,当国家加大反腐败力度时,司法腐败首当其冲。对司法腐败的治理同时也加快了司法改革的步伐。第二,司法地方化色彩越来越浓。我国的法院是按行政区划进行设置的,司法区域与行政区域重合。法院经费的"碗"挂在地方财政的"锅"上,法院经费没有从行政经

---

① 信春鹰:《中国需要什么样的司法权力》,载《环球法律评论》2002 年春季号。

费中独立出来,只能依赖地方财政供给。这就使得:一方面,法院在个案处置中容易以其对地方利益的特殊保护而取悦于地方权力机构,从而谋求地方权力机构在经费、装备设置供给上给予更大的支持;另一方面,法院与地方权力机构之间长期的、过度的"亲和",也会使"为官一任,造福一方"的传统政治伦理渗入到司法理念中,成为法院潜在的行为取向。① 由此导致地方保护主义、部门保护主义愈演愈烈,这在一定程度上使"执行难"问题雪上加霜,而"执行难"又使法律的权威、法院的权威受到严重损害,缺少权威的法院裁判反过来又加重了"执行难"。这也就是为什么各级法院设立了执行庭、充实了执行力量、强化了执行措施,然而在执行过程中暴力抗法事件不断,"执行难"仍未根本扭转的一个重要原因。司法的地方化直接破坏了法制统一,也阻碍了统一市场经济秩序的形成。

因此,深入研究进一步理顺法院体制,以及改革法院经费保障体制等问题就成为司法改革的重要内容。

(三)1998—2007年,法院改革继续深入,体制改革不容回避

关于法院的经费保障问题。1999年,财政部和最高人民法院联合颁布《人民法院诉讼费管理办法》,对诉讼费管理实行"收支两条线"。该制度对制止、纠正少数法院乱收费、拉赞助、搞提成等错误做法具有重要作用。但在诉讼费实行"收支两条线"后,一些法院特别是老、少、边、穷地区法院的经费短缺问题更加严重了。2001年以后,中央要求彻底落实收支两条线,同级财政保证司法机关的办案经费。但事实上,法院的财政预算和诉讼费收入明脱暗挂的做法比较普遍,2007年4月1日,国务院制定的《诉讼费用交纳办法》施行后,很多法院包括像广东这样经济发展比较好的省份的一些法院也出现了经费困境就证明了这一点。2009年3月25日,最高人民法院出台了《人民法院第三个五年改革纲要(2009—2013)》,人民法院经费保障体制改革成为纲要的一项重要内容。人民法院将配合有关部门将现行行政经费保障体制改革为"明确责任、分类负担、收支脱钩、全额保障"的经费保障体制,实现法院经费由财政全额负担,落实"收支两条线"规定;建立人民法院公用经费正常增长机制;促进信息化在人民法院行政管理、法官培训、案件信息管理、执行管理、信访管理等方面的应用,尽快完成覆盖全国各级人民法院的各项审判业务信息网络建设。法院的经费保障问题早在1988年的法院工作报告中就提出"对于法院办案经费、法庭建设、

---

① 顾培东:《中国司法改革的宏观思考》,载《法学研究》2000年第3期。

交通工具等方面的困难状况……我们希望能有一个大的转变。我们建议全国人大、人大常委会和国务院……把法院的经费和基本建设费用,在国家的、地方的国民经济和社会发展计划之中,单独列项,给予保证"。二十年后,这一难题终于被摆到改革的议程上来。法院经费分类保障这一办法能够在多大程度上解决法院的经费问题,以及这一办法能否真正地让法院不必因为经费问题而受到不当干扰还需要另外专门深入的研究。

关于法院机构改革。1998年,中央机构实行改革,同时规定了政法机关不得再从事经商办企业活动。法院系统的公司企业于1998年11月全部清理完毕。同时,还撤销了法院在行政机关、企事业单位设立的各种执行室、法庭以及法律服务机构,从而消除了影响、阻碍司法公正的一些不利因素。

关于法院内部机构设置的改革。自20世纪80年代以来,各级法院的业务庭日渐增多,由原来的刑庭、民庭增加到后来的经济庭、行政庭、执行庭、告诉申诉庭,很多法院还设置了专门的知识产权、房地产、消费者权益保护庭,等等。由于业务划分及收案范围缺乏统一的标准和科学性,导致机构重叠,职能交叉,分工不明。

1999年,最高人民法院制定的第一个《人民法院五年改革纲要》,明确将法院内设机构改革列为改革的基本内容之一。2000年7月,最高人民法院制定实施《最高人民法院机构改革方案》。大民事审判格局是最高人民法院在法院内部审判体制改革方面的一项重大举措,即在民一、民二、经济一、经济二、知识产权法庭、交通运输法庭、海事法庭基础上,重新组建民事审判一庭、民事审判二庭、民事审判三庭、民事审判四庭。同时,还组建了立案庭专门负责对案件进行统一的受理立案工作,设立了审判监督庭专门负责对决定再审的案件进行审理。

自从20世纪80年代中期以来,法院的机构改革就为适应社会发展的需要,不断广泛而深入地进行着。但是,改革呈现出的缺乏法定性、稳定性和统一性,从而致使机构改革缺乏权威性,是应当引起我们注意的。

随着改革的进一步深入,法院设置及人、财、物管理体制的改革日益迫切,难以回避。而司法体制本身是国家政治体制的重要组成部分,它的状况受到国家政治体制的深刻影响,牵一发而动全身。

二、从法院的审判制度建设看司法改革

在审判工作方面,新中国成立初期借鉴、移植苏联的制度、原则主要有以下几个方面:第一,关于公审制度。审判公开是苏联法院组织基本民主原则之一,也是其人民性和公正性的必然要求。新中国成立后,我们也将公开受理民事、刑事案件作为我国法院工作的基本原则之一。尤其是1954年,当我国的国民经济得到恢复、人民政权获得巩固之后,宪法和人民法院组织法就将该制度进一步明确下来。第二,关于陪审制度。根据列宁和斯大林的指示,一切劳动者都应当参加国家的管理,审判活动是国家活动的重要方式之一,因此,广泛吸收劳动者参加审判活动,就成为人民参加国家管理活动的重要方法。于是,新中国的审判工作也采纳了人民陪审制度。第三,审判独立原则。苏联《宪法》第112条明确规定:"审判员独立,只服从法律。"吸收苏联经验,我国1954年《宪法》第78条明确规定:"人民法院独立进行审判,只服从法律。"显然,我们的做法已与他们有了区别,苏联强调的是审判员的独立性,强调审判员的自由确信;而我们强调的是法院的独立性,注重发挥法院工作人员的集体作用。此外,关于法院的宣传教育作用以及重刑的观念,也受到了苏联的影响。与许多20世纪50年代从苏联引进的其他原则一样,审判独立原则在1957年"反右"斗争中遭到了否定,在以后的近二十多年时间内一直受到批判。[①]"文化大革命"期间,林彪、江青反革命集团竭力否定社会主义法制原则,他们鼓吹"革命造反行动用不着遵守法制",主张"群众专制,群众立案、办案和群众审判"。在他们的严重干扰和影响下,1975年《宪法》明确宣布取消"司法独立"(即法院独立审判)原则、"法律面前人人平等"原则和辩护制度、公开审判制度、人民陪审员制度等。1978宪法仍然坚持了1975年宪法的错误,没有规定公民在法律面前人人平等和人民法院独立行使审判权、只服从法律的原则。直至1979年《人民法院组织法》宣布:"人民法院独立进行审判,只服从法律"。1982年宪法则进一步明确规定了法院的独立审判权。

表7.2按年度汇总了最高人民法院工作报告(1980—2012年)中关于审判制度建设的情况,包括审判工作在不同时期的指导思想、审判政策和原则。

[①] 参见何勤华:《关于新中国移植苏联司法制度的反思》,载《中外法学》2002年第3期。

表7.2 1980—2012年最高人民法院工作报告中关于审判制度建设的情况

报告时间 报告人	审判制度建设
1980年9月2日 江华	开展真理标准的讨论以后,特别是贯彻中共十一届三中全会精神以后,广大司法干部逐步解放了思想,从实际出发,坚持实事求是、有错必纠的原则,把复查工作普遍地开展了起来。 必须坚持实事求是,反对主观主义。这是十年浩劫中审判工作的一条重要教训。人民法院审判案件必须正确地执行国家的法律,严格依法办事。这是另一条重要的教训。审判工作必须遵循"事实为根据,法律为准绳"这个根本原则。十年动乱中……判处刑事案件,特别是反革命案件既不依法定罪量刑,也不执行法定的程序制度,以致混淆了罪与非罪的界限,判错了许多无辜的人。
1981年12月7日 江华	为了严格执行并且善于应用刑法、刑事诉讼法,我们坚持抓了以下三点:第一,忠实于事实真相。……第二,有法必依,执法必严。……第三,以公开审判为重心,认真执行审判程序和制度。……
1982年12月6日 江华	坚决打击经济领域中的严重犯罪活动,是一项长期的重大任务。……当前,这场斗争正在深入发展。全国各级人民法院必须继续贯彻执行两个《决定》,进一步抓好以下几项工作:(一)抓住打击重点,继续集中力量抓紧处理好大案要案。……(二)正确执行政策法律,划清罪与非罪的界限,准确地打击严重破坏经济的犯罪分子。……(三)严格按照司法程序办案。……(四)结合办案,进一步开展司法建议活动。……
1983年6月7日 江华	在审判工作中,坚持以事实为依据,这是正确处理案件的前提。必须正确地执行国家法律,严格依法办事。审判刑事案件,要按照刑法定罪量刑,并且以公开审判为重心,认真执行刑事诉讼法规定的各项程序制度。必须贯彻群众路线,实行专门与群众相结合。……民事审判工作是群众工作、政治思想工作。
1984年5月26日 郑天翔	对已判决的案件,经发现并经过查证确实判错了的,坚决纠正,决不将错就错。人民法院刑事审判工作坚定地贯彻了以下各项方针、政策和原则: 一、坚决贯彻依法从重从快的方针,严厉惩罚刑事犯罪分子。…… 二、坚持实事求是,依法办案,保证办案质量。…… 三、坚持惩办与宽大相结合、区别对待的政策。…… 四、坚决执行公民在法律面前一律平等的原则。……

(续表)

报告时间 报告人	审判制度建设
1985年4月3日 郑天翔	一年来,许多人民法院克服了关门办案、就案办案的现象,走出机关,既做司法工作,又做群众工作,更加注重了办案的社会效果。
1986年4月8日 郑天翔	在任何情况下,都要坚持实事求是的思想路线,注重一个"准"字,做到稳、准、狠。……有的犯罪分子,个人非法所得虽然不是很大,但给国家造成的经济损失却很大,就应当重判;有的犯罪,在经济上造成的直接损失并不很大,但在政治上给国家和人民的危害很大,也应当重判。 ……要大力改进工作……深入基层,实行巡回办案、就地办案,到群众中去,既当审判员,又当法制宣传员,既做审判工作,又做群众工作,积极主动地参加社会治安的综合治理,预防和减少矛盾激化。 为了严肃执法,最高人民法院加强了对审判活动的监督,对一些大案要案在审理过程中就及时监督。
1987年4月6日 郑天翔	最高人民法院根据宪法赋予的职权,不断加强对下级法院审判工作的监督,严格按照宪法和法律办事。我们主要抓了三个坚持:(一)坚持公民在法律面前一律平等的原则。……(二)坚持严格依法办事。……(三)坚持实事求是的思想路线,在"准"字上狠下工夫。
1988年4月1日 郑天翔	重复申诉的在基层法院平均为30%左右,在中、高级法院平均为40%左右。目前,主要问题是需要建立正规的申诉制度。 最高人民法院、上级法院对下级法院的审判工作,在重大问题上,不仅在判决发生效力后进行监督,而且在审判过程中就及时有效地实行监督。……进一步克服"衙门作风",变单纯"等案上门"为深入群众,主动服务;变"关门办案"为联系各方,综合治理,扩大效果,变"孤立办案"为服从全局、服务全局,把执法与讲法,依法办案与思想教育,审判工作与群众工作密切结合。

(续表)

报告时间 报告人	审判制度建设
1989年3月29日 任建新	由于目前我国法律还不够完备,审判工作中新情况、新问题很多,执法中有时还有阻力等实际情况,下级法院就一些涉及罪与非罪、政策界限不清,特别是极少数影响重大的疑难案件向最高人民法院或上级法院报告,最高人民法院或上级法院及时研究,主要就适用法律问题提出意见。对案件的具体处理则由下级法院依照法定程序,经过庭审审理,根据庭审确认的事实,严格依法作出判决。几年的实践证明,这样做不仅不影响下级法院依法独立行使审判权,也不影响当事人依法行使诉讼权利,而且对于提高执法水平,提高办案质量是有好处的。全国法院进一步认真执行了依法公开审判制度,不少法院把搞好公开审判列为自身改革和业务建设的重点。
1990年3月29日 任建新	现在,一个值得注意的问题……是"以罚代刑"。这不仅妨碍了严肃执法,而且容易腐蚀执法队伍。 以公开审判为重心,积极改进庭审工作,……最高人民法院在总结一些地方法院再审案件经验的基础上制定了《关于刑事再审案件开庭审理程序的意见》。在审理民事、经济纠纷案件中,各级人民法院就加强当事人的举证责任,进行了大量的试点工作,实行当事人举证和法院调查相结合,加强了庭审调查。……为了搞好公开审判,近几年来,人民法院通过依法选举和邀请社会各界人士担任人民陪审员,参加案件的审判。 我们强调应当全面理解和正确执行"着重调解"的原则,对调解无效的,应当及时判决。
1991年4月3日 任建新	坚持以公开审判为重心,全面贯彻诉讼法,不断提高办案的质量和效率。……各级人民法院在审判工作中,认真执行各项审判程序和制度,切实依法保障当事人的起诉权、辩护权、上诉权等诉讼权利,审理民事案件、经济纠纷案件强调当事人的举证责任,不断提高公开审判的水平,从程序上保证了办案质量。 对需要再审的案件,依照审判监督程序进行重新审判,做到"实事求是,有错必纠。"……反对地方保护主义的干扰。

(续表)

报告时间 报告人	审判制度建设
1992年3月28日 任建新	去年,全国法院继续把深入开展打击严重经济犯罪的斗争,作为惩治腐败、抵御和平演变、坚持社会主义道路的一件大事来抓。对严重经济犯罪分子,坚持依法从严惩处的方针。 1991年,全国各级法院坚持为改革开放和发展经济服务的指导思想,进一步加强了经济审判工作。 各级法院要进一步加强审判监督,发现确有错误,坚决依法纠正,做到实事求是,有错必究……
1993年3月22日 任建新	改进公开审判的方式。审理民事、经济纠纷案件,强调当事人的举证责任,强调庭审的调查、辩论和质证,以保护当事人的诉讼权利,提高办案质量和效率。有些法院试行立案和审理分开的制度,强化法院内部的制约机制,有利于解决"告状难"的问题。 在今后的工作中……:一是必须坚持审判工作为经济建设服务的指导思想。……坚持在党的领导和人大的监督下依法独立进行审判,不断改进公开审判方式,坚决反对和抵制"以言代法"、"以权压法"。……人民法院要坚决抵制和克服地方保护主义和部门保护主义。五是必须坚持法院的自身改革和建设,增强改革意识、更新观念,认真总结我国改革开放以来的司法实践经验,加强对新情况、新问题的调查研究,大胆借鉴外国司法制度的有益经验,进一步发展和完善有中国特色的社会主义审判制度。
1994年3月15日 任建新	随着经济体制改革的深化,社会主义市场经济的发展,人民法院通过审判调节经济关系的领域进一步拓宽。1993年,经济纠纷案件大幅度上升,并出现了不少新型案件。各级人民法院还加强了内部自我监督机制,一些法院试行了错案追究制。
1995年3月13日 任建新	一是坚持依法独立行使审判权,坚决反对和抵制地方保护主义、部门保护主义的影响和其他方面的干扰。……二是严格依照实体法和程序法办案,进一步搞好公开审判,认真执行当事人举证责任和当庭质证制度,充分保障当事人行使各种诉讼权利,提高办案质量和效率,保证裁判公正。针对有些法院不同程度地存在着审判工作秩序混乱的情况,最高人民法院依照法律规定,对具体规范审判工作秩序作出了统一部署。……三是大力加强审判监督。……

(续表)

报告时间 报告人	审判制度建设
1996年3月12日 任建新	大力推行民事、经济审判方式改革,在公开审判中,强化庭审功能,强化当事人的举证责任,强化合议庭的职责;对少数专业性、技术性强和影响较大的案件,邀请专家学者作为人民陪审员参加审理,或者召开专家鉴定会,向他们咨询。继续整顿和规范审判工作程序。进一步加强最高人民法院对地方各级人民法院和专门人民法院的审判监督,切实做到执法必严,违法必究;继续深化审判方式改革。
1997年3月11日 任建新	全面推进审判方式改革。……改革的基本内容是依法强化庭审功能,强化合议庭和独任审判员的职责;加强对人民群众合法权益的司法保护。核心是进一步贯彻公开审判的原则,凡是依法应当公开审判的案件,都做到公开审判,把审判活动更好地置于社会监督之下。实践表明,积极改革审判工作,有利于保证严肃执法,公正裁判,提高办案质量和效率,促进法院廉政建设,提高法官队伍素质。 要以刑事审判方式改革为重点,继续全面推进民事、经济、海事、行政审判方式的改革和完善。
1998年3月10日 任建新	各地法院全面改革和完善各类案件的审判方式,主要内容是:坚持公开审判原则,强化庭审功能,实行公开调查、公开辩论、公开质证,将审判活动置于群众的监督之下。健全审判组织的监督机制,强化合议庭的职责,进一步完善合议制和审判委员会制度;制定审判工作规则,实行办案规范化。加强法院自身的制约机制,各级人民法院实行了立审分立,普遍设立了立案机构,把立案与审判分开,依法保护当事人的诉讼权利;实行了审执分立,普遍设立了执行庭,理顺了审判与执行的关系。 以刑事审判方式改革为重点,全面推进了审判方式改革。
1999年3月10日 肖扬	为确保司法公正,最高人民法院督促地方各级人民法院进一步健全和完善立案和审判分立、审判和执行分立、审判和监督分立的制度;开庭审理案件实行当庭举证、质证、认证、辩论,提高当庭宣判率;对一些有影响的重大案件进行现场直播或实况转播。 全面推进公开审判,以公开促公正。强化合议庭、独任审判员职责。 改变长期存在的"重实体、轻程序"的现象,严格按照诉讼程序办案。

(续表)

报告时间 报告人	审判制度建设
2000年3月10日 肖扬	根据宪法和法律规定的原则,制定了《人民法院五年改革纲要》。 　　强化庭审方式和审判组织改革。要求对依法应当公开审理的案件,一律实行公开审判,公民可以凭有效证件旁听。开庭审理的案件应当实行法庭举证、质证、辩论、认证。针对一些法院审判责任不明确的问题,人民法院根据法律规定,进一步强化合议庭和独任审判员职责。一些法院选拔具有较高素质的法官担任审判长、独任审判员,由合议庭和独任审判员依照审判职责对案件直接进行裁判,并对案件的处理结果负责。同时,逐步改变庭长、主管院长审批案件的做法,要求庭长、院长参加合议庭担任审判长直接审理案件。 　　最高人民法院要求各级人民法院全面执行"立案、审判,监督、执行"分立制度,积极探索和推行审判工作流程管理机制,由专门机构对立案、送达、开庭、结案、执行等各阶段的工作进行安排和跟踪,从而加强了对审判运行过程的有效监督,实行审判各个环节的相互制约,促进了案件审理工作的公正和高效。 　　全国法院将继续强化合议庭和独任审判员职责,把建立审判长制度和独任审判员的审查、考核、选任制度作为今年改革的重点并普遍实施。
2001年3月10日 肖扬	完善当事人举证制度,试行民事审判举证时限制度,庭前证据展示、交换制度使当事人得以充分说理。 　　全面推行领导干部引咎辞职制度。 　　继续完善合议庭制度,全面完成审判长和独任审判员的选任工作,积极进行人民陪审员制度改革。深化审判方式,探索简便、快捷办案方式,提高庭审效率,继续进行裁判文书改革。推进申诉和审判监督制度改革,在确保公正前提下维护生效裁判的权威性和稳定性。……通过改革,实现审判公开、程序合法、审限严格、裁判公正、依法执行的目标。
2002年3月11日 肖扬	去年,重点抓了以下四个方面的改革: 　　(一)以证据制度改革为重点,完善诉讼制度。…… 　　(二)以再审制度改革为重点,加强审判监督工作。最高人民法院启动审判监督制度改革,规范刑事再审案件开庭审理程序,确定再审案件立案标准,在确保公民行使申诉权的前提下,维护终审裁判的稳定性,减轻当事人的诉讼负担。…… 　　(三)以法官制度改革为重点,推进法官专业化建设。…… 　　(四)以审判组织改革为重点,促进审判机制创新。

(续表)

报告时间 报告人	审判制度建设
2003年3月11日 肖扬	改革完善审判机制。建立民事审判新格局,完善刑事、民事、行政审判体系。全面落实立案与审判、审判与监督、审判与执行三个分立制度,强化监督制约机制。 　　改革、完善审判方式,全面落实公开审判制度,以公开促公正。 　　改革、完善诉讼制度。推行诉讼证据制度改革。 　　探索审判监督改革。制定再审案件立案标准,确保当事人依法行使申诉权和申请再审权,在纠正错误裁判的前提下,维护生效裁判的权威性和稳定性。 　　推行审判运行机制改革。加强审判流程管理。 　　强化合议庭职责。……逐步改变院长、庭长审批案件的做法,强调院长、庭长担任审判长直接审理案件,提高办案质量和效率。继续做好加入世贸组织后相关审判工作。坚持法制统一性、透明度和非歧视等原则,依法履行加入世贸组织后的司法审查职能,平等保护中外当事人合法权益。
2004年3月10日 肖扬	进行简化诉讼程序改革,提高审判效率。……实行繁简分流,重大案件依法按程序严格审理;制定《关于适用简易程序审理民事案件的若干规定》,提高民事审判效率,减轻当事人诉讼负担。为完善民事执行制度,基本完成了《民事强制执行法(草案)》的起草工作;为完善人民陪审员制度,起草了《关于完善人民陪审员制度的决定(草案)》,并已向全国人大常委会正式报送、提请审议;与最高人民检察院、公安部、司法部联合发布《关于开展社区矫正试点工作的通知》,推进刑罚执行制度的改革和完善。
2005年3月9日 肖扬	我院指导地方各级人民法院进一步落实公开审判原则,努力实现立案公开、庭审公开、审判结果公开、裁判文书公开和执行过程公开,以公开促公正。采取案件开庭前公告和简化旁听手续等措施方便群众旁听,全年接待旁听群众5000余万人次。依法扩大简易程序的适用范围,提高审判效率。适用简易程序审结案件3147221件,占全部案件的63.6%。

（续表）

报告时间 报告人	审判制度建设
2006年3月11日 肖扬	2005年，最高人民法院按照中央关于司法体制和工作机制改革的统一部署，颁布了《人民法院第二个五年改革纲要》。同时，指导各级法院认真贯彻全国人大常委会《关于完善人民陪审员制度的决定》，制定了人民陪审员管理办法，加强对人民陪审员的培训。2005年，最高人民法院加强了对跨地区重大民事执行案件的协调，共办理此类案件210件。同时，运用现代电子信息技术手段，开发"全国法院执行案件信息管理系统"，探索建立国家执行威慑机制，会同公安、工商、银行等部门对拒不执行法院生效裁判的被执行人加大制约力度，促使其自动履行生效裁判。
2007年3月13日 肖扬	为保证今年1月1日起统一行使死刑案件核准权，最高人民法院从思想、制度、组织和物质装备等方面做了充分准备。进一步完善了死刑案件一审、二审和核准工作制度；会同最高人民检察院制定了《关于死刑第二审案件开庭审理程序若干问题的规定》，实现了死刑第二审案件全面开庭审理。 为促进我国对外经济交往和海运经济发展，最高人民法院颁布《关于海事审判工作发展的若干意见》，完善海事审判制度，规范诉讼程序。 由中央各有关部门牵头，分别建立解决执行难问题的领导协调机制、典型事例通报制度和目标考核机制。完成执行案件信息管理系统开发和试点。改革和完善人民法庭工作机制，人民法庭的立案管理、巡回办案、诉讼调解和适用简易程序等工作均已形成制度性规定；改革了审判委员会工作方式、表决机制、委员任职资格；执行体制与工作机制改革和审判监督制度改革，已经向全国人大常委会提出立法建议；继续探索未成年人司法制度，完善基层人民法院少年法庭工作机制；贯彻实施人民陪审员制度。
2008年3月10日 肖扬	落实公开审判，提高司法透明度。强化和规范对当事人依法告知义务，保障当事人对审判权运行过程的知情权。建立新闻发言人制度，及时发布重要审判信息，主动接受舆论监督。提高司法效率，及时化解纠纷。在民事审判工作中，适用简易民事程序速裁案件1496万件，全部案件审限内结案率达到96.06%。落实便民措施，方便群众诉讼。全国共设立巡回审判点11220个，6941个人民法庭实现了直接立案。根据全国人大常委会关于修改人民法院组织法的决定，最高人民法院从2007年1月1日起统一行使死刑案件核准权。一年来，总体工作进展顺利，衔接过渡平稳有序，案件审判运行正常。

(续表)

报告时间 报告人	审判制度建设
2009年3月10日 王胜俊	进一步加大执行力度,完善提级执行、委托执行、异地执行等措施,会同公安、工商等部门,实行部门联动和地区联动,依法查处拒不执行、暴力抗拒执行等行为。完善信息管理系统,采取公开被执行人失信记录、强制申报财产、限制被执行人出境等措施,敦促被执行人履行义务。进一步规范执行秩序,制定司法解释,对执行管辖、强制措施等予以规范。健全高级人民法院统一管理、统一协调的执行工作管理体制,强化执行环节之间的监督制约,确保执行公正。 　　建立信访案件监督协调机制,完善判后答疑制度,推行申诉听证制度,有效疏通申诉上访渠道,引导群众理性表达诉求。 　　继承和发扬"马锡五审判方式",深入基层,巡回审判,就地办案,方便群众诉讼,减轻群众负担。 　　着眼于促进社会和谐,转变审判观念,坚持"调解优先、调判结合"原则,把调解贯穿于立案、审判、执行的全过程。全面推进民商事案件调解工作,探索建立轻微刑事案件调解制度,加大刑事附带民事案件调解力度,充分发挥行政案件协调机制的作用。 　　根据中央统一部署,制定了关于深化人民法院司法改革工作的意见和措施,在继续深化死刑核准制度、审判委员会工作机制、未成年人审判制度、审判监督程序及执行工作机制改革的基础上,着眼建立公正高效权威的社会主义司法制度,着力解决影响和制约司法公正的突出问题,努力保障社会公平正义。 　　更加注重完善司法公开制度。实现司法公正必须推进司法公开。进一步深化审判公开改革,推行立案公开、庭审公开、判决理由和结果公开,保障当事人的知情权、参与权和监督权。试行庭审网络直播,推进裁判文书网上公开制度。进一步推进执行公开改革,公开查封、扣押、拍卖等执行措施,对执行争议事项公开听证。 　　更加注重规范法官裁量权。这是实现司法公正的重要保证。强化审判管理环节对法官行使裁量权的约束和规范机制。

(续表)

报告时间 报告人	审判制度建设
2010年3月11日 王胜俊	针对国际国内经济形势的发展变化和企业的生产经营状况，最高人民法院加强调查研究，提出能动司法的要求，适时调整司法政策；……各级法院在尊重司法规律的同时，积极主动地开展工作，及时就审判活动中发现的可能影响经济发展的重大问题向有关部门提出司法建议；各地法院围绕国家出台的区域经济发展规划，完善司法保障措施，促进经济协调发展。 　　探索建立化解行政争议新机制。着眼于促进社会和谐，积极探索行政诉讼案件协调和解等工作机制，促进行政相对人与行政机关互相理解、彼此沟通，妥善化解行政争议。 　　继续坚定不移地推进司法体制改革，按照中央的统一部署，按期完成刑事被害人救助、司法公开制度等5项改革任务的实施方案，制定《人民法院第三个五年改革纲要（2009—2013）》。同时，为确保审判公正高效，大力推进人民法院工作机制改革。 　　构建符合国情的调判结合工作机制。把化解矛盾、案结事了、促进和谐、确保公正作为审判工作目标。坚持"调解优先、调判结合"工作原则，将调解贯穿于立案、审判、执行、信访工作全过程。……在去年审结的一审民事案件中，调解和撤诉结案359.3万件，占62%，同比上升3.1个百分点。 　　推进审判机制改革和管理创新。制定司法公开的若干规定，全面推进审务公开，规范裁判文书上网和庭审直播，开展人民法院"公众开放日"活动，实行新闻发布例会制度，进一步拓展司法公开的广度和深度。积极推进人民陪审员制度改革，扩大选任范围，全国人民陪审员数量由5.7万人增加到7.7万人，全年参与审判案件63.2万件，同比上升25.1%。严格规范法官裁量权，推进量刑制度改革，促进量刑公平公正。探索建立案例指导制度，统一案件裁判标准。严格审限制度，开展专项检查，着力解决一些案件超审限问题。指导地方各级法院成立专门审判管理机构，加强审判运行态势分析、案件质量评查、办案绩效考评等工作，促进审判、执行工作规范运行。推进审判流程、司法统计的信息化管理，提高管理效能。

(续表)

报告时间 报告人	审判制度建设

2011年3月11日
王胜俊
	最高人民法院始终坚持能动司法理念,指导地方各级人民法院找准审判工作服务经济社会发展大局的切入点,为促进经济社会又好又快发展提供有力的司法保障。
	  按照党中央统一部署,最高人民法院坚持中国特色社会主义司法制度,指导地方各级人民法院紧紧围绕人民群众普遍关心、可能影响司法公正的问题推进改革,进一步加强司法公开、司法民主、司法监督等制度建设。
	  推进司法公开和司法民主。认真落实最高人民法院《关于司法公开的六项规定》,进一步明确立案、庭审、执行、听证、文书、审务六个方面必须公开的内容、程序和方法。
	  最高人民法院成立了审判管理办公室,加强对审判流程和办案质量效率的管理监督。全面推行量刑规范化改革,制定量刑程序规则,确立定性分析与定量分析相结合的量刑方法,规范法官裁量权,促进量刑公平公正。完善刑事证据制度,会同中央政法部门制定《关于办理死刑案件审查判断证据若干问题的规定》和《关于办理刑事案件排除非法证据若干问题的规定》,严格刑事案件特别是死刑案件证明标准,明确规定采用刑讯逼供等非法手段获取的被告人供述不得作为定案证据,确保刑事审判质量。推进民事、行政诉讼制度改革,开展小额案件速裁和行政诉讼简易程序试点工作,做到难案精审、简案快结。制定《关于案例指导工作的规定》,及时发布典型案例,加强对疑难复杂案件的审判指导。

（续表）

报告时间 报告人	审判制度建设
2012年3月11日 王胜俊	积极参与社会管理综合治理,大力推进未成年人犯罪案件审判工作,加强刑事附带民事诉讼调解、自诉案件和解以及刑事被害人救助工作,严格减刑、假释条件及办理程序,完善审判工作与社区矫正衔接机制…… 　　健全诉讼与非诉讼相衔接的矛盾纠纷解决机制,推动完善人民调解、行政调解、司法调解相结合的大调解工作体系,加强人民调解协议司法确认工作,支持调解组织、仲裁机构、行业协会充分发挥作用,共同化解社会矛盾。 　　最高人民法院建立发回重审、指令再审案件信息反馈机制,规范民事再审审查工作,完善审判监督工作评价体系,指导各级法院提升一审、二审案件审判质量。 　　人民法院继续贯彻落实中央关于深化司法体制和工作机制改革的决策部署,其中由最高人民法院牵头的12项重点任务已基本完成,"三五"改革纲要确定的优化职权配置、落实宽严相济刑事政策、加强队伍建设、加强经费保障、健全司法为民工作机制等五个方面改革都取得实质性进展。 　　深化审判方式改革,开展小额速裁试点工作;全面推进量刑规范化改革,规范量刑程序,完善量刑方法,促进量刑公正。积极参与刑事诉讼法、民事诉讼法修订工作,及时向立法机关提出建议。深化审判管理改革,加强案件质量评查,完善司法过错责任追究机制,推动各级法院建立健全科学有效的审判管理体系,促进审判质量稳步提升;发布第一批指导性案例,指导各级法院妥善审理类似案件,统一裁判标准。 　　加强对已出台改革措施落实情况的督查和评估,健全司法改革目标责任制,巩固改革成果。着眼于方便群众诉讼,深化审判方式改革,完善小额速裁制度、量刑制度及旁听庭审制度,加强巡回审判;深化执行改革,完善执行联动机制和司法评估、拍卖制度;深化人事管理改革,完善人员分类管理制度。进一步落实司法公开、司法民主和司法为民措施,认真研究制约人民法院工作发展的体制性、机制性、保障性问题,着手谋划下一轮人民法院司法改革基本框架。

（一）1980—1987年,审判工作贯彻群众路线,以"实事求是"为指导,以"公开审判"为重心

在这一阶段,法院的审判工作还没有明确地提出要进行改革,每年的工作报告中强调的也都是关于审判工作应当坚持、遵循的原则、方针、政策,等等。

主要有:(1)公开审判原则。(2)从重从快严厉惩罚刑事犯罪分子。(3)实事求是地依法办案,审判人员要树立辩证唯物主义思想路线,坚持以事实为依据。(4)由于群众中因一般民事纠纷激化而发生凶杀、重伤的案件十分突出,再加上受苏联强调法院应对人民群众进行宣传教育的影响。[①]我们的法院也一直强调坚持群众路线,克服"等案上门"的"衙门作风",深入群众,主动服务,既当审判员,又当法制宣传员,积极参与社会治安综合治理,预防和减少矛盾激化。(5)对重大、疑难案件,上级人民法院对下级人民法院不仅要审判后监督,而且在审判中就"及时有效地实行监督。对一些影响大、审理难度大的大案要案,我们与高、中级法院及时研究案情、政策和适用法律问题,及时交换意见,并且及时查问审理的进展情况"。在我国,法院审级实行二审终审制。上诉审级就是为纠正初审错误而设计的,而且,在二审终审之外,还设立了审判监督程序对错误裁判进行救济。无疑,这种在审判中就"监督"、"交换意见"的做法,会影响法官的独立审判。(6)实事求是,有错必纠原则。这本是纠正"文化大革命"期间冤、假、错案所遵循的原则,但由于一贯强调"实事求是",有错自然也必须得纠正,于是该原则就一直被保留下来。其结果便是有些案件"再审不断,终审不终",司法裁判的稳定性、权威性都受到了极大的损害。

(二)1988—2002年,审判制度改革启动并逐步深化,成为法院体制改革的原动力

纵观这一时期,法院审判制度改革举措不断,主要有以下特点:

第一,改革最初是从基层法院开始,后来变为由上级法院主导、自上而下展开。面对成倍增长的案件,再加上基层法院的经费紧缺,强化当事人的举证责任就成为法官不得已而为之的一个解决方法。而此举既节省了法院的人力、物力、财力,又提高了办案效率,适应了社会形势的发展,于是成为经验在法院系统得以推广。立案与审理分开的制度也是一些基层法院在工作中为提高审判工作效率率先探索出来的。1993年的法院工作报告就提出了改革要求。1993年11月,党的十四届三中全会提出要改革、完善司法制度、提高司法水平。1997年党的十五大确定了依法治国的基本方略,明确提出"推进司法改革,从制度上保证司法机关依法独立公正地行使审判权和检察权,建立冤案、错案责任追究制度"的要求和建设社会主义法治国家的目标。当司法改革成为民众的要求,成为人代会、党中央的决定时,一场声势浩大的自上而下的系统的司法制

---

① 如"苏联法院不仅顺利地进行着与过去残余的和反映着外来的资本主义包围的犯罪,并且顺利地得以实现其教育任务,以共产主义教育的精神,感化群众"。参见〔苏联〕高里雅柯夫:《苏联的法院》,一之译,时代出版社1950年版,第81页。转引自何勤华:《关于新中国移植苏联司法制度的反思》,载《中外法学》2002年第3期。

度改革正式开始了。最高人民法院于1999年10月20日印发了《人民法院五年改革纲要》,对1999年至2003年期间人民法院司法改革的主要任务、总体目标、基本原则、重要措施作了全面部署。纲要共50条,其中39条具有改革的具体要求,涉及审判方式、审判组织、诉讼程序、证据制度、法官管理等各个方面。

第二,改革先是从民事、经济审判方式的改革开始,进而扩展到刑事审判方式的改革。在较长一段时间里,人民法院司法改革被称为民事审判方式改革,对民事审判方式进行正式改革源起于对1982年民事诉讼法的修改。在20世纪80年代中后期中国由计划经济向市场经济转轨过程中,原有的职权主义诉讼模式已经不能完全适应客观形势的发展和要求。因此,1991年制定的民事诉讼法对此作了重大变革,强调当事人的举证责任,缩小法院依职权调查取证的范围,强调不告不理和当事人调解自愿的原则,等等。随后审判方式改革也在刑事审判和行政审判领域内逐渐展开,尤其是1996年7月最高人民法院召开第一次全国审判方式改革工作会议,以贯彻新的刑事诉讼法为契机,全面推进各项审判方式的改革和完善,标志着人民法院审判方式改革的全面实施。诉讼机制、诉讼制度改革的进一步发展,必然涉及整个司法体制的改革,因此,人民法院司法改革基本上是按照强调当事人举证责任——庭审方式改革——审判方式改革——诉讼制度改革——司法体制改革——政治体制改革这样一个轨迹发展的。[①] 当然,改革不仅有其内在的必然联系,而且相互之间也有一定交叉。

第三,改革层层递进,步步深化。刚开始是在民事诉讼中强化当事人的举证责任,实行"谁主张、谁举证",再加上公开审判原则的要求,就必须要加强庭审调查、当庭辩论、当庭质证,这就开启了庭审方式的改革。而庭审方式改革又涉及当事人的辩护权、上诉权等诉讼权利的保障,对诉讼制度进行改革与完善也就势在必行了。同时,当事人当庭辩论、质证后,法官要当庭认证、当庭宣判,否则,前面当事人的举证、质证的成效会打折扣,司法的公正与效率也难以体现。因此,强化合议庭、独任审判员的职责,就成为必然和必须。而这就涉及法官、合议庭、庭长、院长、审判委员会的权力划分问题,涉及审判组织改革的问题以及法官的素质问题(该问题将在下一部分详述)。

审判组织是人民法院审判案件的组织形式。我国现行《人民法院组织法》第10条规定:"人民法院审判案件实行合议制","人民法院审判第一审案件,由审判员组成合议庭或者由审判员和人民陪审员组成合议庭进行","简单的民事案件、轻微的刑事案件和法律另有规定的案件,可以由审判员一人独任审判"。第11条规定:"各级人民法院设立审判委员会,实行民主集中制。审判委员会的任务是总结审判经验,讨论重大的或者疑难的案件和其他有关审判工作的问

[①] 景汉朝:《中国司法改革策论》,中国检察出版社2002年版,第129页。

题"。从规定的内容上看,法院组织法规定的审判委员会的职权主要有两项,一是总结审判经验,二是讨论部分案件,但是没有赋予其审判案件的决定权。而我国现行《刑事诉讼法》第149条规定:"合议庭开庭审理并且评议后,应当作出判决。对于疑难、复杂、重大的案件,合议庭认为难以作出决定的,由合议庭提请院长决定提交审判委员会讨论决定。审判委员会的决定,合议庭应当执行。"这就使审判委员会有了对案件的决定权,但是审判委员会如何作出"决定",却没有明确的活动规则。我国《人民法院组织法》也只是规定审判委员会实行"民主集中制",这就导致司法实践中审判委员会的活动无"法"可依,无"章"可循。"承办人员汇报援用几十年来的口头形式,主观随意性大,即使汇报与案件事实有出入也难以及时发现和查纠;……同时,承办人口头汇报,审判委员像答记者问似的即席讨论答复,没能给委员留出分析、研究疑难复杂案件的必要空余时间,使得他们无法事先针对案情进行全面深入的分析研究,仔细研读有关法律法规,往往很难保证裁判质量。经过审判委员会研究的案件又往往被审判委员改变裁判意见的也时有所见,造成不必要的重复劳动……"①参加审理疑难案件的合议庭没有决定权,拥有最终决定权的审判委员会是通过听取汇报,进而按照少数服从多数原则作出判决。

审判委员会成员大多都是由正副院长和主要业务庭(室)的庭长组成,那么对于提交到审判委员会的某个具体案件来说,多数人可能就成了"外行",其对个案作出的判断也就不必然比承审法官更高明。此外,现代审判制度是一种以各种诉讼程序作为保障的直接审理制,而审判委员会的间接审理,脱离了直接的证据和事实的接触与审查,缺失了审判程序对法官的制约,审者不判,判者不审,违反了审判的内在规律。因而,审判委员会制度受到的质疑声也越来越多。② 这一制度也被视为我们国家司法权行政化的一个典型体现。最高人民法院在第一个《人民法院五年改革纲要》里提出,要规范审判委员会的工作职责,"逐步做到只讨论合议庭提请院长提交的少数重大、疑难、复杂案件的法律适用问题,总结审判经验,以充分发挥其对审判工作中带有根本性、全局性问题进行研究和作出权威性指导的作用"。③

法院内部审判业务运作方式的行政化,还表现在庭长、院长的批案制度。所谓批案制度,是指所有的案件在独任审判员或合议庭审理之后作出判决前,

---

① 王广甲、张兆锁、吴光侠:《关于完善审判委员会工作的几点思考》,载《中国律师》1998年第2期。

② 陈瑞华教授在"评法院审判委员会制度"一文中对审判委员会制度的性质和实际运作的特点进行了分析,从不同角度对这一制度的局限性和缺陷作出重新剖析和评价,并提出了改革的设想。http://www.civillaw.com.cn/article/default.asp?id=29172,2011年5月6日访问。

③ 《中华人民共和国最高法院公报》1999年第6期,第187页。

主审人员必须将案件审理的具体意见上报主管的行政业务领导,如庭长或副庭长、院长或副院长审查决定的一项制度。①此外,审判实践中还流行一种下级法院对上级法院的案前请示汇报制度。正如1989年工作报告中所讲的"目前我国法律还不够完备,审判工作中新情况、新问题很多,执法中有时还有阻力等实际情况,下级法院就一些涉及罪与非罪、政策界限不清,特别是极少数影响重大的疑难案件向最高人民法院或上级法院报告,最高人民法院或上级人民法院及时研究,主要就适用法律问题提出意见"。无疑,这样做的主观愿望是好的,然而由于没有法律的规范,没有相关制度的保障,这种"请示汇报"就容易异化成为上级法院对下级法院的干预。况且,法官裁判案件主要包括事实认定和法律适用,因此就法律适用问题向上级法院请示同样也违背了独立审判的要求。当下级法院的判决体现了上级法院法官的意志时,从一定程度上讲,当事人的上诉权也就被剥夺了。这种请示制度也违反了宪法和法律规定的独立审判的要求。法院的独立审判应当包括上下级法院之间在审判案件上的相互独立。

以上的制度弊端为司法腐败打开了方便之门。"'司法不公'、'司法腐败'、'地方保护主义'这样否定性的评价,不仅出现在学者的著作中,出现在平常百姓的闲聊中,而且频频出现于党和国家领导人的讲话、官方正式文件中。这似乎足以说明问题的严重性。随着批评和讨论的深入,人们对少数问题的根源的认识也逐渐超越了个别法官政治立场不坚定、素质较低之类似是而非的对人评价而上升到制度层面,这时,一个过去曾被多次批判的概念——'司法独立'重新回响在人们的耳畔,并且几乎成了关于司法改革的所有期待性话语中的最强音。时至今日,认为司法独立得不到保障乃是造成我国司法制度种种弊端的一个重要原因。这已成为学术界的一个共识。"②

最高人民法院在不断深化审判方式改革的同时,一直积极探索和推行审判组织改革、审判机制改革,强化监督制约机制和审判工作流程管理机制。1993年的法院工作报告就提出:"必须坚持法院的自身改革和建设,增强改革意识,更新观念,认真总结我国改革开放以来的司法实践经验,加强对新情况、新问题的调查研究,大胆借鉴外国司法制度的有益经验,进一步发展和完善有中国特色的社会主义审判制度。"从1996年到2003年的法院工作报告,更是每年都强调要强化合议庭和独任审判员的职责。2000年、2003年的报告则提出"逐步改变庭长、主管院长审批案件的做法"。实际上,合议庭和独任审判员职责的强化程度直接取决于庭长、院长及审判委员会审批职权的弱化程度。2002年8月,最高

---

① 张卫平:《论我国法院体制的非行政化》,载《法商研究》2000年第3期。
② 章武生等:《司法现代化与民事诉讼制度的建构》,法律出版社2000年版,第623页。

人民法院制定《关于人民法院合议庭工作的若干规定》,旨在强化合议庭的功能。

一些法院选拔具有较高素质的法官担任审判长、独任审判员,由合议庭和独任审判员依照审判职责,对案件直接进行裁判,并对案件的处理结果负责。这一做法在实践中收到成效后,最高人民法院在第一个《人民法院五年改革纲要》中,就规定了要推行审判长和独任审判员选任制度,并于 2000 年 7 月颁布了《人民法院审判长选任办法(试行)》,对审判长的推选、考核、权利、职责、监督等事项作出规定,赋予审判长和独任审判员主持庭审、签发法律文书等权力,明确了审判长在合议庭中的主导地位。在 2002 年的法院工作报告中我们看到:"审判长和独任审判员选任工作已经完成,院长、庭长、审判长、独任审判员、书记员的职责更加明确。"实施效果怎样呢?"按理,这是在现行的法律框架内对现有法官队伍进行再选择的一次措施,但在具体实践过程中却被弄得五花八门,选任工作大都流于形式,背离了初衷。加上学术界不少人对此事持有异议,审判长和独任审判员选任制度基本上处于半途夭折的状态。"①

事实再一次证明:制度的设计是一回事,制度在现实社会中的实际运行又是另一回事。诚如有学者所说:"这些问题都显示出有关现代政府以及司法制度的基本知识在我们这里还极端匮乏,需要更深入的研究和在各个层面上的传播。否则,某些好措施的功效可能完全被坏措施所抵销,改革的过程很可能成为一个增添混乱的过程。"②但毫无疑问,由于法院的职能主要是审判,因此当审判制度改革启动并逐步深化,它就会成为法院体制改革的原动力,成为法院改革的中心。

(三) 2003 年至今,法院改革进入纵深发展时期

2002 年底,党的十六大专门就"推进司法体制改革"进行了部署。内容广泛涉及司法机构设置、职权划分、诉讼程序、执行制度、司法行政管理体制、司法监督和司法队伍建设等,并且就社会主义司法制度的宗旨提出明确要求,那就是"必须保障在全社会实现公平和正义"。③ 这标志着司法改革进入一个新的阶段。2003 年 5 月,中央政法委牵头成立司法改革领导小组。参加单位有全国人大法工委、最高人民法院、最高人民检察院、国务院法制办、财政部等 20 多个中央部门和国家机关。2004 年底,中共中央批准了由该小组在深入调研和广泛征求意见基础上形成的关于司法改革的初步意见。2005 年 3 月,中办下发文件对司法改革任务进行了具体分工。意见对司法改革思路的表述是:积极稳妥地

---

① 许前飞:《论司法公正与效率的法治基础》,载曹建明主编:《公正与效率的法理研究》,人民法院出版社 2002 年版,第 446 页。
② 贺卫方:《具体法治》,法律出版社 2002 年版,第 60 页。
③ 《江泽民文选》(第 3 卷),人民出版社 2006 年版,第 556—557 页。

推进、分步进行、自上而下、分阶段评估。要求各项改革措施必须以宪法和法律为依据,需要修改、完善法律法规的,要按法定程序提请有关机关修改和制定法律法规后再组织实施。①

作为对中央司法改革部署的贯彻落实,2005年10月,最高人民法院发布了《人民法院第二个五年改革纲要》(2004—2008)。这个在2002年就已启动、原计划2003年下半年发布的改革文件,整整晚出台了两年,被认为是在等待中央关于司法改革的意见,并在这个意见的框架内与其配套。② 改革纲要涉及诉讼程序制度、法律统一适用、执行体制和机制、法院体制改革等深层次的内容。2006年5月,中共中央颁布实施《关于进一步加强人民法院、人民检察院工作的决定》,把司法改革作为落实依法治国基本方略的重大举措,作为政治体制改革的重要组成部分,作为加强党的执政能力建设、加强人民民主专政的政权建设、发展社会主义民主政治的重要方面,明确了司法体制改革的指导思想、基本原则和实现途径。

2006年10月,全国人大常委会修改了《人民法院组织法》,明确规定,死刑核准权自2007年1月1日起由最高人民法院统一行使,从而结束了部分死刑案件核准权下放20多年的历史。

2007年10月,全国人大常委会修改了《民事诉讼法》,使民事再审制度改革取得了历史性进步。其主要特色体现在四个方面:一是增加了当事人申请再审的事由,由原来的5种扩展到13种,内容更加具体,操作性更强;二是改革再审审级制度,明确申请再审向上一级人民法院提出,避免了多头申诉、重复申诉;三是明确了再审审查的时间,规定人民法院应当自收到再审申请书之日起3个月内进行审查,及时裁定再审或裁定驳回申请;四是将抗诉事由进一步具体化,并规定法院应在收到抗诉书之日起30日内作出再审的裁定,解决了抗诉案件进入再审程序时间较长等问题,有利于审判监督职能的充分发挥。

2007年10月,党的十七大提出,要"深化司法体制改革,优化司法职权配置,规范司法行为,建设公正高效权威的社会主义司法制度,保证审判机关、检察机关依法独立公正地行使审判权、检察权"③。其中,优化司法职权配置是司法体制改革的一大难点。涉及打破既有司法权力配置格局,合理调整和配置司法权这一重大问题。

2009年3月,最高人民法院发布了《人民法院第三个五年改革纲要(2009—

---

① 薛凯:《司法改革全面启动》,http://qkzz.net/magazine;陈欢:《司法体制改革将突破》,http://www.nanfangdaily.com.cn/,2012年4月25日访问。

② 陈欢:《司法体制改革将突破》,http://www.nanfangdaily.com.cn,2012年4月25日访问。

③ 胡锦涛:《高举中国特色社会主义伟大旗帜为夺取全面建设小康社会新胜利而奋斗》,载《求是》2007年第21期。

2013)》,纲要涉及优化人民法院职权配置、落实宽严相济刑事政策、加强人民法院队伍建设、加强人民法院经费保障等重要内容。其中优化人民法院职权配置包括:改革和完善人民法院司法职权运行机制;改革和完善刑事审判制度,规范自由裁量权,完善刑事诉讼第一审程序和第二审程序,完善刑事证据制度;进一步完善民事诉讼证据规则,完善民事、行政诉讼简易程序,明确适用简易程序的案件范围,制定简易程序审理规则;改革和完善刑事、民事再审制度;改革和完善审判组织,完善审判委员会、合议庭、人民陪审员制度;改革和完善民事、行政案件的执行体制,规范人民法院统一的执行工作体制;改革和完善上下级人民法院之间的关系;改革和完善审判管理制度;改革和完善人民法院接受外部制约与监督机制;加强司法职业保障制度建设,研究建立对非法干预人民法院依法独立办案行为的责任追究制度。落实宽严相济刑事政策包括:建立和完善依法从严惩处的审判制度与工作机制,适时制定从严惩处严重犯罪的司法政策,完善有关犯罪的定罪量刑标准;建立和完善依法从宽处理的审判制度与工作机制,完善未成年人案件审判制度和机构设置,研究建立老年人犯罪适度从宽处理的司法机制,研究建立刑事自诉案件和轻微刑事犯罪案件的刑事和解制度,完善在法定刑以下判处刑罚的核准制度,研究建立轻微刑事案件的快速审理制度,依法扩大缓刑制度的适用范围,适当减少监禁刑的适用,明确适用非监禁刑案件的范围;建立健全贯彻宽严相济刑事政策的司法协调制度与保障制度。

在审判委员会制度改革方面,人民法院二五改革纲要指出:"最高人民法院审判委员会设刑事专业委员会和民事专业委员会;高级人民法院、中级人民法院可以根据需要在审判委员会中设刑事专业委员会和民事专业委员会。改革审判委员会的成员结构,确保高水平的资深法官能够进入审判委员会。"三五改革纲要提出"完善审判委员会讨论案件的范围和程序,规范审判委员会的职责和管理工作。落实人民检察院检察长、受检察长委托的副检察长列席同级人民法院审判委员会的规定"。2010年1月11日,最高人民法院出台了《关于改革和完善人民法院审判委员会制度的实施意见》。该意见对审判委员会的人员组成、各项职责,以及所讨论案件的范围、程序等作出了较为详细的规定。2011年3月22日,上海市第二中级人民法院宣布,该院将"第一个吃螃蟹",推行审委会委员回避制度,要求案件在提交审判委员会讨论之前告知当事人,并赋予其申请审委会委员回避的权利。① 可以看出,法院对审判委员会制度改革的力度不断加大,但要建立一个公正、权威的审判委员会制度还有很长的路要走。

---

① 《上海二中院首推审委会委员回避制此举填补了国家司法空白》,http://www.law-lib.com/fzdt/newshtml/yjdt/20110324094708.htm,2011年4月6日访问。

在上下级法院审判业务关系方面,最高人民法院于 2010 年 12 月 28 日出台了《关于规范上下级人民法院审判业务关系的若干意见》。最高人民法院司改办负责人指出:"意见对案件请示做法进行了诉讼化改造。通过诉讼化改造,既可以避免过多案件涌向上级人民法院,也可以使各类案件在诉讼渠道内解决,充分保障当事人的诉讼权利。"[1] 下级法院就案件审理向上级法院进行请示的做法也许真的要退出历史舞台了。

法官作为裁判权的行使者,既是司法改革的参与者,同时也是司法改革的对象,当审判制度的改革逐步将法官推上前台,赋予其更多的审判职责时,我们的法官们做好准备了吗?

三、从法官队伍建设看司法改革

新中国成立初期,新中国吸收苏联的经验,很重视法院审判队伍的建设。法院系统曾以邓子恢在中南司法会议讲话中关于干部来源的见解和解决办法,作为审判队伍建设的方针。当时的最高人民法院副院长吴溉之在人民法院审判工作报告中说:"调配一定数量的老干部,作人民司法机关的骨干,大量培训新干部,大胆选用旧司法人员。"这与苏联建国后的做法大体相当。但后来在对待旧司法人员的政策上,我们发生了偏差。吴溉之副院长在上述报告中还指出:"……苏联的审判员,是由公民以普遍、直接、平等、无记名的选举方式投票选举的。我们人民法院的审判员,将来也要循着这个方向走的,但是目前还不具备这种条件,还不可能这样做。目前我们各级人民法院院长和审判员,应该是由各级人民代表机关或各级人民政府委员会任免。"此外,该报告还对审判员的任职资格提出如下要求:"从审判员的工作职责来说,他必须具备三个起码条件:第一,坚定的政治立场和忠诚为人民服务的思想作风;第二,熟悉人民政府的政策法令和立法精神,并且善于在实际工作中结合具体刑民案件灵活地运用;第三,要有一定的文化水平、科学知识和社会常识。"这三条要求与前苏联审判员的任职要求大同小异。[2] 1957 年,反右派斗争开始后,当时政法界被认为"是阶级斗争最尖锐、最集中的部分","右派分子在政法战线分布得相当深,而且广"。[3] 一些维护宪法原则和法制权威的政法干部被错误地打成右派分子。

---

[1] 周斌:《解读〈关于规范上下级人民法院审判业务关系的若干意见〉》,http://www.dffy.com/fazhixinwen/lifa/201101/20110129143228.htm,2011 年 4 月 6 日访问。

[2] 何勤华:《关于新中国移植苏联司法制度的反思》,载《中外法学》2002 年第 3 期。

[3] 王人博、程燎原:《法治论》,山东人民出版社 1998 年版,第 299 页。

政治条件可靠成为司法干部的首要标准。随之而来的"文化大革命"时期,大搞群众运动,由群众立案、审判,不需要法律,当然就更不需要专门的"司法干部"了。"文化大革命"结束后,1979年7月1日,《中华人民共和国人民法院组织法》正式出台。此后,审判队伍建设逐步由大众化走向职业化。

表7.3按年度汇总了最高人民法院工作报告(1980—2012年)中关于法官队伍建设的情况。

表7.3 最高人民法院工作报告中关于法官队伍建设的情况

报告时间 报告人	法官队伍建设
1980年9月2日 江华	各地法院陆续调进了一批干部,加强了领导班子,充实了审判机构。
1981年12月7日 江华	各级法院要加强对在职干部的轮训工作,提高干部的政治素质和业务素质。
1982年12月6日 江华	在打击经济领域严重犯罪活动的斗争中,锻炼和考验人民法院的干警队伍。要在干警中进行坚持共产主义纯洁性、反对资本主义思想腐蚀的教育。对于立场坚定、廉洁奉公、刚正不阿、执法严明的审判人员要予以表彰;对于在斗争中暴露出来的违法犯罪人员,要认真查清事实,严肃处理。
1983年6月7日 江华	五年来,各级人民法院调进了一大批干部,充实了审判队伍,初步健全了组织机构,随着国家法制的逐步完备,建立了各项审判制度。去年以来,最高人民法院和各省、市、自治区高级人民法院按照中央和地方机构改革的统一部署,经过法定程序,初步进行了机构改革,调整和整顿了领导班子。中级和基层人民法院的机构改革也正在进行。在机构改革中,各级人民法院都注意选拔德才兼备、具有较丰富的法律专业知识和司法实践经验的优秀中青年干部,特别是懂法律专业的知识分子干部到领导岗位上来。经过调整后的领导班子,在革命化、年轻化、专业化和知识化方面,都有了一定程度的改善。 实践证明了审判人员具有良好的政治素质是必要的,但这是不够的,还必须有一定的法律专业知识和科学化水平,否则难以担负越来越繁重的审判工作任务。法院干部数量仍然不足,特别是法律专业知识和科学文化水平普遍较低,不能适应工作的需要。 为了实现上述要求(新形势下的新的更高的要求——项目组注),一个重要的条件就是发现、选拔、培养人才,建立一支革命化、年轻化、知识化、专业化的审判人员队伍。

（续表）

报告时间 报告人	法官队伍建设
1984年5月26日 郑天翔	各级人民法院十分注意在这场斗争（指严厉打击严重刑事犯罪活动——项目组注）中整顿队伍。解决审判队伍中存在的组织不纯、思想不纯、作风不纯问题。对干警中极少数违法乱纪问题，一经发现，便迅速查明真相，坚决严肃处理。 目前审判人员数量仍然不足，素质不适应形势发展的需要。
1985年4月3日 郑天翔	为了提高法院干部的素质，最高法院正采取多种途径，对在职干部进行培训。同时，为保证质量，我们正在把新增干部由调配制改为招考制。除分配的大专毕业生、研究生和精选一部分适合法院工作的干部外，一律要按照统一标准，通过统一考试，择优录用，其中，拟担任审判员的，经过一定锻炼后，再依法报批。 进一步提高办案质量和效率，更好地完成审判任务，根本的保证是提高法院干部的政治素质和业务素质。
1986年4月8日 郑天翔	我们的着重点是加强现有队伍的建设，一抓教育，二抓纪律，创办了全国法院干部业余法律大学。……我们打算到1990年使全国法院队伍素质有一个明显的提高。 纪律是严肃执法的保证。法院干部必须成为遵纪守法的模范。……人民法院和法院干警必须做到八不准：一、不准主观臆断；二、不准徇情枉法；三、不准贪赃枉法；四、不准吃请受礼；五、不准索贿；六、不准经商牟利；七、不准欺压群众；八、不准泄漏机密。
1987年4月6日 郑天翔	我们反复强调人民法院和法院干警要实事求是，坚持原则，加强学习，严守纪律，要秉公办案，铁面无私。
1988年4月1日 郑天翔	从人力方面看，全国法院的人数从1982年到1987年增加35.8%，但受理的各类案件却增加89.7%，这还不包括每年800多万件的申诉信访。 我们希望，根据改革的精神，法院也能有用人的自主权。无论是社会招干，还是单位调配或转业军人，都坚持标准，公开招考，择优录用，不合格的坚决不要。我们在去年规定：这次进人由各高级法院统一管理，对不合格的，有权拒绝接收。最高人民法院将进行检查，如果发现有通过"指令"、"条子"、"搭配"和"关系"等途径进来的不合格者，坚决清退。我们殷切希望各级党委、各级人大和政府支持法院保证进人质量，希望组织人事部门帮助法院把好进人关。 为了建设具有中国特色的社会主义的法官制度，我们正在起草法官法。

(续表)

报告时间 报告人	法官队伍建设
1989年3月29日 任建新	党的十三大提出,审判机关的领导人员和工作人员,要建立类似国家公务员的制度进行管理,要按照党政分开、管人与管事既紧密结合又合理制约的原则,实行科学的分类管理。根据这一要求,我们正在起草法官法。制定法官法,是对现行法院审判人员管理体制的重大改革,其目的在于能更好地保证审判人员队伍素质的提高,更好地保障法院依法独立行使审判权。因此,我们设想从法官的资格、考试、录用、选任、考核、晋升、培训、奖惩、待遇、管理等方面,建立一套完整的、适应审判工作特点的法官管理体制,以逐步建立一支能适应改革开放和建设需要的高水平的法官队伍。 我们准备在现有的全国法院干部业余法律大学和中国高级法官培训中心的基础上,逐步办成类似国家行政学院的中国法官学院,以建立正规化的法官教育培训体制。
1990年3月29日 任建新	随着法制建设的发展和审判工作的全面展开,要求法院必须拥有相当数量多层次的法律专门人才。多年来的实践表明,人才的培养尤其是高级法官及其后备人才的培养,只靠现有的政法院校还不能适应形势迅速发展的需要,法院还必须依靠自身的力量加强对干部的教育培训。
1991年4月3日 任建新	我们坚持把法院队伍的业务建设作为提高执法水平的一项根本措施。……通过各种形式、多渠道的业务培训,使他们尽快成为审判工作的骨干;加快各省、自治区、直辖市法官培训中心建设的步伐;积极筹办中国法官学院,使之成为培训高级法官及后备人才的重要基地。 最高人民法院已有民主党派成员担任领导职务。今后,各级人民法院将主动与有关部门密切配合,有计划、有步骤地推举民主党派成员和无党派人士担任各级领导职务;同时,聘请一些民主党派成员和无党派人士担任法院的陪审员参加一些重大、疑难案件的审判,参与有关法律、政策的研究和咨询。 为了完善我国法官制度,最高人民法院正抓紧起草《审判员条例》,将于今年内报请全国人大常委会审议。
1992年3月28日 任建新	法院审判力量与任务之间的矛盾十分尖锐,任务繁重,人员不足,条件较差,审判骨干外流严重。人民法院严肃执法,关键是要全面提高审判人员的政治素质和业务素质。

(续表)

报告时间 报告人	法官队伍建设
1993年3月22日 任建新	全国法院系统多形式、多层次的干部教育培训网络已初步形成。目前我们正在筹建国家法官学院。 为了建立具有中国特色的社会主义法官制度,从1987年起,我们就着手研究起草法官条例,并于1991年开始在上海、哈尔滨两市部分法院进行试点,积累经验。法官条例(草案)不久将提请全国人大常委会审议。
1994年3月15日 任建新	坚持严肃执法,必须有一支公正廉明的司法队伍。一年来,我们组织全体干警认真学习《邓小平文选》第3卷,加强领导班子建设、采取多种形式进行业务培训的同时,狠抓了队伍自身的廉政建设。
1995年3月13日 任建新	一年来,全国法院采取措施,努力提高队伍的政治思想水平,组织广大干警认真学习《邓小平文选》,用建设有中国特色社会主义理论武装头脑。同时,加强法院干部培训工作,通过学习培训,广大审判人员的业务水平有了提高,并培养了一批高水平、高素质、高层次的法官。 我们要组织全国法院认真学习和执行好这部重要的法律。①
1996年3月12日 任建新	抓紧制定法官法的配套实施办法。各级人民法院相继成立了法官考评委员会,最高人民法院举行了首次初任审判员、助理审判员的全国统一考试。…… 针对法官队伍的专业结构、业务素质与法官法的要求还有差距的情况,各地法院普遍加强了对法官的教育培训工作。……加强了廉政建设。……把思想、作风、纪律整顿作为廉政建设的重点来抓,严肃查处违纪违法问题,对触犯刑律的,坚决依法惩办,决不姑息护短。 加强制度建设,全面实施法官法,严格按照法官法规定的政治业务条件把好"进人关"。

---

① "这部重要的法律"是指于1995年7月1日起施行的《中华人民共和国法官法》。

(续表)

报告时间 报告人	法官队伍建设
1997年3月11日 任建新	为了保证严肃执法,司法公正,一年来,全国法院认真贯彻执行法官法,继续狠抓了队伍的思想政治建设、廉政建设和业务建设。 普遍推行了廉政建设领导责任制,一级抓一级,层层抓落实。国家法官学院的成立,为我们搞好法官的正规化培训创造了前所未有的条件。 要按照法官法的规定,严把"进人关",对不符合法官条件的坚决进行清理,并进一步加强法官培训,为建设一支政治强、业务精、纪律严、作风正的人民法官队伍而努力。
1998年3月10日 任建新	全国法院把法官教育培训工作作为一项战略任务,制定和落实教育培训规划,采取有效措施努力提高法官的政治素质和业务素质,五年共培养高级法官及其后备人才1520人,获得大专以上学历的9.8万人。 必须坚持狠抓队伍建设,造就一支政治坚强、公正清廉、纪律严明、业务精通、作风优良的法官队伍,保证各项审判工作的顺利开展。
1999年3月10日 肖扬	一些法官的法律专业知识、审判工作能力不适应审判方式改革和形势发展的要求,素质亟待提高;一些违法违纪问题还有待彻底查清处理;少数法院教育整顿走了过场,需要补课;在集中教育整顿期间,顶风违法违纪的人和事仍时有发生,少数司法人员腐败的问题仍相当严重,在社会上造成了恶劣的影响。 巩固和发展集中教育整顿成果,提高法院队伍整体素质。在法院系统展开"争当人民满意的好法官、争创人民满意的好法院"活动;进一步加强法院队伍建设以整风精神开展以"讲学习、讲政治、讲正气"为主要内容的党性党风教育;继续抓好法院领导班子的调整充实工作,落实领导、干部任职交流、轮岗制度;继续清理不合格人员,纯洁法官队伍。 改革法官人选的考试考核办法,建立从社会高层次法律人才中公开招考法官的制度和在经过基层法院锻炼与考验的司法人员中逐级选拔法官的制度。 从今年起,凡地县人民法院内发生一起法官贪赃枉法造成重大影响的案件,除对当事者依法严肃查处外,法院院长要到省高级人民法院检讨责任。凡省、自治区、直辖市年内发生两起的,省高级人民法院院长要到最高人民法院汇报查处情况,检讨责任。发生情节特别严重、造成恶劣影响被追究刑事责任案件的,因严重官僚主义、用人失察,疏于管理而负有直接领导责任的法院院长要向选举或任命机关引咎辞职。

(续表)

报告时间 报告人	法官队伍建设
2000年3月10日 肖扬	根据法官法的规定,最高人民法院指导地方各级人民法院和专门人民法院,基本完成了法官等级评定工作,法官队伍管理进入新的阶段。 　　维护司法公正,关键要建设一支高素质的法官队伍……要把查处少数司法人员腐败,继续整顿审判执行工作纪律和作风作为今年法官队伍建设的重点。……在严格管理的同时,健全法官自律机制。 　　进一步改革法官的选任办法。严格实行"凡进必考"制度,坚持在省级编制部门核准的编制内录用审判人员。凡到法院从事审判工作的人员,一律由省、自治区、直辖市高级人民法院统一组织考试,考试不过关的,一律不予录用。 　　加快人事改革步伐,对法官配备助理和法官定编工作进行试点,实行审判人员与行政人员的分类管理。 　　最高人民法院院长、副院长、庭长已分别签订了《党风廉政建设责任书》。
2001年3月10日 肖扬	在审判任务越来越重、案件大幅度上升与人力不足、法官素质不适应的矛盾日益突出的情况下,一些法院没有下大力气抓好法官队伍的教育培训,法官素质提高不快,难以保证审判质量和提高审判效率。
2002年3月11日 肖扬	以法官制度改革为重点,推进法官职业化建设。根据法官法的规定,人民法院完成了法官等级评定工作,进行了确定法官员额、书记员单独职务序列等改革试点,对法官与法院行政人员实行分类管理,突出法官的职业特点。 　　实现"公正与效率"主题,关键在于建设一支高素质的法官队伍。 　　严格执行法官法,一律从通过国家司法考试取得任职资格的人员中择优录用法官。加强法官职业培训。加强对法官职业道德教育,培养法官忠实于人民,刚正不阿,清正廉洁的道德素养。
2003年3月11日 肖扬	改革完善法官管理制度。根据《法官法》的规定,完成了法官等级评定工作。实行法官任职前的审核制度,在法院职权范围内,最大限度地把好"进人关",防止不合格人员进入法官队伍。 　　推行审判长和独任法官选任制,优化法官队伍。探索法院人事分类管理制度改革。根据审判工作特点,试行对法官、法官助理、书记员、司法警察和司法行政人员的分类管理,理顺法官与其他工作人员关系。

(续表)

报告时间 报告人	法官队伍建设
2004年3月10日 肖扬	探索法院人事改革,完善分类管理制度。为提高法官素质,解决书记员和法官职能混淆的问题,我院会同中组部、人事部发布《人民法院书记员管理办法(试行)》,实现了书记员单独序列管理,为进一步实行法院内部各类人员的分类管理打下基础。 完善以法官管理为重心的法院队伍管理制度,提高法官的政治素质和业务素质。……法官职业化建设稳步推进,法官学历层次和业务水平不断提高,我院法官中硕士、博士学位的比例已达47%。
2005年3月9日 肖扬	积极推进法院工作人员分类管理。我院招录的应届高校毕业生,一律先到基层工作,并选派审判业务骨干到基层锻炼,加强分类定向培养。在各级人民法院建立书记员单独序列,努力实现法官、书记员、司法警察和司法行政人员分类管理,不断提高队伍管理水平。
2006年3月11日 肖扬	最高人民法院在抓好自身班子建设的同时,加大对高级人民法院领导班子的协管力度。全年共派出九个调查组,协助地方党委对高级法院领导班子进行调研和考察,帮助建立和健全学习制度、监督制度、民主生活制度、回避制度和违法违纪审判责任追究制度。选派优秀人才到部分高、中级法院和基层法院担任领导职务或挂职锻炼,充实法院领导班子力量。积极配合有关部门和地方党委严肃查处少数法院领导班子中出现的违法违纪问题。支持地方各级人民法院严把进人关,严格执行法官任命前的审核制度,并进行专项检查,对违反规定的坚决予以纠正。 制定《法官行为规范》,强化法官公正效率、文明廉洁等意识,从立案、庭审、诉讼调解、文书制作、涉诉信访处理等八个方面提出具体要求。组织全国法院系统34771名执行人员进行统一考试,对312名不及格人员进行了二次培训或分流换岗。 一些基层法院在工作中也遇到了一定困难,影响了审判工作的正常开展:一是一些东部沿海地区和大中城市基层法院存在案多人少的矛盾,不少基层法院超负荷工作的状态亟待改善。二是中、西部地区法官队伍人才流失、青黄不接的问题较为严重。部分年富力强、经验丰富、学历较高的法官提前退休或离职,转行从事其他工作。

(续表)

报告时间 报告人	法官队伍建设
2007年3月13日 肖扬	加强法官队伍业务建设。开展了"增强司法能力,提高司法水平"培训活动,修订《法官培训条例》,制定《2006—2010年全国法院教育培训规划》,鼓励、支持法官参加更高的法学学历或学位教育,组织支援西部讲师团培训西部法院法官。全国法院各级培训机构共培训法官及其他工作人员23万余人次。健全法官选用制度。最高人民法院从下级法院、大专院校、科研单位和律师队伍中选调、招录100多名优秀人才从事审判工作,同时,选派多名法官到地方挂职锻炼。 最高人民法院高度重视各级人民法院领导班子建设,一是协助地方党委选好配强高级人民法院领导班子;二是以落实党风廉政建设责任制为重点,强化领导干部的审判管理、行政管理和队伍管理职责;三是通过正反两方面的典型事例,教育领导干部不断提高反腐防变的能力和自觉性;四是不断加强对各级人民法院领导班子和领导干部的监督制约。 另外,大部分东部沿海地区和大中城市基层法院案多人少的矛盾依然比较突出,中西部基层法院办案经费短缺问题依然较为严重。
2008年3月10日 肖扬	法官队伍建设成效显著,司法能力明显提升。最高人民法院把法官职业化建设作为固本强基、自我完善、夯实基础的重要途径,全面加强法官队伍的组织管理、思想教育、业务培训和职业保障等建设,使法官整体素质有了很大提高。高度重视领导班子建设;严格职业准入,加强教育培训;完善法官管理和职业保障体制;加强廉政建设和监督制约工作。五年来,全国法院违纪违法的法官被查处的人数逐年下降,其中,利用审判权和执行权贪赃枉法、徇私舞弊的,从2003年的468人下降到2007年的218人,下降53.42%。

(续表)

报告时间 报告人	法官队伍建设
2009年3月10日 王胜俊	切实加强社会主义法治理念教育,重点增强法官政治意识、大局意识、为民意识和国情意识。 　　切实整顿和转变司法作风,重点解决脱离实际、脱离群众的问题。……各级法院分别从法官的职业道德、庭审规范、信访接待等多方面制定整改措施,进一步密切同人民群众的联系。基层法官走出法庭,深入社区、村寨、企业,体察民情,送法上门,努力为群众排忧解难,树立亲民爱民的良好形象。 　　切实加强司法能力建设,重点提高法官做群众工作、化解矛盾纠纷的能力。……建立法官走访、联系群众制度,培养群众感情,了解社情民意。调整法官业绩评价标准,既要考核办案质量和效率,又要考核是否化解了矛盾纠纷。……各级法院及时组织各种专题培训、岗位培训,扩大培训范围,共培训法官15万余人次。 　　切实加强基层建设,重点解决法官短缺、队伍不稳、保障不力问题。坚持面向基层、服务基层、建设基层,最高人民法院会同有关部门改进司法考试办法,完善相关政策,缓解中西部地区法官"断层"问题。争取相关部门增加编制,缓解东部地区和大中城市案多人少矛盾。……地方各级法院在当地党委、人大和政府支持下,努力解决基层审判一线法官的职级、职数问题,不断改善基层法院和人民法庭的办案条件。 　　切实加强反腐倡廉建设,重点解决司法不廉、司法不公问题。……制定《关于进一步加强人民法院反腐倡廉建设的意见》、《人民法院监察工作条例》和《人民法院纪律处分条例》,提出解决影响司法廉洁问题的工作措施。……针对影响司法公正和司法廉洁的突出问题,公布"五个严禁"和举报电话,对违反规定的人员,一律调离工作岗位,严格依纪依法追究责任。
2010年3月11日 王胜俊	始终把队伍建设作为人民法院工作的关键来抓,深入开展"人民法官为人民"主题实践活动,把加强司法廉政建设作为重中之重,不断提高人民法院队伍整体素质。 　　努力践行社会主义法治理念。深化以"依法治国、执法为民、公平正义、服务大局、党的领导"为主要内容的社会主义法治理念教育,法官的大局意识、为民意识、法律意识不断增强。认真开展深入学习实践科学发展观活动,着力解决不适应、不符合科学发展观的突出问题,深化对人民法院人民性的认识,确保人民法院工作的正确方向。 　　狠抓司法廉政建设。加大教育力度……加大监督力度……建立廉政监察员制度……开通违纪违法举报网站和举报电话,接受社会监督。加大查处力度,颁布《人民法院工作人员处分条例》,全面清理排查举报线索,坚持主动抓、主动查,不隐瞒、不掩饰,有报必查、查实必究,坚决清除害群之马。

(续表)

报告时间 报告人	法官队伍建设
2011年3月11日 王胜俊	着力提升司法能力。组织开展全员大培训,提高法官正确适用法律、化解社会矛盾的能力。最高人民法院完成对3622名中级、基层人民法院院长的轮训,提升法院院长的履职能力。举办全国高、中级法院贯彻落实宽严相济刑事政策千人培训班,提高刑事审判法官把握刑事政策的能力。对3万多名执行人员和近2千名国家赔偿工作人员进行培训,提高他们解决问题、适用法律的能力。高级人民法院轮训法庭庭长8899人,同时加强对法官的岗前培训、晋职培训和专题培训。 大力改进司法作风。深入开展群众观点教育,进一步深化法官对人民法院人民性的理解和实践,自觉坚持群众路线。健全民意收集机制,畅通民意沟通渠道,组织开展法官进社区、进企业、进学校、进农村等活动,及时听取群众的意见建议,密切同人民群众的血肉联系。以培育公正、廉洁、为民的司法核心价值观为重点,加强法官职业道德建设。修订《法官职业道德基本准则》和《法官行为规范》,制定《人民法院文明用语基本规范》,引导法官改进司法作风。 努力促进司法廉洁。在各级法院领导干部中集中开展党性党风党纪教育,在法官和司法警察中集中开展警示教育,增强拒腐防变意识。坚持"一岗双责",发挥审判委员会、院长、庭长、政工和纪检监察机构的职能,加强对执法办案和法官队伍的管理监督。
2012年3月11日 王胜俊	最高人民法院指导各级法院大力加强社会主义核心价值体系和社会主义法治理念教育,深入开展创先争优和"发扬传统、坚定信念、执法为民"以及"人民法官为人民"主题教育实践活动,确保法院队伍始终坚持正确的政治方向和执法为民的根本宗旨。以提高司法能力为重点,完善人才培养机制,制定长期教育培训规划……改进司法作风,深入开展"群众观点大讨论"活动,强化审务督察,规范司法行为;大力学习宣传陈燕萍、詹红荔等法院系统先进典型……坚持不懈地抓好司法廉洁教育,加强廉政风险防控机制建设,完善司法廉洁制度体系。 加强思想政治建设,巩固创先争优和主题教育实践活动成果,认真开展"忠诚、为民、公正、廉洁"的政法干警核心价值观教育实践活动,切实做到知行统一;加强司法作风建设,强化群众观念,增进群众感情,规范司法行为;加强司法能力建设,建立科学有效的能力培养机制,开展全员岗位大培训活动,提高法官服务大局、化解矛盾、解决问题的能力;加强反腐倡廉建设,构建人民法院廉政风险防控体系,完善廉政教育和权力监督长效机制,加大查处违纪违法行为力度,促进公正廉洁司法。

(一) 1980—1994 年,"法院干部"大众化

"法官"一词在工作报告中首次出现是在 1988 年。在此之前,工作报告中均用"审判人员"、"法院干部"来指称法官。1988 年到 1995 年,则是"法官"、"审判人员"交替使用。1995 年 7 月 1 日,《中华人民共和国法官法》(以下简称《法官法》)施行,自 1996 年起,法院工作报告中不再使用"法院干部"一词。这说明,早期法院里的法官们都被视为干部,除职业分工外,其他与党政机关干部没有什么分别。这可以从以下几个方面看出来:

(1) 法官队伍的来源渠道。1985 年以前,法官队伍的充实主要是靠从社会上选调干部,后来,把新增干部由调配制改为招考制。但仍有例外,那就是大专毕业生、研究生和精选的一部分适合法院工作的干部。各类诉讼案件在数量及种类上的猛增,对法院法官的业务素质提出了更高要求。1988 年的法院工作报告指出,无论是社会招干,还是单位调配或转业军人,都要坚持标准,公开招考,择优录用,不合格的坚决不要。尽管法官职业准入的"门槛"比以前提高了一些,但是并没有针对从事这项职业提出明确的专业要求。

(2) 对法官素质的要求,始终都是将政治素质摆在第一位,业务素质摆在第二位。在 1979 年的《人民法院组织法》中,审判人员任职条件中的特殊要求仅仅是年龄需达到 23 岁以上。在司法实践中发现审判人员"法律专业知识、科学文化水平普遍较低,不能适应工作的需要",因此,1983 年修改《人民法院组织法》时,规定"人民法院的审判人员必须具有法律专业知识"。但法院对于发现、选拔、培养人才仍然没有自己的符合审判工作要求的具体标准,而是采用了 1982 年中央国家机关改革时对领导干部提出的"四化"即革命化、年轻化、知识化、专业化标准。

(3) 法官队伍的管理。在法院,从事审判工作的法官和从事行政管理事务工作的其他工作人员一样,都被称为"干部"。法官队伍的管理与行政机关的人事管理也相同。

自从党的十三大提出审判机关的领导人员与工作人员要建立类似国家公务员的制度进行管理,要按照党政分开、管人与管事相制衡的原则实行分类管理后,从 1987 年起,最高人民法院着手研究起草《法官法》。

(二) 1995—2008 年,法官队伍建设逐步走上职业化、专业化道路

1. 提高法官职业准入"门槛"

1995 年 2 月《法官法》颁布实施,这标志着法官队伍建设步入了法制化的轨道。法官法对法官职业的特别要求有三点:一是年满 23 岁;二是有良好的政治、业务素质和良好的品行;三是高等院校法律专业毕业或者高等院校非法律专业毕业具有法律专业知识,工作满 2 年的;或者获得法律专业学士学位,工作满 1 年的;获得法律专业硕士学位、法律专业博士学位的,可以不受上述工作年限的限制。除了满足上述条件外,法官法还要求,初任审判员、助理审判员采用公开考试、严格考核的办法,按照德才兼备的标准,从具备法官条件的人员中择优选任。最高人民法院于 1995 年 12 月举行了首次初任审判员、助理审判员的全国统一考试。1996 年 6 月,最高人民法院又颁布了《法官考评委员会暂行组织办法》、《初任审判员助理审判员考试暂行办法》两个规范性文件。各级人民法院也相继成立了法官考评委员会。

1999 年法院工作报告提出,要建立从社会高层次法律人才中公开招考法官和从基层法院逐级选拔法官的制度,到 2000 年则明确要求"凡进必考",考试由各高级法院统一组织。

2001 年 6 月全国人大常委会通过《法官法修正案》,对法官的任职资格提出了更高的要求:一是取消了大专学历的报考资格;二是法律本科学历需从事法律工作满 2 年,其中担任高级法院、最高法院法官则应当满 3 年;三是获法律专业硕士、博士学位的,需工作满 1 年,其中担任高级法院、最高法院法官则需满 2 年。

2001 年 10 月,最高人民法院、最高人民检察院、司法部三机关联合发布了《国家司法考试实施办法》,其中规定:"国家司法考试是国家统一组织的从事法律职业的资格考试。初任法官、初任检察官和取得律师资格必须通过国家司法考试。"在 2002 年的法院工作报告中,最高人民法院又再次强调,一律从通过国家司法考试取得任职资格的人员中择优录用法官。

2. 改革完善法官管理制度

2000 年,法官等级评定工作基本完成后,还进行了法官、书记员单列等改革试点,试行对法官、法官助理、书记员、司法警察和司法行政人员的分类管理,以期突出法官职业特点。

2002 年 7 月,最高人民法院发布了《关于加强法官队伍职业化建设的若干意见》,意见对法官职业化作出了界定:"法官职业化,即法官以行使国家审判权为专门职业,并具备独特的职业意识、职业技能、职业道德和职业地位。"对法官

职业化建设的原则、任务、基本内容等作出了规定。该文件要求被录用的人员在被任命法官职务前,必须接受培训,培训合格才能任命为法官;对目前尚未达到法官法规定学历的现职法官,要进行统一的学历教育和专业培训,在规定期限内达到任职条件;对在规定期限内仍未达到任职条件的,要依照法定程序免除其法官职务,调整工作岗位。自此,法官职业化建设成为法院改革的一个重点。严格职业准入,推行法院人事分类管理制度,建立符合法官职业特点的职务、职级序列和晋升制度,建立健全法官职业保障制度,建立法官业绩评价标准体系等等成为法官职业化建设的重要任务。

3. 加强法官的教育培训

改革开放以来,法院"干部"们的专业素质一直不高,而其所面临的审判任务却与日俱增,因此,对法官的教育培训就显得非常迫切。最高人民法院分别于 1985 年和 1987 年创办了全国法院干部业余法律大学和中国高级法官培训中心,在全国各地设立了夜大分校。1990 年的法院工作报告指出,审判工作"要求法院必须拥有相当数量多层次的法律专门人才。多年来的实践表明,人才的培养尤其是高级法官及其后备人才的培养,只靠现有的政法院校还不能适应形势迅速发展的需要,法院还必须依靠自身的力量加强对干部的教育培训"。法官队伍的专业结构、业务素质与法官法的要求差距较大,尤其自 1995 年法院审判方式开始改革,到 1996 年全面推行,这对法官的专业素质提出了更高的要求,因此对法官的教育培训工作被当做一项战略任务。国家法官学院就是在这样的背景下,在已建成的法院干部业余法律大学及中国高级法官培训中心的基础上开始筹建的,于 1997 年建设完毕。由此确立了以国家法官学院和各省级法官培训机构为主体的两级教育培训体系。

从 2000 年起,最高人民法院制定实施《法官培训条例》,并制定了《2001—2005 年全国法院教育培训规划》,对法院培训工作进行了总体部署,加大在职法官的教育培训力度,全面开展法官任职、晋级、续职资格培训等培训活动,建立了培训、考核、任用三位一体的教育培训激励、约束制度。

据 1998 年的法院工作报告称,从 1993 年到 1997 年的五年中,全国法院通过教育培训,共培养高级法官及其后备人才 1520 人,获得大专以上学历 9.8 万人;2003 年法院工作报告声称,从 1998 年到 2002 年的五年中,共培训法官和其他工作人员 20 余万人(次);2006 年全国法院各级培训机构共培训法官及其他工作人员 23 万余人次。2011 年的法院工作报告称,最高人民法院已完成对 3622 名中级、基层人民法院院长的轮训,举办了全国高、中级法院贯彻落实宽严相济刑事政策千人培训班,对 3 万多名执行人员和近 2 千名国家赔偿工作人员进行了培训,高级人民法院已轮训法庭庭长 8899 人。这些措施在一定程度上提升了法院院长的履职能力,提高了法官的司法能力。国家法官学院和各高级法院的法官培训中心,对法官的在职培训必将发挥越来越大的作用。

4. 对法官队伍进行清理整顿

法院的廉政建设自1994年就开始"狠抓",此后几乎每年都在强调。1996年,法院系统还普遍推出了廉政建设领导责任制;1998年9月,最高人民法院先后制定实施《人民法院审判人员违法审判责任追究办法(试行)》和《人民法院审判纪律处分办法(试行)》。针对少数法院教育整顿走过场、违法违纪情况清查处理还不够彻底的情形,2001年10月,最高人民法院制定实施《法官职业道德基本准则》,要求法官做到六条:一是保障司法公正;二是提高司法效率;三是保持清正廉洁;四是遵守司法礼仪;五是加强自身修养;六是约束业外活动,并对每一条作了细化规定。2001年11月6日,最高人民法院向全国法院印发了《地方各级人民法院及专门人民法院院长、副院长引咎辞职规定(试行)》的通知。然而,"错案追究制"、"院长引咎辞职"这一系列的做法却受到专家学者的抨击。① 针对执行工作中暴露出来的乱执行问题,最高人民法院于2002年9月制定实施《人民法院执行工作纪律处分办法(试行)》。2003年6月最高人民法院颁布了《关于严格执行〈中华人民共和国法官法〉有关惩戒制度的若干规定》,进一步明确了法官违纪违法行为的类型和认定,并对各种违纪行为如何处罚也作了比较详细的规定。

2004年3月最高人民法院和司法部联合颁布了《关于规范法官和律师相互关系维护司法公正的若干规定》,旨在加强对法官和律师在诉讼活动中的职业纪律约束,规范法官和律师的相互关系,维护司法公正。2009年1月,最高人民法院制定"五个严禁"规范法官职务行为。"五个严禁"的内容是:严禁接受案件当事人及相关人员的请客送礼;严禁违反规定与律师进行不正当交往;严禁插手过问他人办理的案件;严禁在委托评估、拍卖等活动中徇私舞弊;严禁泄露审判工作秘密。为确保"五个严禁"规定能够不折不扣地落到实处,最高人民法院向社会各界公布了具有24小时自动接听功能的举报电话,随时接受群众对违反"五个严禁"行为的举报。最高人民法院还要求各级人民法院都要向社会公布具有24小时自动接听功能的举报电话。2011年2月,最高人民法院颁布实施《关于对配偶子女从事律师职业的法院领导干部和审判执行岗位法官实行任职回避的规定》,2月份,最高人民法院还出台了《关于在审判工作中防止法

---

① 参见王晨光:《从"错案追究制"谈法律运行中的不确定性》,载梁治平编:《法律解释问题》,法律出版社1998年版,第247—268页。关于"院长引咎辞职"的研究,参见朱苏力:《制度逻辑的错位》,载《战略与管理》2002年第1期。

院内部人员干扰办案的若干规定》。应该说,法院的决策者们在廉政建设方面是下了大气力的,但是,这些措施、制度的实施效果究竟如何,尚需进一步的研究。

2009年3月出台的三五改革纲要在关于加强法院队伍建设方面提出,要完善法官招录培养体制和培训体制;完善法官行为规范,严格执行"五个严禁"规定;完善人民法院反腐倡廉长效工作机制;完善人民法院人事管理制度和机构设置;完善人民法院编制与职务序列制度;改革和完善人民法院队伍管理制度,建立健全审判质量效率监督控制体系、岗位目标考核管理体系和司法政务保障体系。

纵观三十年来法官队伍建设的发展变化,法官职业化是在法律职业化发展这一背景下进行的。随着社会生活日益复杂化,利益冲突在数量及规模上都不断增加,社会生活中发生的纠纷及其所涉及的问题使大多数人仅凭习惯或常规已经难以作出恰当的裁决,社会对解决这些冲突的法律专家的需求量自然随之上升,对他们在知识和技能上的需求标准也越来越高,法律职业化发展已成为现代社会发展的内在要求。法官职业化又是法律职业化中非常重要的一环,其意义在于能够保障裁判结果的相对确定性和终极性,维护法律的理性和权威。目前,我国的法官职业化建设还面临诸多困难和问题,比如一些法院出现的审判业务骨干向经济发达地区流动、向收入高风险低的职业流动、向提拔快的行政单位流动的现象;还有一些中西部地区的法院招不到法律专业人才,出现了法官断层;另外,法官管理的行政化如何克服、消除,全国30多万法官整体素质如何提高、如何筛选,所有这些都还需要长时间的努力。法官职业化建设任重而道远。

四、社会变迁中的司法

社会变迁与改革中的司法两者之间有一种内在的、双向的制约和推动。改革开放以来,中国社会全方位的改革导致了社会的大变迁[①],由此引发的各种冲突和矛盾都直接或间接地交给了法院。法院所承载的对社会利益再分配的功能在逐渐强化。经济贸易的全球化也对纠纷的司法解决提出了更高的要求。

---

① 关于这一社会变迁的背景、起因、内容与表现等问题,可参见梁治平:《法治:社会转型时期的制度建设——对中国法律现代化运动的一个内在观察》,http://www.aisixiang.com/data/4777.html,2012年11月24日访问。

同时,司法的运行又在参与、推动着社会的变革。法院工作报告中频频出现的"执行难"、"申诉难"、"案多人少"、"经费短缺"、"人才流失"、"法官断层"、"司法不公"等表述充分昭显了社会转型期司法能力的不足与司法所面临的困境。① 随着经济体制、政治体制改革不断深入,司法改革成为官方和民众的需求,也成为法院走出困境的唯一出路。自 1999 年以来,最高人民法院陆续出台了一五、二五、三五改革纲要,司法改革已全面展开。回顾中国司法改革的历程,观照当下改革的实践,下面几个问题虽然陈旧但却依然很重要。

1. 转变传统司法理念是建立现代司法制度的基础

任何改革都是观念先行,中国的司法改革千头万绪,而司法观念的现代化转变却首当其冲。伟大的政治家、改革家邓小平曾明确指出,"旧中国留给我们的封建专制传统比较多,民主传统很少"②。如前所述,新中国成立后,在建立司法制度的过程中,我们借鉴、移植了苏联的很多司法理念与制度,其中,"司法是无产阶级专政的工具"这一理念不仅主导了中国司法制度的设计,也主导了司法职业人员的标准。这个标准首先是政治的,其次才是业务的。政治工作的中心决定司法工作的中心,司法机关成为无产阶级专政的"刀把子"。不仅判案要依据党和国家的政策和政治经济形势,而且权利义务的分配、犯罪与刑罚的确定,都要考虑当事人的阶级成分。同样的犯罪构成,可能因为犯罪人的阶级出身不同而得到不同的定性,并得到不同的刑罚。1978 年 12 月,党的十一届三中全会宣布,党和国家的工作重点转移到经济建设方面,阶级斗争已不再是中国社会的主要矛盾,司法机关的业务和功能自此发生重要转变。

1993 年的法院工作报告提出,要"增强改革意识,更新观念"。在 1994 年以前的工作报告中经常使用"严肃执法"这一提法。1994 年的法院工作报告,在严肃执法的前提下,第一次出现了"公正审判"的提法。1995 年的报告中则提出:"严肃执法是司法公正的根本保证"。在 1996 年的报告中,开始提到"提高办案质量和效率"。这种变化有两个契机:一是 1993 年 3 月八届全国人大一次会议通过关于"国家实行社会主义市场经济"的宪法修正案,1993 年 11 月党的十四届三中全会通过《关于建设社会主义市场经济体制若干问题的决定》,都同时提出了系统的法制的要求。学术界也由此引发了"法治(法制)经济"的讨论。围绕"市场经济是法制经济还是法治经济",法学界还对公法、私法的划分

---

① 人民法院所面临的困境还远远不止这些,尽管这些已经让我们的司法应付起来捉襟见肘。现代社会中,各国司法所面临的具有共性的困境我们同样,甚至是更复杂地已经遭遇到了。参见彭小龙:《现代社会中司法的力量——兼论转型中国司法的两难困境及应对》,载《现代法学》2009 年第 6 期。

② 《邓小平文选》(第 2 卷),人民出版社 1994 年版,第 332 页。

以及"权利本位论"和现代法的精神等论题,进行了更加深入的探讨和讨论。①这些讨论对于司法理念的转变,具有重要的、深远的意义。另一个重要的契机是,1995年9月党的十四届五中全会提出了《中共中央关于制定国民经济和社会发展"九五"计划和2010年远景目标的建议》,1996年八届全国人大四次会议讨论、通过了《国民经济和社会发展"九五"计划和2010年远景目标纲要》,该纲要第一次将依法治国,建设社会主义法制国家,作为我国的一项基本治国方略。②

从1996年开始,最高人民法院工作报告中的提法发生了显著变化:第一,不再说"严肃执法"是"司法公正"的前提;第二,司法公正不再仅仅是一种执行方式,而成为"人民法院工作的出发点和落脚点";第三,公正意识和效率意识的概念同时出现,相提并论。③围绕如何实现司法的公正与效率,从法院诉讼费管理改革、审判方式改革、审判组织改革到法官队伍职业化建设,对司法的改革日渐展开。2001年法院工作报告将"公正与效率"定为法院系统在新世纪的工作主题。2001年12月11日至13日,最高人民法院在北京举办了"公正与效率世纪主题论坛",来自中外的200多名法官、专家和学者出席了论坛。与会者围绕公正与效率涉及的有关问题进行了讨论,会后还结集出版了《公正与效率的法理研究》一书。

2005年12月,中央政法委在全国政法工作会议上部署开展社会主义法治理念教育活动。社会主义法治理念的基本内涵是:依法治国、执法为民、公平正义、服务大局和党的领导。张志铭教授认为,按照目的和手段这对范畴来分析,公平正义和执法为民属目的性表述,依法治国、服务大局和党的领导属方式方法的表述,其中,服务大局和党的领导作为特别强调对正处在社会转型时期的中国来说具有重要意义。④朱景文教授认为,服务大局是中国法律传统文化中的一个重要组成部分,与依法治国是一致的。⑤"执法为民"具体到法院系统就是要"司法为民",司法为民与公平正义是统一的。公平正义是法律的基本的核心的价值。法律作为一种规则,其制定、遵守、适用都是为了使人们的生活更有预期,更有秩序,更有安全感,更有效率。法律本身是为民服务的,法律的适用

---

① 程燎原:《从法制到法治》,法律出版社1999年版,第129—174页。
② 中国人民大学中共党史系编写组编:《中国共产党的八十年简明读本》,中央编译出版社2001年版,第228页。
③ 许前飞:《论司法公正与效率的法治基础》,载曹建明主编:《公正与效率的法理研究》,人民法院出版社2002年版,第427页。
④ 张志铭:《社会主义法治理念与司法改革》,载《法律适用》2006年第8期。
⑤ 朱景文:《服务大局与法学家的幻想》,http://www.jus.cn/ShowArticle.asp?ArticleID=1044,2008年4月3日访问。

即司法当然也是要为民服务的,换句话说,为民本来就是司法的本意。

从无产阶级专政的"刀把子"到确保"公正与效率"、为建设小康社会提供司法保障,再到司法为民、公平正义,尽管在国家发展的大局当中,司法似乎仍然未能脱离工具正义的范畴,司法自我主题的确立,"公正"这一司法灵魂的归位,反映出中国社会已经发生了重大变迁。"司法机关不仅仅是政治国家实现政策目标的工具,也是社会实现其价值追求的一种机制。经济改革改变了原来的社会关系,'身份'逐步被'契约'所取代,行政命令逐步被法律规则所取代,立法的逐步完善和公众权利意识的增强使社会行为法律后果具有了某种可预测性,这一切都促进了司法理念的转变。而司法观念的转变反过来又成为促进制度变革的重大的推动力。"①苏永钦认为"台湾地区的法治问题根本上还是法律文化的问题,法律制度的移植不难,制度下面的价值观要和被移植社会的价值观契合,则需要施以相当大量的教育,包括言教和身教","法治没有深植社会成为人民的生活方式(way of life),反而成为执法者的工具,是法治浅薄的一面"。② 这些观点对我们的法治与司法改革不无启示。

社会主义法治理念是立足于中国国情和实践的,在制订改革方案时,除了要贯彻社会主义法治理念外,还要处理好当前与长远、需要与可能、阶段性目标与总体目标之间的关系,注重新的改革措施与以往相关改革成果的相互衔接、彼此关联、前后协调,防止改革措施之间出现冲突、矛盾,特别要防止出现今天的改革成果成为明天改革的对象,从而确保改革的整体性、协调性和连续性。建立中国特色社会主义司法制度本身是需要摸着石头过河的,在某一阶段,走点弯路是不可避免的,但是,走回头路却是需要慎之又慎的。

在 2012 年 10 月 9 日由中华人民共和国国务院新闻办公室发表的《中国的司法改革》白皮书中,对司法改革必须坚持的理念和原则又进行了重点强调,并为转变司法理念提供了更为具体的指引。《中国的司法改革》白皮书指出:"中国司法改革始终坚持从国情出发,既博采众长、又不照抄照搬,既与时俱进、又不盲目冒进;坚持群众路线,充分体现人民的意愿,着眼于解决民众不满意的问题,自觉接受人民的监督和检验,真正做到改革为了人民、依靠人民、惠及人民;坚持依法推进,以宪法和法律规定为依据,凡是与现行法律相冲突的,应在修改法律后实施;坚持统筹协调、总体规划、循序渐进、分步推进。"

---

① 信春鹰:《中国需要什么样的司法权力》,载《环球法律评论》2002 年春季号。
② 苏永钦:《漂移在两种司法理念间的司法改革——台湾司法改革的社会背景与法制基础》,载《环球法律评论》2002 年春季号。

2. 实行法院审判与行政管理职能的分离,促进法院司法化的转变

最高人民法院在 1999 年的工作报告中提出:"今年改革的重点是:改变长期存在的审判工作行政管理模式,建立符合审判工作规律,具有审判工作特点,适应审判工作需要的法院管理机制……"同年 10 月,最高人民法院颁发的《人民法院五年改革纲要》中明确规定:"审判工作的行政管理模式,不适应审判工作的特点和规律,严重影响人民法院职能作用的充分发挥。""以强化合议庭和法官职责为重点,建立符合审判工作特点和规律的审判管理机制"。

我国司法体制的行政化,首先有其深刻的历史和社会原因。长期以来,中国一直是一个行政主导的国家。19 世纪以前行政权与司法权,一直合二为一。改革开放前近一个世纪,国家几乎一直处于"战争"、"革命"与"运动"的非正常状态,在这种情况下,司法权缺少生存空间,难有用武之地。新中国成立后,作为无产阶级专政的工具,法院的地位一直很低。"被公众俗称为'五大班子'的权力体制(即党委、政府、人大、政协、纪检)中完全没有司法机关的地位。在人们的观念中,司法机关和隶属于行政机关之下的政府部门没什么区别,'公、检、法'排列就说明了这样的现实。"①法院没有自己的运行模式,基本上是按照行政机关的模式来运作。不少地方甚至还出台了《个案监督条例》。②

其次,法院行政化的另一个原因是,法院内部的行政事务与审判活动没有分离。在法院内部,必然存在着一系列行政事务,这就使法院行政管理制度的设置具有自身的合法性。行政事务与审判活动没有分离,行政管理体制的逻辑渗入到审判制度建设中。"就法院在社会中的基本职能而言,其内部行政管理制度从制度逻辑上看应当是为了支撑法院实现其审判职能的,并因此应当是辅助性的。但是,这两套制度既然附着于同一机构,在一个相互交叉的制度空间中运作,那么这两套制度的逻辑就有可能混淆。事实上,我们在基层法院的调查发现,这两套体制不仅经常被完全混同,甚至其主次位置在相当大的程度上也被颠倒过来了,《法院组织法》所规定的审判制度常常溶入法院内部的行政管理体制之中,已经变成法院行政管理制度的一个有机部分。"③在实践中的典型表现之一,是在法律规定之外形成了一些非正式的制度。例如前文述及的"批案"制度以及实践中普遍存在的"庭务会"讨论、研究合议庭正在审理的案件等等,都是行政的逻辑主导了审判工作。典型表现之二,是近几年法院推出的一些改革措施体现的仍然是行政管理的思维。1999 年的法院工作报告提出:"从

---

① 信春鹰:《中国需要什么样的司法权力》,载《环球法律评论》2002 年春季号。
② 参见易延友:《走向独立与公正的司法》,载《中外法学》2000 年第 6 期。
③ 苏力:《送法下乡——中国基层司法制度研究》,中国政法大学出版社 2000 年版,第 72~73 页。

今年起,凡地县人民法院内发生一起法官贪赃枉法造成重大影响的案件,除对当事者依法严肃查处外,法院院长要到省高级人民法院检讨责任。凡省、自治区、直辖市年内发生两起的,省高级人民法院院长要到最高人民法院汇报查处情况、检讨责任。发生情节特别严重、造成恶劣影响被追究刑事责任案件的,因严重官僚主义、用人失察,疏于管理而负有直接领导责任的法院院长要向选举或任命机关引咎辞职。"在2001年的法院工作报告中,最高人民法院要求全面推行领导干部引咎辞职制度。最高人民法院院长、副院长、庭长也分别签订了《党风廉政建设责任书》,不仅要保证自己清正廉洁,而且要保证自己分管部门审判人员的清正廉洁。领导检讨责任、引咎辞职制度与行政机关中的首长负责制以及行政管理中采取的严格科层制的制度逻辑是一致的,但与审判工作中强调的"审判独立"原则是相违背的。因此,在现行的政治体制框架内,以审判制度为中心实行行政事务管理与审判工作的分离,是法院体制司法化的关键。

3. 扩大公众参与程度,增强司法改革的民主性

从我们走过的司法改革道路看,改革方案主要是由中央和最高司法机关主导设计的,公众参与的比较少,应当说这是一个值得注意的缺陷。司法改革涉及每个公民的权利,尽管不是每个人都会去法院打官司,但是,司法行为的社会效益却或多或少地影响着我们每个人的生活。普通民众是社会中的大多数,也是他们在亲自使用司法程序现实地推动着司法的发展。然而,当前民众对司法改革的认识不足,参与不够,多数人持漠不关心的态度。司法改革关系到每个公民的生命、财产等基本权益,没有社会各阶层的广泛参与、支持,司法改革很难取得预期效果。"一切权力属于人民"这样一种宪法规定,应当落实到实践中,落实到制度上,落实到与公众有切身利益的司法决策上。只有切实保障公民对司法改革的知情权、参与权、表达权、监督权,才能更准确地了解"人民群众日益增长的司法需求和预期",才能真正提高改革决策的科学性、民主性。

苏永钦对台湾地区的司法改革曾经一针见血地指出:"把司法问题看成司法体系内部的问题,正是过去改革所犯的致命错误。"①对此,我们也应当给予足够的重视。为了切实提高司法改革的实效性,使改革能够不断取得进展,应当首先建立相关制度保障公民参与司法改革的权利,通过各种途径和渠道广泛征求、听取社会各界的意见和建议,之后形成改革的方案。

4. 成立专门的司法改革机构,以法律形式确定司法改革的总体方案,确保改革依法有序进行

司法改革是一项系统工程,涉及司法机关的机构设置、职权划分、诉讼制

---

① 苏永钦:《司法改革的再改革》,台湾月旦出版社1998年版,第1页。

度、管理制度等体制、机制和制度的创新和变更,体制的改革必然涉及相关国家机关间部分职权的重新划分,必然涉及现行法律法规的修改问题。我国的司法改革最初是从基层法院开始的,改革的连续性差,随意性强。尽管在很多方面取得一些成效,但同时也或多或少破坏了法制的统一性,损害了法律的权威性。最高人民法院先后推出的人民法院改革纲要虽然在一定程度上改变了这一状况,但由于现行司法体制的制度基础早已由宪法、法院组织法以及刑事、民事、行政三大诉讼法确定,法院在现行法律框架内的改革,注定是不彻底的。日本自 1997 年始的第三次司法改革给了我们很多启示[1],其中最大的或许就是:将司法改革方案以立法形式确定下来,依照法定程序,有步骤、有计划、有目的地进行。

2003 年 5 月,中央政法委牵头成立司法改革领导小组,具体负责领导和部署司法体制改革工作。这在党的历史上是第一次。2004 年底,中共中央批准了由该小组在深入调研和广泛征求意见基础上形成的关于司法改革的初步意见,确立了司法体制改革的基本原则,确定了 35 项改革措施,部署了今后一个时期全国司法体制和工作机制改革的主要任务,并明确要求要依法改革,相关改革措施与现行法律法规冲突的要先修改法律法规。根据中央的统一部署,最高人民法院于 2005 年颁布了《人民法院第二个五年改革纲要》。总体来说,由于"第二个五年改革纲要"的实施,在一定程度上触及了司法领域的体制性层面的问题,因而为下一步深化司法体制改革积累了一些经验。

2007 年 10 月中共十七大提出要"深化司法体制改革,优化司法职权配置,规范司法行为,建设公正高效权威的社会主义司法制度,保证审判机关、检察机关依法独立公正地行使审判权、检察权"。显然,从党的十五大提出"推进司法改革",到党的十六大"推进司法体制改革",实现了从司法改革向司法体制改革的重要转变。党的十七大作出的"深化司法体制改革"的战略部署,又把改革向前推进了一步。

2008 年 11 月,中共中央政治局召开会议,讨论深化司法体制改革工作。会议原则同意中央政法委员会关于深化司法体制和工作机制改革若干问题的意见。该意见的重点内容包括优化司法职权配置、落实宽严相济刑事政策、加强政法队伍建设、加强政法经费保障等;深化司法体制和工作机制改革,要坚持社

---

[1] 参见日本司法制度改革审议会:《日本司法制度改革审议会意见书——支撑 21 世纪日本的司法制度》,丁相顺译,载孙谦、郑成良主编:《司法改革报告——有关国家司法改革的理念与经验》,法律出版社 2002 年版;有关述评可参见季卫东:《世纪之交日本司法改革的述评》,载《环球法律评论》2002 年春季号;潘剑锋:《从日本第三次司法改革看我国司法改革存在的问题》,载《法学》2000 年第 8 期;潘剑锋、杨素娟:《日本司法制度改革之评价》,载《中外法学》2000 年第 6 期。

会主义法治理念,从人民群众司法需求出发,以维护人民利益为根本,以促进社会和谐为主线,以加强权力监督制约为重点,紧紧抓住影响司法公正、制约司法能力的关键环节,进一步解决体制性、机制性、保障性障碍,优化司法职权配置,规范司法行为,建设公正高效权威的中国特色社会主义司法制度;深化司法体制改革工作,必须始终坚持党的领导,必须有利于社会主义司法制度自我完善和自我发展,必须始终坚持从我国国情出发,立足于我国现阶段仍处于并将长期处于社会主义初级阶段的基本国情和我国发展的阶段性特征,同时注重吸收借鉴人类法治文明的有益成果。[①] 正如陈瑞华教授所说,司法改革在各项政治改革中属于风险最小、社会效益却较大的领域。如果将司法改革作为整个政治改革这一系统工程的一个环节,而不是将其孤立起来加以对待的话,这种改革成功与否及收效多少,将直接影响社会公众对司法机构、司法制度甚至整个国家法律制度的信任和尊重,影响公众对国家政权权威性的信心。但是,如果以为只要建立了法官高薪制,实现了法官的专业化,克服了法院组织和审判活动中的行政化趋向,解决了司法中的地方保护主义,就可以完成或者基本完成中国司法制度的改革,那可就是忽略了中国司法改革的复杂性和艰巨性。[②]

总之,"建立公正高效权威的中国特色社会主义司法制度是司法改革的目标"[③],也是司法功能得以实现的坚强保障。为了这个目标的顺利实现,中国司法改革的脚步不能停止前进,还要继续勇敢地不断向前行。

[①] 参见《法制日报》2008年11月29日,第1版。
[②] 陈瑞华:《评法院审判委员会制度》,http://www.civillaw.com.cn/article/default.asp?id=29172,2011年5月6日访问。
[③] 国务院新闻办公室:《中国的司法改革》白皮书,2012年10月9日。

第八章 成文法局限之修补

——以最高人民法院历年司法解释为分析对象

一、转型时期的中国司法解释

将司法解释作为一种单列的权力,由最高人民法院根据审判工作的需要专门制定发布具有普遍法律效力的一般规则,并作为全国法院系统审理案件的重要依据,是极具中国特色的法律解释现象。① 最高人民法院的司法解释权来源于 1955 年全国人大常务委员会《关于解释法律问题的决议》中"凡关于审判工作中如何具体应用法律、法令的问题,由最高人民法院审判委员会进行解释"、1981 年全国人大常务委员会《关于加强法律解释工作的决议》第 2 条"凡属于法院审判工作中应用法律、法令的问题,由最高人民法院进行解释",以及 1979 年制定的《人民法院组织法》②第 33 条"最高人民法院对于在审判过程中如何具体应用法律、法令的问题,进行解释"的相关规定,而最高人民法院事实上自新中国成立后就已经开始行使这一权力。

自最高人民法院 1949 年 11 月 3 日发布《关于北京市、天津市法院今后案件判决须于判决载明向何法院提起上诉的命令》(法秘字第 14 号)以来③,到 2007 年底总共

---

① 关于中国的法律解释权和解释体制问题的详细论述,参见张志铭:《法律解释操作分析》,中国政法大学出版社 1998 年版,第 220—259 页。
② 我国《人民法院组织法》经过 1983 年和 2006 年两次修订,但这一条从未作修订。
③ 这是笔者在《中华人民共和国最高人民法院司法解释全集》中统计的最高人民法院发布最早的司法解释,但从文号上分析,之前应还有其他文件,只是该书没有编辑。

发布司法解释1692件,形成了内容极为丰富、涉及面极为广泛的司法解释体系。对最高人民法院的司法解释从内容上大体上可做如下的分类:一是对立法机关制定的某一实体法或程序法在审判工作中如何适用所作"实施细则"性质的全面解释,如《关于适用〈中华人民共和国婚姻法〉若干问题的解释(一)》;二是对某一类案件、某一类问题如何具体应用法律所作的系统的、全面的规定,如《关于审理人身损害赔偿案件适用法律若干问题的解释》;三是针对高级人民法院、解放军军事法院(1997年前包括各级法院)就审判工作中具体应用法律问题的请示而制定的司法解释,如对湖南省高级人民法院所作的《关于经商检局检验出口的商品被退回应否将商检局列为经济合同质量纠纷案件当事人问题的批复》。以1978年为界,最高人民法院每年发布的司法解释如图8.1、图8.2。

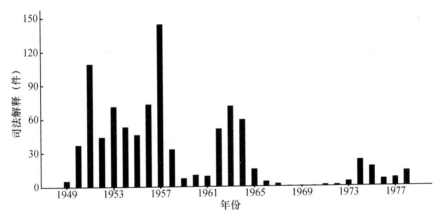

图8.1 1949—1978年最高人民法院发布的司法解释数量图(共计915件)

从上图8.1、8.2可以看出,除1968年、1969年、1970年最高人民法院没有发布司法解释外①,最高人民法院的司法解释工作基本上处于延续状态。从图中分析,可以得出一个有关中国司法解释发展的基本特征,以1978年为界,在1978年以前,司法解释的数量各年份相差极大,如1957年近150件,而有些年

---

① 最高人民法院在"文革"初期就受到冲击,1968年2月军事代表进驻开始"军管",1969年2、3月最高人民法院除留下20余人外,大多数干部下放湖北省荆州地区沙洋农场劳动,1972年1月才陆续回京,1968、1969、1970年这3年最高人民法院实际处于瘫痪状态。参见左卫民等:《最高法院研究》,法律出版社2004年版;《江华司法文集》,人民法院出版社1989年版。1971年所作的一个司法解释也是与外交部、外贸部、公安部联合作出的《关于对出国信件中夹寄基层单位证明文件的处理意见》。事实上,"文革"期间最高人民法院所作的司法解释大多与涉外事宜有关系。

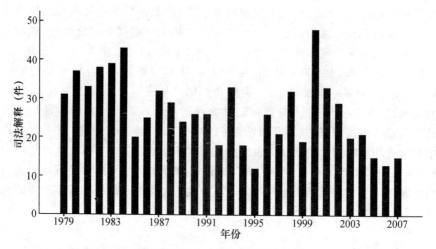

图 8.2　1979—2007 年最高人民法院发布的司法解释数量图（共计 777 件）

份则为零,如 1968 年;而在 1978 年以后至 2007 年,虽然各年份有差别,但总的来说各年份相差不大。

作为对法律的解释,中国的司法解释与现代法治国家产生的法律解释有着大致相同的原因,起着大致相同的作用;作为一种以单列的权力形式,专门制定的具有普遍法律效力的一般规则,中国的司法解释又与现代法治国家的法律解释存在着较大的不同,有着十分鲜明的中国特色。

二、司法解释的困境

虽然司法解释因其自身的性质而在现代社会的法律体制中发挥着重要的作用,对社会的法治建设也具有重要意义,但是司法解释并非万能,甚至有时其正当作用的发挥都因为受制于各种条件而大打折扣。简言之,司法解释也有其"不能"。[①]

（一）法律解释体制的制约

自 1949 年以来,我国的宪法和法律先后对法律解释的问题作出诸多不完

---

① 所谓司法解释的"不能"是指司法解释因为种种因素而不能充分地发挥其作用,在实践中表现出一种"欲为而为不了",或者"欲为且为但无预期效果"。

全相同的规定,但这些规定的前提,都是将法律解释明确为相对于法律制定权——甚至法律实施权或决定权——而言的一种单列的权力,一种通过解释形成具有普遍法律效力的一般解释性规定的权力,从而构成了一种极具中国本土特色的法律解释体制。根据1955年全国人民代表大会常务委员会《关于解释法律问题的决议》和1981年全国人民代表大会常务委员会《关于加强法律解释工作的决议》中的相关规定,我国的法律解释分为立法解释与应用解释。立法解释是指法律制定者对法律的解释,应用解释又作了具体的分工,在法院审判工作中和检察院检察工作具体应用法律问题的解释称为司法解释①和检察解释,在行政工作中具体应用法律问题的解释为行政解释。不同的法律形式,由哪一(几)个机关解释以及如何解释、在解释中如何分工详见表8.1。

表8.1 中国现行的法律解释体制

解释对象	解释主体和类别			法律依据
	立法解释	应用解释		
		行政解释	司法解释和检察解释	
宪法	全国人大常委会			宪法
法律	全国人大常委会	国务院及其主管部门	最高人民法院、最高人民检察院	关于加强法律解释工作的决议,立法法
行政法规	国务院	国务院法制机构、重大问题为国务院		行政法规制定程序条例
地方性法规	同级地方人大常委会	同级人民政府或其部门		关于加强法律解释工作的决议
规章	规章制定机关			规章制定程序条例

从上表可以看出,在我国现行的法律解释体制中,最高人民法院的司法解释仅属于法律应用这一阶段,与之相对的有另一阶段的立法解释和同一阶

---

① 我国最高人民法院和最高人民检察院将各自在具体应用法律、法令的问题上所作的解释都称为司法解释,二者发布的对这一类解释进行规范的文件名称也分别为《最高人民法院关于司法解释工作的规定》、《最高人民检察院司法解释工作规定》,为论述的方便,笔者只将最高人民法院的解释称为司法解释,而将最高人民检察院的解释称为检察解释。

段的行政解释和检察解释,且其解释的对象只能是全国人大及其常委会通过的法律,对宪法、行政法规、地方性法规、规章是无权解释的。① 就应用解释与立法解释的分工而言,我国《立法法》第42条第2款对全国人大常委会的法律解释权即立法解释作了明确规定:"法律有以下情况之一的,由全国人民代表大会常务委员会解释:(一)法律的规定需要进一步明确具体含义的;(二)法律制定后出现新的情况,需要明确适用法律依据的。"对这一条如何理解,全国人大常委会法制工作委员会认为,前者一般有三种情况:需要进一步明确法律界限的;需要弥补法律规定轻微不足的;对法律规定含义的理解产生较大意见分歧的。后者则是指:在法律制定后出现了新的情况,如果符合原来法律规定的精神,是原来法律规定所能包含的,则可以通过法律解释的方法,明确其法律适用依据,以减少对法律的修改,保持法律的稳定性。② 就应用解释中的司法解释与检察解释、行政解释的具体分工,法律并没有作出十分明确的说明。从解释的效力来看,立法解释具有相当于法律的效力,应用解释不得与其相抵触。对于检察解释、行政解释与司法解释之间的效力问题,法律也没有作出明确规定。

　　司法解释在法律解释的体制中有了自己的定位。但在司法解释的具体操作中,最高人民法院虽然尽最大努力按自己的定位进行解释的,但客观上的司法解释总是还有跨越范围的情况。例如,仅从我国1997年《刑法》修改后"两高"发布的有关解释或司法解释性文件冲突事例就有,针对同一问题,"两高"

---

① 这只是从静态的角度对法律解释的权限的区分,即除立法解释外,其他解释仅仅立足于其所应用的阶段,在行政程序阶段为行政解释,在司法阶段为司法解释和检察解释,在实践中会发生动态的变化,比如对于具体行政行为的审查时必然涉及该行为所依据的法律、行政法规、地方性法规以及它们的行政解释的解释问题。

② 张春生主编:《中华人民共和国立法法释义》,法律出版社2000年版,第143页。当然,对立法中的上述问题,是采用解释还是修改法律的方式处理,二者也有一个大致的界限:凡属于不需要改变原来的法律规定,而是作为一种特殊情况对法律变通执行的,可以采用立法解释的方法,不修改法律;根据问题的性质应该修改法律,但问题比较具体,修改法律一时还提不上议事日程,可以先采取立法解释的方法。参见张春生主编:《中华人民共和国立法法释义》,法律出版社2000年版,第144页。

分别发布的解释形成冲突①；或者一方发布解释,另一方未制定解释但直接提请全国人大常委会审查而形成的冲突。② 下面,笔者将通过冲突事例解决的方式作一考察,对立法解释、司法解释与检察解释之间的关系特别是检察解释是否有必要进行分析。

实践中,解决上述冲突的方式通常有三种:一是通过全国人大常委会的立法解释来解决二者之间的冲突。根据1981年全国人民代表大会常务委员会《关于加强法律解释工作的决议》,以及《立法法》第47条对法律解释的规定,全国人大常委会的法律解释同法律具有同等效力。李鹏同志在第九届全国人大常委会第二十七次会议上对法律解释的地位作了专门的强调:"这次会议审议通过了有关刑法的两个法律解释,对'挪用公款归个人使用'和'黑社会性质的组织',作了明确的法律界定,这将有利于刑法的正确适用。法律解释是宪法赋予全国人大常委会的一项重要职权,是立法的重要补充形式,它与法律具有同等效力。我国法制建设的实践证明,根据实际情况、特别是根据司法实践中遇到的问题,对法律条文本身需要明确界限的地方,由立法机关及时作出立法解释,是健全社会主义法制,保证法律正确实施的一项重要工作。"③在司法实践中,立法解释高于应用解释的原则在现实中也得到充分尊重。④ 二是通过加

---

① 例子有三:(1)最高人民法院《关于审理挪用公款案件具体应用法律若干问题的解释》(法释[1998]9号)与最高人民检察院《关于检察机关直接受理立案侦查案件中若干数额、数量标准的规定(试行)》(高检发释字[1997]6号)相关内容冲突。(2)最高人民法院《关于执行〈中华人民共和国刑法〉确定罪名的规定》(法释[1997]9号)(以下简称《规定》)与最高人民检察院《关于适用刑法分则规定的犯罪的罪名的意见》(以下简称《意见》)(高检发释字[1997]3号)内容冲突。《中华人民共和国刑法》修订后,为统一认定罪名,最高人民法院1997年12月9日经审判委员会通过了《规定》,自1997年12月16日公布起施行,确定了413个罪名。最高人民检察院也于同月的25日颁发了《意见》,确定了414个罪名。比较"两高"的这两个司法解释,就罪名方面出现了四个方面的不一致。(3)最高人民法院《关于审理环境污染刑事案件具体应用法律若干问题的解释》(法释[2006]4号)与最高人民检察院《关于渎职侵权犯罪案件立案标准的规定》(高检发释字[2006]2号)的冲突。

② 主要是指最高人民法院发布司法解释后,最高人民检察院认为其不符合立法原意,直接提请全国人大常委会审查。如2001年底,最高人民检察院就最高人民法院关于涉枪涉爆犯罪、黑社会性质组织犯罪和挪用公款归个人使用问题的三个司法解释提出不同意见,要求全国人大常委会作出立法解释。

③ 全国《人大常委会第二十七次会议闭幕》,载《人民日报》2002年4月29日,第1版。

④ 《人民法院报》与《人民日报》同日在第1版显要位置登载了这一消息。最高人民检察院在上述两个立法解释通过后,随即于同年5月13日(减去"五一"七天长假,实际仅为一周后)就发出了关于认真贯彻执行这两个立法解释的通知(高检发研字[2002]11号),明确"本次全国人大常委会审议通过的有关刑法的两个法律解释,是立法的重要补充形式,与法律具有同等效力,对于健全社会主义法制、保证国家法律的统一正确实施具有重要意义,尤其对于当前开展'严打'整治斗争,进一步加大反腐败工作力度,将会发挥积极的作用。通知要求检察人员全面、深刻领会立法解释的精神,充分发挥法律监督作用,严厉打击黑社会性质组织犯罪和挪用公款犯罪。"

强"两高"之间的沟通来解决司法解释与检察解释之间的冲突。"两高"联合发布解释这一形式,虽然保障了"两高"对外的统一,但一定程度上是由双方互相沟通①,并在意见不一致时由一方作出"同意对方观点",或同时让步的前提下作出的。例如,"两高"《关于执行中华人民共和国刑法确定罪名的补充规定》中,从四个罪名的修改看出②,最高人民法院保留一个改变两个,最高人民检察院取消一个改变一个保留二个,或许改变、保留、取消都有充分的"符合立法本意"的理由,但仅从数量的对比看,似乎是一种"双赢"的结局,博弈的结果是各自均放弃了一些原则。三是以与"两高"相关联合发文的形式,对双方的冲突进行协调,如针对新的《刑事诉讼法》颁布后各有关机关就执行问题的解释不一致的情况,最高人民法院、最高人民检察院、公安部、国家安全部、司法部、全国人大常委会法制工作委员会联合下发了《关于刑事诉讼法实施中若干问题的规定》明确表示:"本规定自公布之日起施行。最高人民法院、最高人民检察院、公安部、国家安全部制定的关于刑事诉讼法执行问题的解释或者规定中与本规定不一致的,以本规定为准。"

我们认为,实践中已经形成的"司法解释为主,检察解释为辅"的局面,这使检察解释的存在没有必要。③《人民日报》曾报道过某省在司法中遇到的一个难题:"按检察系统对刑法'玩忽职守罪'的解释,造成'直接经济损失5万元以上的',就可立案起诉,但省内检察机关依此提起公诉的案件,有的法院对被告人判处了刑罚,有的法院却拒绝受理——因为按法院系统的解释,检察机关的立案标准不能作为判案的依据。而最高人民法院也认为,对这类犯罪造成经济

---

① 最高人民法院、最高人民检察院经共同研究确定,于2000年2月13日发布了《关于建立"两高"工作协商制度的意见》(高检会[2000]1号)。《最高人民检察院司法解释工作规定》和《最高人民法院关于司法解释工作的规定》也有相关表述。

② 关于我国《刑法》第397条第2款、第399条第1款、第399条第2款、第406条"两高"的规定不一,最高人民法院分别规定为:不是独立的罪、徇私枉法罪、枉法裁判罪、国家机关工作人员签订履行合同失职罪;最高人民检察院的规定为:国家机关工作人员徇私舞弊罪、枉法追诉裁判罪、民事行政枉法裁判罪、国家机关工作人员签订履行合同失职被骗罪,统一后的罪名为:不是独立的罪、徇私枉法罪、民事行政枉法裁判罪、国家机关工作人员签订履行合同失职被骗罪。

③ 抛开检察机关本身所具有的法律监督权因素,在刑事审判格局中,由于法院的审判工作是侦查、起诉、审判环节的最后一道程序,只有审判才能对起诉至法院的犯罪嫌疑人定罪量刑。根据罪刑法定原则,任何人未经人民法院依法判决都不能被确定有罪,人民检察院除非依照《中华人民共和国刑事诉讼法》第15条之规定作出不起诉决定,从而使案件未进入审判程序外,人民检察院应将公安机关侦查完毕和检察机关侦查完毕并符合起诉条件的案件,起诉至法院进行审判,并由法院依法作出判决。如在挪用公款归个人使用从事非法活动的案件中,若当地法院规定的起刑点为1万元,检察机关根据检察解释规定的立案侦查标准,将5000至1万元之间的挪用公款案件移送法院审判,除非造成严重后果,否则人民法院将会依照最高人民法院的司法解释作出无罪判决。

损失须追究刑事责任的数额标准,不宜作出规定。"①在这种情况下,无论最高人民检察院是否承认,司法解释优于检察解释或者说司法解释有最后的决定权是不可置疑的:"没有作出立法解释之前,在法院审理案件过程中,应当以最高法院的解释为准。因为审判机关必须依照法律独立行使审判权,不应该将行政机关和检察机关对法律的解释强加给法院。至于最高法院的解释对行政机关、检察机关是否有约束力,没有见之于法律的规定和公认的看法,但由于法院在解决纠纷中,享有最终的裁决权,如果行政机关、检察机关违背最高法院的解释,一旦诉讼到法院,则应当由法院依法独立审判。如果行政机关、检察机关明知最高法院对某一法律条文的解释,为避免在诉讼中败诉,自觉尊重最高法院的解释,当然是可以的。但如果行政机关、检察机关认为最高人民法院的解释违背立法原意,可以向全国人大常委会提出进行立法解释。"②事实上,《立法法》在制定时曾考虑取消国务院和最高人民检察院的行政解释权和检察解释权,克服具体应用中多头解释的问题。③ 虽然由于有关机关的坚决反对,这一条文被删除,但说明这一问题已经引起了立法的关注,尽管《立法法》对改革具体应用解释的努力没能最终实现,维持了现行的做法,但这个努力仍然是很有价值的,它给我们指明了继续努力的方向。

(二) 司法解释间的冲突

按理,最高人民法院的司法解释一般都是由其审判委员会讨论后通过的,机构的延续性使自身所作出的司法解释不应该有冲突,即使司法解释的有关规定不一致,也将适用"后法优于前法"的原则,以后发布的司法解释为准。但是

---

① 《防治立法违规行为》,载《人民日报》1999年11月10日,第9版。
② 乔晓阳主编:《立法法讲话》,中国法制出版社2000年版,第198—199页。对结果的考量使最高人民检察院在征求全国人大常委会法工委、最高人民法院等有关部门意见后从保证执法统一的角度作出调整。
③ 全国人大常委会法制工作委员会副主任张春生在《关于中华人民共和国立法法(草案)的说明》中指出:"除全国人大常委会可以作立法解释外,1955年8月《全国人大常委会关于解释法律问题的决议》规定,属于审判工作中如何具体应用法律的问题,由最高人民法院解释。1981年6月《全国人大常委会关于加强法律解释工作的决议》又扩大规定,最高人民检察院、国务院及其主管部门也可以对如何具体应用法律的问题进行解释。实践表明,许多部门都来解释法律,不利于保证法律的统一理解和执行。为此,草案规定,属于人民法院在审判工作中具体应用法律的问题,由最高人民法院解释。如果最高人民法院的解释与全国人大常委会的解释不一致,以全国人大常委会的解释为准(第49条)。同时,相应废止1981年6月10日《全国人大常委会关于加强法律解释工作的决议》(第94条)。这样规定,有利于防止'法出多门',保证法制统一。至于行政机关、检察机关遇到如何具体应用法律问题时,按照宪法关于国务院领导各级行政机关、最高人民检察院领导地方各级人民检察院和专门人民检察院的规定,国务院和最高人民检察院当然可以对下级机关提出如何具体应用法律的问题予以答复,以指导下级的工作,但这种答复同法律解释性质不同。"

在实践中,因为最高人民法院所作出的解释不仅仅针对某一方面的案件,而是各个部门法的解释都有,在社会现实中,很多案件并不单纯的涉及一个部门法,它们可能涉及多个部门法。在此情况下,如果作出的诸多解释口径不一则会造成冲突,引起社会较大争议。例如,在刑事附带民事诉讼中,赔偿部分不主张精神损失是最高人民法院刑事司法解释的一贯态度。2000年12月4日通过的《最高人民法院关于刑事附带民事诉讼范围问题的规定》(法释[2000]47号)第1条明确规定:对于被害人因犯罪行为遭受精神损失而提起附带民事诉讼的,人民法院不予受理。之所以这样规定,其主要根据是:由于《刑事诉讼法》第77条明确规定只能对犯罪行为造成的"物质损失"提起附带民事诉讼,而且从理论上讲,犯罪行为对被害人造成的精神损害,通过确定被告人的行为构成犯罪,判处一定的刑罚,本身就是对被害人的一种抚慰。①

这一司法解释并不否认精神痛苦的客观存在,但认为在司法实践中,对于"被害人因犯罪行为造成容貌、肢体等残损导致婚姻、生活、就业等困难而遭受精神痛苦的,人民法院可在人身损害赔偿中一并考虑解决,不单独赔偿精神损失"②。2个月之后,最高人民法院审判委员会通过的《最高人民法院关于确定民事侵权精神损害赔偿责任若干问题的解释》(法释[2001]7号)第1条规定:"自然人因下列人格权利遭受非法侵害,向人民法院起诉请求赔偿精神损害的,人民法院应当依法予以受理:(一)生命权、健康权、身体权;(二)姓名权、肖像权、名誉权、荣誉权;(三)人格尊严权、人身自由权。违反社会公共利益、社会公德侵害他人隐私或者其他人格利益,受害人以侵权为由向人民法院起诉请求赔偿精神损害的,人民法院应当依法予以受理。"在解读这一司法解释是否涉及刑事附带民事诉讼中的精神损害问题时,该司法解释的起草人以其全面考察后得出"因犯罪行为引起的民事损害赔偿诉讼,各方均可通过单独提起民事诉讼按民法原则赔偿,其中包括精神损害赔偿"为依据,认为:过去的审判实践和相关法律、司法解释都排除在刑事附带民事诉讼中受理精神损害赔偿,故倾向于受害人在刑事附带民事诉讼提出精神损害赔偿请求的,人民法院不予受理;但受害人在刑事诉讼终结后单独提起民事诉讼请求赔偿损失包括精神损害的,人民法院应当依法予以受理。③

---

① 《解读最高人民法院司法解释——刑事、行政卷》(1997—2002),人民法院出版社2003年版,第407页。
② 同上。
③ 《解读最高人民法院司法解释——民事卷》(1997—2002),人民法院出版社2003年版,第84页。

该司法解释第12条还明确规定:"在本解释公布施行之前已经生效施行的司法解释,其内容有与本解释不一致的,以本解释为准。"由于这两个司法解释规定的不一致,适用两个司法解释会得出不同的法律结果,实践中也出现了两种不一致的判决,如《人民法院报》2001年12月18日报道,江西省一法院审结一起因强奸引发的精神损害赔偿案,原告因被强奸获得1.6万元的精神抚慰金;2002年2月19日报道的一则案例,贵阳中级法院审理的一起故意伤害案,在附带民事诉讼中,法院以无相应的法律依据为由,作出了驳回请求5万元精神损失的判决。① 对如何解决这一问题,福建省高级人民法院、浙江省高级人民法院、云南省高级人民法院先后向最高人民法院请示。经征求全国人大法工委刑法室、最高人民法院刑一庭、刑二庭、民一庭等单位的意见,最高人民法院以答复云南省高级人民法院《关于人民法院是否受理被害人就刑事犯罪行为单独提起的精神损害赔偿民事诉讼的请示》的形式,于2002年7月11日作出了《最高人民法院关于人民法院是否受理刑事案件被害人提起精神损害赔偿民事诉讼问题的批复》(法释〔2002〕17号),这一批复规定(确切地讲为重申):对于刑事案件被害人由于被告人的犯罪行为而遭受精神损失提起的附带民事诉讼,或者在该刑事案件审结以后,被害人另行提起精神损害赔偿民事诉讼的,人民法院不予受理。这一次的理由除立法上明确规定不应受理和刑罚本身就是对被害人的一种精神抚慰外,还有着所谓的现实考虑:一是此类案件涉及的数量太大;二是精神损害的请求数额较高且难以确定,将影响刑事案件的审结,并可能导致判决的难以执行,从而影响了裁判的权威性。②

这一冲突并没有因法释[2002]17号的发布而结束,《关于审理人身损害赔偿案件适用法律若干问题的解释》使这一问题重新提出。这个司法解释采用"继承丧失说"将死亡赔偿金与精神损害赔偿金并列,改变了《最高人民法院关于确定民事侵权精神损害赔偿责任若干问题的解释》中将残疾赔偿金和死亡赔偿金作为精神损害抚慰金表现形式的规定。之所以这样规定,是因为将死亡赔偿金与精神抚慰金等同这一模式,"在审判实践中出现了重大问题。由于有关司法解释对附带民事诉讼和独立民事诉讼的法律适用作了限制性区分,规定刑

---

① 《解读最高人民法院司法解释——民事卷》(1997—2002),人民法院出版社2003年版,第550页。

② 不论这一理由用在此处是否恰当,但刑事附带民事诉讼赔偿的执行率较低在我国十分普遍,有的地方不足10%。参见《法院"空判"现象需国家救济制度"埋单"》,载《法制日报》2007年6月14日,第8版。

事附带民事诉讼不受理精神损害赔偿,以致在犯罪引起的导致受害人死亡的人身损害赔偿案件中,受害人近亲属不能通过附带民事诉讼获得死亡赔偿金的赔偿;法释[2002]17号《最高人民法院关于人民法院是否受理刑事案件被害人提起精神损害赔偿民事诉讼问题的批复》进一步限制了受害人通过独立民事诉讼获得精神损害赔偿的途径,使死亡赔偿严重失衡。为了让刑事附带民事诉讼受害人的近亲属能够得到合理救济,在不改变刑事附带民事诉讼不受理精神损害赔偿的现行救济模式下,对死亡赔偿金改采继承丧失说,能在一定程度上调整死亡赔偿的利益失衡,使死亡受害人的近亲属获得相对公正的司法救济"。①

可见,要司法解释发挥其真正的作用,最高人民法院还得协调好自身所作出的司法解释。

(三) 司法解释与司法解释性文件②的冲突

所谓司法解释性文件,是指相对于司法解释而言,人民法院发布的涉及法律适用问题,并在一定地域、一定时间内具有一定约束力的司法文件。就最高人民法院而言,从文件名称及针对问题上大体分类,主要有以下几种形式:一是相关专业审判会议中对该专业实体及程序等多个问题所作的综合性的会议纪要,如《全国经济审判工作座谈会纪要》(法发[1993]8号);二是最高人民法院研究室、各专业审判庭针对具体问题作出的解释、解答、答复以及复函等,如《最高人民法院研究室关于对参加聚众斗殴受重伤或者死亡的人及其家属提出的民事赔偿请求能否予以支持的答复》(法研[2004]179号);三是针对一类或几类问题所作的意见、规定等,如《最高人民法院关于审理抢劫、抢夺刑事案件适用法律若干问题的意见》(法发[2005]8号);四是对司法解释有关问题的再解释,如《最高人民法院关于对〈最高人民法院关于审理企业破产案件若干问题的规定〉第五十六条理解的答复》;五是最高人民法院与其他部门针对某类问题联合发布的意见、规定、通知等,如《最高人民法院、最高人民检察院关于办理受贿刑事案件适用法律若干问题的意见》(法发[2007]22号)。

---

① 《解读最高人民法院司法解释》(2003年卷),人民法院出版社2004年版,第335页。
② 司法解释性文件并不是一个有着十分明确内涵的概念,这一名称主要来源于《最高人民法院公报全集》的出版说明,在《最高人民法院公报》里只有"司法文件"这一名称,最高人民法院2006年、2007年的《工作报告》中又出现了"司法指导性文件"的提法,但这两个概念的外延均大于司法解释性文件的外延。

应当说,地方各级人民法院无权制定司法解释性文件①,对这一问题,最高人民法院多次强调地方各级人民法院无权制定司法解释,也不得制定司法解释性文件,还专门以司法解释的形式对此作了规定②。为解决地方各级人民法院不断出台法律适用相关规范性文件的问题,最高人民法院于 2001 年又下发通知,要求地方各级人民法院认真清理规范性文件,严禁制定司法解释性文件,并将有关规范性文件送最高人民法院审查备案。③ 但地方各级人民法院制定司法解释性文件的行为在实践中非但没有杜绝,反而大有愈演愈烈之势,有的在社会上产生较大的影响,如重庆市高级人民法院《关于审理和执行涉及"四久工程"纠纷案件若干问题的意见》④,四川省泸州市中级人民法院《关于审理医

---

① 这并不包括地方高级人民法院受最高人民法院司法解释的明确授权制定的文件,主要是指根据我国各地经济情况差别很大这一现实,对不少财产犯罪案件中的"数额较大"、"情节严重"等认定标准,最高人民法院只规定一个认定幅度,由各高级人民法院分别制定本辖区内"数额较大"、"情节严重"的具体量刑标准。在民事司法领域,这一授权也存在,如关于破产企业管理人的报酬问题,最高人民法院根据《中华人民共和国破产法》第 28 条的规定,在《最高人民法院关于审理企业破产案件确定管理人报酬的规定》第 2 条第 3 款授权各高级人民法院"认为有必要的,可以参照上述比例在 30% 的浮动范围内制定符合当地实际情况的管理人报酬比例限制范围"。

② 最高人民法院 1987 年 3 月 31 日制定的《关于地方各级法院不宜制定司法解释性质文件问题的批复》([1987]民他字第 10 号),这一文件针对广西壮族自治区高级人民法院报来和刊载于《审判工作探索》上的"关于处理房屋、宅基地案件贯彻执行有关政策法律若干问题的意见",明确提出:你院下发的上述文件,具有司法解释性质,地方各级法院不宜制定。

③ 吴兆祥:《〈关于司法解释工作的规定〉的理解与适用》,载《人民司法》2007 年第 5 期。

④ 2003 年 9 月 10 日实施。这一被称为"重庆模式"的司法机关处置"烂尾楼"的方式,是针对重庆市特殊的市情作出的:到 2002 年,该市主城区"烂尾楼"总投资达 50 亿元,涉及拆迁户 5000 多户、银行贷款 30 多亿元、预售房屋面积 14 万多平方米。一些开发商将"烂尾楼"部分出售或出租,建筑商、拆迁户、购房户、民工等债权人强占"烂尾楼",有的楼盘甚至沦为养鸡场。由于行政手段无法彻底解决一些"烂尾楼"上依附的错综复杂的拆迁、联建、购房、租赁、建筑施工、抵押、私人借贷等法律关系,该市法院根据这一《意见》对部分"烂尾楼"启动司法处置程序,随着司法处置力度的加大,丽景花园、江田君悦国际广场、恒利大厦、金辉大厦、泰安国际大厦等一批"烂尾楼"寿终正寝,仅 2004 年,该市法院就处置"烂尾楼"23 栋,特别是 6 栋"烂尾楼"整体拍卖的成功,基本结束了该市"烂尾楼"的历史。参见:《重庆司法处置"烂尾楼"开创出全新"重庆模式"》,载《重庆日报》2005 年 1 月 27 日,第 2 版。该《意见》的起草人还专门撰写了《关于〈审理和执行"四久工程"纠纷案件若干问题的意见〉的理解与适用》,在《重庆建筑》2004 年第 1 期上发表。

疗损害赔偿案件的若干意见(试行)》》①。据不完全的粗略统计②,这类文件与最高人民法院的司法解释性文件可做大致相同的分类,从内容上分析,有的为适用某特定法律的意见③,有的为审理某类案件如何适用相关法律法规的意见④,有的为如何适用最高人民法院司法解释的意见⑤,个别的甚至为对本院发布的司法解释性文件的再解释⑥。

为更好地说明司法解释性文件与司法解释的不一致,以及司法解释性文件存在的弊端,下面笔者以《关于审理人身损害赔偿案件适用法律若干问题的解释》中的"同命不同价"问题引起社会的广泛关注后,各级各地法院出台的司法解释性文件(见表8.2)为例来说明。

---

① 1999年11月10日实施。这一要求对医疗纠纷实行举证责任倒置的文件受到了社会的广泛关注,一个月之内,中央电视台《焦点访谈》、《今日说法》、《新闻调查》等拳头栏目先后飞抵酒城泸州聚焦此事,首开央视建台以来之先河。卫生部送给国务院准备颁布实施的第六稿《医疗事故处理条例》,因此收回并进行五次修改;国务院出台《医疗事故处理条例》前,特将文稿通过四川省法制局传给泸州中级法院征求意见。《南方南末》、《羊城晚报》等全国强势媒体和各大网站也多有报道。参见《影响中国见证泸州——华西都市报泸州记者站10年重大新闻报道回眸》,载《华西都市报》2006年12月17日,第17版。

② 事实上根本不可能完全统计,与最高人民法院的司法解释性文件相比,要对全国各地各级法院发布的司法解释性文件作较全面的统计分析更为困难,这主要是因为全国各地各级法院的做法极为不同,更为重要的是这类文件的公开程度一直是一个问题,不少仍以"内部资料,注意保存"的形式要求不予公开。

③ 如上海市高级人民法院《关于在民事审判中实施〈中华人民共和国婚姻法〉的暂行意见》,参见唐德华主编:《民事审判指导与参考》2001年第2卷,法律出版社2001年版,第294页。

④ 如广东省高级人民法院《关于在民事审判中审理集体土地出让、转让、出租用于非农业建设纠纷案件若干问题的指导意见》,参见唐德华主编:《民事审判指导与参考》(2001年第4卷),法律出版社2001年版,第265页。

⑤ 如四川省高级人民法院《贯彻执行最高人民法院〈关于确定民事精神损害赔偿赔偿责任若干问题的解释〉的意见》,参见唐德华主编:《民事审判指导与参考》(2002年第4卷),法律出版社2002年版,第135页。

⑥ 如重庆市高级人民法院《关于非诉行政执行工作的若干问题的意见》(渝高法[2004]244号)第39条第2项规定:对涉及农村征地拆迁、城镇房屋拆迁的具体行政行为不得裁定先予执行。因"部分基层法院反映该文件第39条在适用中不便理解掌握,希望重庆市高级人民法院予以解释",该院又下发了《关于适用〈关于非诉行政执行工作的若干问题的意见〉第39条有关问题的通知》(渝高法[2005]36号),对上述规定作了修正:在可能会给国家利益、公共利益或者他人合法权益造成不可弥补的损失的情况下可先予执行。参见谭启平:《"最牛钉子户"非诉行政执行案件的思考》,载《人民司法·案例》2007年第6期。

表 8.2 有关农村居民按城镇居民标准赔偿的司法解释性文件表

发文单位	文件名称	发文时间	居住年限	收入要求	其他限制	适用范围
最高人民法院民一庭	关于经常居住地在城镇的农村居民因交通事故伤亡如何计算赔偿费用的复函	2006年4月3日	经常居住地	主要收入来源		交通事故
重庆市高级人民法院	关于审理道路交通事故损害赔偿案件适用法律若干问题的指导意见	2006年11月1日	已经在城镇连续居住一年以上	有正当生活来源的	发生道路交通事故时	交通事故
安徽省高级人民法院	审理人身损害赔偿案件若干问题的指导意见	2006年2月22日	已连续居住、生活满一年的	在城镇有相对固定的工作和收入的	城镇的合法暂住证明	交通事故
河南省高级人民法院	关于加强涉及农民工权益案件审理工作，切实保护农民工合法权益的意见	2006年6月8日	在城镇有经常居住地	主要收入来源地为城镇的		所有损害赔偿案件
广东省高级人民法院、广东省公安厅	关于《道路交通安全法》施行后处理道路交通事故案件问题的意见	2004年12月7日	已在城镇居住一年以上	有固定收入的	发生交通事故时	交通事故
江西省高级人民法院	2004年全省法院民事审判工作座谈会纪要	2004年12月16日	连续居住一年以上的		起诉时	所有人身损害案件
山东省高级人民法院	全省民事审判工作座谈会纪要	2005年11月23日	连续居住一年以上的			所有人身损害案件
淄博市中级人民法院	关于人身损害案件赔偿标准问题的意见	2006年3月10日	至起诉时已连续在城镇居住所或在企业务工一年以上		起诉时	所有人身损害案件

从上表中可以分析出,首先是所有的司法解释性文件,都在一定程度上对司法解释作了修改。最高人民法院民一庭的《关于经常居住地在城镇的农村居民因交通事故伤亡如何计算赔偿费用的复函》,以引入"经常居住地"和"主要生活来源"的方法对司法解释作了修改,其余各级人民法院的司法解释性文件围绕"经常居住地"和"主要生活来源"这两个方面,先后作了与司法解释不同的规定。

其次,它们设定的标准①是不一致的,认真比较上述各司法解释性文件,我们可以发现如下的主要不同:在"收入要求"上,重庆市的规定为"有正当生活来源",并未区分其来源是城镇还是农村,而河南省的规定则限制为只能来源于城镇;在"居住年限"的止算时间上,重庆市、广东省的规定是交通事故发生时,江西省、山东省的规定为起诉时,安徽省更是将其放宽至判决宣告前,而最高人民法院民一庭、河南省对此则没有规定;在"适用范围"上,最高人民法院民一庭、重庆市、安徽省、广东省的规定均为交通事故,而河南省、江西省和山东省则将其适用于所有的人身损害赔偿案件。

第三,从发文单位、发文时间、文件名称来看,发布司法解释性文件的单位五花八门。有最高人民法院的内设部门民一庭,有各省、直辖市和自治区高级人民法院,也有中级人民法院,有的还与法院以外的单位联合发布有关司法解释性文件。发文时间各不相同,2004 年、2005 年和 2006 年每年都有。文件名称不尽一致,有"复函"、"意见"、"指导意见"、"座谈会纪要"等。

第四,这些司法解释性文件都没有以比较正式的形式对社会公布。② 如最高人民法院民一庭的"复函",既没有在最高人民法院自己专门发布文件的《最高人民法院公报》、《人民法院报》上登载,也未被最高人民法院自己主办的《中国法院网》——唯一经最高人民法院批准成立并经国务院新闻办公室批准从事登载新闻业务的综合性新闻网站③的"法律文库"栏目收录,笔者还认真查寻了最高人民法院及其内设部门或相关人士编辑的多种名目的所谓《审判参考》、

---

① 这些标准是否合理合法不在笔者分析的范围,笔者仅仅将其作为已存的事实。
② 这并不是说司法解释性文件都没有对外公布,相反,有的司法解释性文件则是铺天盖地式地在各种权威报刊站点上公布,如《最高人民法院、最高人民检察院关于办理受贿刑事案件适用法律若干问题的意见》(法发[2007]22 号),在《人民日报》、《法制日报》、《人民法院报》、《检察日报》、《最高人民法院公报》等权威报刊均是全文刊发,在《人民网》(人民日报社主办)、《新华网》(新华通讯社主办)、《法制网》(法制日报社主办)、《中国法院网》(人民法院报社主办)等网站也是全文编发,上述权威报刊站点还对这一文件进行了全面的解读与评价,让人不解的是,社会各界包括"两高"都是将其作为司法解释来认识的,这起码说明,最高人民法院在司法解释与司法解释性文件的区分上,是没有十分严格的界限的。
③ 《中国法院网》"关于我们"栏目中对该网的简介。

《司法文件选》、《司法解释解读》,仅仅在《民事审判指导与参考》总第 26 集第 195 页上发现了这一内部的复函。社会公众能够获得的较为正式的文本,只是最高人民法院民一庭于 2006 年 5 月 27 日下发给各高级人民法院的文件。① 其他各高级人民法院的司法解释性文件文本,只是以内部文件形式下发至辖区内法院。笔者获得上述司法解释性文件的具体内容,均是通过国际互联网站这一渠道。

在审判实践中,这些文件事实上得到了下级法院的认真执行。如被中共中央政法委誉为"新时期政法干警的模范代表"②,曾获得全国模范法官、中国法官十杰、全国三八红旗手、全国优秀女法官等荣誉称号的广东省佛山市中级人民法院民事审判第一庭庭长黄学军,其被广为宣传的主要先进事迹,就是以司法解释性文件作为事实上的审判依据。③

《人民日报》2007 年 7 月 19 日第 1 版报道的事迹中,黄学军提出依"法"改判的"法",实际上就是上表中的广东省高级人民法院和省公安厅出台的《关于〈道路交通安全法〉施行后处理交通事故案件若干问题的意见》这一司法解释性文件。最高人民法院将这利用司法解释性文件办案的现象作为模范法官的主要先进事迹大力宣传,足以说明最高人民法院对这一现象的肯定。而社会也是十分认可,这一判决作出后,"拿到 24 万多元赔偿金判决书,陈某父母和 21 位乡亲联名给法院写来感谢信。一位律师在给佛山市人大常委会的信中说:'这一纸判决,纠正了对农民工的歧视!'"④不仅地方法院的法官将司法解释性文件作为审判的依据,最高人民法院的法官也是将司法解释性文件作为分析和解决法律问题的重要依据,如对于"保证期间没有约定或约定不明的情形下保证期间的确认"这一问题,最高人民法院民二庭庭长宋晓明、法官金剑锋和张雪楳是这样分析的:

应对《最高人民法院关于审理经济合同纠纷案件有关保证的若干问题的规定》(以下简称《保证规定》)第 11 条及《最高人民法院关于处理担保法生效前发生保证行为的保证期间问题的通知》([2002]144 号)((以下简称[2002]144 号通知)的规定做到准确理解。2001 年最高人民法院法民二[2001]016 号《关

---

① 正因为是内部文件,并非正式对外,故能够持有该正式文本或复制文本的,估计只有消息灵通(知道有这个文本)且与法院或法官关系融洽之人士(主要是法律工作者)方可得到,普通的老百姓是不可能直接从法院内部得到的(但不排除辗转从其他人士处复印之可能)。
② 《黄学军先进事迹报告会在京举行,罗干会见报告团成员并讲话》,载《人民日报》2007 年 7 月 19 日,第 1 版。
③ 《2005 年中国法院十杰'风采录——黄学军:在审判岗位上实现跨越》,载《人民法院报》2006 年 3 月 1 日,第 2 版。
④ 《"和谐法官"黄学军》,载《人民日报》2006 年 8 月 23 日,第 14 版。

于哈尔滨商业银行银祥支行与哈尔滨实达实业（集团）公司合同纠纷一案如何处理问题的答复》以及李国光副院长之后的讲话均明确，《保证规定》第 11 条所规定的保证期间，应为主债务到期后 2 年。①

从有关资料分析，最高人民法院对地方法院制定司法解释性文件②是持肯定和支持态度的，最高人民法院针对因"同命不同价"问题而出台的司法解释性文件的评价是："对这次'两会'上反映仍然比较强烈的'同命不同价'问题，山东、河南、安徽、四川等省市已经开始了一些有益的尝试，出台了农村居民与城镇居民'同命同价'的规定和判决，引起了大家关注。要通过调查研究，总结经验，尽快形成成熟的规范性文件。"③甚至最高人民法院在有关规定中也要求法院适用司法解释性文件审理案件。④ 司法解释性文件在审判实践中的使用十分广泛和频繁，笔者通过对经最高人民法院批准、作为落实"人民法院第二个五年改革纲要（2004—2008）"中案例指导制度⑤重要措施之一，并于 2007 年开始出版的《人民司法·案例》1—6 期的分析，这 6 期共编发各种案例 176 篇，其中运用司法解释性文件来分析案件从而得出审判结论的有 92 篇，占 52%。

然而，这一得到人民法院肯定、社会认可并在审判实践中得到认真执行的司法解释性文件，在有关的法律和最高人民法院的规定中竟是一个未得到正式承认的"黑户口"。1981 年全国人民代表大会常务委员会发布的《关于加强法

---

① 《民商事审判若干疑难问题——担保法》，载《人民法院报》2006 年 9 月 27 日，第 5 版。

② 更确切地说，最高人民法院是在将这种文件视为"业务指导性文件"的角度来肯定和支持的，如针对四川省泸州市中级人民法院制定的《关于审理医疗损害赔偿案件的若干意见（试行）》而引起的"中级人民法院有权制定这类文件吗"这一类问题，但最高人民法院认为："《意见》的制定并不涉及立法权和司法解释权的问题，它只是一个中级法院制定的业务指导性文件。根据我国法院组织法规定的精神，上级法院对下级法院有业务指导的职责，业务指导的形式多样，包括二审的改判、召开工作会议和专题研讨会、办培训班等，而制定业务指导性文件也是其中的一种形式。""中级人民法院有权制定这类文件吗？"，载《人民法院报》2000 年 8 月 13 日，第 3 版。

③ 《关于最高人民法院 2007 年工作的几点意见》，载《人民司法·应用》2007 年第 4 期。而这种各地实践——总结经验——制定规则的做法，也是我国立法和制定司法解释中行之有效的一种方法。在制定司法解释过程中，如果案件审判经验不充分，作出较高质量司法解释的条件不成熟时，最高人民法院往往不急于求成，而是先规范出几条会议纪要式的意见，以解决审判实践中审理这类案件之急需。

④ 最高人民法院《关于人民法院在审理涉及汇达资产托管有限责任公司清收、处置不良资产所形成的案件时适用相关司法解释规定的通知》（法[2006]298 号）规定："人民法院在审理涉及汇达资产公司在清理、处置中国人民银行历史遗留的不良资产所形成的纠纷案件时，应同样适用最高人民法院审理涉及金融资产管理公司处置国有不良贷款案件所发布的司法解释及有关答复、通知的规定。"参见：《解读最高人民法院司法解释》（2006 年卷），人民法院出版社 2007 年版。

⑤ 这一"纲要"第二部分"改革和完善审判指导制度与法律统一适用机制"第 13 条明确指出：建立和完善案例指导制度，重视指导性案例在统一法律适用标准、指导下级法院审判工作、丰富和发展法学理论等方面的作用。

律解释工作的决议》,只授权最高人民法院制定司法解释并具有一定的效力,即使是最高人民法院的司法解释也是自1997年《最高人民法院关于司法解释工作的若干规定》(已废止)第14条明确"司法解释作为人民法院判决或者裁定的依据应当在司法文书中援引"后,才得以制度化地成为人民法院的审判依据,而迄今为止,没有任何一个具有法律效力的规定认可司法解释性文件为审判依据。

将最高人民法院内设部门制定不久且没有向社会公开的内部文件,作为律师未尽职责从而承担赔偿责任的依据,这对于严格按法律包括最高人民法院司法解释办案的律师而言,不知将作何感想? 司法解释必然将因内部的冲突而消解自己的作用。或许就某个具体案件来说,那些所谓的司法解释性文件解决了问题,但从其对法治建设的长远目标来看,它们将会消解司法解释的积极作用。

三、影响司法解释的其他因素

除了司法解释自身的局限性会影响司法解释之"能"外,司法解释之"能"还受制于作出司法解释之主体的主观因素。"所有的法律都有自己的目的,谁也不会否认这一点。如果立法者在立法时不知为了什么,那么我们会说他是非理性的。"[①]具体而言,司法解释作为最高人民法院制定的审判依据之一,同样也有着最高人民法院意欲实现的目的。但在司法解释的实施过程中,并不是也不可能是所有的司法解释都能完全实现预先设定的目的,有的甚至于产生了完全相反的效果。之所以出现这种情况,在某种意义上乃是因为作出司法解释的主体对客观情况认识不足。

其一,作出司法解释的主体对客观情况估计不足,对社会现实的了解并不客观。以2005年1月1日实施的《最高人民法院关于人民法院民事执行中查封、扣押、冻结财产的规定》为例。这一解释的第6条规定:对被执行人及其所抚养家属生活所必需的居住房屋,人民法院可以查封,但不得拍卖、变卖或者抵债。按最高人民法院制定这一司法解释的基本精神,这一司法解释坚持执行适度的原则,强调"不能因为强制执行而造成被执行人的极度贫困",体现了"以人为本及国家尊重和保障人权的精神",明确"如果将被执行人执行到一无所有的程度,则国家必须对其提供救济,以保证其生存的基本权利,相当于最终国家承担执行的后果,由国家替代被执行人偿还债务"。对于这一司法解释在实施

---

① 付子堂:《法律功能论》,中国政法大学出版社1999年版,第258页。

中,可能引起有关利益集团的反对,从而最终损害被保护者的利益,最高人民法院也是有着一定的预见的,最高人民法院负责人就这一司法解释答记者问时,专门讲了最高人民法院对这个问题的基本思路:

  对于申请执行人享有抵押权的房屋能否执行,讨论时争议较大。有人认为,申请执行人享有抵押权的房屋,即使是被执行人及其所抚养家属必须居住的,也可以执行。因为在这种情况下,债权的发生以设定抵押为条件,被执行人也非常清楚不能清偿债务的后果,为了公平保护申请执行人的利益,对设定抵押的房屋可以执行,而且此事关系到我国住房按揭市场的发展。从长远来看,如果设定抵押的房屋不能执行,必将导致各金融机构不再发放住房贷款,严重影响住房按揭市场的发展,最终损害广大消费者的利益。但该司法解释最终没有采纳这种观点,主要考虑到在社会保障制度还不完善的情况下,必须保护被执行人及其所扶养家属的生存权,即使房屋已经设定抵押,只要属被执行人及其所扶养家属必须居住的,也不得执行。①

  这一司法解释出台后,果然引起了银行业的反对,但反对的力度超出了法院的预料。银行的道理很简单:如果设定抵押的房屋因属被执行人生活必需的居住房屋不能执行,银行的房贷债权就有可能收不回来,银行的经营风险就会增大。因此,各地银行为了维护自己的房贷权益,纷纷采取措施提高房贷门槛,在某些地方如深圳,交通银行深圳分行、中国银行深圳分行等多家银行为了控制贷款风险,纷纷将个人住房贷款的首付款比例从原来的20%提高到30%,最高甚至提至50%。2005年3月17日,中国人民银行决定调整商业银行信贷政策,对房地产价格上涨过快城市或地区,个人住房贷款最低首付款比例可由现行的20%提高到30%。上海、杭州等商业银行也作出反应,要求办理消费类住房抵押贷款时提供两套住房证明。而提高首付和增加其他相关证明,直接影响到的是那些购房面积小、价格低的中低收入者,致使许多原本可以获得银行住房贷款的人无法贷款买房,最终损害了广大消费者的利益。②

  这一原本旨在保护一方、反而事实上损害被保护者利益的司法解释,施行不久就由于各方反应强烈③而引起了最高人民法院的高度重视。为此,最高人民法院多次召开座谈会,广泛听取中国人民银行、银监会、建设部、各商业银行及下级法院的意见,征求了全国人大法工委、最高人民法院咨询委员会委员及

---

① 《解读最高人民法院司法解释》2004年卷,人民法院出版社2005年版,第187页。
② 王飞鸿:《〈关于人民法院执行设定抵押的房屋的规定〉的理解与适用》,载《人民司法》2006年第1期。
③ 特别是银行业,包括中国人民银行副行长在内的很多人士,越来越多地要求最高人民法院出台补充司法解释,甚至要求全国人大出面督促。

部分专家学者的意见,于 2005 年 11 月 14 日讨论通过了《关于人民法院执行设定抵押的房屋的规定》,于 2005 年 12 月 21 日正式施行。这一新的司法解释对《关于人民法院民事执行中查封、扣押、冻结财产的规定》第 6 条作了限缩解释,第 1 条就明确规定:"对于被执行人所有的已经依法设定抵押的房屋,人民法院可以查封,并可以根据抵押权人的申请,依法拍卖、变卖或者抵债。"

其二,作出司法解释不适合中国国情,借鉴其他国家和地区的规定因与中国的现实不契合而难以执行。

以《最高人民法院关于民事诉讼证据的若干规定》中的举证时限制度①为例。这一制度是在吸收借鉴美国《联邦民事诉讼规则》、德国《民事诉讼法典》、法国《民事诉讼法典》、日本《民事诉讼法》、瑞典《民事诉讼法》以及我国台湾地区"民事诉讼法"的相关规定②,并在考察日本、德国等国较为成功地经历了从"证据随时提出主义"到"证据限时提出主义"这一过程③,为"符合我国民事诉讼现代化的发展要求"并结合国内审判实践制定的。为什么要制定这一制度,最高人民法院副院长曹建明在公布《最高人民法院关于民事诉讼证据的若干规定》新闻发布会上的讲话中明确指出:

我国《民事诉讼法》第 125 条规定"当事人可以在法庭上提出新的证据"。由于新的证据的范围不明确,审判实践中,一些当事人在庭审前不提供证据,在庭审中经常搞突然袭击,或者一审不提供证据,在二审或再审中提出证据,达到拖延诉讼的目的。这不仅违反了诚实信用原则,损害了另一方当事人的合法权益,而且严重干扰诉讼活动的正常进行,浪费了有限的审判资源,是妨碍审判效率提高的重要原因之一。……由于《民事诉讼法》对当事人的举证期限没有明确规定,对审理期限却有着严格的规定,当事人随意提出新证据的情形导致人民法院许多案件难以在审限内审结,影响了当事人合法权益的及时保护,影响了人民法院的威信和法律实施的效果。④

在这一讲话中,也十分鲜明地指出了最高人民法院出台这一司法解释的重大意义(也就是司法解释的本意):这一司法解释对于"实现民事审判的公正与效率的目标"、对于"加快审判改革的进程"、对于"方便人民群众利用诉讼法律

---

① 在这一司法解释中,有许多吸收和借鉴的新术语及相关的制度,举证时限制度的相关规定为第三部分,大体内容是当事人必须在人民法院指定的期限内举证,逾期举证,除非属于该《规定》明确的"新证据",否则证据失权,当事人承担举证不能的后果。
② 《最高人民法院〈关于民事诉讼证据若干规定〉的理解与适用》,中国法制出版社 2002 年版,第 271—273 页。
③ 曹建明主编:《民事审判指导与参考》(第 1 卷),法律出版社 2002 年版,第 107 页。
④ 《最高人民法院副院长曹建明在公布〈最高人民法院关于民事诉讼证据的若干规定〉新闻发布会上的讲话》,载《人民法院报》2002 年 1 月 1 日,第 4 版。

武器维护自己的合法权益和法官依法独立、公正、正确地行使审判权"、对于"完善我国入世后的法制环境"都有着十分积极的重大意义。

抛开这一司法解释本身与《民事诉讼法》不一致①的因素,这一司法解释主要因与中国的国情不符而未能在实践中得到全面的贯彻,更为确切地说,是在一定程度上受到了人民法院及诉讼当事人的不(严格)执行而被虚置。安徽省高级人民法院对这一司法解释的施行情况调研后指出:

> 新证据规则关于举证期限的规定过于严格,不适合我国国情。首先,有许多案件的当事人一方或者双方不在受案法院所在地,……过去一般只在参加开庭时带着证据去一趟法院就可,而现在除了开庭要去之外,开庭前还要为举证、质证等而专门前去法院一趟或者数趟,当事人的诉讼成本之高可见一斑。其次,受文化条件、经济条件等因素的影响,我国目前还有相当一部分群众文化水平不高,法律知识缺乏,同时也往往因为经济条件有限而在产生诉讼后不能委托律师办理。在司法实践中,这些当事人因不懂程序而败诉的为数不少,现在又要求他们懂得、理解和运用、遵守举证时限这一专业性极强的规定,否则便承担举证不能的法律后果,这显然不能充分保障其诉讼权利的行使,不能使法院的判决客观公正,也与司法为民、构建和谐诉讼的时代背景格格不入。②

成都市中级人民法院的调研表明③,成都市各级法院在审理民事案件的过程中,尽可能地运用当事人能够接受的方法将虽已逾期但却应采纳的证据纳入庭审质证。比如,如果一方当事人对对方逾期提出的证据不同意质证时,法官会作如下解释:"这个材料只是对已提交证据的补充,并不逾期,如果你不质证将承担可能导致的不利后果"。如果这个证据很重要但不能用前一理由解释

---

① 参见罗筱琦、陈界融:《最高人民法院"民事诉讼证据规则"若干问题评析》,载《国家检察官学院学报》2003年第2期。

② 安徽高级人民法院民一庭:《〈关于民事诉讼证据规则的若干规定〉施行情况的调研报告》,载《人民司法·应用》2007年第15期。

③ 从材料上看,成都市中级人民法院课题组的调研是较为深入的:"首先采取的是查阅卷宗方式,即根据《规定》的主要内容预先设计了9个板块共计56个具体问题,然后将配合调研的38名法官分成4个组,按照事先确定的调查内容,分年段共查阅了4年来成都市中院和20个基层法院所办理的共1140件民事案件,并针对需要了解的问题逐一展开了分析调查。"通过数据的比较分析,一定程度上反映了以下的趋势:"法官释明权的行使总体上呈上升的趋势"、"法院调查取证的案件数量由减到增"、"法官对逾期提交证据和增加、变更诉讼请求和反诉的容忍度增强","对虽不属于新的证据但为裁判公正而视为新证据采纳的案件数量增加"、"上级法院因下级法院违反《规定》而发回重审的案件数量由增加到略为下降"。由此,他们得出结论:"以上执行《规定》从刚性到柔性的变化情况,总体上说是一种积极调整执法思路的结果。但我们在调查中也发现有少数怠慢甚至不屑一顾的消极做法。"参见成都市中级人民法院课题组:《〈关于民事诉讼证据规则的若干规定〉施行情况的调研报告》,载《人民司法》2006年第10期。

时,法官又会这样解释:"由于该证据是关键证据,不审理此证据可能导致裁判结果明显不公,所以法庭认可其合法性,如果你不质证将承担相应的后果"。到后来,法官更是"多以第 43 条为王牌,试图采纳所有逾期证据,大有将举证时限制度虚置的趋势"。①

浙江省高级人民法院更是于 2007 年 7 月 13 日出台了司法解释性文件:《关于适用〈关于民事诉讼证据的若干规定〉的指导意见》,这一《意见》的第 6 条规定:"人民法院应当根据当事人法律认知水平的高低、诉讼能力的强弱、搜集证据的难易以及证据对案件处理的影响等情况指定合理的举证期限。"第 11 条规定:"当事人在举证期限届满后提供的证据,非属当事人故意或者重大过失而未在举证期限内提供,且该证据的采信与否对案件的公正审理产生实质性影响的,可以视为新的证据。"凡此种种,司法解释有关举证时限制度在实践中虚置。最高人民法院也充分认识到这一问题,正在对这一问题进行研究,并将尽快出台关于举证时限制度的进一步解释。

四、从"命价"看司法解释的"能"与"不能"

(一)法律对生命"定价"的困惑

司法的力量是有限的:"一个法院能使一个原告重新取得一方土地,但是它不能使他重新获得名誉。法院可以使一个被告归还一件稀有的动产,但是它不能迫使他恢复一个妻子的已经疏远的感情。法院能强制一个被告履行一项转让土地的契约,但是它不能强制他恢复一个私人秘密被严重侵犯的人的精神安宁。"②在"同命不同价"的案件讨论中,始终缠绕着一个棘手的问题,即法律对生命到底怎样"定价"?

对侵犯生命权的问题,在蒙昧时代都采用"一报还一报"的同态复仇形式,在文明时代则由公权力出面采用刑罚(死刑)的方式对待施害一方。在西方法律史上,罗马法规定杀人则处死刑,没有再对被害人家属予以任何形式赔偿的规定;《十二铜表法》规定:"杀人的处死刑,过失致人死亡的,应以公羊一只祭神,以代替本人";《日耳曼法》规定,杀人者要交"和平金"给国家或领主,纳"赎罪金"给被害

---

① 参见成都市中级人民法院课题组:《〈关于民事诉讼证据规则的若干规定〉施行情况的调研报告》,载《人民司法》2006 年第 10 期。

② 〔美〕罗斯科·庞德:《通过法律的社会控制·法律的任务》,沈宗灵、董世忠译,商务印书馆 1984 年版,第 31 页。

者家属。① 资本主义兴起以后,采用金钱方式赔偿成为主要方式,到 20 世纪 20 年代,各国开始在刑法中赋予被害人及其家属对损害赔偿的民事请求权,20 世纪 60 年代,确立了国家对被害者给予损害补偿的制度。

我国早期法律中也没有对生命权的民事赔偿规定。唐宋律中对于侵犯生命权仅有刑罚的规定,而无民事赔偿责任的内容。② 直到元代,才第一次在法律中作出了杀死人命应兼负民事责任的规定,所谓"烧埋银"(又称烧埋钱,明、清称埋葬银),具体内容是:不法致人死亡的,行凶者在接受刑罚之外,还须赔给死者家属一定数额的丧葬费。从"烧埋银"的名称看,很容易让人误以为仅仅是赔偿丧葬费,实际内容已经超出丧葬花费。元朝的"烧埋银"脱胎自"命价银",它的数量是比照"命价银"(也就是人命的价格)的标准来确定的。反映在数量上,起初规定"烧埋银五十两",许多人承担不起,后来逐渐降低。明、清均承袭元制。20 世纪 30 年代的中华民国《民法典》第 192 条规定:"不法侵害他人致死者,对于支出医疗及增加生活上需要之用或殡葬费之人,亦应负损害赔偿责任。"中华人民共和国《民法通则》第 119 条对于生命权损害赔偿也作出了类似的规定:"侵害公民身体造成伤害的,应当赔偿医疗费、因误工减少的收入、残废者生活补助费等费用;造成死亡的,并应当支付丧葬费、死者生前扶养的人必要的生活费等费用。"

当金钱赔偿成为主要的赔偿(补偿)方法时,法律的局限性就暴露无遗了。因为"企图对断肢的实际金钱赔偿定出一个确定的尺度,至少是有困难的;而要对一个受害人的情绪、荣誉和尊严进行估价,就简直是不可能的"③。明知不可为而要为之,就只能在理论上追求一种自圆其说。

一方面,要肯定生命权是以人的生命安全利益为内容的人格权,是自然人最重要的权利,离开了生命权,其他的一切权利都无从谈起。生命权的不可替代性更进一步体现了它的宝贵,黑格尔就认为"生命是无价之宝"。④ 因此,生命权应该受到最为严密的法律保护。对生命权的侵害行为都应当受到惩罚。生命的价值是无法用金钱或其他物品来衡量的,也无法用这些东西对生命的损

---

① 由嵘:《日耳曼法简介》,法律出版社 1987 年版,第 76—81 页。
② 清朝著名法学家薛允升对此曾有很好的总结:"人命:李悝《法经》不出其目,汉高(祖)与民约法三章,首曰'杀人者死'。曹魏有怨毒杀人之令(参见《晋刑法志》),皆人命也。晋、宋、齐、梁并无是条。后魏杀人者听与死家葬具以平之。北齐杀人者,首从皆斩,亦人命也。隋、唐混于贼盗等律。明律以人命至重,特立其目,取唐律而增损焉。"参见薛允升:《唐明律合编》(卷 18),法律出版社 1999 年版,第 467 页。
③ 〔美〕罗斯科·庞德:《通过法律的社会控制·法律的任务》,沈宗灵、董世忠译,商务印书馆 1984 年版,第 32 页。
④ 〔德〕黑格尔:《法哲学原理》,范扬、张企泰译,商务印书馆 1996 年版,第 104 页。

失进行等价赔偿。另一方面,要强调死亡赔偿金的设立是为了弥补被害人的被继承权人的"继承损失",而不是对被害人生命权的赔偿——因为生命是无法得到恢复的,死亡赔偿金仅仅体现了法律对生命权的保护。在这里,法律就技术性地将生命这一伦理性的且很难在法律上操作的语词转化为了其继承人可以在法律上主张的"继承的损失"。①

死亡赔偿金的性质并不是对人的生命价值的赔偿,而是对相关权利人预期继承收入的补偿。正是基于同样的逻辑,在某些侵权案件中对伤者的赔偿金额比死者还多:对伤者的赔偿金额比死者还多并不表明健康权的价值高于生命权,而是很多时候给伤者的治疗费用比一个死者的将来的预期收入要高。同样,很多时候侵犯一个名人的肖像权所需要付出的赔偿是以百万计②,而一个普通人死亡所获得的赔偿金却只有区区数万③。这并不是说名人的肖像权高于普通人的生命权,而是说权利人因肖像权受侵犯而导致的收入的损失可能会高于一个普通人因生命权丧失而应获得的预期收入。

但是,问题是为什么在具体的某些事故发生以后,人们习惯性地将死亡赔偿金与生命的价值联系在一起,并认为死亡赔偿金应当体现被害人的生命价值。当他们发现被害人能够获得的死亡赔偿金数额很低,达不到其期望或认同的生命的价值,甚至有的时候,在同一事故中不同被害人家属获得的死亡赔偿金会出现较大差异,人们对现阶段的死亡赔偿金制度就会出现诸多不满,认为生命的价格过低或"同命不同价",并强烈要求改变这种不合理的死亡赔偿金制度。从法律角度而言,死亡赔偿金并不是如公共媒体所说的那样是对生命价值的补偿,而是对被害人的继承人的财产损失的赔偿。死亡赔偿金作为对受害

---

① 学理上,自然人的权利能力始于出生,终于死亡。受害人因侵权行为死亡后,权利能力因而消灭,就其死亡,已无请求赔偿的前提。然而死者的近亲属因死者的死亡,或丧失了一定的生活来源,或丧失死者未来生存年限的可能收入,且在一般情况下均受一定的精神痛苦。因此,学界一般将死者近亲属受到的损害分为两个方面:一是财产损害;另一是非财产损害。对于财产损害如何计算,主要有"扶养丧失说"与"继承丧失说"两种理论。"扶养丧失说"以被扶养人丧失生活来源作为计算依据,其认为,受害人死亡后,其生前依法定抚养义务供给生活费的被扶养人因此丧失了生活来源,赔偿义务人对此应予赔偿,赔偿的范围,是"被扶养人生活费"。而"继承丧失说"则以受害人死亡导致的家庭整体收入减少为计算依据,其认为,假如受害人没有遭受侵害,那么他或她在未来将持续地获得收入,受害人因人身损害死亡,家庭可以预期的其未来生存年限的收入因此丧失,这实际是家庭成员在财产上蒙受的消极损失。参见张新宝:《侵权责任法原理》,中国人民大学出版社 2005 年版,第 481—482 页;刘士国:《现代侵权损害赔偿研究》,法律出版社 1998 年版,第 142—143 页。

② 李亮:《张柏芝肖像权赔偿额创百万新高》,载《法制早报》2006 年 4 月 17 日,第 5 版。

③ 在本文开头所提出的案例中,被害人所得到的赔偿都不超过 20 万元。参见唐中明、田生:《农村少女遭车祸身亡赔偿不及城市户口同学一半》,载《中国青年报》2006 年 1 月 24 日,第 1 版。

人亲属因受害人死亡而得到的财产损害性质的赔偿,仅仅是对受害人在未来年限内可能收入的一种补偿。于是,针对"同命不同价"的判决,赞成者认为:法院判决有法可依。然而反对者表示:这一司法解释或许在其他方面适用,但上升到对生命价值的衡量则显得极其荒谬,构成了法律对农村人口的歧视,"法律面前人人平等"成为一句空话。

"同命不同价"实际上是法律在生命的伦理学意义和经济学意义出现矛盾时的一种尴尬与无奈之举。即使今天,如鞭炮厂的工人遭遇意外爆炸身亡,家属也多是以"丧葬费"的名义索赔,但是其数目又决不会止于"丧葬"名目所示。这有些类似于我国传统中的"烧埋银"制度。这种名实难副的情况很大程度上,是因为人的生命在伦理学上是无价的,这点已经深入人心,甚至成为一种意识形态的"真理"。生命无法估价,因为生命本无价。赔偿金不是对生命进行定价,它只是对生者的一种补偿,赔偿金不针对死者,而是给予生者,所以名为"丧葬费",但是,实际中人的生命所能产生的价值又是可以计算得出的,在经济学上又是有价的。俗民社会的情理不会因为法理而改变,因此,这里的"丧葬费"又不是简单的丧葬之费。"丧葬费"之含混表述适应我国传统社会的需要,但却与现代法律的明确性要求相悖。因此,大众逻辑与专业逻辑的分歧就在所难免了。

(二)定型化与司法困境

死亡赔偿金标准是否能定型化,存在学理和技术上的争议。一种观点认为,基于个体之间必然存在差异性,因此不能定型化。例如,童之伟教授在《再论法理学的更新》一文中指出:"生命权的财产内容或财产属性如何确定?应当说,它的构成因素是十分复杂的。以一个青年为例,他的生命权的财产内容通常是由几个方面构成:他生命的孕育、身体成长过程所耗费的衣食住的支出,他人进行和自我进行的生活关照(这也是一种劳动),他受教育所支出的费用,他受就业训练所支出的费用,还得考虑他在今后的一生中在创造财富时所能有的作为,等等。"①童之伟教授将生命权的财产内容归结于形成生命和维持生命所需要支付的费用,换言之,生命权的财产价值是由一个人的成本所决定的,既然每个人在成本的支出上不尽一致,那么,生命权的财产属性也就具有不同的内容了,于是死亡赔偿金也就不应当完整划一了。"从社会平均水平上说,主体的体力、脑力支出愈多、愈有成效,为他人和社会做的牺牲或贡献愈大,其人格权

---

① 童之伟:《法权与宪政》,山东人民出版社2001年版,第183页以下。

的'含金量'就愈高,有了适当的实现形式,这些权利也就能按其本身的'含金量'的大小转化为以货币为代表的财富。"①从"成本"的角度考虑财产的价值,这确实是独辟蹊径,而且在很多领域内"成本决定效益"已经成为一个被广泛接受的事实。但是死亡赔偿金领域能否适用该原则,尚存一丝疑问:是不是投入越高,其将来所获得的收益就越多?一般来说如此,但是很多时候也存在投入与收益不成正比的情况,也就是经济学上的边际效益递减。②况且,很多时候还涉及如何对投入具体量化,这也是一个难题。因此,能不能用投入或者成本来决定生命权的财产属性,在理论上尚存疑问。

另一方面,赞成定型化的观点基于中国国情的现实考量:一是,我国法官队伍总体上素质不高(相对于其他法律职业群体而言),司法腐败比较严重,依赖法官自由裁量难以避免带来更严重不公的副作用,会出现"一放就乱"的情况。二是,统一定型化的标准在具体操作中简便易行,比较符合目前中国法官的思维模式和行为惯例。但是,如果统一定型化,实际在技术上只能做到相对的平等,因为要将原本存有差异的收入变为一个固定的数值,这样的数值,从本质上并不是一个"继承的损失",而是不代表任何意义的单纯的数字。这与侵权法的学理又存在矛盾。

事实上,上述多种观点,在最高人民法院起草这一司法解释时,都有过较为充分的考虑。2001年最高人民法院在全国法院系统内部公布的《关于审理人身损害赔偿案件若干问题的解释(征求意见稿)》中,该稿第12条完全按照主观计算方法设计了差额赔偿模式(即所谓的非定型化模式)。③《解释》(征求意见稿)》第32条则规定了所谓的"同命同价"模式:"残疾赔偿金,按照受诉法院所在地上一年度城镇居民人均可支配收入并结合伤残等级系数计算,最高赔偿十年。死亡赔偿金,按照受诉法院所在地上一年度城镇居民人均可支配收入计算,最高赔偿二十年。"这说明最高人民法院对此问题有充分认识。

之所以仍然采用目前的计算方式,是因为"在起草过程中,《解释》的指导思想经历了两次较大的变化。第一次变化,是对过去既有的赔偿标准和赔偿原则持基本否定的态度,完全抛弃我国历来采取的定型化赔偿模式,按照主观计算方法设计新的人身损害赔偿模式,实行差额赔偿。在征求有关部门意见中,

---

① 童之伟:《法权与宪政》,山东人民出版社2001年版,第183页以下。
② 边际效益递减规律是指当其他投入要素的量保持不变时如果一种投入要素不断地等量增加则在超过某一点后其产品的增量会越来越小。
③ 参见唐德华主编:《民事审判指导与参考》(第3卷),法律出版社2001年版,第74页。

此种差额赔偿模式受到了普遍的质疑和批评。结合实务进行具体计算的结果也表明,完全按照主观计算方法设计的差额赔偿模式脱离中国实际,强化了贫富不均和两极分化的对立,不符合我国的社会公共政策。在否定之否定的基础上,我们对起草《解释》的指导思想进行了调整,重新回到从中国实际出发,按照主观计算与客观计算相结合的方法设计的定型化赔偿模式,同时根据国家统计部门的建议,对赔偿所依据的统计指标进行了调整,在较为充分地保护受害人利益的基础上,兼顾人身损害赔偿制度的历史连续性和社会公正性,适当平衡当事人双方的利益,制定了这一司法解释"①。

《解释》制定者提出我国历来采取定型化赔偿模式,这是事实。实践中,对于死者近亲属在死者死亡后可能得到哪些赔偿,我国的相关法律及司法解释规定并不完全相同,相关的认识也不完全统一(见表8.3)。

表8.3 法律法规关于死亡赔偿金的项目及计算方法

法律法规	生效时间	死者近亲属因损害可得到的项目及性质		死亡赔偿金计算标准	计算年限
		财产损害	非财产损害		
民法通则	1987年1月1日	被扶养人生活费			
道路交通事故处理办法(已废止)	1992年1月1日	被扶养人生活费	死亡补偿费	交通事故发生地平均生活费	10年
产品质量法	1993年9月1日	被扶养人生活费	抚恤费(后修正为死亡赔偿金)		
消费者权益保护法	1994年1月1日	被扶养人生活费	死亡赔偿金		
国家赔偿法	1995年1月1日	被扶养人生活费	死亡赔偿金	国家上年度职工年平均工资	20年

为了司法的需要,《民法通则》颁布后,最高人民法院先后制发了五个与自然人的生命、健康、身体遭受侵害该如何赔偿的司法解释(见表8.4)。

---

① 《解读最高人民法院司法解释》(2003年卷),人民法院出版社2004年版,第339页。

表 8.4　司法解释关于死亡赔偿金的项目及计算方法

司法解释	生效时间	死者近亲属因损害可得到的项目及性质			死亡赔偿金计算标准	计算年限
		财产损害		非财产损害		
关于贯彻执行《中华人民共和国民法通则》若干问题的意见（试行）	1988年1月6日	被扶养人生活费				
关于审理涉外海上人身伤亡案件损害赔偿的具体规定（试行）	1992年7月1日		收入损失	安抚费	死者生前的综合收入水平	10年
关于审理触电人身损害案件若干问题的解释	2001年1月21日	被抚养人生活费		死亡补偿费	当地平均生活费	20年
关于确定民事侵权精神损害赔偿若干问题的解释	2001年3月10日			死亡赔偿金系精神损害抚慰金		
关于审理人身损害赔偿案件若干问题的解释	2004年5月1日	被抚养人生活费	死亡赔偿金	精神损害抚慰金	受诉法院所在地上一年度城镇居民人均可支配收入或者农村居民人均纯收入标准	20年

从表8.3、8.4可以看出,我国对死亡赔偿金的标准均是采取定型化赔偿和客观计算方法(除《关于审理涉外海上人身伤亡案件损害赔偿的具体规定(试行)》)。之所以这样规定,是因为"《民法通则》、《消费者权益保护法》、《产品质量法》中均有被扶养人生活费的赔偿项目,为使司法解释与立法一致,《解释》以分解的方法对'继承丧失说'的'收入损失'赔偿做了技术处理,即将'收入损失'分解为'人均可支配收入'和'被扶养人生活费'两个部分"①,比单纯的"采用'继承丧失说'的立法多了被扶养人生活费这一项目。最高人民法院认为,法律解释所应当持有的立场,不在于采用哪种学说,而在于法律适用中是否能够实现法律效果与社会效果的统一,是否符合公平保护当事人合法权益的立法目的"②。

那么,现行中国法律中影响着死亡赔偿金的因素,如户籍、地域、行业等,是否真的构成平等权里的"合理差别"呢?

法律面前人人平等,并非禁止一切的差别待遇,"毫无差别的对待,往往会变成假平等,反之,即使有差别的对待,如果这个差别对待有合理依据的话,那么,就可以视为合理的差别对待,并不违反平等的原则"③。也就是说,法律中关于不平等内容的规定必须是合理的。"合理差别"要求:某种待遇在一种特定的场合是恰当的,那么在与这种待遇相关的特定方面相等的所有情况,必须受到平等的对待;在与这种待遇相关的特定方面是不相等的所有情况,必须受到不平等的对待;待遇的相对不平等必须与情况的相对不同成比例。所以,"合理差别"是一项原则,它决定什么时候待遇应是平等的,什么时候应是不平等的,以及在什么地方、何种程度上应是不平等的。④

首先,户籍的因素。户籍是影响收入差别的重要因素之一。从抽象意义上来说这个命题成立,因为中国城乡收入差距的存在是客观事实。如果死亡赔偿金是以"继承丧失说"为基础,当且仅当被害人是一个抽象的农村人口和城市人口时,以户籍为标准来对死者的继承人进行补偿是可以接受。因为死亡赔偿金赔偿的并不是生命的价值,而是对被害人预期收入的赔偿。

但是,生活中并不存在抽象的农村人口和城镇人口,任何人都是一个具体的存在。因此,这个标准的不合理之处就体现出来了。假如一个农村户籍的居

---

① 《最高人民法院人身损害赔偿司法解释的理解与适用》,人民法院出版社2004年版,第366页。
② 同上书,第360页。
③ 〔日〕阿部照哉等编:《宪法》(下),周宗宪译,中国政法大学出版社2006年版,第265页。
④ 〔英〕A.J.M.米尔恩:《人的权利与人的多样性——人权哲学》,夏勇、张志铭译,中国大百科全书出版社1995年版,第59页。

民甲的年收入高于一个城市户籍的居民乙的收入,同样在一次交通事故中遇难,按《最高人民法院关于审理人身损害赔偿案件适用法律若干问题的解释》进行赔偿,最后死亡赔偿金的数额却是赔偿给城市户籍居民的数额高于赔偿给农村户籍居民的数额。从"继承丧失说"来看,甲的继承人可获得的继承金额是高于乙的继承人的。由此可见,以户籍为标准来划分死亡赔偿金不能够体现形式的平等。

认定这一司法解释属歧视性条款而导致所谓"同命不同价"的案例,无论是重庆的三少女同车死亡案①、还是北京的赵某案②、长沙的蔡某案③,或者实行"同命同价"成都的邬某案④,均集中表现在道路交通事故人身损害赔偿上,而《解释》所针对是所有与人身损害相关的赔偿,道路交通事故的损害案件只属于人身损害的一种。从案由上看,最高人民法院《民事案件案由规定(试行)》明确规定的"人身权纠纷"有7种类型,道路交通事故损害赔偿只是其中的一种类型,在特殊侵权案中列举的14种类型的侵权纠纷实质上也主要是人身损害赔偿纠纷。作为针对几乎所有人身损害赔偿统一适用的司法解释,下列的担忧也许不是多余的,"最高人民法院的最高决策部门在讨论死亡赔偿金问题时,有人提出一个尖锐的问题:在上海打工的两个农民工,一个将另一个致死,如果按照城里人的标准赔偿,农民工赔得起吗?既然赔不起,干吗不制定一个符合农村实际情况的赔偿标准呢?"⑤

其次,地域的因素。笔者从中华人民共和国《国家统计局网》上公布的2007年地方年度统计公报中,随机抽取了东部、中部和西部各三个地方的城

---

① 2005年12月15日凌晨6时,在重庆市同一条街,搭乘同一辆三轮车,3名花季少女同遭车祸丧生,3个家庭体味着同样的悲痛。但不同的是,遭遇同一车祸的两个城市女孩都得到20多万元赔偿,而死者何源的户口在江北区的农村,肇事方只能给何源父母赔偿5.07万元,再加上丧葬费等费用,顶多赔偿5.8万余元。参见《重庆晚报》2006年3月7日,第5版。

② 2005年10月23日,北京市朝阳区发生一起交通事故,同坐一辆夏利车的两名乘客死亡。男乘客金文植,吉林省延吉市人,城市户口;女乘客赵小英,陕西省大荔县人,农村户口。2006年4月13日,北京市朝阳区法院对这起交通事故作出一审判决,肇事方赔偿金文植家属41万元、赵小英家属17万元。在同一起车祸中,由于户籍不同,家属得到的赔偿金额相差24万元。参见《工人日报》2006年7月3日,第5版。

③ 2004年10月,长沙市民李朝晖的母亲蔡佑兰在长沙公交车上摔倒后,不治身亡。2005年6月13日,雨花区法院判处长沙市公交公司赔偿李19.7万元,精神抚慰金1万元。2006年1月4日,长沙市中级法院的二审判决,赔偿费用降到8.6万余元。参见《潇湘晨报》2006年2月11日,第7版。

④ 《"方正杯2006年中国十大影响性诉讼"参选案例》,载《法制日报》2006年12月15日,第3版。

⑤ 杨立新:《如何化解"同命不同价"的法律尴尬》,载《南方都市报》2006年1月26日,第8版。

镇居民人均可支配收入(或者农村居民人均纯收入)和城镇居民人均消费性支出(或者农村居民人均年生活消费支出)的数据进行对比(见图8.3)。

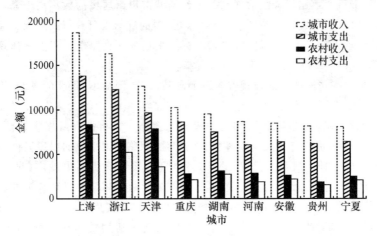

图 8.3　2007 年度我国东部、中部和和西部部分地区收入支出对比图

从上图可以分析出,城镇居民人均可支配收入高于城镇居民人均消费性支出,同样,农村居民人均纯收入也高于农村居民人均年生活消费支出,以城镇居民人均可支配收入为基数赔偿,或者以农村居民人均纯收入为基数赔偿,可以保障死者的近亲属的生活水平与其生活所在地居民的一般生活水平相等。但是,城镇居民人均可支配收入高于农村居民人均纯收入一倍以上,有的达三四倍,这使"同样的经济收入,在城市生活十分艰难,而在农村却可能过得舒适"①,作为受害方,同样是 10 万元的赔偿,对于"城里人"和"乡下人"的损失填补程度显然是不同的,换言之,在同一起事故中,如果"城里人"和"乡下人"得到相同赔偿,那么对前者来说可能受到事实上不平等的对待;而作为赔偿方,"城里人"的赔偿能力又显然高于"乡下人"。

我国东部、中部和西部的收入差距是比较大的,如上海与宁夏的收入差距达一倍以上,在此前提下,同样的赔偿金额,发达地区和不发达地区的价值差异是较大的,在不发达地区可维持较好生活水平的金额,到了发达地区也许已经大大低于当地的最低生活标准。从这个角度,地域的标准有客观的表象,从形式上看,任何人都按照这样的标准进行赔偿,好像这样已经体现了平等而且能够达到体现正义的结果。但是,这是以具体的个人正好在其所生活的地域

---

①　贺雪峰:《新农村建设与中国道路》,载《读书》2006 年第 8 期。

内获得相应赔偿为前提的,一旦具体的个人到了不同的地域,而这一地域的标准又高或低于其应得的赔偿标准,赔偿结果就发生了错位。因此,地域标准也是非常不合理的。地域因素不能成为"合理差别"。

再次,行业的因素。行业不同可能导致的死亡赔偿金数额的不同。比如运输业,我国《国内航空运输承运人赔偿责任限额规定》(第3条)规定,国内航空运输承运人对每名旅客的赔偿责任限额为人民币40万元,也就是说,个人因飞机失事而能获得的最多的赔偿为40万;按照《铁路交通事故应急救援和调查处理条例》第33条的规定,事故造成铁路旅客人身伤亡和自带行李损失的,铁路运输企业对每名铁路旅客人身伤亡的赔偿责任限额为人民币15万元[①];根据《港口间海上旅客运输赔偿赔偿责任限额规定》第3条,国内港口间海上旅客运输时旅客人身伤亡的,每名旅客不超过4万元人民币;《道路运输条例》的赔偿限额则是参照港口间海上旅客运输和铁路旅客运输赔偿限额办理,这一条例发布时上述两个责任限额均为4万元人民币。将国内规定的各种运输工具造成的人身伤亡赔偿责任限额以图(图8.4)表示,可非常直观地看到其中的差别。

运输业与其他行业之间的规定也是不一致的,如对于煤矿业,山西省在2004年11月30日发布的《关于落实煤矿安全责任预防重特大事故发生的规定》(第12条)明确规定,发生死亡事故的,矿主对死亡职工的赔偿标准每人不得低于20万元人民币,河北等地对于同类事故的赔偿金都不低于这个金额。从国外的立法例和我国法律法规的实践来看,依照行业不同来确定死亡赔偿金可能是一个不错的尝试。因为每种行业具有不同的风险,因此,各种行业的赔偿标准是不同的。由此可见行业因素可以成为"合理差别"的根据。

由此可见,《最高人民法院关于人身损害赔偿的司法解释》中那些影响死亡赔偿金制度的相关因素如户籍和地域,都不能够构成"合理差别",只是一个人为的标准而已,存在具体司法上的许多困境。

[①] 之前,1979年7月16日施行的《火车与其他车辆碰撞和铁路路外人员伤亡事故处理暂行规定》第6条第2项明确规定:凡属于铁路方面责任造成伤亡者……根据具体情况,由铁路给予一次性抚恤费,其标准应参照《铁路旅客意外伤害强制保险条例》办理,最高标准不得超过条例规定(该《条例》规定为1500元)。1994年8月13日国务院批准1994年8月30日铁道部发布的《铁路旅客运输损害赔偿规定》(第5条),铁路运输企业依照本规定应当承担赔偿责任的,对每名旅客人身伤亡的赔偿责任限额为人民币4万元。该条例施行后,1979年7月16日国务院批准发布的《火车与其他车辆碰撞和铁路路外人员伤亡事故处理暂行规定》和1994年8月13日国务院批准发布的《铁路旅客运输损害赔偿规定》才废止。将铁路交通事故造成的旅客人身伤亡的赔偿责任限额,由原来的4万元提高到15万元,这是在综合考虑城乡收入水平和铁路运输企业的实际赔付能力,以及其他运输方式赔偿责任限额的基础上作出的。

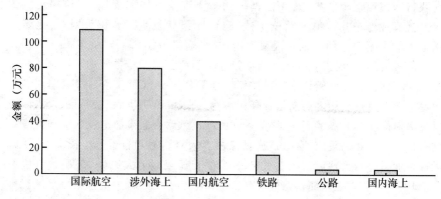

图 8.4 各种运输工具造成的人身伤亡赔偿责任限额图

(三) 民众期待与司法解释的不能

在我国当前,公平问题被给予极大关注,这与转型期的社会背景和历史渊源密不可分。正是由于转型时期的社会是处于过去和未来之间的状态,其间诸多社会问题得以显示和突出,而在中国社会转型时期,"公平"问题以及由此而提出的"社会公平"显得尤为突出。①

在社会公平这一用语的使用中,蕴涵着人们对社会秩序、社会规范和利益格局的诉求。由此,社会是否公平一直是社会学关心的一个核心问题。根据孙立平教授的研究,社会不公平问题在不同类型的社会中体现为不同的逻辑:在西方社

---

① 有学者认为,之所以社会公平成为当代中国的头号问题,主要原因就是 20 世纪 90 年代以后贫富差距日益扩大。这一问题也促进了有关改革的种种争论,从而形成了"新的改革共识",要求中国的改革要"更加注重社会公平"而不再是片面追求"效率优先",要求改革的结果是"共同富裕"而不是"少数人先富",要求改革更加明确"以人为本"而不再是盲目追求 GDP 增长。而这种"新改革意识"是当代中国三种传统相互作用的结果。所谓的三种传统,"一个是改革二十八年来形成的传统,虽然时间很短,但是改革开放以来形成的很多观念包括很多词汇都已深入人心,融为中国人日常词汇的一部分,基本上形成了一个传统。这个传统基本是以市场为中心延伸出来的,包括很多为我们今天熟悉的概念例如自由和权利等等。另外一个传统则是共和国开国以来,毛泽东时代所形成的传统,这个传统的主要特点是强调平等,是一个追求平等和正义的传统,这个传统从 20 世纪 90 年代中后期以来表现得日益强劲,今天已经无人可以否认,毛泽东时代的平等传统已经成为当代中国人生活当中的一个强势传统。最后,当然就是中国文明数千年形成的文明传统,即通常所谓的中国传统文化或儒家传统,这在中国人日常生活当中的主要表现简单讲就是注重人情乡情和家庭关系。中国道路:儒家社会主义共和国中国改革共识的形成,不可能脱离中国社会的基本国情即三种传统的并存。因此新改革共识必然要同时承认三种传统各自的正当性,并逐渐形成三种传统相互制约而又相互补充的格局。"参见甘阳:《中国道路:三十年与六十年》,载《读书》2007 年第 6 期。

会现代化的过程中，占据支配地位的是自由主义的理论①；我国以前遵循的是传统的马克思主义理论②。然而，除却这些已经有了的理论，转型国家所因循的是另外一种全然不同的逻辑。在转型之前，在这些国家中占支配地位的是再分配体制。从再分配体制向市场经济体制的转型，构成了这些国家社会不平等问题的基本背景，这种逻辑的理论基础就是新制度主义理论。③

面对种种事实上的不平等，除了理论上的分析研究，世界各国都从不同角度作出了有利于身处劣势地位之群体的差别待遇。然而，由于"权利决不能超出社会的经济结构以及由经济结构制约的社会的文化发展"④，这种政策上合理的差别对待必然会受到社会经济结构的限制。不顾现实地追求一种"绝对而无差别的平等，不但是一个软弱无力的或容易被其他价值压倒的政治价值，它根本就没有价值。"⑤

通过上面所述，在我国关于死亡赔偿的问题上因为户口、地域、行业等方面的不同存在着差别⑥，而这每一个差别都在时刻刺激着人们的神经，加剧着人们对社会中的不公平的愤怒情感。

在我国，城乡差别是一种历史现象。人们通常是笼统地谈论城乡差别，但中国现在的城乡关系，不是一个简单的城乡差别问题，而是一种制度性的城乡

---

① 自由主义的不平等理论认为，有权力介入的再分配才是造成社会不平等的根源，因为权力在财富分配中的介入，会从根本上破坏公平。相反，市场机制才会提供平等的可能。当然，自由主义常常受到这样的质疑：在西方的自由市场社会中，不平等不也是普遍存在吗？但这不能动摇自由主义的信念，因为在自由主义看来，这些社会存在不平等的原因，恰恰是因为市场制度的不完善。孙立平：《现代化与社会转型》，北京大学出版社2005年版，第444页。

② 在传统的马克思主义看来，不平等是根植于一种叫做市场的机制之中。市场中的竞争，特别是肆无忌惮的资本，是不平等的源泉。解决的办法，就是用国家的再分配来代替市场的机制。从这个意义上来说，实践中的社会主义也就是一场力图用再分配来解决不平等问题的巨大社会实验。参见同上书，第443—444页。所谓的"再分配经济"的基本特征，是通过中央集权的决策系统来集中和分配产品。

③ 新制度主义理论认为，自由主义与马克思主义关于社会不平等的理论尽管是对立的，但却有一个共同的特点，就是两者都将不平等看做是某种经济整合机制的固有特征，而忽略了这种机制所身处其中的制度环境。事实上，无论在任何经济体制中，主要的、占支配地位的调控机制总是服务于特权的、有权力的富人的利益，而没有特权的人、无权的人和穷人就不得不依赖于第二位的、补偿性的机制。关于新制度主义的详细论述，参见同上书，第316—342页。

④ 《马克思恩格斯选集》（第3卷），人民出版社1995年版，第305页。

⑤ 〔美〕罗纳德·德沃金：《至上的美德——平等的理论与实践》，冯克利译，江苏人民出版社2003年版，第2页。

⑥ 必须说明的是，这并不是差别的全部。由于最高人民法院默许了个别地区的"同一事故同一赔偿标准"的做法，导致了与未实行这一做法地区的新的差别；同时引入"经常居住地"的方式又将农村户口分为在城市和非城市居住的两种类别。而且，由于这些规定均是关于交通事故损害的赔偿，这又事实上将损害赔偿分为交通事故与非交通事故，并实行不同的标准。

隔离。城乡严重差别,只是城乡隔离制度表现出来的一个结果。这种隔离制度是宪法意义上的,这个隔离体系是一种全国性的政体安排①。从20世纪50年代开始,我国通过一系列的法律、法规、政策,系统地形成了一种城乡隔离制度。1964年8月国务院批转的《公安部关于处理户口迁移的规定(草案)》,在户口迁移上实行两个"严加限制":对从农村迁往城市、集镇的要严加限制;对从集镇迁往城市的要严加限制。这两个严加限制更使"身份"的转换几乎不可能,"这一切都导致了社会断层越来越深,不仅城乡的贫富差距日趋扩大,更造成了城乡居民社会地位无论形式上和实质上都存在严重的不对等。这种不平等几乎涉及公民政治、经济、社会权利的方方面面,教育、医疗、社保、税费、金融、甚至选举权都因此受到不同程度的'歧视'"。②改革开放以后,随着我国工业化、城镇化进程的加快,越来越多的农村富余劳动力转移到城市就业,按户口,他们是农民,按居住,他们在城市,形成中国特色的"农民工"现象,使得城市居民—农村居民的城乡二元化结构模式变成了城市居民—农民工—农村居民的城乡三元结构,导致了城乡差别这一问题的复杂化③。

目前,我国处于从计划经济向市场经济体制转轨的时期,各项制度还不是很健全,各种各样的纠纷也不断产生。在构建和谐社会的进程中,不可避免地存在着影响甚至破坏秩序的各种利益间的冲突。冲突的和平解决有不同的方式,包括冲突各方的和解、第三者介入的调解和仲裁等,但司法由于其具有把一般问题转化为个别问题、把价值问题转化为技术问题等特殊的性质和手法,如此,通过司法,可能会给政治及社会体系正统性带来的重大冲击的矛盾与压力却可得以分散或缓解④。

因为各种原因,中国当代民众对司法有着较高期待,法院自身也努力要作

---

① 新中国成立后的制度设置使城乡二元结构成为现代中国社会的一个独特现象。1958年全国人大常委会通过的《中华人民共和国户口登记条例》,确立了一套较完善的户口管理制度,包括常住、暂住、出生、死亡、迁出、迁入、变更等7项人口登记制度,从此开始了城乡间在"户籍、粮食供给、副食品与燃料供给、住宅、生产资料供给、教育就业、医疗、养老保险、劳动保护、人才、兵役、婚姻、生育"等14项具体制度分别对待的城乡二元结构。参见李楯编:《法律社会学》,中国政法大学出版社1999年版,第640页。

② 钟凯:《破解"同命不同价"的钥匙在法律之外》,载《中国社会导刊》2006年第9期。

③ 单从这一点看,《解释》完全以户口为判定收入的标准又不完全公平,这一元结构的死亡赔偿金问题也加剧了人们对《解释》的质疑。

④ 〔日〕谷口安平:《程序的正义和诉讼》(增补本),王亚新、刘荣军译,中国政法大学出版社2002年版,第9页。

为社会正义的担当者①,但是,通过前文的论述,司法(包括司法解释)有着自身发挥作用的学理逻辑和实践中的逻辑,这种逻辑不因为各种高期待而改变。

"同命不同价"的争论反映了各种传统在中国转型社会的冲撞。"同命不同价"引起当下中国人的共怒,乃是由于这个问题过于"政治不正确"②——因为各种社会差别已经成为天人共怒的焦点。如此看来,很多人将批评死亡赔偿金制度的板子打在最高法院和司法解释身上,只看到了现象,并没有看到问题的本质。当下中国死亡赔偿金制度引发讨论的根源,是法律在调整生命权问题时存在基础性的理论困境,一方面司法的技术性努力难以掩盖各种不合理差别的实质,一个定型化赔偿制度漠视了人与人之间的差别,将现实的人变成一个抽象的人。因此,司法机关和司法解释只是可怜的"替死鬼",是民众对转型期社会问题解决不力而发泄愤怒的牺牲品。司法机关和司法解释要摆脱这种尴尬角色,赢得社会公众和政治家的理解和支持,合理、合适地发挥其作用,可谓"路漫漫其修远兮",需要笔者在内的法律人、政治家与社会公众的共同努力。

五、中国司法解释的发展走向

(一) 从主要依据政策到主要依据法律

1949年2月,中共中央发布了《关于废除国民党的"六法全书"与确定解放区的司法原则的指示》,强调"在人民新的法律还没有系统地发布以前,应该以共产党的政策以及人民政府与人民解放军发布的各种纲领、法律、条例、决议为

---

① 最高人民法院负责人就《最高人民法院关于审理人身损害赔偿案件适用法律若干问题的解释》答记者问中指出:第一,赔偿标准的确定更加符合民法中的"平均的正义"或者"矫正的正义"的价值理念,也就是更加符合侵权法中的"填补损失"或者"填平损害"的原则。具体而言就是指:对侵权行为造成的财产损失,要按照损失前后的差额赔偿其交换价值;对造成的精神损害,则应当给付精神损害抚慰金。第二,赔偿与损失相一致。过去的赔偿标准,对残疾被害人的收入损失不予赔偿,只赔偿其生活补助费;司法解释所规定的残疾赔偿金,则是按照城镇居民人均可支配收入或者农村居民人均纯收入标准,赔偿被害人的收入损失,是对既有标准的矫正,体现了损害与赔偿相一致的原则。《最高人民法院负责人就〈最高人民法院关于审理人身损害赔偿案件适用法律若干问题的解释〉答记者问》,载《人民法院报》2003年12月30日,第2版。

② "政治正确"(Political Correctness),源自美国学术界的一个特定用语,它指的是一种在公共领域反对各种歧视的话语姿态,这一规则的基本内涵就是:在涉及种族和性别差异、环境生态、发达世界和第三世界差距,以及强势与弱势者和多数与少数派间的差异等议题上,永远存在一个不可逾越的伦理底线,即你要么保持缄默要么就是站在弱者的立场上说话,否则就有歧视的嫌疑,就有可能被指责为"政治的不正确"。参见阎光才:《以"政治正确"的名义》,载《读书》2006年第9期。另参见苏力:《罪犯、犯罪嫌疑人和政治正确》,载《读书》1997年第2期。

依据。目前,在人民法律还不完备的情况下,司法机关的原则,应该是:有纲领、法律、命令、条例、决议者,从纲领、法律、命令、条例、决议之规定;无纲领、法律、命令、条例、决议规定者,从新民主主义的政策。"新中国成立初期,我国先后制定了地方各级人民政府和司法机关的组织通则,制定了工会法、婚姻法、土地改革法,以及有关劳动保护、民族区域自治和公私企业管理等法律、法令,但董必武同志在1956年中共八大的发言中仍然指出:"现在的问题是,我们还缺乏一些急需的较完整的基本法规,如刑法、民法、诉讼法、土地使用法等。"①而这些直接调整社会关系的刑事民事实体和程序方面的基本法律直至1979年才开始陆续制定,这使当时人民法院审判工作的依据主要是政策,如在新中国成立初期的民事审判工作中处理房产纠纷的依据,就是1948年8月11日《人民日报》发表的新华社《关于城市房产、房租的性质和政策》,依照这个政策,各地人民法院在4年内共处理了45万件房屋纠纷案件。②《最高人民法院公报》1986年第2期刊载的一个案例,法院仍是"根据国家政策,判决被告李保生应将违章建筑的西屋南山墙拆除"③。在这种情况下,最高人民法院所做的解释也只能是政策解释。例如最高人民法院1951年10月作出的《关于正确执行"判处死刑、缓刑两年、强迫劳动、以观后效"政策的通报》,就是根据毛泽东同志提出的"对于没有血债、民愤不大和虽然严重地损害国家利益但尚未达到最严重的程度,而又罪该死者,应当判处死刑、缓期二年执行,强迫劳动、以观后效"制定的④,且标题直接援引了毛泽东同志的原话⑤。有的司法解释本身就是政策,如最高人民法院、最高人民检察院《关于贪污、受贿、投机倒把等犯罪分子必须在限期内自首坦白的通告》,就是"当前打击经济犯罪的一项临时大政策,时间性和政策

---

① 《董必武法学文集》,法律出版社2001年版,第346页。
② 《建国初期的民事审判工作》,载《人民法院报》2007年7月3日,第8版。后最高人民法院认为这一"政策"不是政策,最高人民法院1963年6月11日发布的《关于姜兴基与闫进才房屋典当回赎案的批复》,针对甘肃省高级人民法院请示中"认为该案根据前中央人民政府政务院1950年11月26日修正批准《中南区关于城市房屋权的九项原则决定》中第1项第1条、第3项第3条及1949年9月人民日报社关于城市房屋问题解答中的第1条、第2条之规定精神",明确:1949年8月12日人民日报《关于城市房产、房租的性质和政策的解答》只可供分析研究问题的参考,因它不具有法律的意义,所以不能作为判决的根据和在法律文书内引用。
③ 《王爱英与李保生宅基地纠纷强制执行案》,载《最高人民法院公报》1986年第2期。
④ 随后最高人民法院又对一问题发布了14个司法解释,有编号的为[1951]法编字第11660号、[1951]法督字第24号、[1953]法行字第2696号、[1957]法研字第927号、[1957]法研字第1885号、[57]法研字第11313号、[57]法研字第0161号、[59]法研字第41号、[62]法研字第53号、[63]法研字第22号、[64]法研字第30号,其余3个无文号。参见《中华人民共和国最高人民法院司法解释全集》(第1卷),人民法院出版社1994年版,第147—156页。
⑤ 同上书,代序言,第1页。

性强"①。

1979年以后,随着我国立法进程的加快、法律体系的逐步健全,依法律解释渐成为常态。但是,可以看到,政策的解释依然巨大,党和国家的政策在很大程度上通过司法解释的形式贯彻在司法行为当中。

(二) 从制定权集中化到提案权多元化

为保证司法解释的权威性和可行性,最高人民法院经常就一些事项与不享有司法解释权的有关部门联合发文。

据笔者统计,新中国成立以来,不享有司法解释权而与最高人民法院联合制定司法解释和司法解释性文件的有关部门共有中共中央、全国人大、国务院等五类,如中央政法委员会、全国人大常委会法制工作委员会、公安部等33个部门。与这些部门联合发布文件的情况主要可分为以下几种:涉及一般司法问题,需要公检法司部门联合办理的;主要涉及公安或司法部门业务,需要联合制发的;司法工作中主要涉及其他部门业务,需要联合制发的;必须依靠其他部门配合的。对最高人民法院而言,与其他不享有司法解释权联合制定司法解释首先会得到联合部门的工作支持——至少在司法解释涉及的问题上,这种权力的"让与"也在实践中得到不少行政部门的"回报",常见的就是行政部门对司法解释的认可,有的部门将司法解释作为本系统工作中的行政依据,有的部门将其作为开展工作的有力支持,不少部门将其作为办案时的参考。但是,这种联合制定方式也屡屡遭到合法性的质疑。

因此,自1997年《最高人民法院关于司法解释工作的若干规定》(已废止)发布后,最高人民法院以"法释"形式制定的司法解释已经根绝了没有司法解释权的部门的参与。由于1981年《关于加强法律解释工作的决议》中授予了最高人民检察院对检察工作中具体应用法律、法令的问题的检察解释权,最高人民法院仍在与最高人民检察院对刑事审判中具体适用法律的问题进行联合制定,其中以"法释"文号发布的有19件,以"高检法释字"文号发布的有2件。

但是,在制定权逐渐统一的同时,解释案的立项来源从单一转向多元。

司法解释工作初期,除回复有关机关、有关媒体的咨询——这严格来讲不能称其为司法解释,1978年前的司法解释主要来源于下级法院的请示。近年来司法解释的来源呈现了多元化的趋势,《最高人民法院关于司法解释工作的规定》第10条明确了司法解释的立项来源:一是最高人民法院审判委员会提出制

---

① 《关于人民法院贯彻执行两院"通告"的情况报告》,载《最高人民法院公报》1989年第4期。

定司法解释的要求;二是最高人民法院审判业务部门提出制定司法解释的建议;三是各高级人民法院、解放军军事法院提出制定司法解释的建议或者对法律应用问题的请示;四是全国人大代表、全国政协委员提出制定司法解释的议案、提案;五是有关国家机关、社会团体和其他组织以及公民提出制定司法解释的建议;六是最高人民法院认为需要制定司法解释的其他情形。具体到实践中,第 10 条规定的"其他情形"主要有:法律的直接授权;有的是法律明文规定[①];有的是在法律法规的起草说明中提出相关建议[②];有的是立法机关的要求,如全国人大常委会或其职能部门以通知等形式明确要求最高人民法院就某一事项制定司法解释,有时全国人大常委会或其职能部门也以批转有关单位建议制定司法解释的来信方式要求最高人民法院就某一事项是否制定司法解释作出答复;有的是中共中央有关部门要求,主要是指中央政法委的要求[③];国务院有关职能部门有时也向最高人民法院提出制定有关司法解释的建议。

(三) 从不公开征求民意到公开征求民意

1978 年以前,最高人民法院在制定司法解释时,一向不是十分注重征求有关部门的意见,自 2003 年 8 月 24 日在全国高级法院院长会上提出"对于关系人民群众切身利益的司法解释,要通过多种形式广泛征求人民群众的意见,集中民智、体现民意"后,通过多种形式向社会公开征求对司法解释(意见稿)的

---

① 如全国人民代表大会常务委员会 2006 年 8 月 27 日通过《中华人民共和国企业破产法》第 22 条第 2 款规定:"指定管理人和确定管理人报酬的办法,由最高人民法院规定。"这是笔者所见到的法律中第一次明确授权最高人民法院制定司法解释。为使这一规定及时得到落实,"全国人大常委会办公厅致函最高人民法院,请最高人民法院就《中华人民共和国企业破产法》中'指定管理人和确定管理人报酬的办法'作出规定"。参见《全国人大常委会办公厅函请落实破产法规定,最高法院组织起草相关办法》,载《人民法院报》2006 年 9 月 13 日,第 1 版。

② 如根据我国加入世贸组织法律文件的承诺,国务院于 2001 年 11 月 26 日颁布了修改后的《中华人民共和国反倾销条例》、《中华人民共和国反补贴条例》,分别对反倾销、反补贴的司法审查问题作了明确规定,但对人民法院如何进行司法审查没有作出规定(当然,这也超出了行政法规所能规定事项的范围)。为使这一问题得以衔接,在这两部条例的起草说明中指出:"对于反倾销、反补贴行政案件,'具体由哪一级法院管辖,怎样进行诉讼,建议最高人民法院作出司法解释予以明确'。"《依法认真审理反倾销反补贴行政案件——访最高人民法院副院长李国光》,载《法制日报》2002 年 12 月 4 日,第 3 版。

③ 如 2005 年 4 月,中央政法委下发了《关于依法及时处理企业劳动纠纷,切实维护社会稳定的通知》(政法[2005]18 号),这一通知中"要求抓紧对有关法律作出司法解释,进一步完善了劳动纠纷的法律制度"。"保护劳动者合法权益促进劳动关系和谐稳定——最高人民法院负责人就《关于审理劳动争议案件适用法律若干问题的解释(二)》答记者问〈上〉",参见《人民法院报》2006 年 8 月 31 日,第 2 版。根据这一要求,最高人民法院立足于解决实践的亟须,于 2006 年 7 月 10 日通过了《关于审理劳动争议案件适用法律若干问题的解释(二)》。

意见,成为最高人民法院制定司法解释的必经程序。近期最高人民法院制定司法解释时越来越多地坚持民主性,充分听取各方意见,力图增强制定司法解释的合法性、务实性、科学性①。

在实践中,最高人民法院向社会征求意见的方式主要有以下几种:其一,通过多种媒体直接听取人民群众的意见。《关于适用〈中华人民共和国婚姻法〉若干问题的解释(二)》首开这一先河。②《关于审理涉及农村土地承包纠纷案件适用法律问题的解释》则在中国第一报——《人民日报》上全文刊发,"在我院司法解释制定工作历史上,这是第一次"③。司法解释稿向社会公开征求意见,人民群众参与的热情很高,取得的社会效果也比较良好④。其二,通过召开各种讨论会直接听取各个机关、社会团体和各界人士的意见⑤。其三,听取下级法院法官们

---

① 所谓制定"合法、务实、科学司法解释",是指在制定司法解释时"首先要坚持合法性,要严格按照法定权限,在现行法律规定的范围内,对审判实务中的法律适用问题进行规定;其次要坚持务实性,要紧紧围绕审判实践中有争议的疑难复杂问题,提出解决方案,切实解决实际问题;三是要坚持科学性,确保司法解释的规定有科学的理论依据,准确把握限定和保留法官自由裁量权的尺度;四是要坚持民主性,充分听取法院系统内外的法官和专家学者的意见,使司法解释能够集中民智、体现民意"。《合同法司法解释(二)征求意见座谈会召开——奚晓明出席并讲话》,载《人民法院报》2007年10月11日,第1版。

② 最高人民法院就这一司法解释答记者问明确:"通过报纸、互联网络直接听取人民群众意见的形式,在最高人民法院制定司法解释的历史上还是第一次。"《最高人民法院负责人就婚姻法解释(二)答记者问》,载《人民法院报》2003年12月27日,第3版。

③ 《最高人民法院负责人就〈最高人民法院关于审理涉及农村土地承包纠纷案件适用法律问题的解释〉答记者问》,载《人民法院报》2005年7月30日,第2版。

④ 如对《关于适用〈中华人民共和国婚姻法〉若干问题的解释(二)》,收到的意见比较多,"最高人民法院民一庭直接收到群众来信两百多封、网上意见四百多条,共30多万字,许多报社、网站代我们收集群众意见后,也将意见通过直接和间接的方式反馈给了我们;对司法解释稿提意见和建议的人员构成十分广泛,有从事司法实践的工作人员,有研究婚姻法的专家学者,有在校学习的学生,但更多的,是广大的人民群众"。《最高人民法院负责人就婚姻法解释(二)答记者问》,载《人民法院报》2003年12月27日,第3版。

⑤ 如在制定《关于审理涉及农村土地承包纠纷案件适用法律问题的解释》时,"为充分听取中央及国务院各相关部门对《解释》稿的意见,我们(最高人民法院)会同农业部召开了征求意见座谈会。全国人大法工委、农业与农村委员会、中央农村工作领导小组办公室、中共中央研究室、国务院法制办、国务院研究室、国土资源部、水利部、国家林业局等单位派员参加了会议……在以上工作(指多次调研、论证)的基础上,我院就《解释》稿征求了全国人大法工委、中央农村工作领导小组办公室、国务院法制办、农业部、国土资源部、全国妇联、公安部、劳动部等部门的书面意见,还专门到全国人大法工委、中央农村工作领导小组办公室、农业部、国土资源部进行了沟通。"同时,又"在京召开了有关民法、民诉法学专家学者参加的专家论证会……在中央党校政法部的大力支持下,专赴中央党校听取了十位县委书记的意见。"《最高人民法院负责人就最高人民法院〈关于审理涉及农村土地承包纠纷案件适用法律问题的解释〉答记者问》,载《人民法院报》2005年7月29日,第3版。

的意见。① 为进一步提高司法解释制定工作的公开性、民主性和专业性,最高人民法院在司法解释的调研、起草和制定工作中直接将有关部门和专家学者作为起草小组的成员。如正在进行调研、起草工作的破产法司法解释工作小组的组成人员中就包括了中国政法大学李曙光教授和中国人民大学的王欣新教授两位专家学者。②

（四）司法解释的内部规范性和协调性追求

首先,形式上从不规范到逐步规范转变。在1997年《最高人民法院关于司法解释工作的若干规定》(已废止)发布之前,司法解释工作一直比较混乱。

具体表现在:名称极不统一,除"解释"、"规定"和"批复"三种名称外,还有"通知"、"函"、"复函"、"函复"、"纪要"、"答复"、"通报"、"解答"、"意见"、"指示"、"办法(试行)"等11种;文件号复杂多样,有"法民字"、"民他字"、"行他字"、"法复"、"法(经)复"、"法(研)复"、"法(发)复"、"法发"、"法(办)发"、"法函"、"法经函字"、"法秘字"、"法编字"等20余种,不少解释根本没有文件号;发文机关不一致,除最高人民法院外,还有最高人民法院办公厅、研究室、各业务庭答复(甚至于电话答复)。在1954年前最高人民法院的华北、华东、西南、中南、东北、西北6个分院也以自己的名义发布司法解释性文件,最高人民法院还经常与其他部门联合发布司法解释和司法解释性文件;发布的程序极不规范,有的以内部文件发行③,有的直接电话答复,不少文件从没有以十分规范

---

① 如在制定《关于适用〈中华人民共和国婚姻法〉若干问题的解释(二)》时,"最高人民法院向全国各级人民法院发出通知,要求各地认真总结审判经验,将适用婚姻法审理婚姻家庭纠纷案件中需要解决的问题及相关建议反馈给我院。在整理、归纳各地书面意见并经过充分的调查研究后,我们草拟了《关于适用〈中华人民共和国婚姻法〉若干问题的解释(二)》初稿,并在多次讨论、反复征求意见基础上,不断地对解释稿进行修改。其间,先后到黑龙江、吉林、广东、安徽、浙江、四川等地召开座谈会,听取各级法院的意见。在今年召开的全国高院院长会议上,《解释(二)》的征求意见稿作为会议材料,征求各高院领导的意见"。《最高人民法院负责人就婚姻法解释(二)答记者问》,载《人民法院报》2003年12月27日,第3版。

② 《最高法院新破产法司法解释起草小组成立》,载《法制日报》2007年8月12日,第11版。

③ 客观地说,这种情况在1985年《最高人民法院公报》创刊后才有所改变,在此之前,只有两度停刊的《人民司法》刊登过为数不多的司法解释和司法解释性文件,其余的文件只能是内部发行。而最高人民法院似乎也理直气壮地内部发行,如最高人民法院自1981年编辑《司法手册》,其第1册的说明就是"选编的大多数是内部文件,因而只在司法机关内部发行,请注意保存(言下之意,不能泄密)"。

的形式公开过,这也对哪些文件是司法解释存在争议。①《最高人民法院关于司法解释工作的若干规定》(已废止)对司法解释的形式和制定程序做了比较具体的规定,这是第一个专门规范司法解释工作的文件,自此最高人民法院的司法解释工作有"法"可依,进入比较规范的阶段。②

2007年发布的《最高人民法院关于司法解释工作的规定》,对最高人民法院制作司法解释的形式又作了进一步的规范。事实上,近年来,最高人民法院每一个司法解释的形成,都经过了严格的程序。从立项到酝酿,从酝酿到起草,到反复征求社会各界、各方面和各部门(包括立法机关、司法机关、相关的行政部门、金融和企事业以及律师界、学术界等)的意见,再到反复修改,到提交到院审判委员会讨论,最后向社会公布,其间的每个环节都要经过较严格的程序,力争求得解释本身尽可能地准确、可行、科学和具有广泛的社会性和接受性。如前所述,最高人民法院还加强了司法解释的清理工作,使我国的司法解释与社会的需要更加吻合。

其次,司法解释效力从不能引用的内部文件转变为可以引用的审判依据。对司法解释能否在法律文书中引用的问题,全国人大常委会1955年《关于解释法律问题的决议》、1981年《关于加强法律解释工作的决议》和1979年《人民法

---

① 如针对不少法律汇编书中编辑的1990年12月5日《最高人民法院关于贯彻执行〈中华人民共和国民法通则〉若干问题的意见(修改稿)》是否为司法解释的问题,最高人民法院在《人民法院报》的"司法信箱"栏目中以"本报研究组"的名义明确指出:此修改稿不具有司法解释的效力,在审判实践中不能作为人民法院审判案件的依据。参见《人民法院报》1999年3月9日,第3版。

② 这种规范是相对而言的,《规定》确定的司法解释的名称只有"解释"、"规定"和"批复"三种,但实践中却有其他名称的出现,有的不属当时的名称,如《关于修改〈最高人民法院关于审理涉及计算机网络著作权纠纷案件适用法律若干问题的解释〉的决定》(法释[2004]1号),"决定"这一名称就不是当时司法解释的专用名称,这一名称直到2007年才被《最高人民法院关于司法解释的规定》确定。有的现在仍不是司法解释的法定名称,如《最高人民法院予以废止的1999年年底以前发布的有关司法解释目录(第三批)》,"目录"这一名称无法可循。有的根本不是司法解释,也不是司法解释的法定名称,如《最高人民法院关于内地与香港特别行政区法院相互委托送达民商事司法文书的安排》、《最高人民法院关于内地与香港特别行政区相互执行仲裁裁决的安排》、《内地与澳门特别行政区关于相互认可和执行民商事判决的安排》、《最高人民法院关于内地与澳门特别行政区法院就民商事案件相互委托送达司法文书和调取证据的安排》四个文件最高人民法院均是以法释号发布,但这四个文件并不是司法解释,而是区际司法协助协议。《人民法院报》对司法解释的公布上也不统一,如正式公布时有法释字号的为法释[1997]3号,法释[1997]1号、2号公布时并没有文号,有的文号又是大写,如法释[一九九七]十号、十一号、十二号,分别参见《人民法院报》1997年8月7日,第1版,以及同年8月2日,第1版,1998年2月3日,第1版。后从法释[一九九八]八号到法释[一九九九]七号也是大写。最高人民法院除"法释"外,还发布了不少司法解释性文件,个别文件在司法实践中起到了十分重要的作用,如《最高人民法院关于人民法院能否提取投保人在保险公司所投的第三人责任险应得的保险赔偿款问题的复函》就"曾广为人们所关注,引起了强烈的社会反响"。参见《解读最高人民法院请示与答复》,人民法院出版社2004年版,编选说明,第1页。

院组织法》都没有作出规定。在法院的审判实践中,新中国成立后很长一定时期内,司法解释是不能在法律文书中引用的,1986年《最高人民法院制作法律文书如何引用法律规范性文件的批复》还专门作出了不宜直接引用的规定:最高人民法院提出的贯彻执行各种法律的意见以及批复等,应当贯彻执行,但也不宜直接引用。第一次明确司法解释可在法律文书中引用的,是最高人民法院印发的一个司法解释性文件——《全国经济审判工作座谈会纪要》(法发[1993]8号),在这一文件的"严格依法办案,正确适用法律,提高办案质量"部分中明确规定:"全国人大常委会对于法律所作的立法解释,以及最高人民法院关于具体适用法律的司法解释,各级人民法院必须遵照执行,并可在法律文书中引用。"虽然这一《纪要》从名义上只限于经济审判工作,但毕竟开了司法解释在司法文书中可引用的先河。嗣后最高人民法院审判委员会在1994年7月8日第668次会议上作出决定:"今后凡适用司法解释判处的案件,在判决书和裁定书中,均引用所适用的司法解释。"①《最高人民法院关于司法解释工作的若干规定》(已废止)第14条更为明确地规定:"司法解释与有关法律规定一并作为人民法院判决或者裁定的依据时,应当在司法文书中援引。"这使司法解释在司法文书中引用制度化,这一规定也在一定程度上提高了司法解释在法律体系中的地位,司法解释事实上从此成为我国重要的审判依据之一。《最高人民法院关于司法解释工作的规定》第27条也作了类似的表述。②

再次,在解释形式上从被动转向主动。被动解释专指最高人民法院因下级法院及有关部门请示或咨询而作的名称为"答复"、"批复"、"函"、"复函"的司法解释这种情况。主动解释专指最高人民法院对审判工作中的法律具体适用问题所作的名称为"解释"、"规定"、"意见"的司法解释这种情况。被动和主动只是一种大体的、相对的划分,并无十分严格的界限。新中国成立初期,通过解答下级法院与审判案件有关的法律问题是最高人民法院指导下级人民法院工作的重要方式之一,没有文献表明最高人民法院将司法解释作为自己的权力之一。

通过分析,1978年以前,最高人民法院主要是针对有关机关、有关媒体的咨询或下级法院的请示所作的以"答复"、"批复"、"函"、"复函"为名称的司法解释。最高人民法院也曾主动发布总结审判经验性质的文件,如鉴于没有刑事诉

---

① 《中华人民共和国最高人民法院公报全集》(1985—1994),人民法院出版社1995年版,第1030页。

② 但文字表述略有不同:司法解释施行后,人民法院作为裁判依据的,应当在司法文书中援引。这一不同主要体现在更强调司法解释可单独作为裁判的依据,而不必非引用相关的法律规定,这一点则使司法解释作为审判依据的重要性更为突出。

讼法、民事诉讼法而导致的各地人民法院审判案件的程序极不统一,给人民法院和诉讼当事人都带来了很多麻烦和困难,同时也为国家立法机关加速进行刑事、民事诉讼法的起草工作提供条件,最高人民法院于 1956 年在总结"14 个大、中城市人民法院刑事、民事案件审理程序经验的基础上,继续完成了全国各级人民法院刑事、民事案件审判程序的总结,经本院审判委员会审定后,除报你会备案外,发至全国各级人民法院试行"①,但这类文件很少。1981 年全国人大常委会发布《关于加强法律解释工作的决议》后,最高人民法院才改变了以"批复"形式进行司法解释的做法,开始较大规模地直接针对法律问题进行系统的司法解释②。事实上,直到 1984 年,最高人民法院在向全国人民代表大会的工作报告中才第一次提到了司法解释工作③,这说明至少 1984 年之前,最高人民法院主要不是主动进行司法解释的。而 1984 年之后,最高人民法院司法解释的主动性不断强化,1986 年后的工作报告中都重点报告了针对审判工作中的新情况、新问题进行司法解释以正确适用法律的工作,在最高人民法院发布的《人民法院第二个五年改革纲要》中专门提到了加强司法解释的问题。这一主动性在实践中也得到很好的贯彻,以至于 2006 年最高人民法院发布的 12 件司法解释均系主动解释。

据《人民法院报》2007 年 8 月 16 日报道,最高人民法院审判委员会通过了 2007 年度司法解释立项计划,这是最高人民法院第一次统一制定司法解释立项计划。④

---

① 《董必武法学文集》,法律出版社 2001 年版,第 360 页。
② 左卫民等:《最高法院研究》,法律出版社 2004 年版,第 283 页。
③ 在该报告对上年工作的总体概述中讲到:最高人民法院改进了司法解释工作,对审判工作中存在的一些法律适用问题作了解答。
④ 文章指出,该计划的出台,标志着最高人民法院司法解释制定工作进入一个更加规范、更加科学的新阶段。2007 年度司法解释立项计划包括了物权法、破产法等相关问题的司法解释,以及刑事证据的有关规定、民事执行工作的规定、民事案件再审问题的司法解释等重要司法解释,其中有 2 件采纳了社会各界提出的立项建议。《最高人民法院首次统一制定司法解释立项计划》,载《人民法院报》2007 年 8 月 16 日,第 1 版。

第三编
转型时期的法律制度创新

第九章 横向法律关系的规则自治

——以私法体系的完善历程为视角

一、转型之初中国私法发展的总体背景

私法,是调整市民社会平等主体之间财产关系和人身关系的法律规则。私法以市民社会中市场经济体制的存在为前提,以保护市民社会成员的私权利为目的。私法这两大特点决定了市场经济体制之于私法产生的不可或缺性以及私法维护个人权利的正当性。对于一个无论在传统上还是现实国情中都长期忽视私法调整、压制私法生长的国家,私法的制定与完善在我国无疑具有先天与后天双重障碍,20世纪后半叶中国历史的发展更是印证了这样的事实。社会生活的全面政治化和经济生活的彻底公有化,让中国社会的私法发展在中华人民共和国成立后的30年时间里处于近乎荒芜的状态,这既是我国转型时期私法发展的现实起点,也是社会转型之初我国私法发展的总体社会背景。

1978年12月,中共十一届三中全会提出把全党工作重心转移到四个现代化建设上来,并提出了社会主义法制"十六字方针":"为了保障人民民主,必须加强法制,必须使民主制度化、法律化,使这种制度不因领导人的改变而改变,不因领导人的看法和注意力的改变而改变。……做到有法可依、有法必依。执法必严、违法必究。"[①]

社会主义法制方针的提出,不仅使我国的法治建设重

---

① 《邓小平文选》(第2卷),人民出版社1995年版,第146页。

新提上了议程,也使包括私法学界在内的中国法学界踏上了建设现代化法治国家的正常轨道,社会各界更是认识到一个繁荣与文明的国家,其根基必定是坚实的法治土壤,这样的土壤必须重视并通过完备的规则保障公民的个体权利。正是在这样的背景下,私法立法开始迈出了谨慎的步伐。

二、20世纪80年代:中国私法的初步发展

(一) 80年代民法与经济法的学术论争

20世纪80年代,是我国私法立法的起步阶段。但在废墟上重建我们的法治尤其是私法体系,对于冰冻已久的中国私法学界而言仍旧是一件极其困难的事情,再加上改革开放之初法学界对私法制度的本质及功能存在一定程度的误解①,使我们不得又从苏联的立法经验开始学习,"纵横经济关系统一调整论"就成了我们最初调节既由计划分配产生、也有市场交换参与的经济关系的参照理论。② 我国经济法学派的理论就渊源于"纵横经济关系统一调整论"并在此基础上有所发展,由此开始了一段时期内(以民商法为主要表现形式的)私法和经济法的学术论争。

经济法的本质就是国家对经济实行的一种强制性干涉,经济法在世界各国的发展过程也证明了这一点。现代意义上的经济法最早出现于一战后的德国。一战以后,德国国内物资匮乏、经济崩溃,经济领域的紧张局势造成了社会矛盾

---

① 对刚刚才从"文革"浩劫当中苏醒过来的中国理论界,尽管已经开始认识到法治对于国家的重要性,开始认识到了商品经济的不可逾越性,但毕竟这一时期还处于法治建设的冰封解冻时期,人们在思想上还需要一个过渡期,不可能从一开始就完全扭转对于私法性质以及功能的误解,而长期的政治斗争、政治运动给理论界留下的极其深刻而惨痛的经历,也不可能在短时期内消除人们对于政治风险的恐惧,因此,在私法规则和私法秩序发展之初,很多人抱持着一种"宁左勿右"的指导思想,不敢大胆地承认商品经济关系的私法性质,不敢大胆承认私法秩序下市场对社会资源配置应该起到的基础性作用,既想把私人之间的经济生活从大一统的计划经济体制下解放出来,又不能质疑国家计划指导在社会经济生活中的支配性地位,对这种"夹缝中求生存"的两难境地,苏联"纵横经济关系统一调整论"无疑成为一种两面都可以顾及的理论,亦即,既承认存在着"横"的平等主体之间的财产关系,又没有否定"纵"的行政隶属关系,上述理论成为解决包括横向财产关系在内的社会经济关系的一个基本手段。这其实是当时理论界既想突破但又顾虑重重的心态表现。

② 在20世纪20年代末30年代初,苏联社会主义经济成分已经巩固,私有经济成分已完全接近消灭的时候,前苏俄就开始出现了一种经济法理论的萌芽,到20世纪50年代末出现了拉普捷夫为代表的新经济法理论。他认为,经济法是调整国家社会主义经济中形成的社会关系的独立的法律部门。他反对把经济关系分隔在民法和行政法中,认为经济法既应调整横的经济关系,又应调整纵的经济关系,因此称为"纵横经济关系统一调整论"。

的激化,为了稳定国内局势,德国先后颁布了《卡特尔规章法》《煤炭经济法》等法规对相关领域进行了经济上的强行干预和管制。此后,受到战争影响的许多国家为了应付经济领域内的危机,无不采用经济法的手段进行调整,经济法的施行在一定程度上缓解了特定时期由经济问题引发的社会矛盾。

在我国经济法理论发展之初,占主导地位的主流观点认为,经济法调整经济管理关系和经济协作关系。所谓经济管理关系是指经济管理过程中发生的物质利益关系,管理者与被管理者之间存在着类似行政性质的上下级关系;经济协作关系是指在经济协作过程中发生的物质利益关系,所谓"协作",通常认为是指没有行政管理关系的平等主体间的经济交往。这二者都由经济法统一调整的,其理由为"它们都是社会生产总过程中形成的人与人之间的物质利益关系","同时,由于我国实行的是公有制基础之上的商品经济,是在计划指导下的商品经济,并不是由市场完全调节的商品经济,因此与建立在私有制基础之上的完全放任自流的商品经济有着根本性差别,相反这种计划指导下的商品经济天生就与经济管理和计划之下的经济协作有不可分割的联系,用经济法实行统一调控自然就是对我国社会经济关系调控手段的最佳选择"。[①]

1978年中国共产党第十一届三中全会将我国政府的工作重心转移到经济建设上,但此时,我国理论界对于经济发展的审视还保持着强烈的计划经济理念,市场经济在社会发展中的作用被压制在极其狭窄的范围内。例如1982年《宪法》规定:国家在社会主义公有制基础上实行计划经济,国家通过计划经济的综合平衡和市场的辅助作用,保证国民经济按比例协调发展。这一规定显示出在经济建设初期,我国的经济建设理念仍旧将计划经济模式等同于社会主义制度必然的产物,仍旧把对经济生活的国家干预和管控看做社会主义社会的本质特征之一,因此,经济法便顺理成章地成为由计划经济向市场经济转变过程中的一个必经阶段,利用经济法调整社会经济生活也成了改革开放初期我国经济领域的一个主要的特征。正如学者指出:"中国经济法产生和发展的社会根源与西方国家有着基本共同点,它们都是由于生产社会化和国家经济职能(即国家调节)的出现和发达引起的。但其具体历史条件和道路则显著不同。中国经济法是在国家经济体制改革,即由计划经济向社会主义市场经济转轨中发展起来的;西方国家经济法则是在自由市场经济向社会市场经济转变中产生和发展起来的。"[②]在政治意识形态对社会影响仍旧很大而经济发展又处于较低水平的特殊国情下,经济法是法学领域是唯一能够摆脱特定意识形态束缚并推动

[①] 杨紫烜:《经济法原理》,北京大学出版社1987年版,第13页。
[②] 漆多俊:《转变中的法律——以经济法为中心视角》,法律出版社2007年版,第4页。

经济发展的道路,这种局面下也就不难理解为何改革开放之初,我国经济法在学科研究领域内出现了极大的繁荣,并在社会领域产生的极大影响:"从经济法研究的广度和深度以及经济法学所产生的社会影响和学术影响而言,中国内地的经济法学的发展无疑是居于领先地位的。不仅如此,中国内地经济法研究人员之众多、经济法的受重视程度、经济法在法学研究中的地位,在世界上亦不多见"。①

1992年,党和政府明确提出,经济体制改革的目标是实现由计划经济向市场经济的转变,逐步建立和健全社会主义市场经济。这一政策指向上的重大变化表明,自改革开放以来,我国民间的经济生活已经开始活跃,已经在客观上具备了大力发展市场经济的条件。市场经济以市场机制为其基础性调节机制,国家对经济的管理只能限制在一定范围内,并且还必须转变国家直接干预生产、消费以及分配的直接调控方式,亦即国家由对经济的直接干预逐步转变为在一定范围内的间接调控。但由于我国还处于经济体制的转轨过程中,市场经济尚未完全确立,同时我国所建立的市场经济体制是社会主义市场经济体制,这使得我国的国家调节与西方市场经济的国家调节在范围、力度和具体方法上都会有所差异,在这样的形势下,为了经济形势的发展,我国经济法的发展也出现了新的变化,主要呈现出以下三个特点:第一,在市场规制方面,国家还承担着培育市场的任务,各种国家垄断、国企垄断乃至行政性垄断,都还需要政府层面主导下的改革措施;第二,在经济法中大力完善国家投资和国企改革的立法,建立健全新增国家投资在市场环境中的进入的法律机制,并促进和保障国有企业改革及其安全退出;第三,在宏观调控方面,初步建立了国家宏观调控体系,继续改进国家宏观调控方式,灵活运用各种经济杠杆和政策工具。②

尽管经济法在顺应社会情势发展上做出了巨大的努力,但市场经济的内在要求却给了另一个与市场经济联系更为本质和直接的部门法学——私法的发展提供了难得的机遇。由于经济法与私法都是社会经济关系的法律调整手段,因此二者在有关调整对象、调控手段、功能定位等一系列问题上产生了分歧,这些问题也就成为了20世纪80年代经济法学界与民法学界争论的热点。这场论争以1986年我国《民法通则》的颁布而结束,以民法为代表的私法由此接替经济法成为了我国市场经济中平等主体之间财产关系和人身关系调整的主要法律手段。

作为推动我国经济建设和法治建设的"排头兵",20世纪80年代初期经济

---

① 李贵连:《二十世纪的中国法学》,北京大学出版社1998年版,第261页。
② 漆多俊:《转变中的法律——以经济法为中心视角》,法律出版社2007年版,第5—8页。

法在我国部门立法领域的兴起,既有其历史进步性,也有其特定的局限性。重新审视并正确定位经济法在80年代法治建设中的功能与缺陷,既是我们梳理转型时期中国私法发展不可缺失的一环,也是正确认识私法性质及功能不可缺失的基础。

经济法通过特定经济法规和政策的施行,在特定的历史时期可以在很大程度上改变社会资源的分配格局,并借助此种再分配将资源整合到最需要的部门以解决经济生活中的各种矛盾。经济法所具有的这种社会调整功能使得经济法无论在西方还是在中国,对于政策制定者都是一种重要的调整手段,也是一种极具吸引力的手段。"经济法的社会功能的运用,有助于经济法与社会法在解决社会问题、防范和救治社会危机上进行有效的配合。经济法中的各种制度都有其特定的社会功能"。① 对于刚刚开始改革开放的中国社会而言,经济法在这一时期的重要功能便是打破了政治生活对于社会各个方面进行全方位统摄的格局,不仅在法律上将社会生活中的经济关系作为一个独立的调整对象从政治统摄中独立出来,而且确立起了通过正式的法律规则进行经济调控的观念,因此,经济法的兴起不仅对改革开放初期经济生活的复苏起到了至关重要的作用,也为后来将私法秩序中平等主体的财产关系和人身关系作为私法调整的对象——从而为私法的正当性以及全面勃兴开辟了潜在的空间。

作为更多地体现为一种政策性的调整手段而言,经济法的局限性与它的进步性是经济法自身不可消减的一体两面性。在为经济生活的规范化开辟法律规制道路的同时,经济法对社会资源和财富的强制性再分配在客观上却是对私法中平等主体的财产关系和人身关系所具有的本质特征的悖逆。"经济法直接与国家的宏观调控相联系,强调市场整体的效益,实现社会整体利益的最大化和社会的公平。而对于私法来说,其目标在于通过强调个人的意思自治,实现个人之间的机会平等,从而保护个人的合法利益。由于两者的目的价值不同,因此在国民财富分配领域,两者的介入必然存在着某种冲突"。② 对于一个国家内由不同层次不同领域之间构成的庞杂的经济生活而言,经济法既不可能也不应该将社会中所有的经济关系统领于自己对社会资源和社会财富的管控与分配之中,私法秩序中所体现出的成员行为方式的多样化、价值判断的多元化更不可能通过大一统的方式进行管制。因此,如果将经济生活的调整全部系于经济法的制定与实施,那么在经济法的制定和实施过程中,我们最终仍然无法

---

① 王全兴、汪敏:《经济与社会断裂的法律修复路径》,载《湘潭大学学报(哲社版)》2006年第4期。
② 陈永栓:《经济法与民商法的关系剖析——以国民财富的分配为考察重点》,载《法制与社会》2007年第6期。

调动社会成员参与经济生活、最大限度创造财富的积极性,从而也就无法在法律上保证社会成员多元化的自身利益。简言之,经济法自身的经济、社会调整功能无法摆脱其特定的局限性,这种局限性也因为经济法自身的特质而无法从经济法内部加以解决,能完成上述使命的,唯有一个完善的私法体系的建立与完善。概言之,一个涵盖并保障社会所有平等主体私人利益的社会秩序,必须建立在一个完善的、由(以《民法典》为主要表现形式)私法调整的私法秩序之上。因此,私法与经济法的分离、并由此建立私法正当性地位的过程便成为我国深化经济体制改革、推进社会转型进程不可分割的一部分。以佟柔先生为代表的新中国民法第一代学者在 20 世纪 80 年代中期与经济法的论争中艰难地完成了这一转向。

(二)历史性转机:《民法通则》的颁布

1. 改革开放初期的民事立法

自 1978 年改革开放以来,随着民间经济生活的活跃,一批调整相关领域内私法关系的单行私法法规得以出台,其中包括 1979 年颁布的《中外合资经营企业法》、1984 年颁布的《专利法》、1982 年颁布的《商标法》、1983 年颁布的《中外合作经营企业法》、1985 年颁布的《继承法》、1986 年颁布的《矿产资源法》、《外资企业法》,尤其具有代表性的是 80 年代三部合同法的颁布,即 1981 年颁布的《经济合同法》、1985 年颁布的《涉外经济合同法》和 1987 年颁布的《技术合同法》。这些单行法规分别涉及民事主体、债权、物权、知识产权、婚姻、继承等私法基本问题,这些法规的出台在一定程度上改变了单纯由政策或行政规章来调整经济关系的局面,为日后我国大量私法规则的制定奠定了基础。

上述这一批调整私法关系的法规,在一定程度上填补了我国特定私法领域的立法漏洞,但对于长达几十年的私法立法阙如、私法理论研究空白的社会状况,这一批法规完全不能满足私法领域社会关系调整的要求。囿于私法理论发展的滞后,这些法规无论是在立法指导思想还是在立法技术上,都具有强烈的计划经济色彩,对于社会发展过程中必定会出现的新型私法关系更是缺乏应有的前瞻性,社会上大量存在的私法上的财产关系和人身关系被排除在了法规调整的范围以外,对民法的基本原则、功能、民事主体、民事法律行为、民事代理、时效制度等私法上重要的内容都没有科学详尽的规定;同时,对个体工商户、农村承包经营户、合伙等其他私法主体没有作出法律上的明确界定,与这些私法主体相关的私法上的权利义务当然也就无从谈起;在现代私法领域中占据重要地位的诸如名誉权、人身权等制度基本没有涉及,对于传统债权和物权以外的知识产权保护、侵权行为等内容也没有具体的规定。更为严重的缺陷在于,上述很多立法只是针对某个特定问题的权宜之计(要么针对特定的群体、要么针对特定的事项),并没有将私法调整的对象——平等主体间的财产关系和人身关系作为一个整体来进行研究,因而各部单行法之间的冲突与矛盾在所难免。例如《经济合同法》里第 3 条规定:"经济合同是法人之间为实现一定的经济目的,明确相互权利义务关系的协议。"这一对经济合同主体的规定显然过于狭隘,它直接把市民社会中大量的个体之间的经济关系排除出了法规的调整范围。同时,将合同直接定位在经济合同上,也使经济合同与其他大量的民事合同之间的关系难以厘清,尽管有的学者在当时的理论研究现状下力图论证经济合同与民事合同的统一性,但很显然现实生活中平等主体之间发生的合同关系并不能完全归在经济合同的名下,这造成了在法律适用范围上的模糊,当然也就不能有效调整相关的私法关系。

为了逐步修整上述立法缺陷,民法学者展开了私法领域内较为全面的立法工作。这一阶段最重要的立法成果,即为 1986 年通过的《民法通则》。

2.《民法通则》的颁布

早在《民法通则》通过以前,新中国曾有过三次民法典的编纂工作。第一次民法典的起草工作是在 1954 年,其后在 1957 年出台了民法典总则的草案,这一草案以苏俄民法典为蓝本,分为总则、所有权、债法(分为总则和分则)、继承四编,共 525 条。这部草案将亲属编排除在民法典之外,弃用"物权"概念代之以"所有权"概念,不使用"自然人"概念代之以"公民"概念,并特别强调对社会主义公共财产的特殊保护。随后发生的"整风"、"反右"等政治运动迫使该次民法典起草工作中断;20 世纪 60 年代我国又开始了第二次民法典起草工作,该次起草工作从 1962 年开始至 1964 年 7 月,完成了《中华人民共和国民法草案(试拟稿)》,这次的草案起草工作受到国内国外政治斗争的影响,为摆脱苏俄民法的影响,起草者们为民法典设计了一个既不同于传统大陆民法体系也不同于苏俄民法体系的三编制,第一遍"总则",第二遍"财产的所有"、第三编"财产的流转",除此以外,这部草案将亲属、继承、侵权等重要的民事制度排除在草案之外,又将预算关系、税收关系安排在"财产的所有"一编中,并且不再使用权利、义务、物权、债权、所有权等民法上的基本概念。第二次民法典起草工作由于 1964 年的社会主义教育运动而中止。综合这两次民法典起草工作的成果来看,显而易见,其立法的指导思想还带有浓厚的意识形态痕迹,为计划经济服务的立法宗旨也很明显,受到外界政治环境变化的影响也很大,因此不可能将真正的私法精神贯彻到所制定的一系列私法规则中。新中国真正的私法立法出现在中共十一届三中全会以后,1979 年全国人大成立了法制委员会并组成了民法典起草小组,开始了新中国历史上第三次民法典的编纂工作。1982 年 5 月 1

日,民法起草小组提出了包括民法的基本任务和基本原则、民事主体、财产所有权、合同、智力成果权、财产继承权、民事责任、其他规定总共八编465条的民法草案第4稿。

客观地讲,第三次民法典草案的起草过程是新中国成立以来我国民事立法工作最完善的一次,草案起草的指导思想要求起草委员会在充分调查、研究中国国情,借鉴历史上民事立法的经验教训并吸收国外私法文化精华的基础上进行起草工作,要求从中国实际出发,解决中国的实际问题。联系到当时中国社会的实际情况是刚刚经历了政治思想上的"拨乱反正",农村的集体经济改革初见成效,但城市经济体制改革尚未全面展开,对外开放还在尝试阶段,前进道路上究竟会遇到一些什么样的难关、新形势下社会主义建设和发展会出现什么样的新情况都还没有可资借鉴的历史经验,因此超前或滞后的立法都可能破坏或束缚社会的稳定和发展。面对这种情况,民法草案完成以后就民法典的制定问题在学术界产生了分歧,有的学者赞同马上制定统一完善的《民法典》,但更多的学者认为应该根据我国的实际情况先制定民事法律中的各种单行法,在运用单行法的基础之上等时机成熟了再制定统一的民法典。党中央从实际情况出发采纳了第二种更为稳健的立法指导思想,邓小平指出:"现在立法的工作量很大,人力很不够,因此法律条文开始可以粗一点,逐步完善。有的法规地方可以先试搞,然后经过总结提高,制定全国通行的法律。修改补充法律,成熟一条就修改一条,不要等待'成套设备'。总之,有比没有好,快搞比慢搞好。"①彭真等全国人大领导同志也根据当时的基本国情、法制建设总的要求和《民法典》稳定性、严肃性的特点,提出了"改批发为零售"的民法起草方针——总的方向和任务是制定民法典。②

总而言之,这一时期的民事立法虽然很不完善,但在探索市民社会私人之间财产关系和人身关系的法律调整的起始阶段,这些法律的颁布却在理论上和实践上为日后我国比较完善的民事立法打下了基础,它们的存在至少从法律上证明了市场经济存在的合法性以及调整的必要性,其在使用过程中出现的问题更是激发理论界和实务界真正从整体的私法理论的高度和社会发展的客观要求两方面出发去着手完善民事立法。1984年中共中央十二届三中全会通过了《关于经济体制改革的决定》,《决定》指出,我国经济是公有制基础上有计划的商品经济,要突破把计划经济同商品经济对立起来的传统观念。民法学界的学

---

① 《邓小平文选》(第2卷),人民出版社1995年版,第147页。
② 赵中孚、刘运宏:"《〈民法通则〉的制定及其对现今民法典编纂的启示——纪念〈民法通则〉颁布20周年》",载《法学杂志》2006年第6期。

者抓住这一历史机遇,在商品经济的理论基础上推动我国立法机关制定了《民法通则》。鉴于理论和实践两方面的要求,民法起草小组在全国人大常委会法律工作委员会的指导下对相关理论做了充分的社会调查研究,并邀请了包括全国各地地方人大法工委和各级别法院的领导同志、高等院校、科研机构的专家和学者在内180人召开会议共同参与对草案的研讨,在经过前后26次修改论证后,最后提交全国人大六届四次会议通过了《民法通则》,该法不仅包括民法总论的主要内容,还包括了民法分则中重要制度的概括性内容,其制定和颁布是第三次民法起草工作者集体智慧的结晶。①

3.《民法通则》的进步性与局限性

《民法通则》是我国从计划经济体制向市场经济体制转换时期重要的民事立法。在我国半个世纪的私法立法中起着重要的承上启下的作用。如同任何一部转型时期制定的法律都会具有进步性和滞后性二元特色一样,《民法通则》既是新中国一个时期内私法立法的结晶,是我国私法立法向纵深发展的里程碑,同时又先天地具有其理论上的不成熟和不完善。对《民法通则》历史进步性和局限性的梳理,能够较为清晰地看到民法学界和法理学界对相关问题认识的深化。

《民法通则》的进步性首先体现在观念的突破上。《通则》在一定程度上帮助我们树立起了平等、自主的个体观念。《民法通则》第2条规定:中华人民共和国调整平等主体的公民之间、法人之间、公民和法人之间的财产关系和人身关系;第3条规定:当事人在民事活动中地位平等;第10条规定:公民的民事权利能力一律平等。这些规定表明了在以私法为主要调整手段的私法秩序中,民事主体的平等法律人格代替了传统社会中的依附性家族人格,以平等、独立、自主为特征的个体(包括法人)已经成为了商品经济中最重要的主体,每一个在法律上平等的市民社会成员,都可以依照民法规则大胆从事自己的私人行为,平等的私法人格在我国法律中第一次得到了彰显。其次,《民法通则》的制定,在民事主体独立、自主的基础上凸显了"权利"意识,并使得法律权利第一次具备了对抗政府公权力的正当性,《民法通则》的颁布为权利观念的树立起到了重要作用。鉴于《民法通则》在中国社会第一次旗帜鲜明地弘扬民事权利受法律保护的观念,有学者在评价《民法通则》时正确指出:"在某种意义上,我们或可以说《民法通则》就是一部民事权利宣言。"②尽管这部权利宣言囿于当时的社会

---

① 赵中孚、刘运宏:"《〈民法通则〉的制定及其对现今民法典编纂的启示——纪念〈民法通则〉颁布20周年》",载《法学杂志》2006年第6期。
② 王泽鉴:《民法学说与判例》(第6册),中国政法大学出版社1997年版,第289页。

具体情况,在具体权利的划分和保护上并不尽如人意,但相对于以前很长时期我们对于私权的蔑视甚至践踏,《民法通则》至少跨出了私权保护的第一步。最后,《民法通则》促进了我国立法战略重点的转移——私法的制定从此成为了我国立法的重心。1986年《民法通则》的颁布,使改革开放以后我国的立法重点首次向私法的制定转移,为即将开始的私法体系的建立和完善奠定了基础。

自1986年起,一系列重要的民事单行法规陆续出台,其中包括1986年4月的《外资企业法》、1987年6月的《技术合同法》、1987年6月《私营企业暂行条例》、1987年8月《城乡个体工商户管理条例》、1990年9月《著作权法》、1990年6月《城乡集体所有制企业条例》、1988年4月《全民所有制工业企业法》、1992年6月《全民所有制工业企业法》、1992年6月《全民所有制工业企业转换经营机制条例》、1992年11月《海商法》、1993年10月《消费者权益保护法》、1993年12月《公司法》、1994年5月《国家赔偿法》、1995年5月《票据法》、1995年6月《担保法》、1995年6月《保险法》等。除了上述新近的民事立法,这一时期的民事立法工作还表现为对原有一些不符合《民法通则》立法精神的民事单行法的修正上,使之与《民法通则》的原则保持一致。如1992年对《专利法》的修正、1993年对《商标法》的修正、1993年9月第八届全国人大常委会第三次会议对《经济合同法》的修改等。① 尤为重要的是,为了在根本上确立私法立法的正当性,1988年和1993年我国进行了宪法的修改,在根本法的高度上确立了私法对市场经济建设和个体权利保障的必要性。在1988年4月宪法修正案中,《宪法》原第11条增加规定:"国家允许私营经济在法律规定的范围内存在和发展,私营经济是社会主义公有制经济的补充,国家保护私营经济的合法的权利和利益,对私营经济实行引导、监督和管理";《宪法》原第10条第4款"任何组织或者个人不得侵占、买卖、出租或者以其他形式非法转让"修改为"任何组织或者个人不得侵占、买卖或者以其他形式非法转让土地,土地的使用权可以依照法律的规定转让"。这两条修正为个人私有财产经营权和土地使用权这两类当时极为重要的私权的保护排除了障碍。

1993年3月宪法修正案则进一步推动了私法秩序在中国社会的发展。在几个重要修正条款中,删除了"计划"字样,隐含了对市场经济中自治权利的尊重和维护;修正案第8条、第9条、第6条分别对国有企业、集体企业、农村集体经济进行了社会化、自治化方向的修改,从产权高度集中转向产权分离、下放,

---

① 其中最具典型意义的,是对第4条"订立经济合同,必须符合国家政策和计划的要求"的修正。该条具有浓厚的计划经济管理色彩,是典型的计划经济体制下的立法规则,第八届全国人大第三次会议按照《民法通则》的立法精神,将该条修正为"订立经济合同,必须遵守法律和行政法规",由此将合同的订立建立在国家正式制定的法规之上,取代了具有强烈计划色彩的国家政策。

为国家主义、集体主义有节制退出经济生活、恢复经济自由提供宪法保障。①

同时,为了配合《民法通则》的实施,第八届全国人大常委会根据需要制定了立法规划,"本届全国人大常委会要把加快经济立法作为第一位的任务,尽快制定一批有关市场经济方面的法律"。② 该次会议决定研究起草和审议的法律有《合同法》、《物权法》、《合伙企业法》、《证券法》、《信托法》、《期货交易法》等。至此,私法理论界就在《民法通则》确立的基本原则的基础上,按照私法规则自身的逻辑开始了我国的私法体系建构工作。

如前所述,作为特定历史时期私法发展产物的《民法通则》,尽管在私权保护、法律人格平等等方面奠定了最初的根基,但其应景性、过渡性的特征也使这部立法无论在立法理念还是立法技术上都留下了一些重大的缺陷:《民法通则》在一定意义上仍旧只是一种纲领性的文件,距离真正的民法典尚有距离,甚至不能称其为一部完整的民事成文法典。《民法通则》的诸多缺陷,决定了这部过渡性质的通则不可能在促进商品经济的发展和维护私人权益的进程中发挥其应有的作用,其颁布的意义更多体现出一种纲领性、标志性的特征,中国市民社会的进一步建设和完善、中国市民社会成员私人权益的具体保护、中国市场经济建设和成熟的重任,将更多地依靠在《通则》所确立的基本精神的指导下所制定出的更多的具体私法规则来完成,《民法通则》既为中国的私法复兴打下了基础,又为私法成熟和完善打开了前进的通道,总体而言,我国私法学界从此逐渐摆脱了不必要的政治口号的束缚,开始真正从私法规则的内在理路出发,根据私法秩序发展的要求,制定并颁布了大量调整平等主体之间财产关系和人身关系的重要法律,中国的私法立法进入了一个较为专业的勃兴时期。

三、20世纪90年代:中国私法的高速发展

(一) 20世纪90年代我国私法发展的背景转向及功能变迁

1992年,我国正式进入建设社会主义市场经济的历史阶段,市场经济的实质就是法治经济,它要求大量以商品交易为调整对象的私法规则作为发展的后盾。以20世纪80年代三个合同法和《民法通则》为代表的早期私法立法显然已不能够适应社会生活对法律规则的要求,"改革开放的深入和市场经济体制

---

① 杨振山:《一部历史性的基本法律——纪念〈民法通则〉实施十周年》,载《中国法学》1997年第1期。

② 顾昂然:《新中国立法概述》,法律出版社1995年版,第28页。

的确立,要求统一市场交易规则,要求从法律规则中剔除反映计划经济体制本质特征和旧的民法理论的内容,要求采纳反映现代市场经济客观规律的共同规则,要求采纳市场经济发达国家和地区成功的立法经验和判例学说,要求与国际公约和国际惯例进一步协调一致,要求兼顾效率和社会正义,兼顾交易安全和交易便捷,要求实现合同法的统一化、现代化,并尽可能增强可操作性。"①

社会主义市场经济建设目标的确定,要求我国私法立法必须真正从市场要求出发,遵守市场规律,在市场秩序下彻底摒除计划经济的交易模式,为正在兴起的自然人和企业的市场行为设立一个科学的行为模式并保障在此模式下所获得的私人利益。20世纪90年代这一时期的私法立法的一个显著特点就是对国际惯例和国际条约的尊重与移植。全球化的经济浪潮在20世纪信息化产业的带领下对每个国家的国内经济政策和对外经济交往产生了重大影响,包括中国在内的现代化进程中的国家,已经不能关起门来独自发展国内的私法,相反,包括私法立法后发型国家在内的所有世界经济一体化的参与者,都必须把自己的经济发展放入到全球经济一体化的背景下,因此,对地区性、区域性甚至全球性经济合作来说,一个和国际惯例、国际条约接轨的国内立法就是必须考虑并付诸实现的。鉴于我国私法立法的具体情况,面对任务繁重的中国私法立法工作,对于国外及我国台湾地区私法理论的大量引进和研究,也成为这一时期立法工作的特色。

同时,进入20世纪90年代以后,我国的出版事业也打破了一定的政治禁忌与地区封锁,一大批不同地区和不同国家的民事著作相继翻译并出版,"民法学者开始参考民国时期的民法著作、台湾地区的民法著作以及西方发达资本主义国家的民法和判例学说,导致这一时期的民事立法从继受苏联东欧民法转向继受市场经济发达国家和地区的民法"②。由此我国进入到新中国成立以后私法立法的第三个阶段,即《民法通则》颁布以后至整个20世纪90年代的私法立法勃兴时期。

《民法通则》以后的中国私法发展,除了在立法背景上有较大变化外,在法律功能方面也呈现出与以往较大的差别,促使私法功能转向的一个重要原因便是市民社会理论研究在我国的兴起。进入20世纪90年代以后,我国社会开始从理论上和实践上接受并研究市民社会理论。私法上的市民社会是一个和政治国家相分离的、自生自发的社会实体。只要一个社会还存在多元化的个体利

---

① 梁慧星:《统一合同法:成功与不足(上)》,载《中国法学》1999年第3期。
② 梁慧星:《中国民法学的历史回顾和展望》,中国社科院成立30周年的学术讲演稿,http://news.xinhuanet.com/legal/2007-12/11/content_7230590.htm,2008年8月21日访问。

益,还需要用市场规则来调节私人利益的交换,并且这种调节只要不受到来自政治国家层面的有意识的打击,市民社会的自生自发就是不可避免的。这种情况也在中国社会得到了印证:20世纪90年代在确立建设市场经济体制的同时,也就在事实上承认了中国市民社会存在并发展的正当性,由此给压抑已久的中国市民社会的发展提供了难得的空间。尽管市民社会的理论研究还存在很大争论,中国市民社会的独特性也是学者们关注的重点,但不管理论研究现状如何,由市民个体追求自己利益的目的而产生的市民社会却在与政治国家中的分离中自生自发地发展起来。换言之,现在私法学者们所要面对的私法立法环境既不是意识形态占统治地位的政治国家,也不是和计划经济观念交锋的大战场,而是一个需要用真正的私法规则去规制的、建立在平等主体人身和财产关系之上的中国新兴的市民社会,这一局面的改观使私法学者们得以摒弃其他的干涉,把立法的重心转移到私法规则本身,即从纲领性的、标志性的立法"事件"转向经由纯粹的私法理论和私法技术去构建一个完善的私法法律体系上,并以此为基础来打破用私法解决特定领域特定问题的做法,确保私法对整个市民社会所具有的全面、平等的调节功能。

(二)私法的勃兴:20 世纪 90 年代我国主要私法成就及检视

整个 20 世纪 90 年代,是我国私法立法的高峰时期。1992 年中国共产党十四次全国代表大会提出了全面建立社会主义市场经济体制的目标,由此标志着我国的改革开放和社会主义现代化建设进入了一个新的历史阶段,大量民间经济关系的市场化促使私法学界制定了针对相关领域内的私法关系的单行法规,而且也对以前制定出的、但已不符合社会发展现实状况的法规进行了增删或修订,必要的进行了重订。其中较具有代表性的有:1992 年制定的《海商法》,1993 年制定的《公司法》,1994 年制定的《国家赔偿法》,1995 年制定的《担保法》、《票据法》、《保险法》,1997 年制定的《合伙企业法》、《担保法司法解释》,1999 年制定的《合同法》并同时取代了 20 世纪 80 年代制定的《经济合同法》、《涉外经济合同法》、《技术合同法》,2001 年制定的《信托法》。这其中最重要的是 1993 年的《公司法》、1995 年的《担保法》(包括随后的《担保法司法解释》)和 1999 年的《合同法》,其中尤以 1999 年《合同法》的颁布最具有标志性意义。

1999 年颁布实施的《合同法》,为 20 世纪我国转型阶段的私法发展画上了一个令人满意的句号,也开启了中国私法学界和社会大众对新世纪中国私法立法的关注,新的历程由此开始。《合同法》立足于整个社会平等主体之间的财产交易,通过对财产流通关系的系统规制,为我国市民社会财富资源的流动、利用以及更有效的配置打下了良好的基础。然而,仅仅有着规制财产流通关系的合同法,尚不能支撑起整个市民社会财产关系的良性发展,作为私法上调整社会财产关系的两大分支制度——债权制度和物权制度,必须在一个社会中纵横调整、配套运行,方能从根本上长久保证私法秩序的正常发展。统一合同法的实施,已经基本上解决了债权关系的调整,余下的便是另一个更为重要、在中国社会也更为敏感的立法——物权法,这既是对中国私法学界有关私法理念和私法技术的一次重大的考验,也是中国社会成功转型必须迈过去的一道坎,由此也揭开了新世纪中国私法发展上浓墨重彩的一笔:《中华人民共和国物权法》的制定及引起的争论。

四、21 世纪:中国私法的成熟与完善

(一) 构建完善的私法体系:21 世纪中国私法发展的战略要求

进入 21 世纪以后,中国社会无论在经济建设上还是社会观念上都呈现出全新的面貌。改革开放三十年所取得的巨大经济成就,首先使我国的经济发展及人民的生活水平得到实质性的提高和改善,而此一发展成就与转型时期以来我国法律对私人财产权的保护不可分离,作为市场主体之中坚力量的私法主体,其崛起与壮大标志着一个国家私法秩序的完善与否;另一方面,越来越活跃的私法主体之间的市场行为又从根本上要求一个国家的私法能够为其平等的市场地位以及市场交易提供法律上的坚实保障。中国社会转型三十年来,在立法上一个显著的变化就是私人财产所有权获得了包括宪法在内的国家法律的承认与重视,我们可以从新中国成立以来宪法对私人财产的立法规定探视出我国法律在对待私人财产权这一比较敏感的问题上所发生的转变:

1954 年《宪法》第 14 条规定:国家保护公民的合法收入、储蓄、房屋和各种生活资料的所有权;

1975 年《宪法》第 22 条规定:国家保护公民的劳动收入、储蓄、房屋和各种生活资料的所有权;

1978 年《宪法》第 9 条规定:国家保护公民的合法收入、储蓄、房屋和其他生活资料的所有权;

1982 年《宪法》第 13 条规定:国家保护公民的合法收入、储蓄、房屋和其他合法财产的所有权;

1988 年《宪法》修正案第 1 条规定:私营经济是补充,对私营经济实行引导、监督、管理;

1993年《宪法》修正案第7条规定:国家实行社会主义市场经济,加强经济立法,完善宏观调控;

1999年《宪法》修正案第16条规定:非公有制经济是重要组成部分,国家保护个体经济、私营经济和合法的权利和利益,对个体经济、私营经济实行引导、监督和管理;

2004年《宪法》修正案第21条规定:国家保护个体经济、私营经济等非公有制经济的合法的权利和利益。国家鼓励、支持和引导非公有制经济的发展,并对非公有制经济依法实行监督和管理;修正案第22条规定:公民合法的私有财产不受侵犯,国家依照法律规定保护公民的合法私有财产权和继承权,国家为了公共利益的需要,可以依照法律规定对公民的私有财产实行征收或征用并给予补偿;

经济市场化的迅猛发展以及私营经济的快速崛起,对我国的市场经济的法律调整提出了更高的要求:对私有产权的私法保护。市场经济的两大支柱是财产权和契约自由,而财产权乃是市场经济的逻辑起点,因为市场交易不是物与物之间的简单转移,其实质为财产权利的相互让渡。① 制度经济学的奠基人康芒斯指出:"市场交易不是实际'交货'那种意义上的'物品'交换,他们是个人与个人之间对物质的东西的未来所有权的让与与取得"。② 如前所述,在大陆法系的私法体系里,对财产关系的调整是通过两条立法主线来完成的:一是以《合同法》为主的关于财产流通规则的立法;二是以所有权的确定为主要目的的有关财产归属的《物权法》。如果说,以《合同法》为代表的民事立法主要针对的是有关私法秩序中财产流通的规则,其目的主要在于为交易便捷提供法律上的保障,那么与此相应的私法中另外一支重要的财产立法——《物权法》,其最重要的目的就在于为财产的交易提供一个基础性的平台——个人的财产所有权。换言之,《合同法》解决了私人之间的财产流通关系,但它不能对社会财富的最终归属——对财产的定纷止争作出有力的规制。随着私人财产的急遽增加,如果不在立法上对私人财产权(以所有权为中心)作出明确的规制和保护,势必会对社会中的正常财产交易造成极大的阻碍。原因很简单:一份在法律上没有主人的财产是没有人愿意与之进行交易的。因此如果我国仅仅是针对私法秩序中的财产交易制定法规,而忽视了此交易之所以得以延续的基础——明晰的财产所有权,那么这样的私法体系依然无法激励交易,依然无法激活市场经济下私人之间的经济交换行为所可能产生的巨大活力。

---

① 孙笑侠、钟瑞庆等:《私权的复活》,中国政法大学出版社2007年版,第61页。
② [美]约翰·康芒斯:《制度经济学》(上),于树生译,商务印书馆1962年版,第73页。

更为重要的是,在看待以民法为代表的私法以及私法调整下的私法秩序的观念上,学界也走进了一个新的维度。对于以私法作为支撑的私法秩序而论,无论在私法学界还是法理学界,大家都认可了私法秩序独立于政治国家秩序这一特质,亦即理论界承认了私法秩序与政治秩序、伦理秩序等其他秩序在价值观念、存在态势以及社会功能上两相分离且独立存在这一事实;同理,在对待私法的观念上,我们也不再把私法纯粹看做国家对社会生活干预的一种手段,不再将过多的私法领域以外的目的强加给私法,我们终于能够从私法自身的内在逻辑和发展规律的角度去发展和完善我们的私法体系了。一句话,经过漫长的社会经济政治的改革与实践,我们终于让私法回归到了其应有的自治层面——这一私法秩序赖以良性化维系的基石。

改革开放三十多年里,新的经济发展理念和发展模式,已经造就了中国社会第一批拥有相当数量个人财产的私产所有者,在这样一个群体里,不能说每一个人都是按照市场法则来聚敛财富,其中不乏通过各种不正常的手段而获得大量非法利益的,但这是任何一个转型时期的社会都无法避免的问题,纠正不正当利益只能通过包括宪法、刑法等法律制度的综合运用,而不是通过限制市场交易、拖延私法立法去纠正。进一步讲,要想建立一个健康的市场秩序,私法规则本身的完善是一个重要的基础,而就私法秩序中的财产关系调整而言,调整财产交易关系的债权法和调整财产归属关系的物权法缺一不可。只有对合法权益作出法律上正式认可的界定,尤其是对私人所有权不可随意侵犯原则的确立,才能真正建立起私法对市民社会私人财产权利较为完善的保护。以《合同法》为代表的民事立法已经在我国建立起了比较先进的调整财产流通关系的规则群,但对私人产权的严格保护却一直未能顺利得以实施,这不仅是因为物权法的立法技术本身所具有的复杂性,更是由于在长期"左倾"思想和计划经济体制的影响下,物权法一度被认为是资本主义生产方式的必然前提因而备受"政治不正确"的诘难,可以说,我国《物权法》的制定,立法技术本身的挑战还在其次,学界要突破的第一道难关便是《物权法》立法指导思想上的瓶颈。令人欣慰的是,在私法学者以及各界务实人士的积极推动下,《物权法》的立法工作终于在 20 世纪 90 年代中期提上议程,并开始了艰难的立法过程。

(二)《中华人民共和国物权法》的起草及颁布

作为我国私法立法工作重要组成部分的《中华人民共和国物权法》,早在 1993 年就被列入了全国人民代表大会的立法计划中。5 年以后,第八届全国人大常委会副委员长王汉斌委托了民法专家和学者成立了民法起草工作小组,并确定了《民法典》以及《物权法》草案准备工作的任务。1998 年 3 月,民法起草小组第一次召开会议,讨论认为制定民法典分三步走:第一步,1999年通过制定统一合同法(现在的《合同法》)实现交易规则的完善、统一和与世界接轨;第二步,制定《物权法》,实现财产关系基本规则的统一、完善和与世界接轨,当时决定从1998年开始,用4—5年时间完成;第三步,制定科学、完善的民法典,计划于2010年完成。随后,全国人大常委会委托中国人民大学法学院王利明教授和中国社会科学院法学研究所梁慧星研究员分别起草民法典中的物权法部分。1999年10月,梁慧星教授领导的中国社会科学院法学研究所物权法起草小组率先完成了《中华人民共和国物权法建议稿》;2000年12月,王利明教授领导的中国人民大学民商事法律科学研究中心也完成了《中华人民共和国物权法建议稿》。"社科院草案稿"和"人大法学院草案稿"汇集到全国人大常委会法工委,2001年底,法工委在两份建议稿的基础上,完成了《物权法征求意见稿》。这份《征求意见稿》首先发给各地法院征求意见,进入2002年后,全国人大常委会法工委将这份《征求意见稿》印发至部分省、市、自治区以及中央有关部门和法学教学研究机构等单位以征求意见。对于《征求意见稿》,法学界对一些问题存在一定的分歧,征求稿向社会公开以后,在社会不同领域也出现了许多不同的意见,争论一直未断。

2002年12月,第九届全国人大常委会第三十一次会议上,物权法经历了第一次审议,这次会议的主题是审议民法草案,作为民法草案的第二编,物权法成为主要议题。自此以后,物权法经历了全国人大常委会共7次审议。第一次审议的重点是明确物权的有关概念和明确物权法保护私人财产的功能。2004年10月,第十届全国人大常委会第十二次会议对物权法进行了第二次审议,审议的重点为完善保护私人财产法律制度的问题,焦点集中在拾金不昧者报酬请求权问题和农民集体财产不可私分的原则。2005年6月,第十届全国人大常委会第十六次会议对物权法草案进行了第三次审议,审议的重点为私有财产平等保护问题,焦点集中在国家、集体和私有财产平等保护及征地、拆迁补偿制度;2005年7月全国人大常委会决定向全民公布物权法草案建议稿,公开征集对物权法的修改建议;2005年10月,第十届全国人大常委会第十八次会议对物权法草案进行了第四次审议,审议重点为房产领域三大问题:小区道路、绿地和无合同约定车库的问题;对侵害业主共同权益的行为是否可以起诉的问题;住宅建设用地使用权期间届满的续期问题。2006年6月,第十届全国人大常委会第二十三次会议对物权法草案进行了第五次审议,主要讨论了关于加强国有资产保护力度和删除有关居住权的规定。2006年10月,第十届全国人大常委会第二十四次会议对物权法草案进行了第六次审议,重点讨论了严格控制农用地转为建设用地问题,主要成果为删去"土地承包经营权抵押"条款和住宅用地满70

年续费条款、确定"合并分立造成国资损失承担法律责任"、增加"车位车库应首先满足小区居民需要"的条文、严格控制农用地转为建设用地、确定"业主对建筑物内住宅享有所有权"。2006年12月,第十届全国人大常委会第二十五次会议对物权法草案进行了第七次审议,在这次审议后,草案明确了宅基地使用权的有关规定,删去质押公路桥梁收费权的条款;对城镇集体财产作出原则性规定,绝不保护非法财产。2007年3月16日,第十届全国人民代表大会第五次会议以96.8%的高票通过了争议不断的《物权法》。

自《物权法》通过审议并正式颁布,我国转型时期的私法发展终于完成了其重要的使命:为今后中国民法典的制定构建一个较为完善的私法体系基础。①这一过程历时30年,在经历了种种障碍与束缚以后,中国公民终于有了一套较为完善的私法规则捍卫自己的权利,私人权益保护的正当性也有了法律上的系统认可。进入21世纪的中国私法,开始在一条新的道路上前进。

五、从"政策他治"到"规则自治"

1978年以后,从与经济法论战开始,中国私法在中国社会独特的国情下快速发展起来,私法学界从商品经济正当性的论证作为突破口,从单行法规、《民法通则》、《公司法》、《担保法》、《合同法》再到《物权法》,已经在构架上初步形成了中国私法体系。不管理论界和民间对《物权法》的非议有多么激烈,毕竟这部私法法典还是得以颁布并施行。可以说,只有《物权法》得以真正施行,整个私法体系的根基才能真正建立起来,私法秩序的持续展开与私人权利的稳定保障才可能具备一个坚实的基础。庆幸的是,中国私法在经过近三十年的坎坷发展以后,已经整体上具备了此根基。1978年以来,在私法领域内,由全国人大正式颁布或修正的有效法律有32件,这些有效法律基本涵括了私法领域的各个方面,为社会成员在私法领域的行为提供了较为完善的私法制度保障。

1978年至2008年全国人大颁布的主要私法:

---

① 著名民法学教授江平先生在谈到《物权法》对于中国财产权制度的重要意义时也指出了这一点:"我觉得物权法的通过,意味着中国市场经济的财产权的法律体系最终得以完整。因为市场经济下的财产权就是四大财产权:物权、债权、无形财产权和股权。物权和债权是传统的两种权利,无形财产权和股权是新型的权利。从现实情况看,合同债权由合同法规范;无形财产权由三个知识产权法保护;股权现在数量很大,是很大一笔财产,《公司法》修改后,对股权的规范也完善了。因此,《物权法》的颁布,意味着传统与新型的四种财产权都可以在中国现行私法体系中找到相应的规范,财产权保护的规范体系已基本完成。"参见江平:《物权法凸现财产权利平等——物权法草案起草专家小组负责人江平教授访谈》,载《宁波经济》2007年第6期。

1. 《中华人民共和国中外合资经营企业法》(1979年,1990年修正、2001年修正)
2. 《中华人民共和国婚姻法》(1980年,2001年修正)
3. 《中华人民共和国商标法》(1982年,1993年修正、2001年修正)
4. 《中华人民共和国专利法》(1984年,1992年修正、2000年修正)
5. 《中华人民共和国继承法》(1985年)
6. 《中华人民共和国民法通则》(1986年)
7. 《中华人民共和国外资企业法》(1986年,2000年修正)
8. 《中华人民共和国全民所有制工业企业法》(1988年)
9. 《中华人民共和国中外合作经营企业法》(1988年,2000年修正)
10. 《中华人民共和国著作权法》(1990年,2001年修正)
11. 《中华人民共和国收养法》(1991年,1998年修正)
12. 《中华人民共和国海商法》(1992年)
13. 《中华人民共和国反不正当竞争法》(1993年)
14. 《中华人民共和国消费者权益保护法》(1993年)
15. 《中华人民共和国公司法》(1993年,1999年修正、2004年修正、2005年修订)
16. 《中华人民共和国商业银行法》(1995年,2003年修正)
17. 《中华人民共和国票据法》(1995年,2004年修正)
18. 《中华人民共和国担保法》(1995年)
19. 《中华人民共和国保险法》(1995年,2002年修正)
20. 《中华人民共和国拍卖法》(1996年,2004年修正)
21. 《中华人民共和国合伙企业法》(1997年,2006年修订)
22. 《中华人民共和国证券法》(1998年,2004年修正、2005年修订)
23. 《中华人民共和国合同法》(1999年)①
24. 《中华人民共和国个人独资企业法》(1999年)
25. 《中华人民共和国招标投标法》(1999年)
26. 《中华人民共和国信托法》(2001年)
27. 《中华人民共和国农村土地承包法》(2002年)
28. 《中华人民共和国证券投资基金法》(2003年)
29. 《中华人民共和国电子签名法》(2004年)
30. 《中华人民共和国企业破产法》(2006年)

---

① 参见中华人民共和国国务院新闻办公室2008年2月公布的《中国的法治建设》白皮书。

31.《中华人民共和国农民专业合作社法》(2006年)
32.《中华人民共和国物权法》(2007年)

从1978年到2008年,是当代中国经历的30年转型时期。对于转型时期中国社会的私法发展而言,我们不应该仅仅从私法规则制定这一层面来看待这30年私法立法的成就。这一时期我国社会生活无论在外在的表现形态上,还是在内在的调整机制上,都经历了一场深刻的变化:在外在表现形态上,我国非公有制经济实体异军突起,在私营经济几乎绝迹的中国社会里走出一条充满活力的发展道路;而在社会内在的调控机制上,社会转型所走出的一条轨道便是由政策调控转变为法律规则的调整,而庞大的私法体系,更是在转型过程中由非主流的调控手段逐渐转化成主要的社会关系调整手段,以私法为代表的法律规则正在取代各类政策而对社会生活给予了越来越大的影响。以转型时期最具代表的民营经济的崛起为例,在我国,民营经济实体的权利保障经历了如下三个方面的转变:由政策控制到法律规范的演变;立法语言从政治色彩到法律术语的转变;法律手段上更具预测可能性。① 民营经济实体在市场主体地位上的平等化及相应的法律规则在适用上的平等化最为直观地反映了转型时期我国社会私法与私权的复活,社会在转型过程中发生的客观变化不仅促使了法学界制定大量私法规则,还使我们认识到了以民法为代表的私法自身所具备的独立性、自治性以及规范性特征,并认识到以独立、自治的私法体系来调整和维系我国正在发展中的市民社会——以私法秩序为其外在表现形态——的重要性。

从新中国成立初期扫除一切"私观念",到承认我国社会发展过程中必须经历的商品经济阶段,再到在计划体制之下有目的、有限制的民事单行立法,最后达致从私法规则本身内在的逻辑出发建立一个与公法体系相对的自治的私法体系,这一渐进的过程,清晰地表明了私法规则的完善与中国社会的转型之间所具有的不可分离的联系。

伴随着私法规则的制定和完善,中国社会在30年转型过程中已经逐渐从高度集中的政治国家中分化出了私法所调整的对象——中国的市民社会,而作为私法规则调整对象的市民社会的良性发展,又需要一个科学的私法规则群作为支撑。私法规则与市民社会这一密切的联系同时也揭示出中国社会转型阶段所应该完成的两大任务:一是维系以私法秩序为外在表现形态的、相对于政治国家而言不可或缺的私法调整的基本对象:市民社会;二是根据私法秩序内在特质而建立的完善、自治的私法规则体系。私法规则肩负着调整私法秩序的重要功能,但这一功能的履行必须以私法规则内在的逻辑和特质为基础,换言

---

① 孙笑侠、钟瑞庆等:《复活的私权》,中国政法大学出版社2007年版,第15—20页。

之,我们的私法立法必须建立在尊重私法自身规律的基础上,因而政治国家不能以政府的管理目的为理由任意打破私法规则的自治性,更不能以某种特定社会结果的实现作为私法调整的首要目标,否则,私主体仍旧无法在与他人交往的私人生活中真正获得一个良好的、公正的发展环境。"公法与私法划分的实益在于,确定私人生活领域在逻辑上的优位性,从而为政治设定一个目标,同时也为权力侵犯私人空间设定一个坚固的屏障"[①]。

  私法在西方的发展历程早已给我们以启示,不论是古罗马时期的《国法大全》、中世纪后期的商事法规,还是以《法国民法典》和《德国民法典》为代表的近代大陆成文民法典,尽管其外在表现形式有所不同,但其私法自治的精神根基却从未丧失,私法的存在始终给西方社会的私人交往提供了一个限制公权力不当干涉的自治空间,这就是我们的民法教科书里都会提到的"民法是公民的权利法,是市民社会的保护伞"的原因,也是私法在其发展、完善的过程中始终与一个社会的经济、政治、宪政建设不可分离的原因。

  改革开放三十年来,就是我国社会在经济建设的进程中重新正视普通公民私权的三十年,也是我们在实践中不断探索以什么样的方式更好地保护公民私权的三十年。如果说由于历史发展的客观原因让我们的社会在改革开放初期并没有意识到私法对社会所具有的积极意义,那么在市场经济建设启动以后的时间里,无论是私法学界还是法理学界都意识到了私法对于我国公民个人权利的保护以及社会的良性化发展所具有的积极意义,我们逐渐认识到,只要一个社会中个体权利以及个体权利之下所隐含的个体利益还有其存在的空间,那么对于个体权益保护的不二法门就是一套完善的私法体系。中国社会转型过程中发生的巨大进步已经无可辩驳地证实了下述结论:用政策和权力来保障公民权益并不能激发公民参与社会分工的积极性,更不能由此激发公民巨大的创造力,公民个体对于社会进步的推动作用归根结底存在于公民对于其所生活的社会的一种责任感中,而此种责任感建立的根基只能是私法对于私人权益所给予的稳定且长久的平等保护。

[①] 赵万一、周清林:《再论民法与宪法之间的关系——与童之伟教授商榷》,载《法学》2004年第4期。

第十章 纵向法律关系的制度调整

——以行政法律制度变迁为视角

一、行政法律制度变迁总述

改革开放 30 余年来,前行中的行政法学研究成果斐然,行政法律制度变迁的基本脉络清晰可寻,形成了以宪法、法律、行政法规、行政规章为表现形式的行政法律体系,创制了行政诉讼法、国家赔偿法、公务员法等一系列具有宪政地位的法律,行政处罚法、行政许可法、行政强制法等规范行政机关行政行为的法律也应时而生,在国家法律层面下,先后涌现了大量行政法规、地方性法规、部门规章和地方政府规章,全方位地调整规范行政机关和社会主体的各种行为,一个全面的行政法律规范体系已然成形。[①] 循着当代中国社会转型时期的行政法律制度发展的轨迹,其变迁的特点可以初步概括为:

(一) 程序法先行

在行政法律制度变迁的过程中,一些程序法例如《中华人民共和国行政诉讼法》(下称《行政诉讼法》)、《行政法规制定程序暂行条例》(1987,已失效)、《行政复议条例》(1990,已失效)等走在了前面。对这一思路的一个直接表

---

① 分别为《中华人民共和国国务院组织法》、《中华人民共和国地方各级人民代表大会和地方各级人民政府组织法》、《中华人民共和国行政诉讼法》、《中华人民共和国国家赔偿法》、《中华人民共和国行政处罚法》、《中华人民共和国行政监察法》、《中华人民共和国行政复议法》、《中华人民共和国行政许可法》和《中华人民共和国公务员法》。

达见于行政诉讼法的制定过程中,其时制定者认为"先搞程序法,再搞实体法,这个是立法的规律"。① 法律起草者发现行政实体法的制定"比较难",所以先行制定了部分程序方面的法律(当然,这里的"程序"和行政程序法的"程序"在概念外延上有着根本差异),但统一的行政程序法典因存在更高的制定难度,从而被安排在较晚的立法计划中。典型意义上的行政行为法直到1996年的《中华人民共和国行政处罚法》才首次得到制定。②

(二) 民主化方向

许多行政法律制度的演变带有民主化的色彩,淡化了原先公权力机构的"一言堂"特征。例如行政立法方面规定起草行政法规时应广泛听取公民和社会组织的意见(包括立项计划征求意见);在行政许可制度中出现了部分行政管理事务民营化、自律管理制、行政相对人就设定许可发表意见、要求听证等创新方式;各地、各领域(公安、建设、城管等)的特邀行政执法监督员制度等。③ 行政法律制度变迁的民主化方向是经济、政治体制改革所带来的必然倾向,伴随着这一方向的是,许多领域的行政法制变迁体现了行政思维从"管理型政府"向"服务型政府"、乃至向着"善治"目标的转型。这种民主在形式上很少是通过直接民主或代议民主得以发展的,主要是"参与民主"乃至"协商民主"的加强,它的形式成为中国引人注目的政治体制改革最重要的突破方向之一。

(三) 学术研究引导的立法实践

三十余年来中国行政法律制度的变迁,在某种意义上也可以说是与现代行政法学理论体系的形成过程相伴生的,与我国不断发展的国际法学学术交流的步伐同步。我国行政法律体例的建立和发展遵循着一定的思路和结构并呈现出鲜明的学术色彩。行政法学领域的学术成果被大量吸收入法律条文中,在一定程度上培育了行政法律制度的学术精神。海外行政法制发展的优势国家和地区的行政法学的成果也深刻地影响了我国行政法制的发展。以德国、日本为代表的行政法学学理框架对中国行政法律体系结构的影响至今为止是最大的。

---

① 语出江平(其时为全国人大法工委行政立法研究组组长),主管行政立法工作的陶希晋和全国人大法工委的领导也同意在"行政法大纲"中先搞行政诉讼法。参见应松年:《中国行政法的回顾与展望》,载《法治论丛》2008年3月。
② 此前虽有《治安管理处罚条例》等有关行政行为的行政法规,但还不是专门就一种行政行为作规定的行政行为法。《行政处罚法》代表着一种按照行政行为学理类型加以专门立法的模式,在这种模式里把覆盖一种行政行为全部外延的立法称为行政行为法。
③ 莫于川:《中国行政法20年来民主化发展与未来趋势》,载《南都学坛(人文社会科学学报)》2006年第1期。

近年来来自美国的众多制度部件和学理支点逐渐占据了很大比重,其影响也日益增强。

(四) 不断提升的立法技术

在三十余年的行政法律制度变迁中,我国行政法的立法主体经历了丰富的实践,立法经验逐步得到积累,立法技术不断提升。当前,行政法律制度的发展除了讲究概念的规范化和精细化(例如从"干部"到"公务员"、从"审批"到"行政许可"等)、法体系的一致性以及规则内容的具体、明确外,还开始将这些立法技术的要求直接纳入法律规范中,例如2009年1月1日施行的《重庆市行政立法基本规范(试行)》就对立法技术做了详细规定。立法技术的不断提升,有助于促进实证法意义上的良法的出现,使法律规范的结构和表述更科学、严谨。

(五) 稳健渐进的改革方针

三十余年来的行政法律制度变迁可以看做是一个行政法治改革进程。在这场改革中,领导层一直坚持着稳健渐进的改革方针,重视经验探索和实践的有效性,在注重吸收学理知识、采纳各种学理框架的同时防止盲目的理论建构和法律移植。这一改革方针包含着两种基本策略:一是"化整为零"的分散探索策略,即面对复杂的**制度难题**,**中**央层面先缓行立法,而由地方层面先进行相关的制度探索和法律实践,**待**积累相当经验、有制定统一法律规定把握时再行立法;二是"先易后难"的次序处理策略,即在容易建立法律制度的领域将制度确立下来,再借助已确立的制度所带来的改革经验、激励和压力对疑难领域进行攻坚。这两种策略在下文即将进行具体分析的各领域行政法制变迁中都有着不同程度的体现。

(六) 依法行政,建设法治政府成为目标和追求

虽然学界一直致力于行政法治化的研究并不断向社会和权力机关表达这一诉求。直到1993年,我国改革开放已经15年后,国务院才第一次正式提出各级政府要"依法行政,严格依法办事",将依法办事作为依法行政的最初级的要求。之后,1997年中国共产党第十五次代表大会将"依法治国"写进大会报告,把建设社会主义法律体系作为党和国家的重大任务,在1999年的宪法修正案中,"中华人民共和国实行依法治国、建设社会主义法治国家"的宣言走进了庄严的宪法,成为治国的基本方略。2004年3月国务院发布《全面推进依法行政实施纲要》(下称《依法行政纲要》),明确提出了今后10年全面推进依法行政的指导思想和目标、基本原则和要求、主要任务和措施,是建设法治政府的纲领

性文件。2010年10月,国务院《关于加强法治政府建设的意见》出台,明确提出加强法治政府建设的总体要求,"当前和今后一个时期,要深入贯彻科学发展观,认真落实依法治国基本方略,进一步加大《依法行政纲要》实施力度,以建设法治政府为奋斗目标,以事关依法行政全局的体制机制创新为突破口,以增强领导干部依法行政的意识和能力、提高制度建设质量、规范行政权力运行、保证以法律法规严格执行为着力点,全面推进依法行政,不断提高政府公信力和执行力,为保障经济又好又快发展和社会和谐稳定发挥更大的作用"。至此,我国行政法制建设将全面围绕促进依法行政、建设法治政府这一目标展开。

从总体上来看,对每一具体领域行政法律制度变迁的分析中我们很难对总体上的行政法变迁划分出阶段,它是一个连续的、由各个具体领域不同法律变迁阶段所交织而成的一个总过程,而各个具体领域很难说有共同的阶段分割点。当我们进入到具体领域行政法律制度的变迁中,我们将深深感觉到,有深刻意义的分割点是如此之多,例如1982年修宪、1986年划清"行政"与"政治"的改革尝试、1987年党的十三大"转变政府职能"、1989年《行政诉讼法》的颁布、1996年第一部行政行为法——《行政处罚法》的颁布、1998年以逐步建立适应社会主义市场经济体制的有中国特色的政府行政管理体制为目标而展开的制度改革、2000年《立法法》及配套法规的行政法制改革浪潮、2004年修宪和《依法行政纲要》,等等。如果抛开宣示性文件本身而观察制度的总体走势,甚至很难截取一个明显的转变标志。因此,本书更愿意分别深入到各个具体领域的行政法律制度变迁中,按照建设法治政府的基本要求,从行政主体、行政行为、行政程序、行政法律责任等具体制度的变迁中,体会行政法制发展的时代脉搏。[①]

二、行政主体法律制度的变迁

在广义上,公共行政组织法制包括行政机关的组织、编制和公务员等内容;而在狭义层面上,公共行政组织法制通常仅指向行政机关的组成、性质、地位、职能和建立、变更、撤销的程序,而不包括与编制和公务员相关的一系列问题。[②]

[①] 本章按照行政法制变迁的时间表和线路图展开,所使用的资料及引用的文件主要是以"首发"为条件,力图在一些比较关键的时间节点上展现行政法制发展的成果。因此,以下使用的部分资料会显得比较"陈旧",特此予以说明。

[②] 姜明安、沈岿:《法治原则与公共行政组织——论加强和完善我国行政组织法的意义和途径》,载《行政法学研究》1998年第4期。

在改革开放之初,中国已经有了一个行政组织法制的基本框架:以国务院和地方各级人民委员会组织法①为主线,包含一系列针对具体政府部门的组织法令,如《公安派出所组织条例》、《城市街道办事处组织条例》等,以及大量有关自治地方人民政府的组织法律规范。国务院也制定了大量组织法规,主要针对具体行政部门(如《国务院秘书厅组织简则》),但也有《地方各级人民委员会计划委员会暂行组织通则》这样针对地方行政部门的中央行政立法。这些组织法中不乏有许多在建国初期制定、至今依然有效的法律法规,行政主体法律制度在这些局部体现出相当大的稳定性和延续性。②

改革开放以后,组织法制的最先突破是全国人大常委会在 1979 年制定了《中华人民共和国地方各级人民代表大会和地方各级人民政府组织法》(以下简称《地方各级人大和政府组织法》)。不过组织法制的系统性改革直到 1982 年修宪才真正开始,新的组织法制基本保留了原先的组织框架,但赋予不同的权责内容。修宪以后,全国人大重新制定了《中华人民共和国国务院组织法》(以下简称《国务院组织法》)。全国人大常委会就 1979 年《地方各级人大和政府组织法》所作四次修正有两次发生在其后短短数年时间内(1982 年、1986 年)。行政机关组织法的主要渊源就是这两部法律(下称"两法"),其基本框架由 1982 年的立法和修正活动所确定。

此后,行政组织法制的变迁可以分为四个阶段。第一个阶段是由 1982 年修宪至 1986 年;第二个阶段是由 1986 年第二次修改《地方各级人大和政府组织法》和清理非常设机构起,至 1998 年大规模政府机构改革止;第三个阶段是自 1998 年的政府机构改革起至 2003 年,第四个阶段是自 2003 年政府机构改革起至今。

在第一阶段里,基于 1982 年修宪及"两法"的相关规定,国家逐渐对行政组织制度进行配套调整,但由于调整和改革方向并未十分明晰,组织法制没有发生实质性的变迁,这一阶段的主要制度变革就是各种组织法的相继制定,为后来组织法律制度的变革打下了坚实基础。

1986 年《地方各级人大和政府组织法》经历了第二次修订,这是一次非常重要的修订,这一修订在行政组织方面带来的制度变迁总体来说是加强地方人大权力,确保"行政"服从"政治"(地方政府的领导选举和组织人民代表大会的

---

① 包含于《中华人民共和国地方各级人民代表大会和地方各级人民委员会组织法》内,也奠定了后来两组织合并立法的基本思路。

② 《公安派出所组织条例》已于 2009 年 6 月 27 日十一届全国人大常委会第九次会议废止。《城市街道办事处组织条例》(1954)至仍然有效。1982 年修宪以前,全国人大常委会没有制定法律的权力,它所通过的规范性文件称为"法令"。

职能被去除、增加了地方人大及其常委会撤销本级人民政府的不适当的决定和命令的权力等),并试图使地方公共行政向民主化、现代化方向迈出重要步伐,例如确定地方政府的全体会议和常务会议制度、设立审计机关等。正是从这一次修订开始,地方人民政府的职能规定由"管理本行政区域内经济、文化建设和民政、公安等工作"转向"执行本行政区域内的经济和社会发展计划、预算,管理本行政区域内的经济、教育、科学、文化、卫生、体育事业和财政、民政、公安、司法行政、计划生育等行政工作",也就是说,这时制度才开始将政府权力定位为一种"执行权"并加以规范化的监督。在这种思路下,国家开始重视常设机构的运作,清理非常设机构,为行政组织领域的进一步法制化奠定了基础。① 1988年政府行政机构不能满足经济发展的要求,我国再次进行了机构改革。这次改革首次把机构改革与政府职能转变联系起来,以经济管理部门为重点,强调政企分开,精简专业部门,强化宏观调控部门。国务院各部委由原来的45个减为41个,直属机构由22个减为18个。② 可以说,从20世纪80年代中后期起,中国行政组织法制在"政府—人大"定位明晰和政府职能转变的大背景下,经历着一场现代化、专门化的变革,行政组织不再承担政治和经济方面原先"一应俱全"的职能,随着任务的明确化、机构设置的常规化,行政组织法制在不断向前推进。

20世纪90年代中前期的行政体制改革,可以看做是这一趋势的延续。1993年3月,全国人民代表大会通过了《国务院机构改革方案》。根据此方案,这次改革以转变政府职能为核心目标,大幅度缩减了中央政府的机构。如,国务院的工作部门由原来的86个减少到59个,非常设机构由85个减少到26个。③ 一些重要的针对具体机构的组织法规,如《工商行政管理所条例》等,也在这时出台。1995年,《地方各级人大和政府组织法》经历第三次修订,这次修订虽然很大程度上改进了地方各级人大和政府的运作机制,但多属技术性的修改,没有在根本上改变权力关系、政府职能和组织结构。

1998年,以逐步建立适应社会主义市场经济体制的有中国特色的政府行政管理体制为目标而展开的制度改革将行政组织法制推进到一个新阶段。1997

---

① 参见《国务院关于清理非常设机构的通知》(1986年10月30日)。
② 叶晓川:《从我国政府机构改革看行政组织法的完善》,载《新视野》2007年第4期。实际上,1988年的改革口号还有一个"政事分开",亦属重要方针。
③ 叶晓川:《从我国政府机构改革看行政组织法的完善》,载《新视野》2007年第4期。

年通过的《国务院行政机构设置和编制管理条例》①可以看做是这一阶段以"三定"规定(确定主要职责、内设机构、人员编制,简称定职能、定机构、定编制)为主体的行政组织法制改革的前奏。从这一阶段起,引人注目的"三定"规定制度实践开始推行。自1998年起,中国行政组织领域开始了"三定"的制度实践,最早一批部门规章例如1999年《交通部关于调整交通部基本建设质量监督总站主要职责、内设机构和人员编制的通知》,与今天"三定"规定的内容基本一致。在缺乏统一的行政职能、机构、编制方面的行政组织法典时,"三定"规定之类的内部文件就成为行政组织法制的实际内核。与此前的行政组织法制框架相比,"三定"的实践已经走向了一个更深入、更精细的行政组织法制领域。

自2003年始,全国行政组织又经历了一次机构改革,这次机构改革及其配套措施的特点是重视法制的作用、重视改革的规范化和系统化。在这一改革精神下,2004年《依法行政纲要》成为这一阶段的标志。《依法行政纲要》在行政组织制度方面提出了清晰的原则,与这一阶段的"三定"改革一脉相承。② 2004年《地方各级人大和政府组织法》经历了第四次修订,但仅仅是统一了各级政府的任期;此时也有一些法规得到制定,体现了依法行政在组织体制领域的进展。③ 但真正实质性的突破发生在各部门制定的"三定"规定中,它有着明确的制度改革原则。实际上,这些"三定"规定相当于一种化整为零的改革策略,为行政组织在整体上成功转型进行必要的探索,可以预见的是,这一探索日后将有一个总体上的制度成果,甚至可能导致行政组织领域系统化法典的出现。

今天的行政组织法体系除了"两法"外,还包括一系列法律、专门性的行政法规和其他分散的有关行政组织的规范性文件。国务院制定和发布的关于"三定"规定的系列文件,虽然在组织法体系当中性质并不明确,但其对于行政主体的组织结构和职能界定却起着关键作用。也是我国组织法制的一大特色。

与1982年以前的行政机关组织法相比,我国目前的组织法体系并不完整。在形式上,不如共和国成立初期比较完整、配套,规定中央至地方各级政府以及中央政府各部门组织的法律法规体系。从内容上看,以"两法"为基础,"三定"

---

① 规定了机构的设置、撤销、合并和编制的增减等有关事项,规定比较简单,而且是针对国务院行政机构制定的,从法规内容分析,主要是为了对国务院行政机构设置的进行严格控制,实际上有着防止滥设机构和扩充编制的立法宗旨。

② 《依法行政纲要》提出的原则是:"政企分开、政事分开,政府与市场、政府与社会的关系基本理顺,政府的经济调节、市场监管、社会管理和公共服务职能基本到位。中央政府和地方政府之间、政府各部门之间的职能和权限比较明确。行为规范、运转协调、公正透明、廉洁高效的行政管理体制基本形成。权责明确、行为规范、监督有效、保障有力的行政执法体制基本建立。"

③ 《公安机关组织管理条例》于2006年11月1日国务院第154次常务会议通过,自2007年1月1日起施行,即属新制定的行政法规。

方案为核心的行政组织法的具体内容,支撑起了现行组织法的基本框架。这一变迁趋势是行政组织法制转型的必由之路,对于实践要求很高的行政组织制度而言,很难人为地直接以建构性的努力实现系统化的一步到位转型,而必须先进行分散的、个别的具体探索,以求积累广泛而充分的组织经验,避免走向"建构主义"的歧途。目前行政组织法制变迁的主要动向,是以多年的"三定"实践为基础,重建比较配套的、适应市场经济条件下现代公共行政要求的行政组织法体系。

2008年,中共中央、国务院相继印发了《关于深化行政管理体制改革的意见的通知》和《关于地方政府机构改革的意见》,我们可以认为,行政组织法制建设发展至此被赋予了明确的任务,即按照职权法定、科学决策、分工配合、相互监督、优化组织结构的要求改造我国的行政机关[①],全面为依法行政、建设法治政府提供组织保障。

实现政府组织机构及人员编制向科学化、规范化、法制化的根本转变,是建设法治政府的基本要求,也是我国行政法制变迁中逐渐明确的中期目标。[②]

三、公务员法律制度的变迁

1978年以后,中国公务员法律制度也逐渐开始了改革。中国此前沿用的是在民主革命时期解放区和人民军队干部制度的基础上逐步建立和发展起来的干部人事管理制度,改革开放以后,由于政治、经济、文化等各方面的需要,随着体制改革的全面深入,改革人事制度的必要性也就显得日益紧迫。

从1984年起,我国开始着手建立国家公务员法制。在建立公务员法制的制度探索中,可以分为明显的两个阶段,第一个阶段是从着手探索公务员法制到《国家公务员暂行条例》的出台;第二个阶段是从《国家公务员暂行条例》(下称《公务员条例》)的出台到《中华人民共和国公务员法》(下称《公务员法》)的

---

① 这两个重要文件要求"按照精简统一效能的原则和决策权、执行权、监督权既相互制约又相互协调的要求,紧紧围绕职能转变和理顺职责关系,进一步优化政府组织结构,规范机构设置,探索实行职能有机统一的大部门体制,完善行政运行机制",推进法治政府建设。

② 深化行政管理体制改革的总体目标是,到2020年建立起比较完善的中国特色社会主义行政管理体制。通过改革,实现政府职能向创造良好发展环境、提供优质公共服务、维护社会公平正义的根本转变,实现政府组织机构及人员编制向科学化、规范化、法制化的根本转变,实现行政运行机制和政府管理方式向规范有序、公开透明、便民高效的根本转变,建设人民满意的政府。参见2008年,中共中央、国务院印发的《关于深化行政管理体制改革的意见的通知》和《关于地方政府机构改革的意见》。

颁布与实施。相关的配套制度改革和理念转变乃至整个公务员法律制度的变迁,都紧密地围绕着这一主线进行。

干部人事管理制度的完善和公务员法制的探索是第一阶段政府人事制度的主要内容,从当时规定看,这种管理制度已经包括干部的录用、考核、职称、晋升、奖惩、调动、离退休、职务保障等方面的内容①,并且早在《关于干部制度改革的意见》等20世纪80年代初期的文件中就已提出下放干部管理权限,实行下管一级、分层管理,层层负责的管理体制,进行干部分类管理等方针,为公务员法制的建立提供了一个比较全面的基础和实质性的框架。在公务员法制的探索过程中,曾先后沿用20世纪50年代的人事概念"国家工作人员"(最初立法稿名称《国家工作人员法》)和"国家行政机关工作人员(《国家行政机关工作人员条例》)"②,1987年4月,干部人事制度改革专题组研究提出了建立公务员制度的方案,并将原来起草的《国家机关工作人员条例》作了大的修改,修订为《国家公务员暂行条例》(草稿)。这一草稿几经修改,于1993年颁布施行,即《公务员条例》。《公务员条例》系统地建立了有关国家公务员权利义务、职位分类、录用、考核、奖励、职务升降与任免、培训、交流、回避、工资保险福利、辞职辞退、申诉控告、管理与监督等全方位的人事制度,是中国行政领域人事制度的里程碑。

公务员法制的完善和人事改革的深入发展是第二阶段政府人事制度的主要内容。在这一阶段,围绕《公务员条例》,国家出台了一系列法规、规章和其他规范性文件,全面推进公务员制度的建设,例如与《公务员条例》配套的《国家公务员制度实施方案》等,形成了一个规范性文件体系。以《公务员条例》为核心的这一规范性文件体系在实践中取得了良好的效果,也逐渐暴露了一些问题,最重要的问题之一就是《公务员条例》的权威性不足,需要提升立法层次,同时公务员法制在实践中有许多制度创新需要吸收进来,在这样的背景下,《公务员法》出台了。《公务员法》扩大了公务员的范围,将《公务员条例》划定的"行政公务员"扩展到"国家公务员",涵盖了立法、司法、行政、政党机关等机关的公务人员,明确规定了成为公务员应具备的条件,建立了公务员职位分类制度,

---

① 参见《科学技术干部管理工作试行条例》、《会计干部技术职称管理暂行规定》、《国务院关于老干部离职休养的暂行规定》等。

② "国家工作人员"和"国家行政机关工作人员"都是很早就开始使用的概念,前者例如《政务院关于全国各级人民政府、党派、团体及所属事业单位的国家工作人员实行公费医疗预防的指示》(1952),后者例如《国务院关于国家行政机关工作人员的奖惩暂行规定》(1957)。"国家工作人员"概念在行政法和刑法上一直沿用至今,而"国家行政机关工作人员"概念一直沿用至1993年《公务员条例》的出台。

并在职位聘任制、工资制度、责任追究机制等方面进行了修改。其中,最为引人注目的,就是公务员范围的扩大和公务员职位分类制度的建立。这两点也是公务员法制变迁的重要观察点所在。

从干部人事管理制度到公务员法制,是一个行政人事制度的根本性转变,这一转变的指导思想在中共十三大(1987年)体现为"三个改变"、"三个建立",即"改变集中统一管理的现状,建立科学分类管理体制;改变用党政干部的单一模式管理所有人员的现状,形成各具特点的人事管理制度;改变缺乏民主法制的现状,实现干部人事的依法管理和公开监督",认为"当前干部人事制度改革的重点,是建立国家公务员制度。"十三大报告认为,"国家干部"这个概念过于笼统,缺乏科学分类,因此进行干部人事改革,就是要对"国家干部"进行合理分解。人事改革镶嵌在十三大整个政治体制改革中,是与第一点改革"党政分开"遥相呼应的①,这也是当时强调"国家干部"概念缺乏"科学分类"的一点原因。《公务员条例》几经修改,直至政治形势比较稳定、清晰的1993年才最后确定,当时"公务员"概念界定为"各级国家行政机关中除工勤人员以外的工作人员",仍然保留了原先的制度构思,将原先笼统地属于"国家干部"中的党务工作人员、立法机关、司法机关和军队的工作人员等都排除在外。但在《公务员法》中,这一分类和排除遭到否定,制度的基本框架经历了一次"螺旋运动"回到原先的道路上,"融合——分类——融合"的基本框架成为行政领域人事法制变迁的一条主线。

《公务员法》对公务员在范围上的再融合,则已经有了新的考虑。实际上,党政合并的公务员制度设计在目前体制下很可能有着一定的合理性,只是未能为西方国家流行的现代政党原理所证成。

今天的公务员法律制度体系以《公务员法》为核心,以三类职位、五级正副职务为公务员类型的基本架构清晰明快,对比起国外公务员制度来有自己的特色,一些看似本土色彩浓厚的改革和实践做法同西方国家行政管理改革趋势暗

---

① 1987年中共十三大报告强调:"在建立国家公务员制度的同时,还要按照党政分开、政企分开和管人与管事既紧密结合又合理制约的原则,对各类人员实行分类管理。主要有:党组织的领导人员和机关工作人员,由各级党委管理;国家权力机关、审判机关和检察机关的领导人员和工作人员,建立类似国家公务员的制度进行管理;群众团体的领导人员和工作人员、企事业单位的管理人员,原则上由所在组织或单位依照各自的章程或条例进行管理。"这几类人员,按照《公务员条例》的立法构想,是不属于公务员范围内的。

合,发挥着不可低估的作用。①

总体上看,公务员法律制度体系的变迁体现了中国行政法对自身学理架构与实践模式的信心,这一点是非常重要的。对比下面即将分析的行政行为法律制度各领域,就会发现,相比起较大程度上依赖国外系统性法律制度与行政法学理论的行政实体法领域,公务员法制可以说是独立探索本土行政制度应然逻辑与理想结构的一次有益尝试,尽管这次尝试有许多问题有待完善,但毕竟是朝这一方向迈出了重要的步伐并取得了阶段性的成果。这种尝试的理论价值和长远意义尚未被充分认识,但可以说,它将为未来行政法律制度变迁提供一个参考范例。

四、行政行为法律制度的变迁

(一)抽象行政行为法制变迁

在整个行政法律制度的变迁中,抽象行政行为法制的变迁相对来说并不吸引公众瞩目,但实际上却格外重要。

近三十年来,除了1982年修宪和《国务院组织法》的制定外,在法律层面,抽象行政行为领域仅有一次重大立法活动(2000年制定《中华人民共和国立法法》,下称《立法法》)。这次立法活动的后续成果还有三个重要的配套法规:《行政法规制定程序条例》、《规章制定程序条例》以及《法规规章备案条例》。②这次系统性立法活动主要是由行政立法权的膨胀触发的,由于行政立法权的膨胀,导致部门规章、地方政府规章和其他规范性文件数量激增,法律、法规、规章和其他规范性文件之间的界限急需得到确定,而它们之间的相互冲突问题等也非常需要规定,面对时有发生的"打规章仗"、"依法打架"③的局面,建立统一的

---

① 例如,美国、加拿大试图简化过于烦琐的职位分类制度,同时增加一些品位分类的因素。1999年加拿大采取新的通用分类标准,将原来的72个类别减到6个(业务类、行政支持类、技术类、行政和外交类、科学和专业类),加强了个性化的职位管理。美国于1978年创立的"高级公务员序列"制度安排,具有"级随人走"的品位分类色彩,在改革中被澳大利亚、新西兰等国所效仿。参见宋世明:《当代西方公务员制度改革与我国公务员立法》,载《理论探讨》2004年第2期。简洁有效的分类是中国公务员法制的一大特色,而"级随人走"、公务员通常保持其原有级别的制度特性在中国是一个被普遍接受的制度习惯。

② 1986年国务院曾制定《行政法规制定程序暂行条例》、《法规规章备案规定》等,后随着《立法法》的通过,修改完善为目前的配套条例。

③ 用语见《国务院关于贯彻实施〈中华人民共和国立法法〉的通知》。

立法法律制度已属法治社会的必然要求。这次立法活动成为立法法制领域近年来的最重要事件,对于行政立法法律制度而言,也是最重要的制度变迁,行政立法法制近乎空白的局面得到了全面的填补,由《立法法》和三个配套法规开始,各部门、各级地方政府也纷纷制定自己的规章制定办法,整个行政立法工作真正走上了法制轨道。

《立法法》强调了宪法和组织法中的立法权限划分、重点规定了全国和地方各级人大的立法程序,并且对法律规范效力和适用问题作出明确规定,初步建立起了完整的法制秩序。

地方政府立法的法律制度乍看之下不成体系,这些零散的规定贯穿于修宪以来的行政立法过程中,名称和实施领域也不尽一致。但这些地方政府规章在建立行政立法制度时,却迈出了实质性的探索步伐。例如《广州市规章制定公众参与办法》,规定了公众意见公开、对积极参与者的表彰、开放式听取意见等制度,这些制度在国内是重要的突破。

表10.1 目前各地政府先后在行政立法机制上进行的突破性尝试

制度实践	规章名称	主要突破	促进价值
规章制定公众参与制度	广州市规章制定公众参与办法	开放式听取意见,公众参与意见公开与电子卷宗等	民主参与、政务公开、社会和谐
规范性文件管理制度	甘肃省规范性文件管理办法	规范性文件制定机构限制,授权解释的禁止等	权责清晰、程序完善
规范性文件管理制度	西安市规范性文件管理办法	征求意见成为必经程序(附不征求则退回草案的机制①)	民主参与、政务公开
政府立法听证制度	杭州市实施立法听证会制度的规定	参加人员的选择机制(发言内容和报名顺序),旁听制度,提问权及解答义务制度	民主参与②
行政立法技术的制度实践	重庆市行政立法基本规范(试行)	法案形式结构、名称及用语的技术规定,地方性法规的公开招标起草制度等	法的明晰性、一致性和确定性③
行政立法实施效果考评制度	鞍山市政府行政立法实施效果考评办法	纳入依法行政工作年度考评的行政立法实施效果考评制度,考评方式和处理规则的建立等	立法效率、法的一致性

---

① 这一机制来自《行政法规制定程序条例》第18条第3项的规定,但在其他规范性文件层次尚未得到普遍采用。

② 其中,听证人员的选择和听证程序的设计至为关键的是一项具体制度安排,就规范文本上看,这一规章的设计是较为合理的。

③ 即富勒(Lon Fuller)所谓法律的"内在道德"的一部分,自成一种价值。

(续表)

制度实践	规章名称	主要突破	促进价值
规章制定程序制度	青岛市人民政府规章制定程序规定	明确规定送审材料必须包括主要争议问题及处理意见	民主参与
规章制定程序制度	海南省人民政府法规起草和省政府规章制定程序规定	审查内容包括是否规定了行使职权的程序和对权力的制约	有限政府
规范性文件管理制度	广州市行政规范性文件管理规定	规定规范性文件的有效期限,并设置了评估机制	行政法治

以上仅仅是地方行政立法机制在制度实践上创造性突破的一部分,很难将其一一列举。这些突破几乎都是在《立法法》及其配套条例颁布以后取得的,可以说,它们反映出行政立法法律制度变迁的潜在趋势:向西方、尤其是美国的规章制定(rulemaking)①借鉴和靠拢的趋势。我们需要认真寻找一种机制,使行政机关重视民众意见,而不是形式主义、"走过场",可以考虑细化利益代表制度和引入某种较为温和的裁决程序作为未来进一步改革的方向。

(二) 具体行政行为法制变迁

具体行政行为法制的变迁是行政法律制度变迁中内容最丰富、思路最复杂的领域,在说明具体行政行为法制变迁前,需要先说明具体行政行为法制变迁的策略。正如前文所述,以德日为代表的行政法学学理框架,对中国行政法律体系结构的影响相当大。目前中国已经按照学理上的行政许可、行政处罚、行政强制等分类,制定或准备制定专门法律;对于未制定法律的也在积极谋求获得专门的立法。在这种按行政法学学理架构逐步立法的改革策略之下,具体行政行为正在得到逐个领域的分别探讨,一旦时机成熟即行专门立法,期待最后完成一个完整的法律制度体系。下面,让我们分别略览各具体行为的法律变迁情况。

1. 行政处罚法制的变迁

在各种具体行政行为中,行政处罚是最先获得专门立法的。改革开放以后,行政处罚制度迅速发展,我国已颁行的法律法规,80% 以上是行政法,而行政法中的绝大部分,几乎都设置了行政处罚;而当时法规、规章及其他规范性文

---

① 关于美国的"规章制定",早年用法是 rule-making,与 administrative legislation 是同义语,可以在相当程度上对应我国的"行政立法"及"抽象行政行为"概念。See Ralph F. Fuchs, Procedure in Administrative Rule-Making, *Harvard Law Review*, Vol. 52, No. 2 (Dec., 1938), pp.259—280.

件在设定处罚时各行其是,实施行政处罚的机关、组织更是各显其能,加上利益机制的驱动,行政处罚在发挥其正面功能的同时,又成为"三乱"之一,侵犯公民合法权益的事时有发生,成为行政诉讼首选的受案对象,治理数年收效甚微,要使行政处罚正确发挥社会功能,同时又能严格控制和监督行政处罚权的滥用,制定《行政处罚法》是一项带有根本性的措施。①

《行政处罚法》是我国第一部专门性的行政实体法②,吸收了多项此前学界在行政处罚领域研究的成果,例如对于在行政处罚中设置听证程序的思考、对行政处罚创制权和具体细化规定权的划分等。③ 有意思的是,"行政处罚"这一概念并非纯然来自学理框架所确定的行政行为种类,早在《行政诉讼法》中就已经在实证法规范中使用了这一术语(第54条第2款第4项),当时也有学者讨论过如何认定行政处罚显失公平的问题,但在立法中没有具体规定。因此,"行政处罚"的概念在中国兼有学理性和现实性质④,比后来的"行政许可"的学理色彩要淡些,但这一立法却为后来按照具体行政行为学理类型的框架相继建立专门法律的做法奠定了基本思路。

在《行政处罚法》颁布后,国务院在价格和海关方面制定了专门规定行政处罚的行政法规,各地也在食品卫生、林业、劳动等方面制定了一些地方性法规。但行政处罚领域最为引人瞩目的,是2000年开始正式推行的相对集中行政处罚权改革。这一改革起于1997年,当时称为"城市管理综合执法",以国务院对北京市宣武区的批复为试点启动的标志,此后,这一改革的名称在各地的实践中逐渐转变为"相对集中行政处罚权",1999年《国务院关于全面推进依法行政的决定》就已经正式采用这一名称。从2000年开始,《国务院办公厅关于继续做好相对集中行政处罚权试点工作的通知》正式掀起了各地相对集中行政处罚权的改革浪潮,依托《行政处罚法》第16条,将市容环境卫生管理、城市规划管理、城市绿化管理、市政管理、环境保护管理、工商行政管理、公安交通管理等方面的部分或全部行政处罚权集中到原先的综合执法机构手中。《行政处罚法》第16条的地位骤然膨胀,不仅突破了法律、法规规定的许多行政机关的处罚范

---

① 应松年:《规范行政处罚的基本法律》,载《政法论坛》1996年第2期。
② 虽然我国《行政处罚法》也有程序法规定,但此处的"实体法"系指整个法的性质而言,实体法是判定意思表示所产生法效的法,相关程序则镶嵌为产生完整法律效力的程序要件。
③ 赵庆培:《关于在我国行政执法和行政处罚中设置听证程序的思考》,载《中国法学》1993年第5期;杨解君:《论行政处罚的设定》,载《法学评论》1995年第5期。
④ 行政处罚在行政法学理框架中属于具体行政行为的一种,也是负担性行政行为中的一个子类,而早在此前官方就已经在行政实务中广泛使用行政处罚这一用语了。

围,还附带地突破了这些机关的其他权力范围。①

这一改革引起了一定的争议②,也在深刻地追问着一个问题:行政处罚制度的设定、程序等基本架构已经确定下来了,但行政处罚权力的配置问题如何获得最好的解决?在这方面,行政处罚领域又走在了各领域之先,它在叩问着中国的制度变迁逻辑,而展示着本土独有的问题、对策与新型制度知识的可能性。未来相对集中行政处罚权在行政法和行政法学上的定型,将是中国行政法史上的重要一笔。

2. 行政许可法制的变迁

"行政许可"在我国最初称为"审批"(后来也称"行政审批")。行政审批法制的变迁自改革开放以来,主要经历了三个阶段:第一阶段是自 1979 年至 1992 年;第二阶段是自 1992 年至 2001 年;第三阶段是自 2001 年起至今。从 2001 年起,国家开始对行政审批法制改革进行攻坚,国务院成立了行政审批制度改革工作领导小组,展开全国范围的改革,大幅度地精简行政许可事项,公开许可内容,设定许可时限,规范许可程序,旨在建立一套便民利民的行政许可制度。③ 2004 年通过的《行政许可法》便是这一阶段改革的重要成果。近 10 年来,国务院高度重视推动行政审批制度改革,国务院部门经过 5 次清理,共取消和调整行政审批事项 2183 项,占原有总数的 60.6%;各省、自治区、直辖市本级共取消和调整行政审批事项 36986 项,占原有总数的 68.2%。④

3. 行政征收、征用法制的变迁

行政征收、征用法制和前两部分一样,是中国行政法律制度的焦点之一,贯注了学界和实务界的大量心血。但这一领域却与前两个领域呈现出不同的图景,这一图景的差异正好更深刻地揭示了行政法律制度变迁的一些机理。

因行政征收、行政征用概念上的混乱,使得统一的学理探讨迟迟未能出现,也无法出现,并且在法制上也出现混乱:1988 年、1998 年《中华人民共和国土地管理法》(下称《土地管理法》)中一直使用"征用"概念,到了 2004 年修正时改为"征收",但此后的地方性法规依然有使用"征用"一语者(如《石家庄市国家建设征用土地管理办法(2005 年修订)》),而"征收"概念扩大以后,这一包括税

---

① 目前的司法案例中,有以这一条为强制权力的集中提供法律依据的,参见许国有诉上海市徐汇区徐家汇街道监察队强制拆除决定纠纷案,(1999)沪一中行终字第 117 号。

② 支持和质疑的声音都见诸文字,比较有代表性的质疑见解如陆迎芳:《相对集中行政处罚权制度若干问题评析》,载《行政法学研究》2004 年第 3 期;彭志芳:《关于相对集中行政处罚权有关问题的思考》,载《河北法学》2005 年第 1 期。

③ 引自顾爱平:《中国行政许可制度改革探究》,苏州大学 2005 年博士学位论文,第 55—56 页。此处就笔者自己的判断对阶段划分作了调整。

④ 数据引自 2012 年 3 月 14 日人民网:《中国:加速、迈向法治政府》,2012 年 6 月 1 日访问。

收、行政收费、对不动产的"征用"或"征收"(相当于美国的 eminent domain)等三种类型行政行为的混杂概念(如前所述,税费征收与不动产征收实际归于不同的学理概念)就更让学界无所适从了。因此,实际上学界在这一领域难有成型的、体系化的本土研究成果,从而推进"行政征收"或"行政征用"甚至同时包容二者的专门行政实体法的制定,也就不难理解了。习惯依赖某一学理类型先行完善、制度发展继而跟进的改革策略以后,这一领域的制度推进相比前两个领域显得缓慢而杂乱,因为集中的、以学理类型为依托的专门行政法的制定过程,已经在过去三十余年的制度变迁中被经验证实为对中国行政法制进行深思和完善的最佳途径。这一领域要取得真正的突破,就必须从行政处罚、行政许可的例子上获取有益启示。

在税收征管领域,显而易见的制度革新是《中华人民共和国税收征管法》(下称《税收征管法》)的制定和两次修正(其中 1995 年的修正只是属于根据税制调整的需要对增值税征收的技术性修正)。1992 年《税收征管法》的制定是 20 世纪 90 年代行政征收领域最重要的制度建树,也是行政征收第一次得到系统的法律规定。

但从这部法律来看,"管理论"的行政思维跃然纸上,强调行政相对人的义务和征收管理机关的职权;2001 年的修正则可以视为行政征收领域的巨大突破,注意强调行政相对人的权利,也更体现了"服务型政府"的定位。

表 10.2 1992 年和 2001 年《税收征管法》的实证分析对比情况

年份（版本）	相对人固有权利	相对人依申请取得的权利①	相对人义务	行政主体裁量性职权	行政主体职责
1992 年	5 项	2 项	15 项	13 项	7 项
2001 年	9 项	1 项	20 项	11 项	15 项

实际上,在行政征收法律制度方面,《税收征管法》通过 2001 年的修改已经呈现出一个较为令人欣慰的趋势;而在行政征用法制方面又如何呢? 从土地征用、征收法制多年的困局中可以看出,对于中国而言,行政法制变迁最重要的乃是借助专门立法动向,在立法者与学界、实务界的互动中形成一种包含国内外制度思维、学理见解和价值话语的"气候",缺乏这种气候则不易完善相关领域的行政法律制度;而主题的紧迫性、概念的清晰程度、是否与国外既有学理体系形成良

---

① 这里的"权利"术语并不精确,因为多数是对普遍义务的减轻(通过行政裁量而获得),并不能构成一项典型的权利。但这一项目也能反映相对人的地位,特此说明。另外,此处的"行政主体"只指税务机关;各项行政处罚和税务检查职权均合并算作一项。

好对接以及涉及政治、经济利益的复杂程度,又决定了这种"气候"能否形成。

2004年宪法修正案在修改后的《宪法》第13条新增第3款:"国家为了公共利益的需要,可以依照法律规定对公民的私有财产实行征收或者征用并给予补偿。"仍然同时使用了"征收"、"征用"这两个概念,但同时,宪法也规定了"公共利益需要"和"给予补偿"这两个条件,对公民合法财产进行保护。

如何细化征收、征用的条件和程序,仍然是行政法制建设的重要任务。

4. 行政强制法制变迁

与之前几个领域相比,对行政强制的研究起步稍晚,而行政强制法的正式立法进程直至最近几年才启动。[①] 尽管这一领域异常重要,而且规定繁多,单就行政强制的种类而言,据统计,从1950年到1999年现行有效的10369件法律、行政法规和部门规章中,竟然规定了3263种行政强制种类的方式[②];但由于种种原因,专门性"行政强制措施"和"行政强制执行"的概念直至20世纪90年代初期才在较低层次的法律规范中开始使用。[③] 在行政强制(包括行政强制措施与行政强制执行)领域,拆迁成为首要问题。地方政府规章中至今包含"行政强制"的文件均为拆迁方面的规定;而有关拆迁的法规、规章中也包含着大量行政强制条款。从拆迁方面可以观察到行政强制法制变迁的主要趋势。

早在1991年,国务院就颁布了《城市房屋拆迁管理条例》,但其中的规定很不完善,有着浓重的"管理法"色彩,拆迁人和被拆迁人均只有义务规定,尤其被拆迁人缺乏保障其合法权益的程序。这一时期的地方性立法同样如此,例如在1993年《成都市房屋拆迁行政强制执行程序规定》中,对于拆迁权的行使没有规定任何前提,而拆迁人的权力几乎不受实质性限制(除了出示证件和制作笔录等形式上的义务外);而被拆迁人的权利则少有保障。

从新世纪之初起,法律规范中对于强制权力的规定是越来越谨慎。2001年《城市房屋拆迁管理条例》开始强调补偿安置协议等前置程序,加强了拆迁人的义务规定(搬迁补助费、停产停业补偿等),开始尝试通过资格控制、前置程序和补偿义务来温和强制执行措施。到了2005年修订的《成都拆迁规定》,前置程序中进一步加入了听证("要求应当组织")、法制机构审查、调解记录等有望在未来发挥保障相对人权利关键作用的程序,拆迁时也增加了权利义务告知、被执行人财物登记等拆迁人的形式性义务。从拆迁领域的这一例子看,行政强制

---

① 实际上立法部门组织有关人员对行政强制法的起草是与起草行政许可法同步的,只是后来因为一些障碍而有所延缓。

② 黄秀丽:《行政强制法:在争议中前行》,载《人大建设》2008年第5期。

③ 例如1991年国家税务局有关行政复议工作的一个答复(1991国税函发[016]号)和1993年《成都市房屋拆迁行政强制执行程序规定》。

法律制度确实在向民主化、减少管理色彩的方向逐渐前进;为更充分地保护相对人权益,部分行政强制权力还被整体移交法院行使。2011年1月21日出台的《国有土地上房屋征收与补偿条例》就体现了较强的权益保障取向,在强制权得以运用之前,增设了价格评估(以协商选定机构为主)、政府终局决定等程序,确立了先补偿、后搬迁的原则,并将强制权力的行使主体改为人民法院。这就大大增进了相对人权益受法律保障的程度。

相比起行政强制的系统立法,拆迁只是一个局部问题。2011年6月30日出台的《行政强制法》才是行政强制领域法制变迁至今为止最重要的大事。虽然这一行政强制立法有意无意地绕开了拆迁、计划生育等敏感问题,但对整个行政强制领域仍然起到了较为全面的调整作用。《行政强制法》中被写入的强制法定、利益兼顾、事先催告、比例原则等规定,对行政强制的方式也作了类型化的限制,对行政强制的设定权作了严格规定,并限定了行政强制及法院强制执行的一般程序,充分体现了节制公权力运用、注重保障相对人合法权益的立法精神。这一立法及其后续法律改革的效果值得期待。

5. 其他行为法制的变迁

在重点介绍了以上四个领域行为法制变迁后,还要注意一些相对而言并不处于焦点的行为法制。这些行为既包括具体行政行为(其中又分为型式化和未型式化行政行为),也包括介于行政行为和民事行为之间的行政合同,还包括行政私法行为。这些行为的相关法制变迁正在不断完善的过程中。

五、行政程序法制的变迁

如果说行政行为领域法律制度的变迁还未能最大限度体现出中国行政法律制度三十余年变迁的种种特色,那么行政程序法制的变迁则更集中、更深刻地体现了中国行政法变迁的基本逻辑,同时也暴露出了这种基本逻辑中的一些问题。

学界对行政程序法制的转型起了巨大作用,几乎所有行政领域的法律法规都有程序性的规定,几乎所有当下新兴程序类型的出现与发展都是学界研究和推动的。例如开始于1989年在当时尚未纳入行政法制的听证制度,对于中国而言是一个纯粹的外来制度,学界早在20世纪80年代初、中期就开始译介听证制度,到80年代末已经出现许多有关听证的研究文献,最早的专门介绍听证会的文献在1987年发表。[①]

---

① 刘世忻:《美国国会的听证会》,载《国际展望》1987年第11期。

表 10.3　部分主要程序法制建立情况对比

程序	最早规范	最早有关学理探讨	最早专门性学理探讨	规范制定时情形
听证	贵州省人民代表大会《关于撤销地方国家机关工作人员职务程序的规定》(1989)	李昌道:《美国总统弹劾机制》(1980)	刘世忻:《美国国会的听证会》(1987)	"伊朗门"引起对听证会的关注
政府信息公开	山东省《信息化发展"十五"规划》(2001)①	左然:《干部竞争五原则》(1988)②	冯飞:《建立政府信息公开制度》(1998)	行政组织法制第三阶段改革;对国外政府信息公开的探索
简易程序	公安部《关于贯彻执行〈治安管理处罚条例〉的通知》(1986)③	王树林:《完善治安行政复议之管见》(1989)	叶必丰:《论行政处罚程序》(1990)	民事诉讼法中已有许多关于"简易程序"的讨论,行政法学界尚无
行政紧急程序	重庆市非典防治非典重要时期储备药品调用简化程序的通知》(2003)④	薛刚凌:《东亚行政法研究会第三届年会暨行政程序法国际研讨会综述》(1999)⑤	莫于川:《建议在我国行政程序法典中设立紧急程序条款》(2003)	"非典"爆发引起对紧急程序加以规定的实践需要

---

① 在中国,这类规划是否算"规范性文件",是有争议的。它比《中共中央办公厅、国务院办公厅关于转发〈国家信息化领导小组关于我国电子政务建设指导意见〉的通知》早2年,比2004年的《纲要》早3年。各类五年计划是否算得上"规范性文件",将是我国宪法学和法理学的一个重要而有意思的议题。

② 《领导科学》1988年第9期。因为原文5000字被略去,只余下文章摘要,信息公开,信息公开只是作为五点原则中公开原则的第一点。从作者当时文献对美国文官制度等国外制度的了解程度看,"信息公开"的一点应非凭空设想的巧合。

③ 《治安管理处罚条例》本身没有"简易程序"的用语。

④ 1995年的《民用航空法》所使用的"紧急程序"和行政程序法中的"紧急程序"不是同一个概念。

⑤ 此前"紧急程序"概念就已经在当年的一些文章中出现过多次,或均非行政法领域的紧急程序,或只是仅仅提及"紧急程序"一语。但从这一结果推断,学界对紧急程序进行研究的时间应该更早一些。

330

第十章 纵向法律关系的制度调整

（续表）

程序	最早规范	最早有关学理探讨	最早专门性学理探讨	规范制定时情形
电子政务	江西省人民政府办公厅《关于建立政府系统机加密微通讯网的通知》(1993)	庄峻：《东南亚各国激励信息科技发展的战略措施及对我国的借鉴》(1998)	张立丽：《电子政务与政府上网》(2000)	互联网技术高速发展
行政执法说明理由制度	济南市《行政执法暂行规定》(1991)	夏桂英：《行政执法程序浅议》(1989)	章剑生：《论行政行为说明理由》(1998)	行政诉讼法后建立行政程序法制的浪潮

331

从上表可见,除了本土化色彩浓厚、实践性极强的简易程序外,各种行政程序的初次制定均落后于学理讨论,在完全以国外相关制度为摹本的程序设立过程中,学理的先行性和影响力就更明显。在学理探讨热潮进行到一定阶段以后,地方的法制探索才开始走出第一步;而从地方的法制探索到中央的法律、行政法规的制定,又需要经过一段时间。这种现象一直伴随着行政法制发展的每一个阶段,在行政程序法制的发展中更为突出一些。例如政府信息公开的理论探索由来已久,制度实践也在21世纪头一两年即在各地相继展开,而《中华人民共和国政府信息公开条例》(下称《信息公开条例》)却直至2007年才出台。但是对比地方的信息公开法制,晚出台数年的《信息公开条例》确实更为完善。以政府信息公开领域最早的规章《广州市政府信息公开规定》(下称《广州市规定》)而言,《信息公开条例》体现了更充分的考虑。

在行政程序法制变迁中,统一的行政程序立法始终是至关重要的大事。行政程序法的制定工作早在1989年《行政诉讼法》颁布后就开始准备,先后拟订十余稿。它在统一起草时同时采取了"先易后难"的策略,以"分阶段单行立法模式"力求最终获得统一的《行政程序法》:"由于一步到位式的立法存在上述诸多困难,所以目前只能采用'分阶段单行立法',最终制定统一行政程序法的'分步到位'式。而目前我国行政程序立法实际上也正是这么做的。我们已经制定了行政复议条例、行政处罚法,正在起草行政许可法、立法法、收费法,正考虑制定行政强制法等。最终的目标是制定统一的行政程序法典。"①这是学者马怀德教授在1999年撰文对当时立法机关的意图进行的解说,清晰地表达了立法机关在行政程序立法上的谨慎乐观的态度。

2008年颁布的《湖南省行政程序规定》(下称《湖南省规定》)是中国行政程序法制变迁中一个重大进展,它的结构和许多规则都可以为日后的行政程序法提供参考样例、和实践经验。由于规章的法律位阶较低,且不能对行政行为的效力作出规定,并容易与上位法的规定产生冲突,因此制定者一开始就没有考虑包罗行政实体法在内,比如《湖南省规定》对"行政合同"的处理就是将其放在特别程序上,以避免在这一立法层次上全面介入"公法契约"而带来的困难。《湖南省规定》在体例上如此处理,使整个规章规定清晰而有条理,基本学理结构也明晰易辨,值得称道。

由于制定统一的《行政程序法典》尚需时日,目前我国有关行政程序的法律规范散见于法律、法规、规章之中。其中,以行政处罚法、行政许可法、行政强制法、立法法中关于行政程序的规定最为重要。这些法律规范的实施将为行政程

---

① 马怀德:《中国行政程序立法探索》,载《求是学刊》1999年第1期。

序法制的完善作出贡献。

六、行政责任与行政监督法制的变迁

在我国,早期有关行政责任的相关制度是由政党系统的政治责任代替的,到 20 世纪 50 年代中期,人民检察院和行政监察机关得以组建,初步形成一个监督系统和专门的行政责任制度,但这一制度旋即遭遇挫折,国家监察部被撤销,理由是监察工作应在党的领导下由人民群众参加,无单独设立的必要。①

改革开放以后,行政监察制度得以逐步恢复。1982 年修宪重新确立了全国及地方各级权力机关的行政监督权,而恢复后的检察机关不再行使对行政机关的一般监督权。在这种情况下,审计署的建立和监察机构的恢复成为行政监督与行政责任领域最为突出的进展,这两个机构的组建、恢复自 20 世纪 80 年代初期开始,直至 80 年代后期才得以系统地完成。在 80 年代,行政监督法制的发展以 1985 年《国务院关于审计工作的暂行规定》(下称《审计暂行规定》)和 1988 年《中央纪律检查委员会、监察部关于党的纪律检查机关和国家行政监察机关在案件查处工作中分工协作的暂行规定》(下称《党政分工规定》)为重要的成果,这两个规定可以说是行政监督领域的组织法,形成了今天行政监督和行政责任法制的基本格局。《党政分工规定》强调"党政分开"原则,确立了行政监察机关活动、乃至行政监察法制的范围:"党的纪律检查机关根据党章和有关规定,对党员违反党的纪律的案件进行检查处理;国家行政监察机关依照国家法律、法规和政策,对监察对象违反政纪的案件进行检查处理。"1992 年的《中共中央纪律检查委员会、监察部关于党的纪律检查机关和国家行政监察机关在案件查处工作中分工协作的补充规定》进一步划清了党、政监督机构的管辖范围,使得二者在制度上截然分开。这种划分使得纯粹担任党委职务的人员直至《公务员法》的通过才开始重新在一定程度上被纳入行政责

---

① 1959 年 4 月 28 日,由时任国务院总理的周恩来向全国人大提出撤销监察部的议案,其文如下:监察部自设立以来,在维护国家纪律、监督国家行政机关工作人员方面做了许多工作。根据几年来的经验,这项工作必须在各级党委领导下,由国家机关负责,并且依靠人民群众,才能做好。因此,监察部亦无单独设置之必要。建议撤销监察部,今后对于国家行政机关工作人员的监督工作,一律由各有关国家机关负责进行。见中国人大网,http://www.npc.gov.cn/wxzl/gongbao/2000-12/12/content_5000607.htm,2012 年 6 月 4 日访问。

任的范围。① 而《审计暂行规定》则是审计条例乃至审计法的前身,开启了整个审计法制。《审计暂行规定》在组织制度上对相关机构实行双重领导体制,日后《行政监察法》和《审计法》的立法也都规定了这一组织体制,一直延续至今。②

纵观行政监督的主体规定,在行政法律变迁中还是显得相当稳定的;而行政监督的职权范围、监督措施和作为监督结果的行政责任体系就有所变化。1982年修宪以后,在一般性行政监督法制的发展主线上,可以发现如下的演进路径③:

表10.4 一般性行政监督法制发展演进路径

年份	规范名称	主体	新增职权范围	新增监督措施和执法手段
1982	宪法	权力机关	监督宪法的实施;监督国务院、中央军事委员会、最高人民法院和最高人民检察院的工作	调查、撤销有关法律规范和决议、人事任免
1985	国务院关于审计工作的暂行规定	审计机关	监督国务院各部门和地方各级人民政府的财政收支,财政金融机构、企业事业组织及其他同国家财政有关的单位的财务收支及其经济效益	检查账目、参加会议、责成纠正(直接制止)、没收非法所得、罚款、扣缴款项、停止财政拨款、停止银行贷款、封存账册和资财、追究人员责任、通报和表扬

---

① 和《公务员法》同年的《行政监察法实施条例》第2条规定:"国家行政机关和法律、法规授权的具有管理公共事务职能的组织以及国家行政机关依法委托的组织及其工勤人员以外的工作人员,适用行政监察法和本条例。"若以其界定为准,则并不包括纯粹的党委干部。但按《公务员法》,他们是国家公务员。《行政监察法》中的"国家公务员"理论上应以《公务员法》的界定为准;但行政监察部门监察党委人员,又是不合常理的,许多地方采取行政监察和党委纪检部门的合署办公,也是一个应对这一矛盾的方法。

② 《行政监察法》规定了"监察业务以上级监察机关领导为主",而2006年《审计法》修订时也加强了垂直领导以加强对打击报复的防御,在制度上为行政监督、监察工作提供保障。

③ 为简便起见,法律及部分行政法规前略去"中华人民共和国"字样,而后两列均对原规范条文作了一些摘要表述。这里由于是一般性的监督法制,故只选择法律、行政法规,而不涉及规章和地方性法规等。

(续表)

年份	规范名称	主体	新增职权范围	新增监督措施和执法手段
1988	审计条例	审计机关	"财政金融机构"改为国家金融机构,"企业事业组织及其他同国家财政有关的单位"改为"全民所有制企业事业单位以及其他有国家资产单位"	要求报送资料、查阅文件、调查人员、警告、通报批评、移送监察或者有关部门处理、提请司法机关依法追究刑事责任①;其余用语有部分改动
1990	行政监察条例	监察机关	监察执行法律、政策等的情况,受理检举、控告、申诉,调查处理违反法律和政纪的行为	复制资料、暂予扣留材料、查核有关人员存款、"双规"②、建议暂停公务活动或职务、监察建议、监察决定、提请公安机关协助
1994	审计法	审计机关	国有资产占控股地位或者主导地位的企业,国家投资建设项目,政府部门管理的和社会团体受政府委托管理的社会保障基金、社会捐赠资金以及其他有关基金、资金,国际组织和外国政府援助、贷款项目的财务收支	向社会公布审计结果;申请法院采取保全措施,责令限期缴、退
1997	行政监察法	监察机关	法律、行政法规规定由监察机关履行的其他职责;在原有范围中增加"国家公务员"	提请公安、审计、税务、海关、工商行政管理等机关予以协助;禁止变卖、转移财物,提请人民法院采取保全措施、冻结存款,通知暂停支付,要求报送文件、资料及其他必要情况;调整监察建议和监察决定的实施条件

① 这一处置措施在《审计暂行规定》中也被列举,但运用措施的主体不明,可以有多种解释,故不列入。
② 即"责令有关人员在规定的时间、地点就监察事项涉及的问题作出解释和说明"。

(续表)

年份	规范名称	主体	新增职权范围	新增监督措施和执法手段
1997	审计法实施条例	审计机关	无	建议有关国有金融机构采取保障贷款资金安全的措施
2004	行政监察法实施条例	监察机关	督促被监察的部门建立廉政、勤政方面的规章制度	提请司法行政、质检部门协助;禁止毁损有关财物
2006	审计法	审计机关	国家的事业组织和使用财政资金的其他事业组织的财务收支、以政府投资为主的建设项目的预算执行情况和决算,任期经济审计,内部审计的业务指导和监督	加强存款查询权,扩大制止权范围,提请公安、监察、财政、税务、海关、价格、工商行政管理等机关予以协助,通报扣缴,特殊审计
2010	行政监察法(修订)	监察机关	建立监察人员交流制度,增加监察机关指导政务公开工作和纠正政风的职能,扩大监察对象范围到社会行政主体、委托行政组织及其从事公务活动的人员	规定相关行政部门的协助义务,监察决定由人民政府人事部门或者有关部门按照人事管理权限执行

三个监督机关,除去在监督实践中不够活跃的权力机关外,监察机关和审计机关都拥有丰富的监督措施和执法手段。但实践中,行政监察机关运用这些很丰富、很充分的手段时,往往会被理解为是借助了纪委的权威,行政监察具有的行政性特质常常被误解和忽视。我国行政监察机关与中国共产党纪律检查委员会在监督对象上的较大的重合性,在职能上的相似性,在手段上的互补性,使行政监察机关和纪委难以分开,事实上合署办公的效果一直都很好。但合署办公的制度模式也在一定程度上模糊了行政监察的身影。

七、行政救济法制的变迁

中国的行政救济法制是在改革开放以后才逐步规范化的。在三十余年的法制变迁中,形成了以行政复议、行政诉讼、国家赔偿、信访为主体的行政救济法律制度。

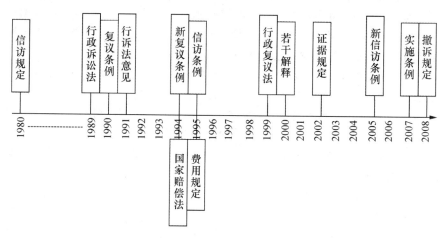

图 10.1　行政救济法制领域主要的立法进程在时间上的情形①

从上图可以看出,行政救济法制的变迁在时间上不是匀速进行的。1989—1991 年和 1994—1995 年形成了两次法制改革高潮,从而建立了当今行政救济法制的制度框架。中国的行政诉讼法制和行政复议法制在第一次改革高潮中诞生;而信访领域的规范化制度、国家赔偿法制在第二次改革高潮中建立。从 1999 年《行政复议法》的制定开始,行政救济法制在新的行政管理体制改革历程中得到不断的完善。这种变迁历程的时间分段,对行政救济法制的特色产生了一定影响。

1989 年《行政诉讼法》的制定是整个行政法律制度变迁中最为重要的事件之一。这部《行政诉讼法》虽然有着许多问题有待进一步完善,但却已稳定地实施了二十多年,正式开启了"民告官"的专门制度,从根本上改变了行政领域各方主体的互动结构,在保护行政相对人权利方面已经收到相当成效,将改革开放以来的行政法制建设推进到了一个新阶段。这不能不说是中国行政法律制

---

① 需要说明,图 10.1 中年份只取后两位数字。"信访规定"为《国务院关于维护信访工作秩序的几项规定》;"行政诉讼法"为《中华人民共和国行政诉讼法》;"复议条例"为《行政复议条例》(1990);"行诉法意见"为《关于贯彻执行〈中华人民共和国行政诉讼法〉若干问题的意见(试行)》;新复议条例为《行政复议条例》(1995);"国家赔偿法"为《中华人民共和国国家赔偿法》;"费用规定"为《国家赔偿费用管理办法》;"行政复议法"为《中华人民共和国行政复议法》;"若干解释"为《最高人民法院关于执行〈中华人民共和国行政诉讼法〉若干问题的解释》;"证据规定"为《最高人民法院关于行政诉讼证据若干问题的规定》;"新信访条例"为《信访条例》(2005);"实施条例"为《中华人民共和国行政复议法实施条例》;"撤诉规定"为《最高人民法院关于行政诉讼撤诉若干问题的规定》。《证据规定》、《撤诉规定》和"若干解释"一样,也是比较重要的司法解释。

度变迁的亮点,甚至是开拓时代的里程碑。

到了20世纪90年代中叶,国家赔偿法和信访条例、新的行政复议条例一起登场。《国家赔偿法》不如《行政诉讼法》稳健、成熟,《信访条例》则基本未对原来信访工作提供更有效的救济渠道和保障机制。这是行政救济法制的立法受到特定时段不同的影响而产生的一个内在差异,今天行政赔偿和信访领域在制度上依然呈现相对不足的情形,需要得到进一步的完善。2005年《信访条例》的制定就已经比十年前在立法技术上成熟了许多;2010年《国家赔偿法》的修订迈出的步伐虽然不大,但毕竟在赔偿义务机关的证明责任、赔偿范围、赔偿标准等方面有实质性的突破。在这种形势下,我们有理由对未来行政诉讼制度、国家赔偿制度的进一步完善抱乐观的态度。

目前从学界和实务工作者有关《行政诉讼法》等法律的修改意见和有关改革行动看,几个主要动向是:改革行政审判体制和相关配套制度,消除行政干预对司法潜在的不正常影响;提升信访机构的地位,加强其对被投诉对象进行监督的实权,争取信访法制的实质推进。这些措施对于增进行政相对人的权利保护、约束行政机关对行政职权的滥用将发挥更充分的作用。

八、走向法治政府

经过对以上这些领域行政法制变迁的审视,可以发现,在中国行政法律制度变迁的特征中,除了"学理先行"和立法技术的完善等各种法律制度(例如刑事、民事法律制度)变迁的一般特色外,行政法律制度变迁呈现出来的"程序法先行"(由上面的分析可以认为,实际上是"救济法先行")、而在救济法领域以外采用"化整为零"和"先易后难"的稳健渐进改革策略,是行政法律制度变迁的一大特点。对于这一特点,应当进行深入的理解和反思。

这一改革总体思路,恰好与古典政治哲学的德性区分所蕴涵的深刻智慧相对应的,也可以说是形势使然,由现实状况和改革压力触发的智慧。为了说明这一点,可以以一个值得思索的现象来导入:迄今为止,没有一部行政法典是成功贯彻到底的,而行政程序法典都成功了。这中间的分野除了历史原因外,还有一个重要的、基于事物本质的根本原因:行政法的具体实践千变万化,如果说私法的制度哲学基础可以用"正义"(源自 δικαιιου)来概括的话[①],行政法的具

[①] 在许多民法学者的思想中可以看到这一点,这是一个很大的主题,可另外开辟讨论空间,本书在此鉴于篇幅,不再在此处展开。

体实践,尤其是行政行为方面的制度哲学基础已经迈入了"明智"(prudence,古希腊 φρόνησίς)的范畴,这一点是以往学者很少意识到的。"正义"是可以经由一定的原则作出认定的,而"明智"的内容就无法规定,因为它所针对的是具体实践的对象,而实践的内容千变万化,往往需要根据多变、繁复的具体形势作出灵活的决定,因此它无法像"科学"一样被证明、被考虑和规定。实际上,行政程序法典能作出规定的地方也只是相对人的权利、有关权利保护和使行政体制协调一致的程序性规定,包括行为效力等"实体"规定,但对于行政活动如何做得更合理、更妥善,除了原则性的调节(如比例原则)外,是无法像权利规定那样以具体规则进行调节的。① 对于"行政法"的整个体系而言,行政救济法制部分是典型的专门针对相对人权利及其保障机制的规定,完全属于"正义"领域,因此这一部分是可以参照成熟的制度体系首先建立的。总的说来,行政救济法制的叩问与回答更为根本、也更为适合"法律"("正义"的衍生)的形式。

这一改革总体思路,恰好与三十余年来中国改革开放的步伐同步。正是因为计划经济向市场经济的转变,中国社会爆发出了空前的活力,社会财富飞速增长,市场经济蓬勃发展,通过市场配置社会资源,通过交换满足他人的需求并获得自我实现的市场经济观念逐步深入到社会生活的各方面,获得社会主体的高度认同,市场经济的平等性、竞争性、开放性、交换性、法制性的根本属性,深深影响了中国社会的政治文化,"市场经济就是法制经济"的基本判断成为社会的一致观点。随着我国多元化平等竞争的市场格局的形成,市场主体独立的财产逐步形成,独立的价值观、权利意识逐步苏醒并日益强烈,要求政府及公务员与市场主体一样都在法律下活动,都受法律的约束,要求转变政府职能、完善社会主义法律体系的诉求自然生成,党和政府积极呼应社会主体的利益诉求,积极加强经济体制和政治体制改革,将依法治国,建设社会主义法治国家作为治国方略写入宪法,中国共产党自身也明确提出政治文明的理念,并将依法执政、执政为民作为自己的旗帜高高举起。可以说,市场经济加快了政府依法行政的步伐,市场经济催生了法治政府。

作为一个具有显示性的重要文件,2010 年 10 月 10 日,国务院发布了《关于加强法治政府建设的意见》,该意见按照建设法治政府的高度,要求各级政府、各级公务员提高依法行政的意识和能力,围绕加强科学立法、坚持民主决策、严格规范公正文明执法、全面推进政务公开、强化行政监督和问责、依法化解社会矛盾纠纷等方面全面展开工作。并明确提出了加强法治政府建设的总体要求,

---

① 严格来说,"裁量"(discretion)是把明智作为核心要求的,see note Marsilius, *Defensor Pacis*, 1, XIV, 6。

"当前和今后一个时期,要深入贯彻科学发展观,认真落实依法治国基本方略,进一步加大《纲要》实施力度,以建设法治政府为奋斗目标,以事关依法行政全局的体制机制创新为突破口,以增强领导干部依法行政的意识和能力、提高制度建设质量、规范行政权力运行、保证法律法规严格执行为着力点,全面推进依法行政,不断提高政府公信力和执行力,为保障经济又好又快发展和社会和谐稳定发挥更大的作用"。

而行政法制发展的基本路径也与我国政治体制改革和经济发展的步伐一致,并积极服务于改革和发展,既积极进取又谨慎稳重。纵观三十余年来我国行政法律制度的发展与变迁,我们可以欣慰地看到这样一幅清晰的发展轨迹:从秩序维护到权利保障,从管理到服务,再从市场管制到市场开放,从封闭行政到公众参与,从行政神秘化到政府信息公开透明,政府及公务员从承担政治责任到承担法律责任……。行政法制建设正紧紧围绕依法行政展开,向法治政府的要求不断靠近,一步一步走向法治政府的新时代。

中国"发展中法治"的特质,在依法行政、建设法治政府的过程中体现得淋漓尽致。

第十一章　社会进步与人权价值取向

——以刑法典的人本化历程为视角

　　由于社会转型时期社会结构的变迁、立法者立法理念的变化在历次刑法修正案中得到了集中体现，因此，在本项目第二编"转型时期的法律运行机制"中，曾经把刑法的修改过程特别是 2001 年《刑法修正案》（三）作为一个立法实例，着重分析了立法理念的影响。[①] 本章将对已经出台的八个《刑法修正案》的具体情况做专题研究，旨在以刑法典的人本化历程为视角，揭示中国改革开放三十多年间社会进步与法律的人权价值取向。

　　同中国法治的整体进程一样，1978 年以来中国刑法的三十多年发展历程，也经历了艰辛与风雨，并在开拓奋进中取得了长足的进步。为了适应社会转型要求，三十多年来的中国刑法立法，先后经历了几个重要的变迁发展阶段。依照这一脉络，可以将其大致划分为四个时期：第一时期（1979 年 3 月至 1988 年 3 月），以 1979 年刑法典颁布实施为标志；第二时期（1988 年 3 月至 1997 年 3 月），以一系列特别刑法对刑法典所作的补充修改为标志；第三时期（1997 年 3 月至 1999 年 12 月），以 1997 年刑法典颁布、适用为标志；第四时期（1999 年 12 月至 2011 年 2 月），以八个《刑法修正案》的先后出台为标志。

---

① 参见本书"第五章法律创制的理念背景——以全国人大常委会历年公报为分析对象"。

一、转型时期刑法改革的起点:1979年刑法典

(一) 1979年刑法典诞生的背景与过程

1979年7月1日以前的中华人民共和国没有刑法典,只有寥寥可数的单行刑法。并且,这几部单行刑法也是为了配合社会改革运动而颁布的。如1951年的《中华人民共和国惩治反革命条例》,是为了配合镇压当时反革命运动而颁布的;1952年的《中华人民共和国惩治贪污条例》,是为了配合"三反"、"五反"运动的;1952年的《妨害国家货币治罪暂行条例》,是为了配合当时国民经济的恢复而颁布的。由于这一时段的法律不健全,刑事案件的定罪、量刑主要不是依据法律而是依靠政策。以死刑缓期二年执行为例:死缓制度产生于1951年新中国成立之初的镇压反革命运动高潮中,其称谓最早见于1930年11月中共中央通知第185号《关于苏区惩办帝国主义者的办法的决议》。《决议》规定,对外国人可适用"死刑缓刑",即判处死刑后,缓刑若干时期暂时监禁,而缓刑的期限则没有限制。这项政策本是特定历史条件的产物,具有明显的对敌斗争策略的性质,与中国现行刑法中的死缓制度无论在性质、功能上,还是适用范围上都有明显的不同。可认为其思想发端于毛主席1951年5月针对《第三次全国公安会议决议》提出的修改意见,他提出,"对于没有血债,民愤不大和虽然严重地损害国家利益但尚未达到最严重的程度,而有罪该处死者,应当采取判处死刑,缓期二年执行,强迫劳动,以观后效的政策"。这时的死缓仍具有浓厚的政治斗争策略色彩,而并没有明确地强调这一制度的法律意义。之后,死缓的适用范围逐渐扩大到贪污罪、战争罪犯、反革命罪犯和普通刑事罪犯。上升到今天法律意义上死缓制度的规定,则是1954年9月30日中央人民政府法制委员会提出的《中华人民共和国刑法指导原则草案》(初稿),该草案第10条规定的死缓制度,为以后若干草案所延续。直至1979年刑法典的出台,作为一项替代性刑罚措施的死缓制度才得以最终确立。1979年《刑法典》第43条第1款明确规定:"死刑只适用于罪大恶极的犯罪分子。对于应当判处死刑的犯罪分子,如果不是立即必须执行的,可以判处死刑同时宣告缓期执行,实行劳动改造,以观后效。"

早在1950年和1954年,中央人民政府法治委员会就分别提出《中华人民共和国刑法大纲》和《中华人民共和国刑法指导原则草案》,试图为刑法典的起草奠基。但这两个文件在严格意义上不是立法,因为它们未进入立法议程,也

没有比较公开和广泛地征集意见。真正把刑法典提上议事日程的是1954年《宪法》的颁布。1954年10月到1963年10月,在开展政治运动的影响下,只有断断续续的立法工作。1976年10月,党和国家粉碎"四人帮",中国社会开始走出"文革"的阴霾,中国刑法也迎来了发展的春天。1978年12月,在中共十一届三中全会《关于实行改革开放和加强社会主义法制建设的战略决策》指引和推动下,我国第一部刑法典迅即在第五届全国人大第二次会议上于1979年7月1日通过,并于1980年1月1日起施行。

(二) 1979年刑法典的意义

1979年7月1日制定的第一部刑法典,标志着新中国结束了没有刑法典的历史,这种从无到有的变化有着重大的法制史意义。这部刑法典的法律条文共192条。法典根据犯罪行为侵犯的同类客体及其社会危害程度,将所规定的130多种犯罪归纳为八大类,每类罪基本上按照由重到轻的原则排列先后顺序。在每一类犯罪中,各具体罪名的排序主要是根据犯罪的社会危害程度,同时兼顾了罪与罪之间的内在联系,形成了由重到轻的有序排列。这种分类和排列顺序构成了1979年刑法典的分则体系。

这部刑法典是我国在1976年"文化大革命"结束以后不久制定的。虽然该法是在过去的刑法33稿的基础上参考许多国家的刑法典制定的,但一个不容否认的事实是,虽然立法之际"文化大革命"已经结束,但中国当时正处于拨乱反正时期,在经济上仍是计划经济为主,法的作用仍然是单纯的专政工具,这样的观念必然反映在刑法中。所谓的现代法治观念,不可能在1979年刑法典中全面体现是理所当然的。① 同时,受意识形态和中国所处的国际环境的影响,虽然该部法典参考了很多国家的刑法,但最主要的参考对象仍然是苏联的刑法。从立法技术上讲,由于当时正处于无法可依的状态,对刑法的制定具有迫切的要求,无暇对之进行细致的、严密的立法设计,加之立法的经验不足,因此采取了"宜粗不宜细"的立法原则。所以中国的第一部刑法典仅有192个条文,分则各罪只有104个条文,所规定的罪名也只有130个,且多限于常见、多发的自然犯。应该指出,1979年刑法典是参照了许多现代西方发达国家的立法制定的,因此在各种自然犯的规定上,除一些不明确的语言之外,是比较接近于发达国家的立法规定的。

---

① 比如,法典明确规定了"惩办与宽大相结合"的刑事政策。这一政策是从过去对敌军事斗争策略中提炼出来的,基本内容就是要对犯罪分子采取"惩办与宽大"这两手,也就是该惩办的要惩办,该宽大的要宽大。这种"惩办与宽大相结合"的刑事政策有利于分化和瓦解犯罪,包含着某种策略的思想,有比较科学的因素。

整体上看,1979 年刑法典的体系结构和所规定的主要内容基本上是正确的,许多具体规定是可行的,对于打击犯罪,保护人民,维护国家的统一和安全,维护社会秩序,维护人民民主专政的政权和社会主义制度,保障改革开放和社会主义现代化建设事业的顺利进行,发挥了应有的作用,功不可没。

二、转型时期刑法改革的动力:来自现实的挑战

(一) 1979 年刑法典面临的挑战与两次"严打"

受制于当时的社会政治文化环境和仓促的出台过程,1979 年刑法典本身就存在着"先天不足"的缺陷。更为重要的是,当时的中国社会处于重大经济变革之际,尚无市场经济的现实,立法对于经济犯罪与妨害社会管理秩序犯罪的规定比较概括,不可能完美、准确地规定出市场经济条件下的经济犯罪与妨害社会管理秩序的犯罪。随着改革开放浪潮的奔涌而至,中国社会生活迅即发生了巨大的变化,这部制定于重大社会变革前夜的刑法典,其不完整性、与时代要求的不适应性随即呈现出来了。

1978 年开始的改革开放,使中国社会迅速活跃起来,从思想禁锢中解放出来的中国民众迅速催动了中国社会巨变。整体上看,这一社会巨变在主流上是促进了社会的发展进步,但同时也不可避免地伴随着阻碍社会发展、导致社会混乱的逆流——各种违法犯罪现象(尤其是新型违法犯罪现象)的滋生和蔓延。面对违法犯罪直线上升的社会治安状况,习惯于新中国良好社会治安状况的中国民众普遍感到不安,强烈要求严厉惩治违法犯罪。而受到"社会主义制度本身不产生犯罪"、"犯罪均是剥削阶级残余的影响或舶来品"的思想观念影响,人们对犯罪上升的反应除了"加强思想教育"外,更重要的是迷信重刑的作用,痛恨犯罪现象,相信"乱世用重典"的"惩恶"效果。

面对严峻的治安形势和社会的呼声,1979 年邓小平与彭真先后提出了"严打"思想。"严打"思想的主要内容可以概括为几个方面:必须依法从重从快从严集中打击刑事犯罪,"必须依法从重从快集中打击,严才能治住"[1]。"从重是在法律规定的量刑幅度以内的从重,不是加重;加重是在法律规定的量刑幅度以外加重判刑"[2]。"严打"是长期的经常的斗争。"要稳,要准,要严格地以事

---

[1] 《邓小平文选》(第3卷),人民出版社1993年版,第132页。
[2] 《彭真文选(1941—1990)》,人民出版社1991年版,第407页。

实为根据,以法律为准绳,最主要的是对犯罪的基本事实、判刑的根据要查清楚"。① "为了及时处理杀人、强奸、抢劫、放火、爆炸等恶性现行刑事犯中的首要分子,对这类人的死刑核准权以下放给省、自治区、直辖市高级法院为好"。② "公、检、法机关是无产阶级专政的武器,是党和人民的刀把子,根本任务是打击敌人、保护人民"。③ "我们一直坚持对各种敌对势力、反革命分子、严重危害社会秩序的刑事犯罪分子实行专政,决不对他们心慈手软"。④ 1981年5月,彭真在北京、上海等5大城市治安座谈会上提出要依法从重从快惩处严重危害社会治安的犯罪分子的同时,又提出要实现社会治安综合治理,首次将"严打"刑事政策与社会治安综合治理刑事政策结合起来。1981年6月14日中共中央21号文件第一次提出"综合治理"这个概念,正式把"综合治理"作为解决社会治安问题的刑事政策。1982年8月12日,中共中央批转的《全国政法工作会议纪要》中,提出严厉打击严重刑事犯罪是综合治理的首要环节。1983年5月29日《人民日报》发表社论《对社会治安要实行综合治理》,指出,"综合治理社会治安的方针,概括起来,主要是三个方面,打击犯罪,改造罪犯,预防犯罪,都是综合治理的内容"。这是对社会治安综合治理内容和工作范围"三个方面"的最早提法。

"严打"政策对中国刑法立法和刑事司法产生了重大的影响。1981年6月10日,全国人大常委会通过了《关于处理逃跑或者重新犯罪的劳改犯和劳教人员的决定》,加重对两劳释放人员逃跑或者重新犯罪的处罚;1982年3月8日第五届全国人民代表大会常务委员会通过了《关于严惩严重破坏经济的罪犯的决定》,将走私罪、投机倒把罪、盗窃罪、贩毒罪、盗运珍贵文物出口罪、受贿罪的法定最高刑修改确定为死刑。把盗窃罪之类的侵财犯罪、流氓罪之类的妨害社会管理秩序的犯罪的法定最高刑提高,开了中国现代刑法"重刑化"发展之先河,为后来的一些经济犯罪法定刑设置得越来越高埋下了伏笔;1983年9月2日第六届全国人民代表大会常务委员会第二次会议通过了《关于严惩严重危害社会治安的犯罪分子的决定》。这最初的三个决定与补充规定,对后来的各种关于经济犯罪的决定和补充规定的刑罚设定带来了重大影响,并对中国刑事司法活动产生了深远的影响。

从1983年8月起到1987年的1月,全国开展了持续3年、分3个战役的第一次严打,同时还包含了一些专项斗争。在这场"严打"斗争中,摧毁了犯罪团

---

① 《彭真文选(1941—1990)》,人民出版社1991年版,第409页。
② 同上书,第413页。
③ 彭真:《论新时期的社会主义民主与法制建设》,中央文献出版社1989年版,第34页。
④ 《邓小平文选》(第2卷),人民出版社1994年版,第372页。

伙 7 万多个,逮捕流氓犯罪分子数以 10 万计,群众扭送犯罪分子 4.7 万余人。1991 年 2 月 19 日,中共中央、国务院发出《关于加强社会治安综合治理的决定》,1991 年 3 月 2 日,第七届全国人大常委会第十八次会议通过了《关于加强社会治安综合治理的决定》。两个决定明确提出:社会治安综合治理的工作范围,主要包括"打击、防范、教育、管理、建设、改造"六个方面。将社会治安综合治理内容和工作范围从以前的"三个方面"扩展到了"六个方面",把"严打"是社会治安综合治理的首要环节的政策法制化了,"严打"在社会治安综合治理政策中的地位更加显赫了。"严打"的刑事政策取代了"惩办与宽大相结合"的刑事政策。从 1996 年 4 月到 1997 年的 2 月,全国范围内又开展了第二次"严打",司法实务部门也据此对不少经济领域内的犯罪分子适用了死刑,导致中国的刑法由 1979 年比较平和的刑法发展成了严刑厉罚的刑法。

对 20 世纪 60 年代极低犯罪率的向往以及对伴随改革开放而出现的社会治安问题的不适应,是实施"严打"的社会心理动因。应该说,"严打"刑事政策的提出并实施,对于维护当时非正常的治安起到了一定的积极作用。但法定刑的提高与从重从快的严惩活动并未能从根本上解决问题,犯罪并未被"一网打尽",社会治安状况也没有"根本好转",相反,由于犯罪率的几次上升,希望中国的社会治安状况恢复到"文化大革命"前的社会期望落空,甚至想维持现状也不可能。

(二) 24 部单行刑法和 100 多个附属刑法条款的出台

20 世纪 80 年代的经济改革,使中国由计划经济逐渐走向了市场经济的轨道。经济体制的改革、各种经济活动的出现,一方面导致了原有经济犯罪的多发与危害严重化,如伪造货币、伪造票证的犯罪、走私犯罪等;另一方面,出现了许多原刑法中未规定的严重危害社会主义市场经济秩序的现象需要规制,如证券犯罪、计算机犯罪、黑社会性质组织的犯罪、洗钱犯罪、恐怖活动犯罪以及生产、销售伪劣产品、破坏金融秩序、妨害对公司企业的管理、各种对知识产权的侵害、扰乱市场经济秩序等方面的犯罪。同时,经济体制的改革和对外开放的扩大,导致社会环境和治安秩序的重大变化,一些随着 1949 年中华人民共和国的建立而逐渐绝迹的犯罪死灰复燃,如毒品犯罪、与卖淫嫖娼相关的犯罪、淫秽物品的犯罪等属于此类;另一些随着逐利目的而产生的破坏社会秩序的犯罪也渐渐出现,如妨害国边境管理、危害公共卫生、妨害司法等犯罪相继出现或严重化。这样的行为在 1979 年刑法中没有规定或规定不充分,因此现实要求立法与之相适应。

1981 年至 1995 年间,为补充刑法典之不足,与社会状况要求相应的 24 个决定与补充规定相继出台。全国人大常委会颁布的24个单行刑法以及百余部非刑事法律中设置了大量的附属刑法规范。增加刑法的普遍管辖原则、增加了有条件的从新或从新的溯及力原则、增加了某些犯罪可以由单位构成犯罪主体、补充规定了一些共同犯罪的定罪与处罚规则,解决了当时急需解决的不少问题。

单行刑法和附属刑法的频频出台,以零修碎补的方式解决了一些燃眉之急,但并不能从根本上解决问题,而且出现了一些新的矛盾和不平衡现象,给司法机关掌握运用带来不少困难。在24个决定与补充规定中,除"两劳决定"与"严打决定"理由如前述,另有军人违反职责罪的特殊性和《关于惩治侮辱中华人民共和国国旗国徽罪的决定》是与国旗国徽法相适应以外,其他19个决定和补充规定均是在某类行为出现并有相当危害之后的立法。因此,一方面,与惩治这种危害严重的行为之立法冲动相适应;另一方面,与惩治两劳决定与严打决定的严刑化相适应,导致这些决定与补充规定所确定的罪名的法定刑均较高,最明显的表现就是对不少经济犯罪规定了死刑,无期徒刑与长期刑的规定就更为普遍。中国的经济犯罪与危害社会治安秩序的犯罪之法定刑几乎已经成了世界范围内最严厉的刑罚规定。当然,中国有重刑传统,但将各种财产犯罪的重刑均归咎于重刑传统似乎并不公允。① 世界上许多国家,盗窃之类的犯罪是刑事法犯中发案率最高的犯罪,但并未因此而导致盗窃罪的重刑甚至死刑的规定。这种重刑规定,既有严打的思想观念影响,也有法定刑设置相互攀升的技术原因。比如,在24个决定与补充规定对不少经济犯罪都设置了死刑,其中除个别犯罪,如走私武器、弹药等犯罪,生产销售假药、有毒有害食品的犯罪等同时危害公共安全或人身安全应另当别论外,大多数仅以侵财为特征的犯罪之所以有死刑规定,是与盗窃、金融诈骗等犯罪的死刑设置相互攀升所致。

这样的24个决定和补充规定,使中国的刑事立法面临这样一种状态:原刑法中有规定的常见多发的犯罪,适用严打决定惩治,而随着社会变革出现的新类型的犯罪则只能适用各种决定和补充规定。这导致刑法典的作用的弱化,即除刑法典总则尚具部分指导价值外,分则部分的诸多章节(如破坏社会主义市场经济秩序罪、妨害社会管理秩序罪、渎职罪等)已被各种决定和补充规定替代。有些章的罪名(特别是一些常见多发罪名)已不适用刑法典而是适用特别刑法,如侵财犯罪等。也就是说,刑法典的部分内容已被特别刑法所取代,刑法

---

① 中国古代法律对一般盗窃罪规定死刑的并不普遍,如《唐律疏义》规定,一般盗窃罪的刑罚最高刑是加役流;《大明律》对盗窃罪规定的刑罚是罪止杖一百,流三千里,并无死刑的规定。1949年以后,直到"严打"决定前,新中国的刑事法规中的盗窃罪最高刑并未达到死刑。

典有被架空之势,于是,刑法典的修订已经是迟早的事情了。

其实,早在1988年3月,鉴于第一部刑法典的颁布实施近十年后已逐渐难以适应发生巨变的社会现实,全国人大常委会就将刑法典的修改工作列入了立法规划。在此之前,社会各界、尤其是法学界早已着手探讨刑法修改的相关问题,这一立法规划的制定,极大地促进了刑法修改工作的进程,刑法理论界如火如荼地全面展开了对刑法修改问题的调研和研讨,形成了一系列研究成果,为刑法典的全面修改奠定了基础。

三、转型时期刑法改革的深化:1997年刑法典

(一) 1997年刑法典的出台背景

如前所述,到20世纪90年代中期以后,中国刑法典的全面修订已经不可避免。但制定一部符合时代要求的、科学的、相对稳定的、便于司法适用的刑法典却并非易事。24个决定与补充规定的制定,一方面说明刑法的全面修订应该被提到议程;但另一方面也说明刑法典全面修订的时机需要把握得当,操之过急或时期不合时宜,极易导致刑法典朝令夕改、频繁修订,难于达到修法的目的。实际上,直至1997年修订刑法典前夕,在立法时机、理论准备等方面的条件都不算成熟。从立法时机上看,当时正是处于改革的关键时期,旧的体制已经打破,新的体制又并未完全建立起来或固定化,这种体制状态下的社会价值观念也是新旧观念并存。在这样的转换时期,若进行立法上的选择,其前提应该是对新旧内容的部分均有明确的认识,对转换后的体制之特征及由此导致的各种行为样态及评价有清醒的认识,而这样的认识在当时并不充分。因此,在转换期所制定的法律,也就有可能带有转换期的特征,即新旧体制的交叉或融合或冲突。而这样的现象反映在法律上,就可能是所规制事项的不适宜[①];从理论准备方面看,虽然不少人在1979年刑法典刚开始实施就发现了它的弱点,理论界从20世纪80年代初也已开始讨论中国刑法的修改问题,有一些学者甚至

[①] 例如,由于对渎职行为的特征和危害性评价不足,1997年修订的刑法典对渎职罪主体的限制,导致因一些国有大中型企业的领导者之玩忽职守、滥用职权行为而给国家、社会与单位造成重大损失而无法用刑法予以制裁的情况发生就属此类。

提出了具体的刑法修订方案,但鉴于刑法观念有待更新[①]、刑法解释学不够发达、立法技巧方面的研究落后[②]等,过早修改立法仍会带来隐患。经过多次反复研讨后,1997年3月14日下午,全国人大八届五次会议与会2720名代表中2446票通过了修订后的《中华人民共和国刑法》(以下简称为"1997年刑法典"),并以第83号主席令公布。修订的刑法典共分为总则、分则和附则三部分,计15章,452条,自1997年10月1日实施。

(二) 1997年刑法典的进步

1997年刑法典顺应时代要求,贯彻依法治国、建设社会主义法治国家的基本方略,取得了一系列重大改革和多方面重要的进展,进而大大推动了我国刑事法治乃至整个法治建设的进程。

在立法精神和指导思想上,1997年刑法典是在市场经济的氛围下修订的,反映了市场经济所要求的民主与法治及其平等的新观念,较之1979年刑法典有了一个历史性的进步。这主要反映在修订后的刑法典废除了1979年《刑法》第79条规定的类推制度,在第3条明文规定了罪刑法定原则,即"法律明文规定为犯罪行为的,依照法律定罪处刑;法律没有明文规定为犯罪行为的,不得定罪处刑"。近乎谚语式的"没有法律就没有犯罪,没有法律就没有刑罚",体现了刑法对公民个人自由与权利的保障,符合法制文明的发展潮流。从社会政治历史基础和思想基础来看,罪刑法定原则直接来源民主主义的兴起和人权保障思想的勃兴。罪刑法定原则在中国刑法立法中的确立,意味着民主观念和人权观念在中国社会已得到较为广泛的承认。也就是说,罪刑法定作为刑法的基本原则,实际是法治国思想和人权保障理念在刑法立法上的集中表现。此外,修订后的《刑法》还在第4条与第5条分别确定了罪刑平等原则和罪刑均衡原则,从而形成了新刑法的基本原则体系。从1979年刑法典的类推制度到1997年刑

[①] 20世纪80年代中期以后,尤其是进入90年代的法理学科、民商法学科等直接接受西方发达国家的法治国思想的时候,刑法学科并没有明显的反应,而是较为"顽强地"保持着苏联的刑法学传统观念。

[②] 立法思想、立法内容的充分表达需要技巧,但我国刑事法的立法技巧并未引起足够的关注,导致本应解决的问题没有解决或没有很好解决。例如,关于牵连关系、竞合关系,在有相当立法技巧时,完全可以在刑法总则中予以规定,就可以避免分则各罪规定上的烦琐与疏漏,而我国没有这样做,总则无规定,而分则各罪有些情况作了规定,如刑讯逼供致人重伤、死亡的,虐待被监管人员致人重伤死亡的,依杀人罪、重伤罪定罪处罚,类似于竞合的规定;而以暴力抗拒缉私的实行数罪并罚,受贿而枉法裁判的从一重罪处罚是对牵连犯的规定,但又采取了不同的处理方式;而更多的具有竞合或牵连关系的情况刑法又未作如何处理的规定,导致以竞合、牵连处理无法可依,按数罪并罚处理不合常理的情况发生。

法典的罪刑法定及罪刑平等、罪刑均衡三大刑法基本原则的确定,明显地勾勒出我国刑法的民主与法治发展的历史轨迹。

在"法典化"程度上,1997年刑法典将1979年刑法典实施17年的过程中由全国人大常委会作出的有关刑法的决定和补充规定编入刑法有关部分,并将一些民事、经济、行政法律中"依照"或者"比照"刑法有关条文追究刑事责任的规定,改写为刑法的具体条款。克服了刑法规范"令出多门"对刑法典权威性的损害,给刑事司法提供了内容完整、规定科学、便于操作应用的法律依据,也有利于公民知法、守法和用法,有助于刑法典在刑事法治中发挥权威性作用。1997年刑法典对量刑制度和行刑制度上的一些规定,如酌情减轻、累犯、自首、立功、缓刑、减刑、假释、时效等进行了修改,使制度上更加严格、程序上更加完备、宽严界限掌握上更加适当。对严重危害国家安全、危害社会治安、严重破坏经济的犯罪,特别是对有组织犯罪、暴力犯罪、累犯等等,强化了打击的力度,如对这些犯罪,不仅规定了较重的刑罚,而且还规定对累犯和因杀人、爆炸、抢劫、强奸、绑架等暴力犯罪被判处10年以上有期徒刑、无期徒刑的犯罪分子不得假释,公民对这类犯罪也可以行使更大的防卫权。

1997年刑法典完善了刑法分则体系。在1979年刑法典施行后的17年中,全国人大常委会通过制定单行刑法和附属刑法规范的形式,修改补充了220多个罪名。此次修订将这些修改、补充的罪名统一纳入刑法典,并根据严密刑事法网的需要进一步增设新的犯罪构成。例如,法典用1章8节90多个条文全面、系统地规定了各种类型的破坏社会主义市场经济秩序罪的犯罪。这些犯罪,既有1979年刑法典规定的传统经济犯罪;又有《关于惩治生产、销售伪劣商品犯罪的决定》、《关于惩治走私犯罪的补充规定》、《关于惩治违反公司法的犯罪决定》、《关于惩治破坏金融秩序犯罪的规定》、《关于惩治偷税、抗税犯罪的补充规定》、《关于惩治虚开增值税发票的犯罪的决定》、《关于惩治假冒注册商标犯罪的补充规定》和《关于惩治侵犯著作权的犯罪的决定》等单行刑法和附属刑法规范规定的相对比较稳定的新型经济犯罪。同时,根据保护社会主义市场经济体制的需要新增设生产、销售假农药、假兽药、假化肥、假种子犯罪,走私核材料犯罪,走私珍稀植物及其制品犯罪,国有企业董事、经理私自经营与所任职企业同类营业的犯罪,损公肥私将本单位盈利业务交由亲友经营的犯罪,徇私舞弊将国有资产低价折股、低价出售的犯罪,伪造、变造股票、债券罪,擅自发行股票、债券犯罪,内幕交易犯罪,编造和传播虚假证券交易信息犯罪,操纵证券交易价格犯罪,洗钱犯罪,侵犯商业秘密犯罪,损害他人商业信誉、商品声誉犯罪,串通竞标犯罪,合同诈骗犯罪,非法经营犯罪,强买强卖、强迫提供或接受服务犯罪,倒卖伪造的有价票证犯罪,非法转让、倒卖土地使用权犯罪,等等。

这样修改后的刑法典分则条文数增加了 2 倍以上。因此,修改刑法就面临着如何重新编排刑法分则体系的问题。① 本着保持刑法的连续性和稳定性的原则,1997 年刑法典最终还是保留了大章式的定制。根据大章制的构想,1997 年刑法典对刑法分则体系作了下列修改:(1) 取消了反革命罪的类罪名,代之以危害国家安全罪。反革命不是严格的法律术语,内涵不易确定,尤其是反革命目的难以认定。根据反革命目的确定反革命罪的构成增加了公诉机关的证明难度,容易出现犯罪性质的错误认定,导致放纵犯罪或冤枉无辜;同时,反革命罪容易被人误解为政治犯罪,而授人以柄。将反革命罪改为危害国家安全罪,表明中国的刑法已经脱离了单纯政治工具的地位而向法治的要求靠拢。因此,1997 年刑法典取消了反革命罪的类罪名,将 1979 年刑法典规定的具有危害国家安全性质的反革命犯罪归入危害国家安全罪,其余的则分别归入危害公共安全罪、侵犯公民人身权利和妨害社会管理秩序罪。(2) 将原破坏社会主义经济秩序罪易名为破坏社会主义市场经济秩序罪;取消了妨害婚姻家庭罪的类罪名,将妨害婚姻家庭的具体犯罪归入侵犯公民人身权利、民主权利罪中;增设了危害国防利益和贪污贿赂罪;将军人违反职责罪纳入了刑法典;(3) 改变了原刑法典分则章下不设节的定制,在第三章破坏社会主义市场经济秩序罪和第六章妨害社会管理秩序罪下分设八节和九节。这样,1997 年刑法典的分则体系就由危害国家安全罪、危害公共安全罪、破坏社会主义市场经济秩序罪、侵犯公民人身权利、民主权利罪、侵犯财产罪、妨害社会管理秩序罪、危害国防利益罪、贪污贿赂罪、渎职罪和军人违反职责罪十章构成,并按上述顺序予以排列。1997 年刑法典对上述犯罪进行分类的标准仍然是犯罪侵犯的同类客体,同时,为了突出对常见多发、危害较大的贪污贿赂罪的打击,又将其从普通渎职罪中分离出来成为独立的一类罪,与渎职罪和其他类罪并列;对犯罪进行排列的顺序基本上仍然按照犯罪的社会危害程度由重到轻排列,同时考虑到类罪之间的内在联系和个别类罪的特殊性,作了必要的例外处理,如考虑到贪污贿赂罪和渎职罪在犯罪的同类客体上的同一性,将这两类犯罪分别放置在第八章和第九章,考虑到军人违反职责罪犯罪主体的特殊性,而将其放在刑法分则的最后一章即第十章。

1997 年刑法典改变了 1979 年刑法典"宜粗不宜细"的做法,根据立法科学

---

① 由此引发了关于刑法分则体系的大章制和小章制之争。大章制论者主张除个别章节调整外,基本保持现行刑法分则体系不变,对内容庞杂、条文过多的类罪可以在章下设节,每节分为不同的犯罪类型。小章制论者主张重新编排刑法分则体系,将原来内容庞杂、条文繁多的犯罪类型再细分为若干章,和其他章(犯罪类型)共同组成修改后的刑法分则体系。按小章制重新构架刑法分则体系是刑法学界的多数意见。

性的要求,以"该繁则繁,该简则简、繁简得当"为立法技术原则,正确地处理了分则罪状的粗疏与细密的关系,完备了绝大多数犯罪的犯罪构成要件,使刑法分则在总体上实现了细密、详备、具体、明确。其主要表现是:取消了投机倒把罪和流氓罪两个"口袋罪",将其分解为若干内容具体、范围明确的犯罪。法典根据发展社会主义市场经济的要求,重新甄别了计划经济条件下被当做投机倒把处理的各种工商业行为的性质,对一些符合市场经济要求的工商业行为做了非犯罪化处理,将需要追究刑事责任的投机倒把行为分解为若干种生产、销售伪劣商品方面的犯罪和破坏金融管理秩序方面的犯罪,并在扰乱市场秩序罪中增设了合同诈骗罪、非法经营罪、强买强卖、强迫提供或接受服务罪、非法转让、倒卖土地使用权罪等犯罪。将流氓罪分解为侮辱、猥亵妇女罪、聚众淫乱罪、聚众斗殴罪和寻衅滋事罪四种;对绝大多数犯罪构成要件使用了叙明罪状,明确、具体地描述犯罪构成的特征,对少数内涵外延已经约定俗成、无须刑法描述的传统犯罪使用了简单罪状(如杀人罪、伤害罪),对个别破坏经济秩序的犯罪使用了空白罪状的立法方法,以保持刑法的稳定性和应变性(如徇私枉法发放信贷罪);对关系犯罪构成的重要概念作了明确、具体的立法解释。这些关系具体犯罪构成的重要概念主要有"公共财产"、"公民私人所有的财产"、"国家工作人员"、"司法工作人员"、"重伤"、"违反国家规定"、"首要分子"、"告诉才处理"、"假药"、"劣药"、"商业秘密"、商业秘密的"权利人"、"毒品"、"淫秽物品"、"战时"等。准确地界定这些重要概念的内涵和外延,将进一步使犯罪构成的内容具体化、明确化。

  1997年刑法典规定的法定刑幅度更为合理。法定刑幅度是刑法对具体犯罪规定的刑罚标准。法定刑幅度应当具有合理的度,幅度太窄不利于实现罪刑相当和刑罚个别化,幅度太大则缺乏可操作性,轻纵犯罪和惩罚过重的现象就难以避免。1979年刑法典和全国人大常委会颁布的24个单行刑法的一个主要问题是法定刑幅度过大。为了解决这一问题,1997年刑法典一方面对一些犯罪的法定刑的上限和下限作了必要的调整,缩小了上下限的跨度,如将过失致人死亡罪(原过失杀人罪)的法定刑幅度从现行刑法的6个月至15年有期徒刑调整为6个月至7年有期徒刑;另一方面,则在绝大多数需要对同种犯罪规定较大跨度法定刑的条文中,调整和设置了两个以上的犯罪构成等级和法定量刑档次。其方法一般是在基本构成要件的基础上,设定若干档次的加重或减轻的量刑情节,然后根据基本构成的犯罪、加重构成的犯罪、减轻构成的犯罪的危害程度,再设置与之相适应的刑罚幅度。这样就形成了同一犯罪的纵向的罪刑系列,原来幅度过大的法定刑就被分解为多个轻重不同而又彼此衔接、幅度相对较小的量刑档次和幅度。① 在罚金刑方面,1997年刑法典部分地改变了1979年刑法典的无限额罚金数额确定的原则,对许多贪利性犯罪规定了比例罚金制和普通罚金制。这是1997年刑法典确认的罪刑法定原则在罚金刑制度中的具体体现,也符合法定刑幅度合理化的要求。

(三) 1997年刑法典的解释适用

由于存在立法时机及理论准备不足等方面的问题,1997年刑法典也存在着各种各样的问题。比如,1997年刑法典使法定刑幅度合理化的努力存在一定不足,如对故意杀人罪这种多发性严重暴力犯罪,仅规定了两个量刑档次,没有具体区分故意杀人的不同形式、情节和危害程度,并相应地设置多种幅度相对较小的量刑档次,从而使法定刑幅度合理化。在罚金刑问题上,1997年刑法典也没有能将罪刑法定原则贯彻到底,仍然对过失犯罪、非贪利性故意犯罪以及其他贪利性犯罪保留了无限额罚金制,而无限额罚金制实际上是绝对不确定法定刑的一种表现形式。在现代法治国家,刑事立法的普遍趋势是废除无限额罚金制,随着罚金刑在我国刑法中适用范围的扩大,我国刑法也必然会面临进一步完善罚金数额的确定原则的任务。从体例上看,存在着分则各章的划分是否适宜,所划分出来的各类罪是否合适的问题;作为对各具体犯罪的规定方式,存在着规定内容、规定方式、规定目等各种各样的问题。在总则的规定上,共同犯罪为何采用"作用为主兼顾分工分类法"划分共犯人种类,单位犯罪中"单位"的范围规定,醉酒人犯罪的刑事责任问题,特别防卫权的规定问题,没收财产刑的规定问题等,都存在着值得研究之处。这里只举两例说明之:一是醉酒人犯罪的刑事责任。我国刑法规定"醉酒的人犯罪,应当负刑事责任",据此,对醉酒的行为既无免除处罚的规定,也无从轻或减轻处罚的规定。问题是,刑事责任的大小与行为人的责任能力(辨认与控制能力)大小密切相关,无责任能力的人不应当负刑事责任,限制责任能力的人应当负较小的刑事责任。那么,醉酒的人的刑事责任能力不会受醉酒的影响而减轻或者削弱吗?理论研究结果与实务中的具体事例恰恰相反。二是在金融机构的盗窃与抢劫之法定刑是否平衡的问题。依《刑法》第264条规定,盗窃金融机构,数额特别巨大的,法定刑为无期徒刑或死刑;而第263条规定的抢劫金融机构的法定刑为10年以上有期徒刑、无期徒刑或死刑,即同样是对金融机构的侵财犯罪,无人身侵害的法定刑反

---

① 例如,1979年刑法典对贪污罪仅用三个量刑档次规定了从拘役到死刑的法定刑幅度。不仅构成要件弹性很大,而且法定刑上限和下限跨度也很大。1997年刑法典吸收《关于惩治贪污罪贿赂罪的补充规定》的规定,在调整犯罪构成的数额起点(从2000元提高到5000元)的基础上,根据贪污的数额和犯罪情节,规定了7个量刑档次。

倒高于有人身侵害的法定刑,其法定刑的不平衡是显而易见的。因此可以说,1997年的刑法典,也是从制定出台就预示着适用解释和立法修订问题。

1997年3月25日最高人民法院发布了《关于认真学习宣传贯彻修订的〈中华人民共和国刑法〉的通知》;1997年10月6日最高人民检察院发布了《关于检察工作中具体适用修订刑法第十二条若干问题的通知》,迅即拉开了司法解释的大幕。随之,仅自1997年10月1日刑法典施行之日起到1997年12月31日,最高人民法院和最高人民检察院先后共出台了10个司法解释。1998年,又出台了16个司法解释;1999年出台了14个司法解释;2000年则出台了多达44个司法解释! 2001年出台了18个司法解释;2002年则出台了25个司法解释……截至2012年10月份,"两高"在1997年刑法典之后颁布的司法解释文件已经超过200个。

(四)刑事政策由"严打"向"宽严相济"转变

面对严峻的社会治安形势,从2001年4月到2003年,全国范围内又开展了第三次"严打"。整体上看,这次"严打"是在坚持罪刑法定主义、罪责刑相适应主义、适用刑法人人平等原则的基础上展开的,打击烈度有所降低,取消了1983年"严打"斗争中对打击对象"可以在刑法规定的最高刑以上处刑,直至判处死刑"的规定,强调了"依法从重"的方针,加强了对犯罪分子人权的保障。"严打"从快方针指的是"在法律程序的范围内,在法定期间内,司法机关及时办案,及时预审起诉,及时审判执行,尽快处理结案,以达到适用刑罚的特别预防与一般预防相结合的积极效果",为的是提高司法机关的办案效率,纠正长期存在的超期羁押、拖延办案,维护司法公正。此外,从快应是达到"基本案件事实清楚,基本证据确实充分"基础上的从快。"严打"期间,打击特定严重犯罪虽然具有迫切性,但程序的公正原则始终要求司法机关从快惩处犯罪活动必须严格依照法律的明文规定来进行,保证犯罪嫌疑人、被告人的辩护权、知情权、上诉权等诉讼权利得到充分实施。

2006年11月27日至28日上午召开的全国政法工作会议提出,在和谐社会建设中,各级政法机关要善于运用宽严相济的刑事司法政策,最大限度地遏制、预防和减少犯罪。会议提出,严,就是要毫不动摇地坚持"严打"方针,集中力量依法严厉打击严重刑事犯罪。对危害国家安全犯罪、黑社会性质组织犯罪、严重暴力犯罪以及严重影响人民群众安全感的多发性犯罪必须从严打击,决不手软。宽,就是要坚持区别对待,应依法从宽的就要从宽处理。对情节轻微、主观恶性不大的犯罪人员,尽可能给他们改过自新的机会,依法从轻减轻处罚。会议指出,对未成年犯罪人,可依法判处缓刑、运用减刑或假释等措施,进行教育、感化、挽救。积极探索因民事纠纷激化形成的刑事案件的处理办法,尽可能依法减少刑事处罚数量。认真研究依法正确适用减刑、假释、保外就医等措施,促进罪犯改造。进一步做好劳教工作,提高教育挽救质量。积极推进社区矫正试点工作,确保取得良好效果。探索建立刑事自诉案件的和解、调解制度,节省司法资源,以争取最好的法律效果和社会效果。会议要求,要把贯彻落实宽严相济的刑事政策与推进司法体制机制改革、加强执法规范化建设结合起来,使之更加有助于促进社会和谐。

作为刑事司法政策,"宽严相济"就是要求对刑事案件以及刑事被告人的处理,当宽则宽,该严则严,宽严相济,宽严有度。宽严相济的刑事政策,是在建构和谐社会的背景下确立的我国当前及今后相当长的一个时期内应当坚持的刑事政策。宽严相济刑事政策的确立,必将对我国的刑事立法与刑事司法产生重大影响。宽严相济刑事政策涉及刑事法治各个层面。死刑缓期执行制度、罚金刑制度,缓刑制度、假释制度和量刑制度都是体现宽严相济刑事政策的刑法制度,社区矫正制度、刑事和解制度、轻罪刑事政策中涉及的不起诉制度和协商性司法制度,都是体现宽严相济刑事政策的刑事诉讼法制度。实现宽严相济的刑事政策,就要增强程序柔性,通过协商性司法,从而实现宽严相济;提高程序的个体参与性,通过刑事和解程序,降低轻微刑事犯罪处置的负面效果;增强程序的独立性,保证司法机关能够有效贯彻刑事政策;增强程序的多样性,设置和实施针对未成年人的特殊司法审判体系;提高内部工作程序制度的合理性,防止过分追求立案、起诉与判决数量,过度使用刑事制裁;增强最严重犯罪案件司法程序的严格性,改革死刑程序及相关程序制度。

四、转型时期刑法改革的成果:八个《刑法修正案》

鉴于1997年刑法典存在的不足,以及社会生活中出现的新情况和新问题,自1998年12月29日第九届全国人大常委会通过《关于惩治骗购外汇、逃汇和非法买卖外汇犯罪的决定》,至2011年2月25日审议通过《刑法修正案(八)》,最高立法机关先后颁布了八个《刑法修正案》,对刑法典进行了重要的补充和修改。这些重大立法举措深刻影响着中国刑法的进程和发展。

(一)《中华人民共和国刑法修正案》(1999年12月25日第九届全国人民代表大会常务委员会第十三次会议)

1997年刑法典施行后,社会生活中出现了一系列新的严重危害社会的行为。财务会计、期货交易等领域发生的危害行为较为严重,刑法典缺乏相应的规定。国务院提交了《关于惩治违反会计法犯罪的决定(草案)》和《关于惩治期货犯罪的决定(草案)》,并经第九届全国人大常委会第十次会议初步审议。鉴于刑法典中对于大多数做假账构成犯罪的行为已有不少规定,不宜再作一个惩治违反会计法犯罪的决定,而《关于惩治期货犯罪的决定(草案)》中规定的犯罪行为,许多与刑法中已规定的证券犯罪行为相类似,考虑到刑法的统一和执行的方便,也不宜再单独出台一个决定,采取修改刑法的方式比较合适。同时,根据惩治犯罪的需要,对刑法典中有关国有公司、企业工作人员严重不负责任、滥用职权方面的犯罪需要扩大规定。因此,全国人大常委会法律委员会建议将上述三项内容合并规定为《中华人民共和国刑法修正案》,1999年10月18日委员长会议同意采用修正案方式修改刑法。1999年12月25日第九届全国人民代表大会常务委员会第十三次会议通过了《中华人民共和国刑法修正案》。1997年刑法典施行后的第一部刑法修正案由此诞生。修正案着重解决了以下三个方面的问题:

第一,将隐匿或者故意销毁依法应当保存的会计凭证、会计账簿、财务会计报告,情节严重的行为规定为犯罪行为,以弥补刑法典在这一方面的漏洞。在《刑法典》在第162条后增加一条,作为第162条之一:"隐匿或者故意销毁依法应当保存的会计凭证、会计账簿、财务会计报告,情节严重的,处五年以下有期徒刑或者拘役,并处或者单处二万元以上二十万元以下罚金"。同时,鉴于不易区分其他"做假账"的违法行为中哪些应当依照会计法的规定给予行政处罚、行政处分,哪些需要规定为犯罪追究刑事责任,修正案没有统一将该类行为规定为犯罪。

第二,1997年刑法典对国家机关工作人员的渎职犯罪和国有公司、企业的工作人员严重不负责任致使国有单位利益严重受损的行为作了规定。在刑法执行过程中,对国有公司、企业、事业单位的工作人员由于严重不负责任或者滥用职权,致使国家利益遭受重大损失的有些行为,如擅自为他人提供担保,给本单位造成重大损失的;违反国家规定,在国际外汇、期货市场上进行外汇、期货投机,给国家造成重大损失的;在仓储或者企业管理方面严重失职,造成重大损失等,根据刑法现有规定难以追究刑事责任。针对这种情况,修正案将《刑法》第168条"国有公司、企业直接负责的主管人员,徇私舞弊,造成国有公司、企业破产或者严重亏损,致使国家利益遭受重大损失的,处三年以下有期徒刑或者拘役"修改为:"国有公司、企业、事业单位的工作人员,由于严重不负责任或者滥用职权,造成国有公司、企业破产或者给本单位造成严重损害,致使国家利益遭受重大损失的,处……""国有公司、企业、事业单位的工作人员,徇私舞弊,犯前款罪的,依照前款的规定从重处罚。"

第三,考虑到上述规定与刑法中对证券犯罪的规定相类似,对擅自设立期货交易所、期货经纪公司的行为,期货交易中的内幕交易行为,编造和传播期货交易虚假信息以及诱骗投资者买卖期货的行为,操纵期货交易价格的行为和非法从事期货交易等行为,规定为犯罪。对《刑法》第 174 条、第 180 条、第 181 条、第 182 条作出修改、补充。

(二)《中华人民共和国刑法修正案(二)》(2001 年 8 月 31 日第九届全国人民代表大会常务委员会第二十三次会议通过)

林木资源在维持生态平衡和国民经济建设中发挥着十分重要的作用,党和政府历来重视林木资源的保护。刑法典实施后,毁林开垦和乱占滥用林地等违法行为日益严重,危害日炽。刑法典规定的盗伐林木罪要求以"非法占有为目的",然而,实践中出现的一些恶性案件中,行为人用推土机推翻掩埋、砍伐或者焚毁林木,其危害性远远大于传统的偷伐林木行为,但却并非基于"非法占有林木的目的",而是基于毁林开荒、开山炸石等目的。对于这种危害严重的行为不能适用刑法典的规定追究刑事责任。同时,刑法典规定的破坏耕地罪无法适用于追究破坏草地、养殖水面等农用地,严重破坏农业生产和生态环境的危害行为。为了切实保护森林资源、农用地资源,2001 年 8 月 31 日第九届全国人民代表大会常务委员会第二十三次会议通过的《中华人民共和国刑法修正案(二)》将《刑法》第 342 条修改为:"违反土地管理法规,非法占用耕地、林地等农用地,改变被占用土地用途,数量较大,造成耕地、林地等农用地大量毁坏的,处五年以下有期徒刑或者拘役,并处或者单处罚金。"

(三)《中华人民共和国刑法修正案(三)》(2001 年 12 月 29 日第九届全国人民代表大会常务委员会第二十五次会议通过)

近年来,恐怖主义对和平与安全的威胁受到各国的普遍重视。除 20 世纪七八十年代通过了一系列国际公约外,自 1997 年以后,国际社会又制定了不少内容更加针对性的反恐国际公约和决议。如 1997 年 12 月 25 日,联合国《制止恐怖主义爆炸的国际公约》,1999 年 12 月 9 日联合国《制止向恐怖主义提供资助的国际公约》,2001 年 6 月 15 日由中、俄、哈、吉、塔、乌六国发起制定的《打击恐怖主义、分裂主义和极端主义上海公约》,2001 年 9 月 29 日联合国安理会通过的关于防止和制止资助恐怖主义行为的第 1373 号决议。世界上许多国家也纷纷制定国内法,赋予执法机构在调查恐怖主义犯罪时以更大的权力,加大对该类犯罪的打击力度。我国也是恐怖主义活动的受害国。多年来我国境内与国际恐怖主义有密切联系的宗教极端主义势力、民族分裂势力和恐怖势力进行了一系列爆炸、暗杀等恐怖犯罪活动。

全国人大常委会第二十四次会议于2001年10月27日决定,批准我国政府于2001年6月15日在上海签署的《打击恐怖主义、分裂主义和极端主义上海公约》、《制止恐怖主义爆炸的国际公约》和《制止向恐怖主义提供资助的国际公约》。我国刑法对惩治恐怖活动犯罪虽已有一些规定,但针对出现的恐怖活动的一些新情况,如何适用刑法需要进一步明确,刑法的有关条款也需进一步完善。为了严厉打击恐怖活动犯罪,更好地维护国家安全和社会秩序,保障人民生命、财产安全,《中华人民共和国刑法修正案(三)》对刑法典进行了修改补充,着重解决和恐怖活动有关的危害行为的处罚问题:

第一,针对当时发生的邮寄炭疽病芽孢菌等新恐怖犯罪活动的,将《刑法》第115条规定的"投毒罪"修改为"投放危险物质罪",进而扩大"毒害性物质"的范围,将投放"毒害性、放射性、传染病病原体等物质"的行为纳入刑法规制的范围。

第二,为了加重对组织、领导恐怖组织罪的处罚,将组织、领导恐怖活动组织的刑罚,由"处三年以上十年以下有期徒刑"提高到"处十年以上有期徒刑或者无期徒刑"。这样,结合刑法总则以及"恐怖组织实施杀人、爆炸、绑架等犯罪的,依照数罪并罚的规定处罚"的规定,对其组织、领导恐怖活动组织的犯罪分子,最高法定刑提高到死刑。

第三,考虑到联合国安理会于2001年9月29日通过了第1373号决议,各国应将为恐怖活动提供或筹集资金的行为规定为犯罪。为了惩治以提供资金、财物等方式资助恐怖活动组织的犯罪行为,修正案增加"资助恐怖活动罪"。

第四,将非法制造、买卖、运输、储存以及盗窃、抢夺、抢劫毒害性、放射性、传染病病原体等物质的恐怖性危害行为,修改相应的刑法条文,增设"非法制造、买卖、运输、储存危险物质罪"和"盗窃、抢夺、抢劫危险物质罪"。

第五,为惩治对恐怖活动洗钱的犯罪活动,将《刑法》第191条规定的洗钱罪的上游犯罪的范围由原来的3种扩大为4种,即"明知是毒品犯罪、黑社会性质的组织犯罪、恐怖活动犯罪、走私犯罪的违法所得及其产生的收益,为掩饰、隐瞒其来源和性质"的,成立洗钱罪。

第六,为了惩治向机关、团体、企业、事业单位或者个人以及向公共场所或公共交通工具投放虚假的毒害性、放射性、传染病病原体等物质,或者以爆炸威胁、生化威胁、放射威胁,制造恐怖气氛,或者故意传播恐怖性谣言,扰乱社会秩序的行为,增加"投放虚假危险物质罪"和"编造、故意传播虚假恐怖信息罪"。

(四)《刑法修正案(四)》(2002年12月28日第九届全国人民代表大会常务委员会第三十一次会议通过)

1997年修改刑法典施行后,海关法、药品管理法等一些法律也作了修改,刑法中的有关规定需作相应调整。同时,司法实践中也遇到了一些新的情况和问题,需在刑法中增加相应规定。2002年12月28日第九届全国人民代表大会常务委员会第三十一次会议通过的《刑法修正案(四)》对刑法中的以下内容作修改补充:

第一,2001年前后,国内一些地方生产、销售不符合国家标准、行业标准的医疗器械的情况较为严重,一些个人或单位甚至大量回收废旧的一次性注射器、输液管等医用材料重新包装后出售。这些伪劣医疗器械、医用卫生材料中含有肝炎毒、艾滋病病毒等病原体,一旦使用,必然会严重危害人民群众的生命和健康。由于这些材料中的传染病的潜伏期长、发病周期长,使用后到发病时之间的时间间隔长,事后很难查明到底给人体造成了怎样的危害、危害结果与哪些劣质器材之间存在因果关系等,所以,等危害结果发生了才追究刑事责任,为时已晚。原刑法关于"造成了危害后果才可以追究刑事责任"的规定不利于打击这类犯罪,鉴于此,修正案将刑法规定的构成这类犯罪的标准修改为"只要足以严重危害人体健康的"就构成犯罪。

第二,刑法典规定走私固体废物以走私罪论处,但是,对走私固体废物无法计算应缴税额,司法机关对本罪在量刑上存在一定困难。同时考虑到走私液态废物和置于容器中的气态废物,也应适用走私固体废物的规定。因此修正案在《刑法》第152条中增加一款,"逃避海关监管将境外固体废物、液态废物和气态废物运输进境,情节严重的,处五年以下有期徒刑,并处或者单处罚金;情节特别严重的,处五年以上有期徒刑,并处罚金"。

第三,2000年7月,全国人大常委会通过的修订后的《海关法》第83条已将在界河、界湖实施的运输、收购、贩卖国家禁止进出口物品的,或者运输、收购、贩卖国家限制进出口货物、物品,数额较大,没有合法证明的行为规定为走私罪,而《刑法》第155条第2项只将在内海、领海实施的上述行为规定为走私罪,为了协调部门法之间的关系,打击走私行为,修正案扩大了走私罪的范围,将在界河、界湖实施的走私行为纳入走私罪之中。

第四,1997年刑法典施行后的几年中,社会上有些企业为谋取非法利益,雇用未成年人从事劳动的违法行为比较突出,有的企业甚至雇用童工从事超强度体力的劳动,或者从事高空、井下作业,或者在爆炸性、易燃性、放射性、毒害性等危险环境下从事劳动,严重危害未成年人的身心健康,有的甚至造成未成年人的死亡,社会危害性严重。因此,修正案增加了"雇佣童工从事危重劳动罪"。

第五,由于毁坏珍贵野生植物的情况较为严重,而《刑法》第344条规定的"非法采伐、毁坏珍贵树木罪"无法全面涵盖非法采伐、毁坏国家重点保护的珍贵野生植物的行为,鉴于此,将"非法采伐、毁坏珍贵树木罪"修改为"非法采伐、毁坏国家重点保护植物罪"和"非法收购、运输、加工、出售国家重点保护植物、国家重点保护植物制品罪"。

第六,破坏林木的行为社会危害性较大,而随着全国各地植树力度的加大,林区与非林区的界限已不明显,非林区也存在成片的森林需要保护,而刑法典规定的"非法收购盗伐、滥伐的林木罪"只适用于在"林区"的非法收购行为。鉴于此,修正案删除了"林区"的限制。同时,除"非法收购盗伐、滥伐的林木"和"非法运输盗伐、滥伐的林木"往往紧密相关,二者的危害性差别不大,应当增设对"非法运输盗伐、滥伐的林木"行为的处罚。鉴于此,修正案将"非法收购盗伐、滥伐的林木罪"扩大修改为"非法收购、运输盗伐、滥伐的林木罪"。

第七,司法工作人员徇私舞弊的情况除在侦查、起诉、审判阶段存在外,在执行阶段也同样存在。有的司法工作人员徇私舞弊,对能够执行的案件故意拖延执行,或者违法采取诉讼保全措施、强制执行措施,给当事人或者他人的利益造成重大损失,社会危害较大,也需要追究刑事责任,但《刑法》第399条规定的枉法裁判罪的表述却无法涵盖司法工作人员在执行阶段的徇私枉法、徇情枉法行为,鉴于此,修正案增设了"执行判决、裁定失职罪"和"执行判决、裁定滥用职权罪"。

(五)《刑法修正案(五)》(2005年2月28日第十届全国人民代表大会常务委员会第十四次会议通过)

妨害公司、企业管理秩序的犯罪,破坏金融管理秩序的犯罪,金融诈骗犯罪以及侵犯公民人身权利的犯罪、危害国防利益的犯罪,危害性都比较严重,1997年刑法典作了相关规定。随着社会生活内容的变化,在这些方面又出现了一些新的应当给予刑事制裁的严重违法行为,鉴于此,2005年2月28日第十届全国人民代表大会常务委员会第十四次会议通过的《刑法修正案(五)》对刑法典作了以下修改补充:

第一,随着信用卡应用的普及,伪造信用卡的犯罪活动也出现了一些新的情况。这类犯罪出现了境内外互相勾结、集团化、专业化的特点,从窃取、非法提供他人信用卡信息资料、制作假卡,到运输、销售、使用伪造的信用卡等各个环节,分工细密,犯罪活动猖獗。虽然这些具体的犯罪行为都属于伪造信用卡和使用伪造的信用卡进行诈骗的犯罪,但是由于在各个犯罪环节上表现的形式不同,在具体适用刑法时存在一定困难,修正案对《刑法》第196条信用卡诈骗罪的规定作出修改,增加"使用以虚假的身份证明骗领的信用卡"进行诈骗的情形,并增设了"窃取、收买或者非法提供他人信用卡信息资料的,依照前款规定处罚"、"银行或其他金融机构的工作人员利用职务上的便利,犯第二款罪的,从重处罚"的规定。

第二,鉴于一些地方在生产建设过程中野蛮施工、违章作业,致使军事通信光缆等通信设施遭到破坏的情况比较突出,严重危及到国家的军事设施和军事通信的安全,修正案增设了"过失损坏军事通信罪"。

(六)《中华人民共和国刑法修正案(六)》(2006 年 6 月 29 日,第十届全国人民代表大会常务委员会第二十二次会议通过)

2005 年 8 月,国务院办公厅给全国人大常委办公厅转送了关于修改刑法有关破坏金融秩序犯罪的建议稿,一些全国人大代表也提出了刑法修改议案。全国人大法工委根据建议稿、有关议案和建议,经过调查研究,多次征求实务部门和法律专家的意见,经过常委会十九次会议初次审议,在进一步调研和广泛征求社会各界意见的基础上,提请第十届全国人大第二十一次会议再次审议。2006 年 6 月 29 日,第十届全国人民代表大会常务委员会第二十二次会议通过了《中华人民共和国刑法修正案(六)》。该修正案修改、补充了刑法有关重大安全生产事故、破坏金融管理秩序、严重损害上市公司和公众投资者利益、商业贿赂、洗钱、虚假破产、枉法仲裁等犯罪的规定,涉及刑法二十个条文,是自1997年刑法典修订以后,对刑法典进行的一次最大规模的修改和补充。修正案着力解决一系列困扰司法机关处理案件的刑法依据问题:

(1) 1997 年刑法典规定的重大责任事故罪的犯罪主体是"企业、事业单位职工",行为要件是"劳动安全设施不符合国家规定"且"经有关部门或单位职工提出后,对事故隐患仍不采取措施",进而造成重大伤亡事故或者其他严重后果的。该罪的最高刑是 7 年徒刑。但社会生活中,大量存在个体、非法矿窑的只图利润、不顾工人生命安全,甚至没有给工人提供基本的防护用品(而不是劳动安全设施不符合国家规定),命令工人违章作业导致的重大、恶性矿难案件,事后又瞒报或者谎报事故,并往往以"未经有关部门或单位职工提出"为借口推卸自身的安全生产责任和事故责任,给司法部门处理这类案件带来很大的难度。鉴于此,修正案扩大重大责任事故罪犯罪主体的范围,将该罪的犯罪主体扩大到从事生产、作业的一切人员。修改了行为的构成条件,并提高了刑罚。增加对"举办大型群众性活动违反安全管理规定,因而发生重大伤亡事故或者造成其他严重后果的"行为的刑事责任。增设"不报或者谎报重大责任事故罪"。

(2) 鉴于社会生活中出现的骗取金融机构贷款、票据承兑、金融凭证的行为给金融机构带来重大损失的现象较为严重,而 1997 年修订的《刑法》第 175 条仅仅规定了高利转贷罪,无法适用于该类案件的处理。修正案增加规定,以欺骗手段取得银行或者其他金融机构贷款、票据承兑、保函等,给银行或者其他金融机构造成重大损失或者有其他严重情节的刑事责任。同时规定,单位犯前款罪的,对单位判处罚金,并对其直接负责的主管人员和其他直接责任人员,处 3 年以下有期徒刑或者拘役。

(3) 2005 年 8 月 24 日,湖南省郴州市住房公积金管理中心原主任李树彪因贪污、挪用上亿元公积金,被郴州市中级人民法院一审判处死刑。至此,备受关注的"全国住房公积金第一案"告一段落。这个案子引起人们深思。因为,更多的金融机构挪用客户资金的行为并不是其工作人员个人的行为,而是由单位决定实施的。而负责经营、管理保险资金、社会保障基金、住房公积金等公众资金的单位,一旦出现违反国家规定运用资金的情况,将会严重影响公众资金的安全,给社会稳定带来极坏的影响。基于此,修正案规定,商业银行、证券交易所、期货交易所、证券公司、期货经纪公司、保险公司或者其他金融机构,违背受托义务,擅自运用客户资金以及其他委托或者信托财产,情节严重的,须承担最高 10 年有期徒刑的刑事责任。同时规定,社会保障基金管理机构、住房公积金管理机构以及保险公司、保险资产管理公司、证券投资基金管理公司,违反国家规定运用资金的,依照上述规定处罚。

(4) 1997 年刑法典规定的洗钱罪的上游犯罪只包括三种,即使用毒品犯罪、黑社会性质的组织犯罪、走私犯罪。2001 年 12 月 29 日全国人大常委会《中华人民共和国刑法修正案(三)》第 7 条对法典条文进行过一次修订,将洗钱罪的上游犯罪扩大到恐怖活动犯罪,即由原来的 3 种扩大为 4 种,本次修正案进一步扩大洗钱罪上游犯罪的范围,将其扩大到增加贪污贿赂犯罪和金融犯罪。以打击腐败,及时制止重大渎职犯罪和金融犯罪涉案资金外流。修正案规定,明知是毒品犯罪、黑社会性质的组织犯罪、恐怖活动犯罪、走私犯罪、贪污贿赂犯罪、金融犯罪的违法所得及其产生的收益,掩饰、隐瞒犯罪的违法所得及其收益的来源和性质等行为之一的,没收实施以上犯罪的违法所得及其产生的收益,依法追究刑事责任。

(5) 医院工作人员采购药品收取回扣之类的商业贿赂现象严重阻碍了医疗、社会保障等体制改革。《刑法修正案》(六)扩大了商业贿赂犯罪的主体,将对公司、企业以外的"单位"中的非国家工作人员利用职务便利进行"权钱交易"、危害社会利益的行为纳入刑法规制的范围,以震慑该类严重腐蚀社会、防止诱发其他犯罪的行为。

(6) 为了与已通过的《治安管理处罚法》的有关规定相衔接,《刑法修正案(六)》规定,以暴力、胁迫手段组织残疾人或者不满14周岁的未成年人乞讨的,处3年以下有期徒刑或者拘役,并处罚金;情节严重的,处3年以上7年以下有期徒刑,并处罚金。

(7) 近年来,赌博现象的日益泛滥给社会造成了较大的危害。2005年前三季度全国公安机关共破获各类赌博案件31.3万起。案件显示,运用刑法手段加重对赌博犯罪的处罚力度,尤其是加大对开设赌场犯罪的打击力度,非常必要。为此,修正案加大了对赌博犯罪、尤其是开设赌场犯罪的处罚,把开设赌场犯罪的最高刑期由3年提高到10年。

(8) 我国1997年刑法典规定了司法工作人员在审判活动中枉法裁判的行为可以构成枉法裁判罪,但对仲裁机构中承担仲裁职责的人员在仲裁活动中枉法仲裁的行为,却没有规定相应的刑事责任。随着仲裁活动在社会生活中的作用逐步提高,枉法仲裁行为频频发生,危害性日益加剧,鉴于此,《刑法修正案(六)》增设了对仲裁人员枉法裁决行为的处罚,在《刑法》第399条后增加一条,作为第399条之一:"依法承担仲裁职责的人员,在仲裁活动中故意违背事实和法律作枉法裁决,情节严重的,处三年以下有期徒刑或者拘役;情节特别严重的,处三年以上七年以下有期徒刑。"

除此之外,修正案(六)还扩大了对公司企业工作人员行贿罪的范围、增设了虚假破产犯罪和上市公司的董事、监事、高级管理人员损害上市公司利益的犯罪。

(七)《中华人民共和国刑法修正案(七)》(2009年2月28日第十一届全国人民代表大会常务委员会第七次会议通过)

全国人大常委会法制工作委员会根据全国人大代表陆续提出的刑修改法议案、建议,经调查研究,并多次征求最高人民法院、最高人民检察院和各有关部门、部分专家的意见,拟订了《中华人民共和国刑法修正案(七)》草案,于2008年8月26日经第十一届全国人大常委会第四次会议初次审议,2009年2月28日第十一届全国人民代表大会常务委员会第七次会议通过。

与之前数次修正案不同,本次修正案修改、补充了刑法有关走私、证券和期货交易内幕信息、偷税、非法传销、绑架、泄露公民个人信息、动植物检疫、武装部队等犯罪的规定,涉及《刑法》十二个条文,主要内容有:

(1) 根据宽严相济的刑事政策,对一些犯罪合理从宽处理。

鉴于《刑法》第239条关于绑架罪的法定刑设置过于生硬,层次偏少,不能完全适应处理这类情况复杂的案件的需要,本次修正案根据最高人民法院和公安部的提议及一些全国人大代表的建议,适当调整绑架罪的法定刑,将绑架罪的法定刑细化为三个档次:10年以上有期徒刑或者无期徒刑,并处罚金或者没收财产;3年以上10年以下有期徒刑,并处罚金;死刑,并处没收财产。这样就使得刑法对绑架罪这种严重犯罪的严厉惩治中"重中有轻",罪刑单位更加科学合理,能够更好地满足罪刑相适应原则的要求,体现了宽严相济刑事政策的要求。

鉴于社会经济生活中的偷税、逃税情况十分复杂,同样的偷逃税数额在不同时期对社会的危害程度不同,修正案在刑法中对偷税罪的具体数额标准不作规定,由司法机关根据实际情况作出司法解释并适时调整。同时,考虑到打击偷税犯罪的主要目的是为了维护税收征管秩序,保证国家税收收入,对属于初犯,经税务机关指出后积极补缴税款和滞纳金,履行了纳税义务,接受行政处罚的,可不再作为犯罪追究刑事责任,这样处理可以较好地体现宽严相济的刑事政策。修正案删除了《刑法》第201条对偷税数额的具体规定,增加了"经税务机关依法下达追缴通知后,补缴应纳税款,缴纳滞纳金,并且接受行政处罚的,不予追究刑事责任;但是,五年内曾因逃避缴纳税款受过刑事处罚或者被税务机关给予二次以上行政处罚的除外"的规定。

特别值得指出的是,这种通过减轻刑罚的方式实现宽严相济的刑事政策精神的做法,是以往刑法修正案所罕见的。

(2)增设了五类犯罪行为。

增设了金融领域的"老鼠仓"犯罪行为。现实生活中,一些证券投资基金管理公司、证券公司等金融机构的从业人员,利用其因职务便利知悉的法定内幕信息以外的其他未公开的经营信息,如本单位受托管理资金的交易信息等,违反规定从事相关交易活动,牟取非法利益或者转嫁风险。这种被称为"老鼠仓"的行为,严重破坏金融管理秩序,损害公众投资者利益,应当作为犯罪追究刑事责任,却无法适用《刑法》第180条的规定定罪处罚。本次修正案增加规定"基金管理公司、证券公司、商业银行或者其他金融机构的工作人员,利用因职务便利获取的内幕信息以外的其他未公开的经营信息,违反规定,从事与该信息相关的交易活动,或者建议他人从事相关交易活动,情节严重的,依照第一款的规定处罚"。

增设了组织、领导传销组织罪。鉴于以"拉人头"、收取"入门费"等方式组织传销的违法犯罪活动呈现出的高发势态,组织领导传销活动对社会秩序稳定形成了较为严重的威胁。在司法实践中,对这类案件主要是根据实施传销行为的不同情况,分别按照非法经营罪、诈骗罪、集资诈骗罪等犯罪追究刑事责任的。为更有利于打击组织传销的犯罪,本次修正对组织、领导传销组织的犯罪作出专门规定。

增设了侵犯公民个人信息安全罪。近年来,一些国家机关和电信、金融等单位在履行公务或提供服务活动中获得的公民个人信息被非法泄露的情况时有发生,对公民的人身、财产安全和个人隐私构成严重威胁。对这类侵害公民权益情节严重的行为,应当追究刑事责任。但依据现行立法规定却无法追究该类危害行为的刑事责任。鉴于此,本次修正案增加规定:国家机关或者金融、电信、交通、教育、医疗等单位的工作人员,违反国家规定,将本单位在履行职责或者提供服务过程中获得的公民个人信息出售或者非法提供给他人,或者以窃取、收买等方法非法获取上述信息,情节严重的,追究刑事责任,并处罚。这一修改彰显了我国刑法的人权保障价值。

增设了组织、领导未成年人进行违反治安管理活动的犯罪。现实生活中,一些不法分子组织未成年人从事扒窃、抢夺等违反治安管理活动的情况,在一些地方比较突出,严重危害社会治安秩序,损害未成年人的身心健康。对此应在刑法中作出专门规定予以惩治。据此,本次修正案增设了对"组织未成年人进行盗窃、诈骗、抢夺、敲诈勒索等违反治安管理活动的"刑事责任规定。

增设了五种人的"准受贿"犯罪。现实生活中,有些国家工作人员的配偶、子女等近亲属,以及其他与该国家工作人员关系密切的人,通过该国家工作人员职务上的行为,或者利用该国家工作人员职权或者地位形成的便利条件,通过其他国家工作人员职务上的行为,为请托人谋取不正当利益,自己从中索取或者收受财物。同时,一些已离职的国家工作人员,虽然不具有国家工作人员身份,但利用其在职时形成的影响力,通过其他国家工作人员的职务行为为请托人谋取不正当利益,自己从中索取或者收受财物。这类行为败坏党风、政风和社会风气,对情节较重的,也应作为犯罪追究刑事责任。已有的立法规定和司法解释无法满足惩罚此类行为的需要。鉴于此,修正案扩大了受贿罪的犯罪主体范围,增加规定"国家工作人员的近亲属或者其他与该国家工作人员关系密切的人"、"离职的国家工作人员或者其近亲属以及其他与其关系密切的人",通过该国家工作人员或者离职人员原职权或者地位形成的便利条件收受他人钱财的,以受贿罪定罪处罚。

(3) 增补了数种犯罪的犯罪形态、犯罪行为或犯罪对象。

增补了走私罪的犯罪对象。刑法典以具体列举的方式规定了走私犯罪的对象,但其他一些禁止进出口的货物、物品(如禁止进口来自疫区的动植物及其制品、禁止出口古植物化石等)不应也无法同走私普通货物、物品一样,按其偷逃关税的数额定罪量刑。为适应惩治这类危害较大的走私行为的需要,草案采纳了相关立法修改建议,对《刑法》第151条第3款的规定做适当修改,增加走私国家禁止进出口的其他货物、物品的犯罪及刑事责任的规定。

增补了逃避动植物检疫罪的"危险犯"形态。刑法典只规定了逃避国边境动物检疫,却没有明确规定对逃避境内植物检疫行为的刑事责任。从司法实践看,引发重大动植物疫情危险的,不仅有逃避进出境动植物检疫的行为,还有逃避依法实施的境内动植物防疫、检疫的行为。对后一类造成严重危害的违法行为,也应追究刑事责任。鉴于此,本次修正案草案建议修改增加对"违反有关植物防疫、检疫的国家规定,引起重大植物疫情或者有引起重大植物疫情严重危险的"行为的刑事责任。

增补了以盗窃、非法提供或使用等方式妨害部队专用标志的犯罪行为。近年来,盗窃、出租、非法使用军队车辆号牌的情况时有发生,扰乱社会管理秩序,损害军队形象和声誉,影响部队战备训练等工作的正常进行。对这类情节严重的行为,应当追究刑事责任,刑法典只规定了非法生产、买卖武装部队制服、车辆号牌等专用标志的犯罪。鉴于此,本次修正案草案采纳了中央军委法制局的提议,将《刑法》第375条第2款修改为:"非法生产、买卖武装部队制式服装,情节严重的,处三年以下有期徒刑、拘役或者管制,并处或者单处罚金。"增加一款作为第3款:"伪造、盗窃、买卖或者非法提供、使用武装部队车辆号牌等专用标志,情节严重的,处三年以下有期徒刑、拘役或者管制,并处或者单处罚金;情节特别严重的,处三年以上七年以下有期徒刑,并处罚金。"

(4)提高了巨额财产来源不明罪的法定刑。

国家工作人员的财产或者支出明显超过合法收入,差额巨大,本人不能说明其来源合法的,往往与公务人员的腐败有关,社会影响恶劣。而《刑法》第395条规定巨额财产来源不明罪的"处五年以下有期徒刑或者拘役"。为适应反腐败斗争的需要,有必要加重其刑罚。本次修正案将《刑法》第395条第1款修改为:"国家工作人员的财产、支出明显超过合法收入,差额巨大的,可以责令该国家工作人员说明来源,不能说明来源的,差额部分以非法所得论,处五年以下有期徒刑或者拘役;差额特别巨大的,处五年以上十年以下有期徒刑。财产的差额部分予以追缴。"这一修改加重了对巨额财产来源不明罪的惩处,并增加了关于"差额部分以违法所得论……予以追缴"的规定,体现了罪刑均衡的精神。

整体上看,《中华人民共和国刑法修正案(七)》在内容和技术上都较以前的修正案有了很大的进步,但在扩大受贿罪的犯罪主体方面仍表现出司法对刑法立法的过分倚重。

(八)《中华人民共和国刑法修正案(八)》(第十一届全国人民代表大会常务委员会第十九次会议于 2011 年 2 月 25 日通过,2011 年 5 月 1 日起施行)

2011 年 2 月 25 日通过、2011 年 5 月 1 日起施行的《中华人民共和国刑法修正案(八)》,是 1997 年中国修改刑法以来最大的一次刑法修改。本次修改立足于中国当前社会生活现实,在以下几个方面对现行刑法作出了重要调整,进一步突显了"宽严相济"的刑事政策精神:

(1) 改革和完善死刑制度:削减死罪数量、缩减死刑适用对象。

中国的刑罚结构总体上能够适应当前惩治犯罪、教育改造罪犯、预防和减少犯罪的需要。但在实际执行中也存在死刑偏重、生刑偏轻等问题。鉴于保障人权、废除或限制死刑的世界性立法潮流和我国刑法规定的死刑罪名较多的现实,根据中国现阶段经济社会发展实际,适当取消一些经济性非暴力犯罪,不会给中国社会稳定大局和治安形势带来负面影响。基于此,《中华人民共和国刑法修正案(八)》取消了盗窃罪,走私文物罪,走私贵重金属罪,走私珍贵动物、珍贵动物制品罪,走私普通货物、物品罪,票据诈骗罪,金融凭证诈骗罪,信用证诈骗罪,虚开增值税专用发票、用于骗取出口退税、抵扣税款发票罪,伪造、出售伪造的增值税专用发票罪,传授犯罪方法罪,盗窃古文化遗址、古墓葬罪,盗掘古人类化石、古脊椎动物化石罪等 13 个罪名的死刑。

(2) 宽宥老年人犯罪、未成年人犯罪:已满 75 周岁的人原则上不处死、不满 18 周岁的人不以累犯论。

鉴于老年人犯罪通常都有深刻的社会原因,严惩甚至处死老年人有违道义精神,《中华人民共和国刑法修正案(八)》规定"审判的时候已满 75 周岁的人,不适用死刑,但以特别残忍手段致人死亡的除外",并在《刑法》第 17 条后增加一条"已满七十五周岁的人故意犯罪的,可以从轻或者减轻处罚;过失犯罪的,应当从轻或者减轻处罚。"值得提出的是,提交全国人大常务委员会第一次审议的《中华人民共和国刑法修正案(八)草案》曾规定"对已满 75 周岁的人,不适用死刑"。然而,在全国人大常委会向社会各界以及公众征求的意见中,有人提出:具有健全的思维能力和行为能力的 75 岁以上的人,应当对自己的行为负责,有些老年人犯罪情节非常严重,应当保留死刑,同时,有些犯罪组织会利用老年人从事犯罪活动,对已满 75 周岁的人一律不适用死刑不符合法律面前人人平等的原则。《中华人民共和国刑法修正案(八)》作出了相应的调整,符合刑事责任原理,为司法事务部门科学、公正处理老年人犯罪案件创造了良好的条件。

鉴于未成年人犯罪的特点和未成年犯罪人再社会化的特殊性,《中华人民共和国刑法修正案(八)》限制了累犯的成立条件,将未成年人排除于累犯主体条件之外,将《刑法》第 65 条第 1 款修改为:"……累犯,应当从重处罚,但是过失犯罪和不满十八周岁的人犯罪的除外。"

(3)严惩重刑犯:调整累犯范围,严格"死缓"减刑条件、加大"打黑除恶"力度。

鉴于重刑犯罪的严重社会危害性,《中华人民共和国刑法修正案(八)》扩大了特殊累犯的范围,将《刑法》第 66 条修改为:"危害国家安全犯罪、恐怖活动犯罪、黑社会性质的组织犯罪的犯罪分子,在刑罚执行完毕或者赦免以后,在任何时候再犯上述任一类罪的,都以累犯论处。"

鉴于一些被判死缓的重刑犯,经多次减刑后实际服刑期平均为 18 年,其效果和无期徒刑差距不大,而与死刑差距过大,《中华人民共和国刑法修正案(八)》将死刑缓期执行的罪犯在减刑后应当执行的刑期上限由 20 年提高至 25 年,规定"判处死刑缓期执行的,如果确有重大立功表现,二年期满以后,减为二十五年有期徒刑",并规定罪犯由死刑减为无期徒刑的,减刑以后实际执行的刑期不得少于 25 年;减为 25 年有期徒刑的,减刑以后实际执行的刑期不得少于 20 年。"对被判处死刑缓期执行的累犯以及因故意杀人、强奸、抢劫、绑架、放火、爆炸、投放危险物质或者有组织的暴力性犯罪被判处死刑缓期执行的犯罪分子,人民法院根据犯罪情节等情况可以同时决定对其限制减刑。"此外,对因犯数罪被判处有期徒刑,总和刑期在 35 年以上的,将其有期徒刑的上限由 20 年提高到 25 年。

鉴于黑社会性质组织犯罪特征的时代性变化及其严重社会危害性,2002 年全国人大常委会《关于〈中华人民共和国刑法〉第二百九十四条第一款的解释》,曾对"黑社会性质的组织"的特征作了明确界定,为打击黑社会性质组织犯罪提供了法律依据。《中华人民共和国刑法修正案(八)》吸收了这些内容,对黑社会性质组织的特征在法律上明确规定,并加大了惩处黑社会性质组织犯罪的力度。《中华人民共和国刑法修正案(八)》明确规定:"黑社会性质的组织应当同时具备以下特征:(一)形成较稳定的犯罪组织,人数较多,有明确的组织者、领导者,骨干成员基本固定;(二)有组织地通过违法犯罪活动或者其他手段获取经济利益,具有一定的经济实力,以支持该组织的活动;(三)以暴力、威胁或者其他手段,有组织地多次进行违法犯罪活动,为非作恶,欺压、残害群众;(四)通过实施违法犯罪活动,或者利用国家工作人员的包庇或者纵容,称霸一方,在一定区域或者行业内,形成非法控制或者重大影响,严重破坏经济、社会生活秩序"。基于《刑法》第 294 条对于黑社会性质的组织行为的法定刑设置较低、没有设置财产刑、没有区别对待黑社会性质的组织的积极参加者和组织、领导者等问题,《中华人民共和国刑法修正案(八)》提高了本罪的法定刑,将组织、领导黑社会性质的组织行为的法定刑由"三年以上十年以下有期徒刑"提高为"处七年以上有期徒刑,并处没收财产",把"积极参加的"法定刑由"三年以上十年以下有期徒刑"调整为"积极参加的,处3年以上7年以下有期徒刑,可以并处罚金或者没收财产。基于国家机关工作人员包庇黑社会性质的组织、纵容黑社会性质的组织进行违法犯罪的严重社会危害性,《中华人民共和国刑法修正案(八)》将类犯罪行为的法定刑由"三年以下有期徒刑、拘役或者剥夺政治权利;情节严重的,处三年以上十年以下有期徒刑"修改为"处五年以下有期徒刑;情节严重的,处五年以上有期徒刑"。

鉴于生产、销售假药、重大环境污染事故刑事案件对社会的严重威胁,《中华人民共和国刑法修正案(八)》降低生产、销售假药罪和重大环境污染事故罪的入罪门槛,删去了生产、销售假药罪中"足以严重危害人体健康"的构成要件,删去了重大环境污染事故罪中"致使公私财产遭受重大损失或者人身伤亡的严重后果"的构成条件。依次,只要是生产销售假药的,或违反国家规定排放、倾倒或者处置有放射性的废物、含传染病病原体的废物、有毒物质或者其他有害物质,严重污染环境的,无论是否实际造成严重危害后果,就要追究刑事责任。

(4)完善行刑制度体制:社区矫正写入刑法。

"社区矫正有助浪子回头,应当入法。"根据近年来一些全国人大代表的建议,《中华人民共和国刑法修正案(八)》将"社区矫正"写入刑法,即针对司法实务中被判管制的犯罪分子通常没有得到有效监管这一"老大难"问题,增加对管制、缓刑、假释等犯罪分子实行"社区矫正"的规定,在《刑法》第38条中增加一款"判处管制,可以根据犯罪情况,同时禁止犯罪分子在执行期间从事特定活动,进入特定区域、场所,接触特定的人","对判处管制的犯罪分子,依法实行社区矫正","违反第二款规定的禁止令的,由公安机关依照《中华人民共和国治安管理处罚法》的规定处罚"等内容。《中华人民共和国刑法修正案(八)》增加规定:对判处管制的罪犯,根据其犯罪情况,可以判令其在管制期间不得从事特定活动,不得进入特定区域、场所,不得接触特定人,以适应对其改造和预防再犯罪的需要。

(5)增设新罪:醉酒驾车、飙车、恶意欠薪行为入罪。

近年来,醉酒驾车和飙车对公共安全产生很大威胁,一些恶性案件引起了社会各界的强烈反响。有关部门调查显示,2009年全国查处酒后驾驶案件31.3万起,其中醉酒驾驶4.2万起。酒后驾驶导致的交通事故和死亡人数虽呈下降趋势,但醉酒驾驶机动车和在城区飙车仍然是人民群众深恶痛绝的两大"马路杀手"。我国刑法中规定的交通肇事罪以行为人存在严重过失、且造成严重损害后果为成立要件。鉴于醉驾、飙车是一种高度危险的行为,不能等到危险行为发生了严重后果再治罪,《中华人民共和国刑法修正案(八)》规定:在道路上醉酒驾驶机动车的,或者在道路上驾驶机动车追逐竞驶,情节恶劣的,处拘役,并处罚金。据此,只要有醉酒驾车、飙车的危险驾驶行为,只要情节恶劣,即使没有造成严重后果,也将被追究刑事责任。2010年12月20日,全国人大常委会对《刑法》"危险驾驶犯罪"条款进行了再次修改,再度扩大了该罪成立的范围。《中华人民共和国刑法修正案(八)》规定,醉酒驾驶机动车,不管情节是否恶劣、是否造成后果,都将按照"危险驾驶"定罪,处以拘役,并处罚金。依照规定,如果有醉酒驾驶、飙车等行为,同时构成其他犯罪的,将依照处罚较重的规定定罪处罚。

为了更有力保护劳动者获得报酬的权利,《中华人民共和国刑法修正案(八)》规定,对于有能力支付而不支付或者以转移财产、逃匿等方法逃避支付劳动者的劳动报酬,情节恶劣的,处3年以下有期徒刑或者拘役,并处或者单处罚金;造成严重后果的,处3年以上7年以下有期徒刑,并处罚金。

为了惩治对外国公职人员或者国际公共组织官员行贿以谋取不正当商业利益的行为,《中华人民共和国刑法修正案(八)》将《刑法》第164条修改为:"为谋取不正当利益,给予公司、企业或者其他单位的工作人员以财物,数额较大的,处三年以下有期徒刑或者拘役;数额巨大的,处三年以上十年以下有期徒刑,并处罚金。"增设"为谋取不正当商业利益,给予外国公职人员或者国际公共组织官员以财物的,依照前款的规定处罚"的内容。

鉴于投标、拍卖、股份或者债券转让等领域出现的新型强迫交易行为对市场经济秩序的严重危害,《中华人民共和国刑法修正案(八)》扩大了强迫交易罪的范围,将《刑法》第226条修改为:"以暴力、威胁手段,实施下列行为之一,情节严重的,处三年以下有期徒刑或者拘役,并处或者单处罚金;情节特别严重的,处三年以上七年以下有期徒刑,并处罚金:(一)强买强卖商品的;(二)强迫他人提供或者接受服务的;(三)强迫他人参与或者退出投标、拍卖的;"(四)强迫他人转让或者收购公司、企业的股份、债券或者其他资产的;(五)强迫他人参与或者退出特定的经营活动的。"

鉴于社会生活领域新出现的非法摘取他人人体器官、尸体器官等行为对受害人造成的身心伤害和恶劣社会影响,《中华人民共和国刑法修正案(八)》扩大了故意伤害罪的范围,在《刑法》第234条后增加一条,作为第234条之一:"组织他人出卖人体器官,处五年以下有期徒刑,并处罚金;情节严重的,处五年以上有期徒刑,并处罚金或者没收财产。未经本人同意摘取其器官,或者摘取不满十八周岁的人的器官,或者强迫、欺骗他人捐献器官的,依照本法第二百三十四条、第二百三十二条的规定定罪处罚"。同时规定:违背本人生前意愿摘取其尸体器官,或者本人生前未表示同意,违反国家规定,违背其近亲属意愿摘取其尸体器官的,依照盗窃、侮辱尸体罪的规定定罪处罚。

五、社会转型的刑法维度:来自历史的启示

(一)中国刑法立法、司法的特点

从前述中国刑法三十年多来的变迁过程可以看出,中国刑法立法和司法有以下特点:

1. 适应社会情势变化而制定或修改刑法

1979年以来,无论是第一部刑法典的制定,还是以后的各种个别的修订、补充,还是1997年的全面修改,都是基于社会变化而导致刑法不适应社会的情势而进行的。刑法典的频繁修改,并非没有理由,而是社会情势产生了一定的需要。例如,我国自改革开放以来,国际交往日益频繁,境外黑社会组织开始向内地渗透,发展组织成员,与内地不法分子勾结,腐蚀和收买政府官员、执法人员,共同实施贩毒、走私等犯罪活动。内地一些地方的流氓地痞以及其他反社会分子也沉渣一气,相互纠结,逐渐形成了横行乡里、称霸一方、为非作歹、欺压民众的地方恶势力。虽然还没有形成像意大利黑手党、日本暴力团、香港三合会那样的组织严密、规模庞大的典型的黑社会组织,但带有黑社会性质的犯罪组织和犯罪活动确已出现,并有发展壮大的趋势,如不及早遏制,后果堪忧。因此,必须将其消灭在目前的萌芽状态。同时,黑社会性质的犯罪是一种群体性的社会恶势力,在这种犯罪组织中,组织成员可能不再"事必躬亲"地实施具体的危害行为,甚至对其他成员的具体行为并不知情。如果仍然固守传统刑事立法的罪状叙述方式,坚持以行为作为其构成犯罪的必要条件,就必然会因"没有行为"、"无法证明"而放纵黑社会组织犯罪的情况。面对这种犯罪新情况、新特点,1997年刑法典打破刑事立法模式,改变单纯以个人行为为本位的立法方法,赋予犯罪组织以构成犯罪的意义,将集结的(黑社会)组织本身予以犯罪化。根据这一规定,只要能够证明被告人组织、领导或参加了黑社会性质的组织,即可予以定罪处罚。这样就减轻了公诉人的证明责任,有利于摧毁黑社会组织,将从根本上遏制有组织犯罪。这是适应社会情势的变化而立法。由于中国处于社会巨变时期,社会的各个方面的情况均在不断变化,为了使立法符合社会需要,就必须不断变化。这也从一个侧面说明了立法频繁的缘由。

2. 存在急功近利的立法倾向

所谓急功近利性立法,是指立法时不够冷静,缺少必要的权衡,少有对产生某种社会危害行为之条件与必然性的理性思考,相信重刑可以短期内解决全部问题,因此立法。尤其是"两劳决定"、"严打决定"和多个惩治经济犯罪的法规,这种倾向表现得比较明显。例如,在《关于惩治虚开、伪造和非法出售增值税专用发票的决定》中,对多种犯罪规定了重刑,甚至有两个罪的法定最高刑达到了死刑。而在当时,增值税专用发票制度刚开始实施,各项管理制度与规制措施不完备,导致一些投机钻营者觉得有机可乘,利用增值税专用发票短时间内暴富,确实给国家的税收造成了巨大损失。但冷静思考,他们能够利用增值税专用发票暴富,其重要原因之一就是在制度设计上存在着相当的空隙,使其有机可乘。但面对国家资产的重大损失,立法者首先考虑的不是堵塞制度上的漏洞,而是严惩行为者,选择了不塞源而截流的控制方法。由于也就是说,立法将制度不健全、工作人员的工作失误甚至玩忽职守及滥用职权的渎职行为与不法之徒的行为结合造成的损失,完全算在了行为人的头上,且又加上了情绪因素。同时,由于这类犯罪造成的财产损失数额巨大,立法规定了比偷税罪更高的刑罚,以至于出现了对偷税手段行为的刑罚远远高于对偷税目的行为的刑罚之超常法律现象。再如前述"严打决定"将流氓罪的法定最高刑由1979年刑法典规定的7年徒刑提升为死刑,也缺乏对社会情势的冷静分析和对犯罪成因的分析,是在犯罪率大幅度上升的情况下,急功近利地修改刑法的结果。这从1997年刑法将流氓罪分解后,所分解出来的4个罪名之法定最高刑分别为15年有期徒刑、10年有期徒刑、5年有期徒刑的情况就可以得到说明。

3. 存在重刑化痕迹

三十年多来的刑事立法,特别是从修订1979年刑法典的各种特别刑法和1997年刑法典,其重要特点之一,就是重刑化倾向。1979年刑法典本来就不是一部轻刑化的刑法,并无加重刑罚的必然要求。但经过多次的补充、修改之后的1997年刑法典,因其修改补充的一个重要内容就是刑罚的加重,导致其成了一部重刑化的刑法。据粗略统计,1997年刑法典规定的法定最高刑为死刑的罪名有65个,其中只有少数犯罪以故意剥夺他人生命作为死刑的适用条件,另有一部分犯罪虽有故意致死他人的可能性,但刑法并未规定以故意致死他人作为死刑的适用条件,即非剥夺他人生命的行为也可以适用死刑;更有一部分犯罪根本不具有剥夺他人生命的内容,如一些经济犯罪、财产犯罪等,导致中国无论从立法规定还是实际适用均成了死刑大国;除死刑规定突出之外,刑法规定的法定最低刑普遍较高。1997年刑法典在多数犯罪的规定中采取多罪刑阶段的形式,其最重罪刑阶段之法定最低刑为10年有期徒刑的有百种以上,占全部犯罪的 1/4；更有 7 个罪名的最高罪刑阶段的法定刑为绝对确定的死刑，即法定最高刑与法定最低刑相同，使中国的 1997 年刑法典重刑化倾向比较明显。而这种重刑化倾向又是与前面的两个特点密不可分的，受社会情势和急功近利思想的影响，各罪之间法定刑的攀升，最终导致了重刑化的倾向。随着宽严相济刑事政策的贯彻落实，我们相信，中国刑法的重刑化趋势会得到根本的改变。《刑法修正案（七）》、《刑法修正案（八）》通过减轻刑罚的方式实现宽严相济的刑事政策的要求，就是这一趋势的体现。

4. 刑法立法修改和司法解释过于频繁

在刑事法治中，立法与司法（适用、解释法律）两部分内容是不可缺少的。但在不同情况下，两者的作用不同。在没有既定立法的情况下，立法当然在首位，如 1979 年刑法典制定之前，由于根本没有成型的刑法，刑法领域的内容就应当是以"应然性"为重点，探讨如何设定出合理、科学的法条。在刑法已经存在的情况下，应以适用、解释为中心，理由是：在一般情况下，刑法即经制定，就需要实施，而抽象、概括的法律条文如何适应于千姿百态、千变万化的社会现实，就需要解释，因此解释学的现状应该是一个国家刑法学研究状况最重要的标志。然而，中国虽然也有刑法解释，但解释学并不发达。应该说，至今并没有纯正意义上的系统的刑法解释学的著作。大家的注意力普遍偏重于对法律如何修改而非对法条的解释。解释论的地位低下不利于发现真正的立法问题以及立法的真正需求，甚至可能导致虚假的立法需求。解释论的落后同时阻碍了刑法的恰当适用。中国的司法机关对刑法的修改抱有浓厚的兴趣，热衷于批判或抱怨现行刑法的"不完善"，但对刑法条文的适用（解释）则缺乏能动性和应变力。司法机关对刑法的理解和适用处于比较表面化的状态，遇到问题，或者抱怨法律的不尽如人意，或者等待最高司法机关的司法解释。立法质量不高，加之司法解释不健全，反过来又称为阻碍司法质量提高的障碍。这种状况是极不正常的，因为它违背了司法的本质要求。当然，这种状态有中国的特殊制度根据，即依据法律的规定，"两高"是法律解释机关，而未对其他各级司法机关赋予司法解释权。而实际上，司法者若无司法解释权，又如何将抽象的法律条文运用于具体案件呢？因此，恰当定位和设计司法解释权（实质是司法权）的分配问题，是解决刑法立法和司法解释"过热"问题的出路之一。

刑法立法修改和司法解释过于频繁还会弱化刑法的规范机能。在现代法治国家，法不是工具或至少不仅是工具。法是规则，法的遵守应该是法机能实现的最重要的方式。这种通过立法而使公众了解行为规则的作用就是法的规范机能。在现代国家，法的规范机能之地位应在法的规制机能之上，因为法律的制定不是为了制裁，而是为了遵守，只有在违规的情况下制裁才有发挥作用的余地,因此规范是第一位的,制裁是第二位的而不是相反。而法的规范机能发挥作用的前提是让国民了解法律,只有了解法律才存在遵守的问题。而要使公众了解法律,其法律就应该相对稳定,若刑法处于不断的变化中,其后果就不是遵守法律而是规避法律。当国民因法律的多变而不能了解刑法的内容时,其规范机能也就会大打折扣。因此频繁立法也就可能导致法的规范机能的弱化。

(二)中国刑法发展应注意的问题

现阶段我国刑法的改革应以有助于构建和谐社会和强化人权保障为基本目标,改革的重点应置于强化刑法的人权保障功能以及应对时代发展和犯罪新型化、全球化的挑战,适时调整刑法的调控范围与力度方面,实现刑法发展与社会演进的协调,以充分发挥刑法的积极功能。总结过去三十余年中国刑法发展的得失,今后中国刑法立法和司法应着重在下列几个方面开拓奋进:

1. 更新刑法观

所谓刑法观,是指关于刑法基本问题如刑法的价值、机能、目的等问题的根本观点与基本态度。作为现代法治的重要组成部分,现代刑事法律制度承载着人们深深的期许。但现实中的刑事司法状况却不容乐观:一方面是服刑人数的快速膨胀,另一方面是刑罚思想的匮乏和行刑效果的严重萎缩。与现代各国的情况相似,中国现代社会也陷入了"刑法膨胀→犯罪圈扩大→刑罚增加→犯罪增长"的怪圈之中。"持续飙升的犯罪率、令人失望的刑罚效能使刑法遭受来自正反两方面的社会批评:人权主义者批评我们的刑法干涉范围太大,刑罚处罚过于严酷,公民的个人自由牺牲得太多;多数社会公众普遍谴责刑法软弱无能,对不道德行为表现得过分宽容,不能惩恶扬善、保护公众"[①]。这样,重新考量我们这个社会的刑法观成为必需。

在刑法史上,刑法观大致有权力本位刑法观与权利本位刑法观、国权主义刑法观与民权主义刑法观的区分。

权力本位刑法观(又叫国权主义刑法观、权威主义刑法观)主张刑法是体现国家权力并且以实现国家刑罚权为核心的法律,其目的任务就是保护国家整体利益,其显著特点是以国家利益为出发点而极端限制公民自由、适用严酷刑罚。

权利本位刑法观(又叫民权主义刑法观、自由主义刑法观)主张刑法是以保护国民的权利和自由为核心的法律,因而应当严格限制国家刑罚权并使之成为公民个人自由的有力保障,其目的一是最大限度地保障公民自由,二是严格限制国家行为。

---

① 张武举:《刑法的伦理基础》,法律出版社 2008 年版,第 18 页。

可见,权力本位刑法观立足于刑法的社会保护机能,强调国家利益,它所针对的对象就是公民个人,它所限制的侧重点就是公民的自由,公民只是刑法的客体与对象。权利本位刑法观则立足于刑法的人权保障机能,强调保障公民自由,它所针对的对象是国家(而不是公民),它所限制的侧重点是国家及其刑罚权(而不是公民的自由)。

我们认为,刑法的根本目的是通过维护法秩序的正常运行保障人权。就我国刑法"惩罚犯罪、保护人民"的任务目标而言,"惩罚犯罪"是维护法秩序的必要手段。

刑法的目的是通过刑法的行为规制、秩序维持和自由保障等机能的发挥来实现的。所谓行为规制机能指刑法具有对人们的行为进行规范、制约的机能,即刑法通过否定评价(即评价机能)和命令人们作出不实施犯罪行为的意思决定(即意思决定机能)来规范、制约人的行为。刑法的秩序维持机能指刑法具有维持社会公共秩序的机能,即刑法依靠剥夺生命、自由和财产权利等强制手段来发挥保护法益、抑制和预防犯罪的机能。刑法的自由保障机能指刑法具有限制国家刑罚权的发动从而保障国民个人自由的机能,即刑法通过明确规定何种行为是犯罪、对犯罪科处何种刑罚,从而有力地限制国家刑罚权的肆意运用。在上述三项机能中,行为规制机能是刑法的形式机能,秩序维持机能和自由保障机能则是刑法的价值机能。刑法的秩序维持和自由保障两大价值机能虽然密切联系、互为表里,它们又难免相互矛盾、相生相克。尽管在不同时代、不同社会状况之下,刑法机能可以有所偏重,但如何实现秩序维持机能与自由保障机能的协调、和谐却永远是刑法理论和刑法实践的核心问题。虽然"从人类的历史长河中孕育出来的罪与罚的观念,已成为一般国民的道义上的信念。刑罚是对恶行的反动的观念,在现代社会依然历历存在。另外犯罪人应受法律上的报应的法的报应原理,仍然可以说是国民的法律信念。"[①]只不过,刑罚是国家制定的功利之物,对报应的追求虽然融合于刑罚之中,但它的范围须被限制在预防犯罪的目的之下,并要和预防犯罪一道,致力于维持合理社会秩序的终极目标。对此,我国台湾地区学者黄荣坚认为:"实质上,人类不得破坏的是利益,而不是规范。否则,无异乎为规范而规范,为刑罚而刑罚是威权体制下严重侵害基本人权的想法。"[②]于是答案变得很明确,应当以最小限度的社会秩序保障最大限度的公民自由;应当消除任何形式的"过剩秩序",在犯罪对策方面体现"小政府、大社会"这一现代政治理念。

---

① 〔日〕大谷实:《刑事政策学》,黎宏译,法律出版社2000年版,第101页。
② 黄荣坚:《刑罚的极限》,台湾元照出版公司1999年版,第216页注⑧。

在刑法基本问题上,人们更应当明白,刑法能够现实发挥的机能都是相对的、有限的。为了消灭犯罪,就必须消除犯罪原因,而消除犯罪原因是社会政策的任务,正如德国刑法学家李斯特所言,"最好的社会政策就是最好的刑事政策"。所以,刑法虽然是遏制犯罪的最强有力的手段,但是并不是唯一手段,更不一定是决定性手段。同时,由于刑罚具有"恶"、"痛苦"的属性,所以应该(也只能)在必要并且人道的限度内适用刑罚,刑法只能以严重的危害行为作为自己的制裁对象,只能是在其他手段不足以抑制犯罪行为的情况下(即非常不得已的情况下),作为"最后手段"来动用。刑法对社会的保护,不能随意进行,不能为了保护社会秩序的任务就可以随意地干涉民众的基本人权,刑法的干涉只有通过以下方式来进行,即保护公共和平秩序,同时尊重个人的行为自由,反对非法强制,根据公正原则对严重的违法行为进行制裁。① 在这个意义上,刑法是"善良公民的大宪章",也是"犯罪人的大宪章"、"服刑人的大宪章"。刑法对人权的保护本身包括了对犯罪人人权的保护和对一般人人权的保护。也正是如此,刑法在制度层面的构建上以平等、公平为基本规则。由于每个人的基本需要都应当在他人可以容忍的程度上得以满足,每一个体的权利需要之间既一致、融贯也具有冲突,而人权本身是一个社会概念,它既是个人与生俱来,又是历史产物,因而所谓无一例外地保护人权必然要在不同人的基本需求中寻求共同基数以及在人与人的权利之间寻求平衡,于是公正必然成为法制度的目标,在法治意义上,它也可以被理解为实现人权保护之下的目标。

以正确的刑法观为出发点,面对现代社会中不断攀升的犯罪率和累犯、再犯、青少年犯罪问题的日益突出,人们应当省思单纯惩罚犯罪的刑事政策,从保护个人基本安全所需的社会秩序需要出发,在立法上合理设置犯罪圈、恰当设置法定刑,并在司法中给每一个犯罪人他应得的惩罚。唯此,方能克服急功近利的立法司法倾向,淡化我国刑法"重刑化"的色彩。

2. 注重立法、司法解释的前瞻性

囿于"法律是稳定的社会关系的调节器"的传统立法指导思想的束缚,我国刑法在确定调控范围时主张"成熟一个制定一个",司法解释的出台也大致遵循这样的思路。这种立法指导思想和司法解释模式容易导致刑法的被动性、滞后性和不稳定性。今后刑法立法和司法解释均应纠正这种单纯经验性的立法和司法解释偏向,在充分考虑未来犯罪变化和发展趋向的基础上,根据对犯罪规律的科学预测,将已经显现或即将出现的危害行为的形态一并纳入预设的新犯

---

① 〔德〕汉斯·海因里希·耶赛克、托马斯·魏根特:《德国刑法教科书》,徐久生译,中国法制出版社2001年版,第2页。

罪构成之中,从而将刑法反映现实和刑法预见未来有机地结合起来。例如,鉴于一些公司、企业以隐匿财产、承担虚构的债务、非法转移和分配财产等方式,造成不能清偿到期债务或者资不抵债的假象,申请进入破产程序,以假破产逃避债务行为,违背社会诚信,不仅严重侵害债权人和其他人的利益,妨害公司、企业管理,而且破坏经济秩序,影响社会稳定,社会危害性严重,应当予以惩治,2005年《刑法修正案(五)草案》建议增设"虚假破产罪",但未获通过。在短短一年后,《刑法修正案(六)》获得通过,"虚假破产罪"得以增设。又如,使用暴力、胁迫手段组织未成年人乞讨的现象早已非常突出,公安部早就建议增设非法组织未成年人乞讨罪,该提议在《刑法修正案(五)草案》中已经提出,但未获通过,直至《刑法修正案(六)》方获通过。实际上,流浪乞讨问题虽然是世界性难题,但与流浪乞讨不同,用暴力或者胁迫方式组织未成年人乞讨、从中渔利的行为是严重妨害社会管理秩序、严重侵害未成年人身心健康的犯罪,将其纳入相关的罪名之中或者增设组织未成年人乞讨罪并无任何不妥。如果对类似的情况作前瞻性分析,在立法之初应当设立这一罪名,而司法能动性较差是法典呈现出"疏漏"时,修正案草案中提出的增设罪名的建议就应获通过。当然,立法活动的"波折"本身难免。同时,这种波折折射出了中国社会在民主宪政的光明前景,具有重大的历史意义。但长远来看,朝令夕改、频繁修订终乃法治之大忌,处于社会转型发展关键时期之中国社会,应尽量迈好每一步。

3. 注重发挥刑事司法能动性

在罪刑法定原则条件下,司法机关在刑法适用中是否应当有能动性?有多大的能动性?现代法学业已达成了一个共识,即无论立法者多么充满理性和睿智,他们都不可能全知全觉地洞察立法所要解决的一切问题,也不可能基于语言文字的确定性和形式逻辑的完备性而使法律文本的表述完美无缺、逻辑自足。① 也就是说,即便在罪刑法定原则条件下,刑法的意蕴只有通过法官对法律条文的理解、解释和适用才能表现出来。既然刑法的实现离不开解释,这样一来,"刑法解释问题的关键就只在于如何认识解释以及怎样解释"②。

"徒法不足以自行"。本来,刑事司法活动要求对刑事案件作出符合情理的裁判,司法人员在这一过程中承担着重要的责任:他需要在法条错误的地方规避法律、在法律空缺的场合"恰当立法"、在法条冲突的时候选择适用最为恰当的法条。然而,理论和实务界都普遍认为,只有最高人民法院、最高人民检察院(以下简称"两高")才有权处理刑法适用过程中出现的难题。这样,遇到刑法

---

① 张志铭:《法律解释操作分析》,中国政法大学出版社1999年版,第1—2页。
② 梁根林:《罪刑法定视域内的刑法适用解释》,载《中国法学》2004年第3期。

适用难题时,司法人员只能要么消极等待立法机关的立法解释或修正案出台,要么眼巴巴地盼望"两高"(尤其是最高人民法院)的见解和态度。这种状况无疑会极大地限制司法机关的能动性,不利于刑事司法的健康运行。实际上,"我们何以得知立法权力应当配置给全国人大,何以得知刑法的解释权力不能由最高法院代为行使?我们信仰宪政精神是为了什么?其实,即便我们彻底剥夺最高司法机关的刑法解释权,也不一定就能保证刑法解释不出问题,因为宪法有时也不能解决问题——魏玛宪法并没有能够阻止希特勒法西斯政权上台;司法审查出错的案例也比比皆是",所以,在刑法解释问题上,只要能够遵循伦理的指引、合理协调刑法立法和刑法司法之间的紧张关系。

比如,全国人大教科文卫委员会和国家人口与计生委员会的有关资料表明,我国人口性别比偏高的形势严峻(口性别比例的正常值为102—107∶100,而我国出生人口男女性别比例已达到116.9∶100,有的省份则高达130∶100),而非法的胎儿性别鉴定及选择性别的流产、引产是导致一些地方出生人口男女性别比失衡的重要原因之一,将会严重影响我国的人口结构和社会稳定。鉴于我国现行《刑法》第336条第2款规定的"未取得医生执业资格的人擅自为他人进行终止妊娠手术,情节严重的"行为,无法适用于非医学需要的胎儿性别鉴定的行为。鉴于此,《修正案(六)草案》中曾建议在《刑法》第336条后增加"违反国家规定,为他人进行非医学需要的胎儿性别鉴定导致选择性别、人工终止妊娠后果,情节严重的,处3年以下有期徒刑、拘役或者管制,并处罚金"的内容。《修正案(六)草案》二次审议稿的这一规定在全国人大常委组成人员、地方和中央有关部门、司法机关中产生了较大的分歧,为了避免影响草案的整体通过和其他社会迫切问题的解决,《修正案(六)草案》三次审议稿没有将这一内容列入。实际上,如果恰当发挥司法能动性,正确适用现行刑法典的规定,非法鉴定胎儿性别的行为是可以得到恰当处理的:如果行为人明知或者可能知道为孕妇鉴别胎儿性别会导致堕胎事件发生,完全可以适用故意伤害罪或非法行医罪处罚,无须专门修改或补充法典。

4. 更加注重与国际刑法衔接

国际刑法是当代刑法学领域的重要组成部分。我国已先后批准或者加入的19部国际公约。这些公约中所包含的国家刑事法义务的立法转化,是我们必须面对的问题。中国学术界曾将联合国公约在刑事法治领域的贯彻纳入其国际刑法研究的视野,通过连续举办两届"当代刑法国际论坛"为契机,邀请中外学者集中对联合国人权公约、联合国反恐公约以及联合国反腐败公约的贯彻进行研讨。来自中国、美国、德国、加拿大以及韩国等国的学者共同交流了公约的国内法转化经验,为中国切实解决国际公约所规定的刑事法义务问题提供了可供借鉴的理论依据。这些理论成果有待转化为具体的立法、司法成果。例如,鉴于我国已经批准加入《联合国反腐败公约》,以及中国反腐败斗争需要不断加强国际合作的客观实际,建立健全检察机关在反腐败国际合作地位及工作机制,充分发挥人民检察院在国际反腐败工作中的作用,就成为履行国际公约义务、解决中国乃至国际社会腐败现象的立法、司法任务。总的说来,"经过30年的改革开放,我国社会已逐渐融入全球化的发展轨道,我国社会现实及其科学发展需要本身当然就包含了国际化的因素和国际潮流与趋势的考量与理性回应,也应当蕴含在我国刑法修改的根据之中"①。

---

① 赵秉志:《对〈刑法修正案(七)〉(草案)的几点看法》,载《法制日报》2008年9月21日,第2版。

第十二章 中国法制和法学的转型

——以一国两制法治实践为视角

1979年1月,邓小平向美国参、众两院议员阐明我国政府对台政策时指出:"我们不再用'解放台湾'这个提法了。只要台湾回归祖国,我们将尊重那里的现实和现行制度"。这被视为国家领导人最早在国际场合公开表示要用"一国两制"方针解决台湾问题①,并引起了国际社会的广泛关注②。1979年3月,时任香港总督麦理浩访华,向中国政府提出了1997年到期的土地批租契约问题③,这是英国政府第一次正式向中国政府提出香港问题。中国政府表示,这个问题将与整个香港的主权问题一起解决。于是,香港问题开始浮出水面。1982年9月,邓小平会英国首相撒切尔夫人,正式阐明了中国政府对香港问题的具体立场和方针。④ 1982年12月4日,全国人民代表大会通过了新的《中华人民共和国宪法》,为一国两制进行了根本大法准备。

---

① 对于一国两制理论,自其诞生以来,国内外学界在研究和阐述时一般都加上引号,这或许是出于对小平同志的尊重,抑或是一种约定俗成。但在笔者看来,在香港和澳门回归之前,也就是在一国两制理论付诸实施之前,引号更多具有理论的象征和符号意义。今天,香港、澳门回归都回归已十多年了,一国两制早已不再是纯理论,相反,已经成为我国宪法制度的重要组成部分,成为包括香港和澳门地区在内的中国的法治现实。进而,一国两制也就代表了国家的一种基本法律制度,引号就自然失去了其象征和符号意义。因此,本章中一律不再对一国两制加引号。

② 参见蓝天主编:《"一国两制"法律问题研究》(总卷),法律出版社1997年版。

③ 因为1842年《南京条约》割让香港,1889年第二次鸦片战争后,再次割让九龙半岛,在英国人看来,香港和九龙皆为其"领土",香港政府与地产商的土地出让均为70年。但"新界"却是英国借《拓展香港界址专条》从清政府"租借"的,所有涉及新界的土地出让合同期均以1997年6月30日为限。正因为此,英国政府首先向中国政府提出了"香港问题"。

④ 《邓小平文选》(第3卷),人民出版社1993年版,第102页。

第十二章　中国法制和法学的转型

1984年中英两国关于解决香港问题的《联合声明》正式签署以及随后向联合国备案,标志着一国两制不仅由国内政策延伸至郑重的国际外交承诺,更赋予了一国两制国际法意义和约束力。1990年4月,《香港特别行政区基本法》颁布。从1997年7月1日开始,一国两制从制度安排进入制度实践,从法制走向法治,至今已走过了十几年的历程。1999年12月20日开始,一国两制法治实践区域进一步扩大,从香港延伸至澳门,国际影响力及对中国社会的冲击和影响也进一步扩大。这大体上是一国两制从政治构想、外交承诺到宪法原则,再从宪法原则到现实法律制度的历史过程,也即从法制到法治的发展过程。

一国两制由政治理论物化为现实制度这一历程,既展示了它艰难曲折的前行步履,更注定了它对中国法制结构、法制转型和法学转型的历史意义和历史宿命。一国两制理论的法律意义何在?一国两制理论对中国法制结构的意义是什么?一国两制理论和法治实践如何影响和促进中国法制转型?这种转型的时代和历史走向怎样?一国两制法治实践对于转型的中国法学意味着什么?这些问题,正是本章着力探究和试图回答的。

一、一国两制语境中的中国法制新定位

众所周知,一国两制起初是作为一种解决历史遗留问题、实现民族团结和国家统一的政治构想提出的,但自从其正式登上国家和国际政治生活舞台,便作为一种政治哲学和治国理念,更具有丰富的法律意义。我国1982年《宪法》第31条规定:"国家在必要时得设立特别行政区。在特别行政区实行的制度按照具体情况由全国人民代表大会以法律规定"。这一规定赋予了一国两制宪法支撑,为香港基本法提供了宪法基础。这是一国两制由政治构想、政治理论和政治理想物化为宪法原则和法律制度的开始,也因此正式导致了中国法制结构的"颠覆性"的深刻变革,使人们必须重新思考和寻求中国法制的新定位,影响、制约甚至在某种程度上决定了中国法制的发展走向。

一般认为,自1949年新中国成立到1997年6月,我国在宪制结构上实行单一制,其法制的表现形式为统一的法律制度,统一层级且效力等级分明的立法

权,统一的司法体系和司法权分配,法律适用也实行统一的原则和标准。① 但是,一国两制理论的提出,则使这种单一的法制面临"颠覆性"冲击。在法制结构上,自从1982年12月现行《宪法》通过,就预示着由单一或"一元"向"多元"的转型,而在这种转型中,矛盾性则应当是最为显著而独有的特征。

一国两制从中英联合声明签署至1997年7月1日香港回归、香港特别行政区成立(以下简称香港特区),再到1999年12月20日澳门回归、澳门特别行政区成立(以下简称澳门特区),正是中国社会经历急剧而深刻社会转型的时期,也是法学理论开始思考法制转型的时期,即所谓的"社会和法制双重及同步转型"的历史时期②,首要的理论和实践论题,则可能是国家统一与社会转型的关联性。在我们看来,一国两制方针下的国家统一进程,应该说是发生在当代中国社会最大的转型之一。这一转型最重要的特征同样是多元化。这种多元化进程中制度和法律通过相互碰撞、冲突和协调,最终达到相互吸收、相互补充的一种共存、融合状态,在这一过程中引发的社会观念、理念、心理的变化,以及这种变化对中国社会转型的影响,无不具历史性和深刻性。然而,国内法理学特别是"法制转型理论"对一国两制却缺少应有的关注③,甚至表现了不应有的冷漠,这不能不说是一种理论缺失。一个显然的例子便是,国内出版的几乎所有法理学教材中,只有沈宗灵教授主编的《法理学》(第2版)④,列出专章讨论了"法与一国两制",介绍了一国两制对国家法制建设和法学理论的影响。而迄今具新意和时代感的法理学教材《法理学初阶》和《法理学进阶》⑤,对法与经济、法与全球化和本土化、法与转型社会、法与和谐社会等前沿课题都有所涉猎,但却没有触及法与一国两制这一非常"中国化"的特有社会现象。邓正来教授在对三十余年来中国法学的颠覆性反思和"建构"中,对几大主流学术思潮,如"权利本位论"、"法条主义"、"法律文化论"、"本土资源论",进行了深入剖析和深刻批判,并提出了"中国法律理想图景"的建构范式。但同样令人疑惑的是,

---

① 严格说来,从国际法和我国宪法而言,上述看法并不十分准确。国际法上,自中华人民共和国政府成立起,就宣布不承认香港和澳门的殖民地位,台湾也是我国的一个省份。从这个意义上说,一直以来,国家领土主权意义上,我国是一个多元法制国家,并非似有学者认为的,是一个单一制的法制统一的国家。或者,上述单一制法制,只是从法制的实际运行,或者从我国宪法的实际效力范围意义上说的。参见张海燕:《在邓小平"一国两制"理论指导下我国法制结构的变化》,载《毛泽东思想研究》2003年第1期。

② 参见陈友清:《论一国两制法学及其形成和发展》,载《中国法学》2006年第2期。

③ 确实,一些研究法制转型的著作也收入了与一国两制有关的研究成果,如许传玺主编:《中国社会转型时期的法律发展》,法律出版社2004年版。但在笔者看来,被收入的这些研究成果,大都和一国两制与社会转型这一主题无涉,之所以被收入,更似出于编辑出版的考虑。

④ 沈宗灵主编:《法理学》(第2版),高等教育出版社2004年版。

⑤ 付子堂主编:《法理学初阶》、《法理学进阶》,法律出版社2005年版。

他也丝毫没有论及一国两制对中国法学的哪怕是可能的冲击或影响。① 倒是一位香港学者在香港回归前就提出了"一国两制与中国的未来"这一现实而深刻的命题。② 或许,内地的学者们认为一国两制并不足以影响中国的社会转型,更不能构成对中国法理学发展方向或内容的丰富或创新。但我们并不这样看。这种视而不见的态度,理论上根本不足以折射中国法制现实以及中国法理学的全貌,实践上不但非常单薄而不足以诠释和支撑中国法制现实,而且十分有害。

在法制领域,起码有下列理论和实践问题需要我们的"法制转型理论"作出回应并提出法理学说明:

其一,在法制本质上,一种我们历来标以"异质"的法律制度的"加入",并允许其与主流的传统法律制度不仅在"质"上对立,而且在内容上直接冲突,这对国家的法制转型意味着什么?例如,《中华人民共和国立法法》、《中华人民共和国少数民族区域自治法》规定,少数民族自治地方立法可以对中央立法加以变通,但同时规定,根本原则不得与中央立法冲突,否则无效。③ 而香港、澳门两个特区的立法,在立法内容上与中央立法的冲突则是全方位的。

其二,在法律渊源和法律体系上,一方面,一个我们并不熟悉、在传统与技术上与国家主流法律完全不同的普通法法域,成为国家法律体系的组成部分并势必与之产生互动;另一方面,一些全国性的法律因在特别行政区实施而同样面临一个"融入"的问题,如被列入香港、澳门基本法附件的全国性法律。与此直接关联并多次在学界提出的一个有趣的问题是:基本法是社会主义性质的法,还是资本主义性质的法?《香港特别行政区基本法》应被作为大陆法系的法律,还是普通法系的法律?对于前者,内地学者的回答是肯定的;而对于后者,问题的提出并不是毫无意义的,更不是纯理论的,它直接关乎香港基本法的司法适用。

其三,在宪政建设上,第一次在立法中出现了具有现代宪政因素的中央与地方的明确分权,以及对中央立法机关、司法机关、行政机关干预地方事务的明确限制。④ 另一方面,基本法规定,中央人民政府派驻两个特区的军队既要遵守全国性法律,也要遵守特区的法律。⑤ 驻军法也作了相同的规定。同时,驻军法

---

① 参见邓正来:《中国法学向何处去——建构"中国法律理想图景"时代的论纲》,商务印书馆2006年版。
② 参见陈弘毅:《法治、启蒙与现代法的精神》,中国政法大学出版社1998年版。
③ 《立法法》第66条,《民族区域自治法》第6、15条。
④ 《香港特别行政区基本法》第17、22条。
⑤ 《香港特别行政区基本法》和《澳门特别行政区基本法》第14条。

还规定,驻军人员的非职务犯罪案件,由特区司法机关管辖。① 作为国家机器并代表国家行使主权而进驻两个特区的军队,还受到地方立法和司法的管辖。② 一国两制的这些宪政安排与我国现行宪政体制的矛盾和冲突,也是我们的"法制转型理论"所必须面对并做出合理解释的。

其四,在立法上,国家最高权力机关和立法机关第一次在合法权力范围内以合法的程序,制定了相互冲突的法律。也即,两部基本法在其内容的几乎所有方面,都与现行的全国人大及其常委会制定的法律相冲突。这里引发的另一个有趣的问题是基本法本身的合宪性。香港和内地学者都曾讨论过这个问题。内地的主流看法是,基本法得到了《宪法》第31条的授权,而且,全国人大在通过基本法的同时,还通过了一个关于基本法的决定,这个决定中明确宣布基本法"符合宪法",从而解决了基本法的合宪问题③。但在我们看来,基本法并不完全因为全国人大通过基本法时所作的"决定"而必然合宪,因为这个"决定"对基本法合宪的宣布实质是《宪法》第31条的同义反复,并没有提供十分清晰的理据。基本法合宪性的关键取决于对《宪法》第31条中"特别行政区具体制度由全国人民代表大会通过法律规定"的"具体制度"的解释,其中是否同时涵盖了社会主义和资本主义两种根本不同的制度? 如果仅从宪法的规定或宪法的"精神"来看,是看不出其涵盖了资本主义制度的——因为宪法序言宣布:"社会主义是国家的根本制度"。对内地学者的解释,香港部分学者也持保留态度。④ 同时,国家最高权力机关和立法机关还第一次明确运用"法律解释",限制甚至推翻了自己的立法所确定的基本原则。⑤

其五,在司法体制上,作为国家主权重要组成部分之一的终审权,第一次通过立法授予地方司法机关行使。⑥ 同时,国家最高司法机关与地方司法机关的关系,也不再是法律上明确的领导关系或通过审级彰显的"上下级关系",而只是司法管辖权和审判效力上的"平行关系"。而根据基本法,香港和澳门两个特

---

① 《香港特别行政区驻军法》第16条,《澳门特别行政区驻军法》第23条。
② 在香港成文立法中,有近100部条例中的100多个条文,赋予了驻军执行职务时的特权和豁免,也同时设定了驻军和驻军人员的义务。
③ 参见吴建璠:《"一国两制"与香港基本法》,载《中国法学》1997年第3期。
④ 参见 Yash Ghai, "*Litigating the Basic Law: Jurisdiction, Interpretation and Procedure*", In Johannes M. M. Chan, H. L. Fu and Yash Ghai (eds), *Hong Hong's Constitutional Debate—Conflict over Interpretation*, Hong Kong: Hong Kong University Press, 2000, pp. 3—52。
⑤ 全国人大常委会1996年5月15日《关于〈中华人民共和国国籍法〉在香港特别行政区实施的几个问题的解释》,虽然符合一国两制的实际需要,但却也事实上推翻了《中华人民共和国国籍法》所确立的"不承认双重国籍"的重要原则。
⑥ 《香港特别行政区基本法》第2、19条,《澳门特别行政区基本法》第2、19条。

区司法机关可与"全国其他地区的司法机关"通过"协商"建立"司法方面的联系和相互提供司法协助"①。这就决定了香港、澳门司法机关与内地司法机关（包括国家最高司法机关）是一种"平行或平等"关系。1999 年 3 月，最高人民法院以司法解释形式公布了《关于与香港特别行政区法院相互委托送达民商事司法文书的安排》。同年 6 月，最高人民法院与香港特区律政司签署了《关于内地与香港特别行政区相互执行仲裁裁决安排》。这既是"协商"的结果，也实际上证明了两者之间的"平行关系"。

其六，在法律适用上，一方面，全国性法院须以普通法的方式由香港特区司法机关适用；另一方面，国家最高审判机关被法律赋予审判发生在两个特区的特定案件的司法管辖权，并在审判中适用香港和澳门特区作为我国地方立法机关制定的法律。②

其七，在法律技术上，由于法律程序、法律历史、法律传统和法律文化的差异，以及由这些差异导致的法律解释上的不同理念和技术的冲突，不但制约和影响着这种转型，而且直接决定了法律的适用和法制系统的正常运作。香港回归后的一系列"基本法诉讼"，可以更清晰地看出这种冲突的存在和意义。

二、一国两制法治实践与中国法制转型

（一）一国两制法治实践与香港法治转型③

对香港社会而言，1997 年 7 月 1 日的符号意义绝不仅仅是政治和外交上的。应当说，自从香港问题浮出水面走向政治和外交前台的那一天，香港社会的政治、经济、社会、文化环境和生态就开始发生深刻变化，主权移交只是香港社会强制性转型的质点。因此，之于香港，一方面，必须适应国家正在发生的深刻社会和法制转型；另一方面，必须完成自身由旧体制向新体制的转型。换言之，对香港社会而言，回归后面临的是双重转型。

（1）宪政转型。这是指从特区地方政府的法律地位和权力来源上、从政府

---

① 《香港特别行政区基本法》第 95 条，《澳门特别行政区基本法》第 93 条。
② 如《香港特别行政区驻军法》、《澳门特别行政区驻军法》均在第 23 条规定，香港、澳门驻军人员的非职务侵权案件，分别由香港、澳门特区法院管辖；职务侵权案件由最高人民法院管辖，但损害赔偿则分别适用香港和澳门法律。
③ 请注意，在讨论香港、澳门特区时，我们选择了"法治转型"而不是"法制转型"，因为在现代法治（rule of law）意义上，香港、澳门是比较成熟的法治社会，而内地尚在建设现代法治的进程之中。

权力的合法性理据和法律基础上,伴随着其宪法依据由英国宪法向中国宪法的根本改变,由殖民地向特别行政区转型;在宪法规范上,由简陋的成文宪法安排加上诸多不成文的普通法宪法惯例(Constitutional Conventions),向成文的系统的宪法性安排转型;在地方与中央权力划分上,不但更加明晰,且地方权力广泛扩张,香港特区拥有了除国防和外交之外的几乎所有权力,特别是严格限制了中央为特区立法的权力,并且严格限制了中央修改基本法并因而可能收缩或收回授权的权力;政府组成更符合现代宪政要求,立法、行政、司法三权分立,相互配合,相互制衡,行政长官和立法会议员皆由任命制走向选举制,标示了香港历史上最直接而迅速的民主化进程;人权保障得到法律保证,《公民权利和政治权利国际公约》正式进入特区宪制法统;以大陆法系传统为主要特征的全国性法律进入香港的普通法体系,虽然只是基本法和列于附件三的极少数全国性法律通过本地立法或以公布形式在香港特区实施,但仅从法律技术上讲,这种引入则是"革命性的";实现了法律本地化和适应化,以适应香港回归中国的现实和法治需要。如果我们从限制权力、保障人权和法治的视角看待现代宪政,回归标志着香港由专制向宪政和民主转型,自治权力的全面扩张则是这一转型的主要制度性标志。特区的自治权远远大于世界上任何一个联邦制国家的成员州所享有的权力,这是一个无可否认的事实,也是学界的一个共识。

(2)立法转型。其实,立法转型也是宪政转型的要素部分。从法制冲突的视角,由殖民地向特区的立法转型大体涵括了立法机关产生办法、特区的立法权力和立法内容三个方面。在立法机关产生办法上,转型的困难和焦点集中于立法机关产生办法的民主化程度和民主化进程。殖民地时期,在总督专制的宪政安排下,立法局本质上并不是三权分立理论中的立法机关。《英皇制诰》赋予立法局的职能是总督的咨询机构,总督是当然的立法局主席,立法局制定的法律必须得到总督批准,英国政府不但保留了否定本地立法的权力,还严格限制本地立法"不得与英国法律相忤逆,不得与皇室承担之条约义务相违背",并明文列出了10个即使港督也无权批准立法的领域。立法局议员的产生方式也从来就是总督委任,根本无民主可言,而且在一个以华人为主体的社会里,华人却从来就遭受政权歧视。立法机关产生办法的民主化是英国从殖民地"光荣撤退"前政治安排的惯例。但就香港而言,其特别之处在于不是从殖民地走向独立,而是主权回归中国。因而,立法机关的民主化和本地化,就不仅仅关涉本地政治资源和政治生态的重新分配和整合,外交和国际政治因素也参与了民主化进程的主导权争夺。因而,这一转型过程就变得更为艰难而复杂。"民主派"以民意要挟和威胁,他们的政治要价容易超越社会政治环境,而一旦得不到满足,他们则可能以"民主的方式"走向民主的反动。主导社会经济命脉的有产阶级同样以社会经济和稳定相威胁,担心民主化进程损害其既得利益,但他们又不敢公然与民意对立。因而,他们的政治立场往往既是保守和倾向反民主的,也极容易动摇。结果是,在立法机关产生办法的民主化进程中,妥协往往成为最后的选择。"功能组别"的特别行政区立法会选举方式,即是妥协的产物。

在立法权力和立法内容上,这种转型可能引致的法制冲突主要表现在三个方面。其一,中央对立法权的控制。回归前,英国政府明确保留了对香港立法的最终控制权,这种控制权包括对殖民地立法的否决权和明确限制殖民地的立法范围。回归后,特区立法权得到了显著扩张,特区立法不但可以与中央立法直接冲突,中央只保留了对特区立法的"备案"权。或许,一国两制下对"备案"权的可能不同解释,也是导致法制冲突的"冲突源"之一。其二,中央立法通过基本法附件的方式部分地直接在特区实施,特殊情况下,还可以直接决定全国性法律在特区实施。① 这就意味着在特定情况下,中央直接为特区立法,也就同时构成了对特区立法机关立法权力和范围的限制,以及对特区立法法律效力的中止甚至终止。其三,基本法还赋予了特区特定的立法义务,特区政府在履行这种义务中也可能导致冲突,不管这种冲突是因为政治体制的,还是意识形态的。②

3. 司法转型。香港特区司法机关历史上首次被授予了终审权。或许,正是由于终审权,使得理论阐释和实践界限难以把握,使得这种司法转型举步维艰,充满曲折。

首先,是特区司法权属性的理论界定和实践定位问题。一国两制下特区司法权具有国家性、授权性、独立性、冲突性、限制性与完整性的统一等法理属性,这些属性也决定了特区司法权的合法性、正当性、授权边界和管辖权行使,而对一国两制特区司法权法理属性的准确认识和把握,则直接影响着避免和控制司法管辖权冲突。③

其次,是司法如何把握政治与法律的边界,决定准确的介入时机和介入程序,以维持立法、行政和司法的平衡与制衡。在三权分立体制下,现代司法权尤其是违宪审查权得到充分扩张,一方面源于司法中心主义的法治原则,另一方面也是政府权力扩张导致对社会生活干预增加的道德要求。但同时对一些政治性争议或不依赖规则或原则而适合通过政治程序解决的问题,要求司法机关在行使管辖权时保持自我克制。对一些政治性较强的争议,法院也通常拒绝行使管辖权,以保持自身的中立形象,防止司法政治化。一国两制下,对特区法院

---

① 《香港特别行政区基本法》第 18 条。
② 《香港特别行政区基本法》第 23 条。
③ 参见陈友清:《一国两制下特区司法管辖权的完整性和限制性》,载《现代法学》2006 年第 4 期。

的考验不仅在于制度和法律的全新,还在于特区法院缺少宪法性司法审查的经验,也在于对是否介入、选择介入的时机和合适案件以及介入程度作出决定的政治智慧,更在于以技术手法处理政治性问题从而避免司法政治化的政治技巧。司法机关应努力避免司法受政治派别、政治力量,或者即使是法学家通过现代传媒的干扰,更应当避免试图通过司法程序进行"政治底线"的测试。因为,由于法院在其自身合法性问题上面临着"反多数困难"(countermajoritarian difficulty),"法院在进行宪法性审查时,应保持相当的司法谨慎和谦虚。这意味着给予政府其他部门做出选择和政治妥协的'评价边界';意味着懂得就某个问题由政治辩论继续而不是由法院替社会做出确切决定的价值;意味着小心解释宪法文本中的模糊条款,因为这极可能成为法院将自己的价值强加于社会的工具;意味着法官应阻止宽泛论说,而尽可能将判决建基于较窄的理据"①。这对处于一国两制下不同政治、经济、社会、文化制度,不同法律传统和技术的特区法院来说,特别是在所谓的违宪审查案件中尤为重要。司法把握失据,则可能或因时机或案件选择失当而损害司法权威,或因介入过度而丧失司法的中立、公正,并可能使司法陷入政治纷争的旋涡。十多年的一国两制法治实践,尤其是初期展现的法制冲突与互动,为此提供了生动注解。

第三,是司法与社会的关系。法官在审判案件时是否需要或应当考虑判决对社会的影响?这似乎是法治的一宗历史悬案,或者说是一个法治悖论。一方面,法官只忠诚法律是法治的精髓之一,即使这种忠诚的结果可能产生负面的甚至反面的社会效果,责任在于行政和立法,而不在司法。但另一方面,在普通法司法传统中,"公共政策"(public policy)或公共利益,不但在普通法发展历史上扮演了重要角色,作出了重大贡献,尤其是在成文法缺少明确规定或判例法尚无成例时,"公共政策"往往成为法官支撑其判决的主要理据。香港特区的司法转型中,司法与社会的这一对矛盾,在"居留权"系列案中得到了充分体现,并将法官置于冲突的中心。"庄丰源案"②判决后引致的社会争议和利益冲突最

---

① Paul Gewirtz, "Approaches to Constitutional Interpretation: Comparative Constitutionalism and Chinese Characteristics", Hong Kong: (2001) HKLJ, Vol 31 Part 2, pp. 200—233, p.215.

② 该案中,当事人的父母均非香港永久居民或拥有香港永久居民资格,但因其在香港出生,终审法院判决其符合《香港特别行政区基本法》第23条的规定,拥有永久居民资格。此案前,香港《入境条例》一直沿用"出生地主义"和"血统主义"相结合的原则,规定必须双方或一方是香港永久居民,其子女才享有永久居民资格。但终审法院认为,《香港特别行政区基本法》第23条没有此限制,因而《入境条例》的此规定因与基本法冲突而无效。该判决实际上改变了香港确定永久居民资格的法律原则,并在相当程度上直接导致了判决后大量内地孕妇涌入香港产子,使香港社会、教育和医疗资源面临巨大压力。社会和媒体将这一社会现象称为"双非"问题。Chong Fung Yuen v. Director of Immigration,[2001] 2 HKLRD 533.

具典型意义。直到今天,"庄丰源案"的直接和间接影响仍在发生,已然不仅仅是一个司法问题,甚至不仅仅是一个法律问题,而延伸到了社会生活的各个方面,也因其对社会和民生的冲击而发展成为一个政治话题①,直接制约和影响着香港与内地的交流与融合。对此,司法是否应当承担责任?或者,在香港特区的司法转型中,司法是否应当分担政治和社会风险,以及应该和能够在多大程度上承担这一责任?这是一国两制法治实践向我们提供的又一重大理论和实践课题。

第四,是面临基本法司法化的法律方法选择,即以什么方法对基本法进行司法适用并在适用中解释基本法。换言之,即是否应该从普通法的立场看待,以普通法的方法解释基本法。矛盾之处在于,从立法上看,基本法是我国以大陆法传统和技术主导的立法体制的产物,但从司法上看,它的适用者和解释者都是普通法的。内地曾有论者提出过一种看似折中,但在我们看来实则为"不是方法的方法"来解释基本法,即所谓"一国两制的方法"②,而香港学界接受的共识则是普通法的解释方法。对此,已然发生的法制冲突和互动似乎已经达至了博弈平衡。回归后,从第一起"基本法诉讼"案③起,终审法院的立场就始终如一地坚持必须以普通法方法解释基本法。这对香港司法机关具有普遍约束力。全国人大常委会在三次行使基本法的解释权④时,遵照的是国家的立法体制和立法解释方法,但既未阐明自己的解释方法,也未否定终审法院坚持的普通法解释方法。对于理论而言,全国人大常委会的这种"模糊"既颇费思量,更意味深长。我们认为,两制在基本法解释方法上应当是处于共存或平行状态,各自按照自己的技术和方法运行。但如果香港终审法院发现需要全国人大常委会解释时,或全国人大常委会发现需要主动解释⑤时,国家的法律解释方法将居于优先效力地位。

---

① 据香港特区政府统计,"庄丰源案"后,内地孕妇通过合法或非法途径到香港产生的个案逐年增多,2011年达到了4.3万人,直接冲击了香港的医疗资源配置。
② 该方法不承认香港与内地法律解释方法不同可能导致法制冲突。参见肖蔚云:《论香港基本法的完备性和对一些问题的看法》,载肖蔚云:《论香港基本法》,北京大学出版社2003年版,第852页。
③ 即1999年1月26日终审法院判决的《吴嘉玲诉入境处处长》案([1999] 1 HKC 291)。
④ 即1999年6月针对终审法院对"吴嘉玲案"判决而对《基本法》第22、24条的解释;2004年4月针对2007年行政长官和2008年立法选举对基本法附件一第7条和附件二第3条的解释;2005年5月针对补选的行政长官任期对《基本法》第53条的解释。
⑤ 香港终审法院已经裁定,全国人大常委会的解释权是不受限制的,包括不受基本法条文的限制(即全国人大常委会对基本法的所有条文都享有解释权,而不仅限于中央政府管理的事务和中央与特区的关系)和不受特区提请的限制。参见终审法院对"刘港榕案"的判决,Lau Kong Yung (An Infant) & Ors v. Director of Immigration,([1999] 4 HKC 731)。

最后,是可能面临的与国家司法机关司法管辖权交叉或"共享"中容易引致冲突。这并不包括一般意义上的民商事或刑事管辖权冲突。潜在的可能是基本法建制内的、至今尚未发生的冲突,如"国家行为"的司法管辖权问题。① 这可能蕴含三个冲突主题。其一,中国人民解放军驻香港部队驻军人员的司法管辖权。驻军法规定,驻军人员的职务犯罪行为,由军事司法机关管辖。② 如果遵循冲突法中程序法适用法院地法的一般规则,那么实体法是适用特区刑法还是军事刑法抑或是国家刑法？制定法的规定并不明确,也没有立法解释可循。而现实情况是,适用法不同,是否存在"犯罪"案件以及军事司法机关是否有权介入就成为问题,并因此可能导致法制冲突。其二,最高人民法院管辖驻军人员的职务侵权案件,也面临同样的实体法和程序法适用的可能冲突。其三,"国家行为"(acts of state)的理论和司法界定及适用标准,也可能成为一个法制冲突源。这包含两个方面:一是基本法中的"国家行为"与全国性法律中的"国家行为"是否具法理和司法上的同一性？二是"国家行为"所含括的是否仅仅为国防和外交领域及其人员代表国家的行为？中央派驻特区的其他机构的行为应否受"国家行为"的司法豁免保护？这可能取决于对基本法相关文本中的"等"的解释了。上述冲突只是潜在的,但不等于就可以无视其存在,答案也可能需要等待适当的案件通过立法或司法解释方可获得。

(4)行政立法关系转型。行政与立法关系的定位和互动,向来居于社会政治体制的核心,也是社会和法制的最重要冲突源之一。特区行政立法关系的转型,也一直是学界争论的焦点问题之一。或许,认识一国两制下特区的行政立法关系,还必须回到制度设计和制度沿袭的起点。

对回归前殖民地时期的行政立法关系,一般皆认为基于"总督制"(Gubernatorial Government, Gubernatorial Form of Government)的政治体制,行政权绝对大于立法权,立法机关一向被指为"橡皮图章"③,总督拥有绝对权力和权威,集行政、立法、司法大权于一身。殖民地时期,"三权分立"除了司法独立外,在香港并不意味更多的东西,总督高于一切。④

对回归后特区的行政立法关系,则不但内地与香港论者之间的观点大相径庭,香港和内地学界内部的看法有时也南辕北辙,一直存在着"三权分立"和

---

① 《香港特别行政区基本法》第19条规定,特区法院对国防、外交等国家行为无管辖权。
② 《香港特别行政区驻军法》第20条。
③ 蔡子强、刘细良:《九七回归前夕的香港行政与立法关系》,成名编:*Hong Kong Government and Politics*(《香港政府与政治》), Hong Kong: Oxford University Press (China) Limited, 2003, p.162。
④ Peter Wesley-Smith, "The Hong Kong Constitutional System: The Separation of Powers, Executive-led Government and Political Accountability", *Ibid.*, pp.3-7。

"行政主导"之争。笔者看来,这种争论理论意义大于实践意义。问题并不在于理论上是否承认"行政主导",而在于行政与立法的政治博弈中其权能的有效发挥程度。也即,在行政立法关系的实际运行中,行政能否和是否实现了"主导"。① 实际情况是,一国两制法治实践中的行政立法关系,远未实现行政对政治体制和权力运行的主导,甚至也未能真正实现基本法规定的"既相互制衡又相互配合",而是始终处于一种制衡多于配合的紧张状态。并且,在这种紧张关系的互动中,行政机关一直未能改变弱势的地位和形象,立法机关的强势与行政机关的弱势并存,立法机关日益强化和行政机关日益弱化,甚至已然发展成为一种政治趋势。② 这样,即使理论上承认基本法的立法原意是建立"行政主导"的政治体制和行政立法关系,也并不能因此而改变行政机关的弱势状况。真正的"行政主导"必须从制度设计开始,以法制为支撑,通过制度的运行实现。否则,"行政主导"要么沦为没有实际意义的政治口号,要么只是一厢情愿的政治意愿。法律制度及体现法律制度的法律文本中的权力配置才是确定行政还是立法主导的基础。正是从这个意义上,即使基本法设计了"行政主导",现实中也未必能够导向强势政府。③

随着特区行政长官和立法机关产生办法的发展变化,也即随着特区政制民主化进程,特别是随着特区政治生态的变化和政党政治的发展④,"行政主导"的政治和法制基础越来越呈弱化,行政机关的首脑——行政长官——对立法机关的控制和主导越来越缺乏制度保障。特区不实行"两党制"或多党制,立法会选举中仍然沿用功能组别选举办法⑤,在立法会选举中获胜的政党或团体并不意味着可以主导政府的成立,或可以保证在立法机关拥有多数。行政长官的首

---

① 参见 Lau Siu-kai, "An Executive-led Political System: Design and Reality", Lau Siu-kai (ed): *Hong Kong's Blueprint for the Twenty-one Century*, Hong Kong: Chinese University Press, 2000, p. 1.
② 2003 年政府《落实基本法 23 条立法草案》夭折,2005 年政府《政制改革方案》被立法会否决。可以看成是这一趋势的映照。
③ Albert H Y Chen, "'Executive-led Government', Strong and Weak Governments, and 'Consensus Democracy'", Johannes Chan and Lison Harris (eds), *Hong Kong Constitutional Debates*, Hong Kong: Hong Kong Law Journal Limited, 2005, pp. 9-13, p. 12.
④ 一般认为,2003 年 7 月 1 日是香港政治生态发生重要变化和分化的转折点,政府在立法会内获得政党或政党联盟的支持进一步弱化。这种情况严重削弱了"行政主导"体制的效果和行政机关的效率。参见 Albert H Y Chen, "'Executive-led Government', Strong and Weak Governments, and 'Consensus Democracy'", Ibid., pp. 9-13, at p11; Carol J. Petersen, "Hong Kong's Spring of Discontent: The Rise and Fall of the National Security Bill in 2003", Fu Hualing, Carole J. Petersen and Simon N. M. Young (eds), *National Security and Fundamental Freedoms—Hong Kong's Article 23 Under Scrutiny*, Hong Kong: Hong Kong University Press, 2005, p. 55. 对此,内地也有学者持相同观点,参见周平:《香港政治发展:1980—2004》,中国社会科学文献出版社 2006 年版,第 283 页。
⑤ 2004 年的立法会选举,60 个立法会议员议席中,通过功能组别产生 30 席,直接选举 30 席。

要负责对象并非立法机关,而是由中央人民政府任命并向中央人民政府负责。这样,一方面,行政长官在立法会中的支持主要并不依赖立法会选举,而更多地是依赖制度外的因素,如中央的支持,政策的社会认同程度,与立法会政党团体的政治关系,说服立法机关的能力等。如果说回归之初首届行政长官对立法机关还拥有相当的控制权——因为临时立法会有20名议员是行政长官委任的,那么,委任制的取消,直接选举的扩大,意味着立法机关政党或利益集团政治力量的壮大,也同时意味行政长官的权力在收缩。① 或者说,在现行政治体制下,能否实现行政主导,主要并不能依赖制度支撑,更不会依赖全国人大常委会的强调或对"立法原意"的表述或重述,而主要取决于行政长官在立法会内的政治支持和社会认同程度。2008年12月29日,全国人大常委会作出决定,最早在2017年香港回归祖国二十周年时,可以进行行政长官的直接选举,之后可以进行立法会全部议员的直接选举。② 或许,在现行政治体制下,由一人一票直接选举产生的行政长官,就能够以自己的民意基础与立法会展开真正意义上的民主政治博弈,从而确立自己在香港政治体制中的"主导"地位。

(二)一国两制实践与澳门法治转型

澳门法治转型较之香港法治转型有许多相似之处,同时有着自己的独特路径。

(1)宪政转型中的强势政府。在地方政府权力的宪法地位和权力来源上、从政府权力的正当性、合法性依据和宪法基础上,由于澳门特区的宪法地位和两部基本法在中央与特区的关系上基本相同,前述香港宪政转型的情况基本适用澳门。作为殖民地的澳门政府存在和活动的宪法基础是葡萄牙1976年的《澳门组织章程》。③ 应当说,回归后的宪政转型在澳门是十分成功的,没有出现政治上的剧烈震荡。而且,在行政立法关系上,基本法设计的"行政主导"体制,在这种转型中得到了充分实现——如果我们承认基本法起草者的真实意图是"行政主导"的话。"强势政府"应当是澳门特区宪政运作的一个显著特点。

---

① 到2004年的第三届立法会选举,立法会60个议席中直接选举已经达到了50%。
② 《关于香港特别行政区2012年行政长官和立法会产生办法及有关普选问题的决定》。
③ 1976年2月17日由当时的葡萄牙革命委员会批准,以1/76号法律颁布实施。《澳门组织章程》共6章76条,规定了澳门地区的区域范围、权限及与葡萄牙的基本关系,澳门的管理机构包括澳督、立法会、咨询会的地位、职权及相互关系等。其中,该章程第2条规定,"澳门地区为一公法人,在不抵触共和国宪法与本章程的原则,以及在尊重两者所定的权利、自由与保障的情况下,享有行政、经济、财政、立法及司法自治权"。该章程在1990年因应中葡《联合声明》和澳门回归的需要,进行了较大修订。参见庄金锋、希强:《〈澳门组织章程〉修改评析》,载《上海大学学报(社科版)》1990年第6期。

即使在学界,也很少听到或看到关于"行政主导"的讨论。或者说,"行政主导"似乎以一种与生俱来的正当性和合法性在澳门被接受和施行。或许,正因为强势政府而相对弱势的立法和监督机关,澳门特区政府出现了前运输工务司司长欧文龙贪污案①,也引致了澳门特区政府和澳门社会的巨大震动和广泛反思。

(2)法律本地化为立法转型准备充分。澳门自1976年《澳门组织章程》后才开始享有自治性的立法权,而且实行的葡萄牙式的"双轨立法制",总督和立法会同为立法机关,甚至在立法数量上,总督制定的"法令"远比立法会制定的法律多。比如,1976年至1995年,澳门立法会共制定282部法律,而澳督则制定了1476个法令。② 从立法权力的视角,澳门立法转型与香港没有本质区别。在成文法上,澳门立法的转型主要是通过回归前的法律本地化实现。法律本地化被澳门学者概括为"'过户'、修订、翻译和清理"八个字。③ "过户"是将在澳门生效的葡萄牙本土法律,经过适合澳门实际情况的修订后,由澳门立法机关通过为本地法律。此项工程直到1999年回归前才基本完成。修订即在"过户"过程中,对不符合澳门实际情况和可能与基本法相冲突的法律规定作出修订,也同时对1976年之后的本地立法做同样修订。翻译是因澳门法定语言变化引致的,1989年之前的政府官方语言只有葡文,葡萄牙为澳门的立法均无中文本,澳门本地立法大部分也只有葡文。这是一项十分浩繁的工程,直到澳门回归前夕,仍有70多部法律和法令无中文译本,更遑论数量巨大的训令和批示了。清理即依据基本法,对澳门现有法律(包括葡萄牙立法和澳门本地立法)进行编纂,从而为全国人大常委会1999年10月31日《关于处理澳门原有法律的决定》做了必要的技术准备。澳门的法律清理与香港的法律适应化在技术上类似,区别在于澳门的法律清理在回归之前,而香港的法律适应化则在回归之后。虽然法律清理工作是由澳葡当局主持进行的,但对于澳门法制在回归后顺利转型至关重要。法律清理中涉及的近900部法律和法令中,只有25部由全国人大常委会《决定》废除,成为今天澳门特区立法的最重要组成部分。

(3)司法转型的大陆法色彩。澳门司法权的获得,与主权回归具有直接因果关联。即使1974年的葡萄牙革命、1976年宪法和《澳门组织章程》,也没有赋予澳门司法权,澳门各司法机关继续从属于葡萄牙相应的司法机构,澳门的法院只作为从属于里斯本区的一审法院,上诉权和终审权分别属于葡萄牙中级法

---

① 欧文龙2006年12月被澳门特区廉政公署拘捕,2007年8月1日在澳门特区法院被控受贿作不法行为罪、清洗黑钱罪、滥用职权罪等41项控罪。2008年1月30日被澳门特区终审法院判处40项罪名成立,涉及金额达8.5亿之巨,判处其27年监禁。
② 参见刘高龙、赵国强主编:《澳门法律新论》(上册),澳门基金会2005年版,第6页。
③ 同上书,第7页。

院或最高法院。在"过渡期"中,澳门相对独立的司法体制开始建立,1992年设立了高等法院和审计法院。① 与实行普通法的香港比较,澳门司法转型中的大陆法色彩,主要体现在两个方面:第一,法院和检察院同属司法机关,法院和检察官均为司法官,实行相同的入职条件、终身制和独立遴选制。而在香港,负责刑事案件检控和政府法律顾问的律政司,并不属司法官序列,也不实行法官的入职、遴选和终身任职制。第二,在初审法院体制中,行政法院分立,其上诉法院为中级法院,而在香港则不存在独立的行政法院,行政诉讼由高等法院原讼法庭受理。

(三)一国两制法治实践与国家法制转型

自一国两制开始,其法治实践的历程,国家法制转型就不再是理论上的,而是一种客观需要和必然。理论的任务,更多的是应当为这种转型作出解释,提供技术支撑。

(1)宪制转型。即使我们不拘泥于宪制的阶级属性,而只从某种"纯技术"的视角,以现代宪政的标准看待一国两制法治实践,其对我国宪政制度的冲击以及由此引发的宪制转型也是显然的。其一,宪法的最高效力在一定程度上受到限制。虽然理论上宪法的效力及于香港和澳门两个特区,但事实并不尽然,即使宪法关于国家政治、社会、经济等决定社会本质的制度,也不对两个特区具约束力。其二,现代宪政意义上中央与地方权力划分更趋明确,中央权力受到限制,地方权力广泛扩张,且通过普通法的"刚性条款(entrench clause)限制了中央收回授权的权力。② 除了中央事权,地方实行完全自治,中央和中央驻特区的机构必须遵守特区法律,不得干预特区事务,即使本应属于中央事权的体现国家主权的外交权,也在一定程度上实现了中央与地方的分享。③ 其三,终结了单一制的国家结构形式。一国两制下的国家结构形式具备了某些联邦制的特点,但在中央与地方分权上,远远超过了联邦制中央对联邦的授权。其四,违宪审查制度开始出现。不管理论上如何界定和争论,对于香港和澳门两个特区而言,基本法不但具备了"小宪法"的要素,实践中也起着"小宪法"的效用。事实上,在最高国家立法机关的官方网站上,基本法也被收入宪法性文件之列。而且,不仅香港的所谓"宪法性诉讼"风起云涌,就连施行大陆法的澳门,也开始了

---

① 参见邓伟平:《澳门特别行政区基本法论》,中山大学出版社2007年版,第303页。
② 参见《香港特别行政区基本法》第158、159条;《澳门特别行政区基本法》第143、144条。
③ 参见《香港特别行政区基本法》第七章;《澳门特别行政区基本法》第七章。

对行政法规的合法性审查,从而在澳门的法制史中第一次具有了违宪审查的意味。①

（2）立法转型。第一,在国家立法体制上,地方立法权扩张与中央立法权收缩相伴而生。特区立法不但可以与中央立法直接冲突,中央只保留了对特区立法的"备案"权。中央不得为特区的地方事务立法,中央立法在特区的实施,只限于外交和国防领域,而且必须经过特定的立法程序,以基本法附件的形式实现。② 当然,特殊情况下,中央也可以直接决定全国性法律在特区实施。③ 这就意味着在特定情况下,中央直接为特区立法,也就同时构成了对特区立法机关立法权力和范围的限制。第二,在立法程序上,中央立法和特区立法遵循各不相同的程序,国家统一的立法程序不再存在。第三,国家最高立法机关第一次在合法权力范围内以合法的程序,制定了相互冲突的法律,也即,两部基本法在其内容的几乎所有方面,都是与现行的全国人大及其常委会制定的法律相冲突。中央立法还通过合法程序,以法律解释的方式,否定了自己立法的基本原则。④

（3）法律体系转型。这种转型的直接动因是两个特区的法律作为不可分割的部分而"并入"国家法律体系整体,其表征为:一是法域的分化,单一的、统一的法域向着多法域转型,各法域之间虽有着或多或少的联系,但各法域以独立和自洽为本质;二是法律效力层次更趋复杂,地方立法效力与中央立法并列且在某种程度上与中央立法冲突,法律体系不再是宪法、法律、法规、规章和地方立法的效力层级,特区立法成为一个独立的体系,既存在于国家法律体系之内,但其效力却游离于国家主体法律体系的效力层级范围之外;三是法律体系内部的冲突更显剧烈,不仅法域之间的立法相互冲突,各法域内部也因社会变化、立法技术等原因,法律之间的冲突在所难免;四是法律技术呈多元化,世界法律体系划分理论中的大陆法系、普通法系和社会主义法系之法律技术,在国家法系体系中均得以存在和运用。

（4）司法体制转型。这种转型的成因是多方面的。首先,特区法院被赋予

---

① 2005年的一起行政诉讼案中,当事人向法院提出了一项主张,特区行政长官没有制定行政法规的权力(针对第17/2004号行政法规)。2007年7月18日,澳门终审法院裁定,行政长官有权依据基本法制定行政法规(第28/2006号案)。
② 《香港特别行政区基本法》第18条;《澳门特别行政区基本法》第18条。
③ 《香港特别行政区基本法》第18条。这种特殊情况包括了国家进入战争状态和特区发生了特区政府不能控制的危及国家统一和安全的动乱而进入紧急状态。
④ 如1996年5月15日全国人大常务委员会第十九次会议通过了《关于〈中华人民共和国国籍法〉在香港特别行政区实施的几个问题的解释》,还对我国国籍不承认双重国籍的基本原则作了变通处理。

了终审权,象征国家主权的司法管辖权由集中转向分散,从而打破了国家统一的司法体制。其次,司法权体制的线性结构由平行结构替代,也即,国家司法机关之间通过立法直接规定的上下级司法机关之间的领导与被领导关系,或者通过审级而间接产生的上下级之间的服从与被服从关系,由于特区法院的终审权,即使国家最高司法机关与特区司法机关之间,也只是一种平行的"协商"关系。再次,由于中央与地方司法分权,也由于特区司法管辖权的独立性,中央立法得在特区司法适用,尽管存在着法系和法律技术的差异。同时,中央司法机关有时也得适用作为一个地方的特区立法。① 由于上述原因,可能出现同一部中央或地方立法在相互隔离的司法机关以不同的法律技术适用的问题,如两部《驻军法》和列于两部基本法附件三的中央立法。最后,尽管在国家整体司法体制中,违宪审查或司法审查制度尚未建立,但实践中,即使是国家最高立法机关,也不得不承认和认真对待"地方性"的"违宪审查权"的存在和运作,并对其作出反应。

或许,正因为上述客观存在也必须面对的法制转型,使得一国两制法治实践中的法制冲突成为不可避免。

(四)一国两制法治实践与法制冲突

从法治运行看,香港和澳门均大体属于实行司法中心主义的法域,法院在法治中占据中心地位,担当法治监护者和保护神的使命,一切政治的或社会问题或争议最终都可以归结为法律问题,都可以通过诉讼解决。因而,一国两制法治实践中的法制冲突,以司法为主要平台,从诉讼开始,而不是从立法或行政或学理讨论开始,并且司法诉讼始终占据主导地位,也就显得理所当然了。而且,在香港,从特区政府开始运作的第一天就以诉讼方式,以司法复核程序开始了;在澳门,也发生了针对行政法规合法性的行政诉讼。这也在相当程度上印证了一国两制法治实践的曲折而艰辛,法制冲突的广泛而剧烈。据不完全统计,至今,发生在香港的与基本法直接或间接相关的诉讼已经有60多起,如果计入立法中的冲突,大体涉及十一个法制主题,包括临时立法会的合法性、国家的法律地位、港人所生内地子女的居留权、菲律宾佣人的居留权、司法独立和平等、言论自由、平等选举权、司法管辖权、政治体制、特区的宪法性义务、行政长

---

① 如《香港特别行政区驻军法》第20、24条,《澳门特别行政区驻军法》第10、24条均规定,对驻军人员的职务犯罪案件,由国家军事司法机关管辖,对驻军人员的职务侵权案件,则由最高人民法院管辖,但损害赔偿上适用特区法律。

官的法定任期、政治体制改革和民主化进程等。① 而在澳门,只有一宗行政诉讼比较典型,即关于行政长官签发的行政法规的合法性诉讼。②

从法制冲突的地位和角色视角,我们不难看出,这种冲突所涉及的社会主体——不管是主动"介入"冲突或是被"卷入",是多层次、全方位的,起码涉及了六个政治、法律地位和层次不同的主体,即特区政府、特区立法会、特区法院、中央人民政府、中央立法机关、内地司法机关。他们在冲突中的角色、互动作用和"命运"也各不相同。

由上我们可以得出基本结论,法制冲突是一国两制法治实践中的基本维度。从香港特区已然显现的法制冲突考察,大体具有四个比较鲜明的特征。

第一,冲突的全方位性。这种全方位性不仅指冲突的范围广泛,也不仅指冲突的个案之多,样式各异,更指冲突的内容之丰富,涉及的法制问题层面之高,使一国两制经历了前所未有的实践检验,也面临着前所未有的严峻考验。在法制内容上,包含了国家主权的内容、国家最高权力和立法机关的法律地位、中央与特区的法律关系、基本法的法律性质和地位、基本法解释权限、基本法立法目的、全国性法律在特区的实施、特区立法与中央立法的关系、香港特区临时立法会的合法性、特区行政、立法、司法及其相互法律关系等。总之,几乎涵盖了特区政治体制的全部方面;在冲突的法制类型上,有立法冲突、司法冲突、行政冲突,甚至还延伸到了学术、舆论冲突;在冲突展现方式上,有司法诉讼、国家最高立法机关的立法解释、特区立法机关内的激烈辩论、内地和香港学者以及香港学者之间的学理争论,也不可避免地延伸至街头的游行示威;在冲突的受关注程度上,不只是香港地区性的,而且是全国性的,甚至是国际性的。

第二,冲突的国家性。尽管中央行政和立法机关自香港特区成立后,对特区事务始终保持谨慎的不干预策略,甚至对一些事关主权的司法判决也保持距离,未作正式评论,更没有直接介入。但这一被有些学者称之为中央"自我约束"的不干预策略,仍然未能使自己的"超脱"保持太久,以致最后不得不被"卷入",也不得不介入,尽管是被动的、应特区政府请求的介入。之后,为准确阐明基本法的有关立法意图,平息香港社会对政治体制改革的争议,全国人大常委会先后两次再度"介入",就选举制度和行政长官任期进行了立法解释。冲突的国家性这一特征再次表明,一国两制法治实践从来就不是简单地设立一个特区

---

① 有关冲突主题涉及的司法诉讼,参见陈友清:《论一国两制法学及其形成和发展》,载《中国法学》2006 年第 2 期;陈友清:《1997—2007:一国两制法治实践的法理学观察》,法律出版社 2008 年版。

② 案件编号为"第 28/2006 号案件",见澳门特区官方网站:www.court.gov.mo/c/cdefaut.htm,2007 年 2 月 20 日访问。

任其运作,"高度自治、港人治港"从来就不意味着中央行政和立法机关可以回避或减轻对特区的责任。冲突的国家性这一特征也再次表明,特区的高度自治与中央的适时、适度"介入"或"干预"不仅是一个政治问题,更是一个宪政问题。或者说,"介入"或"干预"是中央行政和立法机关的法律责任和义务。同时,这一特征还再次表明了,一国两制法治实践已然融入了国家法制运行的轨道,并已然对国家法制建设和运作构成了相当冲击。

第三,法制冲突中渗入了浓重的政治和经济因素,社会心理发生倾斜。1997—1998 年亚洲金融危机的冲击,历史形成的经济结构不合理,使香港经济经历了一个比较明显的衰退期,消费市场萎缩,失业率高居不下[①],市民生活水平下降,特别是作为支柱产业的房地产经济泡沫破灭[②],作为社会中坚阶层的中产阶级,面临着"负资产"的压力。虽然特区政府意识到了经济转型的紧迫性,中央政府也加大了振兴香港经济的支持力度,2002 年香港经济也出现了反弹,但到了 2003 年初,香港经济再次陷入低迷。经济衰退使得社会心理上弥漫着浓重的抱怨,寻求发泄出口,特区政府的管治能力面临严重的支持和信任危机。这种状况被一些政治人物"适时"和巧妙利用,其基本手法就是经济和法律问题政治化。社会上出现了将社会问题政治化的"泛政治化"社会意识形态倾向。于是,2003 年 6 月特区政府向立法会提出的落实"基本法 23 条立法"草案,一方面成了少数政治人物利用社会情绪的政治工具,另一方面则成了公众不满情绪的发泄口。但在澳门特区,社会和经济问题的"泛政治化"倾向,其根源却几乎不是本地的,而与香港具有某种关联,澳门的"民主派"似乎跟着香港"民主派"亦步亦趋。因而,澳门落实"基本法 23 条立法"的政治阻力也似乎更多来自于香港而不是本地。2009 年 2 月 25 日,澳门特区立法会高票通过了《维护国家安全法》,完成了基本法赋予的责任和义务。当然,这在多大程度上能够产生对香港特区的影响或推进,目前尚难定论。

第四,通过冲突,在司法中确立了基本法在特区法律体系中的最高法律地位。基本法已经不仅是一个宪法性法律文本,而成为"活的法律",成为特区法治的基石、特区法制的合法性标准,也逐步融入到普通法式的香港特区法治之中。或者用英国宪法学者 Michael J. Perry 的表述,基本法已不再只是"文本意

---

① 据特区政府统计,2002 年第四季度的失业率为 7.2%,2003 年第一季度上升为 7.5%,第二季度为 8.6%,全年平均失业率达到了 7.9%,而这数字在 1997 年底仅为 2.5%。资料来源:香港特区政府网站 www.info.gov.hk/yearbook/2003/tc_chi/chapter03/03_02.html,2005 年 5 月 1 日访问。

② 长期以来,港英政府一直奉行高地价政策,这使得香港经济的市场运营成本居高不下。但据统计,1997 年底到 1998 年底,香港住宅房地产市场平均价格下跌了 44%。资料来源:香港特区政府网站(www.info.gov.hk/yearbook/1998/cwww/04/0402/index.htm,2005 年 5 月 1 日访问)。

义上的宪法",而成为"规范意义上的宪法"。① 基本法这一法律地位的确立,一方面得益于冲突各方均以基本法为准则支持自己主张的合法性,而冲突主题的广泛性决定了涉及的基本法条文的广泛性;另一方面,冲突的裁决者——法院——同样以基本法为准则支撑着自己的裁决,并在裁判过程中融入了普通法的法治理念和法律技术,从而不仅使以大陆法系为主要特征的中央立法机关的立法成功地融入了普通法法制系统,也在这一融入的过程中发展了普通法本身。一定程度上可以说,没有法治实践中的法制冲突,也就很难说基本法在特区法制中的最高法律地位和法律效力。法制冲突对一国两制的贡献是巨大的,并具法治实践和法律哲学的双重意义。

三、一国两制法治实践与中国法学转型

如前所述,香港、澳门走上回归祖国之路,适逢中国社会急剧转型,法学界有关社会转型和法制转型的研究方兴未艾之时,而理论缺少关怀的恰恰是一国两制可能给中国法制以及中国法学造成的冲击并引致从体系到内容甚至本质上的"转型"。实践已然证明,国家法制建设不可能脱离或无视一国两制现实,一国两制实际上已经并将继续影响着国家法制和法治建设的价值取向和进路方式,在立法、司法、法律解释、法律适用上对国家法制形成了全方位冲击。

理论上,在探求中国社会主义法治国家的进路中,法理学在经历了对传统的"阶级法学"、"工具法学"的反思和批判之后,正由"纯理论"走向实证,但却重又出现了从"论述"开始走向"批判"的轮回倾向,"权利本位论"、"移植论"、"法律文化论"、"本土资源论"等或多或少带有相当的建设性诉求,也在相当程度上反映了法理学研究范式的转型。而邓正来教授的"批判论"②,则提出了"中国法律理想图景"的范式主张,并要求在全球化背景下的"世界结构"中重新定义"中国",认识这种结构性的"世界游戏"对中国的强制,从中国与世界的"关系性视角"反思和前瞻中国法律哲学,构建"中国法律理想图景"③。但他仍

---

① Michael J. Perry: "What is 'the Constitution'? (and Other Fundamental Questions", Larry Alexander (ed): *Constitutionalism Philosophical Foundations*, (影印本), 中国政法大学出版社 2003 年版, 第 99—107 页。

② 邓正来教授本人并未给予这个界定, 而只是笔者的概括。参见邓正来:《中国法学向何处去?》, 载《政法论坛》2005 年第 1—3 期。

③ 参见邓正来:《中国法律哲学当下基本使命的前提性分析——作为历史性条件的世界结构》, 载《法学研究》2006 年第 5 期。

然没有将哪怕是视角的"余光"投向一国两制的政治和法律现实,也没有从统一的中国和"一国、两制、三法系、四法域"的中国法律现实中界定其"世界结构"中的中国。因而,在笔者看来,这种"中国法律理想图景"不能不说是片面的,甚至是残缺不全的。一部以21世纪中国法制变革为主题的专著,提出了21世纪"中国法"的概念,并详细讨论了"中国法"特定的时代背景、内容、形式、心理机制、价值、使命等,但仍然没有赋予一国两制在他的"中国法"中的应有地位。①这种所谓"21世纪的中国法"概念,也就很难说不是虚幻的——因为,香港、澳门法律和法治已经成为中国法制和法治的组成部分,法理学无法回避这一现实。而且,对中国"正统"或"传统"法理学构成实质性的、法律制度上的而不只是纯理论的冲击或解构,应该说是由一国两制的制度实践开始的。② 因此,即使下述主张是"只见树木,不见森林",抑或挂一漏万,不成体系,但用现今的时尚话语表述,如能吸引学界的"眼球",引起应有的关注,也是值得且令人欣慰的。

(一) 一国两制法学:一门独立学科

一国两制理论作为中国特色社会主义理论的重要组成部分,已经是一个不争的事实并得到了学界的公认和深入研究。然作为一门独立的法学学科或者作为中国特色法学理论的一个分支学科,是否存在证成的理由和价值?承认这一学科的存在并构建这一学科的知识体系对中国法制和法治建设的进路、对中国法学理论的创新和发展有什么意义?当学界开始重新反思中国法学理论过去三十多年的发展路程,并发出中国法学向何处去的诘问③,在差不多与此同时发轫并发展的一国两制已然从理论物化为一个法制和法治现实的今天,这样的问题应该不是毫无意义的。

传统上,判断一个知识体系是否具备"自立门户"的资格从而作为一门独立学科的标准,大体包含四个方面:独立的研究对象、特有的研究方法、相对专门的从业或研究人员或团体、数量可观的研究成果。再提高一点"门户"标准,或许还可以包括一个自证的知识体系。有人甚至将一份专业刊物的存在也列入标准之中,而如果这份刊物位居"核心刊物",则独立学科的地位几乎是"不可

---

① 石文龙:《21世纪中国法制变革论纲》,机械工业出版社2005年版,第193、209页。
② 这一命题的理论表现形式即是基本法颁布后,在法学界曾经引起过一番争议的"基本法的本质属性"讨论。参见刘宏宇、李可:《"一国两制"与中国法理学:挑战与回应》,载《当代法学》2002年第6期;黄建武:《"一国两制"——一项重要的法律原则》,载《中山大学学报(社会科学版)》1996年增刊;李步云:《一国两制三题》,载《法学研究》1997年第6期;王玉明:《香港特别行政区基本法的几个理论问题》,载《政法论坛》1990年第3、4期。
③ 参见邓正来:《中国法学向何处去?》,载《政法论坛》2005年第1—3期。

动摇"的了。① 即便如此,一国两制法学的"门户资格"也是当之无愧的。它以"一个国家、两种制度"这一世界上独一无二的社会法律现象中的理论和实践问题为研究对象,其内容涉及理论法学、比较法、冲突法、法律解释学以及从实体到程序的几乎所有部门法。从这个意义上讲,一国两制法学的定位应是一门交叉学科或边缘学科。更重要的是,它的研究对象不但超越了传统的法律的意识形态标志,更跨越了法系的界限,涵盖了大陆法和普通法这两个当今世界的主要法系。② 基于其跨法系的独特性,在方法论上应在庞德总结的精于运用类比、类推解决具体争议的"普通法的力量"和善于"抽象和逻辑"的"现代罗马法的力量"之间寻求平衡③,以反映其自身的学科内容特点。从研究队伍和成果上看,虽然自一国两制从其作为一个政治构想和外交承诺提出至今仅二十余年,虽然不似一些部门法一样有着一批"一国两制法学家",但涉猎其中的法学家们并不比任何一个部门法少。更重要的是,一国两制在如此短的历史瞬间从理论物化为一种现实的法律制度和法治状态并成为国家法制的组成部分,在中国乃至世界法律文明史中也是难觅二例的,这一过程凝聚了当代中国最优秀的法学家们的艰辛创造和集体智慧。④ 这支法学家队伍在意识形态的丰富性和包容性、知识体系的兼容性、人员构成甚至语言的世界性方面,也是当今世界独一无二的,更是国内任何一个部门法所无法比拟的。一国两制法制和法治的产生、运作,其与我国现行法制的互动,无不对当代及今后中国法理学的走向产生无以回避的巨大而深远影响,它的研究是国际性的,研究成果具备潜在的丰富性。这样一种多元化、多样性以及国际性的特质使得该领域的研究将比任何部门法学都更为精彩纷呈。

某种程度上,对一国两制法学的关注和深入程度,实践上直接关乎作为新的法制和法治实践场域的一国两制的成败,关乎祖国统一大业的进程,也关系到法理学已经作出巨大投入的社会转型、法制转型、和谐社会构建等研究的完整性:法理学如何面对和说明不同经济制度基础、不同政治制度、不同法系在同一部宪法统领下共存的法律现象;法理学如何对这一业已存在并将持续发展的全世界独一无二的法律现象提供科学且合理的诠释;法理学如何应对一国两制

---

① 庞正、金南林:《当代中国法学研究"范式"之思考》,载《学术研究》2001年第2期。
② 虽然学界对我国法律的法系划分看法不一,有人认为应属大陆法系,也有人认为是受大陆法系传统深刻影响的中国特色社会主义法律体系。笔者的看法倾向于后者,并且认为,正是因为一国两制下的两种法律制度,才不但"中国特色社会主义法律体系"更显"特色",更剧增了"特色"的深刻性,丰富了"特色"的内容。这也是其他法学学科所无法比拟的。
③ 罗斯科·庞德:《普通法的精神》,唐前宏等译,夏登峻校,法律出版社2001年版。
④ 这里的中国主要是地理和人口意义上的,包括了中国内地、香港、澳门,也包含了生活和工作在香港和澳门的外国人,语言上则兼容了汉语、英语和葡萄牙语。

下多种法律类型并存这一现实对我国具体的法律制度的冲击;一个国家两种社会和法律制度与中国社会转型的关系如何,应否将社会结构的这种变化列为社会转型的维度之一以及可能对中国社会整体转型产生怎样的影响;法理学如何担当起为构建中国整体意义上的和谐社会提供理论说明和向度指引的重任;法理学如何面对和诠释中国法治现实对于传统法系划分理论的强劲挑战;等等。而且,我们相信,在中国人共同努力所收获的、在中国土地上发生发展的、世界上独有的、融合人类法律文化史的一国两制法学研究的基础上,创立一门统一的"中国法系"理论,也不是不可能或遥不可及的。如果说一国两制下的法治理论及实践,是中国人二十世纪对世界法律文化的贡献,那么"中国法系"理论将伴随着国家和平崛起和完全统一、中华民族复兴,成为中国人21世纪对世界法律文化的伟大贡献。

(二) 一国两制与"大中国法学":法学理论的使命

这里的"大中国法学"不是一个定义性理论范畴,而基本是一个描述性命题,指21世纪产生于中国,伴随中国社会主义法治国家建设、实现国家统一和中华民族伟大复兴,涵盖了一国两制理念和制度,融合了东西方法律制度和文化文明,蕴含了世界上最具影响力的普通法和大陆法两个法系以及中国特色社会主义法系,并向世界辐射、为人类法制文明作出新贡献的法学理论体系。大体上,此一意义上的"大中国法学"有六个基本特征:(1) 地理意义上,包括了中国内地(中央)、香港地区、澳门地区、台湾地区四个法域,并辐射产生世界性影响;(2) 理论体系上,四个法域各自独立,自成体系,同时相互关联,相互交叉,彼此互动,法域之间的法律和法制冲突得到合理解决;(3) 彼此关系上,反映国家法律本质和法制建设的"一国"法学占主体和主导地位,但同时也并不意味着居从属地位的"两制"法学只是"一国"法学的补充或为"一国"法学服务,各自独立但相互关联、相互补充和促进,成为彼此关系的主线①;(4) 政治和意识形态意义上,完全摆脱传统和正统的"统治阶级意志论"、"工具论"禁锢,赋予法学新的包括一国两制制度理论和制度现实的理论意义,社会主义和资本主义长期共存,相互借鉴;(5) 在理论传统和发展上,充分吸收当今世界三个主要法系——普通法系、大陆法系和社会主义法系——的优势,在法制互动中形成

---

① 20世纪80年代"一国两制"理论提出之初,就有论者主张"香港特别行政区资本主义制度是作为社会主义制度的补充,归根到底是为社会主义制度服务的"。对此,笔者不能同意。因为,这一主张实际上是一国两制的创立者邓小平所反对的"我吃掉你或你吃掉我"的翻版。参见陆德山:《"一国两制"对传统法学理论的发展》,载《西北政法学院学报》1987年第4期;《邓小平文选》(第3卷),人民出版社1993年版,第30页。

自己的独立特色；(6)在理论影响和辐射效应上，顺应全球化发展需要，逐步由全球竞争中的"规则适应者"和"规则引进者"转向"规则制定者"和"规则输出者"，"大中国法"在周边地区和世界范围内的影响力日益广泛而深刻。

此一意义上的"大中国法学"理论建构，应当成为21世纪中国法学的基本理论范式，更在相当程度上蕴含了新世纪中国法学必须承载的理论价值和使命。

第一，为"一国、二制、三法(系)、三语(言)、四(法)域"的新的中国法律体系提供现实、合理而科学的理论诠释。"一国"指中华人民共和国为代表全体中国人民的唯一主权国家，香港、澳门和未来台湾作为中华人民共和国不可分割的组成部分和特别行政区；"二制"指一国两制为国家基本宪法体制，香港、澳门和台湾地区的法律，都是中国法律体系的组成部分；"三法(系)"指世界上的普通法、大陆法、社会主义法等三个主要法系都在中国法律体系中占有一席之地，三者之间得到充分融合；"三语(言)"指汉语、英语、葡萄牙语作为中国法制的法定用语；"四域"指作为主体的中央法域和作为特别行政区的独立的香港、澳门、台湾法域。①

上述"一国、二制、三法、四域"既是本世纪发生在中国的一个独特法制现实，也是人类法律文明发展史上的一个独特现象。阐释这一现实的正当性、合法性以及对人类法律文明的可能影响和贡献，法理学既无法回避，也义不容辞，并首当其冲。因为，"法理学代表了人类对于法律现象的认知高度"，"它通过对整个社会法律现象进行多视角、多层面的反思和研究，并在不同的理论范式下作出不同的关于法律问题的事实判断和价值判断，由此达到深化人类对法律现象认识的目的"。② 也即是说，一国两制有理由成为21世纪中国法理学的一个独特范式，并以此为基础构建邓正来教授所称的"中国法律理想图景"③。应当说，这一全新的法学理论范式，不可能成为传统的任何理论范式的补充，或在以前的任何理论范式的基础上修修补补而成，相反，需要充分认识"'一国两

---

① 国内也有论者提出过"一国、两法、两域、四区："一国"指中华人民共和国，香港、澳门与未来台湾的法律，都是它的统一的法律体系的组成部分。"两法"指社会主义的法与资本主义的法。"两域"指大陆法系和英美法系这两个不同的法域。"四区"指内地、香港、澳门和台湾这四个地区的实体法与程序法各有自己不同的内容和特点，参见李步云：《'一国两制'三题》，载《法学研究》1997年第6期。另有论者以"一国、两制、三法系、四法域"描述中国未来统一法制趋势。参见 Jin Huang, Andrew Xuefeng Qian, "One Country, Two Systems, Three Law Family, and Four Legal Regions: The Emerging Inter-Regional Conflicts of Law in China", *Duke Journal of Comparative & International Law*, Vol. 5, 1995, pp. 289—328。

② 付子堂主编：《法理学进阶》，法律出版社2006年版，第11页、第1页。

③ 邓正来：《中国法学向何处去？》，载《政法论坛》2005年第1—3期。

制'将为未来国家内部不同政治信仰和派别的人彼此之间的相互尊重,提供了一个富有想象力的范例"①,必须彻底跳出传统的"统治阶级意志论"、"工具论"范式禁锢,赋予其新的符合一国两制制度理论和制度现实的事实和价值内涵。同时,由于这一全新范式面对的法律现象既有源自"本土"的资源,也有源自"西土"的资源;既有绝对"中国"的古老传统和习惯,也有完全"西方"的"舶来品"或"借来的法制"②,因而,"大中国法学"与所谓的"本土资源论"、"法制现代化"、"法律移植论"、"西方法律理想图景"等范式都可能相互交集和融汇,也可能受到所谓"后现代法学"的影响,但其理论根基始终在于中国一国两制的制度现实,其人文关注和关怀在于一国两制下的中国社会转型和法律发展,并为这种转型和发展提供理论说明和前瞻。

第二,为一国两制这一重要宪法原则下的国家学说提供健全的理论架构。有论者提出,对于国家统一大业而言,一国两制不仅是一个方针和政策,而应该作为一项重要的法律原则,用以指导和处理国家立法,协调国家法律制度统一与差别的关系,处理国家统一进程中的法律冲突。③ 从实现国家完全统一、民族伟大复兴的价值目标与传统的"经典"国家学说的关系看,将一国两制定位为"法律原则"似有高度不够之嫌,而应确立一国两制的宪法原则地位。在我们"传统的"或"经典的"国家学说中,国家的阶级性始终居于核心地位。我国宪法历史实践中曾经出现过的片面强调国家本质的阶级性、忽视国家的民族性和社会性的历程,导致了"文革"式的阶级斗争扩大化。一国两制对马克思主义国家学说的杰出贡献之一,正在于其跳出了传统的把国家的阶级属性与民族、社会属性相互对立的两极化理论误区,实现了国家阶级性与民族性、社会性的高度统一。因而,确立一国两制宪法原则地位,其意义在于最高法律效力上的理论矫正——从国家根本法上保障和推进国家统一进程。

与国家本质理论相关联的是,如何认识一国两制对国家结构理论的发展,如何定位和构建一国两制下的我国国家结构模式。目前,学界的认识大都在传统的国家结构理论划定的圈子内解读一国两制,在单一制和复合制的两极中权衡,倾向于一种"特殊的"或"新型的"复合制定位,既不同于传统意义上的单一制,也不是传统意义上的邦联制。④ 或者,"在政体类型划分上,依照'一国两

---

① 李步云:《"一国两制"三题》,载《法学研究》1997年第6期。
② 陈弘毅:《法理学的世界》,中国政法大学出版社1998年版,第391页。
③ 黄建武:《"一国两制"——一项重要的法律原则》,载《中山大学学报(社会科学版)》1996年增刊。
④ 王文科、邹腊敏:《"一国两制"与新型国家模本的构建》,载《延安大学学报(社会科学版)》1997年第4期。

制'构想,中国政体应属单一制。但是,也未尝不可以把这种体制看做是介于单一制和联邦制之间的一种新型的国家政体"。① 也即,一国两制是一种具有复合制特征的单一制国家结构形式②。

理论的价值在于阐释现实,为现实的发展提供正当性和合法性说明。显然,联邦制无力诠释一国两制下的国家结构,因为,"单一制与联邦制的区别,从根本上说只有一条,那就是看主权权力是由全国性政府独占还是由其与区域性政府分享;由全国性政府独占主权权力的是单一制,由全国性政府同区域性政府分享主权权力的是联邦制"③。一国两制下的特区并不能分享国家主权,特区政府只是中央下辖的地方政府,而不是独立的政治实体,中央政府仍然享有管理特区事务的权力,如特区行政长官由中央政府任命,中央享有特区地方立法的实质审查权等,都似乎说明了一国两制并未从根本上改变我国的单一制国家结构。但另一方面,传统的单一制国家结构理论也很难合理诠释一国两制带来的现实冲击和改变,特区的高度自治权远远超出了一般单一制国家中地方政府的职权,也远远超过了目前许多联邦制国家中成员邦的权限。这主要表现在五个方面:(1)特区有自己独立于中央的社会、经济制度和生活方式;(2)特区享有立法权、独立的司法权、行政管理权和终审权;(3)特区享有中央政府赋予的外交权,可以以"中国香港"、"中国澳门"、"中国台湾"的名义单独同世界各国、各地区保持和发展经济文化关系,可以签订有关的双边和多边贸易协定,可以参加有关的国际组织;(4)特区享有独立的财政权,可以发行货币并自行制定货币金融政策,中央人民政府不向特别行政区征税;(5)未来的台湾特区甚至可以保留军队,台湾的党、政、军系统都由台湾来管理,中央政府机构还要给台湾留出名额。

总之,以主权高度集中和独占为标志的单一制国家结构理论和以主权分占和分享为标志的联邦制,都存在说明一国两制下国家结构的逻辑矛盾。我们倾向于以"一国两制的国家结构形式"明晰和界定,并作为一种崭新而独特、独立的国家结构模式和理论而立身于现代宪法实践和宪法理论。这一模式的基本宪法原则或特征主要包括:(1)保证国家统一,特区在任何时候不得以任何方式谋求脱离国家;(2)主权的高度集中与有限分享相结合,中央政府是代表国家的唯一政治实体,统一行使国家主权,但特区经中央授权,可以中国地区的名义参加国际经济、文化活动,出席国际会议,参加经济、文化、体育等相关国际组

---

① 李步云:《"一国两制"三题》,载《法学研究》1997年第6期。
② 林伯海:《联邦制、邦联制抑或"一国两制"——关于中国统一模式的政治学思考》,载《理论与改革》2001年第5期。
③ 童之伟:《国家结构形式论》,武汉大学出版社1997年版,第146页。

织;(3)国家主体与特区独立的政治、社会、经济制度和生活方式保持不变,长期共存;(4)特区高度自治与中央管治相结合,通过基本法明确中央与特区的分权。中央不干预特区内部事务,其权力范围通常限于国防和外交;(5)中央与特区的争议或冲突由国家宪法设立的独立的裁判机构通过法律程序裁决。

第三,为一国两制条件下的法制冲突提供技术支撑和效应导向。如前所述,冲突是一国两制国家结构模式下法制运行的常态,这种冲突包括了中央法域与特区法域的法制冲突和地方法域之间的冲突,而中央与特区的可能争议和冲突对一国两制的有效运行起决定作用。这种冲突一方面保持着"一国"与"两制"的距离,维持着一国两制的稳定和平衡,并调适法制对社会发展变革的回应。另一方面,如果不能有效调控和依法解决,这种冲突也容易给一国两制形成冲击和损害,也即有论者提出的法域间的冲突对一国两制而言,存在着正负两个向度的效应。① 一国两制下"大中国法学"的历史和现实使命,在于以敏锐的触角和理性、及时的反应,说明冲突,调控冲突,引导冲突向正效应方向发展,探求减少和缓和冲突的进路,防止冲突剧烈化和激烈化,并设计科学、合法的冲突协调及裁判机制,以法治方式解决冲突。一个可能及可行的选择是,国家在适当时机建立中央主导的,由四法域联合组建的冲突法院。

第四,为融合和吸引中西法律文明并推动中国特色的法治图景提供基本理论和制度架构,并为中华文明的世界影响和辐射提供理论说明。中西法律文明的相互融合和吸收,是一国两制下中国法制的最重要特色之一。澳门法域是典型的欧洲大陆法系与中国传统法律和习惯的融合,台湾法域则基本上是古老的"中华法系"汲取了现代大陆法系营养的产物,而香港法域则最具特色,不仅实现了中国传统法律和习惯与英国普通法系的融合,并且中国传统法律和习惯在对普通法的全面移植中并没有湮灭,至今依然占据着香港法制的一席之地。这一特殊现象不仅对一国两制下的法制冲突和法制融合极具意味,对中央法域而言,特别是对竭力追求和崇尚"西学"甚至言必提英美②,从而对中国传统的、本土的传统法制和文化不屑一顾的中国法学理论,则更为意味深长。香港作为一个以华人为主体的社会,却成功地从以封建制度和习惯为社会统治和管制基础的社会,步入了现代法治社会。这对于持中国是一个人情为基础的社会,缺少法治社会应有的社会因子的大众话语,不能不算是一个有力的参照。更为重要的是,即使是曾经成为众多论者以"敝屣"而弃之的中国传统法律和习惯,在长

---

① 参见谢晖:《我国未来多法域之间的冲突及调控》,载《法学研究》1996年第4期。
② 〔英〕R.C.范·卡内冈:《英国普通法的诞生》,李红海译,中国政法大学出版社2003年版,译者序,第1页。

达 150 多年的英国殖民统治下,不但得以保存,而且成为香港法治社会"现行法律中的有效部分",比如在土地法领域,清朝政府颁发的《大清律》,迄今依然在香港法院审理"新界"土地纠纷中适用。虽然,"在长达 156 年的历史演变过程中,香港保留适用的中国传统法律和习惯已不再是原汁原味的国货,它不可避免地受到香港的主导法律体系——英国普通法的强烈影响,带有了浓厚的香港风味"。① 这或许可能引致质疑,那还是中国的东西吗? 被西化或英国化了的中国传统法律和习惯,还是中国的吗? 这种疑问似有道理。但在笔者看来,值得我们深思的正是这一"西化"过程。正如有论者指出的,"中国传统法律和习惯的某些规范经过西方法理学的解释和阐发,由原本松散和不确定的惯行一跃而成为理性、明确且具有可操作性的具体制度。固定化、程序化和权利化代表了香港风味的中国传统法律和习惯的主流"②。在这个问题上,内地学者与香港学者有着惊人的一致。③ 或许,我们可以将问题再深入一步,一如黑格尔所说"存在即合理"。文化本无优劣之分,珍视传统并不意味着拒绝西方,现代化也不必然必须抛弃传统。法律制度上的"中西医结合",为何就一定不能造就现代化的以中国传统文化为基础的先进法制和法治社会呢?

这里,可能涉及另一个所谓"文明冲突"与"文明融合"的命题。自 20 世纪 90 年代美国学者塞缪尔·亨廷顿"文明冲突论"提出后,文化优劣、文明冲突与融合一度成为世界范围的热点。在他那里,以美国为代表的"西方文明"成为世界文明的样板和标准,而以中华文明为代表的"东方文明"则成了"西方文明"甚至世界和平的最大威胁之一。其实,即使是西方学者,对亨氏理论的霸权主义色彩、命题虚假性和证明非逻辑性的批判也从未间断过。德国学者哈拉尔德·米勒就对"文明冲突论"不以为然,他从"西方文明"的形成,对"东方文明"的吸收,东西方文明的交汇,现代战争(即亨氏所谓"文明冲突"的表现形式)的领土争端、资源掠夺、宗教狂热、意识形态分歧原因,证明了亨氏理论只是出于一种恐惧和"对敌人的渴望",并指出不同文化之间完全可以建立信任,达至"文明的共存"。④ 事实上,香港、澳门殖民地的法治历史,虽然总体上是一条西方法律文明侵入、淹没和吞并东方法律文明的走向,但在这一走向中也蕴含了

---

① 苏亦工:《中法西用——中国传统法律及习惯在香港》,社会科学文献出版社 2002 年版,第 4 页。

② 同上。

③ 参见 Su Yigong, "The Application of Chinese Law and Custom in Hong Kong", Hong Kong: [1999] *HKLJ*, Vol 29 Part 2, pp.267—293。

④ 参见〔美〕哈拉尔德·米勒:《文明的共存——对塞缪尔·亨廷顿"文明冲突论"的批判》,郦红、那滨译,新华出版社 2002 年版,第 276 页。

浓厚的东西方法律文明交汇、融合因素,出现了"东方法律文明西方化"、"西方法律文明东方化"的独特法制现象。① 这一现象本身即是对亨氏理论的现实讽刺。而对于"大中国法学"来说,对中西法律文明在香港的两次交汇、交锋及其结果进行深入和系统探究②,对当代中国法治理论、法治进路和法治方向选择,其意义可能远不止于诠释和说明,而有着重要的参照和启示旨趣。

四、一国两制与"中国法系":21世纪中国法学的理论进路

这里所称"中国法系",指与世界范围的经济全球化、地区一体化以及与之相成的法律全球化进程相适应,以"大中国法学"为理论支撑,与中国的"和平崛起"、在一国两制宪法原则下的国家完全统一、中华民族伟大复兴相伴相成的法制文明和法律文化的复兴,中国法不仅承载着引领和保障中华民族的伟大复兴,还可能承载引领和主导地区法律一体化的历史责任。

(一)对"中国法系"的历史和现实认知

对有关"法系"和"中国法系"或"中华法系"的历史和现实认知,意在说明中国法曾经承载了向外辐射,影响、引领甚至主导地区法律文明的光辉历史,具备构建"中国法系"的经济、社会、文化和历史基础。

何为"中华法系"?对此,学界的看法似乎非如界定"法系"般一致,但大都包含了发源地基本同一,时间上悠久历史,空间上区域辐射,制度上特征趋同等因子。"中华法系,在一定程度上,涵盖了整个古代中国法律和制度、思想和文化。因此,讨论中国传统法学,必得先论中华法系。自20世纪初以来,学界对中华法系的研究历久恒新、从者如云,仁智之见蜂出,大家手笔偶现。有这样千年多史实,加上百多年的研究,称它已成为一门学问,冠之以'学',恐不为过"。"中华法系学是对中国传统法律制度的基本精神和基本特点进行研究的一门学科",其研究对象包括中华法系的形成及其成因和影响、中华法系的内涵、中华

---

① 这里所谓"东方法律文明西方化"指香港全面移植英国普通法法律制度的同时,保持了中国传统法律和习惯的法制地位和法律效力,但同时在普通法的法制环境下,以普通法的方法和技术解释和实施;"西方法律文明东方化"则指殖民者在香港强制推行普通法制度的同时,有条件地吸纳了中国传统法律和习惯,并赋予了这一典型的东方法律文明西方意蕴,从而在普通法中渗入了中国传统法律和习惯的因子。

② 指1840年香港沦为英国殖民地时,英国法律强制引入与中国传统法律的交汇和交锋,1997年香港回归后被保留为香港特区法律的英国法律和判例与中国国家法律的交汇和交锋。

法系的特征、中华法系是否消亡、中华法系是否能够复兴、中华法系与现实法制建设、法文化建设的关系等六个方面。在中国,对中华法系的研究始于20世纪初,兴盛于20至40年代,但自50年代起,只盛行于中国的台湾,而在祖国大陆,则几近沉寂,自20世纪80年代起,全面复盛,成果斐然。①

另一个相关的问题是,中华法系是一种"过去时",她的命运如何?在中国,学界大体可分为"死亡论"、"解体论"和"蜕变论"。② 张晋藩教授则认为,中华法系并不只是一种历史现象,总体而言它没有消亡,而是经历着艰难的蜕变、转型、更新与重塑。因为其存在着自在的价值基础,仍然有重塑的可能。

对于中华法系的理论研究,起码有两点是共通的,其一,中华文明曾经的先进性。中国传统法律文化,不仅比当今任何一种法律文化都更早地进入文明门槛,其曾经的发达程度也是当今任何一种法律文化或法系所无法比拟的,以致中华法系获得了世界法学界的普遍承认和尊重,承认中华法系对人类法律文化和法制文明曾经作出的巨大贡献。在这同时,对于近代以来中华法系的式微,西学渐进,不断侵蚀中国本土的法律文化,并推动中国法律向西式的"现代化"靠近,以至我们今天所说的中国法律文化,已经远远不是传统意义上的东西了,甚至很难找到传统的中国法律文化的影子,也不再是世界上独树一帜的法律文化了。我们为中国法律文化和法律制度建设开始融入世界性和现代性而高兴,同时也为我们自己的式微而遗憾③。其二,法系或中华法系的最主要特征之一是区域性或国际性,并存在或共同拥有一个"发源国的发源法"。一国之法不能构成法系几乎是一种普识。④"对于法系,我们可以作进一步的理解:首先,法系是就几个国家的法律而言的,而不仅指一个国家的法律;其次,这几个国家的

---

① 参见俞荣根等:《中国传统法学述论——基于国学视角》,北京大学出版社2005年版,第1、2页,第17—42页。国内20世纪80年代以来的中华法系研究成果和观点介绍,参见该书第28—42页。
② 参见李昕:《中华法系的封闭性及其成》,载《法律科学》1994年第4期;李罡:《中华法系的解体与中国现代法律制度的初步形成》,载《北京行政学院学报》1999年第4期;陈颖:《由五大法系的命运看世界文明的进程》,载《贵州社会科学》2003年第6期。
③ 参见张晋藩:《独树一帜的中国法律文化》,载《法商研究》2005年第1期。
④ 沈宗灵教授就曾明确提出,"法系并不是指一个国家的法律的总称,而是指一些国家或地区(如美国的路易斯安那州或中国的香港等特殊地区)的法律的总称,是指同一类法律的总称"(沈宗灵:《比较法研究》,北京大学出版社2004年版,第60页)。值得注意的是,在前述《中国大百科全书·法学》的界定中,并不存在中华法系的"国际性"限制。或许,我们可以理解为,该书编辑出版较早,已不足以反映学界研究的深化和发展。20世纪20年代,学者曹德成给"中国法系"的界定中,也未涵括"国际性"因素,他认为,"中国法系,就是规定中国民族生活的法律规范的体系"(俞荣根等:《中国传统法学述论——基于国学视角》,北京大学出版社2005年版,第23页)。尽管如此,笔者在以下的讨论中,仍以承认"法系"须具相应的"国际性"为逻辑前提。

法律,在形式和历史传统等特征上具有共性,这些共性正是其他国家法律所不具备的;最后,这几个国家的法律相互间曾有过继受与被继受的关系,即其中必有一个国家的法律是所谓'母法',而其他几个国家的法律是所谓'子法'"。①对于中华法系而言,"正是日本、朝鲜、越南等国的加入,才使中世纪东亚地区形成一个以中国法为核心、以周边国家的法律制度为成员、具有相同内容、原则和特征的法律大家族,这一法律大家族,就是中华法系"②。

其实,如果从一个新理论范畴的角度看待和认识,"中国法系"的提法早已有之。20世纪20年代,诸如陈顾远、居正、曹德成、薛祀光等国内知名学者,就使用基本上与"中华法系"并列的"中国法系"概念。③ 即使是在一国两制、国家统一语境中讨论"中国法系",笔者也不敢贪"第一人"之名。上世纪80年代中期一国两制理论正式走上制度前台不久,谢晖教授在讨论一国两制下的法制冲突效应时提出,未来统一后的中国面临着三个法系归属,即香港地区的普通法系,澳门和台湾地区的大陆法系。但对内地的法系归属,他认为,"从祖国大陆目前的立法和司法特征看,大多取材于大陆法系,但我们不能轻率地将其归于大陆法系,因为一方面,中国大陆法律还在剧烈地演变着;另一方面,社会主义意识形态对大陆法的影响是明显的、巨大的;再一方面,中国向来是一个独具文化创新性的国家,从长远看,它在实践中创生新的法系模式的人文基础十分深厚"。他称中国未来的法系归属为"新中华法系","正在创建的新中华法系是中国根据世界法制现代化的总体走向和中国国情(包括中国的民族精神、法制优秀传统、独特的经济、政治和文化模式等)而创建的独立于世界主流法系之外的一种新型法系,其主旨必然是突出法制现代化的中国国情和中国特色,创建法制现代化的中国模式"。④ 也有论者提出建立"一国两制的法律体系"设想。⑤ 另有论者则以东亚地区一体化为论述语境,提出了以"东亚共同体"为国际背景

---

① 饶艾:《中华法系新论——兼与西方两大法系比较》,载《西安交通大学学报(社会科学版)》2000年第1期。
② 何勤华、孔晶:《新中华法系的诞生?——从三大法系到东亚共同体法》,载《法学论坛》2005年第4期。
③ 参见俞荣根等:《中国传统法学述论——基于国学视角》,北京大学出版社2005年版,第19—23页;史广全:《陈顾远中华法系研究初探》,载《学术探索》2005年第2期。
④ 谢晖:《我国未来多法域之间的冲突及调控》,载《法学研究》1996年第4期。
⑤ 范忠信:《论"一国两制"的全国性法律体系之依据和形成途径》,载《法商研究》1998年第2期。

和政治目标的"新中华法系"前景①,并认为这是一种既反映西方法律传统,又符合东亚诸国利益及其历史文化传统的全新的法律体系,而不能将其简单地看做是中华法系的复兴。②

近年来,类似"东亚法、东亚法系、东亚普通法、东亚法律文化、东亚法治社会等区域法律概念和话语不绝于耳","蕴涵着强烈的理想主义和浪漫主义情绪"。③ 日本、韩国和我国台湾地区的一些法学家也加入了这一话语阵营。④ 他们对"东亚共同体法"的实现充满乐观和信心。当然,学界对此类"共同体法"并非都如此乐观,有论者就主张,"与国内法治相反,在国际领域通行的准则不是法治,而是无政府主义,是丛林法则"。因此,即使有了"共同体法",成员国之间的关系也只是"法律上、条约上的平等",而未必是实际上的平等。另有论者则认为"当前流行的东亚区域主义法律话语充斥着一种相当浪漫主义、乐观主义的情绪"⑤。

(二) 法系形成与"中国法系"

当今世界的两大主流法系——大陆法系和英美法系——的法系形成史,基本上是一部国家实力强大和与实力相适应的规则变化史。实力意味着力量,力量主导着规则,某种程度上是世界文明史的另一种话语。⑥ 大陆法系的形成始终伴随着欧洲大陆的割据、吞并史。普通法之所以能够成为美国法律,是因为

---

① 近年来,随着东盟与中国、日本和韩国的"10+3"合作开始引起国际社会越来越多的关注,成为地区合作中的一个新亮点,关于"东亚共同体"的讨论屡见不鲜。同时"中国—东盟自由贸易区"(10+1)也在稳步推进之中。1997年亚洲金融危机后,加快地区一体化进程的呼声更趋强烈。2001年,由东亚12国专家组成的"东亚展望小组"发表了建立"东亚共同体"的研究报告,并于第二年再度提出。2003年12月,日本与东盟国家特别首脑会议发表的合作宣言也提出要把建立"东亚共同体"作为目标。
② 何勤华、孔晶:《新中华法系的诞生?——从三大法系到东亚共同体法》,载《法学论坛》2005年第4期。
③ 黄文艺:《全球结构与法律发展》,法律出版社2006年版,第31页。
④ 参见〔韩〕崔钟库:《东亚普通法论》,载《法学研究》2002年第6期;〔日〕玲木贤:《试论"东亚法系"成立的可能性》,载徐显明、刘瀚主编:《法治社会形成与发展》,山东人民出版社2003年版,第314—325页。
⑤ 参见朱景文:《全球化与法治国家的历史演进——国内与国际的连接》,载朱景文主编:《中国法理学论坛》,中国人民大学出版社2006年版,第578—579页;黄文艺:《全球化结构与法律发展》,法律出版社2006年版,第35页。
⑥ 2005年3月,笔者到英国格林尼治天文台参观,对于深刻于内的"时间子午线"百思不得其解。综观四周,格林尼治至今也不过是英国的一个普通村镇,何以全世界的时间由此开始?参观了台内的博物馆,从"日不落帝国"辉煌的航海、扩张与殖民史,笔者似乎找到了答案。或许,"实力主导规则"即得益于此。

英国的殖民占领。而英国式普通法今天几乎遍布世界的亚洲、非洲、大洋洲、南美洲、北美洲,则以另一种方式承载了大英帝国的殖民扩张史。以古老的中华法系为例,"在古代中国,国家的繁荣昌盛以及文化上的优越感,形成了中华帝国对外部世界的强大影响力","19世纪以前中国对外部世界的影响力,在法律制度上得到了集中充分的体现"。① 同样在中国,上世纪初在著名的"东吴大学",法学院教授的也并不是中国法律和中国法学,而是以英语传授英美法。我们今天法律界和法学界的"言必称英美"现象,也在相当程度上表示了对实力和力量的敬畏——尽管有时是无意识的。而英国在12世纪之所以与罗马法分道扬镳,发展成为自成体系的普通法,也大多是因为当时英国王室统治的强大和有力——尽管这并非出自法国征服者的本意,英国已然形成了独立和封闭的自我规范的法律体系。

我们无意在此张扬强权逻辑,更无钦羡凭借实力的殖民扩张之意。但实力决定规则、规则支撑和保障实力,即使在全球化、一体化的今天,依然是世界秩序的铁律之一。

综观人类法律文明史,一个法律制度或法律体系的产生、存续并发展(包括内部自身的发展、变革和向外辐射而形成一个独具特色的"法文化圈"或现代话语中的法系),大体上取决于四个因素:一是法系"发源国"的中心地位,用现代话语表述即经济、政治、社会、文化结合而成的综合国力的强大或强盛,这是基本前提;二是"发源国"法律制度的发达和成熟,具备他国的"可学之处";三是这种法律制度向他国的传播;四是社会人文基础的共同性,包括道德、宗教、语言、风俗、习惯等所谓社会"软法"或"非正式法"②,以及在此基础上形成的教育、人才等。

至此,一个基本的结论是,与经济全球化、区域一体化、中国的和平崛起、在一国两制宪法原则下的国家完全统一、中华民族伟大复兴相伴相成的法制文明和法律文化的复兴,存在着在"世界结构"中认知"中国法系"的可能性。也即,以包括中国内地、香港地区、台湾地区、澳门地区的所谓"大中华经济圈"为背景,以深厚的中华传统文化为底蕴,从经济、政治影响力,中国经济在亚洲以至世界范围内的竞争力和影响力看,力量决定规则,力量者往往成为规则的选择者、制定者和输出者。正是从这个意义上的发展趋势看,中国法律成为地区范

---

① 公丕祥:《中国的法制现代化》,中国政法大学出版社2004年版,第146、149、150页。
② 所谓"软法",指公法领域那些效力结构未必完整、无须依靠国家强制保障实施、但能够产生社会实效的法律规范。参见罗豪才、宋功德:《认真对待软法——公域软法的一般理论及其中国实践》,载《中国法学》2006年第2期;黄文艺:《全球结构与法律发展》,法律出版社2006年版,第69页。

围乃至世界范围内的"游戏规则",并在日益深化的全球化中发挥区域或世界范围的对"国内法"的影响力,甚至被受到辐射和影响的国家内化为"国内法",也并不是没有可能。

(三)"中国法系"与"中华法系"

理论上的困惑可能来自借用的"法系"概念本身。正如有学者指出的,"在'法系'这个问题上,比较法学家们投入了多少精力而又造成了多少纷乱。比较法学家在各国法律的比较研究中所取得的光辉成果,一旦涉及'法系'领域便顿然失色"。① 张晋藩教授也指出,理论界定是"中华法系"或"中国法系"研究面临的首要问题,"对于'中华法系'这一概念,至今仍缺乏科学的、准确的概括,而建立一门学科,首先需要解决概念问题"。② 有学者则直接主张废弃"法系"概念,以"法律样式"取代"法系"进行比较法研究,在此基础上,进一步将世界各国法律现实划分为"大陆法系(民法法系)国家的成文法,英美法系国家的判例法和中国的混合法"三种主要法律样式。③ 从这个意义上说,作为描述性范畴而不是分析范畴的"法律样式",更接近笔者"中国法系"的内核。但是,作为一种比较法方法,"法律样式"同样有着难以自洽的缺陷:一是偏重于形式关注而较少内涵关怀;二是很难看出国家与国家、法域与法域之间横向的关联和纵向的继受与继承。因而,从发展的角度,"法律样式"似乎也很难准确表达"大中国法"语境下的可能区域影响和辐射。

由此,足见笔者之"中国法系"与学界共同话语意义上的"中华法系"之区别。学术指向上,"中华法系"基本上是一种面向过去的历史的研究,如果它在某种程度上也适当关注现在和未来的话,那也只是在一定程度上从中国当代法制中寻求过去的沉淀和影子,或者追问"中华法系"复兴的可能性。因此,学术群体上,研究者也大都为法制史学家或法律思想论者。方法论上,"中华法系"基本上是比较的和证明式的,通过证成一种事物的既存,证明"中华法系"概念的正当性。而"中国法系"则完全不同,它基本上是一种面向未来的研究,探求一种可能的指向或趋势,并为这种指向或趋势提供正当性支撑。对历史的适当关注,只是为经由现在通向未来提供一种过渡。而起码在方法论上,"中国法系"关心更多的,则是通过挖掘既存的合理性和潜力,为既存的事物寻求或定位一个未来目标,尽管这种定位在现存条件下,有时可能因为理论上的不周延而

---

① 武树臣:《走出'法系'——论世界主要法律样式》,载《中外法学》1995年第2期。
② 张晋藩:《中华法系研究新论》,载《南京大学学报(哲学社会科学版)》2007年第1期。
③ 武树臣:《走出"法系"——论世界主要法律样式》,载《中外法学》1995年第2期。

显得苍白甚或幼稚可笑。

(四)有关法系的"国际性"或"地区性"

所谓一国之法无以成法系,即"法系是就几个国家的法律而言的,而不仅指一个国家的法律"。[①] 普通法之所以成为我们今天所谓之"系",不仅经过了时间的磨砺,更伴随着殖民和掠夺的血雨腥风。而且,普通法确立之过程和确立之初,一直经受着势力和影响力更为强大的罗马法的"殖民化"威胁。之于历史,"中华法系是唯一本土的法系,具有孤立性和保守性"。[②] 这起码说明从起源上,既是本土的,又是孤立和保守的,也就谈不上区域性或国际性了。换句话说,法系概念并不必然代表了地理上的区域性,也不代表政治意义上的国际性。

我们今天讨论的"中国法系",不是在结论一个已然,而是寻求一种指向、一个目标。但是,即使我们以承认法系具"地域性"或"国际性"这一命题为认知前提,问题的关键仍然还在于我们如何理解国家概念。现代意义上的民族国家基本上是一个政治哲学概念。也正因此,我们往往忽略国家这一概念历史和本来意义上的地理内涵。近来,有学者尝试从中华文明史和思想史的宝库中寻找一国两制的制度之源、思想之源,提出如果仅从政治哲学意义上理解国家(state)而不是从地理意义上理解国家(country),那么,一国两制理论基本上是反现代的,而这种对现代的反动恰恰在中国文明史中有着坚强的制度支撑和丰富思想之源。

一国两制的理论和实践建构,并不倾重或者至少不完全倾重于政治哲学上的国家,如统一的法律制度、统一的政治制度,统一的国防,统一的经济和财政,统一的公民身份,统一的宪法权利和义务,甚至在国际组织中也常常以不同的主体出现,台湾还可能保留自己的军队。这种一国两制下的"高度自治",使得统一后的台湾、香港、澳门三个特别行政区,更像一个"准国家"的政治实体。[③] 如果我们不囿于地理上的"国家"概念,而将其作为政治实体的"国家"建基于现代政治哲学之上,或者,如果我们剔除"国家"概念中的政治成分,而从法域的法律效力意义上界定"国家"这一概念,又何尝不可以将中国各自独立的法域视为"准国家"呢?如果这一说法成立,那么,"中国法系"也就不存在地域问题了。而且,这种法律制度和技术意义上的"国家"或"准国家",普通法国家中的

---

① 何勤华、孔晶:《新中华法系的诞生?——从三大法系到东亚共同体法》,载《法学论坛》2005年第4期。
② 张晋藩:《中华法系研究新论》,载《南京大学学报(哲学社会科学版)》2007年第1期。
③ 强世功:《"一国之谜":Country vs State——香江边上的思考之八》,载《读书》2008年第7期。

冲突法原则和规则,已然为我们给出了答案。

(五)"中国法系"的政治和法理基础

应当承认,不管是使用"法系"还是"法律样式"概念,"中国法系"均须具备纵、横和技术三力支撑,横向为国家在一国两制条件下实现完全统一,纵向为中华民族"和平发展"战略下的伟大复兴。前者决定了"中国法系"的政治前提和宪法建构,而后者——如果我们继续沿用一直以来学界对"法系"的地理或区域规限的话,则需要一个历史过程中政治、经济、文化的相互交流、渗透、借鉴和融合。当然,一国两制条件下的法律技术支撑,与政治和意识形态有着千丝万缕的联系,使得"中国法系"的构建相异于有时甚至更难于国际间的法律合作和协助。一国两制法治实践近十五年的经验清楚地表明了这一点。香港与内地间的法律合作与协助,取得的进展仍然局限于私法和程序法领域,而在诸如刑事判决相互承认、刑事司法协助等公法领域,尚未见实质性进展。即使在民商事领域,判决的相互承认和执行也只局限于当事人协议管辖的案件。[①] 在这个意义上,也说明了"中国法系"还不是一个现实存在,而只是一种走向或趋势。也正是在这个意义上,"中国法系"更多的在于提出问题,为中国法学与中华民族复兴相伴而行、适应发展提供一种理论进路,而理论本身的充实和完备,仍需要一国两制法治实践的推进,更需要理论界的关怀。

(六)一国两制的中国使命

这里的使命,并不是香港、澳门之于祖国的政治或经济使命,甚至也不一定是香港、澳门必须承载的历史责任——毕竟,澳门是中国历史上的第一个殖民地,而香港则既是中国近代半封建、半殖民历史的开端,也是中国被殖民历史的第一个终极者,更是一国两制法治实践的创始者,而主要是指一国两制的成功法治实践,赋予两个特区对中国宪政和法治转型发展进程的可能和实际效用和效应。

说起一国两制的中国使命,似乎难以摆脱一国两制的"中国宿命",也即所谓一国两制的"历史源流"。在一国两制法治实践十年之后,有学者在理论研究中,尝试从"大历史"的视角审视一国两制,解读一国两制的历史意义和当代贡

[①] 1999年3月,最高人民法院以司法解释形式公布了《最高人民法院关于内地与香港特别行政区相互委托送达商事司法文书的安排》,1999年6月,最高人民法院与香港特区律政司签署了《关于内地与香港特别行政区相互执行仲裁裁决的安排》,2006年7月,最高人民法院与香港特区律政司签署了《关于内地与香港特别行政区法院相互认可和执行当事人协议管辖的民商事案件判决的安排》。

献,以及作为"软实力"来解决世界各地的类似政治难题的普适意义,从中华人民共和国建国之初毛泽东等中国共产党第一代领导人处理西藏问题的"十七条协议",乃至追溯清朝开国君主们"番邦"、"个别统治"到"改土归流"的关于中国边疆政治的连续性思考,寻求一国两制"深刻的政治哲学思想"及其与历史的一脉相承关联。① 正是一国两制这一源于中国古典政治传统的富有想象力但恰恰"反现代国家理论"的政治建构和政治思想,解决了传统国家 country 意义上的统一和领土完整,强调了香港与内地作为"一国"而在文化历史传统中自然形成的"命运共同体",并"由此为中国恢复对香港行使主权提供了无比强大的正当性",也导致了一国两制实践中现代国家 state 意义上"名"与"实"的法理悖论和冲突,使香港成为一个"准国家"的政治实体,如基本法的"小宪法"地位,香港人的国家意识和身份认同,国家政体的单一制抑或联邦制的诠释之争,等等。② 进而,从真正的"大历史眼光"看,中国儒家文化决定的中国政治文化以及建基于其上的政治思路,导致了历史上的中华帝国与曾经的罗马帝国、大英帝国在政治伦理原则上的根本相悖。前者在处理中心与边缘、主体与补充、多数与少数、内陆与边疆的关系时,遵循"贯穿了类似父子和兄弟的儒家伦理的差序格局原则",后者遵循的则是基于种族区别的榨取原则或征服原则。一国两制的精神实质"不仅恢复了中国古典的封建政治原则,而且重新激活了儒家的政治理想"。③

这种颇具历史宿命意味的一国两制理论解读为我们提供了新的视角,但却很难说明一国两制之于现代中国 state 国家意义上的使命意义。而讨论一国两制对于当代中国的使命意义,必须以一国两制法治实践之后,发生于中国政治生活中的两件事为基石:第一件是作为执政党的中国共产党第十七次全国代表大会报告中对一国两制的理论阐释和实践政策宣示,第二件是 2007 年 12 月 29 日全国人大常委会《关于香港特别行政区第四任行政长官和第五届立法产生办法及普选有关问题的决定》。

中共中央总书记胡锦涛指出,"保持香港、澳门长期繁荣稳定是党在新形势

---

① 参见强世功:《"一国两制"的历史源流——香江边上的思考之七》,载《读书》2008 年第 6 期。

② 强世功教授提出,"country 意义上的国家是与特定土地联系在一起的政治组织,强调的是国民与所居住国家自然领土之间的内在关系,并依赖人们对土地的自然情感将国民团结在一起,由此包含了祖国、国土和乡村的含义。而 state 是依赖抽象法律制度建构起来的政治组织,更强调公民与国家政体的内在关联,它依赖法律关系将公民团结在一起,由此包含了政府、公共权力和政体的含义。""现代国家的政治哲学基础是 state,而非 country"。参见强世功:《"一国之谜":Country vs State——香江边上的思考之八》,载《读书》2008 年第 7 期。

③ 强世功:《"一国"之谜:中国 vs. 帝国——香江边上的思考之九》,载《读书》2008 年第 8 期。

下治国理政面临的重大课题。我们将坚定不移地贯彻'一国两制'、'港人治港'、'澳人治澳'、高度自治的方针,严格按照特别行政区基本法办事;全力支持特别行政区政府依法施政,着力发展经济、改善民生、推进民主;鼓励香港、澳门各界人士在爱国爱港、爱国爱澳旗帜下和衷共济,促进社会和睦;加强内地与香港、澳门交流合作,实现优势互补、共同发展;积极支持香港、澳门开展对外交往,坚决反对外部势力干预香港、澳门事务。……香港、澳门已经并将继续为国家现代化建设发挥重要作用,伟大祖国永远是香港、澳门繁荣稳定的坚强后盾"。① 在这份执政党的最高政策文件中,之于一国两制理论和实践,起码有两点更具深意。其一,贯彻一国两制,保持香港、澳门长期繁荣稳定被列为执政党治国理政的"重大课题",不仅在理论上承认了一国两制下制度和法制冲突的必然性和正当性,也在相当意义上彰显了过去十年中,中央政府在处理一国两制冲突中的探索和曲折。其二,对香港、澳门为国家现代化建设中可能发挥的作用寄予厚望。值得关注的是,过去,中央政府更多的是从国家的经济建设中强调和发挥香港的桥梁和辐射作用②,而在这次的报告中则用了"国家现代化建设"。对此,正确的解读可能是,如果说在改革开放已经过去的三十年中,香港的中国使命基本上是经济的,那么,经过一国两制法治实践的十年,中央政府赋予香港的中国使命就不仅仅是经济的了。联系紧接其后的第二件大事,即全国人大常委会关于香港民主政治发展的决定,则基本可以结论,一国两制的中国使命的这一命题并不是无端揣测。

香港民主政治的发展进程,一直是一国两制法治实践的重要冲突主题之一,而行政长官和立法会的普选,则是这一冲突的核心。2005 年中央和特区政府试图推进的选举改革因立法会的否决而失败,行政长官和立法会的"双普选"一直成为香港甚至国际上一些政治人物诟病一国两制的靶标,也成为香港"民主派"的终极政治诉求,并因此而不断制造行政立法紧张,明确要求特区政府和中央定出"双普选"的"路线图"。实际上,中央政府面临着一种两难选择。民主进程过快,并不代表香港社会民意主流,还可能导致社会政治生态混乱,进而造成进一步社会分化和动荡;但不解决"路线图"问题,任何民主化进程的步子都可能面临 2005 年政制改革方案同样的命运。2007 年 12 月 29 日,全国人大常委会作出决定,为香港政制和民主发展订出了明确的"路线图"和"时间表"。

---

① 本书编写组:《十七大报告辅导读本》,人民出版社 2007 年版,第 42—43 页。
② 在中国改革开放的三十年时间内,吸收外资主要来源于港资。据统计,截止到 2007 年 3 月,内地累计吸收香港投资 2847 亿美元,占内地利用外资总额的 40.63%。而在改革开放、利用外资的前沿广东省,这一比例超过了 80%。参见张晓明:《不断创造香港、澳门更加美好的明天》,载本书编写组:《十七大报告辅导读本》,人民出版社 2007 年版,第 351—361 页。

从立法内容上看,全国人大常委会决定的核心包括三个方面,其一,规定2012年第四任行政长官不实行普选,第五届立法会也不实行普选,功能团体和分区直选各产生半数立法会议员的比例维持不变;其二,2017年可以在香港特区实行行政长官普选,立法会的普选在行政长官普选后实行;其三,2012年第四任行政长官和第五届立法会的具体产生办法,可以作出符合循序渐进原则的修改。

如何解读全国人大常委会决定的政治和法理意蕴?我们以为起码有四点:

第一,从国家最高立法上终结了政制和民主发展的争论,也从政治上取得了主动,将选择之"球"踢给了坚持2012年"双普选"诉求的"民主派"。不管"民主派"接受与否,2012年行政长官和立法会选举的法律原则已经尘埃落定,任何政治争拗已经没有法律意义,从而也就终止了无休止政治争论可能导致的社会分化和震荡。另一方面,对"民主派"而言,面临的恰恰是一种两难选择,要么选择接受"游戏规则",参与"游戏",要么继续抵制,拒绝参与。而如果选择后者,则面临丧失政治资源并被边缘化的更坏结果。事实上,对"民主派"而言,已经没有真正意义上的选择。①

第二,中央立法在实体和程序上皆具备一国两制宪政安排的法制基础。实体上,兑现了中央推进香港民主发展的承诺,体现了基本法规定的"循序渐进"②,也回应了"民主派"关于"双普选""路线图"或"时间表"的诉求。程序上,全国人大常委会的决定发轫于香港特区行政长官的报告,符合全国人大常委会的立法程序。可能的争议在于对"循序渐进"原则的解释。笔者以为,在一个现代民主选举从英国准备殖民撤退而政治催生仅十余年,主权回归后仅二十年时间,香港社会走过西方社会近百年才走过的从殖民专制到一人一票选举自己的最高政府首长,"循序渐进"恐怕已经很难诠释这种发展的速度了。而如果不顾社会政治和民主成长现实,一步实行一人一票制的行政长官和立法会普选,恐怕也很难说是符合"循序渐进"的基本法原则。

第三,显示了中央积极推进香港政制和民主发展的诚意,也显示了中央主导香港政制和民主进程的决心,更显示了中央管理香港事务的信心。

第四,或许并不完全出于决定本意但更为重要的是,寓示了中央赋予一国两制第一个实践者——香港的"中国使命"。到2017年中国恢复行使香港主权二十周年之际,中国历史上将第一次产生由公民一人一票直接选举产生的地方

---

① 2010年6月25日,香港特区立法会以超过2/3的多数通过了2012年立法会产生办法,标志着全国人大常委会的决定在特区立法层面得到落实。在立法会投票表决前不久,"民主派"转变态度,在特区政府接受其拉出的"一人两票"修订提议后,在立法会投了赞成票。实际上,"民主派"的这一转变既表明了其参与"政治游戏"的意愿,更恰恰证明了其没有选择的选择。

② 《香港特别行政区基本法》第46、68条。

最高行政长官,其后还会同样产生立法机关的议员。2010年6月24日和25日,香港特区立法会通过了2012年立法会产生办法和行政长官选举的"政改方案"。同年8月29日,全国人大常委会批准了香港基本法附件一行政长官产生办法的修正案,并通过了对香港基本法附件二立法会产生办法和表决程序修正案的备案。① 这标志着香港民主进程正式按照基本法"循序渐进"的原则,进入了组织实施的"快车道",也在相当程度上预示了香港政治生态的重新"洗牌"和政治资源的重新整合与配置。或许,更重要的法理意义并不在于这一结果,而是在这一结果之后的结果,以及达致这一结果共识的过程中,中央政府、特区政府、香港各种政治力量之间的法制博弈②,不仅使各参与方以及全体香港居民经历了一次现代民主政治的洗礼,对国家政治体制改革的可能冲击、影响和示范效应,目前尚难作出确定的评估。之于澳门特区,政治体制的民主化进程,也正按照基本法规定的"循序渐进"原则顺利推进,尽管形式上有所区别,但将在民主政治这一价值目标上实现合集。正是在这个意义上,香港、澳门民主政治的发展,历史地肩负了为国家政治体制改革、建立现代民主宪政提供演习、学习、经验的"中国使命"。

(七)"中国法系"与国际秩序重构

一个全世界都正在面对并逐渐接受的不争事实是,经过三十多年改革开放和建设发展,中国必须同时面对两个相互交织、相互影响、相辅相成也相互制约的社会和制度转型:一是中国自身的社会和制度转型,另一个是世界格局和秩序规则的转型。前者已经进入方向抉择和制度创新的关键阶段,而后者才刚刚开始。可以说,这是中华民族历史上最为严峻的挑战和最为难得的机遇,也是

---

① 根据该修正案,2012年香港特区行政长官选举委员会将由目前的800人增加到1200人,候选人的提名数也相应由目前的100人提高到150人;2012年立法会席位由目前的60席增加到70席,新增的10席中,5席由直接选举产生,5席由功能组别选举产生。

② 2005年特区政府"政改方案"被立法会否决后,新一轮"政改方案"自2009年11月开始启动,但民主派指责方案不够民主,声称将再次在立法会否决方案。6月,民主派提出了"一人两票"的修正案,即将特区政府建议新增的5席立法会功能组别议席,改政府方案的由分区直接选举的区议会议员相互选举,为由分区直接选举的区议员提名候选人,再由有功能组别选举权的选民投票选举产生,这样,每一个选民都有两次投票权——一次直接选举,一次功能组别选举。民主派在立法会拥有7个议席,对特区政府方案能否获得2/3多数通过十分关键。6月23日,特区政府宣布接受民主派的"一人两票"方案,而根据香港特区宪制运作的惯例,可以肯定的是,特区政府宣布这一决定前肯定得到了中央政府的认可。因此,这可以说是香港特区成立以来中央第一次全盘接受"民主派"的意见。而在这期间,中央驻港联络办也有史以来第一次与民主派进行了直接接触。这其中的政治和理论旨趣是意味深长的,既表明中央落实一国两制的决心和信心,也同时表明中央按照民主社会的"游戏规则"掌控和主导民主发展的政治智慧。

中华民族历史如此集中地吸引着全球注意力。另一个方面，从中国改革开放以来，全球范围从来就不缺少"中国理论"，20世纪80年代的"中国崩溃论"，90年代的"中国威胁论"、"中国责任论"，本世纪的"中国模式论"、"中国统治论"、"G2"、"中美国"等，各种"中国概念"不一而足，各种"中国理论"风行一时、轮番演进。① 如此话语环境，中国的"和平发展"战略在多大程度上能够避免或缓解中国利益走向全球引致的国际政治张力，是很令人置疑和忧虑的。② 换句话说，在中国经历了二百多年来国际政治秩序和"游戏规则"遵从者向规则制定参与者甚至输出者的转型过程中，在"两极"世界崩溃之后的"一极"世界的坚冰正被打破，"多极"世界尚在建构的历程进程中，在中国选择了历史、历史也选择了中国的新世界格局中，无论我们做什么，无论我们怎样做，都无法摆脱"威胁"的"疑虑"。正因为如此，我们也就无须过多在意这种种"理论"或"疑虑"了，我们需要全力应对的是获取新世界秩序、新国际规则的话语权。对中国法而言，无论我们愿意不愿意，都必须面对这一挑战，中国法学也必须抓住这一机遇。

因而，如果我们以一国两制作为制度基础，以平崛起和民族统一作为政治前提，并将这一制度基础和政治前提下的"中国法系"概念，置于新国际关系、国际秩序和国际规则的重构语境之中，我们不得不面对的一个重大现实课题是：在这样一种全球性的关系、秩序和规则转型中，中国法制如何在完成自身转型的同时应对这一转型，以及中国法和中国法学应当如何定位并承担起为"和平发展"、构建和谐世界国家战略及国家利益拓展提供正当性、合法性和制度支撑？这是中国发展与民族复兴的必然结果之一，是中国真正成为大国、强国的重要标志之一，是历史赋予中国法和中国法学的责任，也是中国法走向世界的千载难逢之机，并不完全以中国的选择为转移，中国法学更无从选择。

或许，"中国法系"的上述主张可能招致扩张、殖民、同化等指责，并与经一些国家精心渲染而至今仍颇为流行的"中国威胁论"相联系。我们已申明在先，讨论"中国法系"的可能性与张扬强权无关。中国法的可能发展并形成"中国

---

① 参见 Gordon G.. Chang, *The Coming Collapes of China*, Random House Inc. 2002; Martin Jacques, *When China Rules the World—The Rising of the Middle Kingdom and the End of the Western World*, Penguin Books Ltd., London, 2009；郑永年：《中国模式——经验与困局》，浙江人民出版社2010年版。

② 2010年12月20日，美国《外交政策》杂志网站就发表了一篇文章，称"中国正利用在全球行动中所获得的新的经济影响力和资源，在全球重新打造国家关系，进而以一种若非大张旗鼓也是逐步扩展的方式重建世界权力架构"，在一场新的世界角逐中，"规则手册的内容是用中文撰写的"。参见 David Rothkopf, *A New Great Game, But This Time the Rulebook Is in Chinese*, http:// forregnpolicy com, Decembe 20, 2010。

法系",凭借的是经济、社会的实力优势,以及与此相适应的文化优势。况且,法律制度向外延伸或扩展,并不必然意味着殖民式的强制推行,也不意味着完全移植,而必须经过本土文化的消化和吸收,即不是"同化",而是"内化"。"法律本身是特定民族的历史、文化、社会的价值和一般意识与观念的集中体现,任何两个国家的法律制度都不可能完全一样。作为一种文化的表现形式,法律不经过某种本土化的过程便不可能从一种文化成功地移植到另一种文化"。① 综观当今世界各国的法律制度,即便同属一个法系,也绝非同一,而因本国或地区的实际情况各显差异。作为殖民地的香港法律也不完全等同于英国本土法律即为例证。因而,未来的"中国法系"并不必然影响地区法律制度和法律文化的多样性。同时,随着经济全球化和地区一体化世界格局的形成和发展,所谓"本土化"本来就可能成为一过时而且很难界定的概念,正如美国学者罗伯特·赖克所言,"我们正经历一场变革。这场变革将重新安排新世纪的政治与经济。届时将不存在国家的产品或技术,不再有国家的公司、工业乃至国内经济等等这些为我们熟知的旧概念。国家的边界以内将只剩下组成这个国家的人民。……而全球经济的离心力正试图拆散把一国的公民们联系在一起的纽带"。② 再者,即使有人将"中国法系"之说与"中国威胁论"人为勾连,我们也大可不必过于以为然。一个无须说明、无以回避的事实是,今天的中国已非昔日任人宰割的瀛弱之邦,世界已然感受到了中国在国际舞台和世界事务上日益增强的影响力,世界也必然日益加深这种感受。别人是否视中国为威胁并不重要,重要的是中国将以和平崛起的行为向世界证明自己。

---

① 〔美〕格伦顿、戈登·奥萨魁:《比较法律传统》,米健等译,中国政法大学出版社 1993 年版,第 7 页。
② 〔美〕罗伯特·赖克:《国家的作用——21 世纪的资本主义前景》,上海政协编译组东方编译所编译,上海译文出版社 1994 年版,第 1 页。

结　　论

一、中国法律的近现代转型

一百多年前,中国社会由于空前的外界压力进入了历史的近代转型期。西方文化的强势侵入,传统与现代的冲突、中西文化的冲撞日益明显,使得近代中国陷入了普遍的危机之中。危机意识导致国人反思现状而力求变革,法制变革是其中重中之重。从戊戌变法、预备立宪到沈家本修律,从《临时约法》到《六法全书》,几千年的专制人治逐步向近代民主法治转型。民主之下的法治理想国成为近代国人改良与革命的航标灯,即使在暴力革命的激烈动荡之中,人们对民主法治的追求也从未停止。

时隔百年,中国社会从"文革"十年的噩梦中惊醒,在尝尽无法无天的"大民主"之苦后,在法治中断几十年后又毅然选择了法治。从"文革"动乱中的"恢复性"制宪到"八二宪法";从1978年中共十一届三中全会提出"有法可依、有法必依、执法必严、违法必究"的社会主义法制建设"十六字方针",到1997年中共十五大确定"依法治国,建设社会主义法治国家"的基本方略,再到2012年中共十八大强调"新十六字方针"即"科学立法、严格执法、公正司法、全民守法"。新世纪的法治事业蒸蒸日上,法治已经成为一种新的意识形态。

近代与现代两个世纪之交的转型期,在面对危机之时,国人都不约而同地把求救的目光投向了法治,那种对法治理想国不约而同的渴望,对法治桃花源地追寻的一致,应当引起思考。放眼过去,正是为了现在。近代内外危机使得中国传统法律秩序遭到致命打击,中国法律逐步走向近代化,它是怎样演进的?演进的规律是什么?是什么原因导致近代法治的努力最终被军阀混战与党治独裁所扭曲?如今,接过前辈的民主大旗,当代中国再次扬起法治风帆,然而,转型中的现代中国社会问题却是日益突出,道德滑坡、信仰危机、腐败频生、下岗失业等等困扰国人,执法与司法腐败,法治实效的不容乐观使得法治正当性的怀疑声声入耳,这是法治的缺陷还是另有缘由?在"依法治国"已成基本方略的今天,在民众沉浸在建设社会主义法治理念的氛围之时,当国人感叹于法治大厦构建的复杂与艰辛之时,静下来对百年前国人的法治探索进行一番总结,其中的教益也许会让我们眼前一亮,豁然开朗。

二、从封建专制到民主法治

在诡谲多变的近代中国,法律的转型表现得复杂而多变。尽管其间法治的脚步歪歪扭扭,专制复辟的闹剧不时上演,近代中国也始终没能摆脱独裁政治的阴魂,但是,从封建专制走向民主法治却依然是一条显眼的逻辑红线。

戊戌变法主张君主立宪,宣传资产阶级法治,是西方法治与本土专制人治思想的第一次实质交锋。尽管变法最后失败了,但是它使国人开始了对传统法律与政治制度的反思,并且开始思考法律的地位问题。在随后的"新政"中,清政府对传统法律进行了大规模的修订,学习引进西方法律制度,初步建立"六法体系",可谓开启了法治大门;在预备立宪中,颁布《宪法大纲》,否定了封建的无限君权制,确立三权分立原则,在制度上确立了不同于传统政治秩序的新型秩序,传统观念逐步近代化,法治主义、权利义务观念、三权分立原则、司法独立原则开始渗透入中国社会。戊戌变法与清末新政近代化的一系列努力,加速了传统专制法制的崩溃,开启了专制人治向近代民主法治的转型历程。辛亥革命推翻了清政府统治,建立了资产阶级共和国,以孙中山为首的革命党人颁布《临时约法》,践行"五权宪法",广泛宣传"以法治国",使得民主法治第一次形式上在中国得以确立。尽管辛亥革命的胜利果实最终没有护住,由此导致中国社会反复出现了帝制复辟与反帝制复辟、毁法与护法的激烈斗争,出现了君权至上与法律至上的人治主义与法治主义的生死搏斗,然而即使后来的独裁军阀也不得不以民主法治为掩护与装潢,说明此时的民主法治已经在制度乃至观念层次替代专制人治。令人遗憾的是,民主法治在军阀混战时期逐步扭曲。尽管短时间内制定了12部宪法或宪法性文件,却没有法律的稳定施行,没有法治精神的真正践行,直到南京国民政府期间,仍是借法治之名,行专制独裁之实。法律形式上的进步,难掩法治实质上的式微。

纵观近代法治历程,尽管近代中国步履蹒跚地走出了专制,踏上了民主法治的追寻之路,然而近代法治之梦却最终难免走向了没落。不管是归咎于法治理念启蒙的缺位,还是政府制导下的工具化的法制建设,或者是坚实的民主基础的缺乏,其共同的一点都是民众的缺位,而最根本的就是民众权利意识的缺失。在民族危亡之下,精英引进与宣传"法治",而民间传统的封建君臣思想在继续存在的自然经济之下依然根深蒂固,义务本位的"人治"观念大行其道;政府主导,全面移植西方法制,最终建成了"六法体系",却存在着一个新制度与旧社会的"双重社会"矛盾,新法制没能得到切实的贯彻实施,民众没能在实践中得到法治的熏陶。机械引进的法制,缺乏法律制度与民众生活的联结,民众无法实际感受法治之幸福,权利意识就无从激发。在虚化的民主天空之下,法治注定无法根植中国土壤。

民主作为"五四"运动的主题之一,在20世纪初期得到了更为广泛的传播,但近代以来泛意识形态化特征也同样在以后的民主进程中得以沿袭,之后的战乱不已也使得民主的落实更无可能。直到新中国成立,民主制度才得以建立。然而随之而来的资本主义与社会主义阶级对立的刻意强调,民主也成为意识形态对立的牺牲品。直到"文化大革命","大民主"酿成了深重的社会灾难,民主被彻底异化,法治更是无从谈起。改革开放之后,中国重新走向了民主法治。随着市场经济的飞速进步,法治的内生压力不断增强,必须更为审慎地规划现代法治的走向,以免重蹈近代法治的覆辙。鉴于近代民主之下的法治终于式微,现代民主的发展有必要在法治的引领下进步,通过法治对民生的切实保障,来让广大的民众自觉成为民主法治的基本推动力。关注民生,是现代中国法治拥有坚实基石的必由之路;建设民生法治,是中国现代法治得以真正实现的希望所在。

近代中国注重对"民主"与"法治"思想的宣传,看到了西方民主与法治对于多灾多难之中国的巨大意义。然而,民主与法治在近代中国也是命运多舛,民主最终没有实现,法治理想化为泡影。原因在于,近代国人忽视了对民主与法治关系的认识,片面地对民主寄予过高期望,而把法治仅仅当做实现民主的一项工具。法治简化成了立法,忽视了尊重秩序与规则的法治理念对于民主的极端重要性。这种对民主与法治关系模糊认识的恶果,就是民主与法治的相互牵绊,无法协调前进。从近代法治的教训可以看出,从西方学来的民主与法治,并不是时刻都表现得那么和谐,如果没有很好地处理两者的关系,民主与法治都难以真正实现。因此,在新世纪民主法治建设过程中,首先要做的就是清醒地反思法治与民主的关系。

近年来,国内学术界也逐渐从对民主与法治的和谐关系持乐观态度转向对民主与法治紧张关系一面的探讨,认识到民主与法治存在着某种程度上的矛盾与冲突,甚至出现了"民主迷信"与"法治迷信"两个极端。季卫东对这两种观点均作出了批评。他指出,强调法治、轻视民主的观点在法学领域中具体表现为"轻视正义观念和人文主义精神的劣化法律实证主义乃至一种急功近利的实用主义秩序观";而强调民主、忽视法治的思想倾向是"自觉或不自觉的、显性或隐性的投票权至上论以及向'马锡五审判方式'的群众路线回归的导向"。① 在强调民主作为正统性渊源的基础上,季卫东将法治作为稳定民主制的基础。他强调指出,国家体制和秩序的正统性只有通过民主与法治相结合才能得到维持乃至强化。事实上,强调两者的紧张关系,也并非要分割民主与法治,而是在当前中国的特定条件下,由此来考量民主与法治如何真正才能协调前进。对民主与法治紧张关系的辩论不应着力在何者更重要上,而在于何者优先的问题上。笔者认为,法治优先,通过法治来推进民主,是近代法治历程的最大教益。

顾肃认为,"在我国现阶段,在更大规模的民主化实现之前,有必要先厉行法治和宪政主义"②;季卫东提出,要实现政治变革的目标,"必须首先推行法治以及宪政"③;而在潘维看来,"以民主为导向,以扩大'人民权利'为核心"的改革方式和"以法治为导向,以变革吏治为核心"的改革模式存在着先后的不同。④ 在中国当前的特殊国情下,他主张优先发展法治。麻宝斌更是明确指出:"法治具有优先于民主的地位,这种优先性不是指价值上的重要性或逻辑上的前提性,而是通过对民主与法治得以实行的现实条件加以分析得出的经验性判断。法治对于民主具有优先性或前提性,是在现实的层面上说的,其真正涵义是,法治不依赖于民主,民主却离不开法治;没有法治的支持与约束,民主固有的缺陷必然使它夭折或发生蜕变;没有建立在法治基础上的民主无法正常运作并真正收到成效。"⑤ 故此,现代中国政治体制的民主化改革应该从法治秩序的建构起步,把司法权的合理化作为突破口,通过技术性的程序革命来逐步改变价值体系和权力结构,通过法治国家的建设实现民主化,中国民主进程只能是"通过法治迈向民主"。⑥

---

① 季卫东:《秩序的正统性问题——再论法治与民主的关系》,载《浙江学刊》2002 年第 5 期。
② 参见顾肃:《论法治基础上的民主》,载《学术界》2000 年第 3 期。
③ 季卫东:《宪政新论——全球化时代的法与社会变迁》,北京大学出版社 2002 年版,第 24 页。
④ 潘维:《法治与未来中国政体》,载《战略与管理》1999 年第 5 期。
⑤ 参见麻宝斌:《论民主的法治前提》,载《吉林大学学报》2001 年第 5 期。
⑥ 参见季卫东:《中国:通过法治迈向民主》,载《战略与管理》1998 年第 4 期。

三、从民主法治到民生法治

从戊戌变法到清末新政,传统中国的专制人治开始走向崩溃。随着西方资产阶级民主法治传播的逐步深入,中国近代社会的法律实践也朝着民主法治的方向迈进。一方面,建立在民主基础之上的西方法治,成为中国法律改革的参照样本;另一方面,近代国人对法治追求的目的,在于固化民主政治的基本原则。法治事实上变成了巩固民主革命成果的工具,法治探索的着眼点和归宿在于民主政治,而非建立"法的统治"。换言之,近代国人是在民主的基础上探索法治,民主成为近代法治的重心与归依。随着时代的变迁,百年之后的现代中国再一次进入社会的转型期,中国的改革开放正在通过矛盾纠结、利益冲突的深水区,面临着无法绕过的暗礁,各种经济、社会问题凸显,相对于百年前的民主,民生已然成为中国普通民众更迫切的需要。

"民惟邦本,本固邦宁。"[①]民生所指,民心所系,国运所系。如果民生问题没有得到很好解决,民主便无法得到切实落实,这是近代中国民主最终虚化的症结,更是近代中国法治最终式微的根本所在。近代民主法治的一个重要特征就是精英传播,普通民众与法治联系的实践环节缺失,法治与民众的脱节,导致法治远离了国民生活。然而,正如伯尔曼所指出的,现代法律不应仅是"世俗政策的工具,而且还应是生活终极目的和意义的一部分",它不仅包容了一整套规则,还包容了人的全部存在,包括他的梦想,他的情感,他的终极关怀,它说到底是一种"活生生的社会过程",浸渍了人的个性、人格尊严以及人的价值等人文精神的关怀和崇尚。[②]

近代法治无法融入多数人的生活,脱离了民众,也就失却了法治本身。"法治既绝非学者的刻意臆造亦绝非官员们专横武断的安排,本身就是民众的一种有意无意的自愿选择,也是普通百姓在日常生活照料诸般俗务杂事的过程中,一点一滴地亲自实践和不断积累的。正因为如此,法治所表达的情感不过就是普通百姓的情感,法治对人的关怀也不过就是对普通百姓的日常生活的关怀。现实的人的生活之中蕴含、孕育并实践着法治的原则与精神、规范与制度,而法治也不能不在生活之中展现与落实。所以,生活的法治就是活生生的法治,同

---

① 《尚书·五子之歌》。
② 〔美〕哈罗德·J.伯尔曼:《法律与宗教》,梁治平译,中国政法大学出版社 2003 年版,第 43 页。

时也就是常人的法治;法治的生活,也就是常人具体而实在的日常生活。"①从根本上讲,现代法治的逻辑起点或文化源头必然是立足于人的现实生活世界,并以现实的人的幸福生活为其核心归依,现代法治的精神意蕴和核心底色也就在于广大民众幸福生活的确立与确证。也就是说,现代法治建设必须关注民生。

事实上,作为社会主义国家,中国法治的本质属性就在于它的人民性;社会主义法治的核心就是人民当家做主,法治的目的就是调动人民的积极性、主动性、创造性,维护好、实现好、发展好人民的利益。法治保障民生,才能培育民众的法治情感,促进民众积极参与法治建设,增强法治的社会推动力,夯实法治之基。故此,21世纪的中国法治建设,必须对事关人民生计的问题作出反应,用法治保障民生,把民生问题的解决作为法治推进的突破口与重心。

"民生"一词最早出现在《左传·宣公十二年》,所谓"民生在勤,勤则不匮"。这里的"民",就是"百姓"的意思。千百年来,"民"的这个含义基本未变,但是"民生"一词的内涵与外延却变化较大。在古代,一般而言,"民生"泛指一般的民众生活,即"平民的生计",而"生计"则被理解为"谋生之道"。但是到了20世纪初期,孙中山先生给"民生"注入了新的内涵,并进而将其上升为治国方略、社会制度和政治经济学术语。1905年,孙中山首次提出民生主义。他的论述综括起来,民生就是"人民的生活、社会的生存、国民的生计、群众的生命"。②他还把"民生"看做是社会存在和发展的起始点,是国家"建设之首要"所在,是"政治的中心"、"历史的重心"、"经济的重心和种种历史活动的中心",认为"民生是社会进化的重心"。③在此基础上,孙中山创立了系统的"民生主义"学说。"民生主义"的核心是"养民",即以改善人民谋生之道为核心,力图使人民生活由低层次的"生存需要"向高层次的"安适需要"乃至"繁华需要"发展。所以,在孙中山那里,"民生"一词广泛地包括了牵涉民众生存与发展的各类问题,并不仅仅指"基本的谋生手段"和生活资料。

基于"民生"含义的这样一个演变,再结合我国当前的社会、政治、经济状况,民生问题大致应包括以下四个方面:一是生计来源问题,即最基本的谋生条件,其中,就农村居民而言,主要指土地问题,就城镇居民而言,主要指就业问题;二是生活质量问题,即通常所讲的衣食住行这类日常物质消费层面的问题;三是生存状态问题,即社会提供给民众的生存和发展条件,主要指社会保障问

---

① 姚建宗:《生活与法治》,载《检察日报》2000年3月1日。
② 孙中山:《三民主义》,岳麓书社2000年版,第167页。
③ 同上书,第177页。

题、医疗、教育问题;四是生命安全问题,即生命保障层面的问题,主要包括社会治安和环境保护。

近年来,民生问题越来越受到民众和舆论的关注,2007年更被有的学者定位为中国的"民生年"。2007年3月5日,温家宝总理在十届全国人大五次会议上所作的《政府工作报告》中,民生话题贯穿始终。该报告可以说是以"民生"为基调的执政宣言。他在谈到政府工作的基本思路和任务时,提出了四个"着力",其中之一就是"着力促进社会发展和解决民生问题"。显然,政府已经清楚地认识到民生困难则难以安康,民生不稳则难以安定,民生思定才能构建和谐。

如今,中国社会"突出地显露出教育作为民生之基、就业作为民生之本、收入分配作为民生之源、社会保障作为民生之安全网的重要性"①。可以说,教育、就业、收入分配及社会保障问题,是当前中国最大的民生问题。这些问题基本都是经济和社会层面的问题,而这些问题的最终解决,显然都需要法律功能的很好发挥。"解决民生问题,第一要有制度的保障。"②也就是说,民生问题应该设定相应的法律机制来保证其适宜的解决与安排,民生政策应该由法律来保障其落实与持续。必须将民生问题,将群众反映的热点、难点问题,将与群众利益密切相关的问题放在更加突出的位置,在继续完善民主立法、经济立法的同时,着力加强社会领域的民生立法。

一百年前后的两个世纪之交,中国社会都面临着复杂的社会转型,而法律转型是近代与现代两个转型期共同的组成部分。近代转型中法治与民众的隔阂导致民主之下的近代法治最终式微。以史为鉴,现代中国法治必然要走上一条以广大民众为基本推动力的法治之路,而关注民生,是法治被民众接纳的最好路径。在当代社会转型时期,中国普通百姓最迫切需要的东西究竟是民生还是民主?民生还是民主,何者更重要?人们日益明白,比起免费教育、医疗保障、贫富差距等,民主并不能算是普通中国老百姓目前最迫切需要的东西。基于当代中国转型期的严峻形势,民生目前已成为超越民主问题的时代问题,亟待有力的法治保障。

从民主到民生,中国法治在经过一百年的风雨沧桑之后,开始了重心的转移。然而,民生问题极为复杂,它涵盖了民众生活的各个领域,关乎社会的生存、国民的生计以及群众的生命。随着时代的演进,民生问题的内涵和外延还

---

① 郑功成:《民生问题为什么如此重要》,载《文汇报》2004年12月6日。
② 参见《在十届全国人大五次会议记者招待会上温家宝总理答中外记者问》,载《人民日报》2007年3月17日,第2版。

会发生相应的变化。因此,对于"民生是什么"、"什么是民生问题"以及"法律如何解决民生问题"等,还需要做进一步的深入研究。这不仅需要诸多微观制度创设的智慧,还需要高屋建瓴的宏观眼光。民生法治,任重而道远,需要我们在实践中不断摸索前进。

总之,中国现代法治建设应当以民主为基础,以民生为根本。关注民生,是现代中国法治拥有坚实基石的根本保障;构建民生法治,是解决民生问题与建设现代法治的绝佳交汇点,是中国现代法治得以真正实现的希望所在,因而也是当代中国转型期的法律与社会研究的最终落脚点。

参考文献

一、中文文献：

（一）专著类：

1. 《马克思恩格斯文集》(1—10)，人民出版社 2009 年版。
2. 《马克思恩格斯选集》(1—4)，人民出版社 2012 年版。
3. 《马克思恩格斯全集》(1)，人民出版社 1995 年版。
4. 《马克思恩格斯全集》(2)，人民出版社 1995 年版。
5. 《马克思恩格斯全集》(8)，人民出版社 1961 年版。
6. 《列宁专题文集》(第 5 卷)，人民出版社 2009 年版。
7. 《列宁全集》(12)，人民出版社 1987 年版。
8. 《列宁全集》(17)，人民出版社 1988 年版。
9. 《董必武法学文集》，法律出版社 2001 年版。
10. 《邓小平文选》(2)，人民出版社 1994 年版。
11. 《邓小平文选》(3)，人民出版社 1993 年版。
12. 国务院新闻办公室：《中国的法治建设》，外文出版社 2008 年版。
13. 全国人大常委会法工委立法规划室编：《中华人民共和国立法统计》，中国民主法制出版社 2008 年版。
14. 蔡定剑、王晨光主编：《中国走向法治 30 年》，社会科学文献出版社 2008 年版。
15. 蔡定剑：《宪法精解》，法律出版社 2006 年版。
16. 陈弘毅：《法理学的世界》，中国政法大学出版社 2003 年版。
17. 陈弘毅：《法治、启蒙与现代法的精神》，中国政法大学出版社 1998 年版。
18. 程燎原：《从法制到法治》，法律出版社 1999 年版。
19. 《法治与人治问题讨论集》，群众出版社 1981 年版。
20. 费孝通：《乡土中国》，生活·读书·新知三联书店 1985 年版。
21. 公丕祥主编：《全球化与中国法制现代化》，法律出版社 2008 年版。
22. 郭星华、陆益龙等：《法律与社会》，中国人民大学出版社 2004 年版。
23. 贺善侃：《当代中国转型期社会形态研究》，学林出版社 2003 年版。

24. 胡鞍钢：《第二次转型——国家制度建设》，清华大学出版社 2003 年版。
25. 黄文艺：《全球结构与法律发展》，法律出版社 2006 年版。
26. 季卫东：《宪政新论——全球时代的法与社会变迁》，北京大学出版社 2002 年版。
27. 蒋立山：《法律现代化——中国法治道路问题研究》，中国法制出版社 2006 年版。
28. 景汉朝：《中国司法改革策论》，中国检察出版社 2002 年版。
29. 蓝天主编：《一国两制法律问题研究》（总卷），法律出版社 1997 年版。
30. 李步云：《论法治》，社会科学文献出版社 2008 年版。
31. 李贵连：《二十世纪的中国法学》，北京大学出版社 1998 年版。
32. 李林主编：《中国法治发展报告》（1—10），社会科学文献出版社 2003—2012 年版。
33. 李林主编：《法治新视界——比较法的分析》，社会科学文献出版社 2011 年版。
34. 李林主编：《中国法学 30 年（1978—2008）》，中国社会科学出版社 2008 年版。
35. 李林：《走向宪政的立法》，法律出版社 2003 年版。
36. 李林：《法治与宪政的变迁》，中国社会科学出版社 2005 年版。
37. 李林主编：《依法治国与和谐社会建设》，中国法制出版社 2007 年版。
38. 李林主编：《依法治国十年回顾与展望》，中国法制出版社 2007 年版。
39. 李林主编：《依法治国与深化司法体制改革》，社会科学文献出版社 2008 年版。
40. 李林主编：《依法治国与宪政建设》，人民出版社 2009 年版。
41. 李林主编：《全面落实依法治国基本方略》，中国社会科学出版社 2009 年版。
42. 李林主编：《立法过程中的公共参与》，中国社会科学出版社 2009 年版。
43. 李林：《走向人权的探索》，法律出版社 2010 年版。
44. 李林主编：《新中国法治建设与法学发展 60 年》，社会科学文献出版社 2010 年版。
45. 李林主编：《依法治国与法律体系形成》，中国法制出版社 2010 年版。
46. 李培林：《社会冲突与阶级意识》，社会科学文献出版社 2005 年版。
47. 李培林：《中国社会分层》，社会科学文献出版社 2004 年版。
48. 李强：《转型时期中国社会分层》，辽宁教育出版社 2004 年版。
49. 梁漱溟：《中国文化要义》，上海人民出版社 2005 年版。
50. 刘金国、蒋立山主编：《中国社会转型与法律治理》，中国法制出版社 2007 年版。
51. 刘士国：《现代侵权损害赔偿研究》，法律出版社 1998 年版。
52. 孙国华主编：《中国特色社会主义法律体系研究》，中国民主法制出版社 2009 年版。
53. 沈宗灵：《比较法研究》，北京大学出版社 1998 年版。
54. 沈宗灵：《现代西方法理学》，北京大学出版社 1992 年版。

55. 苏力:《法治及其本土资源》,中国政法大学出版社 2004 年版。

56. 苏力:《送法下乡——中国基层司法制度研究》,中国政法大学出版社 2000 年版。

57. 苏力:《为什么送法上门》,中山大学出版社 1999 年版。

58. 苏力:《制度是如何形成的》,中山大学出版社 1999 年版。

59. 苏亦工:《中法西用——中国传统法律及习惯在香港》,社会科学文献出版社 2002 年版。

60. 苏永钦:《司法改革的再改革》,台湾月旦出版社 1998 年版。

61. 孙立平:《博弈:断裂社会的利益冲突与和谐》,社会科学文献出版社 2006 年版。

62. 孙立平:《断裂:20 世纪 90 年代以来的中国社会》,社会科学文献出版社 2003 年版。

63. 孙立平:《现代化与社会转型》,北京大学出版社 2005 年版。

64. 孙立平:《重建社会:转型社会的秩序再造》,社会科学文献出版社 2009 年版。

65. 舒扬主编:《中国法学 30 年.》,中山大学出版社 2009 年版。

66. 童青林:《回首 1978:历史在这里转折》,人民出版社 2008 年版。

67. 童之伟《法权与宪政》,山东人民出版社 2001 年版。

68. 童之伟:《国家结构形式论》,武汉大学出版社 1997 年版。

69. 夏勇:《法治源流——东方与西方》,社会科学文献出版社 2004 年版。

70. 夏勇:《宪政建设——政权与人民》,社会科学文献出版社 2004 年版。

71. 谢晖:《价值重建与规范选择》,山东人民出版社 1998 年版。

72. 许崇德:《中华人民共和国宪法史》,福建人民出版社 2003 年版。

73. 叶富春:《利益结构、行政发展及其相互关系》,社会科学文献出版社 2004 年版。

74. 应松年、薛刚凌:《行政组织法研究》,法律出版社 2002 年版。

75. 于光远:《1978:我亲历的那次历史大转折》,中央编译出版社 2008 年版。

76. 俞荣根等:《中国传统法学述论——基于国学视角》,北京大学出版社 2005 年版。

77. 张晋藩:《中国法律的传统与近代转型》(第 2 版),法律出版社 2005 年版。

78. 张军主编:《解读最高人民法院司法解释——刑事、行政卷(1997—2002)》,人民法院出版社 2003 年版。

79. 张伟:《冲突与变数》,社会科学文献出版社 2005 年版。

80. 张文显:《二十世纪西方法哲学思潮研究》,法律出版社 1996 年版。

81. 张武举:《刑法的伦理基础》,法律出版社 2008 年版。

82. 张新宝:《侵权责任法原理》,中国人民大学出版社 2005 年版。

83. 张志铭:《法律解释操作分析》,中国政法大学出版社 1998 年版。

84. 赵秉志主编:《中国区际刑法问题专论》,中国人民公安大学出版社 2005 年版。

85. 赵鼎新:《社会与政治运动讲义》,社会科学文献出版社 2006 年版。

86. 赵明:《近代中国的自然权利观》,山东人民出版社 2003 年版。
87. 赵震江主编:《法律社会学》,北京大学出版社 2002 年版。
88. 赵树坤:《社会冲突与法律控制》,法律出版社 2008 年版。
89. 郑杭生:《中国特色社会学理论的探索》,中国人民大学出版社 2005 年版。
90. 周瑜、陈卓主编:《新中国司法行政大典》(第 3 卷),中国方正出版社 2001 年版。
91. 朱景文:《中国法律发展报告——数据库和指标体系》,中国人民大学出版社 2007 年版。
92. 朱勇:《社会转型与法律秩序的重建》,中国政法大学出版社 2011 年版。
93. 卓泽渊:《法治国家论》,法律出版社 2003 年版。
94. 左卫民:《变革时代的纠纷解决——法学与社会学的初步考察》,北京大学出版社 2007 年版。
95. 陈云良主编:《法治中国:2010》,法律出版社 2011 年版。
96. 杜飞进:《法治政府建构论》,浙江人民出版社 2011 年版。
97. 李德顺:《走向民主法治——当代中国政治文明的价值体系初探》,法律出版社 2011 年版。
98. 亓光:《新中国法治建设历程》,世界知识出版社 2011 年版。
99. 徐显明主编:《法治与中国的社会转型》,法律出版社 2011 年版。
100. 喻中:《中国法治观念》,中国政法大学出版社 2011 年版。
101. 张文显:《法治与法治国家》,法律出版社 2011 年版。
102. 中国法学会编:《中国法治建设年度报告(中英文)》,新华出版社 2011 年版。
103. 周祖成:《政治法治化问题研究》,法律出版社 2011 年版。

(二)译著类:

1. 〔美〕L. A. 科塞:《社会冲突的功能》,孙立平等译,华夏出版社 1989 年版。
2. 〔美〕P. 诺内特、P. 塞尔兹尼克:《转变中的法律与社会——迈向回应型法》,张志铭译,中国政法大学出版社 2004 年版。
3. 〔德〕贝克:《风险社会》,何博闻译,译林出版社 2004 年版。
4. 〔美〕伯尔曼:《法律与革命》(一),贺卫方、高鸿钧等译,中国大百科全书出版社 1993 年版。
5. 〔美〕伯尔曼:《法律与革命》(二),袁瑜琤、苗文龙译,法律出版社 2008 年版。
6. 〔英〕伯克:《法国革命论》,何兆武等译,商务印书馆 1998 年版。
7. 〔美〕布莱克:《法律的运作行为》,唐越、苏力译,中国政法大学出版社 1994 年版。
8. 〔日〕大谷实:《刑事政策学》,黎宏译,法律出版社 2000 年版。
9. 〔法〕狄骥:《宪法论》,张学仁译,北京大学出版社 1983 年版。
10. 〔美〕弗里德曼:《经济学语境下的法律规则》,杨欣欣译,法律出版社 2004

年版。

11. 〔美〕富勒:《法律的道德性》,郑戈译,商务印书馆 2005 年版。

12. 〔德〕哈拉尔德·米勒:《文明的共存——对塞缪尔·亨廷顿文明冲突论的批判》,郦红、那滨译,新华出版社 2002 年版。

13. 〔美〕亨廷顿:《变化社会秩序中的政治秩序》,王冠华等译,生活·读书·新知三联书店,1989 年版。

14. 〔美〕卡多佐:《法律的生长》,刘培峰、刘骁军译,贵州人民出版社 2003 年版。

15. 〔美〕罗伯特·赖克:《国家的作用——21 世纪的资本主义前景》,上海政协编译组、东方编译所编译,上海译文出版社 1994 年版。

16. 〔美〕罗尔斯:《正义论》,何怀宏、何包钢、廖申白译,中国社会科学出版社 1998 年版。

17. 〔英〕罗杰·科特威尔:《法律社会学导论》,潘大松等译,华夏出版社 1989 年版。

18. 〔美〕德沃金:《至上的美德》,冯克利译,江苏人民出版社 2003 年版。

19. 〔美〕庞德:《法律与道德》,陈林林译,中国政法大学出版社 2003 年版。

20. 〔德〕马克斯·韦伯:《经济与社会》,林荣远译,商务印书馆 1997 年版。

21. 〔德〕齐美尔:《竞争社会学》,林荣远编译,广西师范大学出版社 2002 年版。

22. 〔美〕乔·萨托利:《民主新论》,冯克利、阎克文译,东方出版社 1993 年版。

23. 〔美〕施瓦茨:《美国法律史》,中国政法大学出版社 1989 年版。

24. 〔日〕穗积陈重:《法律进化论》,黄尊三等译,中国政法大学出版社 1997 年版。

(三) 论文类:

1. 李培林:《另一只看不见的手:社会结构的转型》,载《中国社会科学》1992 年第 5 期。

2. 季卫东:《法律程序的意义——对中国法制建设的另一种思考》,载《中国社会科学》1993 年第 1 期。

3. 李贵连:《近代中国法律的变革与日本影响》,载《比较法研究》1994 年第 1 期。

4. 郑杭生:《中国社会大转型》,载《中国软科学》1994 年第 1 期。

5. 郭道晖:《社会主义自由:当代社会主义法的精神》,载《法学》1994 年第 10 期。

6. 孙立平:《改革以来中国社会结构的变迁》,载《中国社会科学》1994 年第 2 期。

7. 张文显:《市场经济与现代法的精神论略》,载《中国法学》1994 年第 6 期。

8. 孙立平:《改革前后中国国家、民间统治精英及民众间互动关系的演变》,载《中国社会科学季刊》1994 年第 1 期。

9. 公丕祥:《邓小平的法制思想与中国法制现代化》,载《中国法学》1995 年第 1 期。

10. 李培林:《中国社会结构转型对资源配置方式的影响》,载《中国社会科学》1995 年第 2 期。

11. 孙笑侠:《论法律与社会利益:对市场经济中公平问题的另一种思考》,载《中国法学》1995 年第 4 期。

12. 夏锦文:《司法的形式化:诉讼法制现代化的实证指标》,载《南京师大学报:社科版》1995 年第 4 期。

13. 季卫东:《阶级结构和社会变迁:发达资本主义社会中阶级关系的矛盾》,载《国外社会科学》1996 年第 3 期。

14. 李双元等:《中国法律理念的现代化》,载《法学研究》1996 年第 3 期。

15. 蔡定剑:《危机与变革:转型时期的法律》,载《东方》1996 年第 4 期。

16. 梁治平:《市场 国家 公共领域》,载《读书》1996 年第 5 期。

17. 孙立平:《"关系"、社会关系与社会结构》,载《社会学研究》1996 年第 5 期。

18. 张晋藩:《中国法律的传统与近代化的开端》,载《政法论坛》1996 年第 5 期。

19. 谢晖:《从法理社会看中华民族精神重构》,载《文史哲》1996 年第 6 期。

20. 公丕祥、夏锦文:《历史与现实:中国法制现代化及其意义》,载《法学家》1997 年第 4 期。

21. 韩大元:《宪法变迁理论评析》,载《法学评论》1997 年第 4 期。

22. 李双元等:《中国民法现代化的几个问题》,载《法学家》1997 年第 4 期。

23. 孙慕天、刘玲玲:《西方社会转型理论研究的历史和现状》,载《哲学动态》1997 年第 4 期。

24. 陈鲁宁:《中国社会结构变迁与现代法律制度生长》,载《法律科学》1997 年第 6 期。

25. 郝铁川:《中国近代法学留学生与法制近代化》,载《法学研究》1997 年第 6 期。

26. 蒋立山:《中国法治改革和法治化过程研究》,载《中外法学》1997 年第 6 期。

27. 李步云:《现代法的精神论纲》,载《法学》1997 年第 6 期。

28. 夏锦文:《论法制现代化的多样化模式》,载《法学研究》1997 年第 6 期。

29. 公丕祥、夏锦文:《法制现代化进程中的东西方关系》,载《法学》1997 年第 7 期。

30. 汪太贤:《社会转型期新旧法律观的冲突及其化解》,载《理论与现代化》1997 年第 9 期。

31. 夏锦文:《中国法律文化的传统及其转型》,载《南京社会科学》1997 年第 9 期。

32. 孙立平、王汉生等:《作为制度运作和制度变迁方式的变通》,载《中国社会科学季刊》1997 年冬季号。

33. 朱晓阳:《惩罚与转变中的乡村社会》,载《中国社会科学季刊》1997 年冬季卷。

34. 贺卫方:《二十年法制建设的美与不足》,载《中外法学》1998 年第 5 期。

35. 刘作翔:《转型时期的中国社会秩序结构及其模式选择:兼对当代中国社会秩序结构论点的学术介评》,载《法学评论》1998 年第 5 期。

36. 孙立平等:《中国社会结构转型的中近期趋势与隐患》,载《战略与管理》1998 年第 5 期。

37. 萧功秦:《中国社会各阶层的政治态势与前景展望》,载《战略与管理》1998 年第

5期。

38. 蔡定剑、刘丹：《从政策社会到法治社会：兼论政策对法制建设的消极影响》，载《中外法学》1999年第2期。

39. 贺雪峰：《国家与农村社会互动的路径选择——兼论国家与农村社会双强关系的构建》，载《浙江社会科学》1999年第4期。

40. 蔡华：《土地权利、法律秩序和社会变迁——家庭联产承包责任制的法律视角分析》，载《战略与管理》2000年第1期。

41. 孙笑侠：《中国法的"形"与"神"——对中国法传统及其现代化的另一种思考》，载《清华法治论衡》2000年第1期。

42. 强世功：《法制的兴起与国家治理的转型——中国的刑事实践的法社会学分析（1976—1982）》，载《公法》2000年第2期。

43. 叶传星：《法治的困顿——对我国百年法制发展的一个检讨》，载《人大法律评论》2000年第2期。

44. 周永坤：《中国宪法的变迁：历史与未来》，载《江苏社会科学》2000年第3期。

45. 张建伟：《现代刑事司法体制的观念基础》，载《中国法学》2000年第4期。

46. 左卫民、周长军：《法院制度的现代性构架》，载《诉讼法论丛》2000年第4期。

47. 储槐植：《议论刑法现代化》，载《中外法学》2000年第5期。

48. 韩大元：《论宪法规范与社会现实的冲突》，载《中国法学》2000年第5期。

49. 汪太贤：《论罗马法复兴对近代西方法治理念的奠定》，载《现代法学》2000年第6期。

50. 梁治平：《法治：社会转型时期的制度建构——对中国法律现代化运动的一个内在观察》，载梁治平主编：《法治在中国：制度话语与实践》，中国政法大学出版社2000年版。

51. 田宏杰：《论刑事立法现代化的标志及其特征》，载《政法论坛》2001年第3期。

52. 左卫民：《裁判依据：传统型与现代型司法之比较——以刑事诉讼为中心》，载《比较法研究》2001年第3期。

53. 谷安梁：《论我国司法制度的转型——我国司法改革的主要问题》，载《政法论坛》2001年第4期。

54. 季卫东：《法治中国的可能性——兼论对文化传统的解读和反思》，载《战略与管理》2001年第5期。

55. 杜宴林：《现代化进程中的中国法治——方法论的检讨与重整》，载《法制与社会发展》2001年第6期。

56. 马长山：《西方法治产生的深层历史根源、当代挑战及其启示——对国家与市民社会关系视角的重新审视》，载《法律科学》2001年第6期。

57. 范忠信：《中国法制现代化的三个层次（论纲）》，载《金陵法律评论》2001年秋季号。

58. 季涛:《论司法变迁的未来模式》,载《浙江学刊》2001年第3期。

59. 季卫东:《社会变革与法的作用》,载《开放时代》2002年第1期。

60. 方鹏:《纠缠于法益与社会危害性之间》,载《刑事法评论》2002年第10期。

61. 李路路:《社会转型与社会分层结构变迁:理论与问题》,载《江苏社会科学》2002年第2期。

62. 任达:《"转型中的中国社会"学术研讨会综述》,载《社会学研究》2002年第2期。

63. 于建嵘:《人民公社的权力结构和乡村秩序——从地方政治制度史得出的结论》,载《中国人民大学复印资料〈中国现代史〉》2002年第2期。

64. 韩大元:《论社会转型时期的中国宪法学研究(1982—2002)》,载《法学家》2002年第6期。

65. 胡锦光:《论社会转型时期的中国宪政制度(1982—2002)》,载《法学家》2002年第6期。

66. 刘祖云:《社会转型与社会分层——三论当代中国社会的阶层分化》,载《社会科学研究》2002年第6期。

67. 滕彪:《"司法"的变迁》,载《中外法学》2002年第6期。

68. 朱景文、冯玉军、冉井富:《法律与全球化——实践背后的理论研讨会纪要》,载《法学家》2002年第6期。

69. 徐友渔:《社会转型和政治文化》,载《二十一世纪》网络版2002年8月号。

70. 朱晓喆:《社会法中的人——兼谈现代社会与法律人格的变迁》,载《法学》2002年第8期。

71. 刘卿:《关于马克思主义和向社会主义转型的十个命题(上)》,载《国外理论动态》2002年第9期。

72. 郭德宏:《中国现代社会转型研究评述》,载《安徽史学》2003年第1期。

73. 郭星华、王平:《国家法律与民间规范的冲突和互动——关于社会转型过程中的一项法社会学实证研究》,载《江海学刊》2003年第1期。

74. 李林:《全球化时代的中国立法发展》,载《法治论丛》2003年第1期。

75. 夏锦文:《社会变迁与中国司法变革:从传统走向现代》,载《法学评论》2003年第1期。

76. 李琼:《转型期我国社会冲突研究综述》,载《学术探索》2003年第10期。

77. 李云峰:《20世纪中国社会转型的制约因素》,载《史学月刊》2003年第11期。

78. 张宪文:《论20世纪中国的社会转型》,载《史学月刊》2003年第11期。

79. 朱汉国:《民国时期中国社会转型的态势及其特征》,载《史学月刊》2003年第11期。

80. 付子堂:《转型时期中国的法律与社会问题论纲》,载《现代法学》2003年第2期。

81. 高鸿钧:《现代法治的困境及其出路》,载《法学研究》2003 年第 2 期。

82. 蒋立山:《法律现代化的三个层面——从法律"西化"概念说起》,载《法学》2003 年第 2 期。

83. 谢晖:《转型社会的法理面向——纯粹法理学导言》,载《广东社会科学》2003 年第 2 期。

84. 梁治平:《没有市民社会的市民法典》,载《法学家茶座》2003 年第 3 期。

85. 王世洲:《现代刑罚目的理论与中国的选择》,载《法学研究》2003 年第 3 期。

86. 严存生:《自然法、万民法、世界法——西方法律全球化观念的历史渊源探寻》,载《现代法学》2003 年第 3 期。

87. 叶传星:《延安"黄碟案"引发的法学思考:在私权利、公权力和社会权力的错落处——"黄碟案"的一个解读》,载《法学家》2003 年第 3 期。

88. 马长山:《社会转型与法治根基的构筑》,载《浙江社会科学》2003 年第 4 期。

89. 庞凌:《社会转型与中国法院政治功能的重塑》,载《浙江社会科学》2003 年第 4 期。

90. 强昌文:《社会转型与法学研究意识的更新》,载《现代法学》2003 年第 4 期。

91. 黄金荣:《社会转型与法治发展——2003 年中国法理学年会会议综述》,载《浙江社会科学》2003 年第 5 期。

92. 刘欣:《市场转型与社会分层:理论争辩的焦点和有待研究的问题》,载《中国社会科学》2003 年第 5 期。

93. 徐璐:《论社会转型时期执法者心态变迁及其对执法活动的影响》,载《政法论丛》2003 年第 5 期。

94. 陈金钊:《社会转型与法学研究范式的转换:作为方法的目的解释》,载《学习与探索》2003 年第 6 期。

95. 公丕祥:《全球化背景下的中国司法改革》,载《法律科学》2004 年第 1 期。

96. 夏锦文:《世纪沉浮:司法独立的思想与制度变迁——以司法现代化为视角的考察》,载《政法论坛》2004 年第 1 期。

97. 李路路:《社会变迁:风险与社会控制》,载《中国人民大学学报》2004 年第 2 期。

98. 李石山、彭欢燕:《法哲学视野中的民法现代化理论模式》,载《现代法学》2004 年第 2 期。

99. 任喜荣:《有限的宪法典与宽容的宪政制度——以"全球化"为概念性工具的分析》,载《中国法学》2004 年第 2 期。

100. 于建嵘:《当前农民维权活动的一个解释框架》,载《社会学研究》2004 年第 2 期。

101. 徐亚文、廖奕:《政治文明与程序宪政——社会变革的法律模式》,载《法学评论》2004 年第 3 期。

102. 张策华:《社会变迁与中国法律文化变迁》,载《江苏大学学报(社会科学版)》

2004年第3期。

103. 韩大元:《世纪之初中国宪法的修改和发展:私有财产权入宪的宪法学思考》,载《法学》2004年第4期。

104. 马长山:《现代性与私法文化精神论纲》,载《法学论坛》2004年第4期。

105. 沈岿:《因开放、反思而合法——探索中国公法变迁的规范性基础》,载《中国社会科学》2004年第4期。

106. 朱应平、徐继强:《中国社会转型时期的法治道路在何方——解读郝铁川教授〈秩序与渐进〉》,载《政治与法律》2004年第4期。

107. 杜宇:《当代刑法实践中的习惯法:一种真实有力的存在》,载《中外法学》2005年第1期。

108. 范愉:《从司法实践的视角看经济全球化与我国法制建设——论法与社会的互动》,载《法律科学》2005年第1期。

109. 高全喜:《"宪法政治"理论的时代课题:关于中国现代法治主义理论的另一个视角》,载《政法论坛》2005年第2期。

110. 贺欣:《转型中国背景下的法律与社会科学研究》,载《北大法律评论》2005年第2期。

111. 黄宗智:《悖论社会与现代传统》,载《读书》2005年第2期。

112. 刘晓勇:《刑法理论的现代性问题》,载《环球法律评论》2005年第2期。

113. 江启疆:《我国宪法的制定、修改与社会法治化转型》,载《现代法学》2005年第4期。

114. 蒋立山:《为什么有法律却没有秩序:中国转型时期的社会秩序分析》,载《法学杂志》2005年第4期。

115. 王恒:《制度创新与最佳政制:对革命、政治共同体与宪政的一个初步反思》,载《法制与社会发展》2005年第4期。

116. 谢宝红:《司法解释对社会转型的反映:以1994—2002年予以废止的六批司法解释为对象》,载《法制与社会发展》2005年第4期。

117. 熊毅军:《关于当代中国社会转型研究的法哲学立场:从"礼俗社会"与"法理社会"之划分谈起》,载《法制与社会发展》2005年第4期。

118. 赵明:《反思与超越:也说当代中国的社会转型、制度创新与和谐社会的建立》,载《法制与社会发展》2005年第4期。

119. 赵树坤:《从"臣民"到"公民"了吗?——兼论话语符号对社会转型的意义》,载《法制与社会发展》2005年第4期。

120. 郭明:《改造:现代刑罚的迷误及其批判:兼及刑罚范式革命与制度变革的思考》,载《环球法律评论》2005年第5期。

121. 王春光:《当前中国社会阶层关系变迁中的非均衡问题》,载《社会》2005年第5期。

122. 张建伟：《国家转型与治理的法律多元主义分析：中、俄转轨秩序的比较法律经济学》，载《法学研究》2005年第5期。

123. 王麟、胡昌明：《论法律对社会变迁的影响：以新中国计划生育法律为例》，载《研究生法学》2005年第6期。

124. 魏治勋：《法学"现代化范式"批判的矛盾境遇》，载《政法论坛》2005年第6期。

125. 徐璐、刘万洪：《社会转型背景下的立法者：从1980—2004年人大常委会公报看立法理念的发展变化》，载《法律科学》2005年第6期。

126. 程乃胜：《论类型学研究范式在法制现代化研究中的运用》，载《法学评论》2006年第1期。

127. 张国钧：《中国社会变迁中道德法律关系的变化：以公共领域为例》，载《理论与现代化》2006年第1期。

128. 贺雪峰：《中国农村社会转型及其困境》，载《东岳论丛》2006年第2期。

129. 杨力：《当代中国社会转型与现代法律秩序生长》，载《宁夏社会科学》2006年第2期。

130. 杨力：《社会分层与法律秩序的关联考察》，载《学海》2006年第2期。

131. 杨力：《再论中间阶层及其现代法治功能》，载《河北法学》2006年第3期。

132. 张玉法：《20世纪前半期的中国社会变迁（1900—1949）》，载《史学月刊》2006年第3期。

133. 郭忠：《论当代中国社会转型时期法律的社会精神基础》，载《法学家》2006年第4期。

134. 路子靖：《社会转型中的制度供给与需求：民初国会失败原因再探讨》，载《史学月刊》2006年第4期。

135. 袁曙宏、韩春晖：《社会转型时期的法治发展规律研究》，载《法学研究》2006年第4期。

136. 王勇：《转型社会和关于法治中国想象的重组》，载《现代法学》2006年第6期。

137. 周永坤：《论中国法的现代性十大困境》，载《法学》2006年第6期。

138. 陆幸福：《中国当代社会转型与宪法修改》，载《理论学刊》2006年第8期。

139. 李涛、王文燕：《司法的功能变迁及其在构建和谐社会背景下的因应选择》，载《安徽大学法律评论》2007年第1期。

140. 刘平：《新二元社会与中国社会转型研究》，载《中国社会科学》2007年第1期。

141. 何珊君：《社会结构变迁与转型的动因探索：通过社会行动的法与非政治公共领域的关系解读》，载《学海》2007年第2期。

142. 胡鞍钢、王磊：《转型期社会冲突事件处理的瓶颈因素与应对策略》，载《河北学刊》2007年第3期。

143. 赵树坤：《社会公平、法律与社会结构：以转型时期土地法律调整为对象》，载《学习与探索》2007年第3期。

144. 孙国东:《计划经济新传统与现代性:兼论中国法的现代性问题的四个共时性矛盾》,载《政法论坛》2007年第5期。

145. 杨清望:《社会转型与物权法精神的现代化》,载《政法论坛》2007年第5期。

146. 赵树坤、付子堂:《论"有限度"的法律发展观:以中国转型期非现实性社会冲突为分析对象》,载《求是学刊》2007年第5期。

147. 刘双舟:《人的独立意识:分析社会治理模式变迁的一个视角》,载《政法论坛》2008年第3期。

148. 沈原:《又一个30年:转型社会学视野下的社会建设》,载《社会》2008年第3期。

149. 孙立平:《利益关系形成与社会结构变迁》,载《社会》2008年第3期。

150. 《"法治中国30年1978—2008"特刊发刊词——十一届三中全会:30年中国"法制崛起"起点》,载《法制日报》2008年6月1日。

151. 《法治中国30年1978—2008:"两案"审判中国走向法治的里程碑》,载《法制日报》2008年6月1日。

152. 应松年、杨伟东:《法治中国30年1978—2008:奠定迈向法治政府基石的30年——我国依法行政回顾与展望》,载《法制日报》2008年7月6日。

153. 《法治中国30年1978—2008:中国法治建设大事记(1978—2008)》,载《法制日报》2008年6月8日。

154. 张文显:《法理学界的"法治国家"》,载《法制日报》2008年6月8日。

155. 李步云:《依法治国何以是基本方略》,载《法制日报》2008年6月8日。

156. 《法治中国30年1978—2008:宪法——领航共和国命运之舟》,载《法制日报》2008年6月15日。

157. 信春鹰:《中国国情与社会主义法治建设》,载《法制日报》2008年6月29日。

158. 陈丽平:《民主科学立法的生动实践》,载《法制日报》2008年6月29日。

159. 杜萌:《中国社会主义检察事业30年发展提要》,载《法制日报》2008年7月13日。

160. 《法治中国30年1978—2008:法律监督:中国特色检察制度三十年风雨历程》,载《法制日报》2008年7月13日。

161. 《法治中国30年1978—2008:回望人民法院三大审判三十载前行足迹》,载《法制日报》2008年7月27日。

162. 翟峰:《立法新生态——从"立法民主"到"治法民主"》,载《法制日报》2008年7月29日。

163. 朱孝清:《检察理论研究:30年的回顾和展望》,载《法制日报》2008年8月17日。

164. 孙春英:《法治中国30年1978—2008:综治30年:铺就中国特色平安路》,载《法制日报》2008年8月24日。

165. 王晨光:《法治中国 30 年 1978—2008:蓬勃三十载 展翅向未来——中国法学教育展望》,载《法制日报》2008 年 8 月 31 日。

166. 俞荣根:《从民主法制到人权法治——我国改革开放 30 年的宪政成就》,载《法制日报》2008 年 10 月 26 日。

167.《法治中国 30 年 1978—2008:中国改革开放 30 年民主法治"突破点"》,载《法制日报》2008 年 10 月 30 日。

168. 胡云腾:《法治中国 30 年 1978—2008:人民法院工作 30 年》,载《法制日报》2008 年 10 月 30 日。

169. 公丕祥:《当代中国司法改革的进程》,载《法制日报》2008 年 11 月 23 日。

170. 马金芳:《社会民生、社会发展与社会法》,载《光明日报》2008 年 11 月 29 日。

171.《法治中国 30 年 1978—2008:时代关键词见证法官队伍 30 年变迁》,载《法制日报》2008 年 12 月 7 日。

172. 袁曙宏:《30 年行政法治建设回顾与前瞻》,载《法制日报》2008 年 12 月 7 日。

173. 黄家亮:《混合型法律价值体系及其内在冲突》,载《湘潭大学学报(哲学社会科学版)》2008 年第 5 期。

174. 张志铭:《转型中国的法律体系建构》,载《中国法学》2009 年第 4 期。

175. 张中秋:《中国社会转型与法的统一性》,载《法制与社会发展》2010 年第 4 期。

176. 李贵连:《从贵族法治到帝制法治传统中国法治论纲》,载《中外法学》2011 年第 3 期。

177. 王利明:《中国为什么要建设法治国家?》,载《中国人民大学学报》2011 年第 6 期。

178. 程燎原:《中国法治思想的"突破"》,载《法商研究》2011 年第 3 期。

179. 喻中:《论"治一综治"取向的中国法治模式》,载《法商研究》2011 年第 3 期。

180. 王峰:《关于马克思主义法治理论中国化的思考》,载《山东社会科学》2011 年第 4 期。

181. 舒国滢:《法治发展:多重矛盾的破解之法》,载《人民论坛》2011 年第 14 期。

182. 江必新:《论实质法治主义背景下的司法审查》,载《法律科学(西北政法大学学报)》2011 年第 6 期。

183. 郭忠:《自然与天道:中西法律的形而上之别——兼论中西人治和法治思想的缘起》,载《学术交流》2012 年第 3 期。

184. 凌斌:《法律与情理:法治进程的情法矛盾与伦理选择》,载《中外法学》2012 年第 1 期。

185. 陆多祥:《试论法治政体的建立与法治国家的实现——英国的宪政改革及其启示》,载《西南大学学报(社会科学版)》2012 年第 1 期。

186. 姜明安:《我国当前法治对策研究的重点课题与进路》,载《江苏行政学院学报》2012 年第 1 期。

187. 胡建淼:《走向法治强国》,载《国家行政学院学报》2012年第1期。

二、外文文献

1. Alan Watson, *Legal Transplants: An Approach to Comparative Law*, The University Georgia Press, 1993.

2. Anthony Carty, *Law and Development*, Dartmouth, 1992.

3. Esherick, *Remaking the Chinese City: Modernity and National Identity, 1900—1950*, University of Hawaii Press, 1999.

4. Giddens, A. *The Third Way : The Renewal of Social Democracy*, Polity Press, 1998.

5. John Finnis, *Natural Law and Natural Rights*, Clarendon Press, 1996.

6. Lon L. Fuller, *The Morality of Law(Revised Edition)*, Yale University Press, 1969.

7. Lubman, Stanley, *Bird in a Cage : Legal Reforms in China after Mao*, Stanford University Press, 1999.

8. Philip Kuhn, *Origins of the Modern Chinese State*, Stanford University Press, 2002.

9. R. H. Tawney, *Land and Labor in China*, Boston, 1966.

10. Richard A. Posner, *The Problems of Jurisprudence*, Harvard University Press, 1990.

11. Richard Madsen, *Morality and Power in a Chinese Village*, California University Press, 1984.

12. Shirk, Susan L, *The Political Logic of Economic Reform in China*, University of California Press, 1993.

13. Steven Sangren, *History and Magical Power in a Chinese Community*, Stanford University Press, 1987.

14. W. Friedman, *Law in a Changing Society* (2nd ed), Columbia University Press, 1972.

15. Nee, Victor Matthews, Market Transition and Societal Transformationin Reforming State Socialism, *Annual Review of Sociology*, Vol. 22, 1996.

16. Cohen, Jerome Alan, Mediation in the Eve of Modernization, *California Law Review*, Vol. 54, 1966.

附：本课题在研究过程中的主要阶段性成果

1. 付子堂：《社会转型与法律制度创新研究——"发展中法治"图景的描绘》，载《法制与社会发展》2005年第4期。
2. 徐璐：《社会转型背景下的立法者：从1980—2004年人大常委会公报看立法理念的发展变化》，载《法律科学》2005年第6期；人大复印资料《法理学 法史学》2006年第4期全文转载；《高等学校文科学术文摘》2006年第1期部分转载。
3. 付子堂：《新世纪中国法学教育的转型与趋势》，《中国—澳大利亚百所著名法学院院长联席会议》(2006年7月4日)交流论文(中英文)。
4. 陈友清：《论一国两制法学及其形成和发展》，载《中国法学》2006年第2期。
5. 赵树坤、付子堂：《和谐社会之冲突的法律控制探究》，载《南京社会科学》2006年第3期。
6. 陈云良：《转轨经济法学——西方范式与中国现实之选择》，载《现代法学》2006年第3期。
7. 郭忠：《论当代中国社会转型时期法律的社会精神基础》，载《法学家》2006年第4期；人大复印资料《法理学、法史学》2006年第11期全文转载；《高等学校文科学术文摘》，2007年第1期转载。
8. 谢宝红、付子堂：《司法解释中的社会公平问题》，载《法律适用》2007年第2期。
9. 赵树坤：《社会公平、法律与社会结构——以转型时期土地法律调整为对象》，载《学习与探索》2007年第3期。
10. 赵树坤、付子堂：《论"有限度"的法律发展观——以中国转型期非现实性社会冲突为分析对象》，载《求是学刊》2007年第5期；人大复印资料《法理学 法史学》2007年第12期全文转载。
11. 付子堂、李为颖：《部门法功能界限论略——关于物权平等保护原则的法哲学探讨》，载《政治与法律》2007年第6期。
12. 付子堂、胡仁智：《传统中国的社会冲突法律调处机制探微》，载《社会科学战线》2011年第5期。
13. 付子堂、胡仁智：《先秦儒法两家的社会矛盾调处思想及其现代意义》，载《法学杂志》2011年第7期。

14. 郭相宏:《失范与重构:转型期乡村关系法治化研究》,法律出版社2010年版。

15. 付子堂主编:《当代中国转型期的法学教育发展之路》,法律出版社2010年版。

后　　记

　　西南政法大学法学理论学科于1979年经国务院学位委员会批准获得硕士学位授予权,属于全国最早一批设立硕士学位授予点的二级学科。本学科于1992年被确定为校级重点学科,2000年被确定为重庆市重点学科,2003年被批准为博士学位授权点,2004年开始招收博士研究生。2007年,本学科负责的"法理学"被教育部评为国家级精品课程。2008年,本学科开始招收博士后研究人员。

　　西南政法大学历来重视基础学科建设中的学术积累与学术传承。我校的法学理论学科点在卢云教授、王明三教授、钮传诚教授、王方仲教授、李权教授和吴光辉教授等老一辈学者的创建、经营、带动和培养下,师承相继,薪火相传,生生不息。经过多年的辛勤劳作,本学科点造就了一批又一批优秀的教学科研人才,并持续保持着一支年龄结构合理、理论功底扎实、具有探索精神的学术梯队,在现代法理学、马克思主义法律思想研究、法哲学、法律社会学、立法学、比较法学和西方法理学等领域做出了重要贡献,形成了自己的学术特色和传统优势。

　　然而,传统要"传"才能拥有活力,才能发扬光大。老一辈学者已经为此付出了艰辛的劳作,作出了卓越的贡献。现在,传统的"薪火"已交给我们,让我们将其光大。任务相同,都为建设法理学科;背景相似,都身处转型之大背景。然而,情势却有所区别。今天,"转型中国"之"转型"愈益明显,各种问题层出不穷,各种理论日新月异,给我们提出了新要求、新挑战,也给我们创造了新的机会。为此,我们提出"深入经典,关注现实"的学科发展思路。

经典是人类思想的结晶,是伟大思想家、立法者给人类留下的一座座思想"富矿",是人类不断获得启发的源泉。思想巨人总是以其高超的智慧体察人类的情欲,洞悉复杂而深邃的人性。他们时刻关注着人类的幸福,他们提出的问题总是人需要面对的根本问题。面对经典,即面对人自身;阅读经典,即认识人自己。这是思想、学术原初的冲动。深入经典,学术才有宽厚基础;借助伟人的眼光,我们才能看得更远。经典之于学术,犹如大地之于树木,只有深深扎根大地,才能长成参天大树。

现实是人类生存的当下处境,是人类感知的直接对象,是催生人类思想之花的"生活之树"。人并非生活于真空之中,总在鲜活的现实中悲喜哀乐。法学前贤已区别了"书本上的法"和"生活中的法"。"书本上的法"内容明确、逻辑一致,却缺乏应有的灵活,甚至僵化停滞。只有调之以"生活中的法","书本上的法"才能赋有其应有的活力和热度。关注现实,学术才有正确指向;体悟生活,思想才能打动人心。

在现代学科知识体系中,任何一门学科都不能拒绝其他学科的成果。法理更是如此。如果过分专注于法律本身,我们可能会迷失其中而"不识庐山真面目"。正如要认识故乡,就必须离开故乡,到更广阔的天地中去;要认识地球,必须离开地球,到更浩瀚的宇宙空间中去。认识法律,研究法理也是这样。只有容纳并认真汲取其他学科的新成果,我们才能找到认识法律的新视角,发现进入法理的新路径。这即是"法之理在法外"。

"西南法理学重点学科建设项目书系"秉承上述宗旨,主要收入西南政法大学法理学重点学科的建设成果,包括学科组的研究项目、博士及硕士研究生的学位论文、博士后出站研究报告以及国内外知名学者来我校访问讲学的实况记录。

本书是在国家社科基金项目"当代中国转型期的法律与社会研究"结项成果基础上完成的,同时也是整合西南政法大学法理学科以及校外各种学术力量集体智慧的结晶。由付子堂、赵树坤、李为颖等著,参加项目研究和具体写作的人员如下:

付子堂　西南政法大学教授、博士生导师,北京大学法学博士;
郭　忠　西南政法大学教授、硕士生导师,西南政法大学法学博士;
赵树坤　西南政法大学副教授、硕士生导师,西南政法大学法学博士;
胡仁智　西南政法大学教授、博士生导师,西南政法大学法学博士;
徐　璐　广东省工商局干部,西南政法大学法学博士;
卫宵远　中共重庆市渝中区委干部,西南政法大学法学硕士;
聂振华　最高人民法院法官,西南政法大学法学硕士,中国人民大学法学博士；

刘文会　西南政法大学讲师，西南政法大学法学博士；
谢宝红　重庆市高级人民法院法官，西南政法大学法学博士；
李为颖　西南政法大学讲师，西南政法大学法学博士；
湛中乐　北京大学教授、博士生导师，北京大学法学博士；
苏　宇　北京大学法学博士；
谭宗泽　西南政法大学教授、博士生导师，西南政法大学法学博士；
张武举　西南政法大学副教授、硕士生导师，西南政法大学法学博士；
陈友清　中国人民解放军广东省军区大校，西南政法大学法学博士；
卢东凌　西南政法大学图书馆副研究员，西南政法大学法学硕士；
陈云良　中南大学法学院教授，西南政法大学法学博士；
郭相宏　太原科技大学法学院院长、教授、硕士生导师，西南政法大学法学博士。

在本书的编写中，赵树坤、李为颖、郭忠承担了大量编务工作，劳苦功高。西南政法大学法理学科的张永和教授、周祖成教授、宋玉波教授、陈锐教授以及北大出版社的李燕芬编辑等，为本书的写作和出版给予了许多关心和支持，特此一并致谢。

付子堂
2013年7月于重庆宝圣湖畔